KB165356

페도라로 실습하는
리눅스 시스템 관리 Vol.1

First published in English under the title
Using and Administering Linux: Volume 1: Zero to SysAdmin: Getting Started
by David Both, edition: 1

페도라로 실습하는 리눅스 시스템 관리 Vol.1

제로에서 시스템 관리까지

데이비드 보스 지음 김기주·나가진·송지연 옮김

에이콘

에이콘출판의 기틀을 마련하신 故 정완재 선생님 (1935-2004)

이 책(이 과정)을 모든 리눅스와

오픈소스 과정 개발자와 강사에게 바칩니다.

:(){ :|:& };:

지은이 소개

데이비드 보스David Both

오픈소스 소프트웨어와 GNU/리눅스 옹호자이자 강사, 저자, 발표자다. 리눅스와 오픈소스 소프트웨어 관련 분야에서 20년 넘게 일하고 있으며 컴퓨터 관련 분야에서 45년 넘게 일하고 있다. '시스템 관리자를 위한 리눅스 철학'의 강력한 지지자이자 전도사다. IT 업계에 40년 넘게 몸담았다.

IBM에서 21년간 일했고, 1981년 플로리다의 보카 레이톤에서 과정 개발 대표로 일했을 때 첫 번째 IBM PC용 강의 자료를 작성했다. 레드햇에서 RHCE 과정을 가르쳤고 MCI 월드콤, 시스코, 노스 캐롤라이나 주에서 일했다. 1995년 IBM을 떠난 이후 일했던 대부분의 곳에서 점심시간을 이용한 짧은 강좌부터 5일짜리 강좌에 이르는 리눅스 관련 강의를 했다. 리눅스와 오픈소스 소프트웨어 학습을 돕는 것은 그의 커다란 기쁨이다.

자신이 세운 까다로운 조건을 만족하는 컴퓨터를 직접 만드는 것을 좋아한다. 최근 만든 컴퓨터는 ASUS TUF X299 마더보드와 16 코어 인텔 i9 CPU (32 CPU), 64GB 램을 ThermalTake Core X9 케이스에 넣은 것이다.

리눅스 매거진, 리눅스 저널, OS/2 등의 잡지에 기고하기도 했다. 시스코의 동료와 함께 쓴 "완벽한 시동Complete Kickstart"이라는 글은 리눅스 매거진 2008년 최고의 시스템 관리 기사 톱10 중 9위에 꼽히기도 했다. 현재는 왕성하게 저술하고 있으며 Opensource.com의 커뮤니티 관리자이기도 하다. 글을 쓰면서 새로운 것을 배우기를 특히 좋아한다.

현재 노스 캐롤라이나 주 롤리Raleigh에서 자신을 지지해주는 아내 및 잭 러셀처럼 보이는 이상한 구조견과 함께 살고 있다. 또한 독서, 여행, 해변, 오래된 M * A * S * H 재방송, 두 자녀, 그들의 배우자 및 손주 4명과 함께 시간을 보내는 것을 좋아한다.

연락처는 LinuxGeek-46@both.org와 트위터 @LinuxGeek46이다.

감사의 글

책을 쓰는 것은 외로운 활동이 아니다. 이 거대한 3권짜리 리눅스 학습 과정을 만드는 데에는 엄청난 팀워크가 필요했다.

그 가운데 가장 중요한 사람은 나의 멋진 아내인 앨리스다. 책을 쓰는 동안 내내 나의 치어리더 대장이자 가장 좋은 친구가 돼줬다. 아내의 지지와 사랑 없이는 이 일을 해내지 못했을 것이다.

Apress의 오픈소스 선임 편집자인 루이스 코리건의 지지와 지도에 감사한다. 나와 이 책에 대한 나의 비전을 믿어줬다. 그녀 없이는 이 책이 불가능했을 것이다.

편집위원인 낸시 첸에게 감사한다. 많은 시간을 할애해 지도해줬고, 이 책의 여러 측면에 대해 논의했다. 이 책이 점점 자라남에 따라 우리의 논의는 이 책의 최종 형식을 만드는 데 매우 귀중한 도움이 됐다.

개발 편집자인 짐 마크햄은 이 세 권에 포함된 방대한 자료를 조용히 주시하고 지도해 줌으로써 최종 결과가 여러분(독자), 특히 학생 여러분의 필요에 부합하게 했다.

용감무쌍한 기술 감수자인 제이슨 베이커는 이 책의 1, 2권과 3권 일부의 기술적 정확도를 보장하는 데 아주 훌륭한 일을 해냈다. 최종 형태의 일부가 심하게 바뀌는 바람에 내가 아무것도 망가뜨리지 않았는지 확인하고자 일부 장 전체를 다시 테스트했다. 또한 제이슨은 세 권 전체의 품질과 범위를 크게 향상시킨 중요한 제안을 했다. 제이슨의 기여로 인해 세 권이 훨씬 나아졌다.

제이슨의 훌륭한 작업과 중요한 기여로 인해 이 과정이 훨씬 좋아졌다.

물론 남아 있는 오류와 누락은 나 혼자의 책임이다.

기술 감수자 소개

제이슨 베이커 Jason Baker

2000년대 초반, 슬랙웨어 상자를 책상 밑에 쌓아두고 그 빌어먹을 물건이 작동하게 하려고 애쓸 때부터 리눅스를 사용했다. 여러 가지 오픈소스 프로젝트와 기술에 대한 글을 쓰고 발표를 하는데, 대부분 Opensource.com에서 찾을 수 있다. 레드햇 공인 시스템 관리자로, 현재 레드햇의 시스템 관리자 커뮤니티인 Enable SysAdmin의 편집장이다. 일을 하지 않을 때는 하드웨어를 손보고 오픈소스 도구를 사용해서 지도나 기타 멋진 데이터를 시각화하기를 즐긴다. 노스캐롤라이나 주의 채플 힐에서 아내 에린 및 구조묘 매리와 함께 산다.

옮긴이 소개

김기주(kiju98@gmail.com)

포스텍 컴퓨터공학과와 동 대학원을 졸업한 뒤 지금은 elastic.co에서 일래스틱서치 사용자들을 돕고 있다. https://www.elastic.co/kr/blog에 다수의 글을 썼으며 오피셜 일래스틱 트레이닝(https://training.elastic.co/)에서 강의도 한다. 공저로 『Security Plus For Unix』(영진출판, 2000), 옮긴 책으로는 에이콘출판사의 『임베디드 프로그래밍 입문』(2006), 『실시간 UML 제3판』(2008), 『리눅스 API의 모든 것』(2012), 『(개정 3판) 리눅스 실전 가이드』(2014), 『한눈에 빠져드는 셸 스크립트 2/e』(2018), 『임베디드 리눅스 프로그래밍 완전정복 2/e』(2019)이 있다.

나가진(gajinna@gmail.com)

삼성전자에서 심비안 스마트폰을 시작으로 LG, 오라클 등에서 임베디드 소프트웨어 엔지니어로 근무했다. 보안으로 관심 분야를 확장해 주요 기업을 대상으로 소프트웨어 라이프사이클 보안, IoT와 제어시스템 보안 표준과 인증에 대한 프로세스 수립과 컨설팅을 제공했다. 현재 블록체인과 암호화폐 분석을 지원하는 체이널리시스에서 솔루션 아키텍트로 근무하고 있다.

송지연(onsjy12@gmail.com)

지엔텔, 노키아 지멘스 네트웍스에서 근무한 경험이 있는 WCDMA, LTE 분야의 통신 기술 엔지니어 출신으로, 취미로 팀을 만들어 개발에 한동안 푹 빠져 있기도 했다. 현재는 주 전공인 SW 개발 분야로 돌아와 오라클 개발 팀을 거쳐 로쿠에서 PM으로 근무 중이며, 옮긴 책으로는 『스프링 프레임워크 핵심 노트』(한빛미디어, 2013), 『(개정3판) 리눅스 실전 가이드』(에이콘, 2014), 『한눈에 빠져드는 셸 스크립트 2/e』(에이콘, 2018), 『임베디드 리눅스 프로그래밍 완전정복 2/e』(에이콘, 2019) 등이 있다.

옮긴이의 말

코로나19가 본격화되기 직전에 시작해 포스트 코로나로 접어들 때 작업을 마무리하게 됐다. 처음에는 코로나19가 이렇게 오래 지속될 줄은 몰랐다. 6개월이면 정리되겠지, 1년이면 정리되겠지 하다가 어느덧 시간이 이렇게나 흘렀다. 영원히 마스크를 벗지 못하게 될까봐 걱정할 지경이었는데, 그나마 이제 실외에서라도 마스크를 벗을 수 있게 됐으니 다행이다.

그 동안 재택근무가 많이 확산됐고 클라우드 서비스도 보편화됐다. 비대면 업무와 수업용으로 유명해진 화상회의 솔루션도 클라우드 서비스의 일종이다. 클라우드 서비스는 대부분 리눅스를 이용해 구동된다. 다른 OS를 이용할 수도 있지만 현실적으로 리눅스의 비중이 압도적이다. 클라우드 서비스를 개발하고 운영하는 현대의 소프트웨어 엔지니어에게 리눅스에 대한 지식의 중요성이 더 커졌다고 할 수 있다.

꼭 클라우드가 아니더라도 서버를 운영한다면 리눅스를 사용할 가능성이 매우 높다. 검색엔진이자 NoSQL 데이터베이스인 일래스틱서치Elasticsearch도 리눅스와 함께 윈도우를 지원하지만 실제로 업무에 사용하는 경우를 보면 대부분 리눅스에 설치해서 사용한다.

이 책은 버추얼박스VirtualBox라는 무료 VMVirtual Machine을 이용해 리눅스 시스템 사용과 관리를 실습할 수 있게 해준다. 1권에서 운영체제와 리눅스가 무엇인지 살펴본 뒤 기본적인 셸과 커맨드라인 도구들로 시작해 2권에서 디스크, 파일, 프로세스, 프린터, 네트워킹, 사용자와 보안 관리 등 보다 전문적인 영역까지 다룬다. 3권은 DHCP, DNS, SSH, 방화벽, 이메일, 웹 서버, NFS, SAMBA 등 많이 쓰이는 네트워크 서비스를 자세히 살펴본다.

VM을 이용하므로 실제 서버가 없더라도 본인의 PC에 손쉽게 설치해서 익힐 수 있다. 조금 위험한 실습을 하더라도 최악의 경우 VM만 다시 만들면 될 뿐 PC에 손상을 일으키지 않으므로 안심하고 실습할 수 있다. 가상 네트워크를 이용한 실습은 PC 한 대로 서버 2개 사이의 네트워크 서비스 설정을 실습할 수 있는 좋은 기회가 될 것이다.

VM을 이용해서 실습이 진행되기 때문에 VM 설정 자체에 대한 설명도 나오는데, VM은 업무에 많이 쓰이므로 사용법을 익히는 것은 하나의 덤이라고 생각하자.

회사 근무를 마치고 또 다른 근무를 시작하는 나를 기다려준 가족에게 감사하고 생각보다 문체가 까다롭다보니 함께 번역하느라 고생하신 두 분께 감사드린다. 작업이 지연돼도 독촉하지 않고 묵묵히 기다려 주신 에이콘출판사 여러분께 감사드린다.

– 김기주

이번에 출간하는 이 시리즈는 리눅스의 철학을 포함해 리눅스의 기본적인 사용법부터 리눅스를 더욱 효율적으로 사용할 수 있게 해주는 심화 주제, 최근의 업무 환경에서 중요하고 빠르게 진화하고 있는 네트워킹 서비스에 이르기까지 다루고 있다.

특히 2권에서는 1권에서 학습한 기본적인 리눅스 사용법을 기반으로 논리적 볼륨 관리, 파일 관리, 프로세스와 인쇄, 네트워킹, 보안, 사용자 관리, 백업 등을 다루고 있기 때문에 리눅스를 기본 운영체제로 사용하는 독자 중 더욱 효율적인 업무 환경을 만들고 싶다거나 리눅스로 운영되는 시스템의 관리자라면 반드시 필요한 내용을 포함하고 있다. 또한 정규 표현식, 커맨드라인 프로그래밍, 배시 스크립트를 통한 자동화 부분은 다양한 환경에서 활용할 수 있는 기본적인 지식을 포함하고 있다는 점에서 읽어볼 가치가 매우 높다. 이 외에도 다양한 기능을 지원하는 유틸리티와 로그를 활용하는 방법, 백업에 대한 부분은 리눅스 시스템을 운영하는 시스템 관리자에게 매우 유용할 것이다.

언제나 그렇듯 아낌없는 지원과 믿음으로 번역을 기다려주신 에이콘출판사 여러분께 감사드린다.

– 나가진

이 시리즈는 리눅스에 대한 전반적인 이해도를 높이기 위한 모든 지식을 3권에 모두 담았다. 특히 3권에서는 요즘 가장 중요한 네트워킹 서비스를 중점적으로 다루는데, 1권과 2권에서 이미 실습한 내용을 바탕으로 네트워크 서비스를 추가하는 방식으로 진행한다.

리눅스가 탄생한 지 오랜 시간이 지났지만 이 책을 읽는 독자도 모두 느끼고 있듯이, 시간이 지날수록 쇠퇴하기보다는 더더욱 중요한 운영체제가 되고 있다. 1권과 2권에서 전반적으로 리눅스가 무엇인지, 운영체제가 무엇인지 등 기본적인 사항을 배우고, 거기서 발전해 디스크, 파일, 프로세스 등과 함께 3권에서 네트워크 서비스를 익히고 나면 리눅스 관리자가 되기 위한 커다란 한걸음을 내딛었다고 보기에 부족함이 없다.

1권부터 3권까지 모두 버추얼박스라는 무료 VM을 이용해 실습하므로 다른 대단한 시스템을 따로 준비하지 않더라도 무리 없이 실습을 진행할 수 있으니 가상 네트워크를 이용한 여러 테스트와 설정을 연습해볼 수 있는 좋은 기회가 될 것이다.

3권에서는 현대사회에서 가장 중요하게 여기는 네트워크 서비스를 전문적으로 설명한다. DHCP, DNS, SSH, 방화벽, 스팸, 악성코드 방지, 이메일, 웹 서버 등 리눅스 관리자라면 기본적으로 알아야 할 네트워크 서비스를 자세히 실험과 함께 설명했다. 또한 이 책의 작가도 리눅스 관리자로 오랫동안 경력을 쌓은 만큼 이 책에 있는 실제 필드에서의 경험에 대한 이야기도 많은 도움이 될 것을 의심치 않는다.

이 책을 진행하는 동안 회사에서도 많은 변화가 있어 적응을 위해 번역이 많이 늦어졌지만 독촉하지 않고 묵묵히 기다려 주신 에이콘출판사 여러분께 감사드린다.

– 송지연

차례

들어가며

먼저 이 책을 구입해줘서 고맙다. 여러분이 승선한 리눅스 교육 과정은 리눅스를 배우고자 여러분이 구매할 수 있었던 다른 교육과는 매우 다르다.

과정 소개

이 리눅스 교육 과정은 세 권으로 이뤄져 있다. 세 권 각각은 긴밀히 연관돼 있고 서로를 기반으로 한다. 리눅스를 새로 접하는 사람은 1권부터 시작하는 것이 가장 좋다. 세 권 모두에서 많은 실습을 통해 사용되고 수정될 가상 실습실(가상 네트워크와 가상 기계)을 만드는 과정을 자세히 안내한다. 좀 더 숙련된 리눅스 사용자는 2권이나 3권부터 시작해도 좋고 2권, 3권을 시작하고자 VM을 설정하는 스크립트를 다운로드할 수 있다. 스크립트와 함께 제공되는 지시 사항에 따라 가상 네트워크와 가상 기계의 구성을 설정하면 된다.

다음의 권별 개요를 살펴보고 이 과정 중 여러분의 현재 기술 수준에 알맞은 권을 선택하기 바란다.

이 리눅스 교육 과정은 완전한 자습 과정이라는 점에서 다른 과정과 다르다. 초보자는 1권의 처음부터 시작해야 하고, 분문을 읽고, 모든 실습을 수행하고, 3권 끝까지의 모든 연습문제를 해결해야 한다. 그렇게 하면 리눅스에 대한 지식이 전혀 없이 시작해도 리눅스 시스템 관리자^SysAdmin^가 되고자 필요한 작업들을 배울 수 있다.

이 과정이 다른 과정과 또 다른 점은 모든 실습이 가상 네트워크상에 있는 하나 이상의 가상 기계VM, Virtual Machine에서 이뤄진다는 것이다. 무료 소프트웨어인 VirtualBox를 이용해서 적당한 크기의 호스트(리눅스든 윈도우든)에 이 가상 환경을 만들 것이다. 이 가상 환경에서 마음껏 실험할 수 있고, 하드웨어 호스트에 설치된 리눅스를 망가뜨릴 수도 있는 실수를 하더라도 여러 개의 리눅스 VM 호스트 스냅샷 중 하나를 복원해 완전히 복구할 수 있다. 위험을 무릅쓰면서도 쉽게 복구할 수 있는 유연함으로 인해 달리 배울 수 없는 많은 것을 배울 수 있다.

나는 언제나 뭔가가 기대한 대로 됐을 때보다 실수에서 더 많이 배운다는 것을 알았다. 따라서 여러분이 문제에 빠졌을 때 즉시 이전의 스냅샷으로 되돌아가기보다는 문제가 어떻게 발생했는지, 어떻게 복구하는 것이 최선인지를 알아내기를 추천한다. 적당한 시간이 지난 뒤에도 문제를 해결하지 못하면 스냅샷으로 돌아가도 좋을 것이다.

각각의 장은 특정 학습 목표, 대화형 실습, 실습과 복습 질문이 포함된 연습문제를 담고 있다. 나는 1978년부터 1981년까지 IBM에서 학습 과정 개발자로 일했을 때 이런 형식을 배웠다. 이는 자습에 잘 맞는 검증되고 올바른 형식이다.

이들 학습 자료는 참고 자료로도 쓸 수 있다. 나는 수년간 이전의 학습 자료를 참고용으로 쓰곤 했고 매우 유용했다. 이는 이번 자료를 만들 때 내 목표 중 하나였다.

참고

이 과정의 모든 연습문제를 해결하려면 장의 내용을 살펴보는 것만으로는 부족하다. 어떤 문제는 답을 찾고자 스스로 실험을 설계해야 할 수도 있다. 많은 경우 여러 개의 답이 있을 것이고, 올바른 결과를 낳는 모든 답이 올바른 답일 것이다.

절차

형식에 알맞은 절차도 과정의 형식만큼(사실은 형식보다 더) 중요하다. 과정 개발자가 할 첫 번째 일은 과정의 구조와 내용을 정의하는 요구 사항 목록을 만드는 일이다. 그런 다음에야 과정을 작성하는 절차를 진행할 수 있다. 사실 나머지 내용을 작성하기 전에 복습 질문과 연습문제를 먼저 작성하는 것이 종종 도움이 됐다. 이 과정의 여러 장을 이런 식으로 작업했다.

이들 과정은 여러분처럼 리눅스 시스템 관리자가 되고자 배우기를 원하는 학생을 위한 완전한 리눅스 교육 과정을 제공한다. 이 리눅스 과정을 통해 처음부터 시스템 관리자가 되는 것을 목표로 리눅스를 공부할 수 있다.

대부분 리눅스 교육은 리눅스 사용자 교육 과정을 먼저 수강해야 한다는 가정으로 시작한다. 이들 과정은 시스템 관리에서 루트의 역할을 설명하지만 미래의 시스템 관리자에게 중요한 주제들을 무시하거나 시스템 관리 자체를 무시하기도 한다. 전형적인 두 번째 강좌는 학생들에게 시스템 관리를 소개하고, 세 번째는 고급 관리 주제와 씨름하게 될 수도 있다.

솔직히 이런 아기 걸음마식 접근 방법은 리눅스 시스템 관리자들에게 잘 맞지 않았다. 우리는 최대한 빠르게 많이 배우려는 강렬한 갈망 때문에 시스템 관리자가 됐다. 이는 우리의 호기심 많은 본성 때문이기도 하다. 우리는 간단한 명령을 배운 다음 질문하고, 실험하기 시작하며 한계를 살피고 어떻게 하면 부서지는지, 어디로 영향을 미치는지 알아낸다. 설명서와 기타 문서를 읽고 극단적인 사용법을 익힌다. 망가지지 않으면 의도적으로 망가뜨려서 어떻게 동작하는지 살피고 어떻게 고치는지 배운다. 우리는 스스로의 실패를 즐긴다. 언제나 기대한 대로 동작할 때보다 고치면서 더 많이 배우기 때문이다.

이 과정은 리눅스 시스템 관리에 대해 처음부터 깊이 알아볼 것이다. 리눅스 워크스테이션과 서버를 사용하고 관리하는 데 필요한 여러 리눅스 도구(각각의 작업에 적용되는 여러 도구)를 배울 것이다. 이 과정은 시스템 관리자가 그 진가를 알아보는 여러 실습을 담고 있다. 이러한 실습은 모두 리눅스의 깊은 우아함과 아름다움으로 한 걸음씩 안내한다. 리눅스의 간결함이 리눅스를 우아하면서 알기 쉽게 만든다는 것을 배울 것이다.

다년간의 유닉스와 리눅스 사용 경험에 기반을 두고 세 권에 담긴 교육 자료는 독자들이 리눅스 사용자로서, 동시에 리눅스 시스템 관리자로서 매일 수행할 실용적인 작업을 소개한다. 그러나 나도 모든 것을 알지는 못한다. 어떤 시스템 관리자라도 그렇다. 게다가 어떤 두 관리자라도 정확히 같은 것을 알지는 못한다. 우리는 서로 다른 지식과 기술을 갖고 시작했으며 목표와 경험도 다르다. 각자가 사용하는 시스템은 하드웨어, 네트워크, 배포판을 비롯해 많은 차이점을 갖고 있기 때문에 서로 다른 방식으로 문제를 일으킬 수밖에 없다.

또한 멘토와 사용자들이 문제를 해결하고자 사용하는 도구와 접근 방법도 각기 다르다. 서로 다른 리눅스 배포판을 사용해 다르게 생각하며 리눅스가 실행되는 하드웨어에 대해 알고 있는 점도 다르다. 이렇듯 우리의 과거는 우리가 어떤 시스템 관리자인지를 만들고 결정한다.

따라서 이 과정에서 독자들이 알아야 할 중요한 것을 보여주고, 여러분의 호기심과 창의성을 이용해서 마주하지 못한 문제들에 대해 상상도 못할 답을 찾는 기술을 제공할 것이다.

이 과정은 …이 아니다

이 과정은 인증 준비 안내서가 아니다. 이 책은 어떤 종류의 인증 시험 통과에도 도움이 되게 설계되지 않았다. 이 과정은 순전히 좋은 또는 심지어 어쩌면 훌륭한 시스템 관리자가 되기를 돕기 위한 것이지 시험을 통과하기 위한 것이 아니다.

일부 좋은 인증 시험이 있다. 레드햇과 시스코 인증은 최고에 속한다. 응시자가 특정 작업을 수행할 수 있는 능력에 기반을 두고 있기 때문이다. 나는 다른 인증 시험은 응시하지 않았기 때문에 잘 모른다. 그러나 그런 시험을 통과하는 데 도움이 되는 과정이나 책은 시험에 통과하는 것을 돕도록 설계됐지 리눅스 호스트나 네트워크를 관리하는 것을 돕도록 설계되지 않았다. 그렇다고 나쁘다는 것은 아니다. 단지 이 과정과 다르다는 것이다.

개요

이 과정은 세 권으로 이뤄졌기 때문에 중간 중간 다른 장을 참조하는데, 일부는 다른 권에 있을 수 있기 때문에 참조하는 자료가 어느 권에 있는지 나타낼 방법이 필요하다. 자료가 다른 권에 있다면 언제나 '3권의 2장'이나 '2권 5장'처럼 어느 권인지 표시할 것이다. 자료가 같은 권에 있다면 간단히 장 번호만 적을 수도 있지만 확실함을 위해 현재 권의 번호를 적을 수도 있다.

각 권 내용의 간략한 개요는 특정 정보를 찾을 때 빠른 안내서가 될 것이다. 이 책들을 살지 결정하려고 한다면 전체 과정에 대한 좋은 개요를 제공할 것이다.

1권: 제로에서 시스템 관리자까지: 시작하기

이 교육 과정의 1권은 운영체제 일반과 리눅스를 소개한다. 나머지 과정의 준비로 『The Linux Philosophy for SysAdmins』[1]를 간단히 살펴본다.

4장은 VirtualBox를 이용해서 여러 실습을 수행할 테스트 환경으로, 이 과정 내내 사용할 VM과 가상 네트워크를 만드는 과정을 안내한다. 5장에서는 인기있고 강력한 리눅스 배포판인 페도라Fedora Xfce 버전을 VM에 설치한다. 6장에서는 Xfce 데스크탑 사용법을 배워 커맨드라인 인터페이스CLI, Command-Line Interface 전문 지식의 활용도를 높여준다.

1. 『The Linux Philosophy for SysAdmins』(Apress, 2018)

7장과 8장에서는 리눅스 커맨드라인 사용법을 익히고 기본적인 리눅스 명령과 능력을 배운다. 9장에서는 데이터 스트림과 이를 조작하는 리눅스 도구를 배운다. 10장에서는 고급 리눅스 사용자와 시스템 관리자에게는 필수적인 몇 가지 문서 편집기[text editor]를 배운다.

11장에서 13장까지는 시스템 관리자의 일을 시작하고 소프트웨어 업데이트나 새로운 소프트웨어를 설치하는 등의 작업을 수행해본다. 14장과 15장에서는 터미널 에뮬레이터와 고급 셸 기술을 설명한다. 16장에서는 컴퓨터가 부트하고 리눅스가 시작하면서 일어나는 일련의 이벤트를 배운다. 17장에서는 커맨드라인의 효율이 높아지도록 셸을 구성해서 개인화하는 방법을 보여준다.

18장과 19장에서는 파일과 파일 시스템을 자세히 알아본다.

1장, 소개
2장, 운영체제 소개
3장, 시스템 관리자를 위한 리눅스 철학
4장, 준비
5장, 리눅스 설치
6장, Xfce 데스크탑 사용
7장, 리눅스 커맨드라인 사용
8장, 핵심 유틸리티
9장, 데이터 스트림
10장, 텍스트 편집기

11장, root로 작업

12장, 소프트웨어 설치와 업데이트

13장, 문제 해결용 도구

14장, 터미널 에뮬레이터 애호가

15장, 고급 셸 사용법

16장, 리눅스 부팅과 시작

17장, 셸 구성

18장, 파일, 디렉터리, 링크

19장, 파일 시스템

2권: 제로에서 시스템 관리자까지: 고급 주제

2권은 모든 시스템 관리자가 알아야 하는 믿을 수 없을 만큼 강력하고 유용한 고급 주제들을 소개한다.

1장과 2장에서는 논리적 볼륨 관리를 자세히(심지어 그 뜻이 무엇인지) 알아보고 파일 관리자를 사용해서 파일과 디렉터리를 조작해본다. 3장에서는 리눅스에서는 모든 것이 파일이라는 개념을 소개한다. 또한 모든 것이 파일이라는 사실의 재미있고 흥미로운 용법을 배운다.

4장에서는 시스템 관리자가 실행 중인 프로세스를 관리하고 감시하는 데 사용하는 몇 가지 도구를 배운다. 5장에서는 특수 파일 시스템의 힘을 느끼게 해준다. 시스템 관리자는 특수 파일 /proc을 이용해서 실행 중인 커널을 재부팅 없이 감시하고 튜닝할 수 있다.

6장에서는 정규 표현식regular expression을 소개하고 정규 표현식을 이용한 패턴 매치가 커맨드라인에 부여하는 힘을 보여준다. 7장에서는 프린터 관리와 커맨드라인에서 인쇄하는 방법을 설명한다. 8장에서는 몇 가지 도구를 사용해서 리눅스 운영체제가 실행되는 하드웨어의 비밀을 풀어본다.

9장부터 11장까지는 간단한(그리고 간단치 않은) 커맨드라인 프로그래밍 방법과 다양한 관리 작업을 자동화하는 방법을 보여준다.

네트워크에 대한 자세한 사항은 12장에서 배우고 13장부터 15장까지는 리눅스 시스템에 필요한 여러 서비스를 관리하는 방법을 보여준다. 또한 하드웨어를 관리하고 USB 드라이브 같은 하드웨어 장치가 설치됐을 때 감지하는 소프트웨어를 설명하고 그때 시스템이 어떻게 반응하는지 알아본다.

16장에서는 로그와 저널을 이용해서 문제의 실마리를 찾고 시스템이 올바르게 동작하는 것을 확인하는 방법을 보여준다.

17장과 18장에서는 간편한 로컬/리모트 백업 수행법을 포함해서 리눅스 시스템의 보안을 향상시키는 방법을 보여준다.

1장, 논리적 볼륨 관리
2장, 파일 관리자
3장, 모든 것이 파일
4장, 프로세스 관리

5장, 특수 파일 시스템

6장, 정규 표현식

7장, 인쇄

8장, 하드웨어 감지

9장, 커맨드라인 프로그래밍

10장, Bash 스크립트를 사용한 자동화

11장, 시간과 자동화

12장, 네트워킹

13장, systemd

14장, D-Bus와 udev

15장, 로그와 저널

16장, 사용자 관리

17장, 보안

18장, 백업

3권: 제로에서 시스템 관리자까지: 네트워크 서비스

3권에서는 기존의 가상 네트워크에 새로운 VM을 만든다. 새 VM은 남은 과정에서 서버로 쓰이고 가상 네트워크의 일부인 가상 라우터가 수행하는 일부 기능을 대체한다.

2장에서는 VM에 새로운 네트워크 인터페이스 카드[NIC, Network Interface Card]를 추가해 방화벽과 라우터로 동작하게 하고 네트워크 구성을 DHCP에서 정적static으로 바꿈으로써 단순 워크스테이션에서 서버로의 변환을 시작한다. 두 NIC 중 하나는 기존 가상 라우터에 연결해 외부 세계로의 연결을 허용하고 나머지 NIC는 새로운 '내부' 네트워크(기존의 VM을 담고 있는)로 연결한다.

3장과 4장에서는 관리되는 내부 네트워크를 지원하기 위한 필수 서비스인 DHCP와 DNS 설정을 소개한다. 5장에서는 리눅스 호스트 간 안전한 원격 연결을 제공하기 위한 SSHD 구성을 설명한다. 6장에서는 새로운 서버를 간단하면서도 효과적인 방화벽 기능이 포함된 라우터로 변환한다.

7장부터 9장까지는 대부분의 스팸과 멀웨어malware를 감지하고 막을 수 있는 엔터프라이즈급 이메일 서버 설치와 구성을 배운다. 10장에서는 웹 서버 설정을 다루고 11장에서는 유연하고 강력한 저작물 관리 시스템content management system인 WordPress를 설치한다.

12장에서는 이메일로 돌아와서 Mailman을 이용해서 메일링 리스트를 설정해본다. 13장에서는 리눅스와 윈도우 호스트 사이에서의 파일 공유에 대해 알아본다. 때로는 원격 데스크탑 접속이 일을 할 수 있는 유일한 방법일 수 있다. 따라서 14장에서는 바로 그것을 할 것이다.

15장에서는 네트워크에 시간 서버를 설치하는 방법과 정확도를 확인하는 방법을 보여준다. 다른 주제들을 다루는 동안 보안을 언제나 염두에 뒀음에도 16장에서 보안 관련 주제를 추가로 다룬다.

17장에서는 패키지 관리를 다른 방향에서 다뤄 자신의 스크립트와 구성파일을 배포하기 위한 RPM 패키지를 만드는 과정을 안내한다.

18장에서는 여러분을 올바른 방향으로 안내할 것이다. 여러분이 여기서 어디로 가야 할지 궁금해 할 것을 알기 때문이다.

1장, 서버 준비
2장, 서버 구성
3장, DHCP
4장, 네임 서비스: DNS
5장, SSH를 이용한 원격 접근
6장, 라우팅과 방화벽
7장, 이메일 소개
8장, 이메일 클라이언트
9장, 스팸 방지
10장, 아파치 웹 서버
11장, 워드프레스
12장, 메일링 리스트
13장, 파일 공유
14장, 원격 데스크탑 접근
15장, 네트워크 타임 프로토콜
16장, 보안
17장, 고급 패키지 관리

18장, 모든 과정을 마치며

학습 방법

주로 자습용 안내서로 설계됐지만 교실에서도 효과적으로 사용할 수 있다. 또한 이 책은 참고서로도 매우 효과적으로 사용할 수 있다. 리눅스 교육 과정용으로 내가 쓴 교재 다수를 독립 강사나 컨설턴트로서 강의할 때 사용했으며, 참고서로도 매우 유용했다. 실습은 여러 작업을 수행할 때 모델이 됐으며 나중에 같은 작업을 자동화하는 기초가 됐다. 실습 중 다수는 아직도 쓸모 있고 여전히 필요한 여러 작업을 위한 훌륭한 참고 자료가 됐기 때문에 이 책 여기저기에 사용했다.

이 과정을 진행하면서 비교적 오래됐거나 한물간 것으로 여겨지는 여러 소프트웨어(Sendmail, Procmail, BIND, 아파치 웹 서버 등)를 사용하는 것을 알게 될 것이다. 그들이 오래됐음에도 불구하고 어쩌면 오래됐기 때문에 내가 내 시스템과 서버에서 실행하고 이 과정에서 사용하기로 선택한 소프트웨어는 잘 증명됐고 여전히 널리 쓰이고 있다. 실습에서 사용할 소프트웨어가 리눅스와 서비스의 동작의 깊이 있는 학습과 관련해 특별한 가치가 있다고 믿는다. 자세한 사항을 배우고 나면 같은 작업을 수행하는 다른 소프트웨어로 옮겨갈 때 상대적으로 쉬울 것이다. 어떤 상황에서라도 '오래된' 소프트웨어는 일부 사람이 생각하는 것만큼 어렵거나 한물가지 않았다.

이 책의 대상 독자

고급 리눅스 사용자나 시스템 관리자가 되고자 배우고 싶다면 이 책은 여러분을 위한 것이다. 대부분의 시스템 관리자가 리눅스 시스템 관리를 배우려는 극도로 높은 수준의 호기심과 심오한 필요를 느끼고 있다. 사물의 동작 원리를 배우고자 분해하고 다시 조립하기를 좋아한다. 뭔가를 고치기를 좋아하고 친구와 동료가 가져온 컴퓨터 문제를 해결하려고 뛰어드는 데 주저하지 않는다.

어떤 컴퓨터 하드웨어 부품에 문제가 생겼을 때 무슨 일이 일어나는지 알아서 마더보드나 램 메모리, 하드 드라이브 같은 고장난 부품을 모아뒀다가 고장난 부품으로 테스트를 실행하고 싶다. 이 과정을 쓰는 지금 나는 고장난 하드 드라이브를 내 워크스테이션에 연결된 하드 드라이브 도킹 스테이션에 꽂아뒀고 나중에 이 과정에 나오는 고장 시나리오에 사용한다.

가장 중요한 것은 직업과 관련된 강렬한 이유가 없더라도 이 모든 것이 재미를 위한 것이고 앞으로도 그럴 것이라는 점이다. 컴퓨터 하드웨어와 리눅스에 대한 강렬한 호기심이 컴퓨터와 소프트웨어 수집으로 이끈다. 다른 사람들이 우표나 골동품을 수집하듯이 컴퓨터는 우리의 여가 활동, 우리의 취미다. 어떤 사람들은 배나 스포츠, 여행, 동전, 우표, 기차, 그 밖에 수천 가지 다른 것들을 좋아하고 취미로서 끈질기게 추구한다. 진정한 시스템 관리자는 컴퓨터가 바로 그것이다. 이는 원만하지 않다거나 다른 일들을 하지 않는다는 뜻이 아니다. 나는 여행, 독서, 박물관, 콘서트, 역사적인 기차 타기를 좋아하며, 내 우표 수집품은 여전히 내가 다시 시작하기를 기다린다.

사실 가장 좋은 시스템 관리자는 최소한 내가 알기로는 모두 다면적이다. 우리는 서로 다른 여러 일에 연관돼 있다. 나는 그것이 거의 모든 것에 대한 우리의 무궁무진한 호기심 때문이라고 생각한다. 따라서 여러분이 리눅스에 대한 충족되지 않는 호기심을 갖고 있고 배우고 싶다면 과거의 경험이나 무경험과 상관없이 이 책은 분명히 여러분을 위한 것이다.

이 책의 대상이 아닌 독자

리눅스 시스템에 대해 배우거나 관리하려는 강한 욕구가 없다면 이 책은 여러분을 위한 것이 아니다. 누군가가 여러분의 책상에 가져다 놓은 리눅스 컴퓨터상의 일부 애플리케이션을 사용하는 것이 바라거나 필요한 것의 전부라면 이 책은 여러분을 위한 것이 아니다. GUI 데스크탑 아래 숨어 있는 강력한 힘에 대한 호기심이 없다면 이 책은 여러분을 위한 것이 아니다.

이 책을 집필한 이유

누군가가 나에게 왜 이 과정을 작성하는지 물었다. 나의 대답은 간단하다. 리눅스 커뮤니티에게 돌려주고 싶다. 일하는 동안 몇 명의 놀라운 멘토가 있었고 나에게 많은 것을 가르쳐 줬다. 나 스스로 배운 것과 함께 공유하고 싶다.

이 책(세 권 모두)은 내가 만들고 가르친 3개의 리눅스 과정을 위한 슬라이드 프레젠테이션과 연구실 프로젝트로 시작했다. 여러 가지 이유로 나는 더 이상 그 과정을 가르치지 않는다. 하지만 여전히 리눅스 관리를 위해 내가 배운 지식 및 팁과 비결을 최대한 전달하고 싶다. 이 책을 통해 내가 바라는 것이 그것이다. 내가 운 좋게 받은 안내와 멘토링 중 최소한 일부라도 전달할 수 있기를 바란다.

1장

소개

학습 목표

1장의 학습 목표는 다음과 같다.

- 리눅스의 가치 제안value proposition 정의
- 리눅스가 바람직한 운영체제인 최소한 4가지 속성 기술
- 오픈소스 소프트웨어에 적용되는 '자유'의 의미 정의
- 리눅스 진리LinuxTruth와 그 의미를 알아본다.
- 오픈소스 소프트웨어가 시스템 관리자의 일을 어떻게 쉽게 만드는지 설명
- 전형적인 시스템 관리자의 특징 나열
- 이 과정 내내 사용되는 실험의 구조 설명
- 리눅스 커맨드라인에 접근하는 데 쓰이는 두 종류의 터미널 환경 나열

리눅스에 대해

소프트웨어의 가치는 값이 아니라 유용성에 있다.

– 리누스 토발즈Linus Torvalds[1]

위에 인용한 리누스 토발즈Linus Torvalds(리눅스의 창시자[2])의 말은 FOSSFree Open Source Software와 특히 리눅스의 가치 제안을 완벽하게 설명한다. 잘 동작하지 않거나 사용자의 요구를 충족하지 못하는 비싼 소프트웨어는 전혀 가치가 없다. 반면 사용자의 요구를 충족하는 무료 소프트웨어는 사용자들에게 큰 가치가 있다.

대부분의 오픈소스 소프트웨어[3]는 후자에 속한다. 수백만의 사람이 극도로 유용하다는 소프트웨어이며 그렇기 때문에 엄청난 가치가 있다. 개인적으로 리눅스를 사용한 20여 년 동안 단지 하나의 사유 소프트웨어proprietary software만을 다운로드해서 사용했다.

리눅스 자체는 완전한 오픈소스 운영체제로, 개방형이고 유연하며 안정적이고 확장 가능하고 안전하다. 모든 운영체제처럼 컴퓨터 하드웨어와 그 위에서 실행되는 응용 소프트웨어 사이에 가교를 제공한다. 또한 다음과 같은 항목을 감시하고 관리하고자 시스템 관리자가 사용할 수 있는 도구를 제공한다.

1. 운영체제 자체의 기능
2. 워드프로세서, 스프레드시트, 금융, 과학, 산업, 학계 소프트웨어 등의 생산성 소프트웨어
3. 하부의 하드웨어, 예를 들어 온도와 동작 상태
4. 버그를 고치기 위한 소프트웨어 업데이트
5. 운영체제의 한 버전에서 다음 버전으로 옮겨가기 위한 업그레이드

1. 위키피디아, Linus Torvalds, https://en.wikipedia.org/wiki/Linus_Torvalds
2. 위키피디아, History of Linux, https://en.wikipedia.org/wiki/History_of_Linux
3. 위키피디아, Open Source Software, https://en.wikipedia.org/wiki/Open-source_software

시스템 관리자가 수행해야 하는 작업들은 작업을 수행하는 데 사용할 수 있는 도구나 시스템 관리자가 작업을 수행할 때 허용되는 자유도 면에서 운영체제의 철학과 불가분의 관계다. 리눅스와 윈도우의 기원을 간략히 살펴보고 그 창시자의 철학이 시스템 관리자의 작업에 어떤 영향을 주는지 알아보자.

윈도우의 탄생

사유 DEC VAX/VMS[4] 운영체제는 폐쇄 철학을 지지하는 개발자들이 설계했다. 즉, 사용자는 컴퓨터를 무서워하므로 시스템 내부의 '엉뚱한 짓'으로부터 보호돼야 한다는 것이다.[5]

DEC VAX/VMS 운영체제를 작성한 데이브 커틀러Dave Cutler[6]는 현존하는 모든 윈도우의 부모인 윈도우 NT의 수석 아키텍트이기도 하다. 마이크로소프트는 커틀러를 DEC에서 스카우트할 때 윈도우 NT를 작성하게 하려는 구체적인 의도가 있었다. 커틀러는 마이크로소프트와의 합의에 따라 DEC에서 함께 일했던 최고의 엔지니어들을 여럿 데려올 수 있었다. 따라서 오늘날의 윈도우가 윈도우 NT와 많이 달라졌더라도 비밀의 베일 뒤에 감춰져 있음은 놀랄 일이 아니다.

블랙박스 증후군

누군가 고치려고 할 때 사유 소프트웨어가 무슨 의미를 내포하는지 살펴보자. 어떤 가상의 복잡한 사유 소프트웨어를 나타내고자 간단한 블랙박스 예를 사용할 것이다. 이 소프트웨어는 이른바 '영업 비밀'을 훔칠 수 없도록 소스코드를 비밀로 삼고자 하는 가상의 회사가 작성했다.

---

4. 1991년 후반 OpenVMS로 이름이 바뀌었다.
5. Mike Gancarz, Linux and the Unix Philosophy, Digital Press, 2003, 146-148
6. ITPro Today, Windows NT and VMS: The rest of the Story, https://web.archive.org/web/20170529061737/http://windowsitpro.com/windows-client/windows-nt-and-vms-rest-story

이 가상의 사유 소프트웨어의 가상 사용자는 자신이 접근하는 컴파일된 기계어 코드 조각 안에서 무슨 일이 일어나는지 아무것도 모른다. 이 제약의 일부는 사용 계약('법적인'이라고 말하지는 않는다)에 포함돼 있어 사용자가 기계어 코드를 역공학해 소스코드를 만드는 것을 금지한다. 이 가상의 코드의 유일한 기능은 숫자 입력이 17 이하면 'no'를, 17 초과면 'yes'를 출력하는 것이다. 이 결과는 내 고객이 17개 이상 주문을 했을 때 할인을 받을지 결정하는 데 사용된다.

몇 주간, 몇 개월간, 몇 년간 이 소프트웨어를 정상적으로 사용하던 어느 날 고객 중 한 명이 할인을 받아야 하는데 받지 못했다고 불평한다.

간단히 0부터 16까지의 숫자를 테스트하면 올바른 출력 'no'를 얻을 수 있다. 18 이상의 숫자를 테스트하면 올바른 출력 'yes'를 얻을 수 있다. 17을 테스트하면 틀린 출력인 'no'를 얻는다. 왜? 우리는 이유를 알 방법이 없다. 프로그램은 정확히 17이라는 극단적 경우에 실패한다. 코드 안에 잘못된 논리 비교가 있다고 짐작할 수 있지만 알 방법이 없고, 소스코드에 접근할 수 없기 때문에 이를 직접 확인하거나 고칠 수 없다.

따라서 소프트웨어를 구매한 업체에 이 문제를 보고한다. 해당 업체는 다음 버전에서 문제를 고칠 것이라고 말한다. "다음 버전은 언제 나오나요?" 내가 묻는다. "대략 6개월 뒤일 겁니다."라고 답한다.

나는 이제 직원 중 한 명에게 판매할 때마다 고객이 할인을 받아야 하는지 확인하는 일을 맡겨야 한다. 할인을 받아야 하는 고객이 있으면 다른 사람을 시켜 환불 수표를 발행하고 상황을 설명하는 편지와 함께 보낸다.

몇 달 뒤에 문제 수정에 대해 업체로부터 연락이 없으면 나는 전화를 해서 상태를 알아내려고 한다. 업체는 문제를 겪는 사람이 나 하나뿐이기 때문에 그 문제를 고치지 않기로 했다고 말한다. 이를 해석하면 "미안합니다. 당신은 우리가 그 문제를 고치도록 보장할 만큼 충분한 돈을 지불하고 있지 않습니다."라는 의미다. 게다가 업체는 내가 소프트웨어를 구매한 회사를 인수한 새 주인인 벤처 캐피털 회사가 해당 소프트웨어를 더 이상 팔거나 지원하지 않을 것이라고도 말한다.

나는 전혀 쓸모없는 문제가 수정되지도 않고 직접 수정할 수도 없는 소프트웨어를 떠맡게 됐다. 해당 소프트웨어를 구매한 다른 어떤 사람도 그 문제가 닥쳤을 때 고칠 수 없다.

완전히 폐쇄되고 열어볼 수 없는 봉인된 상자 안에 있기 때문에 사유 소프트웨어는 알 수가 없다. 윈도우도 마찬가지다. 윈도우 지원 직원은 안에서 어떻게 동작하는지 모른다. 윈도우의 문제를 고치는 가장 흔한 조언이 컴퓨터를 다시 부팅하라는 것임은 바로 이 때문이다. 폐쇄되고 알 수 없는 시스템에 대해서는 논리적인 판단이 불가능하기 때문이다.

윈도우처럼 자신의 능력을 사용자에게 가리는 운영체제는 컴퓨터가 실제 제공할 수 있는 능력을 모두 맡길 만큼 사용자가 똑똑하거나 아는 것이 많지 않다는 기본적인 가정을 갖고 개발됐다. 이들 운영체제는 제한적이고 의도적으로 그런 제약을 강제하는 커맨드라인과 그래픽 사용자 인터페이스를 갖고 있다. 제한적인 사용자 인터페이스는 일반 사용자와 시스템 관리자를 모두 창이 없는 방에 넣고 문을 닫은 뒤 3중 잠금장치를 하는 것과 같다. 잠긴 방은 사용자가 리눅스를 이용해서 할 수 있는 여러 가지 영리한 작업을 못하게 한다.

그런 제한적인 운영체제의 커맨드라인 인터페이스는 상대적으로 적은 명령을 제공하고 가능한 활동을 사실상 제한한다. 이런 것을 편안히 여기는 사용자도 있다. 하지만 나는 그렇지 않고 이 책을 읽는 여러분도 분명 그렇지 않을 것이다.

리눅스의 탄생

켄 톰슨Ken Thompson[7]과 데니스 리치Dennis Ritchie[8]가 이끈 유닉스 개발자들은 자신들이 이해하기 쉽게 개방적이고 접근 가능하게 유닉스Unix를 설계했다. 규칙과 가이드라인, 절차와 방법을 만든 다음 이를 운영체제의 구조로 설계했다. 이것이 시스템 개발자들에게 잘 먹혔고 최소한 부분적으로는 시스템 관리자들에게도 잘 먹혔다. 마이크 갠카즈Mike Gancarz는 유닉스 운영체제의 창설자들이 만든 지침들을 모아 『The Unix Philosophy』(Digital Press, 1994)라는 훌륭한 책을 출간했고 나중에 이를 업데이트한 『Linux and the Unix Philosophy』[9](Digital Press, 2003)를 냈다.

또 다른 좋은 책인 에릭 레이먼드Eric S. Raymond의 『The Art of Unix Programming』[10]은 유닉스 환경에서의 프로그래밍에 대한 저자의 철학적 관점을 보여준다. 또한 이 책은 저자가 경험하고 회상하는 유닉스 개발의 역사이기도 하다. 이 책은 인터넷에서 무료로 공개돼 있다.[11]

1991년 핀란드의 헬싱키에서 리누스 토발즈는 미닉스Minix[12](앤드류 타넨바움Andrew S. Tanenbaum[13]이 작성한 작은 리눅스 변종)를 이용한 컴퓨터 과학 수업을 듣고 있었다.

토발즈는 미닉스가 만족스럽지 않았다. 여러 가지 기능이 부족했기 때문이다. 최소한 그에게는 그랬다. 따라서 자신의 운영체제를 작성하고 그 사실과 코드를 인터넷에 공유했다. 이 작은 운영체제는 취미로 시작해서 결국에는 창시자를 기리고자 리눅스Linux라고 불리게 되고 GNU GPL 2 오픈소스 라이선스[14]로 배포됐다.

---

7. https://en.wikipedia.org/wiki/Ken_Thompson
8. https://en.wikipedia.org/wiki/Dennis_Ritchie
9. Mike Gancarz, 『Linux and the Unix Philosophy』, Digital Press – an imprint of Elsevier Science, 2003.
10. Eric S. Raymond, 『The Art of Unix Programming』, Addison-Wesley, September 17, 2003.
11. Eric S. Raymond, 『The Art of Unix Programming』, www.catb.org/esr/writings/taoup/html/
12. https://en.wikipedia.org/wiki/MINIX
13. https://en.wikipedia.org/wiki/Andrew_S._Tanenbaum
14. https://en.wikipedia.org/wiki/GNU_General_Public_License

위키피디아에는 디지털 오션Digital Ocean과 마찬가지로 리눅스의 역사[15]가 잘 정리돼 있다.[16] 좀 더 개인적인 역사를 원한다면 리누스 토발즈의 『Just for jun』[17]을 읽어보기 바란다.

열린 상자

앞서 말한 사례와 같은 소프트웨어를 상상해보자. 하지만 이번에는 어떤 회사가 작성해서 오픈소스로 공개하고 내가 원하면 소스코드를 제공한다고 가정해보자. 같은 상황이 발생한다. 문제를 보고한다. 벤더는 다른 아무도 이 문제를 겪은 사람이 없다고 말하고 살펴보겠지만 빠른 시일 안에 고쳐질 것이라고 기대하지는 말라고 한다.

따라서 내가 소스코드를 다운로드한다. 내가 즉시 문제를 발견하고 수정한다. 수정 사항을 실제 고객 사례 중 몇 가지에 대해 테스트한다(물론 테스트 환경이다). 문제가 해결됐음을 보여주는 테스트 결과를 확인한다. 수정 사항을 기본 테스트 결과와 함께 벤더에 제공한다. 벤더는 훌륭하다며 수정 사항을 코드 베이스에 반영하고 테스트를 수행한 뒤 수정 사항이 제대로 작동함을 확인한다. 이 시점에서 벤더는 수정된 코드를 코드 베이스의 메인 트렁크main trunk에 추가하고 모든 것이 잘 됐다.

물론 벤더가 인수되거나 소프트웨어를 유지 보수할 수 없게 되거나 유지 보수하지 않으려 하더라도 결과는 같다. 나는 여전히 오픈된 소스코드를 갖고 있고, 고쳐서 해당 오픈소스 제품의 개발을 넘겨받은 누군가에게 전달한다. 이 시나리오는 이미 실제로 일어났다. 한 번은 라트비아에 있는 개발자가 더 이상 셸 스크립트 코드를 유지 보수할 시간이 없게 돼서 내가 그에게서 개발을 넘겨받

15. https://en.wikipedia.org/wiki/History_of_Linux

16. Kathleen Juell, A Brief History of Linux, www.digitalocean.com/community/tutorials/brief-history-of-linux

17. Linus Torvalds and David Diamond, 『Just for fun: The story of an accidental revolutionary』, HarperBusiness, 2001

았고 몇 년간 유지 보수를 했다.

또 한 번은 큰 회사가 스타오피스StarOffice라는 소프트웨어 회사를 인수했고 그 회사의 오피스 스위트를 OpenOffice.org라는 이름으로 오픈소스화했다. 나중에 큰 컴퓨터 회사가 OpenOffice.org를 인수했다. 새 회사는 기존 코드에서 자체 버전을 만들기로 결정했다. 결과는 대단한 실패작으로 드러났다. 대부분의 오픈소스 버전 개발자들은 새로운 개방 조직으로 옮겨 새로 발표된 소프트웨어(리브레오피스LibreOffice라고 한다)를 유지 보수한다. 오픈오피스OpenOffice는 이제 시들해졌고 개발자도 적지만 리브레오피스는 번창한다.

오픈소스 소프트웨어의 장점은 소스코드를 언제나 구할 수 있다는 점이다. 어떤 개발자라도 가져와서 유지 보수할 수 있다. 개인이나 단체가 가져와서 사유화하려고 하더라도 할 수 없다. 원래의 코드가 공개돼 있고 어느 개발자가 단체라도 새롭지만 같은 제품으로 '포크fork'할 수 있다. 리브레오피스의 경우 전 세계에 수천 명의 사람들이 필요에 따라 새로운 코드와 수정 사항에 기여하고 있다.

소스코드가 공개되는 것은 오픈소스의 주요 장점 중 하나다. 기술이 있는 누구든 코드를 보고 고칠 수 있으며 해당 소프트웨어를 사용하는 커뮤니티에 제공할 수 있기 때문이다.

오픈소스 소프트웨어에서 '오픈'이라는 말은 누구나 제한 없이 소스코드에 접근할 수 있고 점검할 수 있다는 의미다. 적절한 기술이 있는 사람이라면 누구나 기능을 향상시키거나 버그를 고치고자 코드를 수정하는 것이 법적으로 허용된다.

이 책을 쓰고 있는 현재 최신 리눅스 커널은 2018년 6월 3일 발표된 버전 4.17로, 전 세계 다양한 조직에 속한 1,700명이 넘는 개발자들이 커널 코드에 13,500개의 변경 사항을 기여했다. 이는 핵심 유틸리티나 심지어 리브레오피스(내가 책이나 글을 쓸 때뿐만 아니라 스프레드시트, 그림, 발표 자료 등을 만들 때 사용하는 강력한 오피스

스위트) 같은 주요 소프트웨어 애플리케이션 같은 리눅스 운영체제의 기타 핵심 요소에 대한 변경 사항은 포함하지도 않는다. 리브레오피스 같은 프로젝트의 개발자 수는 수백 명이 넘는다.

개방성은 시스템 관리자(그리고 다른 모든 사람)가 운영체제의 모든 측면을 살피고 그 일부나 전부가 동작하는 방식을 완전히 이해하기 쉽게 한다. 이는 문제 해결을 위한 체계적인 추론 과정에서 리눅스의 강력하고 개방적인 도구들을 활용할 때 리눅스에 대한 모든 지식을 적용할 수 있음을 의미한다.

리눅스 진리

> 유닉스는 사용자가 어리석은 일을 하는 것을 막게 설계되지 않았다. 이는 사용자가 영리한 일을 하는 것도 막을 것이기 때문이다.
>
> – 더그 그윈Doug Gwyn

이 인용문은 유닉스와 리눅스의 최우선적인 진실과 철학인 "운영체제가 사용자를 믿어야 함"을 요약한다. 사용자가 운영체제의 모든 힘을 사용할 수 있으려면 운영체제가 사용자를 전적으로 믿어야 한다. 이 진리는 리눅스에도 적용된다. 리눅스는 유닉스의 직계 후손이기 때문이다.

리눅스 진리Linux Truth는 사용자, 특히 root 사용자[18]가 할 수 있는 일에 제약이나 한계를 두지 않는 운영체제를 낳는다. root 사용자는 리눅스 컴퓨터에서 무슨 일이든 할 수 있다. root 사용자에게는 어떤 종류의 제한도 없다. root 사용자가 가는 길에 약간의 관리상 과속방지턱은 있을지언정 root 사용자는 언제나 그런 작은 장애물을 제거하고 온갖 종류의 어리석거나 영리한 일들을 할 수 있다.

일반 사용자는 약간의 제약이 있지만 여전히 충분히 많은 영리한 일을 할 수

18. root 사용자는 리눅스 호스트의 관리자로, 무슨 일이든 다 할 수 있다. 다른 운영체제에 비해 리눅스 사용자도 제한이 별로 없지만 이 과정의 뒷부분을 보면 약간의 제한이 있음을 알 수 있다.

있다. 일반 사용자에게 제한을 둔 것은 대부분 다른 사람이 리눅스 호스트를 자유롭게 사용하는 것을 방해하지 않기 위한 것이다. 이들 제한은 보통 사용자가 자신의 계정에 엄청난 피해를 주는 것은 전혀 막지 않는다.

심지어 숙련된 사용자도 리눅스를 사용해서 '어리석은 일'을 할 수 있다. 경험상 그다지 드물지 않은 스스로의 어리석음에서 복구하는 일은 운영체제의 모든 기능에 접근할 수 있기 때문에 훨씬 쉬웠다. 대부분의 경우 심지어 재부팅 없이 몇 가지 명령만으로 문제를 해결할 수 있었다. 소수의 경우에만 문제를 고치고자 더 낮은 런레벨runlevel로 바꿔야 했다. 매우 드문 경우에만 구성파일이 심각히 손상돼 부팅이 안 되는 등의 심각한 문제를 고치고자 복구 모드로 부팅해야 했다. 리눅스의 기능을 완전히 활용하려면(특히 뭔가가 망가졌을 때) 기저의 철학, 구조, 기술에 대한 지식이 필요하다. 리눅스의 잠재력을 펼치려면 시스템 관리자 부분에 대한 이해와 지식 약간만 있으면 된다.

지식

누구나 명령과 절차를 외우거나 배울 수 있지만 단순한 암기는 진정한 지식이 아니다. 철학에 대한 지식과 그 철학이 리눅스의 우아한 구조와 구현에 어떻게 담겨 있는지에 대한 지식이 없다면 복잡한 문제를 해결하는 도구로서 올바른 명령을 적용하기가 불가능하다. 표면 아래 구조의 우아함을 몰랐기 때문에 리눅스에 대한 방대한 지식이 있는 똑똑한 사람이 비교적 간단한 문제를 해결하지 못하는 것을 봤다.

나의 여러 경력에서 시스템 관리자로서의 책임 중 일부는 신규 직원 고용을 돕는 일이었다. 여러 마이크로소프트 인증을 통과하고 좋은 이력서를 갖고 있는 여러 사람의 기술 면접에 참여했다. 또한 리눅스 기술을 찾는 여러 면접에도 참여했지만 매우 소수의 지원자만 리눅스 인증을 갖고 있었다. 마이크로소프트 인증은 인기가 많을 때였지만 리눅스는 데이터 센터에 쓰이기 시작한 초기였고 소수의 지원자만 인증을 받았다.

면접은 보통 지원자의 지식의 한계를 시험하게 설계된 질문으로 시작했다. 그 다음에 좀 더 흥미로운 질문으로 넘어갔는데, 문제의 해결책을 찾고자 생각하는 능력을 시험하는 것이었는데, 어떤 매우 흥미로운 결과를 발견했다. 윈도우 인증 소유자는 제시한 시나리오를 기반으로 거의 추리를 하지 못했지만 리눅스 배경을 가진 지원자의 대다수는 할 수 있었다.

나는 이 결과가 부분적으로 윈도우 인증이 실제 작업 경험보다는 기억에 의존하고 윈도우는 시스템 관리자가 동작 방식을 진정으로 이해하는 데 방해가 되는 폐쇄 시스템이라는 사실 때문이라고 생각한다. 나는 리눅스 애플리케이션이 훨씬 나은 이유는 리눅스가 여러 단계에서 개방돼 있고 그 결과로 어떤 문제든 논리와 근거를 사용해서 찾아내고 해결할 수 있기 때문이라고 생각한다. 한동안 리눅스를 사용해본 어느 시스템 관리자든 리눅스의 아키텍처를 배워야 하고 문제를 해결하고자 지식, 논리, 근거를 적용해본 상당한 경험을 갖고 있다.

유연성

유연성flexibility이란 어떤 플랫폼(인텔과 AMD 프로세서뿐만 아니라)에서도 실행될 수 있는 능력이다. **확장성**scalability은 힘과 관련되지만 유연성은 여러 프로세서 아키텍처에서 실행되는 것과 관련된다.

위키피디아에는 리눅스가 지원하는 CPU 아키텍처 목록[19]이 있는데, 길다. 자동으로 세본 결과 현재 리눅스가 실행되는 것으로 알려진 CPU 아키텍처는 100개가 넘는다. 주목할 것은 이 목록이 바뀌며 CPU가 추가되고 제거된다는 것이다. 하지만 중요한 것은 리눅스가 여러 아키텍처에서 실행된다는 점이다. 리눅스가 현재 사용 중인 아키텍처를 지원하지 않는다면 약간의 노력으로 다시 컴파일해

19. 위키피디아, List of Linux-supported computer architectures, https://en.wikipedia.org/wiki/List_of_Linux-supported_computer_architectures

서 어떤 64비트 시스템에서든, 그리고 일부 32비트 시스템에서도 리눅스를 실행할 수 있다.

이런 광범위한 하드웨어 지원은 리눅스가 라즈베리파이Raspberry Pi[20]에서 TV, 자동차 엔터테인먼트 시스템, 휴대폰, DVR, ISSInternational Space Station의 컴퓨터[21], 지구상에서 가장 빠른 슈퍼컴퓨터 500대[22] 모두, 그 밖에 훨씬 더 많은 장치에서 실행될 수 있음을 의미한다. 하나의 운영체제가 어느 벤더이든 가장 작은 장치에서 가장 큰 장치까지 거의 모든 컴퓨팅 장치에서 실행될 수 있다.

안정성

안정성stability은 리눅스에 적용하는 사람에 따라 여러 가지 의미를 지닐 수 있다. 이 용어를 리눅스에 적용했을 때 나의 정의는 리눅스가 크래시crash되거나 내가 작업하는 중요한 프로젝트의 데이터를 잃을 수도 있다고 걱정할 만한 문제를 일으키지 않고 몇 주, 몇 개월 동안 실행될 수 있는지 여부다.

오늘날의 리눅스는 이 요구 사항을 쉽게 만족한다. 나는 언제나 리눅스를 실행하는 컴퓨터를 여러 개 갖고 있는데, 모두 이런 면에서 바위처럼 단단하다. 그 컴퓨터들은 중단 없이 실행된다. 나는 워크스테이션과 서버, 방화벽, 테스트 컴퓨터를 갖고 있는데, 모두 그냥 실행된다.

리눅스가 전혀 문제가 없다는 말이 아니다. 완벽한 것은 없다. 이런 문제 중 다수는 내가 기능 설정을 잘못 했기 때문에 일어났지만 몇 가지는 사용하는 일부 소프트웨어의 문제로 인해 발생했다. 때로 소프트웨어 애플리케이션이 크래시되겠지만 매우 드물고 주로 KDE 데스크탑과 관련된다.

20. 라즈베리파이 웹 사이트, www.raspberrypi.org/

21. ZDNet, The ISS just got its own Linux supercomputer, www.zdnet.com/article/the-iss-just-got-its-own-linux-supercomputer/

22. 위키피디아, TOP500, https://en.wikipedia.org/wiki/TOP500

내 개인 기술 웹 사이트를 읽는다면 수년간 KDE GUI 데스크탑과 문제를 겪고 있음과 두 번의 중요한 불안정 기간이 있었음을 알 것이다. 첫 번째는 페도라 10 즈음이었다. KDE는 KDE 3에서 흥미로운 여러 가지 기능을 제공하는 KDE 플라즈마 4 데스크탑으로 옮겨가고 있었다. 이 경우 대부분의 KDE 애플리케이션이 새로운 데스크탑 환경에 맞춰 완전히 다시 작성되지 않았으므로 필요한 기능이 부족하거나 그냥 크래시하곤 했다. 두 번째는 여전히 진행 중인데, 데스크탑이 그냥 멈추거나 크래시하거나 적절히 동작하지 않는다.

두 경우 모두 다른 데스크탑을 이용해 완전히 안정적인 환경에서 일을 마칠 수 있었다. 첫 번째 경우에는 시나몬 데스크탑을 사용했고 최근에는 LXDE 데스크탑을 사용하고 있다. 하지만 하부의 소프트웨어인 커널과 표면 아래에서 실행되는 프로그램들은 문제없이 실행됐다. 즉, 2중의 안정성이 있다. 하나(심지어 데스크탑)가 크래시하더라도 하부는 계속해서 실행된다.

공정하게 말하면 KDE는 개선되고 있고 이번 버전의 많은 문제가 해결됐다. 나는 데이터를 잃지 않았지만 약간의 시간을 잃었다. 여전히 KDE를 좋아하지만 LXDE 데스크탑을 현재 가장 좋아하며 Xfce 데스크탑도 좋아한다.

확장성

확장성은 어느 소프트웨어나, 특히 운영체제에 극히 중요하다. 같은 운영체제를 시계와 전화(안드로이드)에서 노트북 컴퓨터, 강력한 워크스테이션, 서버, 심지어 지구상에서 가장 강력한 슈퍼컴퓨터에서까지 실행할 수 있는 것은 네트워크 관리자나 IT 관리자의 삶을 훨씬 단순하게 만들 수 있다. 리눅스는 오늘날 지구상에서 그런 수준의 확장성을 제공할 수 있는 유일한 운영체제다.

2017년 11월 이래로 리눅스는 세계에서 가장 빠른 슈퍼컴퓨터 모두를 동작시켜 왔다.[23] 이 책을 쓰고 있는 지금(2019년 7월), 세계의 톱 500 슈퍼컴퓨터 중 100%

23. Top 500. www.top500.org/statistics/list/

가 어떤 형태로든 리눅스를 실행하며, 이는 계속될 것으로 기대된다. 보통 슈퍼컴퓨터용으로 설계된 특별 리눅스 배포판이 있다. 또한 리눅스는 안드로이드 폰과 라즈베리파이 단일 보드 컴퓨터 같은 훨씬 더 작은 장치도 구동할 수 있다. 슈퍼컴퓨터는 매우 빠르고 서로 다른 여러 계산을 동시에 수행할 수 있다. 하지만 한 사용자가 슈퍼컴퓨터의 전체 자원에 접근하는 것은 매우 드물다. 많은 사용자가 자원을 공유하고, 각 사용자가 자신의 복잡한 계산을 수행한다.

리눅스는 가장 작은 컴퓨터부터 가장 큰 컴퓨터, 그리고 그 사이의 어느 것에서든 실행될 수 있다.

보안

이 과정을 진행하면서 보안에 대해 많이 얘기할 것이다. 인터넷으로부터 자주 공격받는 요즘 보안은 중요한 고려 사항이다. 해커가 여러분을 공격하지 않는다고 생각할 수도 있지만 여러분의 컴퓨터는 매일 매시간 공격에 노출돼 있다.

대부분의 리눅스 배포판은 설치할 때부터 매우 안전하다. 엄격한 보안을 보장함과 동시에 컴퓨터로의 특정 접근을 허용하기 위한 여러 도구가 제공된다. 예를 들어 제한된 수의 원격 호스트로부터의 SSH 접근과 전 세계의 웹 서버로의 접근, 모든 곳의 리눅스 호스트로의 이메일[e-mail] 전송을 허용하고 싶을 수 있다. 거기에 최소한 임시로 강제 침입하려고 하는 블랙햇 해커의 접근 시도를 차단하고 싶을 수 있다. 또 다른 보안 조치로 같은 호스트상의 다른 사용자로부터 개인 파일을 보호하면서 여러분이 선택한 파일을 다른 사용자와 공유하는 메커니즘을 제공한다.

이 과정에서 다룰 보안 메커니즘 중 상당수는 리눅스에 처음부터 설계되고 개발돼 있다. 리눅스의 아키텍처는 조상인 유닉스처럼 밑바닥부터 내외부로부터의 악의적인 간섭에서 파일과 실행 중인 프로세스를 보호할 수 있는 보안 메커니즘을 제공하도록 설계됐다. 리눅스 보안은 추가 기능이 아니며 리눅스에 내장된 필수 요소다. 이 때문에 보안 관련 논의는 이 책 전반에 걸쳐 필수적인 요소로 내포될 것이다. 보안에 대한 장이 있지만 다른 곳에서 다루지 않은 일부 사항을 다루기 위한 것이다.

자유

자유는 FOSS^Free Open Source Software^에 적용될 때 대부분의 다른 경우와는 완전히 다른 의미를 지닌다. FOSS에서 free는 소프트웨어로 내가 원하는 것을 할 자유다. 이는 소스코드에 쉽게 접근할 수 있고 필요하거나 원하면 코드를 변경해서 다시 컴파일할 수 있음을 의미한다.

자유는 페도라 리눅스나 파이어폭스, 리브레오피스를 다운로드해 원하는 만큼의 컴퓨터에 설치할 수 있음을 의미한다. 자유는 다운로드한 코드를 친구에게 제공하거나 고객 소유의 컴퓨터에 설치해 실행 파일과 소스를 모두 공유할 수 있음을 의미한다.

또한 자유는 라이선스 경찰이 문 앞에 나타나서 라이선스 준수를 위해 엄청난 금액을 요구할까봐 걱정할 필요가 없음을 의미한다. 이는 갖고 있는 운영체제나 오피스 스위트 라이선스보다 '더 많이' 설치한 회사에서 발생했다. 자유는 구매하거나 다운로드한 소프트웨어의 잠금을 해제하고자 길고 긴 '키'를 타이핑할 필요가 없다는 의미다.

소프트웨어 권리

오픈소스와 관련돼 우리가 갖는 자유에 대한 권리는 오픈소스 소프트웨어를 다운로드할 때 받는 라이선스의 일부여야 한다. 오픈소스 소프트웨어의 정의[24]

---

24. Opensource.org, The Open Source Definition, https://opensource.org/docs/osd

는 오픈소스 이니셔티브Open Source Initiative 웹 사이트에서 찾을 수 있다. 이 정의는 오픈소스 소프트웨어 사용의 요소인 자유와 책임을 기술한다.

문제는 오픈소스라고 주장하는 라이선스가 많다는 점이다. 어떤 것은 맞고 어떤 것은 아니다. 진정한 오픈소스 소프트웨어라면 라이선스가 이 정의에 명시된 요구 사항을 만족시켜야 한다. 정의는 라이선스가 아니다. 소프트웨어가 법적으로 오픈소스로 간주되려면 소프트웨어에 부속된 라이선스가 따라야 하는 용어를 명시한다. 정의된 용어가 라이선스에 존재하지 않으면 해당 소프트웨어는 진정한 오픈소스 소프트웨어가 아니다.

이 책에 쓰인 모든 소프트웨어는 오픈소스 소프트웨어다.

오픈소스 소프트웨어의 정의는 중요하지만 이 책에 포함하지는 않았다. 그것이 이 책의 진짜 주제가 아니기 때문이다. 앞서 인용한 웹 사이트에 가거나 내가 쓴 『The Linux Philosophy for SysAdmin』[25]에서 더 자세한 이야기를 읽을 수 있다. 오픈소스가 진짜로 무엇이고 여러분이 어떤 권리를 갖는지를 좀 더 완전히 이해하도록 최소한 웹 사이트에서 정의를 읽을 것을 강력히 추천한다.

또한 Opensource.com에 있는 리눅스에 대한 기술[26]과 기타 오픈소스 자료의 긴 목록[27]도 좋다.

수명

수명이란 흥미로운 단어다. 그 단어를 여기 쓰는 이유는 많은 사람이 말하는 일부 표현을 명확히 하기 위함이다. 이들 표현들은 보통 "리눅스는 기존 하드웨어의 수명을 연장시킬 수 있다."거나 "오래된 하드웨어를 쓰레기 매립지나 방치된 재활용 설비에 가지 않게 한다."는 말과 함께 나온다.

---

25. David Both, The Linux Philosophy for SysAdmin, Apress, 2018, 311–316

26. Opensource.com, What is Linux?, https://opensource.com/resources/linux

27. Opensource.com, Resources, https://opensource.com/resources

핵심은 오래된 컴퓨터를 더 오래 쓸 수 있고 그렇게 함으로써 컴퓨터의 생명을 연장하고 일생 동안 구매해야 하는 컴퓨터의 수를 줄인다는 것이다. 이는 새로운 컴퓨터에 대한 수요를 줄임과 동시에 버려지는 오래된 컴퓨터의 수를 줄여 준다.

리눅스는 업그레이드를 지원하고자 지속적으로 더 많고 더 빠른 하드웨어를 요구함으로써 강요하는 계획된 구식화를 막는다. 이는 단지 최신 버전의 운영체제로 업그레이드하고자 램이나 하드 드라이브 공간을 추가할 필요가 없다는 의미다.

수명의 또 다른 측면은 개방되고 잘 문서화된 형식으로 데이터를 저장하는 오픈소스 소프트웨어다. 10년 전에 작성한 문서를 그때 사용했던 같은 소프트웨어(리브레오피스와 그 전신인 오픈오피스, 그 전의 스타 오피스)의 현재 버전으로 여전히 읽을 수 있다. 소프트웨어 업그레이드 때문에 오래된 파일을 읽을 수 없게 될 걱정은 할 필요가 없다.

하드웨어를 오래 쓴다

예를 들어 2006년 5월에 구매한 오래된 씽크패드 W500을 최근에 망가질 때까지 갖고 있었다. 오늘날의 노트북 컴퓨터보다는 오래되고 투박했지만 많이 좋아했고 내가 가진 유일한 노트북 컴퓨터였다. 대부분의 여행에 갖고 다녔고 교육에 사용했다. 인텔 코어 2 듀오 2.8GHz 프로세서와 8GB 램, 300GB 하드 드라이브를 탑재해 페도라에 가상 기계 몇 개를 실행해서 교실 네트워크와 인터넷 사이의 라우터와 방화벽 역할을 수행하고, 프로젝트에 연결해 슬라이드를 출력하고 리눅스 명령을 시연하기에 충분한 능력을 갖고 있었다. 그 노트북 컴퓨터에 정말 최신인 페도라 28을 사용했다. 이 노트북 컴퓨터(애칭으로 vgr이라고 불렀던)를 구매한 지 12년이 넘은 것을 생각하면 꽤나 놀라운 일이다.

그 씽크패드는 2018년 8월에 여러 가지 하드웨어 문제로 폐기했고 32GB 램과 인텔 i7 6 코어(12 CPU 스레드), 2T SSD가 탑재된 System76[28] Oryx Pro로 교체했다. 새로운 노트북 컴퓨터를 최소한 10년은 쓸 것으로 기대한다.

그리고 인텔 아톰 CPU(1.8GHz)와 2G 램, 8GB SDD가 탑재된 EeePC 900 넷북이 있다. 하드웨어 문제가 발생할 때까지 10년 동안 페도라를 버전 28까지 실행했다.

리눅스는 분명히 오래된 하드웨어를 유용하게 활용할 수 있다. 오래된 데스크탑 워크스테이션 몇 개를 갖고 있는데, 리눅스를 설치해 여전히 유용하게 사용 중이다. 그중 아무것도 vgr만큼 오래되지는 않았지만 인텔 마더보드가 탑재된 워크스테이션을 2008년식 하나와 2010년식 하나, 2012년식을 최소한 세 개 갖고 있다.

멀웨어 저항성

오래된 하드웨어를 더 오래 사용할 수 있는 또 다른 이유는 리눅스가 멀웨어 감염에 대한 저항성이 매우 높다는 것이다. 멀웨어에 완전한 면역성이 있는 것은 아니지만 내 시스템 중 하나도 감염된 적이 없다. 심지어 제어권 밖에 있는 온갖 종류의 유무선 네트워크에 접속하는 내 노트북 컴퓨터도 감염된 적이 없다.

대부분 사람의 컴퓨터를 참을 수 없을 정도로 느려지게 하는 대규모 멀웨어 감염이 없으므로 내 리눅스 시스템은 모두 최고 속도로 실행 중이다. 대부분 사람의 컴퓨터가 오래되고 쓸모없게 됐다고 생각하는 이유는 교외의 큰 가게나 번화가의 컴퓨터 가게에서 여러 번 '청소'를 한 이후에도 컴퓨터가 계속해서 느려지기 때문이다. 따라서 오래된 컴퓨터를 버리고 새것을 산다.

28. System76 홈페이지, https://system76.com/

내가 시스템 관리자가 돼야 할까?

이 책은 여러분이 시스템 관리자가 되는 것을 돕기 위한 것이기 때문에 여러분이 이미 시스템 관리자라는 사실을 알고 있는지, 시스템 관리자 성향이 있는지 안다면 좋겠다. 시스템 관리자가 수행할 작업과 시스템 관리자의 자질을 살펴보자.

위키피디아[29]는 시스템 관리자를 '컴퓨터 시스템, 특히 서버 같은 다중 사용자 컴퓨터의 유지, 구성, 안정적인 운영을 책임지는 사람'으로 정의한다. 내 경험에 따르면 이는 컴퓨터/네트워크 하드웨어, 소프트웨어, 랙rack, 인클로저enclosure, 컴퓨터실이나 공간 등을 포함한다.

전형적인 시스템 관리자의 일에는 매우 많은 일이 포함될 수 있다. 소기업에서 시스템 관리자는 컴퓨터에 관련된 모든 일을 책임지기도 한다. 좀 더 큰 환경에서는 여러 시스템 관리자가 시스템들이 계속 작동하게 하기 위한 모든 일의 책임을 나누기도 한다. 경우에 따라 자신이 시스템 관리자라는 것을 모를 수도 있다. 여러분의 관리자는 간단히 사무실에 있는 컴퓨터의 유지 보수를 시작하라고 말했을 수도 있다. 그것이 바로 여러분을 시스템 관리자로 만든다. 싫든 좋든 간에...

'데브옵스DevOps'라는 말도 있는데, 예전에 분리돼 있던 개발과 운영 조직의 교차점을 일컫는다. 과거에는 주로 개발과 운영 사이의 좀 더 긴밀한 협업에 대한 것이었고, 시스템 관리자에게 코딩법을 가르치는 것을 포함했다. 이제 초점이 프로그래머에게 운영 작업을 가르치는 것으로 옮겨가는 중이다.[30] 시스템 관리자의 일에 주의를 기울이면 최소한 그동안은 시스템 관리자가 된다. 시스코에서 일하는 동안 나는 데브옵스에 관련된 일을 했다. 일부 시간에는 리눅스 어플

---

29. 위키피디아, System Administrator, https://en.wikipedia.org/wiki/System_administrator〉〉

30. Charity, "Ops: It's everyone's job now," https://opensource.com/article/17/7/state-systems-administration

라이언스appliance용 테스트 코드를 작성했고 나머지 시간에는 어플라이언스를 테스트하는 실험실의 시스템 관리자였다. 내 경력 중 매우 흥미롭고 보람 있는 시간이었다.

다음은 여러분이 시스템 관리자의 자질을 일부라도 갖고 있는지를 알아보는 데 도움이 될 짧은 목록이다. 다음과 같은 항목에 해당된다면 여러분은 시스템 관리자다.

1. 이 책을 재미있게 읽을 것 같다.
2. TV를 보면서 시간을 보내느니 컴퓨터에 대해 배우겠다.
3. 사물이 어떻게 동작하는지 궁금해 분해하기를 좋아한다.
4. 누군가가 여러분에게 재조립해달라고 했을 경우 때로 물건이 동작한다.
5. 사람들이 자주 여러분에게 컴퓨터에 대해 도와달라고 한다.
6. 오픈소스의 의미를 안다.
7. 하는 일을 모두 문서화한다.
8. 대부분의 사람보다 컴퓨터와 상호작용하기가 더 쉽다.
9. 커맨드라인이 재미있다고 생각한다.
10. 완전히 통제하기를 좋아한다.
11. '맥주처럼 공짜free'와 '언론의 자유free'가 소프트웨어에 적용됐을 때의 차이를 이해한다.
12. 컴퓨터를 설치해봤다.
13. 자신의 컴퓨터를 고치거나 업그레이드해봤다.
14. 리눅스를 설치했거나 설치하려고 해봤다.
15. 라즈베리파이가 있다.
16. 부품을 자주 교체하기 때문에 컴퓨터의 덮개를 열어 놓는다.
17. 기타 등등

느낌이 올 것이다. 여러분이 좋은 시스템 관리자 후보일지 알아보기 위한 것들을 훨씬 더 많이 나열할 수도 있지만 스스로가 여러분에게 적용되는 것을 훨씬 더 많이 생각해낼 수 있으리라 확신한다. 여기서 핵심은 호기심이 많은지, 장치의 내부 동작을 탐구하기를 좋아하는지, 사물(특히 컴퓨터)이 어떻게 동작하는지를 이해하고 싶은지, 다른 사람을 돕기를 좋아하는지, 매일 삶에서 마주치는 기술이 여러분을 통제하게 하기보다는 여러분이 그중 최소한 일부라도 통제하기를 바라는지 등이다.

이 과정에 대해

리눅스에서 어떤 작업을 어떻게 수행하는지 묻는다면 나는 질문에 대답하기 전에 리눅스가 어떻게 동작하는지를 설명하는 리눅스 가이Linux guy다. 최소한 그것이 내가 대부분의 사람에게 주는 인상이다. 나는 사물이 어떻게 동작하는지를 설명하는 성향이 있고, 시스템 관리자가 리눅스가 왜 그렇게 동작하는지와, 가장 효과적이기 위한 리눅스의 아키텍처와 구조를 이해하는 것이 매우 중요하다고 생각한다.

따라서 이 과정을 진행하면서 많은 것을 자세히 설명할 것이다. 대부분 배경에 대한 생각 없이 명령을 타이핑하게 하는 과정은 아닐 것이다. 또한 4장의 준비에는 약간의 설명도 있겠지만 책의 나머지 부분만큼은 아닐 것이다. 이들 설명 없이 명령 사용은 단지 기계적인 암기이고 대부분의 시스템 관리자가 가장 잘 배우는 방식이 아니다.

> 유닉스는 매우 단순하다. 그 단순함을 이해하고자 천재가 필요할 뿐이다.
>
> – 데니스 리치Dennis Ritchie[31]

---

31. 위키피디아, Dennis Ritchie, https://en.wikipedia.org/wiki/Dennis_Ritchie

내 설명은 때로 역사적인 참고 자료를 포함하기도 한다. 유닉스와 리눅스의 역사는 리눅스가 왜 그리고 어떻게 개방적이고 이해하기 쉬운지를 설명하기 때문이다. 앞에 나온 리치의 인용문은 리눅스에도 적용된다. 리눅스는 유닉스의 한 형태로 설계됐기 때문이다. 그렇다. 리눅스는 매우 단순하다. 스스로 탐구하는 방법을 가르쳐줄 약간의 안내와 멘토링이 필요할 뿐이다. 그것이 이 과정을 통해 여러분이 배울 것의 일부다.

리눅스의 단순함 중 일부는 리눅스가 완전히 개방돼 있고 알 수 있다는 점이고, 강력하고 흥미롭게 모든 것에 접근할 수 있다는 점이다. 이 과정은 리눅스의 아키텍처를 탐험하면서 새로운 명령을 소개하도록 설계됐다.

윈도우 지원이 언제나 어디서건 시스템을 재기동하면서 시작한다고 생각하는가? 그것은 윈도우가 폐쇄형 시스템이기 때문이고 폐쇄형 시스템은 전혀 알 수 없기 때문이다. 그 결과 문제를 해결하는 가장 쉬운 방법은 문제를 파고들어 근본 원인을 찾아 고치기보다는 시스템을 재기동하는 것이다.

실험에 대해

직접 손을 쓰는 시스템 관리자로서 나는 새로운 명령, 작업을 수행하는 새로운 방법, 리눅스의 동작 원리를 배우고자 커맨드라인으로 실험하기를 좋아한다. 이 책을 위해 고안한 실험은 대부분의 내가 스스로 수행했던 것들을 가상 기계를 사용하는 과정을 위해 살짝 바꾼 것이다.

'실험'이라는 말을 사용한 이유는 대부분의 실험이 자신의 호기심을 따라 탐구할 기회가 전혀 없이 학생이 무턱대고 따라하게 설계된 간단한 랩 프로젝트를 훨씬 뛰어넘기 때문이다. 이들 실험은 여러분 스스로의 탐구를 위한 출발점이 되도록 설계했다. 이는 가상 머신[VM, Virtual Machine]을 사용하는 이유 중 하나이기도 하다. 실제 업무용 기계는 해를 입지 않을 것이므로 호기심을 자극하는 것들을 안전하게 시도해볼 수 있다. VirtualBox 같은 가상화 소프트웨어를 사용함으로써 소프트웨어로 구현된 표준 하드웨어를 실행할 수 있다. 여러분의 하드웨어 컴퓨터 위에 하나 이상의 소프트웨어 컴퓨터(VM)을 실행할 수 있고, 그 안에 어떤 운영체제든 설치할 수 있다. 복잡해 보이지만 4장에서 실험을 준비하면서 가상 네트워크와 VM을 만들 것이다.

시스템 관리자는 배우는 방식은 달라도 모두 호기심이 많고 직접 손을 쓰는 사람이다. 나는 시스템 관리자가 실제로 손을 쓰는 경험을 하는 것이 좋다고 생각한다. 실험은 바로 이것(이론을 넘어서고 배운 것을 실제로 적용해볼 기회)을 제공하는 것이다. 일부 실험은 약간 특정 사항을 설명하고자 고안됐지만 그럼에도 유효하다.

이런 계몽적인 실험은 각 장이나 책의 끝(쉽게 무시되는)에 숨겨두지 않고 본문에 포함돼 있으며 이 책의 흐름상 필수적인 부분이다. 책을 읽으면서 계속 실험을 수행할 것을 권한다.

각 실험에 쓰이는 명령과 때로는 결과가 다음과 같이 '실험' 절에 나올 것이다. 하나의 명령만 필요한 실험에는 하나의 '실험' 절만 있을 것이다. 좀 더 복잡한 실험은 둘 이상의 실험으로 나뉠 수도 있다.

실험 예시

이것은 실험의 예다. 각 실험은 지시 사항과 여러분이 컴퓨터에 입력하고 실행할 코드를 담고 있다.

많은 실험이 일련의 지시 사항을 이 문단 같은 산문체로 보여줄 것이다. 지시 사항을 따르기만 하면 실험은 잘 진행될 것이다.

1. 어떤 실험에는 실행할 단계의 목록이 있을 것이다.
2. 단계 2.

3. 기타 등등

실험을 위해 여러분이 입력할 코드는 이처럼 보일 것이다.

이것이 실험의 끝이다.

실험 중 일부는 일반 사용자로 수행할 수 있다. 모든 일을 루트로 하는 것보다는 훨씬 더 안전하다. 하지만 실험 중 여럿은 루트 사용자로 수행해야 한다. 이런 실험은 4장에서 만들 실습용 VM에서 수행하면 안전하다. 아무리 무해해 보이더라도 실험 중 어느 것도 실제 업무용 시스템(물리적 시스템이든 가상 시스템이든)에서 수행해서는 안 된다.

흥미롭지만 실험의 일환으로 실행하면 안 되는 코드를 제공하고 싶을 때가 있다. 그런 경우에는 다음과 같이 '코드 예시' 절에 코드와 관련 텍스트를 제시할 것이다.

코드 예시

어떤 사항을 나타내기 위한 코드지만 어떤 컴퓨터에서든 실행할 생각도 하지 말아야 할 코드는 다음과 같이 표시할 것이다.

```
echo "This is sample code which you should never run."
```

참고

이 책에 제시된 실험을 실제 업무용 시스템에 수행하면 안 된다. 교육용으로 지정된 가상 기계를 사용해야 한다.

실험이 작동하지 않을 경우 조치법

실험은 자족적으로 설계했으며 USB 드라이브나 이전에 수행된 실험의 결과 외에는 어떤 설정에도 의존하지 않는다. 특정 리눅스 유틸리티와 도구가 있어야 하지만 표준 페도라 리눅스 워크스테이션 설치나 기타 주류 일반용 배포판에 모두 포함돼 있을 것이다. 따라서 실험 모두 '그냥 동작'해야 한다. 우리는 모두 그게 어떻게 될 것으로 알 것이다. 그렇지 않은가? 그러니까 뭔가가 잘못되면 맨 먼저 할 일은 분명하다.

명령이 올바르게 입력됐는지 확인한다. 이는 내가 겪은 가장 흔한 문제다.

명령을 찾을 수 없다는 에러 메시지를 볼 수도 있다. Bash 셸은 나쁜 명령을 보여준다. 다음 예에서는 나쁜 명령(badcommand)을 지어냈다. 그다음에 문제를 간단히 기술했다. 이 에러 메시지는 없는 명령이거나 명령을 잘못 타이핑했을 때 출력된다. 명령의 철자와 문법을 여러 번 확인해서 올바른지 점검한다.

```
[student@testvm1 ~]$ badcommand
bash: badcommand: command not found...
```

man 명령을 이용해서 매뉴얼 페이지[man pages]를 읽고 명령의 올바른 문법과 철자를 확인한다.

필요한 명령이 실제로 설치돼 있는지 확인한다. 이미 설치돼 있지 않으면 설치한다.

루트로 로그인해야 하는 실험에서는 그렇게 했는지 확인한다. 소수의 실험만 루트 권한을 요구하겠지만 해당 실험을 일반 사용자로 실행하면 작동하지 않을 것이다.

그 밖에는 잘못될 것이 별로 없지만 이들 팁을 이용해서 해결할 수 없는 문제를 겪는다면 LinuxGeek46@both.org로 연락하면 최선을 다해 문제 해결을 돕겠다.

용어

계속 진행하기 전에 용어를 약간 명확히 할 필요가 있다. 이 과정에서는 컴퓨터를 여러 가지 용어로 부를 것이다. '**컴퓨터**computer'는 컴퓨팅을 위한 하드웨어나 가상 기계다. 컴퓨터는 네트워크에 연결됐을 때는 '**노드**node'라고 불리기도 한다. 네트워크 노드는 라우터, 스위치, 컴퓨터 등 온갖 종류의 장치일 수 있다. '호스트'라는 용어는 일반적으로 네트워크의 노드인 컴퓨터를 말하지만 연결되지 않은 컴퓨터를 말할 때 쓰인 적도 있다.

커맨드라인에 접근하는 방법

현대 주류 리눅스 배포판은 모두 최소한 3가지의 커맨드라인 접근 방법을 제공한다. 그래픽 데스크탑을 사용한다면 대부분의 배포판이 여러 가지 터미널 에뮬레이터를 제공하고 그중에서 선택할 수 있다. 개인적으로는 Krusader와 Tilix, 특히 xfce4-terminal을 선호하지만 좋아하는 아무 터미널 에뮬레이터든 사용할 수 있다.

리눅스는 다중 가상 콘솔을 제공해서 하나의 키보드와 모니터(KVM[32])로부터 여러 번 로그인할 수 있다. 가상 콘솔은 GUI 데스크탑이 없는 시스템에서 사용할 수 있지만 GUI 데스크탑이 있는 시스템에서도 사용할 수 있다. 각각의 가상 콘솔은 콘솔 번호에 해당하는 기능 키에 할당된다. 즉, vc1은 기능 키 F1에 할당

32. 키보드, 비디오, 마우스

되는 식이다. 세션 간 이동은 간단하다. 물리적 컴퓨터에서는 Ctrl과 Alt 키를 누른 채 F2를 누르면 vc2로 바뀐다. 그런 다음 Ctrl과 Alt 키를 누른 채 F1을 누르면 vc1과 그래픽 인터페이스로 바뀐다.

리눅스 컴퓨터에서 커맨드라인에 접근하는 마지막 방법은 원격 로그인이다. 보안이 중요한 사안이 되기 전에는 텔넷telnet이 흔했지만 이제는 원격 접근용으로 SSHSecure Shell가 사용된다.

일부 실험에서는 두 번 이상 로그인하거나 GUI 데스크탑에서 여러 터미널 세션을 실행해야 할 수도 있다. 이 책을 진행하면서 터미널 에뮬레이터와 콘솔 세션, 셸에 대해 훨씬 더 자세히 설명할 것이다.

요약

리눅스는 처음부터 개방되고 자유롭게 사용할 수 있는 운영체제로 설계됐다. 리눅스의 가치는 리눅스가 운영체제 시장에 가져오는 힘, 신뢰도, 보안, 개방성에 있고 금전적으로 무료로 쓸 수 있다는 사실에만 있지 않다. 리눅스는 자유롭게 사용되고 공유되고 탐구할 수 있다는 면에서 개방적이고 자유롭기 때문에, 우리 삶의 모든 측면에 널리 쓰이고 있다.

시스템 관리자가 수행해야 하는 작업은 많고 다양하다. 어쩌면 여러분은 이미 시스템 관리자 업무를 다소 하고 있거나 최소한 리눅스가 어떻게 동작하는지, 어떻게 더 개선할 수 있는지에 대해 약간의 호기심을 갖고 있을 것이다. 이 책에 있는 실험 대부분은 커맨드라인에서 실행해야 한다. 커맨드라인은 여러 가지 방법으로 접근할 수 있으며 적절한 몇 가지 터미널 에뮬레이터 중 어느 것이든 이용할 수 있다.

연습문제

다음 질문 중 몇 가지는 여러분이 시스템 관리자가 되고 싶은지를 생각하게 하는 것이다. 이들 질문에 올바른 대답은 없으며 여러분의 답이 있을 뿐이다. 답을 적거나 공개할 필요는 없다. 자신이 시스템 관리자가 되는 것에 대해 자기 성찰을 일으키도록 설계했을 뿐이다.

1. 오픈소스의 가치는 어디에 있는가?
2. 리눅스를 정의하는 4가지 특징은 무엇인가?
3. 여러분이 이 책을 읽고 있는 지금 세계 톱 500 슈퍼컴퓨터 중 몇 개가 리눅스를 운영체제로 사용하는가?
4. '리눅스 진실'은 리눅스 사용자와 관리자에게 어떤 의미가 있는가?
5. 오픈소스 소프트웨어에서 '자유'는 무슨 뜻인가?
6. 여러분은 왜 시스템 관리자가 되고 싶은가?
7. 여러분은 왜 좋은 시스템 관리자가 될 것이라고 생각하는가?
8. GUI 데스크탑이 설치된 리눅스 호스트가 없다면 어떻게 리눅스 커맨드 라인에 접근할 것인가?

2장

운영체제 소개

학습 목표

2장의 학습 목표는 다음과 같다.

- 컴퓨터 주요 하드웨어 요소의 기능 설명
- 운영체제의 주요 기능을 나열하고 설명
- 리누스 토발즈가 리눅스를 만들게 된 이유
- 리눅스 핵심 유틸리티가 어떻게 커널을 지원하고 함께 어울려 운영체제를 만드는지 설명

운영체제 선택

모든 컴퓨터는 운영체제가 필요하고 컴퓨터에서 사용하는 운영체제는 최소한 운영체제를 실행하는 하드웨어만큼(또는 그 이상으로) 중요하다. 운영체제는 컴퓨터나 장치의 능력과 한계를 결정하는 소프트웨어다.

또한 컴퓨터의 성격도 정의한다.

컴퓨터에 대한 가장 중요한 단 하나의 선택은 컴퓨터를 유용한 도구로 만들어 줄 운영체제의 선택이다. 컴퓨터는 소프트웨어 없이는 아무것도 할 수 없다. 소프트웨어 프로그램이 없는 컴퓨터를 켠다면 단순히 방에 약간의 열을 추가하는 대가로 전기 회사의 매출을 올려줄 뿐이다. 방을 덥히는 데는 훨씬 저렴한 방법이 많다. 운영체제는 컴퓨터가 유용한 일을 수행하도록 하는 1단계의 소프트웨어다. 운영체제의 역할을 이해한 것이 컴퓨터를 잘 알고 결정을 내리기 위한 핵심이다.

물론 대부분의 사람은 운영체제를 선택해야 하는지조차 모른다. 다행히도 리눅스는 선택권을 준다. EmperorLinux와 System76 등의 벤더는 이제 리눅스가 이미 설치된 시스템을 팔고 있다. 델 같은 회사는 때로 몇 가지 옵션이 있는 하나의 모델을 팔면서 리눅스를 시험해보고 있다.

우리는 언제나 새로운 컴퓨터를 구매하고, 그 위에 리눅스를 설치하고, 전에 설치돼 있던 다른 운영체제를 지워버릴 수 있다. 나는 동네 컴퓨터 가게나 인터넷에서 부품을 구매해 내 규격에 따른 나만의 컴퓨터를 만들기를 좋아한다. 대부분의 사람은 이런 선택권이 있는지 모른다. 알더라도 어쨌든 시도하고 싶지 않을 것이다.

운영체제란?

리눅스에 관한 책은 운영체제에 대한 책이다. 따라서 운영체제Operating System가 읽은 대부분의 교재와 책은 이 질문을 완전히 건너뛰거나 매우 피상적으로 대답한다. 이 질문에 대한 답은 리눅스와 그 강력한 힘을 시스템 관리자가 이해하는 데 도움이 될 수 있다.

대답은 쉽지 않다.

많은 사람이 컴퓨터의 화면과 GUI^Graphical User Interface 데스크탑을 보고 그것이 운영체제라고 생각한다. GUI는 운영체제의 아주 작은 일부일 뿐이다. GUI는 많은 사람이 이해할 수 있는 책상^desktop과 비슷한 형태로 인터페이스를 제공한다. 실제 운영체제는 GUI 데스크탑 아래에 있다. 사실 리눅스 같은 고급 운영체제에서 데스크탑은 그냥 또 다른 애플리케이션이며 선택할 수 있는 여러 가지 데스크탑이 있다. Xfce 데스크탑은 이 책에서 추천하는 데스크탑으로 6장에서 다룬다. 또한 데스크탑의 좀 더 단순한 형태인 윈도우 관리자는 16장에서 다룬다.

2장과 이 책 내내 이 질문에 대한 답을 자세히 말하겠지만 컴퓨터 시스템을 이루는 하드웨어의 구조를 조금 이해하면 도움이 된다. 현대 인텔 컴퓨터의 하드웨어 요소를 간략히 살펴보자.

하드웨어

아두이노^Arduino와 라즈베리파이^Raspberry Pi 같은 단일 보드 컴퓨터^SBC, Single-Board Computer에서 데스크탑 컴퓨터, 서버, 메인프레임, 슈퍼컴퓨터까지 여러 가지 종류의 컴퓨터가 있다. 그중 다수가 인텔^Intel이나 AMD 프로세서를 사용하지만 아닌 것도 있다. 이 책에서는 인텔 X86_64 하드웨어를 다룰 것이다. 일반적으로 이 책에서 인텔이라고 하면 X86_64 프로세서 시리즈와 지원 하드웨어를 의미한다고 생각하면 되고, AMD X86_64 하드웨어도 같은 결과를 내놓을 것이며 같은 하드웨어 정보가 적용될 것이다.

마더보드

대부분의 인텔 기반 컴퓨터에는 버스^bus와 I/O 제어기 등 컴퓨터의 여러 요소를 담고 있는 마더보드^motherboard가 있다. 또한 마더보드에는 마더보드가 동작하기 위한 주요 요소인 램과 CPU를 설치할 커넥터도 있다. SBC는 단일 보드에 모든 요소가 담겨 있으며 램, 비디오, 네트워크, USB, 기타 인터페이스가 모두 보드에 내장돼 있기 때문에 추가 하드웨어가 필요 없다.

일부 마더보드에는 비디오 출력을 모니터에 연결하기 위한 GPU^Graphics Processing Unit^가 있다. 없다면 주 컴퓨터 I/O(보통 PCI[1]나 PCIe^PCI Express^[2])에 비디오 카드를 추가할 수 있다. 키보드, 마우스, 외장 하드 드라이브, USB 메모리 스틱 등의 I/O 장치는 USB 버스로 연결할 수 있다. 대부분의 최신 마더보드에는 한두 개의 기가비트 이더넷 NIC^Network Interface Card^과 4개 또는 6개의 하드 드라이브용 SATA[3] 커넥터가 있다.

램^RAM, Random-Access Memory^은 컴퓨터가 데이터와 프로그램을 활발하게 사용하는 동안 이들을 저장하는 데 사용한다. 프로그램과 데이터는 재빨리 CPU 캐시로 이동될 수 있는 램에 저장되지 않으면 컴퓨터가 사용할 수 없다. 램과 캐시 메모리는 모두 휘발성 메모리다. 즉, 저장된 데이터는 컴퓨터가 꺼지면 사라진다. 또한 컴퓨터는 램의 내용을 지우거나 바꿀 수 있고, 이는 컴퓨터에 커다란 유연성과 힘을 주는 요인 중 하나다.

하드 드라이브는 데이터와 프로그램을 장기 저장하는 자기 매체다. 자기 매체는 비휘발성이다. 디스크에 저장된 데이터는 컴퓨터에서 전원이 제거돼도 사라지지 않는다. DVD와 CD-ROM은 데이터를 영구히 저장하고 컴퓨터가 읽을 수는 있지만 덮어쓸 수는 없다. 예외적으로 일부 DVD와 CD-ROM은 다시 쓰기가 가능하다. 롬은 읽기 전용 메모리를 의미한다. 컴퓨터가 읽을 수는 있지만 지우거나 바꿀 수는 없다. 하드 드라이브와 DVD 드라이브는 SATA 어댑터를 통해 마더보드에 연결된다.

SSD^Solid-State Drive^는 반도체를 이용한 하드 드라이브다. SSD와 하드 드라이브는

---

1. 위키피디아, Conventional PCI, https://en.wikipedia.org/wiki/Conventional_PCI
2. 위키피디아, PCI Express, https://en.wikipedia.org/wiki/PCI_Express
3. 위키피디아, Serial ATA, https://en.wikipedia.org/wiki/Serial_ATA

장기 저장 면에서 같은 특성을 갖는다. 다시 부팅되거나 컴퓨터가 꺼져도 데이터가 사라지지 않기 때문이다. 회전하는 자기 디스크가 탑재된 하드 드라이브처럼 SSD는 필요에 따라 데이터를 삭제, 이동, 관리할 수 있다.

프린터는 데이터를 컴퓨터에서 종이로 옮길 때 쓰인다. 사운드 카드는 데이터를 소리로 바꾸거나 반대로 할 수 있다. USB 저장 장치는 데이터를 백업용으로 저장하거나 다른 컴퓨터로 옮길 때 쓸 수 있다. NIC은 컴퓨터를 유무선 네트워크에 연결해서 네트워크에 연결된 다른 컴퓨터와 쉽게 통신할 수 있게 할 때 사용한다.

프로세서

잠시 CPU를 알아보고 혼동을 줄이고자 몇 가지 용어를 정의한다. 프로세서를 얘기할 때는 5가지 용어(프로세서, CPU, 소켓, 코어, 스레드)가 중요하다. 리눅스 명령 `lscpu`(그림 2-1 참고)는 설치된 프로세서에 대한 중요 정보뿐만 아니라 용어에 대한 실마리도 알려준다. 내가 주로 사용하는 워크스테이션을 예로 들겠다.

그림 2-1에서 처음 눈에 띄는 것은 '프로세서processor'라는 용어는 전혀 나오지 않는다는 점이다. '프로세서[4]'라는 용어는 일반적으로 어떤 형태의 계산을 수행하는 모든 하드웨어 장치를 말한다. 컴퓨터의 CPUCentral Processing Unit[5]나 그래픽 비디오 디스플레이 관련 연산을 수행하는 GPU[6], 기타 여러 가지 프로세서를 의미할 수 있다. 프로세서와 CPU라는 용어는 컴퓨터에 설치된 물리적 패키지를 가리킬 때 자주 혼용된다.

4. 위키피디아, Processor, https://en.wikipedia.org/wiki/Processor

5. 위키피디아, Central processing unit, https://en.wikipedia.org/wiki/Central_processing_unit

6. 위키피디아, Graphics processing unit, https://en.wikipedia.org/wiki/Graphics_processing_unit

```
[root@david ~]# lscpu
Architecture:          x86_64
CPU op-mode(s):        32-bit, 64-bit
Byte Order:            Little Endian
CPU(s):                32
On-line CPU(s) list: 0-31
Thread(s) per core:    2
Core(s) per socket:    16
Socket(s):             1
NUMA node(s):          1
Vendor ID:             GenuineIntel
CPU family:            6
Model:                 85
Model name:            Intel(R) Core(TM) i9-7960X CPU @ 2.80GHz
Stepping:              4
CPU MHz:               3542.217
CPU max MHz:           4400.0000
CPU min MHz:           1200.0000
BogoMIPS:              5600.00
Virtualization:        VT-x
L1d cache:             32K
L1i cache:             32K
L2 cache:              1024K
L3 cache:              22528K
NUMA node0 CPU(s):     0-31
Flags:                 <snip
```

그림 2-1. lscpu 명령의 출력 결과는 리눅스 호스트에 설치된 프로세서의 정보를 보여준다. 또한 프로세서를 논할 때 현재 사용하는 용어를 이해하는 데도 도움이 된다.

(약간 유동적인) 인텔 용어를 사용하면 프로세서는 하나 이상의 컴퓨팅 코어를 담고 있는 물리적 패키지다. 그림 2-2는 코어 4개를 담고 있는 인텔 i5-2500 프로세서다. 프로세서 패키지는 소켓에 꽂고 마더보드에는 여러 개의 소켓이 있을 수 있기 때문에 lscpu 유틸리티는 소켓 개수를 보여준다. 그림 2-1은 마더보드의 1번 소켓에 있는 프로세서의 정보를 보여준다. 이 마더보드에 소켓이 더 있었다면 lscpu는 별도로 보여줬을 것이다.

그림 2-2. 인텔 코어 i5 프로세서는 코어를 1, 2, 4개 가질 수 있다.
사진 제공: 위키미디어 공용, CC by SA 4 International

코어(컴퓨트 코어compute core라고도 한다)는 산술/논리 연산을 실제로 수행하는 프로세서의 가장 작은 물리적 하드웨어 요소로, 하나의 ALUArithmetic and Login Unit[7]와 필수 지원 요소로 이뤄진다. 모든 컴퓨터에는 최소한 하나 이상의 코어를 포함하는 하나의 프로세서가 있다. 대부분의 현대 인텔 프로세서에는 더 많은(2, 4, 6개) 코어가 있고 8개 이상의 코어가 있는 프로세서도 많다. 코어가 모여 컴퓨터의 두뇌를 만든다. 코어는 소프트웨어 유틸리티와 애플리케이션의 명령 하나하나를 실행하는 컴퓨터의 부품이다.

`lscpu` 결과 중 프로세서 패키지에 포함된 코어의 수를 나타내는 줄은 'Core(s) per socket'이다. 내가 주로 사용하는 워크스테이션의 이 소켓에는 16개의 코어가 있다. 이 소켓에 꽂혀 있는 프로세서에는 16개의 독립된 컴퓨팅 장치가 있다는 의미다.

하지만 잠깐, 그뿐만이 아니다! 'CPU(s)' 줄은 이 소켓에 32개의 CPU가 있음을 보여준다. 어떻게 그럴 수 있을까? 'Thread(s) per core' 줄을 보면 숫자 2가 있고

---

7. 위키피디아, Arithmetic Logic Unit, https://en.wikipedia.org/wiki/Arithmetic_logic_unit

16 × 2 = 32다. 이는 수학이지 설명이 아니다. 간단히 설명하면 컴퓨트 코어가 정말 빠르다는 것이다. 너무 빨라서 명령과 데이터를 하나씩 실행하면 매우 계산이 많은 환경에서도 코어를 계속 바쁘게 작동시키기에 부족하다. 왜 그런지 자세한 사항은 이 책의 범위를 벗어난다. 하이퍼스레딩을 설명하기 전에는 컴퓨트 코어가 활성화되도록 상대적으로 느린 외부 메모리 회로가 코어에 프로그램 명령과 데이터를 전달하는 동안 대부분의 코어는 아무것도 하지 않고 기다린다고 말하는 것으로 충분하다.

고성능 컴퓨팅 환경에서 귀중한 컴퓨트 사이클이 낭비되지 않도록 인텔은 하이퍼스레딩hyper-threading 기술을 개발했다. 하이퍼스레딩은 하나의 코어가 두 줄기의 명령과 데이터 사이를 전환하면서 실행하는 기술로, 이를 이용하면 하나의 코어가 거의 두 배의 일을 할 수 있다. 따라서 단일 하이퍼스레딩 코어를 가리키는 CPU라는 말은 거의 두 개의 CPU와 같다고 해도 과언이 아니다.

그러나 약간 주의할 점이 있다. 하이퍼스레딩은 문서 작업이나 표 작업을 할 때는 그다지 도움이 되지 않는다. 하이퍼스레딩은 모든 CPU 컴퓨트 사이클이 결과를 빨리 얻는 데 중요한 고성능 컴퓨팅 환경에서 성능을 향상시키기 위한 것이다.

주변기기

주변기기는 다양한 종류의 인터페이스 포트로 컴퓨터에 연결되는 하드웨어 장치다. 외장 하드 드라이브나 USB 메모리 같은 USB 장치는 이런 종류의 하드웨어의 전형이다. 다른 종류로는 키보드, 마우스, 프린터 등이 있다.

프린터는 매우 오래된 병렬 프린터 포트(새로운 마더보드 중에도 탑재된 것이 있음)로도 연결될 수 있지만 대부분 USB가 있어 USB나 네트워크로 연결된다. 디스플레이는 흔히 HDMI나 DVI, 디스플레이 포트, VGA 커넥터로 연결된다. 또한 주변장치에는 USB 허브, 디스크 드라이브 도킹 스테이션, 플로터 등이 포함된다.

운영체제

컴퓨터의 하드웨어 요소는 모두 함께 동작해야 한다. 데이터가 컴퓨터에 입력돼야 하고 다양한 요소 사이를 오가야 한다. 프로그램은 하드 드라이브의 장기 저장소에서 프로그램이 실행될 수 있는 램으로 로드load돼야 한다. 프로세서 시간은 실행 중인 애플리케이션 사이에 분배돼야 한다. 애플리케이션에서 컴퓨터의 하드웨어 요소(램, 디스크 드라이드, 프린터 등)에 접근하는 것은 관리돼야 한다.

이런 기능을 제공하는 것이 운영체제의 일이다. 운영체제는 컴퓨터와 컴퓨터 위에서 실행되는 애플리케이션 소프트웨어의 동작을 관리한다.

정의

운영체제의 간단한 정의는 운영체제가 다른 프로그램과 마찬가지로 프로그램이라는 것이다. 주로 컴퓨터 안에 있는 데이터의 이동을 관리한다는 점만 다르다. 이 정의는 특히 운영체제의 커널을 일컫는다.

운영체제 커널은 유틸리티와 애플리케이션이 컴퓨터 하드웨어 장치로 접근하는 것을 관리한다. 운영체제는 메모리 할당(메모리를 요청한 다양한 프로그램에 특정 가상 메모리를 할당), 다양한 저장 장치에서 CPU가 접근할 수 있는 메모리로의 데이터 이동, 네트워크를 통한 다른 컴퓨터/장치와의 통신, 디스플레이에 데이터를 문자나 그래픽 형태로 출력, 프린팅하는 등의 시스템 서비스도 관리한다.

리눅스 커널은 다른 프로그램이 커널 함수에 접근할 수 있도록 APIApplication Programming Interface를 제공한다. 예를 들어 자료 구조를 위해 더 많은 메모리를 할당받아야 하는 프로그램은 메모리를 요청하는 커널 함수를 사용한다. 그러면 커널은 메모리를 할당하고 프로그램에게 추가 메모리를 사용할 수 있다고 통지한다.

리눅스 커널은 컴퓨팅 자원으로서의 CPU 접근도 관리한다. 복잡한 알고리듬을 이용해 어느 프로세스가 CPU 시간을 언제, 얼마나 오랫동안 할당받을지 결정한다. 필요에 따라 커널은 다른 프로그램에 CPU 시간을 할당하고자 실행 중인 프로그램을 중단할 수 있다.

리눅스 같은 운영체제 커널은 자체로 할 수 있는 일은 많지 않다. 하드 드라이브에 디렉터리를 만들기처럼 기본적인 기능을 수행하려면 다른 프로그램(유틸리티)이 필요하고, 디렉터리에 접근하고 디렉터리에 파일을 만들고 이들 파일을 관리하려면 또 다른 프로그램 유틸리티가 필요하다. 이런 유틸리티 프로그램은 파일 생성, 파일 삭제, 여기서 저기로의 파일 복사, 디스플레이 해상도 설정, 복잡한 문자 데이터 처리 같은 기능을 수행한다. 이 책에서는 앞으로 이런 여러 가지 유틸리티의 사용법을 다룬다.

전형적인 운영체제 기능

어느 운영체제든 그 존재의 주된 이유가 되는 핵심 기능을 갖고 있다. 이런 핵심 기능은 운영체제가 스스로를, 운영체제가 실행되는 하드웨어를, 시스템 자원 할당을 운영체제에 의존하는 애플리케이션과 유틸리티를 관리할 수 있게 한다.

- 메모리 관리
- 멀티태스킹multitasking 관리
- 다중 사용자 관리
- 프로세스 관리
- 프로세스 간 통신
- 장치 관리
- 에러 처리와 로깅logging

이들 기능을 간략히 살펴보자.

메모리 관리

리눅스와 기타 현대 운영체제는 실제 메모리(RAM[8])와 스왑 메모리(디스크)를 하나의 가상 메모리 공간으로 가상화해 모두 물리적 램인 것처럼 사용하는 고급 메모리 관리 전략을 사용한다. 이 가상 메모리[9]의 일부는 커널의 메모리 관리 기능에 의해 메모리를 요청한 프로그램에 할당될 수 있다.

운영체제의 메모리 관리 요소는 애플리케이션과 유틸리티에 가상 메모리 공간을 할당하고 가상 메모리 공간과 물리적 메모리 사이의 변환을 책임진다. 커널은 메모리를 할당/해제하고 애플리케이션의 명시적/묵시적 요청에 따라 물리적 메모리 위치를 할당한다. 커널은 CPU와 협력해 프로그램이 자신에게 할당된 메모리 영역에만 접근하게 메모리 접근을 관리한다. 메모리 관리에는 스왑 파티션/파일 관리 및 램과 스왑 공간(하드 드라이브에 있는) 간 메모리 페이지 이동도 포함된다.

가상 메모리가 각 프로그램에게 단일 가상 메모리 주소 공간을 제공하므로 애플리케이션 개발자가 메모리 관리를 직접 다룰 필요가 없어진다. 또한 가상 메모리는 각 애플리케이션의 메모리 공간을 다른 프로그램과 격리함으로써 프로그램의 메모리 공간을 다른 프로그램이 덮어쓰거나 볼 수 없도록 안전하게 지켜준다.

멀티태스킹

다른 최신 운영체제와 마찬가지로 리눅스는 멀티태스킹[multitasking]을 할 수 있다. 이는 리눅스가 두 개, 세 개 또는 수백 개의 프로세스를 동시에 관리할 수 있다는 의미다. 프로세스 관리에는 리눅스 컴퓨터에 실행되는 여러 프로세스를 관리하는 일도 포함된다.

8. 위키피디아, Random Access Memory, https://en.wikipedia.org/wiki/Random-access_memory
9. 위키피디아, Virtual Memory, https://en.wikipedia.org/wiki/Virtual_memory

나는 흔히 워드프로세서인 리브레오피스 라이터LibreOffice Writer, 이메일 프로그램, 스프레드시트, 파일 관리자, 웹 브라우저, 리눅스 CLICommand-Line Interface와 상호작용하는 여러 터미널 세션 같은 여러 프로그램을 동시에 실행한다. 내가 이 문장을 쓰고 있는 지금 여러 개의 리브레오피스 라이터 창에 여러 개의 문서를 열었다. 그럼으로써 다른 문서에 적어둔 내용을 보면서 동시에 여러 장을 작업할 수 있다.

그러나 이들 프로그램은 보통 단어를 워드프로세서에 타이핑하거나 이메일을 클릭해서 표시할 때까지는 거의 아무 일도 하지 않는다. 또한 여러 개의 터미널 에뮬레이터를 실행해두고 내가 관리하고 책임지는 다양한 로컬/원격 컴퓨터에 로그인해서 사용한다.

리눅스 스스로 언제나 하드웨어와 기타 소프트웨어(호스트에서 실행되는) 관리를 돕는 여러 프로그램(데몬daemon이라고 한다)을 백그라운드에서 실행한다. 이 프로그램들은 특별히 찾아보지 않으면 사용자의 눈에 잘 띄지 않는다. 이 책에서 배울 도구 중 일부를 이용하면 감춰진 이런 프로그램들을 볼 수 있다.

자체의 프로그램이 모두 백그라운드에서 실행되고 사용자의 프로그램이 실행 중이어도 최신 리눅스 컴퓨터는 약간의 컴퓨트 사이클을 사용할 뿐이고 대부분의 CPU 사이클은 뭔가 일이 일어나기를 기다리며 낭비된다. 리눅스는 이미 동작하고 있는 작업들을 실행하는 동시에 다시 부팅할 필요 없이 자신의 업데이트를 다운로드하고 설치할 수 있다. 리눅스는 업데이트를 설치하기 전에, 설치하는 동안에, 설치한 다음에, 새로운 소프트웨어를 설치할 때 웬만하면 다시 부팅할 필요가 없다. 하지만 새로운 커널이나 `glibc`(General C Libraries)가 설치되면 이를 활성화하고자 컴퓨터를 다시 부팅하고 싶을 수도 있지만 언제든 원할 때 할 수 있고, 업데이트 도중 강제로 여러 번 다시 부팅해야 하거나 업데이트가 설치되는 동안 작업을 멈추지 않아도 된다.

다중 사용자

리눅스의 멀티태스팅 기능에 힘입어 리눅스는 여러 사용자(수십에서 수백 명)를 관리할 수 있으며 하나의 컴퓨터에서 같거나 다른 프로그램을 모두 동시에 실행할 수 있다.

다중 사용자 지원은 서로 다른 여러 가지 의미를 지닌다. 첫째, GUI 데스크탑 인터페이스와 커맨드라인을 이용해서 여러 번 로그인한 단일 사용자가 하나 이상의 터미널 세션을 사용하는 경우를 의미할 수 있다. 터미널 세션을 사용할 때에 가능한 극단적인 유연성은 이 과정의 뒤쪽에서 자세히 살펴볼 것이다. 둘째, 다중 사용자는 서로 다른 많은 사용자가 동시에 로그인해서 각자의 일을 하고, 각자가 격리되고 다른 사람의 활동에서 보호됨을 의미한다. 호스트 컴퓨터가 적절히 설정됐다면 어떤 사용자는 로컬에서 로그인하고 다른 사람들은 세계 어디서나 인터넷으로 연결해 로그인할 수 있다.

운영체제의 역할은 자원을 각 사용자에 할당하고 모든 태스크, 즉 프로세스가 다른 사용자에게 할당된 자원에 영향을 주지 않으면서 충분한 자원을 갖게 보장하는 것이다.

프로세스 관리

리눅스 커널은 시스템에서 실행 중인 모든 태스크의 실행을 관리한다. 리눅스 운영체제는 부트하자마자 멀티태스킹을 한다. 태스크 중 다수는 백그라운드 태스크로, 멀티태스킹과 (리눅스의 경우) 다중 사용자 환경을 관리하고자 필요하다. 이런 도구는 그다지 대단치 않은 보통의 컴퓨터에서도 가용한 CPU 자원의 아주 작은 부분만을 사용한다.

실행 중인 프로그램 각각을 프로세스process라고 한다. 프로세스 관리[10]를 수행하

10. 프로세스 관리는 2권의 4장에서 다룬다.

는 것은 리눅스 커널의 책임이다.

커널의 스케줄러는 프로세스의 우선순위와 실행 가능 여부에 따라 실행 중인 프로세스 각각에 CPU 시간을 할당한다. 블록block된 태스크(어쩌면 디스크에서 데이터가 전달되기를 기다리고 있거나 키보드로부터의 입력을 기다리는)는 CPU 시간을 받지 않는다. 리눅스 커널은 우선순위가 높은 태스트가 블록 해제unblock돼 실행할 수 있게 되면 우선순위가 낮은 태스크를 선점preempt하기도 한다.

프로세스를 관리하고자 커널은 프로세스를 나타내는 추상화된 데이터를 만든다. 필요한 데이터로는 메모리가 프로세스에 할당됐는지와 할당된 메모리가 데이터인지 실행 코드인지를 나타내는 메모리 맵memory map이 있다. 커널은 프로그램이 CPU 시간을 얼마나 최근에 얼마나 많이 받았는지와 'nice' 값이라는 숫자 등의 실행 상태 정보를 관리한다. 커널은 이 정보와 nice 값을 이용해서 프로세스의 우선순위를 계산한다. 커널은 모든 프로세스의 우선순위를 이용해서 어느 프로세스에 CPU 시간을 할당할지 결정한다.

모든 프로세스가 동시에 CPU 시간이 필요치는 않다. 사실 대부분의 데스크탑 워크스테이션에서는 보통 언제든 두세 개의 프로세스만 CPU에 있으면 된다. 이는 간단한 4 코어 프로세서면 이 정도의 CPU 부하는 가볍게 처리할 수 있다는 의미다.

시스템의 CPU보다 실행 중인 프로그램(프로세스)이 더 많다면 커널은 CPU 시간이 필요한 프로세스를 위해 어느 프로세스를 인터럽트할지 결정할 책임이 있다.

프로세스 간 통신

프로세스 간 통신IPC, InterProcess Communication은 모든 멀티태스킹 운영체제에 필수적이다. 여러 프로그램은 작업을 적절히 조직화하고자 서로 동기화돼야 한다. 프로세스 간 통신은 이런 종류의 프로세스 간 협력을 가능케 하는 도구다.

커널은 여러 가지 IPC 방법을 관리한다. 공유 메모리shared memory는 두 태스크가 서로 간에 데이터를 전달해야 할 때 사용한다. 리눅스 클립보드는 공유 메모리의 좋은 예다. 클립보드로 오려두거나 복사된 데이터는 공유 메모리에 저장된다. 저장된 데이터를 다른 애플리케이션에 붙이면 애플리케이션은 클립보드의 공유 메모리 영역에서 데이터를 찾는다. 네임드 파이프named pipe는 두 프로그램 사이의 데이터 통신에 사용할 수 있다. 한 프로그램이 데이터를 파이프에 넣고 다른 프로그램이 파이프의 반대쪽에서 데이터를 꺼낼 수 있다. 한 프로그램이 데이터를 매우 빨리 수집해서 파이프에 넣는다고 가정하자. 다른 프로그램이 파이프의 반대쪽에서 데이터를 꺼내 화면에 표시하거나 디스크에 저장할 수 있는데, 이 프로그램은 데이터를 자신의 속도에 맞춰 처리할 수 있다.

장치 관리

커널kernel은 장치 드라이버로 물리적 하드웨어 접근을 관리한다. 이를 다양한 종류의 하드 드라이브와 기타 저장 장치와 관련해서 생각하기 쉽지만 커널은 키보드, 마우스, 디스플레이, 프린터 등의 I/O 장치도 관리한다. 여기에는 USB 저장 장치, 외장 USB/eSATA 하드 드라이브 같은 이동식 장치도 포함된다.

물리적 장치의 접근은 주의 깊게 관리해야 한다. 그렇지 않으면 둘 이상의 애플리케이션이 같은 장치를 동시에 제어하려고 할 수 있다. 리눅스 커널은 한 순간에 하나의 프로그램만 장치를 제어하거나 접근하도록 관리한다. 그중 한 예는 COM 포트다.[11] 한 순간에 오직 한 프로그램만 COM 포트로 통신할 수 있다. 예를 들어 인터넷에서 이메일을 받고자 COM 포트를 사용 중인데 같은 COM 포트를 사용하는 또 다른 프로그램을 시작하려고 하면 리눅스 커널은 COM 포트가 이미 사용 중임을 감지한다. 그러면 커널은 하드웨어 에러 처리기를 이용해서 COM 포트가 사용 중이라는 메시지를 화면에 표시한다.

---

11. COM(communication) 포트는 케이블 연결을 사용할 수 없을 때 직렬 모뎀을 이용해서 전화선을 통해 인터넷에 연결하는 등의 직렬 통신에 쓰인다.

USB/병렬/직렬 포트 I/O, 파일 시스템 I/O 등의 디스크 I/O 장치를 관리할 때 커널은 디스크로의 물리적 접근을 처리하기보다는 실행 중인 다양한 프로그램이 제출하는 디스크 I/O 요청을 관리한다. 커널은 이들 요청을 파일 시스템(EXT(2, 3, 4)나 VFAT, HPFS, CDFS(CD-ROM 파일 시스템), NFS Network Filesystem 등)으로 전달하고 파일 시스템과 요청한 프로그램 사이의 데이터 전달을 관리한다.

앞으로 모든 종류의 하드웨어(저장 장치든 리눅스 호스트에 연결된 다른 장치든)가 어떻게 파일처럼 취급되는지 살펴볼 것이다. 이로 인해 놀라운 능력과 흥미로운 가능성이 생긴다.

에러 처리

에러는 발생한다. 따라서 커널은 에러가 발생하면 에러를 식별해야 한다. 커널은 실패한 동작을 재시도하거나 사용자에게 에러 메시지를 표시하거나 로그 파일에 에러 메시지를 기록하는 등의 동작을 취할 수 있다.

많은 경우 커널은 사람의 개입 없이 에러를 복구할 수 있다. 나머지 경우 사람의 개입이 필요할 수 있다. 예를 들어 사용자가 사용 중인 USB 저장 장치 마운트 해제unmount[12]하려고 하면 커널은 이를 감지하고 umount 프로그램에게 메시지를 보낼 것이고, umount 프로그램은 사용자 인터페이스에 흔히 에러 메시지를 보낸다. 그러면 사용자는 저장 장치를 더 이상 사용하지 않게 하기 위한 어떤 동작을 취한 다음 장치를 마운트 해제해야 한다.

유틸리티

운영체제는 커널 기능 외에도 다양한 기본 유틸리티 프로그램을 제공하며, 사용자는 유틸리티 프로그램을 이용해서 운영체제가 실행되는 컴퓨터를 관리할

12. 장치를 마운트 해제하는 실제 리눅스 명령은 umount다.

수 있다. 이런 유틸리티는 cp, ls, mv 등의 명령과 다양한 셸(bash, ksh, csh 등)로, 이들을 사용하면 컴퓨터 관리가 한층 쉬워진다.

이들 유틸리티는 엄밀히 말해 운영체제의 일부는 아니며 시스템 관리자가 관리 작업을 수행할 때 유용하게 쓸 수 있는 도구로 제공될 뿐이다. 리눅스에서 이들은 흔히 GNU 핵심 유틸리티다. 하지만 흔히 커널과 유틸리티를 하나의 개념적인 존재로 묶어 운영체제라고 한다.

간단한 역사

리눅스[13]와 유닉스[14]의 역사를 전적으로 다룬 책이 이미 나와 있으므로 여기서는 최대한 짧게 정리해보겠다. 유닉스나 리눅스를 사용하려면 꼭 역사를 알아야 하는 것은 아니지만 들어보면 흥미로울 것이다. 나는 이 역사를 약간 아는 것이 매우 유용했는데, 유닉스와 리눅스 철학에 대한 이해와 내가 쓴 책 『The Linux Philosophy for SysAdmins』(Aprsss, 2018)[15] 및 이 과정을 이루는 세 권에서 약간 논하는 내 스스로의 철학 형성에 도움이 됐기 때문이다.

UNICS에서 시작

리눅스의 역사는 원래 하나의 게임을 실행하기 위한 게임 플랫폼으로 작성된 UNICS에서 시작한다. 켄 톰슨Ken Thompson은 1960년대 후반(분할 전) 벨연구소의 직원으로, 멀틱스Multics라는 복잡한 프로젝트에 종사했다. 멀틱스는 다중화된 정보 및 컴퓨터 시스템Multiplexed Information and Computing System의 약자였다. 멀틱스는 GEGeneral Electric 645[16]의 멀티태스킹 운영체제가 되기로 돼 있었다. 멀틱스는 세

---

13. 위키피디아, History of Linux, https://en.wikipedia.org/wiki/History_of_Linux

14. 위키피디아, History of Unix, https://en.wikipedia.org/wiki/History_of_Unix

15. Apress, The Linux Philosophy for SysAdmins, www.apress.com/us/book/9781484237298

16. 위키피디아, GE 645, https://en.wikipedia.org/wiki/GE_645

개의 거대 조직(GE, 벨연구소, MIT)이 참여한 대규모, 고비용의 복잡한 프로젝트였다.

멀틱스는 컴퓨터 역사의 길에서 작은 혹 이상은 되지 못했지만 당시로서는 혁신적인 이전의 운영체제에서는 불가능했던 상당수의 기능을 소개했는데, 여기에는 멀티태스킹과 다중 사용자 지원이 포함된다.

멀틱스의 개발자 중 한 사람인 켄 톰슨[17]은 멀틱스에서 실행되는 우주여행[18]이라는 게임을 작성했다. 허지만 최소한 부분적으로 멀틱스의 위원회 주도 설계 때문에 안타깝게도 게임은 매우 느리게 실행됐다. 또한 실행 비용도 매우 비쌌다(1회에 약 50달러). 위원회에 의해 개발된 여러 프로젝트와 마찬가지로 멀틱스는 천천히 괴로운 죽음을 맞이했다. 우주여행이 실행되던 플랫폼도 더 이상 존재하지 않게 됐다.

그러자 톰슨은 먼지를 모으며 자리만 차지하고 있던 그림 2-3과 비슷한 DEC PDP-7 컴퓨터에서 게임이 실행되게 재작성했다. 게임이 DEC에서 실행되게 톰슨과 동료인 데니스 리치Dennis Ritchie[19]와 러드 캐나데이Rudd Canaday가 PDP-7용 운영체제를 작성해야 했다. 동시에 두 명의 사용자만(멀틱스가 설계된 것보다 훨씬 적은) 처리할 수 있었기 때문에 새로운 운영체제를 약간 괴짜스러운 유머로 UNICSUNiplexed Information and Computing System라고 불렀다.

17. 위키피디아, Ken Thompson, https://en.wikipedia.org/wiki/Ken_Thompson

18. 위키피디아, Space Travel, https://en.wikipedia.org/wiki/Space_Travel_(video_game)

19. 위키피디아, Dennis Ritchie, https://en.wikipedia.org/wiki/Dennis_Ritchie

그림 2-3. 켄 톰슨과 데니스 리치가 UNICS 운영체제를 작성할 때 사용했던 것과 비슷한 DEC PDP-7. 이것은 오슬로에 있고 사진은 복원을 시작하기 전인 2005년에 찍었다. 사진 제공 위키피디아, CC by SA 1.0

유닉스

약간의 시간이 흐른 후 UNICS라는 이름은 약간 바뀌어 UNIX가 됐고 이후로 그 이름이 굳어졌다.

1970년에 그 잠재력을 인식해 벨연구소가 유닉스 운영체제에 약간의 재정적 지원을 제공했고 본격적으로 개발이 시작됐다. 1972년에 운영체제 전체가 C로 다시 작성돼 전에 어셈블리로 작성됐을 때보다 이식성이 높아지고 유지 보수하기가 쉬워졌다. 1978년까지 유닉스는 AT&T 벨연구소와 여러 대학에서 상당히 널리 쓰이게 됐다.

수요가 많아지자 AT&T는 1982년 유닉스의 상용 버전을 발표하기로 결정했다. 유닉스 시스템 III는 운영체제의 7번째 버전에 기반을 뒀다. 1983년에 AT&T는 유닉스 시스템 V 릴리스 1을 발표했다. 처음으로 AT&T는 미래 버전과의 상위 호환성을 유지키로 약속했다. 따라서 SVR1에서 실행되도록 작성된 프로그램은 SVR2와 미래 버전에서도 실행된다. 상용 버전이었기 때문에 AT&T는 운영체제에 대해 라이선스 비용을 청구하기 시작했다.

또한 유닉스의 확산을 촉진하고 여러 대규모 대학의 컴퓨팅 프로그램을 지원하고자 AT&T는 유닉스의 소스코드를 여러 고등 교육 기관에 제공했다. 이는 유닉스에게 있어 최상과 최악의 상황을 초래했다. AT&T가 대학에 소스코드를 제공한 사실과 관련된 최상의 일은 새로운 기능의 빠른 개발을 촉진한 것이다. 이는 또한 유닉스가 여러 배포판으로 빠르게 갈라지도록 촉진하기도 했다.

시스템 V는 유닉스 역사상 중요한 이정표였다. 오늘날 여러 유닉스 변종이 시스템 V에 기반을 두고 있다. 가장 최신판은 SVR4로, 초기에 갈라진 여러 변종을 다시 모으려는 진지한 시도다. SVR4는 시스템 V와 BSD의 대부분 기능을 담고 있다. 이들이 가장 좋은 기능이기를 바란다.

BSD

UC 버클리는 유닉스 전쟁에 매우 일찍 참가했다. 학교에 다니던 학생 다수가 자신이 가장 좋아하는 기능을 BSD[Berkeley Software Distribution] 유닉스에 추가했다. 마침내 BSD의 매우 작은 부분만 여전히 AT&T 코드였고 이로 인해 여전히 시스템 V와 비슷했지만 매우 다르게 됐다. 최종적으로 BSD의 나머지 부분도 완전히 다시 작성됐고 이를 사용하는 사람은 더 이상 AT&T에서 라이선스를 구매할 필요가 없었다.

유닉스 철학

유닉스 철학은 유닉스를 고유하고 강력하게 하는 그 무언가 중 중요한 일부다. 유닉스가 개발된 방식과 개발에 참여한 특별한 사람들 때문에 유닉스 철학은 유닉스를 만든 과정의 중요한 일부였고, 구조와 기능 관련 결정에 큰 역할을 했다. 유닉스 철학에 대해서는 많은 글이 있다. 그리고 리눅스 철학은 근본적으로 유닉스 철학과 같다. 리눅스는 유닉스의 직계 후손이기 때문이다.

원래의 유닉스 철학은 주로 시스템 개발자를 대상으로 삼았다. 사실 톰슨과 리치가 이끈 유닉스 개발자들은 유닉스를 자신들의 뜻이 통하게 설계하고 규칙과 가이드라인, 절차를 만들었고, 그것들을 운영체제의 구조에 설계해 넣었다. 이는 시스템 개발자와 최소한 부분적으로 시스템 관리자에게 잘 맞았다. 유닉스 운영체제의 창시자들로부터의 지침은 마이크 갠카즈Mike Gancarz가 쓴 훌륭한 책 『The Unix Philosophy』(Digital Press, 1994)와 나중에 업데이트된 『Linux and the Unix Philosophy』(Digital Press, 2003)[20]에 체계적으로 정리돼 있다.

또 하나의 훌륭하고 매우 중요한 책은 에릭 레이먼드Eric S. Raymond,가 쓴 『ART OF UNIX PROGRAMMING』(정보문화사, 2004)[21]으로, 유닉스 환경에서의 프로그래밍에 대한 저자의 철학과 실용적인 관점을 제공한다. 이 책은 저자가 경험하고 회상하는 유닉스 개발의 역사도 담고 있으며, 인터넷에서 완전 무료로 구할 수 있다.[22]

이 세 권의 책에서 많은 것을 배웠다. 모두 유닉스와 리눅스 프로그래머에게 대단한 가치를 갖고 있다. 내 생각에는 『Linux and the Unix Philosophy』와 『The Art of Unix Programming』은 리눅스 프로그래머, 시스템 관리자, 데브옵스DevOps 요원이 꼭 읽어야 한다. 특히 이들 두 권을 읽을 것을 강력히 추천한다.

---

20. Mike Gancarz, Linux and the Unix Philosophy, Digital Press – an imprint of Elsevier Science, 2003.
21. Eric S. Raymond, The Art of Unix Programming, Addison-Wesley, September 17, 2003.
22. Eric S. Raymond, The Art of Unix Programming, www.catb.org/esr/writings/taoup/html/index.html

나는 컴퓨터 업계에서 45년 넘게 일했다. 유닉스와 리눅스 관련 업무를 시작하고 유닉스, 리눅스가 공유하는 공통 철학에 대한 글과 책을 읽고 나서야 리눅스와 유닉스 세상의 많은 것이 그렇게 돼 있는지 이해하게 됐다. 그런 이해가 리눅스에 대한 새로운 것들을 배우고 문제를 해결해 나갈 때 상당히 유용할 수 있다.

리눅스의 (매우) 간략한 역사

리눅스의 창시자인 리누스 토발즈는 1991년에 헬싱키 대학교의 학생이었다. 헬싱키 대학교는 학교 프로젝트에 미닉스Minix라는 매우 작은 버전의 유닉스를 사용하고 있었다. 리누스는 미닉스가 그다지 마음에 들지 않았고 스스로 유닉스와 비슷한 운영체제를 작성하기로 결심했다.[23]

리누스는 리눅스의 커널을 작성했고 당시 도처에 있었던 80386 프로세서 탑재 PC를 그 운영체제의 플랫폼으로 삼았다. 그 PC가 집에 있었기 때문이었다. 초기 버전을 1991년에 발표했고 첫 번째 공개 버전을 1992년 3월에 발표했다.

리눅스는 빠르게 퍼졌는데, 부분적으로는 원래 버전을 다운로드한 사람 중 여럿이 리누스 같은 해커였고 기여하고 싶은 좋은 아이디어들이 있었기 때문이다. 기여자들은 토발즈의 지침에 따라 리눅스 개선을 전담하는 느슨한 국제 해커 협력체로 자라났다.

리눅스는 이제 우리 삶의 거의 모든 부분에서 찾을 수 있다.[24] 리눅스는 어디에나 있고 우리는 평소에 생각지도 못하는 여러 곳에서 리눅스에 의존하고 있다. 핸드폰, 텔레비전, 자동차, 국제 우주 정거장, 대부분의 슈퍼컴퓨터, 인터넷의 백본backbone, 인터넷에 있는 대부분의 웹 사이트가 모두 리눅스를 활용한다.

---

23. Linus Torvalds and DavidDiamond, Just for Fun, HarperCollins, 2001, 61-64.

24. Opensource.com, Places to find Linux, https://opensource.com/article/18/5/places-find-linux?sc_cid=70160000001273HAAQ

리눅스의 좀 더 자세한 역사는 위키피디아[25]와 거기에 나오는 수많은 자료를 참고하기 바란다.

핵심 유틸리티

리눅스 토발즈가 리눅스 커널을 작성했지만 운영체제의 나머지는 다른 사람들이 작성했다. 이들 유틸리티는 리처드 스톨만Richard M. Stallman(RMS라고도 함) 등이 그들의 자유 GNU 운영체제를 위해 개발한 GNU 핵심 유틸리티였다. 모든 시스템 관리자가 이들 핵심 유틸리티를 자주, 거의 무의식적으로 사용한다. 또 다른 세트의 기본 유틸리티로 우리가 주목해야 할 중요한 리눅스 유틸리티인 `util-linux`가 있다.

이들 두 세트의 유틸리티를 합치면 리눅스 시스템 관리자의 연장통에 있는 (핵심) 기본 도구 대부분에 해당한다. 이들 유틸리티는 텍스트 파일, 디렉터리, 데이터 스트림, 다양한 종류의 저장 매체, 프로세스 제어, 파일 시스템 등의 관리와 조작 작업을 해결한다. 시스템 관리자는 이들 도구의 기본 기능을 이용해서 리눅스 컴퓨터를 관리할 때 필요한 여러 작업을 수행한다. 이들 도구 없이는 유닉스나 리눅스 컴퓨터에서 유용한 일을 하는 것이 불가능하기 때문에 이 도구들은 필수적이다.

GNU는 "Gnu's Not Unix"를 뜻하는 재귀적 약어로, FSFFree Software Foundation에서 프로그래머와 개발자에게 자유 소프트웨어를 제공하고자 개발했다. 대부분의 리눅스 배포판은 GNU 유틸리티를 포함한다.

GNU coreutils

GNU 핵심 유틸리티의 기원을 이해하려면 웨이백 머신Wayback Machine을 타고 벤연

25. 위키피디아, History of Linux, https://en.wikipedia.org/wiki/History_of_Linux

구소에서의 유닉스 초기로 짧은 여행을 해야 한다. 유닉스는 원래 켄 톰슨Ken Thompson, 데니스 리치Dennis Ritchie, 더그 매킬로이Doug McIlroy, 조 오사나Joe Ossanna가 멀틱스Multics라는 거대 멀티태스킹 다중 사용자 컴퓨터 프로젝트에 참여하는 동안 시작했던 뭔가를 계속하고자 작성했다. 그 작은 뭔가는 '우주여행'이라는 게임이었다. 오늘날과 마찬가지로 언제나 컴퓨팅 기술을 전진시키는 것은 게임 사용자인 것 같다. 이 새로운 운영체제는 동시에 두 사용자만 로그인할 수 있게 멀틱스에 비해 훨씬 제한됐으므로 Unics라고 불렸다. 이 이름은 나중에 유닉스UNIX로 바뀌었다.

시간이 흐름에 따라 유닉스는 크게 성공했다. 벨연구소는 유닉스를 대학이나(나중에는) 회사에 본질적으로 무료로 매체와 배송 비용만 받고 제공하기 시작했다. 당시에는 시스템 수준 소프트웨어는 조직과 프로그래머 사이에 공유됐는데, 그들이 시스템 관리의 맥락 안에서 공통의 목표를 이루고자 일했기 때문이다.

마침내 AT&T의 PHB[26]들이 유닉스로 돈을 벌기 시작해야 한다고 결정했고 좀 더 제한적인(그리고 비싼) 라이선스를 시작했다. 이 일은 소프트웨어가 일반적으로 점점 더 사유화되고 제한되고 폐쇄화되고 있을 때 일어나고 있었다. 소프트웨어를 다른 사용자나 조직과 공유하는 것이 불가능해지고 있었다.

어떤 사람들은 이를 좋아하지 않았고 자유 소프트웨어로 이에 맞서 싸웠다. 리처드 스톨만[27]은 개방되고 자유롭게 쓸 수 있는 운영체제('GNU 운영체제'라고 부르는)를 작성하려고 하는 반란군 그룹을 이끌었다. 이 그룹은 GNU 유틸리티를 만들었지만 생존 가능한 커널을 만들지 않았다.

리누스 토발즈가 처음 리눅스 커널을 작성하고 컴파일했을 때 그는 조금이라도 유용한 일을 시작하고자 매우 기본적인 시스템 유틸리티들이 필요했다. 커널은 이들 명령을 제공하지 않으며, 심지어 어떤 종류의 명령 셸(bash 같은)도 제공하

26. PHB(Pointy Haired Bosses). 머리카락이 뾰족한 상관. 딜버트 만화의 상관을 참고하기 바란다.

27. 위키피디아, Richard M. Stallman, https://en.wikipedia.org/wiki/Richard_Stallman

지 않는다. 커널은 그 자체로는 무용지물이다. 따라서 리누스는 자유롭게 쓸 수 있는 GNU 핵심 유틸리티를 사용했고 이들을 리눅스용으로 다시 컴파일했다. 이로써 매우 기초적이지만 완전한 운영체제를 만들 수 있었다.

터미널 커맨드라인에 info coreutils 명령을 입력함으로써 GNU 유틸리티를 이루는 개별 프로그램 모두를 배울 수 있다. 유틸리티들은 개별 프로그램을 좀 더 찾기 쉽게 기능별로 그룹화돼 있다. 추가 정보를 원하는 그룹을 하이라이트하고 엔터키를 누르면 된다.

해당 목록에는 102개의 유틸리티가 있다. 유닉스나 리눅스 호스트에서 기본적인 작업을 수행하는 데 필요한 기본 기능 다수를 수행한다. 하지만 여러 기본 유틸리티가 부족하다. 예를 들어 mount와 umount 명령은 이 목록에 없다. GNU 핵심 유틸리티에 없는 여러 명령은 util-linux 컬렉션에서 찾을 수 있다.

util-linux

util-linux 유틸리티 패키지는 시스템 관리자가 흔히 사용하는 여러 명령을 담고 있다. 이들 유틸리티는 리눅스 커널 기구Linux Kernel Organization에서 배포하며 거의 모든 배포판이 사용한다. 이런 107개 명령은 원래 fileutils, shellutils, textutils의 세 묶음으로 나뉘어 있었는데, 2003년에 util-linux라는 하나의 패키지로 통합됐다.

GNU 핵심 유틸리티와 util-linux라는 두 가지 기본 리눅스 유틸리티는 함께 기본 리눅스 시스템을 관리할 때 필요한 기본 유틸리티를 제공한다. 이 책을 준비하면서 전혀 알지 못하던 흥미로운 유틸리티 몇 가지를 찾았다. 이 명령 중 여럿은 거의 필요치 않다. 그러나 필요할 때면 정말 필수적이다. 이들 두 유틸리티 묶음에는 200개가 넘는 리눅스 유틸리티가 있다. 리눅스에는 더 많은 명령이 있지만 전형적인 리눅스 호스트의 기본 기능 대부분을 관리할 때 필요한 명령은 여기에 다 있다. 2장의 앞부분에서 소개한 lscpu 유틸리티는 util-linux 패키지의 일부로 배포된다.

나는 이들 두 유틸리티 묶음을 통틀어서 간단히 리눅스 핵심 유틸리티라고 부른다.

Copyleft

리눅스와 리눅스 소스코드를 자유롭게 구할 수 있다고 해서 법률이나 저작권 문제가 없는 것은 아니다. 리눅스는 GNU GPL 2General Public License Version 2에 의해 저작권copyright이 등록돼 있다. GNU GPL 2는 사실 업계에서 대부분 copyright 대신 copyleft라고 한다. 대부분의 상업적 라이선스와 조건이 매우 다르기 때문이다. GPL의 조건은 여러분이 리눅스(또는 그 밖에 copyleft를 따르는 모든 소프트웨어)를 배포하거나 심지어 파는 것을 허용하지만 컴파일된 바이너리뿐만 아니라 전체 소스코드를 제한 없이 공개해야 한다.

원 소유자(리눅스 커널 일부의 경우 리누스 토발즈)는 그가 작성한 리눅스 커널 일부의 저작권을 유지하고 커널의 다른 기여자도 누가 얼마나 수정하거나 추가하든 소프트웨어의 해당 부분에 대한 저작권을 유지한다.

게임

내가 연구를 통해 밝혀낸 뒤에 흥미롭게 생각한 것은 기술의 발전을 이끈 것은 게임 사용자였다는 것이다. 처음에는 오래된 IBM 1401의 틱택토 같은 것이었고 그다음에는 Unics와 PDP-7의 우주여행, 유닉스의 어드벤처와 여러 문자 기반 게임, IBM PC와 도스DOS의 단일 사용자 2D 비디오 게임, 지금은 많은 램과 비싸고 민감한 키보드, 초고속 인터넷을 탑재한 강력한 인텔과 AMD 컴퓨터의 FPSFirst Person Shooter와 MMOGMassively Multiplayer Online Game이다. 아, 맞다. 그리고 빛들이다. 케이스 안과 키보드, 마우스, 심지어 마더보드에도 많은 빛이 있다. 많은 경우 이 빛들은 프로그램으로 제어할 수 있다.

AMD와 인텔은 프로세서 영역에서 심하게 경쟁하고 있고 두 회사 모두 게임 커뮤니티를 위해 매우 강력한 제품을 제공한다. 이들 강력한 하드웨어 제품은 작가 같은 다른 커뮤니티에도 상당한 혜택을 제공한다.

나로 말하자면 여러 CPU와 방대한 램과 디스크 공간을 사용해서 여러 개의 가상 머신을 동시에 실행할 수 있다. 그중 두세 개의 VM은 이 책에서 여러분의 리눅스 탐험을 돕고자 사용할 것이고 나머지는 여러 가지 시나리오를 테스트할 때 사용하는 크래시하거나 버릴 수 있는 VM이다.

요약

리눅스는 현대 인텔 컴퓨터에서 프로그램 및 데이터의 흐름과 저장을 관리하게 설계된 운영체제다. 리눅스는 리누스 토발즈가 작성한 커널과 시스템 관리자가 시스템 및 운영체제 자체의 기능을 관리하고 제어할 수 있게 하는 두 세트의 시스템 수준 유틸리티로 이뤄졌다. 이 두 가지 유틸리티 세트는 GNU 유틸리티와 `util-linux`로, 함께 리눅스 시스템 관리자에게 필수적인 200개가 넘는 리눅스 핵심 유틸리티로 이뤄졌다.

리눅스는 기능을 수행하고자 하드웨어와 매우 밀접하게 작동하므로 현대 인텔 기반 컴퓨터의 주요 요소를 살펴봤다.

연습문제

1. 운영체제의 주요 기능은 무엇인가?
2. 운영체제의 추가 기능을 최소한 4가지 나열하라.

3. 리눅스 핵심 유틸리티 전체의 기능을 서술하라.

4. 리누스 토발즈는 왜 스스로 리눅스용 유틸리티를 작성하는 대신 GNU 핵심 유틸리티를 선택했는가?

3장

시스템 관리자를 위한 리눅스 철학

학습 목표

3장의 학습 목표는 다음과 같다.

- 시스템 관리자를 위한 리눅스 철학의 역사적 배경
- 시스템 관리자를 위한 리눅스 철학의 원칙에 대한 간단한 소개
- 시스템 관리자를 위한 리눅스 철학이 더 나은 시스템 관리자가 되기 위한 학습에 어떻게 도움이 되는가

배경

유닉스 철학은 유닉스를 고유하고 강력하게 만드는 그 무엇인가를 이루는 중요한 부분이다.[1] 유닉스 철학에 대한 글은 매우 많고 리눅스 철학은 본질적으로 유닉스 철학과 같다. 리눅스가 유닉스의 직계 후손이기 때문이다.

1. https://en.wikipedia.org/wiki/Unix

유닉스 철학은 원래 시스템 개발자를 위한 것이었다. 이 책을 쓰는 현재 유닉스와 리눅스 관련 일에 20년 넘게 종사하고 나서 리눅스 철학이 시스템 관리자로서의 나의 효율성과 유효성에 엄청나게 기여했음을 발견했다. 언제나 리눅스 철학을 따르려고 애썼다. 경험상 리눅스 철학을 철저히 따르면 보스들의 압력이 있건 없건 장기적으로는 언제나 좋은 결과가 있었기 때문이다

유닉스와 리눅스 철학은 원래 이들 운영체제의 개발자를 위한 것이었다. 시스템 관리자도 원칙의 많은 부분을 매일매일의 일에 적용할 수 있지만 시스템 관리자에게 고유한 중요한 여러 항목이 빠져 있었다. 리눅스와 유닉스 관련 일에 종사한 수년 동안 내 자신의 철학을 만들었는데, 이는 시스템 관리자의 매일매일의 삶과 일에 좀 더 직접적으로 적용된다. 나의 철학은 내 멘토의 철학뿐만 아니라 부분적으로 원래의 유닉스와 리눅스 철학에 기반을 두고 있다.

나의 책 『The Linux Philosophy for SysAdmins』[2]는 리눅스 철학에 대한 나의 시스템 관리자 접근법의 산물이다. 3장의 상당부분은 직접적으로 그 책에서 가져왔다. 『The Linux Philosophy for SysAdmins』라는 이름이 약간 길므로 대부분의 경우 이 책에서는 간단히 '철학'이라고 부르겠다.

철학의 구조

시스템 관리자를 위한 리눅스 철학에는 매슬로의 욕구 단계[3]처럼 3개의 층이 있다. 이 층들은 깨달음의 좀 더 높은 단계로의 성장을 상징하기도 한다.

바닥층은 기초로, 시스템 관리자로서 가장 낮은 수준의 일을 수행할 때 알아야 할 기본적인 명령과 지식이다. 중간층은 기초에 기반을 둔 시스템 관리자에게 매일매일의 작업을 알려주는 실용적인 원칙으로 이뤄져 있다. 꼭대기층은 시스

2. David Both, The Linux Philosophy for SysAdmins, Apress, 2018.

3. 위키피디아, Maslow's hierarchy of needs, https://en.wikipedia.org/wiki/Maslow%27s_hierarchy_of_needs

템 관리자로서의 좀 더 높은 필요를 충족하고 지식을 나누도록 장려하는 원칙을 담고 있다.

철학의 첫 번째이자 가장 기본적인 층은 기초로, 예를 들어 '리눅스 진실', 데이터 스트림, STDIO[Standard Input/Output], 데이터 스트림 변환, 작은 커맨드라인 프로그램, '모든 것이 파일'의 뜻에 대한 것이다.

중간층은 철학의 기능 측면을 담고 있다. 커맨드라인을 받아들이고 커맨드라인 프로그램을 확장해서 테스트되고 유지 보수할 수 있는 저장하고 반복 사용하며 심지어 공유할 수 있는 셸 프로그램을 만든다. 우리는 '게으른 관리자'가 되고 모든 것을 자동화한다. 리눅스 파일 시스템 계층 구조를 적절히 사용하고 데이터를 개방형 포맷으로 저장한다. 이것들이 철학의 기능 측면이다.

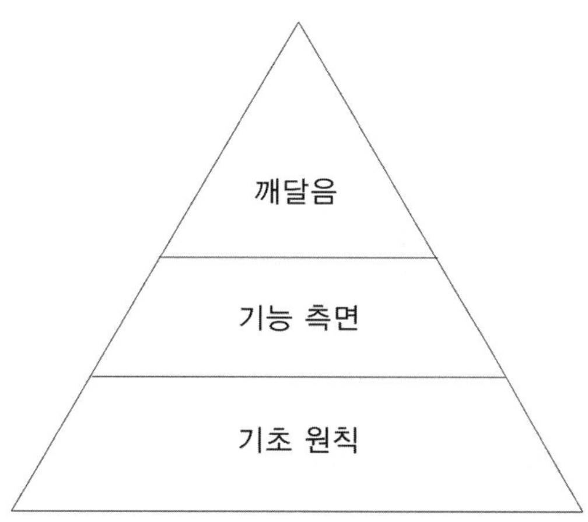

그림 3-1. 시스템 관리자를 위한 리눅스 철학의 계층 구조

철학의 꼭대기층은 깨달음에 대한 것이다. 시스템 관리 작업을 수행하고 그냥 일을 하는 것에서 더 나아가기 시작한다. 우리는 리눅스 설계의 우아함과 단순함을 완벽히 이해했다. 우리의 일을 우아하게 하고자 노력하고, 해결책을 단순하게 유지하고, 기존의 복잡한 해결책을 단순화하고 사용 가능하고 완전한 문서를 만들기 시작한다. 단순히 새로운 지식을 얻고자 탐구하고 실험한다. 깨달

음의 단계에서는 우리의 지식과 방법을 새로운 시스템 관리자에게 전달하기 시작하고 적극적으로 좋아하는 오픈소스 프로젝트를 지원한다.

내 생각에는 리눅스의 구조와 철학을 배우지 않고 여러 리눅스 명령과 유틸리티를 배우기는 불가능하다. 커맨드라인에서 작업하려면 그런 지식이 필요하다. 그와 동시에 커맨드라인에서 작업하면 커맨드라인을 사용하고자 필요한 바로 그 지식이 생긴다. 커맨드라인을 충분히 오래 사용하면 노력하지 않아도 리눅스의 내재된 아름다움을 약간이나마 배우게 됨을 알게 될 것이다. 그런 다음에는 이미 배운 것에 대한 스스로의 궁금증을 따라가면 나머지가 드러날 것이다.

선禪 같은가? 그렇게 들릴 것이다. 실제로 그러니까.

원칙

시스템 관리자를 위한 리눅스 철학의 원칙 각각을 간략히 살펴보자. 이 책을 진행하면서 이들 원칙이 적용되는 곳과 이들 원칙이 리눅스의 하부 구조에 대해 드러내 보여주는 것을 지적하려고 한다. 매일매일 사용할 수 있는 철학의 여러 가지 실용적인 응용 예를 찾아낼 것이다.

이 목록은 간략할 수밖에 없고 각 원칙의 모든 측면을 다룰 수 없다. 더 배우고 싶다면 『The Linux Philosophy for SysAdmins』[4]에서 추가 정보와 각 원칙의 자세한 내용을 살펴봐야 한다.

데이터 스트림이 공통 인터페이스다

리눅스에서 모든 것은 데이터 스트림data streams(특히 텍스트 스트림)을 중심으로 돌아간다. 유닉스와 리눅스 세계에서 스트림은 어떤 원천에서 시작한 테스트 데

4. David Both, The Linux Philosophy for SysAdmins, Apress, 2018.

이터의 흐름이다. 스트림은 하나 이상의 프로그램으로 흘러가서 어떤 형태로 변환되고, 파일에 저장되거나 터미널 세션에 표시될 수 있다. 시스템 관리자로서 여러분의 작업은 이들 데이터 스트림의 생성과 흐름을 조작하는 것과 긴밀하게 연관돼 있다.

프로그램 입출력을 위해 STDIO[Standard Input/Output]의 사용은 일을 하고 데이터 스트림을 조작하는 리눅스 방식의 핵심 기초다. STDIO는 유닉스용으로 처음 개발됐고 그 이후로 도스, 윈도우, 리눅스 등 다른 운영체제 대부분으로 퍼져나갔다.

> 이것이 유닉스 철학이다. 한 가지 일을 잘하는 프로그램을 작성하라. 협업하는 프로그램을 작성하라. 텍스트 스트림을 처리하는 프로그램을 작성하라. 그것이 공통 인터페이스이기 때문이다.
>
> – 더그 매킬로이[Doug McIlroy], 유닉스 철학의 기본[5,6]

STDIO는 켄 톰슨[7]이 유닉스 초기 버전에 파이프를 구현하기 위한 기반 구조의 일부로 개발했다. STDIO를 구현하는 프로그램은 디스크나 기타 저장 매체에 저장된 파일보다는 표준화된 파일 핸들과 출력을 사용한다. STDIO를 가장 잘 설명하는 말은 버퍼링되는 데이터 스트림이며, 주요 기능은 한 프로그램이나 파일, 장치의 출력에서 데이터를 받아 다른 프로그램이나 파일, 장치의 입력으로 흘러가게 하는 것이다.

데이터 스트림은 그 위에서 핵심 유틸리티와 기타 여러 CLI 도구가 작업을 수행하는 원료다. 이름이 암시하듯 데이터 스트림은 STDIO를 이용해서 한 파일이나 장치, 프로그램에서 다른 파일, 장치, 프로그램으로 전달되는 데이터의 흐름이다.

---

5. Eric S. Raymond, The Art of Unix Programming, www.catb.org/esr/writings/taoup/html/ch01s06.html
6. Linuxtopia, Basics of the Unix Philosophy, www.linuxtopia.org/online_books/programming_books/art_of_unix_programming/ch01s06.html
7. 위키피디아, Ken Thompson, https://en.wikipedia.org/wiki/Ken_Thompson

데이터 스트림 변환

이 원칙은 STDIO를 이용해 한 유틸리티 프로그램에서 다른 프로그램으로 데이터 스트림을 연결하는 파이프의 사용법을 다룬다. 이들 프로그램의 기능은 데이터를 어떤 방식으로 변환하는 것이다. 데이터를 파일로 전송하는 리디렉션redirection의 사용법도 배울 것이다.

데이터 스트림은 파이프를 이용해서 스트림에 변환자transformer를 삽입해 조작할 수 있다. 시스템 관리자는 변환 프로그램을 이용해서 스트림의 데이터에 변환 작업을 수행해 내용을 어떤 방식으로 변환할 수 있다. 리디렉션은 파이프라인의 끝에 사용돼 데이터 스트림을 파일로 보낼 수 있다. 앞서 언급한 대로 해당 파일은 하드 드라이브의 실제 데이터 파일이거나, 드라이브 파티션이나 프린터, 터미널, 가상 터미널, 컴퓨터에 연결된 기타 장치 같은 장치 파일일 수도 있다.

나는 이들 프로그램과 관련해서 '변환'이라는 말을 사용한다. 이들 프로그램 각각의 주요 작업이 STDIO에서의 입력 데이터를 시스템 관리자가 의도하는 특정 방법으로 변환하고, 변환된 데이터를 STDOUT으로 보내 다른 변환 프로그램이 사용하거나 파일로 리디렉트하게 하는 것이기 때문이다.

이들 프로그램을 일컫는 표준 용어인 '필터filter'는 내가 동의하지 않는 뭔가를 암시한다. 정의에 따르면 필터는 공기 필터가 공기 중의 오염물질을 제거해서 여러분 차의 내연기관이 이들 입자 때문에 자체를 갈아 망가뜨리지 않게 하듯이 뭔가를 제거하는 장치나 도구다. 고등학교와 대학교 화학 시간에 액체에서 입자를 제거하는 데 필터 종이를 사용했다. 우리 집 HVAC 시스템의 공기 필터는 내가 숨 쉬고 싶지 않은 입자를 제거한다. 따라서 때로는 필터 프로그램이 스트림에서 원치 않는 데이터를 제거하기도 하지만 나는 '변환자'라는 용어를 훨씬 선호한다. 스트림에 데이터를 추가할 수도 있고 데이터를 뭔가 놀라운 방식으로 수정할 수도 있으며, 정렬하고 각 줄의 데이터를 재배열하고, 데이터 스트림의 내용에 따라 동작을 수행하기도 하는 등 이들 유틸리티는 훨씬 더 많은 일을 하기 때문이다. 여러분이 좋아하는 어느 용어를 사용해도 좋지만, 나는 변환자를 선호한다.

이들 작지만 강력한 변환 프로그램을 이용해서 데이터 스트림을 조작하는 능력은 리눅스 커맨드라인 인터페이스 힘의 중심이다. 리눅스 핵심 유틸리티 중 여럿은 변환 프로그램이고 STDIO를 사용한다.

모든 것이 파일이다

이는 리눅스를 특히 유연하고 강력하게 만드는 가장 중요한 개념이다. 모든 것이 파일이다. 즉, 모든 것이 데이터 스트림의 소스source, 타깃target 또는 많은 경우 둘 다가 될 수 있다. 이 책에서 여러분은 "모든 것이 파일이다"의 진정한 의미를 탐구하고 시스템 관리자로서 여러분의 커다란 장점으로 사용하는 방법을 배울 것이다.

> "모든 것이 파일이다"의 요점은 서로 다른 것들을 조작할 때 공통된 도구를 사용할 수 있다는 사실이다.
>
> – 리누스 토발즈Linus Torvalds의 이메일에서

모든 것이 파일이라는 생각은 약간 흥미롭고 놀라운 의미를 갖는다. 이 개념으로 인해 부트 레코드나 디스크 파티션, 부트 레코드를 포함하는 하드 드라이브 전체를 복사할 수 있다. 하드 드라이브 전체도 개별 파티션과 마찬가지로 파일이기 때문이다. 그 밖에 가능한 것으로는 cp(copy) 명령으로 PDF 파일을 호환되는 프린터로 출력하기, echo 명령으로 메시지를 한 터미널 세션에서 다른 세션으로 보내기, dd 명령으로 ISO 이미지 파일을 USB 드라이브로 보내기 등이 있다.

"모든 것이 파일이다"는 리눅스에서 모든 장치가 /dev 디렉터리에 있는 특수 파일로 구현되기 때문에 가능하다. 장치 파일은 장치 드라이버가 아니고 사용

자에게 노출되는 장치로의 관문이다. 장치 특수 파일은 2권 3장뿐만 아니라 이 과정 전반에 걸쳐 자세히 다룰 것이다.

리눅스 FHS 사용법

리눅스 FHS^Filesystem Hierarchical Standard^는 리눅스 디렉터리 트리 구조를 정의한다. FHS는 표준 디렉터리들의 이름과 목적을 지정한다. 이 표준은 모든 리눅스 배포판이 디렉터리를 일관되게 사용하게 하고자 마련됐다. 이런 일관성 덕분에 시스템 관리자의 셸과 컴파일된 프로그램의 작성과 유지 보수가 좀 더 쉬워진다. 프로그램, 구성파일, 데이터가 있는 경우 표준 디렉터리에 있어야 하기 때문이다. 이 원칙은 프로그램과 데이터를 디렉터리 트리의 표준적이고 권장되는 위치에 저장하는 것과 그 장점에 대한 것이다.

시스템 관리자로서 우리의 작업은 문제 해결부터 우리와 다른 사람을 위해 여러 가지 작업을 수행하는 CLI 프로그램의 작성까지를 포함한다. 리눅스 시스템에서 각종 데이터가 어디에 있어야 하는지를 알면 문제 해결뿐만 아니라 예방에도 큰 도움이 된다.

최신 FHS(3.0)[8]는 리눅스 재단[9]에서 유지 보수하는 문서에 정의돼 있다. 문서는 해당 웹사이트에서 FHS의 예전 버전과 마찬가지로 여러 형식으로 구할 수 있다.

CLI를 포용하라

힘은 리눅스와 함께하고 그 힘은 커맨드라인 인터페이스, 즉 CLI다. 리눅스 CLI의 방대한 힘은 제한이 전혀 없다는 데 있다. 리눅스는 커맨드라인에 접근하는

8. The Linux Foundation, The Linux Filesystem Hierarchical Standard, https://refspecs.linuxfoundation.org/fhs.shtml

9. 리눅스 재단은 여러 리눅스 표준을 정의하는 문서를 유지 보수하고 리누스 토발즈의 작업을 후원하기도 한다.

여러 가지 방법(가상 콘솔, 여러 가지 터미널 에뮬레이터, 셸, 유연성과 생산성을 높이는 기타 관련 소프트웨어 등)을 제공한다.

커맨드라인은 사용자와 운영체제 사이에 텍스트 모드 인터페이스를 제공하는 도구다. 사용자는 커맨드라인을 이용해서 컴퓨터가 처리할 명령을 입력하고 결과를 볼 수 있다.

리눅스 커맨드라인 인터페이스는 Bash[Bourne again shell], csh[C shell], ksh[Korn shell](이외에도 많다) 같은 셸로 구현된다. 셸의 기능은 사용자가 입력한 명령을 운영체제로 전달하는 것이다. 운영체제는 명령을 실행하고 결과를 셸로 돌려준다.

커맨드라인은 일종의 터미널 인터페이스로 접근한다. 현대 리눅스 컴퓨터에 공통적으로 존재하는 세 가지 주요 터미널 인터페이스가 있는데, 용어가 혼란스러울 수 있다. 이들 세 가지 인터페이스는 가상 콘솔, 그래픽 데스크탑에서 실행되는 터미널 에뮬레이터, SSH 원격 연결이다. 용어와 가상 콘솔, 하나의 터미널 에뮬레이터를 7장에서 살펴볼 것이다. 14장에서는 몇 가지 터미널 에뮬레이터를 다룬다.

게으른 시스템 관리자가 되라

그 모든 일에도 불구하고 부모님, 선생님, 보스, 권위자가 선의로 그리고 구글 검색으로 찾은 노력에 대한 수백 개의 인용구에서 일을 제때에 마치는 것은 열심히 일하는 것과는 다르다고 들었다. 각각이 반드시 나머지를 뜻하지는 않는다.

나는 게으른 시스템 관리자이자 매우 생산적인 시스템 관리자이기도 하다. 이들 두 가지는 서로 상충하는 것처럼 보이지만 꼭 그런 것만은 아니다. 오히려 매우 긍정적인 방식으로 상호보완적이다. 이는 오직 효율이 있어야 가능하다.

이 원칙은 시스템 관리자로서 자신의 효율을 극대화하는 적절한 작업을 열심히

하는 것에 대한 것이다. 여기에는 자동화가 포함되는데, 자동화는 이 과정 내내 다루지만, 특히 10장에서 자세히 다룬다. 이 원칙의 좀 더 큰 부분은 리눅스에 이미 내재된 지름길을 활용하는 수많은 방법을 찾는 것이 대한 것이다.

타이핑을 줄이는 단축 명령shortcut(윈도우 사용자라면 단축키나 바로 가기 아이콘을 생각할 것이다)으로 앨리어스alias 사용하기, 목록에서 찾기 쉽게 이름 짓기, Bash(대부분의 배포판의 기본 리눅스 셸)에 내장된 파일명 완성 기능 사용하기 등 게으른 시스템 관리자의 삶을 좀 더 편하게 만드는 모든 것이 있다.

모든 것을 자동화하라

컴퓨터의 기능은 평범한 작업을 자동화해서 사람은 컴퓨터가 (아직) 할 수 없는 일에 집중할 수 있게 하는 것이다. 가장 가까이에서 컴퓨터를 실행하고 관리하는 시스템 관리자는 좀 더 효율적인 작업을 도울 수 있는 도구에 직접 접근할 수 있다. 이들 도구를 최대한 활용해야 한다.

『The Linux Philosophy for SysAdmin』[10]의 8장 "게으른 시스템 관리자가 되라"에서는 "시스템 관리자는 생각할 때 기존의 문제를 어떻게 해결할지와 미래의 문제를 어떻게 피할지에 대해 생각할 때, 미래 문제의 징조와 실마리를 찾고자 리눅스 컴퓨터를 어떻게 감시할지 생각할 때, 자신의 일을 좀 더 효율적으로 만드는 방법을 생각할 때, 날마다 또는 해마다 수행해야 하는 모든 작업을 자동화하는 방법을 생각할 때 가장 생산적이다."라고 말한다.

시스템 관리자는 그다음으로 비생산적으로 보이는 해결책을 자동화하는 셸 프로그램을 만들 때 가장 생산적이다. 자동화를 많이 할수록 실제 문제가 생겼을 때 해결하고, 지금보다 더 많이 자동화할 방법을 생각할 시간이 많아진다.

최소한 나는 셸 프로그램(스크립트라고도 한다)을 작성하는 것이 내 시간을 활용하

10. David Both, The Linux Philosophy for SysAdmin, Apress, 2018, 132.

는 가장 좋은 전략임을 배웠다. 셸 프로그램을 작성하고 나면 몇 번이고 필요한 만큼 다시 실행할 수 있다.

언제나 셸 스크립트를 사용하라

모든 것을 자동화하고자 프로그램을 작성할 때 컴파일된 유틸리티와 도구 대신 언제나 셸 스크립트를 사용하라. 셸 스크립트는 평문Plain text[11] 형식으로 저장되기 때문에 사람들이 컴퓨터를 이용해서 하는 것만큼 쉽게 보고 수정할 수 있다. 셸 프로그램을 조사하고 정확히 무엇을 하는지, 문법이나 논리에 분명한 오류가 있는지 알 수 있다. 이는 개방형이라는 것이 무엇인지를 나타내는 강력한 예다.

셸 스크립트나 프로그램은 최소한 하나의 셸 명령을 담고 있는 실행 파일이다. 셸 스크립트는 보통 둘 이상의 명령을 갖고 있고 어떤 셸 스크립트는 수천 줄의 코드를 갖고 있다. 이들 명령은 명확하게 정의된 결과를 출력하는 작업을 수행하고자 필수적인 명령들을 함께 엮은 것이다.

맥락이 중요하고 이 원칙은 시스템 관리자의 작업 맥락에서 고려해야 한다. 시스템 관리자의 작업은 개발자와 테스터의 작업과 상당히 다르다. 시스템 관리자는 하드웨어와 소프트웨어 문제를 해결할 뿐 아니라 담당하는 시스템의 매일매일 동작을 관리한다. 이들 시스템에 잠재적 문제가 있는지 감시하고 이런 문제가 사용자에게 영향을 주기 전에 문제를 예방하고자 할 수 있는 모든 노력을 한다. 시스템 관리자는 업데이트를 설치하고 운영체제에 전체 릴리스 수준 업그레이드를 수행한다. 시스템 관리자는 사용자가 만든 문제를 해결한다. 시스템 관리자는 이런 모든 일을 할 수 있는 코드를 개발한다. 그리고 그 코드를 테스트하고 코드를 실제 운영 환경에서 지원한다.

11. 위키피디아, Plain text, https://en.wikipedia.org/wiki/Plain_text

일찍 자주 테스트하라

언제나 또 하나의 버그가 있다.

– 루바르스키Lubarsky의 사이버 곤충학 법칙

루바르스키(이 사람이 누구든)가 옳다. 우리는 결코 코드의 모든 버그를 찾을 수 없다. 버그를 하나 찾을 때면 언제나 또 하나가 흔히 매우 적절치 않은 시기에 튀어나오는 것 같다.

테스트는 시스템 관리자가 하는 여러 일의 최종 산출물에 영향을 주며 철학의 필수적인 부분이다. 하지만 테스트는 프로그램에만 국한되지 않는다. 해결했다고 생각하는 문제(하드웨어에 의해 생기든, 소프트웨어에 의해 생기든, 뭔가를 망가뜨리는 무한히 많은 방법을 찾아내는 것처럼 보이는 사용자에 의해 생기든)가 실제로 해결됐는지 검증도 해야 한다. 이런 문제는 작성한 애플리케이션이나 유틸리티 소프트웨어에 있을 수도 있고 시스템 소프트웨어, 애플리케이션, 하드웨어에 있을 수도 있다. 또한 테스트에서 중요한 것은 코드를 사용하기 쉽게 하고 사용자가 인터페이스를 이해하기 쉽게 하는 것이다.

테스트는 힘든 일이고 요구 사항 명세에 기반을 두고 잘 설계된 테스트 계획이 필요하다. 심지어 매우 간단한 테스트 계획이라도 테스트가 일관되고 코드에 요구된 기능을 다룰 것임을 보장한다.

좋은 계획은 코드가 해야 하는 일을 모두 하는지 검증하는 테스트를 담고 있다. 즉, X를 입력하고 Y 버튼을 클릭하면 결과로 Z를 얻어야 한다. 따라서 이들 조건을 만들고 결과가 Z인지 확인하는 테스트를 만든다.

가장 좋은 계획은 코드가 얼마나 잘 실패하는지를 알아내는 테스트를 포함한다. 테스트 계획이 명시적으로 다루는 구체적인 시나리오도 중요하지만 그것만으로는 기대하지 않은 입력이나 심지어 완전히 임의의 입력에 의해 발생하는 큰 피해를 찾아내지 못할 수도 있다. 이 상황은 퍼지 테스트(어떤 사람이나 어떤 도구가 뭔가 나쁜 일이 생길 때까지 임의로 키보드를 두드리는)를 통해 최소한 부분적으로라도 다룰 수 있다.

시스템 관리자에게 실제 운영 환경에서 테스트하는 것은 어떤 사람들은 새롭다고 생각할 수도 있지만 흔한 일이다. 테스터들로 가득 찬 실험실에서 고안할 수 있는 실제 세계 운영 환경에서 약간만 빼고 나머지는 똑같은 테스트 계획은 없다.

상식적으로 이름을 지으라

게으른 시스템 관리자는 불필요한 타이핑을 줄이고자 모든 노력을 다하고, 나는 그것을 진지하게 생각한다. 이 원칙은 여기에 기반을 두고 있지만 타이핑해야 하는 양을 줄이는 것보다 더 많은 것을 담고 있다. 이 원칙은 스크립트의 가독성과 좀 더 쉽고 빠르게 이해할 수 있도록 이름을 짓는 것도 포함한다.

원래의 유닉스 철학 중 하나는 언제나 소문자를 사용하고 이름을 짧게 지으라는 것이었다.[12] 시스템 관리자의 세계에서 감탄스럽지만 쉽게 이룰 수 없는 목표다. 여러 모로 내 자신의 원칙이 원래 원칙을 완전히 반박하는 것처럼 보일 것이다. 하지만 원래의 원칙은 다른 대상을 위한 것이었고 이 원칙은 필요가 다른 시스템 관리자를 위한 것이다.

궁극의 목표는 읽기 쉽고 이해하기 쉬워서 유지 보수하기 쉬운 스크립트를 만드는 것이다. 그런 다음 다른 간단한 스크립트와 cron job을 이용해 스크립트 실행을 자동화한다. 스크립트 이름을 적절히 짧게 만들면 커맨드라인에서 스크립트를 실행할 때 타이핑 횟수를 줄일 수 있지만 다른 스크립트나 cron job에서

12. 초기의 유닉스 시스템은 오늘날의 시스템에 비해 매우 작은 메모리를 갖고 있었으므로 이름에서 몇 바이트를 절약하는 것이 중요했다. 유닉스와 리눅스는 대소문자를 구별하므로 시프트키를 누르고자 키를 더 눌러야 하면 일이 늘어난다.

시작할 때는 거의 무관하다.

스크립트가 읽기 쉬우려면 변수명을 쉽게 이해할 수 있고 읽을 수 있어야 한다. 때로 스크립트 이름과 함께 변수명은 예전보다 더 길지만 더 이해하기 쉬워지기도 한다. `$DeviceName` 같은 변수명은 `$D5`보다 훨씬 더 이해하기 쉽고 스크립트를 더 읽기 쉽게 만든다.

대부분의 리눅스 명령은 짧지만 뜻도 갖고 있다. 커맨드라인에서 한동안 작업하고 나면 이들 명령의 대부분을 이해할 것이다. 예를 들어 `ls` 명령은 디렉터리 내용을 나열함을 의미한다. 이름에 'ls'라는 문자열이 있는 다른 명령도 있는데, 예를 들어 `lsusb`는 호스트에 연결된 USB 장치의 리스트를 보여주고, `lsblk`는 호스트에 연결된 블록 장치(하드 드라이브)의 리스트를 보여준다.

개방형 포맷으로 데이터를 저장하라

컴퓨터를 이용하는 이유는 데이터를 조작하기 위해서다. 이것이 '데이터 처리'라고 불렸던 데는 이유가 있었고 정확한 설명이었다. 데이터의 형태는 비디오/오디오 스트림, 유/무선 네트워크 스트림, 워드프로세싱 데이터, 스프레드시트, 이미지 등으로 바뀌었지만 여전히 데이터를 처리한다. 이들 모두 여전히 그냥 데이터다.

우리는 리눅스에서 사용할 수 있는 도구를 이용해서 텍스트 데이터 스트림을 조작한다. 그 데이터는 보통 저장돼야 하고, 데이터를 저장해야 할 때는 언제나 폐쇄형closed 포맷보다는 개방형open 포맷으로 저장하는 것이 낫다.

여러 사용자 애플리케이션이 데이터를 단순 텍스트나 XML 등의 텍스트 포맷으로 저장함에도 이 원칙은 대부분 리눅스와 직접 관련된 구성 데이터와 스크립트에 대한 것이다. 하지만 어느 종류의 데이터건 가능하면 평문 텍스트로 저장해야 한다.

'오픈소스'는 코드에 대한 것으로 소스코드를 원하는 누구나 보거나 수정할 수 있음을 의미한다. '오픈 데이터'[13]는 데이터 자체의 개방성에 대한 것이다.

오픈 데이터라는 용어는 단순히 데이터 자체에 접근할 수 있음을 의미하지는 않는다. 이는 데이터를 볼 수 있고, 어떤 형태로 사용될 수 있고, 다른 이들과 공유될 수 있음을 의미한다. 이 목표가 성취되는 정확한 방식은 일종의 권한과 오픈 라이선싱에 따를 수 있다. 오픈소스 소프트웨어와 마찬가지로 이러한 라이선싱은 데이터가 지속적으로 개방형으로 사용될 수 있음과 그 사용이 어떤 방식으로든 제한되지 않음을 보장하기 위함이다.

오픈 데이터는 알 수 있다. 이는 데이터로의 접근이 자유로움을 의미한다. 진정한 오픈 데이터는 자유롭게 읽을 수 있고 추가적인 해석이나 복호화 없이 이해할 수 있다. 시스템 관리자의 세계에서 오픈이란 리눅스 호스트를 구성, 감시, 관리하고자 사용하는 데이터를 필요할 때 쉽게 찾고, 읽고, 수정할 수 있음을 의미한다. 오픈 데이터는 쉽게 접근할 수 있는 평문 텍스트 같은 형식으로 저장된다. 시스템이 개방형이면 데이터와 소프트웨어를 모두 평문 텍스트를 다룰 수 있는 개방형 도구로 관리할 수 있다.

데이터를 위한 별도 파일 시스템을 사용하라

이 원칙에는 특별히 많은 것이 담겨 있고, 리눅스 파일 시스템과 마운트 포인트의 특성을 이해할 필요가 있다.

참고

이 원칙에서 '파일 시스템'이라는 용어는 기본적으로 접근을 위해 루트 파일 시스템의 특정 마운트 포인트에 마운트돼야 하는 별도의 파티션이나 논리적 볼륨에 위치한 디렉터리 트리의 일부를 의미한다. 이 용어는 EXT4, XFS 등의 파티션이나 볼륨에 있는 메타데이터의 구조를 가리

13. 위키피디아, Open Data, https://en.wikipedia.org/wiki/Open_data

킬 때도 사용한다. 이 두 가지 서로 다른 사용법은 맥락에 따라 명확할 것이다.

리눅스 호스트에서 별도의 파일 시스템을 유지하는 데는 최소한 세 가지 훌륭한 이유가 있다. 첫째, 하드 드라이브가 크래시하면 손상된 파일 시스템의 데이터 중 일부나 전부를 잃을 수도 있지만 나중에 볼 수 있듯이 크래시된 하드 드라이브에 있는 별도의 파일 시스템상의 데이터는 여전히 구제 가능할 수도 있다.

둘째, 엄청난 양의 하드 드라이브 공간을 갖고 있음에도 파일 시스템을 모두 채울 수 있다. 이런 일이 생겼을 때 파일 시스템을 분리해두면 즉각적인 영향을 최소화하고 좀 더 쉽게 복구할 수 있다.

셋째, /home 같은 파일 시스템이 별도의 파일 시스템에 있으면 업그레이드가 쉬워질 수 있다. 이렇게 하면 데이터를 백업에서 복원할 필요 없이 쉽게 업그레이드할 수 있다.

나는 이제까지 일하면서 이 세 가지 상황 모두를 자주 맞닥뜨렸다. 어떤 경우에는 파티션이 하나(루트(/) 파티션)뿐이었고 복구가 제법 어려웠다. 호스트가 분리된 파티션으로 구성돼 있을 때는 이런 상황에서의 복구가 언제나 훨씬 더 쉬웠다.

모든 종류의 데이터를 안전하게 관리하는 것은 시스템 관리자의 일이다. 데이터를 저장할 때 분리된 파일 시스템을 사용하면 이를 이루는 데 도움이 될 수 있다. 이 관행은 게으른 관리자가 된다는 목표를 이루는 데도 도움이 될 수 있다. 백업을 이용하면 크래시 시나리오에서 잃을 수 있는 대부분의 데이터를 복구할 수 있지만 분리된 파일 시스템을 이용하면 크래시 순간까지 영향 없는 파일 시스템에서 모든 데이터를 복구할 수 있다. 백업으로부터의 복구는 시간이 훨씬 더 많이 걸린다.

프로그램을 이식성 있게 만들라

이식성 있는 프로그램은 게으른 시스템 관리자의 삶을 훨씬 더 쉽게 만든다. 이식성은 프로그램이 광범위한 운영체제와 하드웨어 플랫폼에서 사용될 수 있게 하기 때문에 중요한 고려 사항이다. 여러 종류의 시스템에서 실행될 수 있는 Bash, 파이썬, 펄 같은 인터프리터 언어를 사용하면 일을 많이 줄일 수 있다.

C 같은 컴파일러 언어로 작성된 프로그램은 한 플랫폼에서 다른 플랫폼으로 이식할 때 최소한 다시 컴파일해야 한다. 많은 경우에 플랫폼별 코드는 바이너리를 실행할 서로 다른 하드웨어 플랫폼을 지원하려면 소스코드 수준에서 관리돼야 하고 프로그램 작성과 테스트에 많은 추가 작업이 생긴다.

펄, Bash 등의 스크립트 언어는 대부분의 환경에서 사용할 수 있다. 아주 적은 예외를 제외하면 펄, Bash, 파이썬, PHP 등의 언어는 서로 다른 여러 플랫폼에서 변경 없이 실행할 수 있다.

리눅스는 여러 하드웨어 아키텍처에서 실행된다.[14] 위키피디아는 리눅스가 지원하는 하드웨어 아키텍처의 긴 리스트를 관리하지만 여기서는 몇 개만 언급하겠다. 물론 리눅스는 인텔과 AMD를 지원한다. 지구상의 거의 모든 핸드폰과 라즈베리파이[15] 같은 장치에 쓰이는 32비트와 64비트 ARM 아키텍처도 지원한다. 대부분의 핸드폰은 안드로이드라는 일종의 리눅스를 사용한다.

오픈소스 소프트웨어를 사용하라

이 원칙은 여러분이 생각하는 것과 똑같지는 않을 수도 있다. 대부분의 경우 오픈소스 소프트웨어를 리눅스 커널이나 리브레오피스 또는 우리가 좋아하는 배포판을 이루는 수천 가지 오픈소스 소프트웨어 패키지 같은 것으로 생각한

14. 위키피디아, List of Linux-supported computer architectures, https://en.wikipedia.org/wiki/List_of_Linux-supported_computer_architectures

15. 라즈베리파이 재단, www.raspberrypi.org

다. 시스템 관리의 맥락에서 오픈소스는 작업을 자동화하고자 작성하는 스크립트를 의미한다.

> 오픈소스 소프트웨어는 누구든 소스코드를 검사하고 수정하고 향상시킬 수 있는 소프트웨어다.[16]
>
> – Opensource.com

위의 인용문을 발췌한 웹 페이지는 오픈소스의 장점 일부를 포함해 오픈소스 소프트웨어에 대한 잘 작성된 논의를 담고 있다. 그 글을 읽고 우리가 작성하는 코드(스크립트)에 어떻게 적용되는지 생각해보기 바란다. 뜻은 우리가 찾는 곳에 있다.

오픈소스의 공식적인 정의는 상당히 간결하다. Opensource.org에 있는 주석이 추가된 오픈소스 정의[17]는 진정한 오픈소스 소프트웨어가 만족해야 하는 조건을 명시적이고 간단명료하게 정의하는 10개의 절을 담고 있다. 이 정의는 시스템 관리자를 위한 리눅스 철학에 중요하다. 여러분이 이 정의를 읽을 필요는 없지만 오픈소스라는 말이 진정 무슨 뜻인지를 더 완전히 이해할 수 있도록 읽기를 권한다. 하지만 살짝 요약하면 다음과 같다.

오픈소스 소프트웨어는 개방형이다. 원하는 누구나 소스코드에 자유롭게 접근할 수 있어 읽고, 수정하고, 공유할 수 있기 때문이다. 이런 '언론의 자유와 같은 자유로운' 소프트웨어로의 접근은 모두가 자유롭게 공유할 수 있는 고품질 코드의 생산과 테스트에 전 세계 개인과 조직이 참여토록 촉진한다. 또한 오픈소스의 좋은 사용자가 되는 것은 시스템 관리자가 우리 자신의 코드(우리가 자신의 문제를 해결하고자 작성한 코드)를 공유하고 오픈소스 라이선스로 사용 허가해야 함을 의미한다.

---

16. Opensource.com, What is open source?, https://opensource.com/resources/what-open-source
17. Opensource.org, The Open Source Definition (Annotated), https://opensource.org/osd-annotated

우아하게 애쓰라

우아함은 정의하기 어려운 것 중 하나다. 보면 알 수 있지만 간결하게 정의하기란 만만치 않다. 리눅스 dict 명령을 사용하면 Wordnet이 제공하는 우아함의 정의(문제(특히 과학이나 수학의)의 해법이 깔끔하고 기발하게 단순함; '발명의 단순함과 우아함')를 볼 수 있다.

이 책의 맥락에서 나는 우아함을 하드웨어와 소프트웨어의 설계와 동작의 아름다움과 단순성의 상태라고 단언한다. 설계가 우아하면 소프트웨어와 하드웨어는 더 잘 작동하고 더 효율적이다. 사용자는 간단하고, 효율적이고, 이해할 수 있는 도구의 도움을 받는다.

기술 환경에서 우아함을 만들기는 어렵지만 필요하기도 하다. 우아한 해법은 우아한 결과를 만들고 유지 보수와 수리가 쉽다. 우아함은 우연히 생기지 않는다. 애써야 만들 수 있다.

단순함을 찾으라

단순함은 기술의 우아함에서 큰 부분을 차지한다. 리눅스 철학의 원칙은 리눅스가 단순하고 그 단순함이 철학에 의해 부각된다는 진실을 확고히 이해하는 데 도움이 됐다.

> 유닉스는 기본적으로 단순한 운영체제지만 천재만이 단순성을 이해할 수 있다.[18]
>
> – 데니스 리치Dennis Ritchie

이 원칙에서 우리는 리눅스의 단순성을 찾는다. 나는 "여러분이 실제로 사용할 77개의 리눅스 명령과 유틸리티"[19]와 "가장 자주 사용하는 50가지 유닉스/리눅

18. azquotes.com, www.azquotes.com/quote/246027?rf=unix

19. TechTarget.com, http://searchdatacenter.techtarget.com/tutorial/77-Linux-commands-and-utilities-youll-actually-use

스 명령(과 예)"[20] 같은 제목의 글을 보면 겁이 나서 움츠리게 된다. 이들 제목은 외어야 할 명령이 많다거나 명령을 많이 아는 것이 중요함을 의미한다.

나는 이런 글을 많이 읽지만 평소에 새롭고 흥미로운 명령, 문제를 해결하거나 커맨드라인 프로그램을 단순화하는 데 도움이 되는 명령을 찾아본다. 전체가 몇 개라고 하던지 리눅스 명령을 모두 배우려고 애써본 적은 없다.

나는 언제든 그저 당시 진행 중인 프로젝트에 필요한 명령을 배우면서 시작했다. 나는 더 많은 명령을 배우기 시작했다. 프로젝트를 완료하고자 내 지식을 한계까지 늘리고 전에 모르던 명령을 찾도록 강요하는 개인 프로젝트와 업무 프로젝트를 맡았기 때문이다. 내 명령 저수지는 시간에 따라 자랐고 이들 명령을 응용해서 문제를 해결하는 데 더 능숙해졌다. 나는 가장 좋아하는 장난감인 리눅스를 갖고 놀면서 더 많은 급여를 받는 일자리를 찾기 시작했다.

파이프와 리디렉션, 표준 스트림과 STDIO를 배우고 유닉스 철학과 리눅스 철학에 대해 읽으면서 커맨드라인이 리눅스와 핵심 유틸리티를 그토록 강력하게 만들게 된 과정과 이유를 이해하기 시작했다. 또한 놀라운 방식으로 데이터 스트림을 조작하는 커맨드라인 프로그램 작성의 우아함을 배웠다.

그리고 어떤 명령들이 완전히 쓸모없게 되지 않더라도 거의 쓰이지 않거나 특이한 상황에서만 쓰인다는 것도 발견했다. 이런 이유만으로도 리눅스 명령 목록을 찾고 외우는 것은 말이 되지 않는다. 전혀 필요 없을 여러 명령을 배우는 것은 시스템 관리자로서 시간을 효율적으로 사용하지 않는 것이다. 여기서는 당장 일을 하는 데 필요한 것을 배우는 것이다. 다른 명령을 배워야 할 다른 일이 미래에 충분히 많을 것이다.

스스로의 관리용 스크립트를 작성할 때 단순함이 핵심이다. 각 스크립트는 한 가지 일만 해야 하고 잘해야 한다. 복잡한 프로그램은 사용과 유지 보수가 어렵다.

---

20. The Geek Stuff, www.thegeekstuff.com/2010/11/50-linux-commands/?utm_source=feedburner

> 바보들은 복잡성을 무시한다. 실용주의자는 복잡성에 시달린다. 전문가는 복잡성을 피한다. 천재는 복잡성을 제거한다.
>
> – 앨런 펄리스Alan Perlis[21]

가장 좋아하는 문서 편집기를 사용하라

이 원칙이 왜 시스템 관리자를 위한 리눅스 철학일까? 문서 편집기에 대한 논쟁은 엄청난 에너지 낭비의 원인이 될 수 있기 때문이다. 모두 자기가 가장 좋아하는 문서 편집기가 있고 나와는 다를 수 있다. 따라서 뭐 어떻다는 것이냐?

나는 Vim 편집기를 사용한다. 수년 동안 사용했고 매우 좋아하며 Vim에 익숙하다. Vim은 내가 시험해 본 다른 문서 편집기보다 내 필요를 더 잘 충족한다. 여러분이 사용하는 문서 편집기(그것이 무엇이든)에 대해서도 그렇게 말할 수 있다면 여러분은 문서 편집기 열반에 있다고 할 수 있다.

20년 전에 솔라리스Solaris를 배우기 시작했을 때부터 나는 vi를 사용하기 시작했다. 내 멘토는 vi가 모든 시스템에 언제나 있을 테니 vi로 편집하는 방법을 배우라고 권했다. 운영체제가 솔라리스든 리눅스는 상관없이 vi 편집기는 언제나 있으므로 믿을 수 있다. 내게는 성공적이었다. vim은 새로운 vi지만 여전히 `vi` 명령을 이용해 vim을 실행할 수 있다.

vi 편집기는 Bash 커맨드라인 편집에도 사용할 수 있다. 기본 명령 편집기는 EMACS와 비슷하지만 이미 vi 키 조작 방식을 알고 있기 때문에 vi 옵션을 사용한다. vi 편집을 이용하는 다른 도구로는 `crontab`과 `visudo` 명령이 있고, 이들 모두 vi 방식을 사용한다. 게으른 개발자는 기존 코드를 사용하고, 특히 오픈소스 코드를 사용한다. 이런 도구에 기존 편집기를 사용하는 것은 코드 재사용의 아주 훌륭한 예다.

---

21. 위키피디아, Alan Perlis, https://en.wikipedia.org/wiki/Alan_Perlis

여러분이 무슨 도구를 사용하든 나에게는 상관없고 다른 어떤 사람에게도 상관없어야 한다. 정말 중요한 것은 일이 되게 하는 것이다. Vim을 쓰든, EMACS를 쓰든, systemd를 쓰든, SystemV를 쓰든, RPM을 쓰든, DEB를 쓰든 무슨 차이가 있는가? 여기서 중요한 것은 저산에게 가장 편안하고 가장 잘 맞는 도구를 사용하는 것이다.

모든 것을 문서화하라

> 진정한 프로그래머는 코드에 주석을 달지 않는다. 코드를 작성하기 어려웠다면 이해하기 어려울 것이고 수정하기는 더 어려울 것이다.
>
> – 작자 미상

나라도 저런 말을 했다면 익명으로 남고 싶을 것이다. 심지어 풍자나 반어일 수도 있다. 그럼에도 여러 개발자와 시스템 관리자가 이런 태도를 가진 것으로 보인다. 일부 개발자와 시스템 관리자 사이에 모든 것을 스스로 해결해야 어떤 클럽(그 클럽이 무엇이든)에 낄 수 있다는 어설프게 과장된 풍조가 있다. 뭔가를 해결할 수 없다면 거기에 속하지 않기 때문에 뭔가 다른 일을 해야 한다는 것이다.

첫째, 이는 사실이 아니다. 둘째, 내가 아는 대부분의 개발자, 프로그래머, 시스템 관리자는 확실히 이 관점에 동의하지 않는다. 사실 가장 훌륭한 사람들은(그 중 일부는 수년간 나의 멘토였다) 정확히 반대다. 최고 중의 최고는 자신이 하는 모든 일에서 문서(좋은 문서)를 높은 우선순위로 삼는다.

나는 모든 코드가 설명을 요하지 않는다는 철학을 믿는 사람들이 만든 여러 소프트웨어를 사용해봤다. 또한 완전히 주석이 전혀 없거나 문서가 없는 많은 코드를 고쳐야 했다. 여러 개발자와 시스템 관리자가 프로그램이 자신에게 잘 작동하면 문서화를 할 필요가 없다고 생각하는 것 같다. 나는 주석이 없는 코드를 고치는 작업에 두 번 이상 할당된 적이 있다. 내가 해야 했던 가장 즐겁지 않은 일 중 하나였다.

문제의 일부는 여러 상사가 문서를 높은 우선순위로 여기지 않는다는 것이다. 나는 IT 업계의 여러 측면에 관여했고 다행히도 내가 일한 대부분의 회사는 무슨 일이든 당장의 일을 하는 데 문서화가 중요할 뿐만 아니라 결정적이라고 믿었다.

그럼에도 정말 좋은 문서가 많다. 예를 들어 리브레오피스의 문서는 훌륭하다. 여기에는 HTML과 PDF 등 여러 형식으로 된 리브레오피스 애플리케이션 각각을 위한 '입문'부터 매우 완벽한 사용자 안내서가 포함된다.

RHEL Red Hat Enterprise Linux과 CentOS의 문서 및 '페도라의 문서(이들은 모두 매우 밀접하게 관련된 배포판들이다) 또한 40년 넘게 IT 업계에서 일하며 본 가장 훌륭한 문서에 속한다.

좋은 문서는 만들기 어렵고 시간이 걸린다. 또한 독자(문서의 목적과 관련해서뿐만 아니라 독자의 기술적인 전문 지식과 언어와 문화까지)를 이해해야 한다. 리치 브라운은 Opensource.com에 게재한 훌륭한 글 "RTFM - How to write a manual worth reading"[22]에서 이를 상당히 잘 다뤘다.

또한 무엇이 시스템 관리자를 위한 좋은 문서를 이루는지에 대한 질문도 있다. 이 원칙은 주로 우리가 작성하는 스크립트에 대한 문서를 만들 때 이들 질문에 대해 생각하게 한다.

모든 것을 자주 백업하라

내 컴퓨터에는 어떤 문제도 생기지 않는다. 나는 절대 데이터를 잃지 않을 것이다. 여러분이 이렇게 믿는다면 팥으로 메주를 쑨다고 믿는 것과 같다.

---

22. Bowen, Rich, Opensource.com, RTFM? How to write a manual worth reading, https://opensource.com/business/15/5/write-better-docs

나는 다양한 이유로 데이터 손실을 경험했고, 그중 여럿은 나 자신의 책임이었다. 적절한 백업을 유지하면 언제나 최소한의 혼란으로 일을 계속할 수 있었다. 이 원칙은 데이터 손실의 흔한 이유와 데이터 손실을 막고 복원을 돕는 방법들과 관련돼 있다.

최근 나는 일종의 하드 드라이브 크래시로 홈 디렉터리의 데이터가 모두 파괴되는 문제를 겪었다. 한동안 이런 일이 있을 것이라고 생각했기 때문에 놀라지 않았다. 뭔가 잘못되고 있다는 첫 번째 징후는 SMARTSelf-Monitoring, Analysis and Reporting Technology가 탑재된 하드 드라이브(거기에 내 홈 디렉터리가 있는)에서 온 일련의 메일이었다.[23] 이들 이메일 각각은 하나 이상의 섹터에 문제가 생겼고 문제가 생긴 섹터는 사용 불능으로 표시되고 예비 섹터가 대신 할당됐음을 알렸다. 이는 정상적인 활동이다. 하드 드라이브는 의도적으로 이런 용도로 예비 섹터를 준비하게 설계됐고 데이터는 원래의 섹터 대신 예비 섹터에 저장된다.

하드 드라이브가 마침내 망가지면(나는 테스트삼아 하드 드라이브가 망가질 때까지 제거하지 않았다) 드라이브를 교체하고, 파티션하고, 적절히 포맷하고, 파일들을 백업에서 새 드라이브로 복사하고, 약간의 테스트를 하고, 순조로웠다.

백업은 시간과 노력, 돈을 절약한다. 백업을 게을리 하지 말라. 백업이 필요할 때가 있을 것이다.

호기심을 따르라

사람들은 평생학습을 말하고 정신이 깨어있게 하고 정신을 젊게 유지하는 방법을 이야기한다. 시스템 관리자도 마찬가지다. 언제나 더 배울 것이 있고, 이것이 대부분의 시스템 관리자를 행복하게 하며 언제든지 다음 문제에 도전할 준비가 되게 한다. 끊임없는 학습해야만 나이에 상관없이 정신과 기술을 총명하

23. Sendmail 같은 MTA(Mail Transfer Agent)가 설치되고 실행돼 있어야 한다. /etc/aliases 파일에 root의 이메일을 여러분의 이메일 주소로 보내는 항목이 있어야 한다.

게 유지할 수 있다.

나는 새로운 것을 배우길 좋아한다. 그 호기심은 운 좋게도 평생 내가 가장 좋아하는 장난감인 컴퓨터 관련 일을 하도록 이끌었다. 컴퓨터에 대해서는 새로이 배울 것이 정말 많다. 업계와 기술이 계속 변한다. 세상에는 궁금한 것이 많지만 컴퓨터와 관련 기술은 내가 가장 좋아하는 것이다.

여러분도 이 책을 읽고 있으니 호기심이 있으리라 생각한다. 처음에 호기심으로 인해 리눅스를 만났지만 길고 구불구불한 길이었다. 수년에 걸쳐 나의 호기심은 삶의 여러 사건을 거쳐 IBM으로 이끌었고, 거기서 오리지널 IBM PC를 위한 첫 번째 교육 과정을 작성하게 됐다. 이는 다시 다른 회사로 이끌어 유닉스를 배울 수 있었고, 이는 다시 리눅스로 이어졌고(유닉스는 집에서 쓰기에 너무 비쌌기 때문이다)다. 이는 다시 레드햇으로 이끌었다. 여러분도 감을 잡았듯이 이제 리눅스에 대한 글을 쓰게 됐다.

스스로의 호기심을 따르기 바란다. 리눅스의 여러 측면을 탐구하고 호기심이 이끄는 대로 어디든 가야 한다. 내가 이토록 많은 재미있고 흥미로운 일들을 할 수 있었던 이유는 오직 호기심을 따랐기 때문이다(먼저 전자공학, 그다음에는 컴퓨터, 프로그래밍, 운영체제, 리눅스, 서버, 네트워킹 등등).

'반드시'는 없다

이 원칙은 가능성에 대한 것이다. 또한 모든 원칙 중 가장 선禪에 가깝기도 하다. 이는 특정 기술보다는 문제를 해결하고자 사람들의 마음이 어떻게 움직이는지에 대한 것이다. 또한 잠재 능력을 최대한 발휘하는 데 방해가 되는 것을 극복하거나 최소한 인식하기에 대한 것이다.

'칸의 분노'에서 스폭은 "언제나 가능성은 있다."고 말한다. 리눅스에서는 언제나 가능성이 있다. 문제에 접근하고 해결하는 여러 가지 방법이 있다. 이는 한 사람이 어떤 작업을 A라는 방식으로 하고 다른 사람이 B라는 방식으로 해도 된다는 의미다. 반드시 어떤 한 가지 방식으로 일을 해야 한다는 법은 없다. 해결한 방식이 있을 뿐이다. 결과가 요구 사항을 만족한다면 거기에 이르는 방법은 완벽하다.

리눅스 시스템 관리자가 리눅스 문제를 해결하고자 접근할 때는 '제한' 관점에서 생각하는 사람들보다 덜 제약적으로 생각할 것이다. 시스템 관리자에게는 간단하지만 강력한 도구가 아주 많아 운영체제 및 기타 도구나 도구에 적용하는 작동 방법에 대한 생각의 방식에 제한이 없다.

경직된 논리와 규칙은 시스템 관리자가 일을 효율적으로 하기에 충분한 유연성을 주지 않는다. 일을 '반드시' 어떻게 해야 하는지에 대해서는 특별히 신경을 쓰지 않는다. 시스템 관리자는 다른 사람들이 제한하려고 하는 '반드시'에 쉽게 제한되지 않는다. 시스템 관리자는 유연하고 훌륭한 결과를 낳으며 더 많은 것을 배울 수 있는 논리적이고 비판적인 사고를 사용한다.

시스템 관리자는 단순히 새로운 사고를 하는 것이 아니다. 시스템 관리자는 스스로를 가두려는 한계를 없앤다. 시스템 관리자에게 '반드시'는 없다.

젊은 시스템 관리자의 멘토가 돼라

여러 해에 걸쳐 여러 가지 교육을 받아봤고 대부분 유닉스와 리눅스, 여타 주제에 대해 학습하는 데 매우 유용했다. 그러나 교육은 유용하고 중요하기는 하지만 시스템 관리자의 임무 수행에 따른 여러 핵심적인 측면을 다루지 못했다. 어떤 것들은 실제 환경에서 좋은 멘토에게서만 흔히 심각한 문제를 고치는 극심한 압박 아래 배울 수 있다. 좋은 멘토는 여러분이 이런 상황에서 실제 일을 할 수 있게 해 주므로 위험에 빠지지 않고도 위기 상황에서 끊임없이 일하면서 귀중한 학습 경험을 얻을 수 있다. 또한 훌륭한 멘토는 심각도에 상관없이 어떤 상황에서든 학습 기회를 만들 수 있을 것이다.

이 원칙은 젊은 시스템 관리자에게 비판적 사고와 문제 해결에 과학적 방법을 적용하도록 가르치는 것과도 관련된다. 이는 여러분이 받은 것을 넘겨주는 것이다.

가장 좋아하는 오픈소스 프로젝트를 지원하라

리눅스와 리눅스에서 실행되는 대부분의 프로그램은 오픈소스 프로그램이다. 대규모 프로젝트 중 다수(예, 커널 그 자체)는 리눅스 재단처럼 해당 목적으로 만들어진 재단과 기업, 관심 있는 기타 조직에서 직접 지원을 받는다.

시스템 관리자로서 나는 여러 스크립트를 작성하고 이를 좋아하지만 나는 애플리케이션 프로그래머가 아니다. 되고 싶지도 않다. 다른 종류의 프로그래밍을 할 수 있는 시스템 관리자로서의 일을 좋아하기 때문이다. 따라서 오픈소스 프로젝트에 코드를 기여하는 것은 내게는 거의 좋은 선택이 아니다. 기여하는 다른 방법이 있다. 리스트나 웹 사이트에서 질문에 대답하기, 버그 리포트를 보내기, 문서 작성하기, Opensource.com 같은 웹 사이트에 글쓰기, 교육하기, 돈을 기부하기 등이다. 나는 이런 방법 중 일부를 선택한다. 이 원칙은 여러분이 기여할 수 있는 몇 가지 방법을 찾아보는 것이다. 멘토링에서와 마찬가지로 이는 커뮤니티에 돌려주는 방법 중 하나다.

현실은 녹녹치 않다

시스템 관리자를 위한 리눅스 철학은 보통 매우 실용적으로 간주되지 않는 기술 철학이다. 그러나 여기에 '진실'이 있다. 현실은 시스템 관리자에게 매일 다양한 방식으로 다가온다. 언제나 각각의 원칙을 따를 수는 있지만 상당히 어렵다. '현실' 세계에서 시스템 관리자는 그냥 주어진 일을 완수하는 것만으로도 엄청난 도전에 직면한다. 기한, 관리, 기타 압력으로 인해 하루에도 몇 번씩 다음에 무엇을 할지, 어떻게 할지 결정해야 한다. 회의는 흔히 시간을 낭비한다(언제나는 아니지만 종종). 교육을 위한 시간과 예산을 찾는다는 말은 여러 조직에서 들어본 적이 없고 시스템 관리자의 영혼을 다른 사람들에게 팔아야 한다.

철학을 고수하려면 비싼 값을 치러야 하고 회수는 오래 걸린다. 그럼에도 현실은 언제나 완벽한 철학 왕국을 침범한다. 유연성의 여지가 없다면 철학은 단순히 원칙일 뿐이고 시스템 관리자를 위한 리눅스 철학이 추구하는 바를 이루지 못할 것이다. 이 원칙은 현실이 시스템 관리자에게 어떤 영향을 주는지를 연구한다.

> 컴퓨터는 쉽다 – 사람은 어렵다.
>
> – 브리짓 크롬하우트Bridget Kromhout

시스템 관리자는 사람들과 함께 일하고 상호작용해야 한다. 힘들 수도 있지만 때로 그렇게 해야 한다. 시스템 관리자는 다른 사람들(사용자, 다른 팀의 기술 전문가, 동료, 관리자 등)과 상호작용해야 한다. 우리는 하는 일에 대해 지식수준이 다른 사람들과 논의해야 한다. 지식은 2진법적이지 않으며 아날로그적이다. 컴퓨터와 기술에 대한 사람들의 지식에는 폭넓은 차이가 있다. 거의 없음에서 매우 지식이 많음까지 다양하다. 사람들과 상호작용할 때는 그들의 지식수준이 중요하다.

나는 지나치게 설명한다는 비난을 받은 적이 있지만 덜 설명하기보다는 지나치게 설명하는 편이 낫다. 심지어 어떤 사람들은 '잘못 설명하기'라고도 하지만 이는 사실 내 의도는 아니다. 나는 모든 기술인이 성별이나 성별 선호도에 상관없이 간단한 질문을 받았을 때 밑바닥부터 설명하는 경향이 있음을 발견했다. 이는 대답이 질문처럼 전혀 쉽지 않기 때문이다.

요약

3장에서는 시스템 관리자를 위한 리눅스 철학의 간단한 개요를 다뤘다. 이 철학은 시스템 관리자로서 일할 때 내 정신의 틀이다. 내게는 유용한 도구이고 이 책을 진행하면서 이 원칙들이 특정 상황이나 작업에 왜/어떻게 적용되는지 설명할 것이다. 이들 철학의 원칙에 따라 작업하면 우리가 일을 할 때 생산성과 효율이 높아질 것이다.

연습문제

3장을 마무리하며 연습문제를 풀어보기 바란다.

1. 여러분은 시스템 관리자를 위한 리눅스 철학이 왜 중요하다고 생각하는가?
2. 3장에서 다룬 원칙 중 여러분이 일하는 방식을 바꿀 생각이 들게 한 것이 있는가?

4장

준비

학습 목표

4장의 학습 목표는 다음과 같다.

- 실험을 실시하고자 VirtualBox와 VM(가상 머신)을 설치할 컴퓨터 호스트 선택
- 선택한 하드웨어에 VirtualBox 설치
- 안전한 실험을 위한 작은 VM을 만들기
- 필요에 따라 가상 네트워크 어댑터 구성

개요

이 과정의 실험을 준비하고자 수행해야 하는 작업이 있다. 대부분의 실습 환경은 교육 목적으로 물리적 기계를 사용하지만 여기서는 시스템 관리자가 되기 위한 학습의 현실적인 환경을 갖추고자 최종적으로 사설망 안에 최소한 두 개

의 리눅스 호스트를 사용할 것이다. 또한 이들 호스트를 과정과 과정 사이나 과정을 진행하는 도중 오랫동안 쉴 경우에는 건드리지 않는 것이 좋다. 따라서 일반적인 강의실 환경은 리눅스를 배우기에 최적은 아니다.

또한 리눅스를 배우고자 하는 대부분의 사람은 많은 물리적 호스트와 사설망을 갖고 있지 않다. 여러분의 교육을 위한 비용(많은 사람에게 매우 심각한 고려 사항)과 시간(일반적으로 돈보다 더 희소한 자원)을 지원하는 회사에 근무하더라도 수업 중에 한 학생에게 여러 대의 컴퓨터를 전용으로 쓸 수 있게 해주고 수개월 간격으로 일정이 잡힐 수도 있는 수업과 수업 사이에 변경이 일어나지 않게 해주는 회사나 교육장은 본 적이 없다.

이러한 요인 때문에 이 세 권의 교재는 거의 모든 사람이 접근할 수 있는 적당한 사양의 시스템에 설치될 수 있는 가상 네트워크의 VM을 사용한다. 따라서 VM은 1권에서 사용하고 다음 권에서 사용하고자 저장해둘 수 있다. 물론 한두 개의 체크포인트에서 저장한 스냅샷에서 언제든지 복원할 수 있고 처음부터 다시 만들 수도 있다. VM이 물리적 호스트에 비해 갖는 장점 중 하나는 정말 나쁜 실수에서 쉽게 복구할 수 있다는 것이다.

하나의 물리적 호스트에 여러 VM을 이용해 가상 네트워크를 만드는 것이 실수를 통해 배우기에 안전한 가상 컴퓨팅/네트워크 환경을 만들기를 바란다.

4장에서는 시스템 관리자의 일을 시작할 것이다. 시스템 관리자가 하는 여러 일 중 하나는 리눅스를 설치하는 것이고, VirtualBox 가상화 소프트웨어를 설치한 뒤에 4장에서 할 일이다. 4장을 진행하면서 최대한 설명하겠지만 아직 이해하지 못할 일들이 있을 것이다. 걱정하지 말기 바란다. 나중에 다시 살펴볼 것이다.

root란?

4장에서는 몇 가지 리눅스 명령을 배우기 시작할 것이고 대부분 모르거나 이해하지 못할 수도 있다. 당분간은 마주치는 명령에 대해 약간씩 설명하겠지만 이 책에 나오는 대로 입력하면 별 문제가 없을 것이다. 많은 경우 명령을 타이핑하다가 실수하면 시스템은 무엇이 잘못됐는지 이해할 수 있게 에러 메시지로 응답할 것이다.

root는 리눅스 시스템의 기본적인 사용자 계정이다. root는 리눅스의 신이고 시스템 관리자이자 특권 사용자다. root는 뭐든 할 수 있다. 나중에 이 책의 한 장 전체에서 root와 단순한 인간 및 일반 사용자를 훨씬 뛰어넘는 root의 힘을 다룰 것이다.

이 과정은 여러분이 안전하게 root 권한을 사용할 수 있게 하려고 했지만 단순히 물에 발가락을 담그고 조금씩 깊은 곳으로 걸어 들어가게 함으로써 시작하지는 않을 것이다. 나는 언제나 그냥 물에 뛰어들어 몽땅 물에 빠지라는 말을 들었다. 4장에서 할 일은 바로 이것이다. 곧바로 물에 뛰어들자. 따라서 나는 이제 여러분이 root라고 선언한다. 이 시점에서 할 일의 대부분이 root로 수행될 것이고, 여러분은 시스템 관리자다.

하드웨어 사양

이 과정에 수록된 실습을 수행하려면 1권과 2권을 위해 하나의 VM, 3권을 위해 최소한 두 개의 VM을 실행할 수 있는 물리적 컴퓨터 한 대를 사용할 수 있어야 한다. 이 하드웨어 사양은 이 과정의 세 권에서 사용할 컴퓨터를 고르는 데 약간의 길잡이를 제공하기 위한 것이다.

VM은 크고 복잡한 프로그램을 실행하지는 않을 것이기 때문에 CPU와 RAM 메모리 면에서의 부하는 비교적 낮을 것이다. 약간의 실험 이후에는 VM이 상당량의 디스크 공간을 차지할 수 있고 대재앙을 비교적 간단히 복구하고자 가상 디스크의 스냅샷 몇 개를 만들 것이므로 디스크 사용량은 약간 높을 수 있다. 1권은 하나의 VM을 사용하지만 여기 명시된 하드웨어 사양은 최소한 세 개의 VM을 처리하기에 충분해야 한다. 이 과정의 마지막 권에 최소한 2개 또는 3개의 VM이 필요할 것이기 때문이다. 그럼에도 이 하드웨어 사양을 이 과정을 위한 최소한으로 여겨야 한다. 사양은 언제나 높을수록 좋다.

마더보드, 프로세서, 메모리는 64비트여야 한다. 32비트 리눅스 버전 다수는 더 이상 지원되지 않는다. 표 4-1은 물리적 하드웨어의 최소 요구 사항 목록이다. 사양은 언제나 높을수록 좋다.

표 4-1. 물리적 시스템의 최소 하드웨어 요구 사항

요소	설명
프로세서	인텔 i5나 i7 프로세서 또는 이에 상응하는 AMD 프로세서가 필요하다. 최소 4 코어와 하이퍼스레딩. 가상화 지원. 2.5GHz 이상의 CPU 속도
마더보드	선택한 프로세서를 지원하기에 충분해야 한다. 키보드와 마우스용 USB 지원. 디스플레이의 비디오 커넥터(VGA, HDMI, DVI)에 맞는 비디오 출력
메모리	호스트 시스템에 최소한 8GB 램을 추천한다. 여러 개의 VM을 실행하기에 충분하고 호스트 자체를 위해서도 충분하다.
하드 드라이브	VM 디스크 드라이브를 위해 최소한 300GB의 여유 공간을 갖는 내장/외장 하드 드라이브가 필요하다.
네트워크	1Gb 연결을 지원하는 하나의 이더넷 NIC(network interface card)이 필요하다.
USB 키보드와 마우스	뻔해 보이지만 확실히 하기 위해 적었다.
비디오 디스플레이	최소한 HD 해상도의 적당한 모니터면 된다.
인터넷 연결	최소 2MB/s 다운로드 속도로 인터넷에 연결돼야 한다. 다운로드 속도가 빠른 것을 추천한다. 다운로드가 더 빨라지고 대기 시간을 줄일 수 있다.

호스트 소프트웨어 요구 사항

여러분이 사용하는 컴퓨터에는 이미 운영체제가 설치돼 있을 것이고 운영체제는 윈도우일 것이다. 가능하면 최신 버전, 이 글을 쓰고 있는 현재 윈도우 10에 모든 업데이트가 설치돼 있으면 좋겠다.

물리적 실습실 호스트에 선호되는 운영체제는 페도라 29나 현재 가용한 최신 버전의 페도라다. 64비트이기만 하면 어떤 최신 버전의 리눅스라도 좋다. 선택할 수 있다면 페도라를 추천한다. 하지만 페도라의 최신 버전을 사용할 것을 강력히 추천한다. 이 책들을 집필하면서 사용한 것이고 4장에서 다른 배포판을 위해 조정할 필요가 전혀 없을 것이기 때문이다. 어쨌든 VM에서는 페도라를 사용할 것이므로 호스트에서도 페도라를 쓰는 편이 좋다. 실습 시스템에 호스트 OS로 무슨 운영체제가 설치됐든 실습을 위해서는 VirtualBox를 가상화 플랫폼으로 이용해야 한다. VirtualBox는 오픈소스이고 무료로 사용할 수 있기 때문이다. VM과 가상 네트워크를 만드는 절차는 모두 VirtualBox에 기반을 두고 있으므로 VirtualBox를 이용해서 여러분의 실습 환경을 가상화할 것을 강력히 추천한다. 다른 가상화 도구를 쓸 수도 있겠지만 여러분이 알아서 설치하고 구성하고 VM을 만들어야 할 것이다.

가상 환경을 실행할 물리적 시스템에 필요한 다른 소프트웨어는 없다.

VirtualBox 설치

VirtualBox 가상화 소프트웨어는 www.virtualbox.org/wiki/Downloads에서 다운로드할 수 있다.

참고

VirtualBox를 설치하려면 리눅스 호스트의 root 권한, 즉 root 패스워드가 있거나 윈도우 호스트의 administrator여야 한다. 리눅스 호스트에 일반 사용자 계정도 갖고 있어야 한다.

리눅스 호스트에 VirtualBox 설치

페도라 리눅스 호스트에 VirtualBox를 설치할 때 필요한 단계를 알아보자. 윈도우 호스트를 갖고 있다면 다음 절로 넘어가도 좋다.

이 책에서는 파일을 VirtualBox 웹 사이트에서 다운로드한다. 다른 리눅스 배포판을 사용한다면 과정은 거의 같겠지만 각자의 배포판에 맞는 VirtualBox 패키지와 패키지 관리자 명령을 사용해야 한다.

각 단계에서 # 문자는 root의 명령 프롬프트다. 입력하면 안 된다. 이 문자는 커맨드라인이 입력을 기다리고 있음을 나타내고자 콘솔이나 터미널 화면에 표시된다. 지시 사항에서 굵은체로 표시된 명령을 입력하면 된다. 각 명령을 입력하고 올바른지 확인한 다음 엔터키를 눌러 명령을 셸로 보내 처리하게 한다.

명령이 무엇을 하는지 이해하지 못해도 걱정하지 말라. 그대로 입력하기만 하면 잘 동작할 것이다. 여러분은 시스템 관리자로서 전형적으로 하는 일을 할 것이므로 바로 시작해도 된다. 하지만 이 일을 안전하게 할 수 있다는 느낌이 들지 않는다면 해당 호스트를 책임지는 시스템 관리자에게 부탁해야 한다.

입력해야 하는 것은 굵은체로 표시된다. 키보드 입력이 필요 없는 기본값을 사용하는 경우처럼 입력할 데이터가 없는 경우 <Enter> 표시가 있으면 엔터키를 누르면 된다.

1. 리눅스 호스트 GUI 데스크탑에 일반 사용자로 로그인한다. 그림 4-1의 예에서는 Student User 아이디를 사용한다. 시스템 관리자에게 여러분

의 계정을 만들고 패스워드를 설정해 달라고 부탁하면 된다.

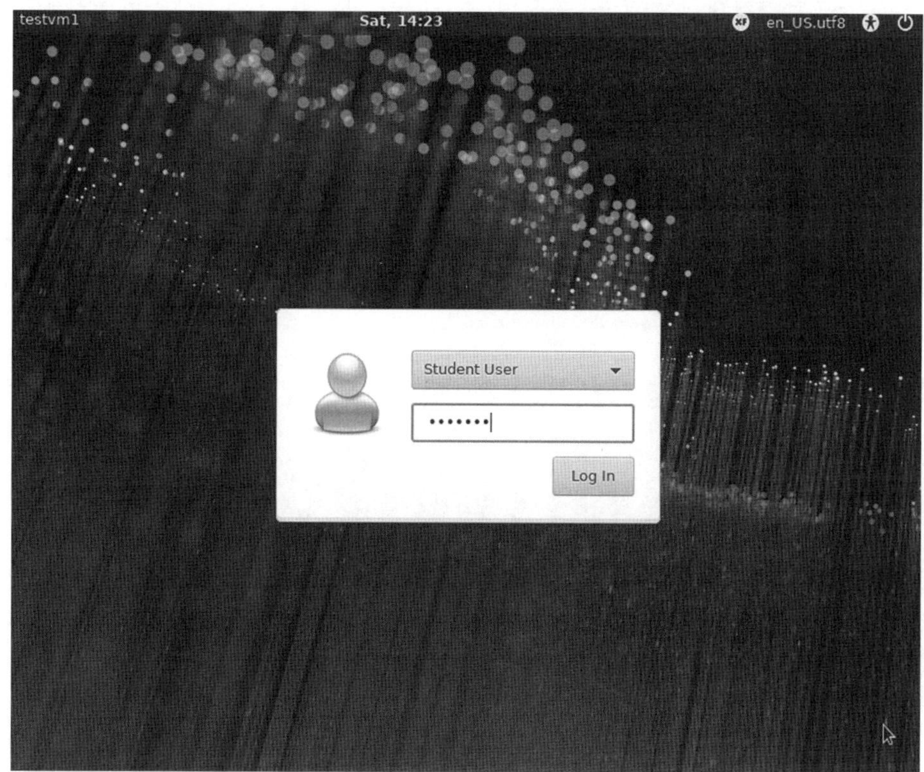

그림 4-1. 일반 사용자 계정을 선택하고 해당 계정의 패스워드를 입력한다.

참고

로그인 GUI는 여러분의 시스템에서는 다르게 보일 수도 있지만 사용자 계정을 고르고 패스워드를 입력할 수 있는 같은 요소를 담고 있을 것이다.

---

2. GUI 데스크탑이 로딩된 뒤 가장 좋아하는 웹 브라우저를 연다.
3. https://www.virtualbox.org/wiki/Linux_Downloads를 입력해 리눅스 다운로드 페이지를 연다. 이 다운로드 페이지가 나타나지 않으면 VirtualBox 홈 페이지에서 다운로드 부분을 클릭한다.

4. 여러분의 리눅스 배포판에 알맞은 VirtualBox 패키지를 다운로드한다. 그림 4-2에서 마우스 포인터(손가락으로 가리키는 손)는 페도라 26-28용 AMD 버전을 가리키고 있다. AMD 버전은 VirtualBox의 64비트 버전이고 AMD와 인텔 프로세서 모두에서 사용할 수 있다. i386 버전은 사용하지 말기 바란다.

그림 4-2. 여러분의 배포판에 알맞은 VirtualBox 패키지를 다운로드한다. VirtualBox 버전은 여기 보이는 것보다 더 최신일 것이다.

5. Save file 대화상자가 나타나면 브라우저가 파일을 저장하는 디렉터리 위치를 확인하기 바란다. 크롬은 ~/Downloads이고 다른 브라우저는 위치를 지정토록 요구할 수도 있다. 선택할 수 있다면 ~/Downloads를 사용하자.
6. Save 버튼을 클릭한다.
7. 웹 페이지 왼쪽의 Downloads 링크를 클릭한다.
8. "... Oracle VM VirtualBox Extension Pack" 아래의 All supported platforms 링크를 선택해 확장팩Extension Pack을 다운로드한다.
9. Save file 대화상자가 나타나면 저장 디렉터리로 ~/Downloads를 선택한다.
10. Save 버튼을 클릭한다.

    필요한 두 파일이 모두 다운로드되면 VirtualBox를 설치할 수 있다.
11. 데스크탑에서 터미널 세션을 실행하고 su 명령을 이용해 root 사용자로 전환한다.

```
[student@david ~]$ su -
Password: <root의 패스워드를 입력한다>
[root@david ~]#
```

12. ~/Downloads로 이동하고 방금 다운로드한 파일들이 거기 있는지 확인한다.

```
[root@fedora29vm ~]# cd /home/student/Downloads/ ; ll *Virt*
-rw-rw-r--. 1 student student 23284806 Dec 18 13:36 Oracle_VM_
VirtualBox_Extension_Pack- 6.0.0.vbox-extpack
-rw-rw-r--. 1 student student 136459104 Dec 18 13:36
VirtualBox-6.0-6.0.0_127566_fedora29-1.x86_64.rpm
```

13. 현재까지의 모든 업데이트와 VirtualBox가 동작할 때 필요한 몇 가지 RPM을 설치해야 한다. 이미 여러분의 페도라 컴퓨터에 설치돼 있을 수도 있지만 다시 설치를 시도해도 문제는 없다. dnf 명령은 페도라 리눅스용 패키지 관리자이고 패키지 설치, 제거, 업데이트에 쓰일 수 있다.

```
[root@fedora29vm Downloads]# dnf -y update
```

최신 업데이트를 설치한 뒤 물리적 컴퓨터를 재부팅한다. 커널이 업데이트되지 않았다면 업데이트를 설치한 후 언제나 리눅스 컴퓨터를 반드시 재부팅할 필요는 없다. 여기서 재부팅을 권장하는 것은 커널이 업데이트됐을 경우에 대비하기 위해서다. 다음 단계를 위해 커널을 최신 버전으로 업데이트해야 한다. 그렇지 않으면 VirtualBox 설치가 적절히 완료되지 않을 수 있다. /home/student/Downloads로 이동해 설치한다.

```
[root@fedora29vm ~]# cd /home/student/Downloads/
[root@david Downloads]# dnf -y install elfutils-libelf-devel kernel-devel
```

공간을 절약하고자 위 명령의 출력은 포함하지 않았다.

14. 이제 dnf 명령을 이용해 VirtualBox RPM을 설치한다. 명령은 한 줄에 입력해야 한다. 터미널의 폭이 불충분하면 다음 줄로 넘어갈 수 있지만 전체 명령을 입력할 때까지 엔터키를 눌러선 안 된다. 여러분의 VirtualBox 설치 파일명은 아래 이름과는 다를 것이다. 정확한 이름을 사용하기 바란다.

```
[root@fedora29vm Downloads]# dnf -y install VirtualBox-6.0-6.0.0_127566_
fedora29- 1.x86_64.rpm
Last metadata expiration check: 0:04:17 ago on Tue 18 Dec 2018 04:40:44 PM EST.
```

```
Dependencies resolved.
================================================================================
Package           Arch       Version                   Repository     Size
================================================================================
Installing:
 VirtualBox-6.0   x86_64     6.0.0_127566_fedora29-1   @commandline   130 M
Installing dependencies:
 SDL              x86_64     1.2.15-33.fc29            fedora         202 k

Transaction Summary
================================================================================
Install  2 Packages

Total size: 130 M
Total download size: 202 k
Installed size: 258 M
Downloading Packages:
SDL-1.2.15-33.fc29.x86_64.rpm                       112 kB/s | 202 kB
00:01
--------------------------------------------------------------------------------
Total                                                58 kB/s | 202 kB
00:03
Running transaction check
Transaction check succeeded.
Running transaction test
Transaction test succeeded.
Running transaction
  Preparing        :                                                     1/1
  Installing       : SDL-1.2.15-33.fc29.x86_64                           1/2
  Running scriptlet: VirtualBox-6.0-6.0.0_127566_fedora29-1.x86_64       2/2
  Installing       : VirtualBox-6.0-6.0.0_127566_fedora29-1.x86_64       2/2
  Running scriptlet: VirtualBox-6.0-6.0.0_127566_fedora29-1.x86_64       2/2

Creating group 'vboxusers'. VM users must be member of that group!
  Verifying        :  SDL-1.2.15-33.fc29.x86_64                          1/2
  Verifying        :  VirtualBox-6.0-6.0.0_127566_fedora29-1.x86_64      2/2
Installed:
```

```
  VirtualBox-6.0-6.0.0_127566_fedora29-1.x86_64   SDL-1.2.15-33.fc29.x86_64
Complete!
```

15. 이제 게스트 운영체제를 위한 추가 기능을 제공하는 확장팩을 설치한다. 명령은 한 줄에 입력해야 한다. 터미널의 폭이 불충분하면 다음 줄로 넘어갈 수 있지만 전체 명령을 입력할 때까지 엔터키를 눌러선 안 된다.

```
[root@fedora29vm Downloads]# VBoxManage extpack install Oracle_VM_
VirtualBox_Extension_Pack- 6.0.0.vbox-extpack
VirtualBox Extension Pack Personal Use and Evaluation License (PUEL)

<Snip the long license>
```

16. 라이선스에 동의하는지 물으면 Y 키를 누른다.

```
Do you agree to these license terms and conditions (y/n)? y

License accepted. For batch installation add
--accept-license=56be48f923303c8cababb0bb4c478284b688ed23f16d775d7
29b89a2e8e5f9eb
to the VBoxManage command line.

0%...10%...20%...30%...40%...50%...60%...70%...80%...90%...100%
Successfully installed "Oracle VM VirtualBox Extension Pack".
[root@david Downloads]#
```

root 터미널 세션을 닫지 않기 바란다. 이를 이용해서 우리가 만들 VM용 가상 하드 드라이브와 기타 파일을 저장할 외장 USB 하드 드라이브를 준비할 것이다. 여기서부터는 윈도우를 쓰든 리눅스를 쓰든 VirtualBox 관리자 GUI 인터페이스가 같다.

윈도우 호스트에 VirtualBox 설치

현재 지원되는 버전의 윈도우가 설치된 호스트에 VirtualBox를 설치하는 데 필요한 과정을 알아보자. 이 절차는 VirtualBox 설치 프로그램을 다운로드한 다음 VirtualBox와 VirtualBox 확장팩을 설치한다. 전에 시스템 관리자로 일해보지 않았더라도 그냥 주어진 지시 사항을 따르면 잘 동작할 것이다. 하지만 이 일을 안전하게 할 수 있다는 느낌이 들지 않는다면, 해당 호스트를 책임지는 시스템 관리자에게 부탁해야 한다.

1. 윈도우 호스트에 관리자로 로그인한다.
2. 최신 업데이트를 모두 설치한다.
3. 브라우저를 연다.
4. 브라우저에 https://www.virtualbox.org를 입력한다.
5. 화면 중간의 커다란 Download VirtualBox 버튼을 클릭해 다운로드 페이지로 이동한다.
6. VirtualBox X.X.XX platform packages(X.X.X.X는 VirtualBox의 가장 최신 버전)를 찾는다.
7. Windows hosts 링크를 찾아 클릭한다.
8. 그림 4-3처럼 Save as 창이 열리면 다운로드 디렉터리가 기본 설정인 Downloads 디렉터리인지 확인한다.

그림 4-3. Save As 창. 윈도우용 VirtualBox 설치 프로그램을 Downloads 디렉터리에 다운로드한다.

9. Save 버튼을 클릭한다.
10. 파일이 다운로드되면 파일 탐색기를 열고 다운로드를 클릭한다.
11. VirtualBox 설치 프로그램installer을 찾아 더블클릭해 실행한다.
12. 그림 4-4처럼 설치 마법사Setup Wizard의 첫 화면이 나타나면 Next 버튼을 클릭한다. 그러면 Custom Setup 대화상자가 나타날 것이다.

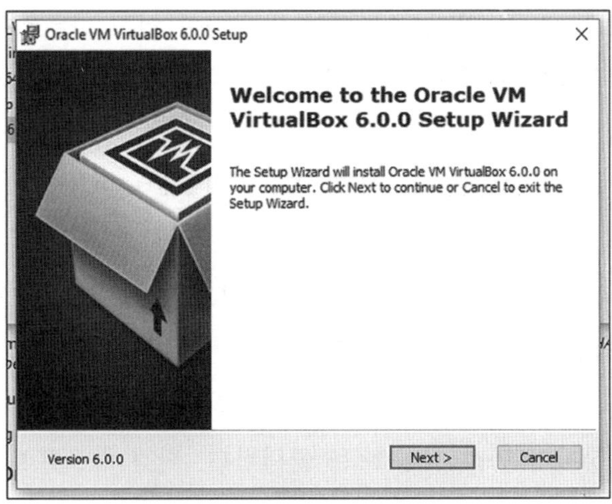

그림 4-4. 오라클 VirtualBox 설치 마법사

13. Custom Setup 대화상자에서 아무 변경도 하지 않고 Next를 누른다.
14. 다시 한 번 두 번째 Custom Setup 대화상자에서 아무 변경도 하지 않고 Next를 누른다.
15. 네트워크 인터페이스 리셋 관련 경고가 포함된 대화상자가 나타나면 Yes를 눌러 진행한다.
16. Ready to Install 창이 나타나면 Install을 클릭한다.
17. 이 애플리케이션이 여러분의 장치를 변경하게 허용할지 묻는 대화상자가 나타나면 Yes를 클릭해 진행한다.
18. 완료 대화상자가 나타나면 설치 후 VirtualBox를 실행하라는 체크박스에서 선택을 해제한다.
19. Finish를 클릭해 기본 설치를 완료한다. 이제 데스크탑에 VirtualBox를 실행하는 바로 가기가 생겼을 것이다. 하지만 아직 VM을 윈도우 데스크탑에 좀 더 밀접하게 통합하는 '확장팩'을 설치해야 한다.
20. 브라우저를 이용해 www.virtualbox.org/wiki/Downloads를 연다.
21. VirtualBox X.X.XX Oracle VM VirtualBox Extension Pack을 찾고 그 아래 All Platforms 링크를 찾는다.

22. 파일 다운로드가 완료되면 파일 탐색기를 열고 다운로드를 클릭한다.
23. 오라클 확장팩 파일을 찾아 더블클릭해 VirtualBox를 실행하고 확장팩을 설치한다.
24. 제목이 VirtualBox Question인 대화상자가 나타나면 Install을 클릭해 진행한다.
25. 대화상자에 라이선스가 표시된다. 아래쪽으로 스크롤해 I Agree 버튼이 활성화되면 클릭한다.
26. 다시 한 번 이 애플리케이션이 여러분의 장치를 변경하게 허용할지 묻는 대화상자가 나타나면 Yes를 클릭한다. 확장팩 소프트웨어가 설치되면 확인 대화상자가 나타날 것이다.
27. OK를 클릭해서 대화상자를 닫으면 VirtualBox 관리자 환영 창이 화면에 표시된다.

여기서부터는 윈도우와 리눅스 어떤 것을 쓰든 VirtualBox 관리자 GUI 인터페이스가 같다.

VM 생성

VM 자체를 만들기 전에 특정 구성을 가진 가상 네트워크를 만들어야 한다. 그래야 이 과정의 실습이 의도한 대로 이뤄지고 이 과정 3권에 나오는 가상 네트워크의 기반이 될 것이다. 가상 네트워크를 구성한 다음 VM을 만들고 실습에 적합하게 구성할 것이다. 이 VM은 이후의 과정에서도 사용될 것이다.

VirtualBox 관리자

가상 네트워크 구성과 VM 생성 모두 VM을 만들고 관리하는 데 사용되는 GUI 인터페이스인 VirtualBox 관리자를 통해 이뤄진다.

데스크탑의 애플리케이션 실행기에서 오라클 VM Virtualbox 항목을 찾아보자. 아이콘은 그림 4-5처럼 생겼다.

그림 4-5. VirtualBox 아이콘

이 아이콘을 클릭해서 VirtualBox 관리자를 실행한다. VirtualBox 관리자가 처음 실행되면 그림 4-6과 같은 환영 메시지가 나타난다.

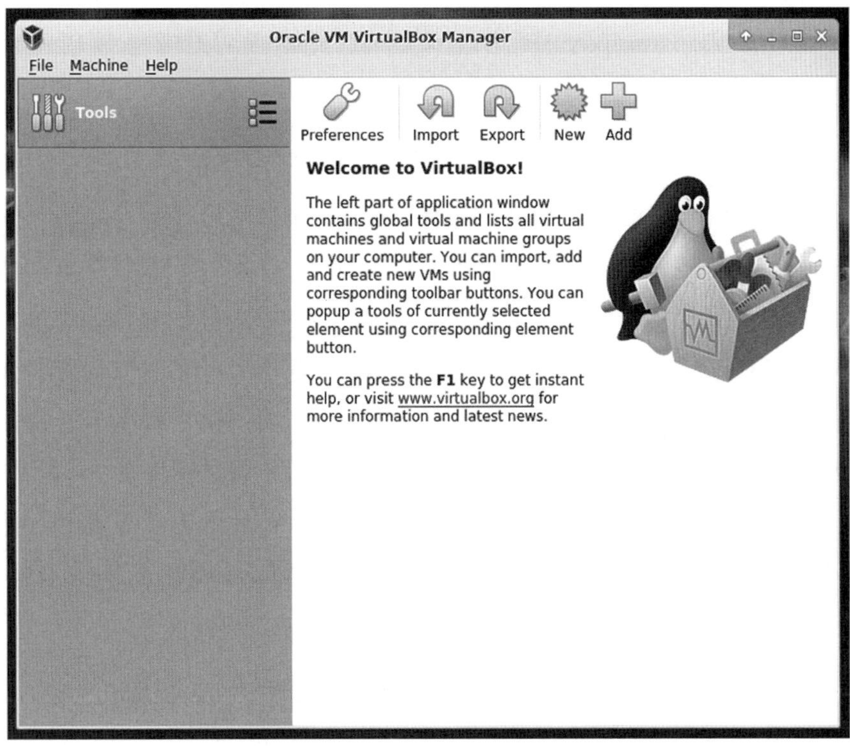

그림 4-6. VirtualBox 관리자는 처음 실행되면 환영 메시지를 표시한다.

VirtualBox 관리자는 윈도우와 리눅스 모두에서 똑같다. VM을 만드는 단계도 같다. VirtualBox를 커맨드라인에서도 관리할 수 있지만 개인적으로는 GUI 인터페이스를 사용하는 편이 빠르고 쉬웠다. 게다가 이 책의 목적상 GUI가 더 쉬울 것이다. GUI를 이용하면 가능한 옵션을 더 쉽게 찾고 이해할 수 있다.

가상 네트워크 구성

VM을 만들기 전에 가상 네트워크를 구성하자. 가상 네트워크는 VirtualBox 호스트에만 존재하는 사설망이다. 이는 사용자가 외부 세계로의 접근을 관리할 수 있게 설계됐다. 생성된 가상 라우터는 사설망 안에 만들어지는 VM용 DHCP와 네임 서비스name service 같은 서비스도 제공한다.

VirtualBox에는 VM 호스트를 네트워크에 연결하는 여러 가지 흥미로운 옵션이 있다. 오라클 VM VirtualBox 사용자 안내서[1]에는 옵션과 각각의 능력 및 한계에 대한 훌륭한 설명이 나열돼 있다.

가장 단순한 것은 기본 설정대로 NATNetwork Address Translation[2]를 사용하는 것이다. NAT를 이용하면 VM이 인터넷에 연결할 수는 있지만 여러 VM 호스트가 서로 통신할 수는 없다. 우리의 VM은 이 과정의 3권에서 최소한 또 하나의 호스트와 통신할 수 있어야 하기 때문에 이 옵션은 우리에게 맞지 않다. 대신 호스트들이 가상 라우터를 통해 외부 세계와 통신할 수 있을 뿐만 아니라 사설망에서 서로 통신할 수 있는 NAT 네트워크 옵션을 사용할 것이다. NAT 네트워크 옵션의 한계는 물리적 호스트에서 가상 네트워크로의 통신을 허용하지 않는다는 점이다. 필요하면 이 한계를 극복할 수 있지만 NAT 네트워크 옵션은 실제 네트워크와 가장 가깝게 닮은 가상 네트워크 환경을 제공하므로 이를 이용할 것이다.

---

1. The Oracle VM VirtualBox User Manual (PDF), https://download.virtualbox.org/virtualbox/5.2.16/UserManual.pdf, 96–107

2. https://whatismyipaddress.com

네트워크에 대해서는 이 과정의 뒤쪽에서 더 자세히 다루겠지만 우선은 whatismyipaddress.com이 NAT에 대한 가장 짧고 훌륭한 설명을 제공한다. 위키피디아[3]는 훌륭하지만 약간 길고 어려운 설명을 제공한다. 우리는 VirtualBox 관리자를 이용해서 가상 NAT 네트워크를 만들고 구성할 것이다.

1. VirtualBox 관리자가 열려 있어야 한다. 그렇지 않다면 지금 VirtualBox 관리자를 시작한다.
2. 메뉴 바에서 File ▶ Preferences를 클릭한다.
3. 그림 4-7에 있는 Preferences 대화상자의 왼쪽에서 Network 폴더를 클릭한다.

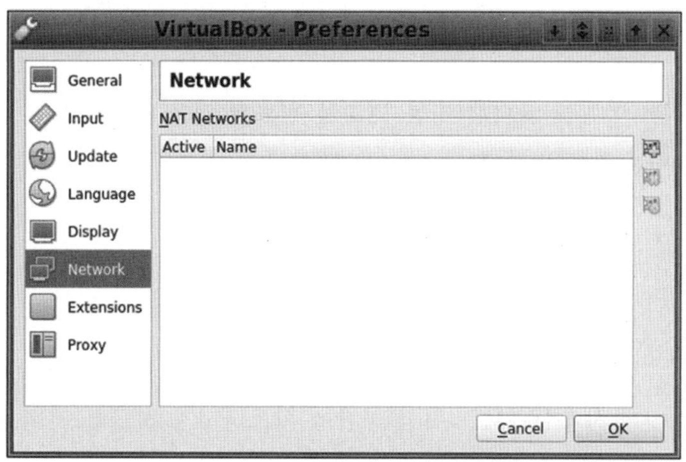

그림 4-7. NAT 네트워크를 추가하고자 Network 폴더를 선택한다.

4. Preferences 대화상자의 오른쪽에서 초록색 +(더하기) 기호가 있는 작은 네트워크 어댑터 아이콘을 클릭해서 새로운 NAT 네트워크를 추가한다. 네트워크가 추가되고 자동으로 구성된다.

3. 위키피디아, Network Address Translation, https://en.wikipedia.org/wiki/Network_address_translation

5. 새로운 NAT 네트워크나 Preferences 대화상자 오른쪽의 맨 아래 아이콘을 더블클릭하고 그림 4-8처럼 네트워크 이름[Network Name]을 StudentNetwork로 바꾼다.

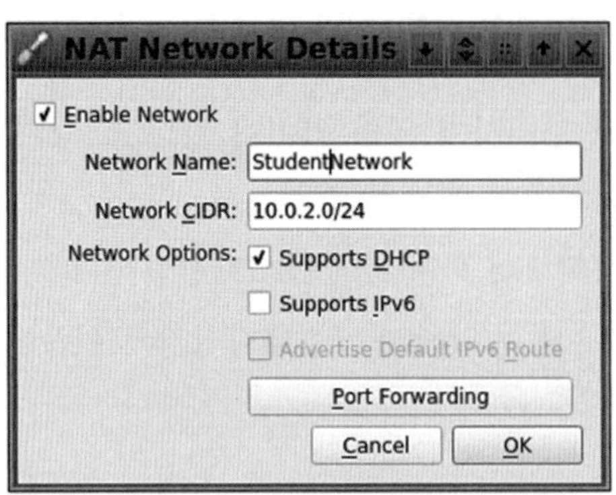

그림 4-8. 네트워크 이름(Network Name)을 StudentNetwork로 바꾼다.

6. OK 버튼을 클릭해 이름 변경을 완료한 다음 Preferences 대화상자의 OK 버튼을 클릭한다.

가상 네트워크 구성이 완료됐다.

디스크 공간 준비

이 과정에서 사용할 VM을 위한 공간을 확보하고자 하드 드라이브의 공간 일부를 비워야 할 수도 있다. 호스트에 홈 디렉터리용으로 약 300GB의 여유 공간이 있는 하드 드라이브가 있다면 이 부분을 건너뛸 수도 있다. 이 만큼의 여유 공간이 없다면 VM을 위해 필요한 가상 하드 드라이브와 기타 파일을 저장하고자 디스크 공간의 일부를 할당해야 할 것이다.

이 과정의 실습을 위한 VM에 외장 USB 하드 드라이브를 할당하는 대안이 유용할 수 있다. 나는 500GB보다 작은 외장 하드 드라이브를 갖고 있지 않고 USB 드라이브를 갖고 있으므로 이 방법을 사용했다. 공급사가 최소한 300GB의 용량을 제공한다고 명시한 외장 USB 하드 드라이브를 사용할 것을 권장한다. 실제로 사용자는 파티션이 만들어지고 포맷된 뒤에 그보다 적은 용량을 사용할 수 있을 것이다. 외장 하드 드라이브의 기존 데이터를 모두 지우고 다시 파티션할 것이므로 이 외장 디스크의 데이터 중 보존하고 싶은 내용은 모두 백업해야 한다.

윈도우

이 단계는 윈도우 10 호스트에서 외장 USB 하드 드라이브를 실습용으로 구성하는 방법을 알려준다. 리눅스 호스트를 갖고 있다면 이 단계는 건너뛰어도 좋다.

1. 시작 메뉴를 이용해서 **컴퓨터 관리** 도구를 연다.
2. **저장소** 아래 **디스크 관리**를 선택한다.
3. 디스크를 현재 윈도우 호스트에서 쓸 수 있는지 확인한다.
4. 하드 드라이브의 USB 케이블을 컴퓨터의 남는 USB 단자에 연결한다.
5. 잠시 뒤에 디스크 관리 도구가 그림 4-9처럼 새로운 디스크 드라이브를 표시할 것이다. 나의 윈도우 VM에서 새 디스크는 Disk 1이고 기존 파티션을 지웠기 때문에 디스크 공간은 할당되지 않은 것으로 표시됐다. 여러분의 경우에는 다른 디스크로 표시될 수 있다.

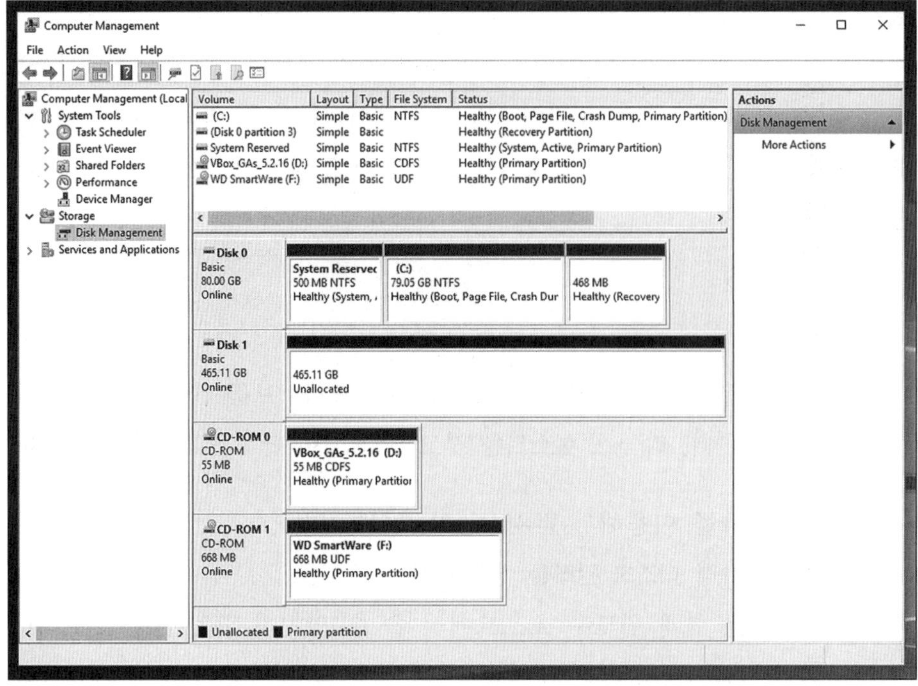

그림 4-9. Disk 1이 새로운 외장 USB 하드 드라이브다.

6. Disk 1을 오른쪽 클릭하고 **새 단순 볼륨**을 선택해 드라이브 준비를 시작한다. **단순 볼륨 만들기 마법사** 환영 대화상자가 나타난다.
7. **다음**을 클릭해 진행한다.
8. **파티션 크기를 지정하십시오** 대화상자에서 아무런 변경도 하지 않는다. 그러면 전체 물리 드라이브를 파티션에 할당할 것이다. **다음**을 눌러 진행한다.
9. **드라이브 문자 또는 경로를 할당하십시오** 대화상자에서 제안된 드라이브 문자를 사용한다. 나의 윈도우 VM에서는 E:였다. 여러분의 호스트에서는 다른 드라이브 문자가 할당됐을 것이다. 이 드라이브 문자는 곧 필요할 것이므로 적어둬야 한다. **다음** 버튼을 클릭해 진행한다.
10. 그림 4-10에서 볼 수 있듯이 **파티션 포맷** 대화상자의 기본값을 사용한다.

다음을 클릭해 진행한다.

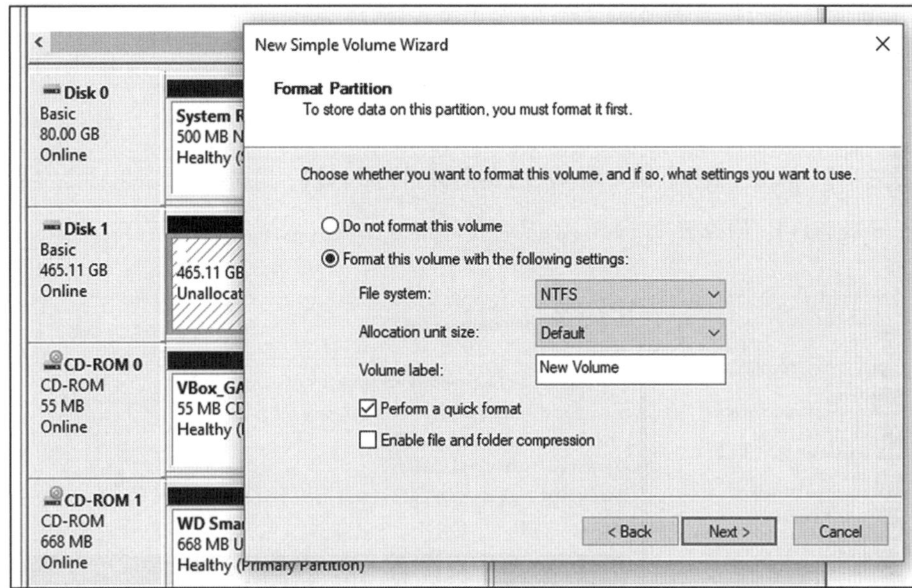

그림 4-10. 기본값을 사용해서 파티션을 포맷한다.

11. 단순 볼륨 만들기 마법사 완료 대화상자의 마침 버튼을 클릭해 포맷 절차를 시작한다. 그림 4-11은 최종 결과를 보여준다.

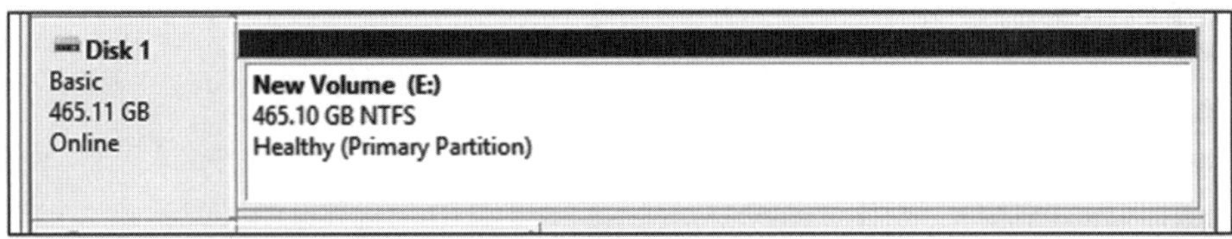

그림 4-11. 완료된 디스크 파티션

최종적으로 포맷된 디스크는 드라이브 공급사가 명시한 500GB보다 적은 용량을 제공한다.

리눅스

이 단계는 여러분의 리눅스 호스트에 외장 USB 하드 드라이브를 추가하는 방법을 알려준다. 이 하드 드라이브는 이 과정의 실습을 위한 VM에 필요한 가상 하드 드라이브와 기타 파일을 위한 저장소가 될 것이다.

윈도우용 디스크 관리 도구와 매우 비슷하게 동작하는 리눅스용 GUI 데스크탑 도구가 있다. 디스크 도구의 스크린샷(그림 4-12)을 참고하기 바란다.

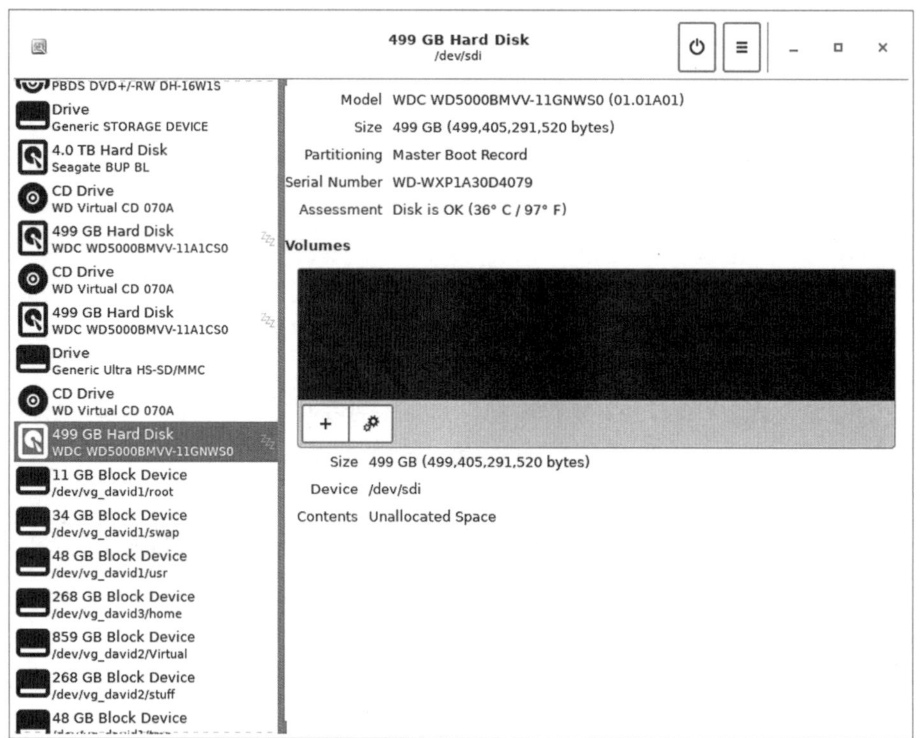

그림 4-12. 리눅스 GUI 디스크 관리 도구는 윈도우 디스크 관리 도구와 비슷한 기능을 제공한다. 우리는 이를 사용하지 않을 것이다.

우리는 그림 4-10의 gnome-disks GUI 도구를 사용하지 않을 것이다. 대신 CLI Command-Line Interface를 사용할 것이다. 지금이 커맨드라인 도구를 배우기 시작할 딱 좋은 시간이기 때문이다. 이렇게 해서 도구뿐만 아니라 장치 식별 같은 개념에도 익숙해질 것이다. 이 과정을 진행하면서 맞닥뜨릴 여러 가지 사항을 매우 자세히 다룰 것이다.

입력할 사항은 굵은체로 표시돼 있다. <Enter>가 나오면 엔터키를 누르기 바란다. 다음 작업은 모두 root로 수행해야 한다.

1. 이미 터미널을 열고 root로 로그인돼 있을 것이다. 나처럼 다음 명령을 실행해서 충분한 공간이 있는지 확인한다.

```
[root@david /]# df -h
Filesystem                       Size  Used  Avail  Use%  Mounted on
devtmpfs                          32G   40K   32G    1%  /dev
tmpfs                             32G   24M   32G    1%  /dev/shm
tmpfs                             32G  2.2M   32G    1%  /run
tmpfs                             32G     0   32G    0%  /sys/fs/cgroup
/dev/mapper/vg_david1-root       9.8G  437M  8.9G    5%  /
/dev/mapper/vg_david1-usr         45G  9.6G   33G   23%  /usr
/dev/mapper/vg_david3-home       246G   46G  190G   20%  /home
/dev/mapper/vg_david2-Virtual    787G  425G  323G   57%  /Virtual
/dev/mapper/vg_david2-stuff      246G  115G  119G   50%  /stuff
/dev/sdb2                        4.9G  433M  4.2G   10%  /boot
/dev/sdb1                        5.0G   18M  5.0G    1%  /boot/efi
/dev/mapper/vg_david1-tmp         45G  144M   42G    1%  /tmp
/dev/mapper/vg_david1-var         20G  6.6G   12G   36%  /var
tmpfs                            6.3G   24K  6.3G    1%  /run/user/1000
/dev/mapper/vg_Backups-Backups   3.6T  1.9T  1.6T   54%  /media/Backups
/dev/sde1                        3.6T  1.5T  2.0T   42%  /media/4T-Backup
/dev/sdi1                        457G   73M  434G    1%  /Experiments
```

이는 내 워크스테이션에서 df를 실행한 결과로, 내 워크스테이션의 각 디스크 볼륨에 남아 있는 공간을 보여준다. 여러분의 물리적 호스트에서 이 명령을 실행한 결과는 이와 다를 것이다. 나는 LHFS[4]에 따른 일부 디렉터리가 있고 거기에 VM의 데이터를 둘 수 있지만 VM의 데이터를 다른 데이터, 심지어 다른 VM의 데이터와 섞기보다는 /Experiments 파일 시스템과 디렉터리를 쓰기로 한다. 지금부터 내가 /Experiments를 구성한 것처럼 외장 USB 하드 드라이브를 구성할 것이다.

2. 외장 USB 하드 드라이브를 연결한다. 시작하고 초기화되는 데 시간이 약간 걸릴 것이다.
3. 다음 명령을 실행해 새로운 장치에 할당된 드라이브 ID를 확인한다.

```
[root@david /]# dmesg
[258423.969703] usb 1-14.4: new high-speed USB device number 24 using
                xhci_hcd
[258424.060505] usb 1-14.4: New USB device found, idVendor=1058,
idProduct=070a, bcdDevice=10.32
[258424.060509] usb 1-14.4: New USB device strings: Mfr=1, Product=2,
                SerialNumber=3
[258424.060511] usb 1-14.4: Product: My Passport 070A
[258424.060512] usb 1-14.4: Manufacturer: Western Digital
[258424.060513] usb 1-14.4: SerialNumber: 575850314133304434303739
[258424.062534] usb-storage 1-14.4:1.0: USB Mass Storage device detected
[258424.063769] usb-storage 1-14.4:1.0: Quirks match for vid 1058 pid
                070a: 200000
[258424.064704] scsi host14: usb-storage 1-14.4:1.0
[258425.108670] scsi 14:0:0:0: Direct-Access     WD  My Passport 070A 1032
                PQ: 0 ANSI: 4
[258425.109453] scsi 14:0:0:1: CD-ROM            WD  Virtual CD 070A 1032
                PQ: 0 ANSI: 4
```

4. LHFS(Linux Hierarchical Filesystem Standard)는 19장에서 다룬다. LHFS는 리눅스 파일 시스템의 공인된 디렉터리 구조를 정의하고 어떤 종류의 파일이 어떤 디렉터리에 위치할지에 대한 지침을 제공한다.

```
[258425.112633] scsi 14:0:0:2: Enclosure    WD  SES Device 1032
                PQ: 0 ANSI: 4
[258425.115424] sd 14:0:0:0: Attached scsi generic sg11 type 0
[258425.115609] sd 14:0:0:0: [sdi] 975400960 512-byte logical blocks:
                (499 GB/465 GiB)
[258425.117416] sd 14:0:0:0: [sdi] Write Protect is off
[258425.117426] sd 14:0:0:0: [sdi] Mode Sense: 23 00 10 00
[258425.118978] sd 14:0:0:0: [sdi] No Caching mode page found
[258425.118986] sd 14:0:0:0: [sdi] Assuming drive cache: write back
[258425.120216] sr 14:0:0:1: [sr2] scsi3-mmc drive: 51x/51x caddy
[258425.120460] sr 14:0:0:1: Attached scsi CD-ROM sr2
[258425.120641] sr 14:0:0:1: Attached scsi generic sg12 type 5
[258425.120848] ses 14:0:0:2: Attached Enclosure device
[258425.120969] ses 14:0:0:2: Attached scsi generic sg13 type 13
[258425.134787] sdi: sdi1
[258425.140464] sd 14:0:0:0: [sdi] Attached SCSI disk
[root@david /]#
```

위에 나온 dmesg 명령의 출력은 커널 메시지의 긴 리스트 끝에 표시된다. dmesg 명령은 이런 경우와 문제의 디버깅에 사용할 수 있는 정보를 얻고자 커널 메시지를 출력할 때 쓰인다. 대괄호 안의 숫자(예, [258425.134787])는 컴퓨터가 부팅된 시점부터의 시간을 초와 마이크로초로 나타낸다.

앞으로 실행할 명령에 사용할 드라이브 장치 식별자를 찾아보자. 이 경우 전체 하드 드라이브의 장치 식별자는 sdi다. sdi1 장치는 드라이브의 첫 번째 파티션이다. 새로운 디스크 장치를 다루듯 아주 처음부터 시작하고자 기존 파티션을 삭제할 것이다. 여러분의 리눅스 호스트에서 드라이브 식별자는 /dev/sdb나 /dev/sdc일 가능성이 높다.

경고

다음 단계에서 USB 하드 드라이브의 올바른 장치 식별자를 사용해야 한다. 그렇지 않으면 주 하드 드라이브와 그 안의 모든 데이터를 지워버릴 수도 있다.

4. fdisk를 실행하고 기존 파티션이 있는지 알아보고 있다면 몇 개인지 알아본다.

```
[root@david /]# fdisk /dev/sdi

Welcome to fdisk (util-linux 2.32.1).
Changes will remain in memory only, until you decide to write them.
Be careful before using the write command.

        Command (m for help): p
        Disk /dev/sdi: 465.1 GiB, 499405291520 bytes, 975400960 sectors
        Units: sectors of 1 * 512 = 512 bytes
        Sector size (logical/physical): 512 bytes / 512 bytes
        I/O size (minimum/optimal): 512 bytes / 512 bytes
        Disklabel type: dos
        Disk identifier: 0x00021968

        Device      Boot Start       End   Sectors  Size  Id  Type
        /dev/sdi1         2048 975400959 975398912 465.1G  83  Linux
```

하드 드라이브에 파티션이 없으면 다음 단계는 건너뛴다.

5. fdisk를 이용해서 기존 파티션을 삭제하고 새로운 파티션을 만든다. 파티션이 아니라 디스크에 대한 작업이므로 /dev/sdi1이 아니라 /dev/sdi를 이용해야 한다. d 명령은 기존 파티션을 삭제한다.

```
Command (m for help): d
Selected partition 1
Partition 1 has been deleted.
```

하드 드라이브에 파티션이 더 있으면 역시 d를 이용해서 모두 지운다.

6. 새로운 파티션을 만들고 결과를 USB 드라이브의 파티션 테이블에 쓴다. n 명령을 이용해 새로운 파티션을 만들고 기본 설정을 이용하도록 대부분 엔터키를 입력한다. 이 하드 드라이브에 여러 파티션을 만들려면 약간 더 복잡해지므로 그 작업은 이 과정의 뒤쪽에서 하겠다. 입력하는 것은 굵은체로 표시했다. <Enter> 표시가 있으면 엔터키를 누른다.

```
Command (m for help): n
Partition type
   p   primary (0 primary, 0 extended, 4 free)
   e   extended (container for logical partitions)
Select (default p): <Enter>

Using default response p.
Partition number (1-4, default 1): <Enter>
First sector (2048-975400959, default 2048): <Enter>
Last sector, +sectors or +size{K,M,G,T,P} (2048-975400959, default
975400959): <Enter>

Created a new partition 1 of type 'Linux' and of size 465.1 GiB.
```

7. 다음 메시지가 나오지 않으면 이 단계는 건너뛴다. y를 눌러 이전의 파티션 시그니처^partition signature^를 제거해야 한다.

```
Partition #1 contains a ext4 signature.

Do you want to remove the signature? [Y]es/[N]o: y

The signature will be removed by a write command.
```

8. 다음의 p 명령은 현재 파티션 테이블과 디스크 정보를 터미널로 출력한다.

```
Command (m for help): p
Disk /dev/sdi: 465.1 GiB, 499405291520 bytes, 975400960 sectors
Units: sectors of 1 * 512 = 512 bytes
Sector size (logical/physical): 512 bytes / 512 bytes
I/O size (minimum/optimal): 512 bytes / 512 bytes
Disklabel type: dos
Disk identifier: 0x00021968

Device     Boot Start       End   Sectors   Size Id  Type
/dev/sdi1        2048 975400959 975398912 465.1G 83  Linux

Filesystem/RAID signature on partition 1 will be wiped.

Command (m for help):
```

9. 운영체제가 여러분이 만든 새로운 파티션을 자동으로 마운트하면 반드시 마운트 해제하기 바란다. 이제 수정된 파티션 테이블을 디스크에 쓰고, 커맨드라인으로 돌아온다.

```
Command (m for help): w
The partition table has been altered.
Calling ioctl() to re-read partition table.
Syncing disks.

[root@david /]#
```

10. 파티션에 EXT4 파일 시스템을 만든다. 올바른 장치 식별자를 지정해 올바른 파티션이 포맷되도록 조심한다.

```
[root@david /]# mkfs -t ext4 /dev/sdi1
mke2fs 1.44.2 (14-May-2018)
Creating filesystem with 121924864 4k blocks and 30482432 inodes
Filesystem UUID: 1f9938a0-82cd-40fb-8069-57be0acd13fd
```

```
Superblock backups stored on blocks:
        32768, 98304, 163840, 229376, 294912, 819200, 884736, 1605632,
        2654208, 4096000, 7962624, 11239424, 20480000, 23887872,
        71663616, 78675968, 102400000

Allocating group tables: done
Writing inode tables: done
Creating journal (262144 blocks): done
Writing superblocks and filesystem accounting information: done

[root@david /]#
```

11. 이제 파티션에 레이블을 추가하자. 레이블을 이용하면 사람들이 디스크 장치를 식별하기가 쉬워진다. 또한 레이블을 이용하면 컴퓨터가 장치를 식별하고 파일 시스템 디렉터리 구조의 올바른 위치에 마운트할 수 있다. 몇 단계 뒤에 그 방법을 살펴볼 것이다.

```
[root@david /]# e2label /dev/sdi1 Experiments
[root@david /]# e2label /dev/sdi1
Experiments
[root@david /]#
```

두 번째 **e2label** 명령은 해당 파티션의 현재 레이블을 나열한다.

12. Experiments 디렉터리를 만든다. 이 디렉터리에 USB 드라이브에서 만든 파일 시스템을 마운트할 것이다. 이 디렉터리는 루트 디렉터리(/)에 만든다.

```
[root@david ~]# mkdir /Experiments
```

13. 이제 USB 드라이브의 파일 시스템을 /Experiments 디렉터리에 마운트

할 수 있지만 /etc/fstab(파일 시스템 테이블)에 한 줄을 추가해 좀 더 쉽게 만들자. 그러면 장기적으로 타이핑량을 줄여줄 것이다. 아직 편집기 사용법을 얘기하지 않았기 때문에 이 작업을 간단히 수행하는 방법은 다음의 간단한 명령을 사용해 기존 fstab 파일의 끝에 필요한 줄을 추가하는 것이다. 반드시 전체 명령을 한 줄에 입력하기 바란다.

```
[root@david ~]# echo "LABEL=Experiments /Experiments ext4
user,owner,noauto,defaults 0 0" >> /etc/fstab
```

터미널의 폭 때문에 다음 줄로 넘어가 보이는 것은 괜찮다. 줄 전체를 입력할 때까지 엔터키만 치지 않으면 된다. 반드시 부등호 2개(>>)를 사용하지 않으면 fstab 파일 전체를 덮어쓸 것이고, 그건 별로 좋지 않을 것이다. 나중에 파일 편집과 관련해 백업 등의 옵션을 얘기할 것이지만 지금은 그냥 조심하기 바란다.

14. 새 드라이브를 마운트하고 잘 됐는지 확인한다.

```
[root@david ~]# mount /Experiments ; df -h
Filesystem                     Size  Used Avail Use% Mounted on
devtmpfs                        32G   40K   32G   1% /dev
tmpfs                           32G   34M   32G   1% /dev/shm
tmpfs                           32G  2.2M   32G   1% /run
tmpfs                           32G     0   32G   0% /sys/fs/cgroup
/dev/mapper/vg_david1-root     9.8G  437M  8.9G   5% /
/dev/mapper/vg_david1-usr       45G  9.6G   33G  23% /usr
/dev/mapper/vg_david3-home     246G   46G  190G  20% /home
/dev/mapper/vg_david2-Virtual  787G  425G  323G  57% /Virtual
/dev/mapper/vg_david2-stuff    246G  115G  119G  50% /stuff
/dev/sdb2                      4.9G  433M  4.2G  10% /boot
/dev/sdb1                      5.0G   18M  5.0G   1% /boot/efi
/dev/mapper/vg_david1-tmp       45G  144M   42G   1% /tmp
```

```
/dev/mapper/vg_david1-var         20G  6.8G   12G  37% /var
tmpfs                            6.3G   28K  6.3G   1% /run/user/1000
/dev/mapper/vg_Backups-Backups  3.6T  1.9T  1.6T  56% /media/Backups
/dev/sde1                        3.6T  1.5T  2.0T  43% /media/4T-Backup
/dev/sdh1                        458G  164G  272G  38% /run/media/dboth/
                                                      USB-X47GF
/dev/sdi1                        457G   73M  434G   1% /Experiments
```

출력의 맨 아래에 있는 새로운 장치를 굵은체로 강조했다. 이 출력물은 새로운 파일 시스템이 루트 파일 시스템에 적절히 마운트됐음을 의미한다. 또한 얼마나 많은 공간이 사용됐고 얼마나 많은 공간이 남아 있는지도 알려준다. -h 옵션은 df가 숫자를 바이트 대신 좀 더 사람이 읽기 편한 형태로 보여주게 한다. 아무 옵션 없이 df를 실행해보고 그 차이를 살펴보기 바란다. 어느 쪽이 읽고 해석하기 더 쉬운가?

15. 이제 새로운 디렉터리의 내용을 살펴보자.

```
[root@david ~]# ll -a /Experiments/
total 24
drwxr-xr-x     3 root   root    4096  Aug    8 09:34 .
dr-xr-xr-x.   24 root   root    4096  Aug    8 11:18 ..
drwx------     2 root   root   16384  Aug    8 09:34 lost+found
```

lost+found가 보인다면 올바르게 동작하는 것이다.

16. 이 디렉터리와 관련해서 준비할 것이 좀 더 있다. 먼저 이 디렉터리의 그룹과 권한을 바꿔 VirtualBox 사용자가 접근할 수 있게 해야 한다. 먼저 현재 상태를 살펴보자. 파이프와 grep 명령을 사용하면 Experiments 디렉터리만 뚜렷하게 볼 수 있다.

```
[root@david ~]# cd / ; ll | grep Exp
drwxr-xr-x      3 root    root    4096    Aug    8  09:34 Experiments
```

이 방법으로 변경이 실제로 일어났는지 확인할 수 있다.

17. 변경을 수행한다. 먼저 루트 디렉터리(/)로 이동한다. 그런 다음 변경을 수행하고 마지막으로 확인한다.

```
[root@david /]# cd /
[root@david /]# chgrp vboxusers /Experiments
[root@david /]# chmod g+w /Experiments
[root@david /]# ll | grep Exp
drwxrwxr-x      3 root    root    4096    Aug    8  09:34 Experiments
[root@david /]#
```

여기까지 무언가 눈치 챘을 것이다. 어쩌면 이보다 더 전일 수도 있지만 지금이 설명할 적기로 보인다. **chgrp**(change group)와 **chmod**(change file mode, 즉 접근 권한 변경) 명령은 성공했음을 알리지 않는다. 이는 리눅스 철학 원칙 중 하나로, "침묵은 금이다"라는 것이다. 또한 `ll` 명령은 `ls -l`의 앨리어스로, 현재 디렉터리에 있는 파일의 긴 목록을 제공한다. 이 과정을 진행하면서 이런 것들을 훨씬 더 자세히 다룰 것이다.

18. 이제 /etc/groups 파일의 vboxusers 그룹에 일반 사용자를 추가해야 한다. 나는 내 개인 ID를 사용하겠지만 여러분은 로그인해서 VM을 만들고 사용할 일반 사용자 계정을 사용해야 한다.

```
[root@david /]# cd /etc
[root@david etc]# grep vboxusers group
vboxusers:x:973:
```

```
[root@david etc]# usermod -G vboxusers dboth
[root@david etc]# grep vboxusers group
vboxusers:x:973:dboth
[root@david /]#
```

하드 드라이브 준비를 마쳤다. 이 USB 하드 드라이브를 윈도우에서 준비했든 리눅스에서 준비했든 여러분은 이미 시스템 관리자의 일을 하고 있다. 이런 일들이 바로 시스템 관리자가 흔히 해야 하는 일이다.

ISO 이미지 파일 다운로드

지금이 페도라[5] ISO 라이브 이미지 파일을 다운로드하기 좋은 시점이다. 이 파일은 CD나 USB 드라이브에 복사할 수 있는 이미지를 담고 있는 파일이다. CD나 USB 드라이브를 컴퓨터에 넣고 부팅해서 리눅스를 테스트 환경에서 실행할 수 있다. 이 라이브 이미지 장치로 컴퓨터를 부팅하면 리눅스를 설치할 때까지는 컴퓨터의 하드 드라이브에 아무런 변경을 일으키지 않는다.

우리의 목적을 위해서 하드웨어 장치를 만들 필요가 없다. 필요한 것은 이미지를 다운로드하는 것뿐이고 아주 쉬울 것이다. 만들 VM은 리눅스를 설치한 준비가 되면 라이브 이미지 파일에서 바로 부트할 것이다. 외부의 물리적 매체는 필요 없다.

우리는 Xfce[6]용 페도라 29 이미지를 사용할 것이다. KDE나 GNOME을 사용할 수도 있지만 이 과정에서는 훨씬 더 작고 시스템 자원을 훨씬 덜 사용하는 Xfce를 사용할 것이다. 또한 쓸 데 없이 성능을 감소시키는 추가 기능이 없으며 빠르고 이 과정을 위한 데스크탑에 필요한 모든 기능이 있다. Xfce 데스크탑은

---

5. Fedora Project, Fedora's Mission and Foundations, https://docs.fedoraproject.org/en-US/project/
6. Fedora Project, Xfce, https://spins.fedoraproject.org/xfce/

매우 안정적이므로 6개월 정도마다 나오는 페도라 릴리스 간의 차이가 크지 않다.[7]

글을 쓰는 현재 최신 릴리스인 페도라 28의 경우 Fedora-Xfce-Live-x86_64-28-1.1.iso 파일의 크기는 약 1.3G다. 이 과정을 진행하는 시점의 가장 최신 페도라 릴리스를 사용하기 바란다.

1. 좋아하는 브라우저로 https://spins.fedoraproject.org/xfce/download/index.html을 연다.
2. Download 버튼을 클릭한다.
3. 리눅스 호스트를 사용하는 학생은 다운로드된 파일을 저장할 디렉터리로 /tmp 디렉터리를 선택하고 Save 버튼을 클릭한다. 윈도우 호스트를 사용하거나 다운로드 디렉터리를 선택할 수 없는 브라우저를 사용한다면 기본 다운로드 디렉터리도 괜찮다.
4. 다운로드된 파일이 /tmp 디렉터리가 아닌 다른 디렉터리에 있다면 다운로드된 디렉터리(예, ~/Downloads)에서 /tmp로 옮기거나 복사한다.

```
[dboth@david ~]$ cd Downloads/ ; ll Fedora*
-rw-rw-r-- 1 dboth dboth 1517289472 Dec 20 12:56
Fedora-Xfce-Live-x86_64-29-20181029.1.iso
[dboth@david Downloads]$ mv Fedora* /tmp
[dboth@david Downloads]$
```

이 파일을 이용해서 VM에 페도라 리눅스를 설치할 것이다. 하지만 먼저 VM을 만들어야 한다.

7. 우리에게 있어 Xfce의 안정성은 이 책에 나오는 데스크탑 이미지가 페도라 릴리스 여러 개에 걸쳐 적용될 것임을 의미한다.

VM 생성

이 과정에서 사용할 VM을 만들고자 먼저 VM을 만든 다음에 구성을 약간 변경해야 한다.

1. VirtualBox 관리자로 돌아가 다음 단계를 수행한다.
2. Machine Tools 아이콘을 클릭한다. 그러면 현재 VM의 목록과 선택된 VM의 상세 구성이 나타난다.
3. 나는 이미 5개 그룹에 몇 개의 VM을 갖고 있다. VirtualBox에서 그룹 만들기나 사용하기는 신경 쓰지 말기 바란다. 실습에는 필요가 없다. New 아이콘을 클릭해 새 VM 생성 절차를 시작한다. 그림 4-13처럼 데이터를 입력한다.

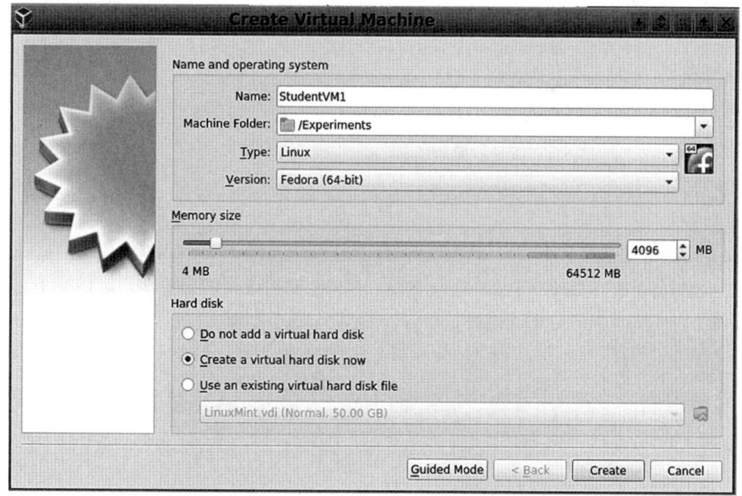

그림 4-13. StudentVM1이라는 이름의 VM 만들기

4. Create Virtual Machine 창에 VM 이름을 StudentVM1이라고 입력한다.
5. Machine Folder에 /Experiments라고 입력한다.
6. Type 필드에 운영체제 종류로 Linux를 선택한다.
7. Version으로 Fedora (64-bit)를 선택한다.

8. Memory size(램)를 4096MB로 설정한다. 메모리 크기는 VM의 전원이 꺼져 있으면 언제든지 바꿀 수 있다. 지금으로서는 이 정도면 충분하다.
9. Create 버튼을 클릭해 그림 4-14의 Create Virtual Hard Disk 대화상자로 넘어간다.

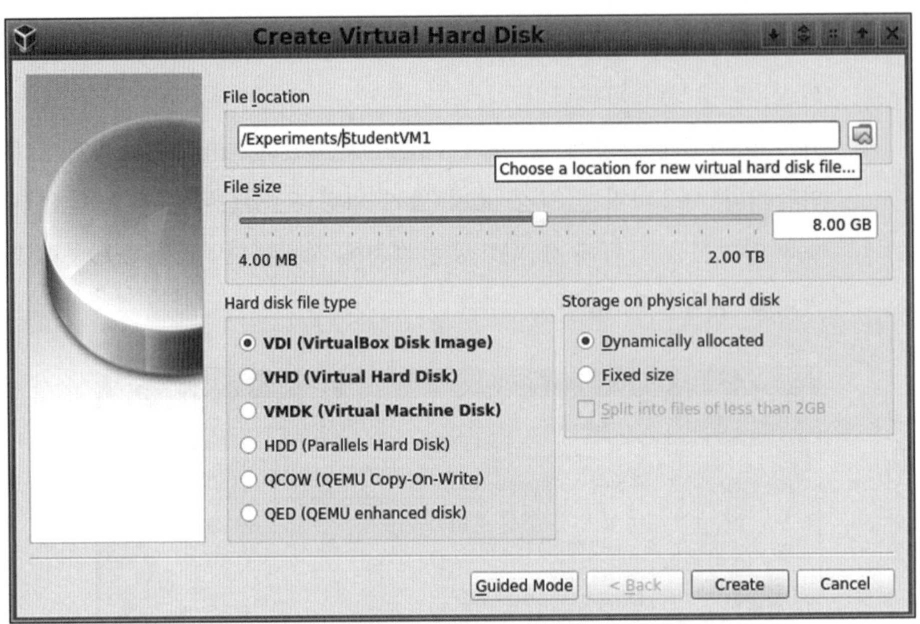

그림 4-14. 초록색 ^ 문자가 있는 폴더 아이콘을 클릭해 기본 파일 위치를 바꾼다. VM 이름 앞에 /Experiments를 입력한다.

10. 기본값과 다른 위치를 지정했다면 그림 4-14에서 볼 수 있듯이 초록색 ^ 문자가 있는 폴더 아이콘을 클릭한다. 그러면 가상 하드 드라이브를 포함하는 VM을 저장할 위치를 선택할 수 있는 운영체제 대화상자가 나타난다. 나는 별도의 500GB 하드 드라이브를 준비해서 /Experiments에 마운트했으므로 /Experiments 디렉터리를 선택했다. 여러분이 선택한 디렉터리 이름 뒤에 자동으로 VM 이름이 붙는 점에 유의하기 바란다. .vdi 확장자는 VirtualBox Disk Image 파일 포맷을 나타낸다. 다른 포맷을 선택할 수도 있지만 우리 목적에는 VDI 포맷이 완벽할 것이다.

11. 슬라이더나 텍스트 박스를 이용해 가상 하드 드라이브의 크기를 60GB로 설정한다. 24GB만 사용하면 물리적 하드 드라이브에 필요한 공간은 약 24GB일 것이다. 이 공간 할당은 필요에 따라 확대된다.
12. Create 버튼을 클릭해 가상 하드 드라이브를 만들고 다음으로 넘어간다.
13. 이제 기본적인 VM이 만들어졌지만 구성을 약간 바꿔야 한다. 새 VM을 클릭한다. 그림 4-15처럼 VM의 상세 사항이 VirtualBox 관리자의 오른쪽에 나타나지 않으면 VM 목록에서 StudentVM1의 오른쪽에 있는 메뉴 아이콘을 이용해서 Details 버튼을 클릭한다.

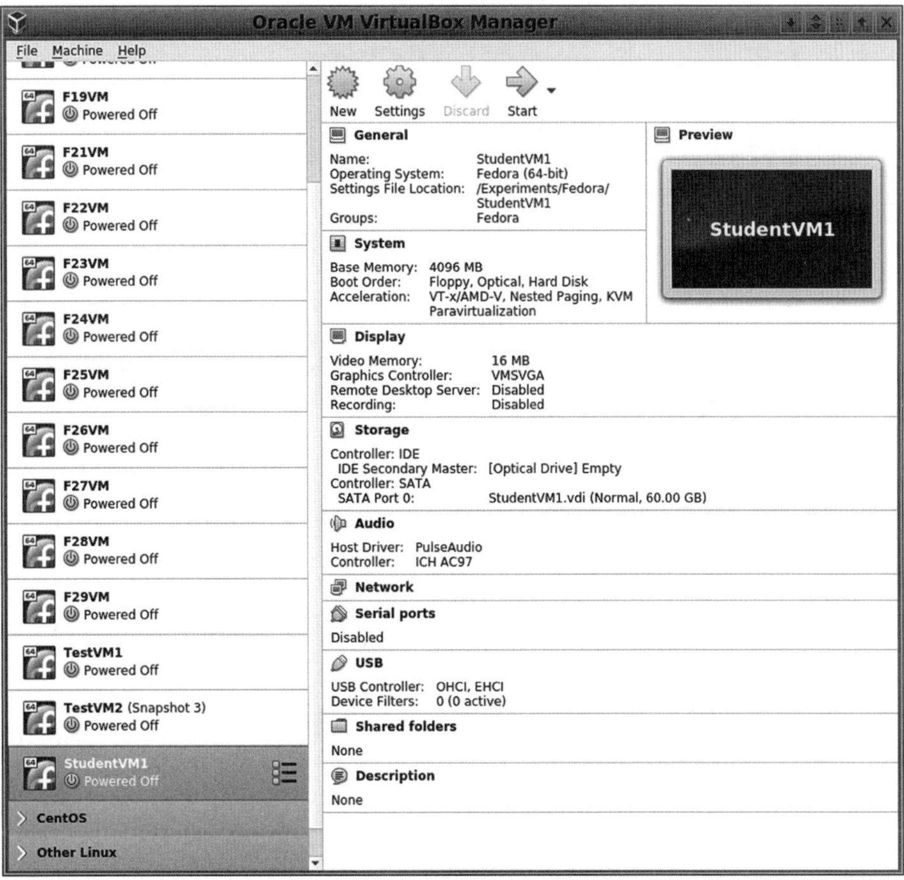

그림 4-15. 방금 만든 StudentVM1 VM의 상세 설정

14. Settings 아이콘을 클릭해 그림 4-16의 Settings 대화상자를 연 다음 왼쪽의 목록에서 System 페이지를 선택한다. Boot Order에서 Floppy 디스크 아이콘을 선택 해제한 다음 아래쪽 화살표 버튼을 이용해 Floppy의 Hard Disk 아래로 옮긴다. Pointing Device는 USB Tablet이 선택된 채로 둔다.

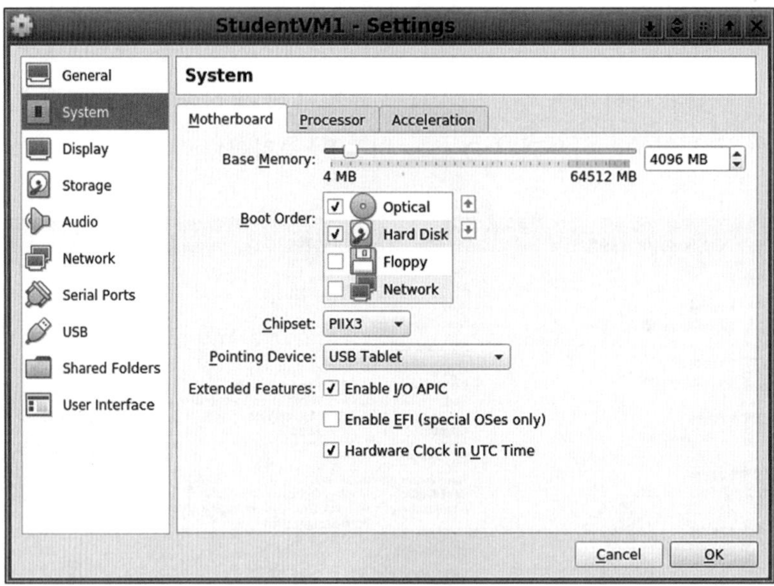

그림 4-16. 부트 순서에서 Floppy 디스크를 아래로 내리고 체크 박스를 선택 해제한다.

15. 여전히 System 설정 페이지에서 그림 4-17처럼 Processor 탭을 선택하고 StudentVM1 VM의 CPU 수를 1에서 2로 증가시킨다.

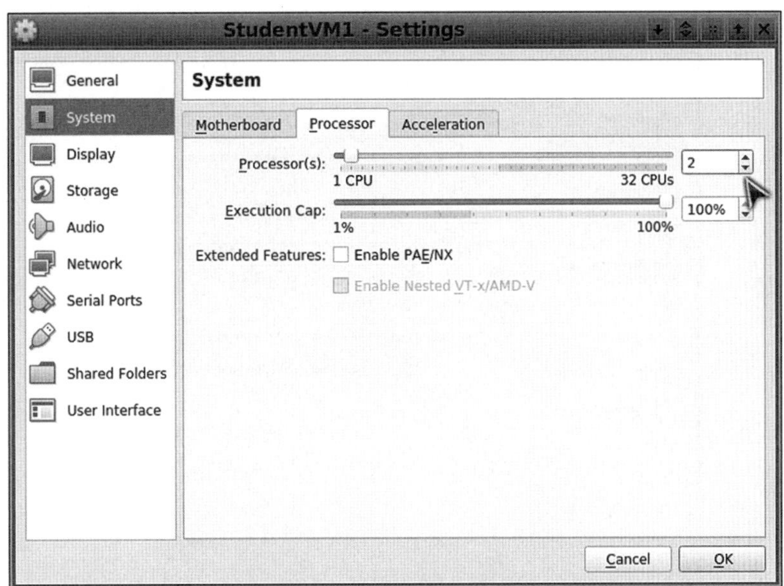

그림 4-17. CPU 수를 2로 설정한다.

16. 여러분의 물리적 호스트가 8G 이상의 램을 갖고 있다면 그림 4-18처럼 Display 설정을 클릭해 비디오 메모리^Video Memory^의 양을 128M로 증가시킨다. 2D나 3D 가속^Acceleration^은 이 과정에서 필요하지 않으므로 선택할 필요가 없고 권장되지도 않는다.

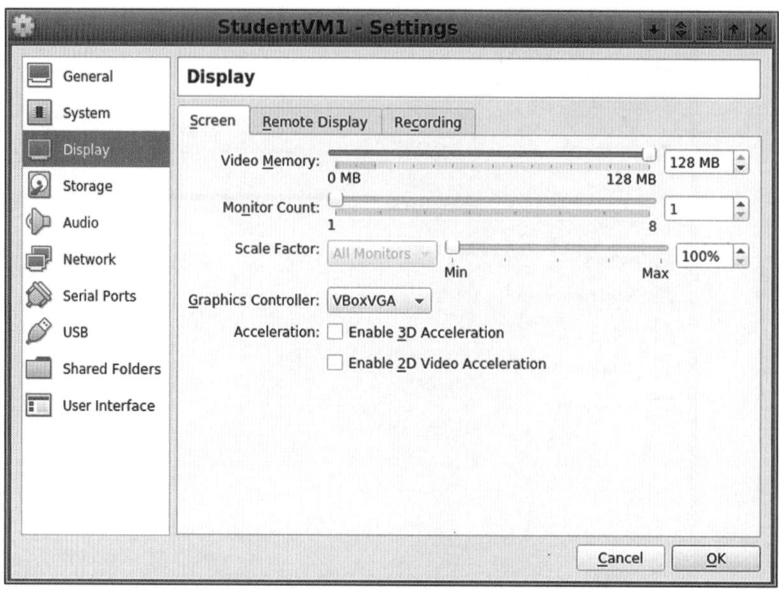

그림 4-18. 물리적 호스트에 램이 충분하다면 VM에 할당된 비디오 메모리(Video Memory)의 양을 증가시킬 수 있다.

17. 그림 4-19처럼 Storage 대화상자를 클릭한다. 나중에 새로운 디스크 장치를 추가하고자 VM의 포트 개수Port Count는 최소한 5여야 한다. 이전 버전의 VirtualBox에서는 기본값이 2개이고 VirtualBox 6.0에서는 기본값이 1이므로 나중에 추가 SATA 저장소 장치를 추가하려면 기존 SATA 제어기에 포트를 추가해야 한다(또 하나의 제어기를 추가할 필요 없음). 포트 개수를 5 이상으로 증가시킨다. 1권의 19장과 2권의 1장에서 추가 드라이브 중 일부가 필요할 것이다.

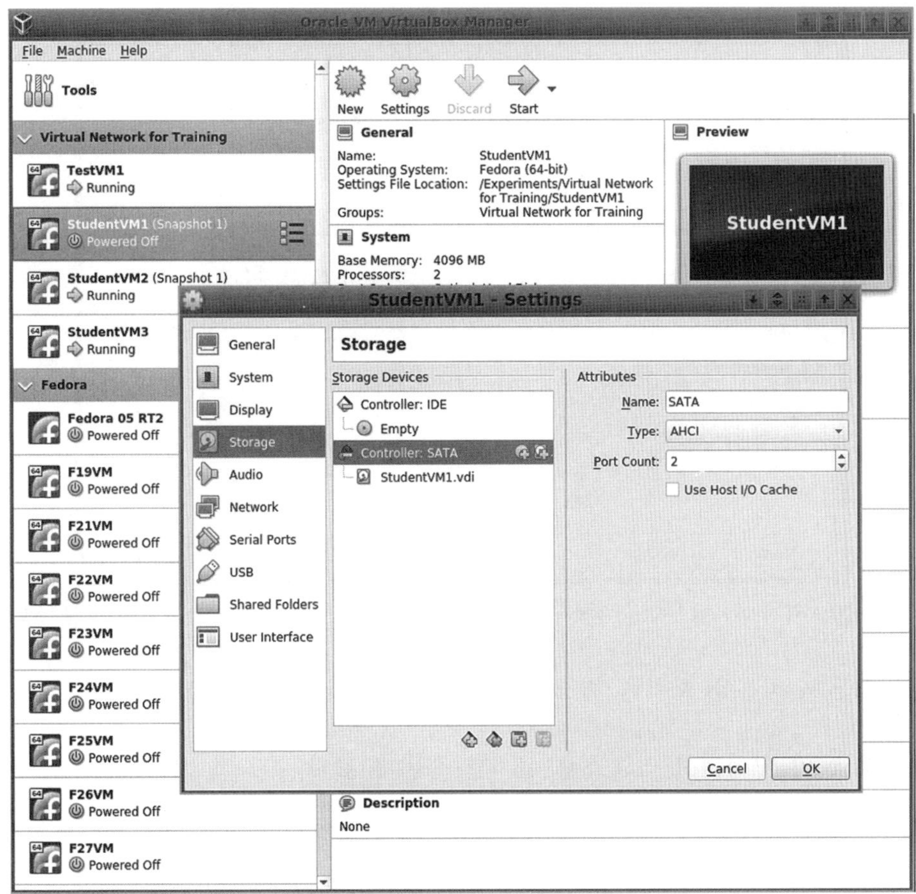

그림 4-19. SATA 포트 수를 5로 설정한다.

18. 그림 4-20처럼 Network 설정을 선택하고 Adapter 1 탭의 Attached to: 필드에 NAT Network를 선택한다. NAT Network을 하나(StudentNetwork)만 만들었기 때문에 그 네트워크가 선택될 것이다. Advanced 옆의 작은 파란색 삼각형을 클릭하면 이 장치 구성의 나머지 사항을 볼 수 있다. 이 페이지에서 다른 것은 바꾸지 않는다.

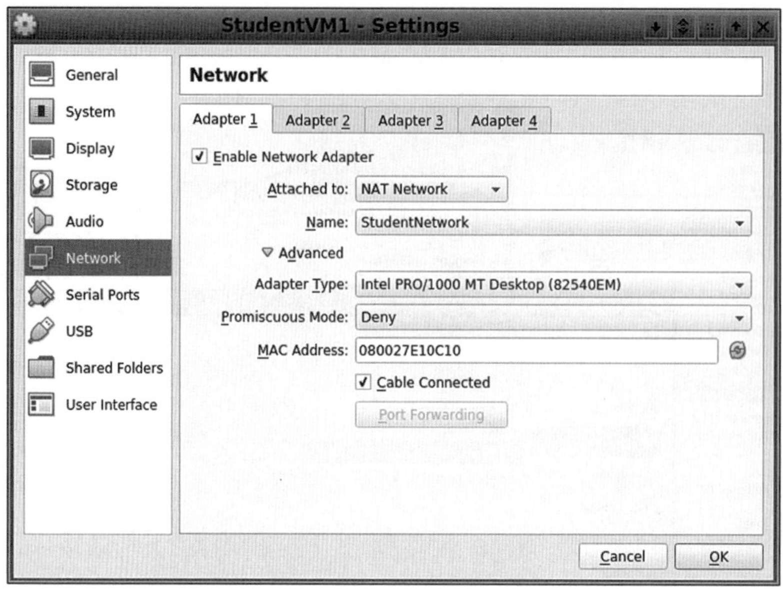

그림 4-20. NAT Network을 선택하면 우리가 만든 유일한 NAT Network인 StudentNetwork가 자동으로 선택된다.

19. OK 버튼을 클릭해 변경 사항을 저장한다.

이제 VM이 구성됐고 리눅스를 설치할 준비가 됐다.

요약

페도라를 설치하고 이 과정의 실습을 수행할 준비를 마쳤다. 이 과정에서 사용할 VM을 담을 외장 USB 디스크 드라이브를 준비했고 VM을 만들었다. 초기 생성 때 설정할 수 없는 네트워크 어댑터 설정과 VM에 할당된 프로세서 개수 등에 대한 변경도 수행했다.

5장에서는 최신 버전의 페도라를 설치한다.

3권에서 VM을 하나 더 만들고 리눅스를 설치해야 할 것이다. VM을 만들고 리눅스를 설치하는 단계들은 거의 같을 것이다. 유일한 차이점은 두 번째 VM에는 다른 이름이 필요할 것이라는 것뿐이다.

연습문제

4장을 마무리하며 연습문제를 풀어보기 바란다.

1. '가상 머신VM'을 정의한다.
2. 4장에서 컴퓨터 시스템의 하드웨어 요소에 대한 정보를 찾고자 어떤 명령을 사용했는가?
3. VirtualBox에서 네트워크 종류 중 'NAT Network'는 'NAT'와 어떻게 다른가?
4. VM에 왜 둘 이상의 네트워크 어댑터가 필요한가?

5장

리눅스 설치

학습 목표

5장의 학습 목표는 다음과 같다.

- VM에 최신 버전의 페도라 설치
- 권장 표준을 사용해 하드 드라이브 파티션
- 스왑 공간의 용도에 관해 기술하고 설명
- 페도라 문서에서 권장하는 스왑 공간의 양
- VM의 스냅샷 만들기

개요

5장에서는 여러분이 시스템 관리자의 일을 하기 시작한다. 시스템 관리자가 수행하는 여러 일 중 하나가 리눅스 설치이고, 5장에서 여러분이 할 일이다. 진행하면서 최대한 자세히 설명하려고 애쓰겠지만 여러분이 이해하지 못하는 부분이 있을 것이다. 걱정하지 말라. 그 부분도 곧 설명할 것이다.

참고로 이 책은 실습용으로 Xfce 데스크탑이 포함된 페도라 29를 사용한다. 실습을 하려면 최신 버전의 페도라 Xfce를 사용해야 한다. 사용할 Xfce 데스크탑과 리눅스 도구는 안정적이며 앞으로 몇 번의 페도라 릴리스가 나와도 크게 바뀌지 않을 것이다.

본 과정을 위한 리눅스 배포판으로 페도라를 설치하자. 그러면 페도라와 다른 배포판의 차이를 고려할 필요가 없으므로 훨씬 쉬워질 것이다. RHEL과 CentOS 같은 기타 레드햇 기반 배포판조차 페도라와 다르다. 하지만 과정을 마치고 나면 여기서 배운 지식이 다른 배포판에 쉽게 적용됨을 할 수 있을 것이다.

페도라 라이브 이미지 부팅

물리적 호스트라면 ISO 이미지가 담긴 물리적 USB 드라이브를 만들고 호스트의 USB 단자에 꽂을 것이다. VM에서 라이브 ISO 이미지로 부팅하려면 논리적 장치에 '꽂아야' 한다.

1. StudentVM1 VM의 Settings를 연다.
2. Storage 페이지를 선택한다.
3. IDE 제어기의 빈 디스크 아이콘을 클릭한다. 여러분의 VM에 IDE 제어기가 없으면(가능은 하지만 매우 가능성이 적다) Storage Devices 패널의 빈 공간에서 오른쪽 클릭하고 새로운 IDE 제어기 추가를 선택한다. 하나의 IDE 제어기만 추가할 수 있다.
4. IDE 제어기의 Optical Drive 필드 오른쪽에 있는 CD 아이콘을 클릭한다. 그러면 그림 5-1처럼 이 장치에 어떤 ISO 이미지를 마운트[1]할지 고를 수 있는 선택 목록이 나타난다.

1. 마운트(mount)라는 용어는 19장에서 다룬다. 지금 추가 정보를 원한다면 https://en.wikipedia.org/wiki/Mount_(computing)을 참고하기 바란다.

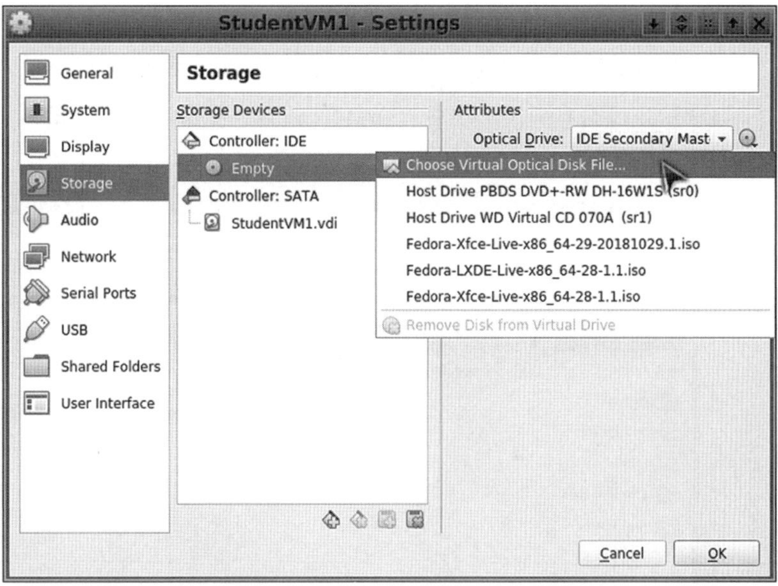

그림 5-1. Choose Virtual Optical Disk File을 선택해 ISO 이미지의 위치를 지정하고 마운트한다.

5. 내 워크스테이션과 달리 여러분의 컴퓨터는 이 목록에 아무런 이미지도 없을 것이다. Choose Virtual Optical Disk File을 선택한다.
6. 파일을 다운로드했을 때 저장한 위치를 찾아가서 파일을 클릭한 다음 Open을 클릭해 마운트를 설정한다. 그림 5-2는 ISO 파일이 /tmp 디렉터리에 저장된 것을 보여준다.

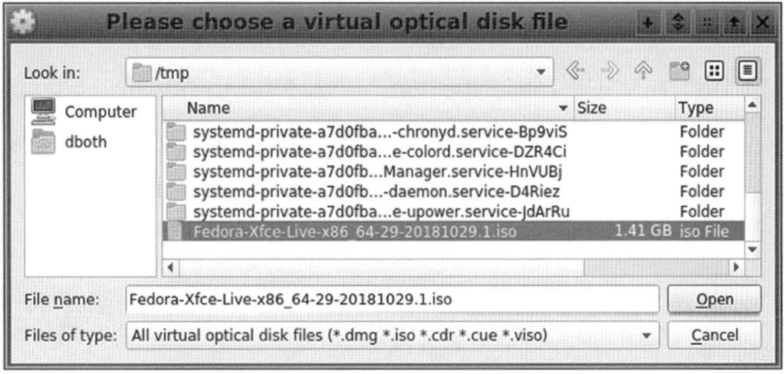

그림 5-2. ISO 이미지 파일을 선택한 다음 Open을 클릭한다.

7. 그림 5-3의 Storage 대화상자에서 IDE 제어기로 올바른 파일이 선택됐는지 확인한 후 OK를 클릭한다. 페도라 라이브 ISO 파일이 이제 가상 광학 드라이브에 '삽입'됐고 VM을 처음으로 부팅할 준비가 됐다.

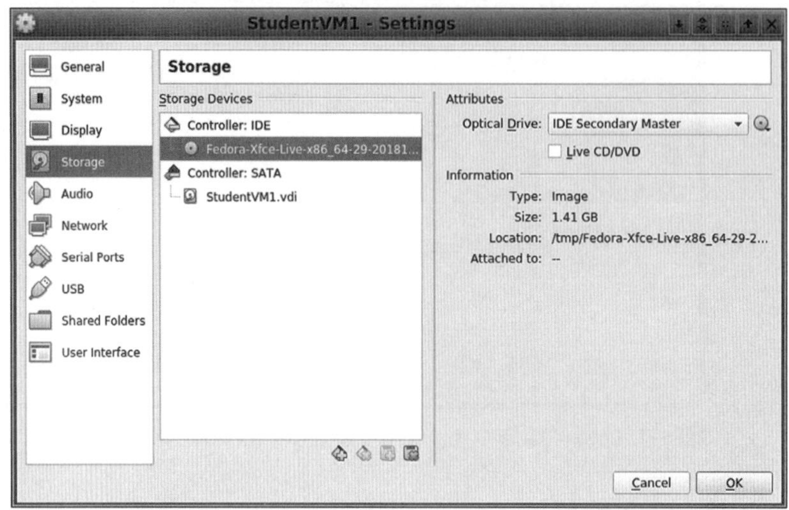

그림 5-3. 페도라 라이브 ISO 파일이 이제 가상 광학 드라이브에 됐다.

8. VM을 부팅하고자 StudentVM1 VM이 선택됐는지 확인하고 VirtualBox 관리자의 아이콘 바에 있는 초록색 Start 화살표를 클릭한다. 그러면 VM이 실행돼 창이 열리고 그 안에서 VM이 이미지 파일을 부팅할 것이다. 나타나는 첫 번째 화면은 그림 5-4와 같다. 물리적 호스트에서 VirtualBox를 처음 사용하면 "You have the Auto capture keyboard option turned on. This will cause the Virtual Machine to automatically capture the keyboard every time the VM window is activated..."라는 메시지가 나타날 것이고 마우스 포인터 통합에 대한 비슷한 메시지도 보일 것이다. 이들 메시지는 그냥 정보를 전달하는 것으로, 원하는 대로 설정을 바꿀 수 있다.

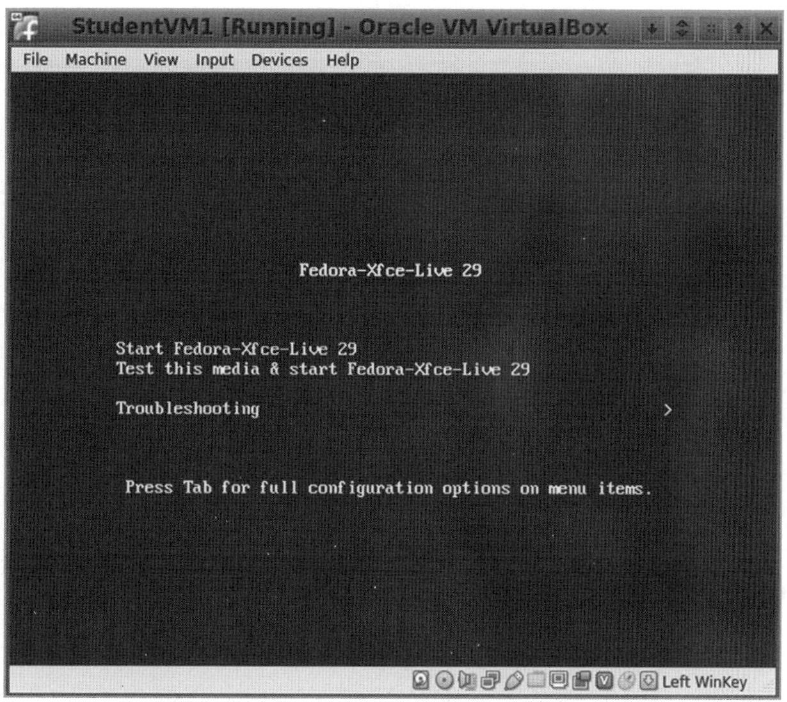

그림 5-4. Start Fedora-Xfce-Live 29 메뉴 항목을 선택하고 엔터키를 누른다.

9. 이 첫 번째 화면에는 카운트다운 타이머가 있고 두 번째 항목이 이미 선택돼 있다. 타이머가 0에 이르거나 여러분이 엔터키를 누르면 먼저 설치 매체에 에러가 있는지 테스트한 후 문제가 없으면 설치 프로그램으로 부팅할 것이다. 테스트는 물리적 DVD나 USB 드라이브의 경우에 비해 유용성이 훨씬 떨어지므로 생략할 수도 있다. 키보드의 화살표를 눌러 그림 5-4처럼 Start Fedora-Xfce-Live 29를 하이라이트시키고 키보드의 엔터키를 누른다.
10. VM이 부팅되고 그림 5-5의 로그인 화면이 나타난다. 유일한 사용자 계정은 Live System User이고 패스워드는 없다. Log In 버튼을 클릭해 라이브 데스크탑을 시작한다.

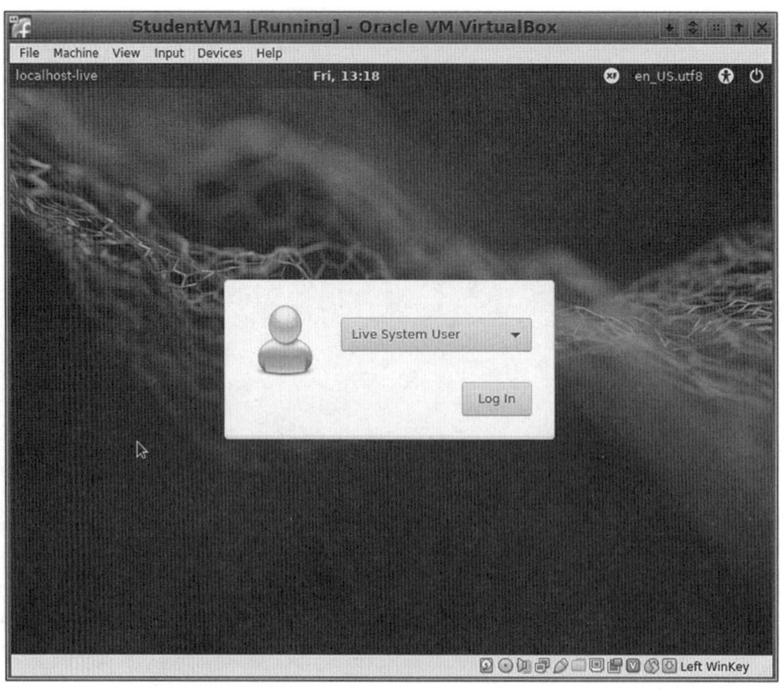

그림 5-5. Log In 버튼을 클릭해 로그인한다.

이제 VM이 라이브 이미지로 부팅했고 리눅스를 설치하지 않고도 한동안 살펴볼 수 있다. 사실 나는 동네 컴퓨터 가게(대형 상점에는 내가 원하는 것이 없기 때문에 가지 않는다)에 내가 믿을 수 있는 라이브 USB 드라이브를 가져가서 진열된 다양한 시스템에서 시험해본다. 그러면 그 시스템에서 리눅스를 시험할 수 있고 이미 설치돼 있는 윈도우에 영향을 주지 않는다.

원한다면 할 수도 있지만 당장은 리눅스를 시험해볼 필요가 없다. 설치한 다음에 충분히 살펴볼 것이다. 따라서 바로 설치를 시작하자.

페도라 설치

라이브 이미지에서 페도라를 설치하는 방법은 쉽다. 특히 모두 기본값을 사용한다면 더 그렇다. 우리는 약간의 변경을 가할 것이기 때문에 기본값을 사용하지 않을 것이다. 가장 복잡한 것은 가상 하드 드라이브 파티션 작업이다. 설치의 세부 사항에 의문이 있고 더 많은 정보를 원한다면 https://docs.fedoraproject.org/en-US/fedora/f29/install-guide/install/Installing_Using_Anaconda/에 있는 페도라 설치 문서를 참고하기 바란다. 이후 버전은 주소가 다르다. 올바른 페도라 버전을 사용하기 바란다.

설치 시작

페도라 리눅스를 설치하려면 그림 5-6의 데스크탑에서 Install to Hard Drive 아이콘을 더블클릭한다. 물리적 기계든 VM이든 라이브 이미지는 리눅스 설치 전까지 하드 드라이브를 건드리지 않는다.

그림 5-6. Install to Hard Drive 아이콘을 더블클릭해 페도라 설치를 시작한다.

Install to Hard Drive를 더블클릭하면 아나콘다 설치 프로그램이 시작된다. 아나콘다가 처음 보여주는 화면은 환영 화면으로, 설치 과정에서 사용할 언어를 선택할 수 있다. 선호하는 언어가 영어가 아니라면 올바른 언어를 선택한 다음 Continue 버튼을 클릭한다.

호스트 이름 설정

그림 5-7의 Installation Summary 대화상자에서 Network & Host Name 옵션을 클릭한다. 호스트 이름은 컴퓨터가 외부에 알려지는 이름이다. 명령 프롬프트에서 여주는 호스트 이름이기도 하다.

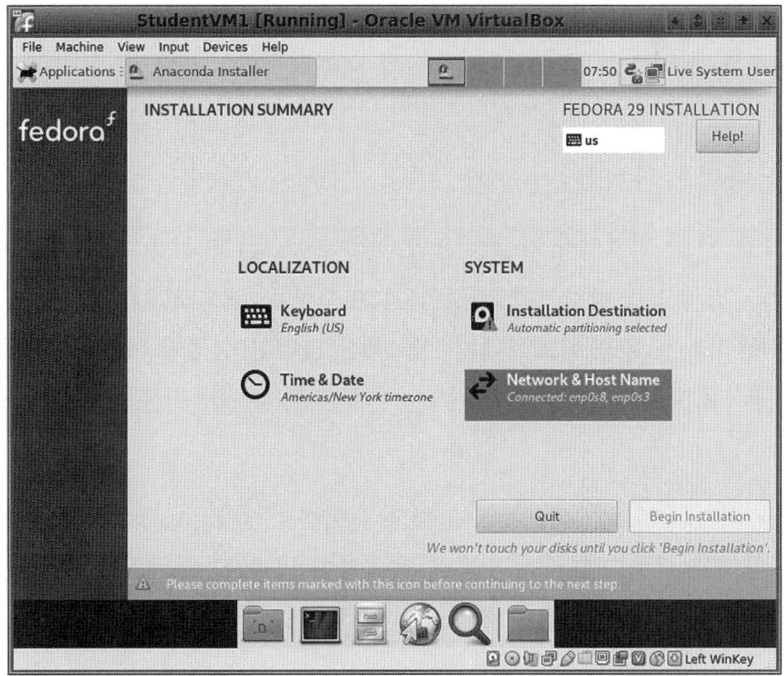

그림 5-7. Network & Host Name을 선택해 VM의 호스트 이름을 설정한다.

외부 세계(호스트가 연결된 네트워크의 어떤 노드)는 컴퓨터를 여러분이 사용하는 네임 서비스에 설정된 호스트 이름으로 본다. 따라서 하나의 이름을 이용해서 ping이나 ssh 명령으로 통신한 컴퓨터에 로그인해보면 다른 이름을 가졌을 수도 있다.

관례상 컴퓨터 호스트 이름은 보통 소문자로 돼 있다. VM의 이름은 대소문자가 섞여 있지만(StudentVM1), 이는 호스트 이름이 아니고 네트워크에서 쓰이지 않음에 유의하기 바란다.

Host Name 필드에 호스트 이름 studentvm1을 모두 소문자로 입력한 다음 Apply를 클릭한다. 이 대화상자에서 해야 하는 일은 이것이 전부이므로 왼쪽 상단의 파란색 Done 버튼을 클릭한다. 그러면 다시 Installation Summary 대화상자로 돌아올 것이다.

라이브 이미지에는 추가 소프트웨어 패키지를 선택하는 옵션이 없다. 추가 소프트웨어를 설치하고 싶으면 기본 설치 이후에 해야 한다.

하드 드라이브 파티션

변경 사항 중 두 번째이자 가장 중요한 것은 하드 드라이브를 좀 더 표준적이고 권장되는 방식으로 파티션하는 것이다. 대부분의 초보자에게는 쉽지만 결코 시스템 관리자 교육용 워크스테이션용 최적 파티션 설정이 아닌 기본 방식 대신 이 방식을 택한다. 이 파티션 방식이 더 나은 자세한 이유는 19장에서 살펴볼 것이다.

그림 5-7의 Installation Destination에 경고 아이콘이 있고 'Automatic partitioning' 문자열이 붉은색으로 표시돼 있음에 유의하기 바란다. Installation Destination을 클릭하면 그림 5-8의 대화상자가 나타난다.

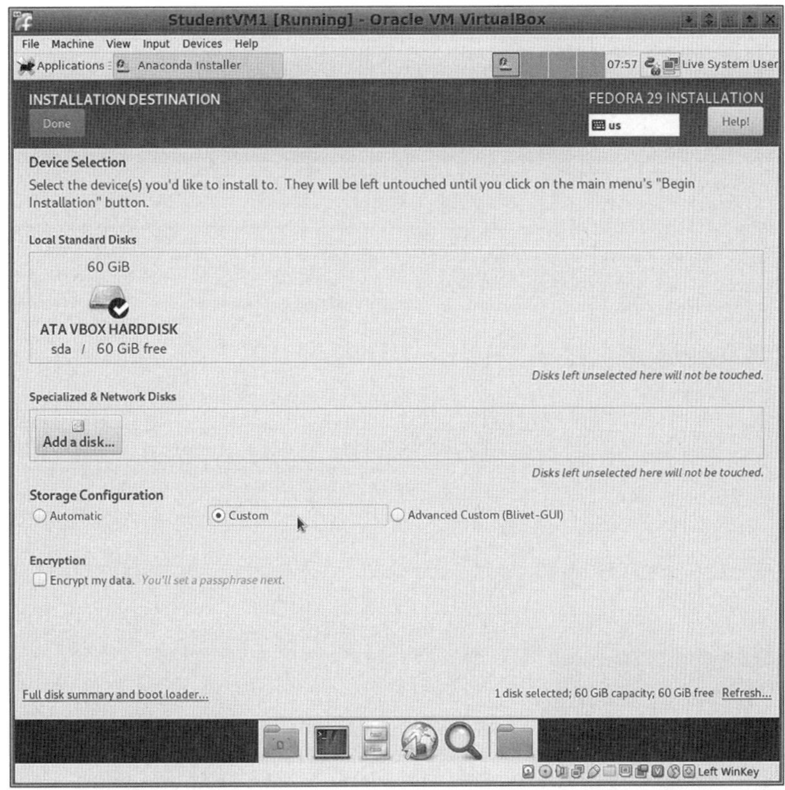

그림 5-8. Storage Configuration에서 Custom을 선택한 다음 Done을 클릭한다.

이 VM에는 가상 디스크 드라이브가 하나뿐이지만 여러 개의 하드 드라이브가 있다면 여기서 설치 대상으로 선택할 수 있다.

이때 VM 디스플레이 창의 크기가 너무 작아 전체 대화상자가 보이지 않을 수도 있다. 보기 어렵지만 이 대화상자의 오른쪽에 스크롤바가 있다. 스크롤바나 마우스의 스크롤 휠을 이용해 맨 아래에 이를 때까지 아래로 스크롤한다. 그림 5-9처럼 대화상자 전체를 볼 수 있도록 VM이 실행되는 창의 크기를 조절할 수도 있다.

Storage Configuration과 세 가지 옵션이 보인다. 우리는 사용자 정의 구성을 할 것이므로 가운데 라디오 버튼인 Custom을 선택한 다음 Done을 클릭한다.

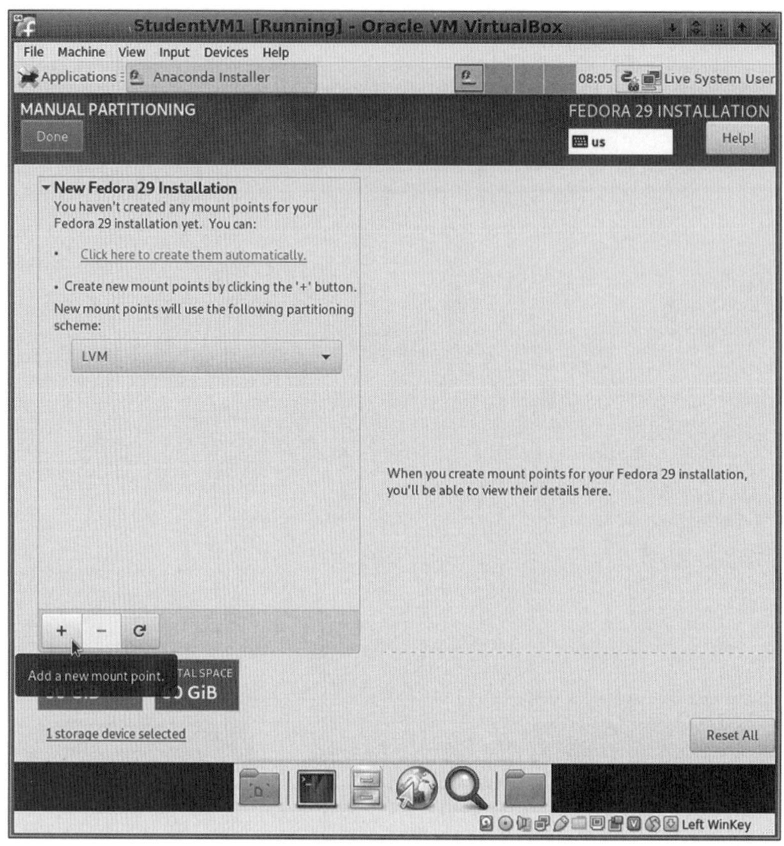

그림 5-9. 수동 파티션 대화상자

다음 대화상자(그림 5-9)에서 많은 일을 할 것이다. 우리는 표 5-1과 같은 파티션을 만들 것이다. 이 표의 파티션 크기는 실제 업무용 시스템에 적합하지는 않지만 교육 환경용으로는 매우 충분하다.

그렇기는 하지만 나한테는 4GB SSD 같은 하드 드라이브와 32GB 탈착형 SD 카드가 탑재된 오래된 ASUS EeePC 넷북이 있어 총 36GB를 시스템 드라이브와 함께 볼륨 그룹의 일부로 설정했다. 거기에 페도라 리눅스 28과 리브레오피스를 설치했다. 이 작은 시스템을 프레젠테이션, 회의 중 노트, Seti@home[2]용으로

2. Seti@Home, http://setiweb.ssl.berkeley.edu/index.php

사용한다. 여전히 17GB의 '디스크' 공간이 남아 있으므로 20GB 정도에 GUI 데스크탑이 있는 페도라 시스템을 설치하는 것도 가능하고 전혀 무리가 아니다. 물론 약간 제약은 있겠지만 쓸 만할 것이다.

표 5-1. 디스크 파티션(파일 시스템)과 크기

마운트 포인트	파티션	파일 시스템 종류	크기(GiB)	레이블
/boot	표준	EXT4	1.0	boot
/ (루트)	LVM	EXT4	2.0	root
/usr	LVM	EXT4	15.0	usr
/home	LVM	EXT4	2.0	home
/var	LVM	EXT4	10.0	var
/tmp	LVM	EXT4	5.0	tmp
swap	swap	swap	4.0	swap
총			**119.00**	

표 5-1은 대부분의 책과 시스템 관리자가 일반적으로 권장하는 표준 파일 시스템을 담고 있다. 페도라 등 레드햇 기반 배포판의 경우 디렉터리 구조는 언제나 만들어지지만 독립된 파일 시스템(파티션)은 만들어지지 않을 수도 있음에 유의하기 바란다.

이론적으로 이 VM을 위한 새로운 가상 하드 드라이브를 만들었기 때문에 이 하드 드라이브에는 파티션이 없어야 한다. 여러분이 이 책의 지시 사항을 그대로 따르지 않거나 물리적 하드 드라이브를 사용하거나 기존 파티션이 있는 가상 하드 드라이브를 사용한다면 계속 진행하기 전에 이 페이지의 내용을 이용해서 모든 기존 파티션을 지우기 바란다. 그림 5-9처럼 마운트 포인트를 만들지 않았다는 메시지가 보이면 계속 진행한다.

첫 번째 파티션을 추가하려면 그림 5-9처럼 더하기(+) 버튼을 클릭한다. 그러면

그림 5-10처럼 Add Mount Point 대화상자가 나타난다. 첫 번째 마운트 포인트로 /boot를 입력하거나 선택하고 용량Desired Capacity 필드에 1G를 입력한다.

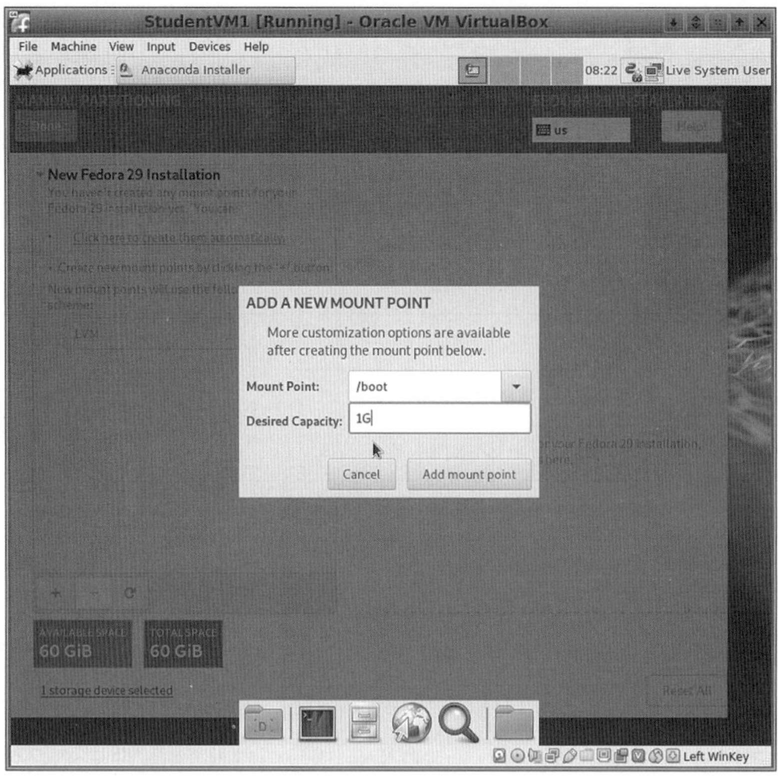

그림 5-10. /boot 파티션의 마운트 포인트와 용량을 설정한다.

나중에 더 자세히 살펴보겠지만 파티션과 파일 시스템, 마운트 포인트를 잠깐 살펴보자. 분명히 상충하고 확실히 혼란스런 용어에 대한 질문에 임시로나마 답이 되기 바란다.

먼저 루트(/) 디렉터리에서 시작하는 전체 리눅스 디렉터리 구조는 리눅스 파일 시스템이라고 부를 수 있다. 하드 드라이브나 논리적 볼륨상의 raw 파티션은 EXT3, EXT4, BTRFS, XFS 등의 파일 시스템 메타구조로 포맷될 수 있다. 그러고 나면 파티션을 파일 시스템이라고 부를 수 있다. 예를 들어 /home 디렉터리용 파티션은 /home 파일 시스템이라고 부를 수 있다. 그런 다음에 /home 파일 시스템이 /home 마운트 포인트(그냥 루트 파일 시스템의 /home 디렉터리)에 마운트되면 루트 파일 시스템의 논리적이고 동작하는 일부가 된다. 루트 수준의 모든 디렉터리가 별도의 파일 시스템인 것은 아닌데, 이는 별도의 파일 시스템으로 만들 필요가 없기 때문이다.

따라서 모든 파티션이 정의되고 나면 설치 프로그램인 아나콘다가 볼륨 그룹과 논리적 볼륨, /boot 같은 raw 파티션, / 파일 시스템의 마운트 포인트(디렉터리)를 포함하는 전체 디렉터리 트리를 만들고, 선택된 파일 시스템 종류(대부분 EXT4)로 볼륨이나 파티션을 포맷하고, /etc/fstab 파일을 만들어 마운트와 마운트 포인트를 정의해 커널이 마운트 정의에 대해 알고 시스템이 부팅될 때마다 마운트 정보를 찾을 수 있게 한다. 다시 한 번 말하지만 이 모든 것은 나중에 더 자세히 다룰 것이다.

이 파티션에 대해 올바른 데이터를 입력한 다음 Add mount point 버튼을 클릭해 진행한다. 이 시점에서 Manual Partitioning 대화상자는 그림 5-11과 같다. VM 창이 약간 작으면 화면 오른쪽에 스크롤바가 있을 것이다. 거기에 마우스 포인터를 가져가면 스크롤바가 약간 더 넓어져서 조작하기 쉬워진다. 또한 이미 VM 창 크기를 바꾸지 않았다면 창 크기를 바꿀 수도 있다.

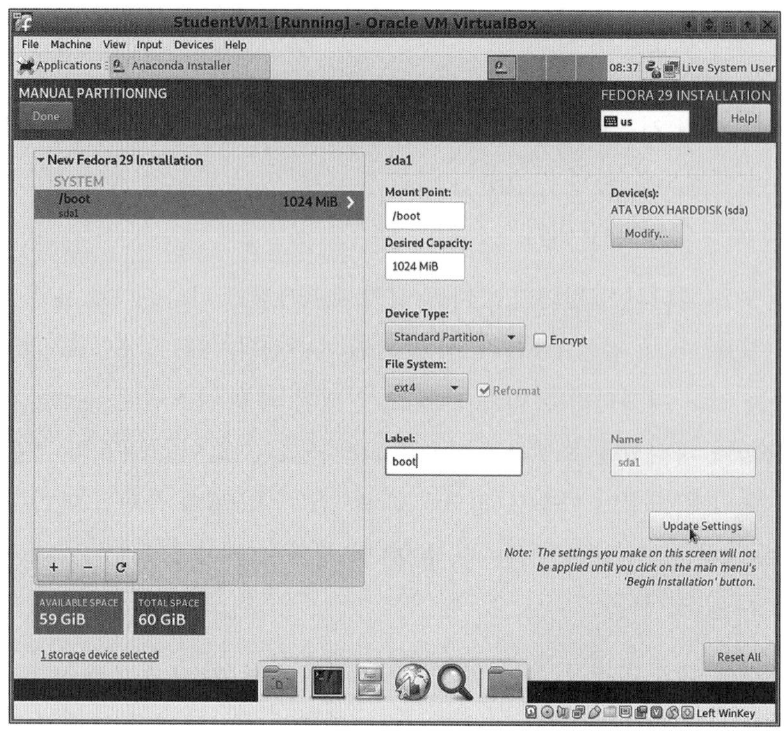

그림 5-11. /boot 파티션 만들기

필요하면 Label 필드가 보이도록 아래로 스크롤한다. 이 파티션의 레이블로 'boot'를 따옴표 없이 입력한다. 앞서 말했듯이 레이블이 있으면 없을 때보다 파일 시스템의 다양한 요소를 다루기가 훨씬 더 쉬워진다.

레이블을 입력한 다음 Update Settings 버튼을 클릭해 변경 사항을 저장한다.

/boot 파티션은 시스템이 부팅해서 최소 동작 상태로 진입하는 데 필요한 파일들을 담고 있다. 이 절차의 초기에는 온전한 기능의 파일 시스템 커널 드라이버(LVM Logical Volume Management을 사용할 수 있게 하는 드라이버)가 없기 때문에 /boot 파티션은 EXT4 파일 시스템으로 포맷된 표준(비LVM[3]) 리눅스 파티션이어야 한다. 이들 설정은 /boot 파티션을 만들 때 자동으로 선택된다. 부팅과 기동 절차는

3. Logical Volume Manager

16장에서 자세히 다룬다.

/boot 파일 시스템의 바뀐 설정을 저장한 다음 나머지 파티션은 볼륨 그룹 안에 논리적 볼륨으로 만들 수 있다. LVM은 2권의 1장에서 다루지만 지금으로서는 LVM을 이용하면 논리적 볼륨을 관리하고 크기를 조절하기가 매우 쉬워진다는 점만 알면 된다.

예를 들어 최근에 새로운 VM을 만드는 동안 VM을 저장하는 데 사용하던 논리적 볼륨이 꽉 찬 적이 있다. VirtualBox는 디스크 공간이 부족하다는 경고 메시지와 함께 잠시 중단했고 추가 디스크 공간이 준비되자 계속 진행할 수 있었다. 모든 소프트웨어가 그렇게 좋으면 좋겠다. 대부분의 경우 파일 삭제를 생각하겠지만 이 파일 시스템에 있던 모든 파일은 내게 필요한 VM을 위한 것들뿐이었다.

나는 VM이 저장된 디렉터리를 담고 있는 논리적 볼륨의 크기를 증가시킬 수 있었다. LVM을 이용했기 때문에 컴퓨터를 재부팅하거나 심지어 VirtualBox를 종료하고 재기동할 필요도 없이 볼륨 그룹에 공간을 추가하고, 그 공간 중 일부를 논리적 볼륨에 할당한 후 파일 시스템의 크기를 증가시킬 수 있었다. VM이 있는 (물리적) 논리적 볼륨에 공간을 추가하는 작업이 끝나자 간단히 경고 대화상자의 버튼을 클릭해 진행했고 아무런 일도 일어나지 않았던 것처럼 VM 생성이 계속됐다.

계속해서 마운트 포인트를 만들어보자. 다시 한 번 + 버튼을 클릭해 시작한다. 그림 5-12처럼 /(루트 파일 시스템)를 선택하고 크기로 2G를 입력한다. Add mount point를 클릭해 진행한다.

루트 파일 시스템은 모든 리눅스 호스트에서 리눅스 디렉터리 트리의 꼭대기층이다. 다른 모든 파일 시스템은 루트 파일 시스템의 여러 가지 마운트 포인트에 마운트된다.

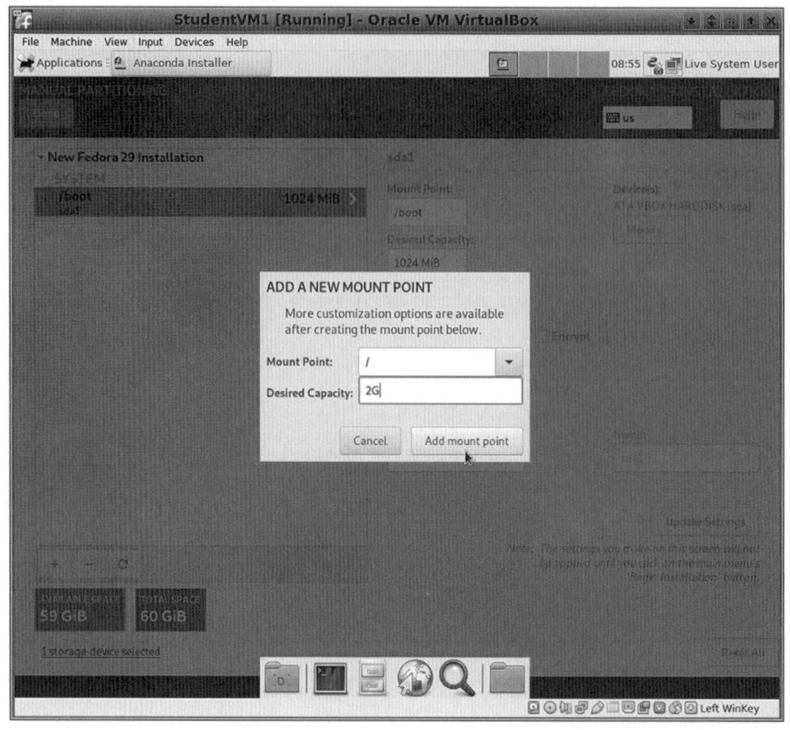

그림 5-12. 루트 파일 시스템 추가하기

이제 Manual Partitioning 대화상자의 오른쪽 화면을 아래로 스크롤해 그림 5-13처럼 레이블 'root'를 입력한다. 장치 종류가 이제 논리적 볼륨 관리자[LVM, Logical Volume Management]를 뜻하는 LVM이고 볼륨 그룹 이름이 있는 것에 주목하기 바란다.

아직 끝나지 않았다. 다음 단계로 넘어가기 전에 할 일이 하나 더 있기 때문이다. 하드 드라이브가 포맷될 때 만들어질 볼륨 그룹의 크기를 정할 때 다른 일이 없다면 볼륨 그룹의 크기는 표 5-1에 규정한 대로 41G 정도가 될 것이며, 디스크의 나머지는 비어 있고 접근할 수 없게 될 것이다. 이는 나중에 고칠 수도 있고 제대로 작동하겠지만 깔끔하지는 않다.

VG[Volume Group]의 가상 디스크에 남아 있는 모든 공간을 포함하려면 VG 명세를 수정해야 한다. Volume Group 아래 Modify 버튼을 클릭한다.

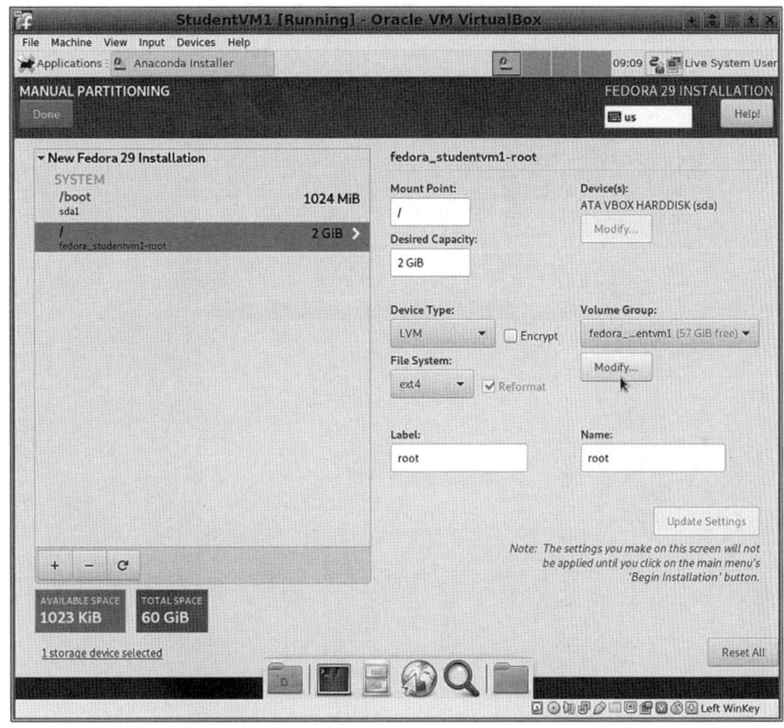

그림 5-13. 'root' 레이블을 입력한 후 볼륨 그룹을 수정하고자 Modify 버튼을 클릭한다.

볼륨 그룹 크기는 한 번만 바꾸면 된다. LV[Logical Volume]을 만드는 동안 볼륨 그룹을 변경한 후 VG 크기가 설정되고, 그런 다음 LV에서는 이 작업을 할 필요가 없다. 나머지 LV에서는 레이블만 설정하면 된다.

Configure Volume Group 대화상자에서는 볼륨 그룹의 이름도 바꿀 수 있지만 반드시 해야 하는 것이 아니라면 나머지 항목은 그대로 두는 편이 좋다. 이 과정의 실습에서는 볼륨 그룹 구성을 더 이상 바꿀 필요가 없다.

그림 5-14에 나온 Configure Volume Group 대화상자의 Size policy 선택 상자에서 As large as possible을 클릭한다. 그러면 볼륨 그룹이 하드 드라이브에 남아 있는 모든 여유 공간을 포함하도록 확장된다. 그런 다음 Save를 클릭한다. 레이블 'root'를 추가하고 Update Settings 버튼을 클릭한다.

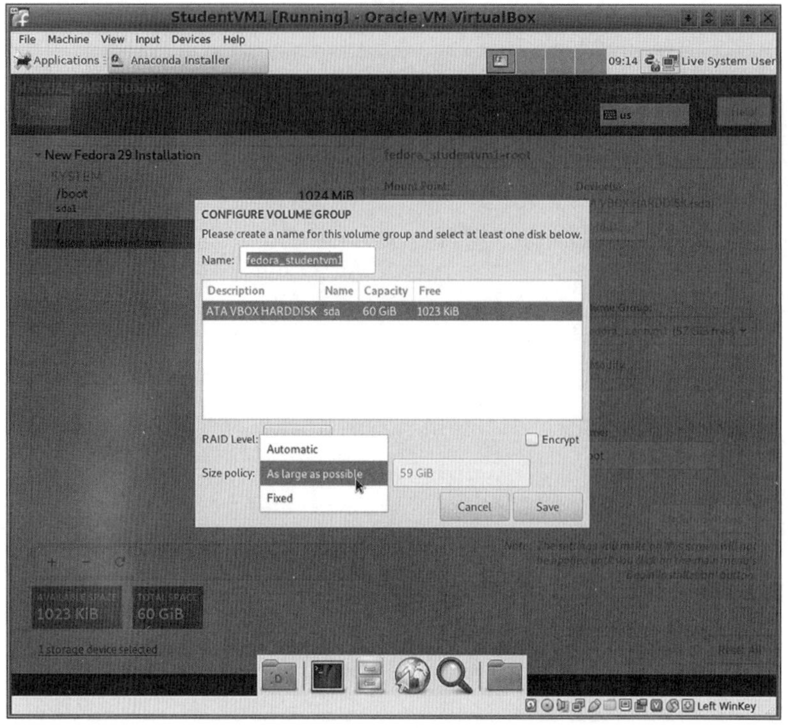

그림 5-14. 볼륨 그룹이 가용 디스크 공간 모두를 사용하도록 구성한다.

계속해서 스왑swap 파티션을 제외한 다른 파티션들을 표 5-1에 맞춰 추가한다. /usr과 /tmp 파티션은 마운트 포인트 목록에 없을 것이다. 이들 파티션은 그냥 파티션 이름만 입력하고 앞에 /를 붙였는지 확인한 후 다른 파티션처럼 진행한다.

스왑 공간

스왑 파티션을 만들기 전에 스왑(페이징)을 알아보는 것이 좋겠다. 스왑 공간은 운영체제에 상관없이 현대 컴퓨팅의 공통적이고 중요한 측면이다. 리눅스는 스왑 공간을 사용하고 전용 스왑 파티션이나 일반 파일 시스템과 논리적 볼륨의 일반 파일을 사용할 수 있다.

시스템 관리자마다 스왑 공간에 대한, 특히 얼마가 적절한 크기인지에 대한 생각이 다르다. 여기 최종적인 답이 있는 것은 아니지만 약간의 설명과 가이드라인이 있다.

메모리의 종류

전형적인 컴퓨터에는 기본적으로 두 가지 종류의 메모리가 있다. RAM^Random Access Memory^은 컴퓨터가 활발히 사용하는 동안 데이터와 프로그램을 저장하는 데 쓰인다. 프로그램과 데이터는 RAM에 저장돼 있지 않으면 컴퓨터가 사용할 수 없다. RAM은 휘발성 메모리다. 즉, RAM에 저장된 데이터는 컴퓨터가 꺼지면 사라진다.

하드 드라이브는 데이터와 프로그램을 장기 저장할 때 사용하는 자기 매체 또는 SSD^Solid-State Device^다. 자기 매체와 SSD는 비휘발성이다. 디스크에 저장된 데이터는 컴퓨터의 전원이 꺼져도 사라지지 않는다. CPU는 하드 드라이브의 프로그램과 데이터에 직접 접근할 수 없다. 프로그램과 데이터는 먼저 RAM에 복사돼야 하고 거기서 CPU가 프로그램 명령과 명령이 조작할 데이터에 접근할 수 있다. USB 메모리 장치는 탈착형 하드 드라이브처럼 사용되고 운영체제는 이를 하드 드라이브로 취급한다.

부팅 과정에서 컴퓨터는 커널, 시작 프로그램(init이나 systemd) 같은 특정 운영체제 프로그램과 데이터를 하드 드라이브에서 RAM으로 복사하고 컴퓨터의 프로세서인 CPU^Central Processing Unit^는 RAM에 직접 접근한다.

스왑

스왑 공간의 기본 기능은 실제 램이 가득 차서 추가 공간이 필요할 때 램 메모리를 대체하는 것이다. 예를 들어 2G 램이 탑재된 컴퓨터를 갖고 있다고 가정하자. 램을 다 채우지 않는 프로그램을 실행하면 아무 문제가 없고 스왑이 필요 없지만 사용 중인 스프레드시트에 행을 추가하면 메모리 사용량이 늘어나고 램을 모두 채운다. 스왑 공간이 없다면 다른 프로그램들을 닫아 제한된 램 중 일부를 회수할 때까지 스프레드시트 작업을 멈춰야 할 것이다.

스왑 공간 덕에 충분한 램이 없을 때 디스크 공간을 메모리 대용으로 쓸 수 있다. 커널은 최근에 사용되지 않은 메모리 블록(페이지)을 감지하는 메모리 관리 프로그램을 사용한다. 메모리 관리 프로그램은 상대적으로 자주 사용되지 않은 메모리 페이지를 하드 드라이브에 '페이징', 즉 스왑용으로 특별히 지정된 특수 파티션으로 내보낸다. 그러면 램이 확보돼 스프레드시트에 더 많은 데이터를 넣을 수 있게 된다. 하드 드라이브로 스왑 아웃된 메모리 페이지는 커널의 메모리 관리 코드가 관리하고 필요에 따라 다시 램으로 돌아올 수 있다.

리눅스 컴퓨터에서 메모리의 총량은 램+스왑 공간이고 이를 가상 메모리라고 한다.

리눅스 스왑의 종류

리눅스는 두 종류의 스왑 공간을 제공한다. 기본적으로 대부분의 리눅스는 스왑 파티션을 만들지만 특별히 구성된 파일을 스왑 파일로 쓸 수도 있다. 스왑 파티션은 이름이 뜻하는 대로 mkswap 명령을 사용해 스왑 공간으로 지정된 표준 디스크 파티션이나 논리적 볼륨이다.

스왑 파일은 새로운 스왑 파티션을 만들 여유 디스크 공간이나 볼륨 그룹에 스왑 공간용 논리적 볼륨을 만들 공간이 없을 때 사용할 수 있다. 스왑 파일은 지정된 크기로 만들어지거나 미리 할당된 일반 파일이다. 그런 다음에 mkswap 명령을 실행해 스왑 공간으로 구성할 수 있다. 절대적으로 필요하거나 시스템 램이 아주 많아 뭔가 잘못되지 않으면 리눅스가 스왑 파일을 별로 사용할 것 같지 않더라도 크래시나 스레싱[thrashing]을 막고 싶은 경우가 아니라면 파일을 스왑 공간으로 사용하는 것을 권장하지 않는다. 64G 램이 탑재된 매우 큰 워크스테이션에서도 램을 많이 쓰고 스왑을 임시 저장소용 버퍼로 사용하는 백업 등의 동작 중에 약간의 스왑 공간이 쓰이는 경우가 있다.

스레싱

스레싱은 총 가상 메모리(램과 스왑 공간)가 거의 가득 찰 때 일어날 수 있다. 시스템이 스왑 공간과 램 사이에서 블록을 페이징하는 데 매우 많은 시간을 소비해 실제 작업을 하기 위한 시간이 별로 남지 않게 된다. 스레싱의 전형적인 증상은 꽤 명백하다.

- 시스템이 완전히 응답을 멈추거나 매우 느리다.
- free처럼 CPU 부하와 메모리 사용량을 보여주는 명령을 실행할 수 있으면 CPU 부하가 매우 높은 것을(아마 시스템의 CPU 개수의 30~40배만큼) 볼 수 있을 것이다.
- 램이 거의 모두 할당되고 스왑 공간이 상당량 사용된다.

스왑 공간의 올바른 양

여러 해 전에는, 할당돼야 하는 스왑 공간의 양은 대략 컴퓨터에 설치된 램의 2배 크기였다. 물론 컴퓨터가 흔히 KB나 MB로 측정되는 크기의 RAM을 탑재하고 있던 시절의 이야기다. 즉, 컴퓨터의 램이 64K라면 스왑 파티션은 128KB가 최적 크기다.

이 어림짐작은 당시 램 메모리 크기가 흔히 꽤 작았고 스왑 공간으로 램의 2배 이상을 할당해도 성능을 향상시키지 않았다는 사실을 고려했다. 스왑 공간의 크기가 램의 2배 이상이면 대부분의 시스템이 실제로 유용한 일보다는 스레싱에 더 많은 시간을 보냈다.

램 메모리의 가격이 상당히 저렴해졌고 요즘 컴퓨터의 램은 흔히 수십~수백GB

까지 확장된다. 내가 가진 최신 컴퓨터 대부분은 최소한 4GB나 8GB의 램이 탑재돼 있고, 하나에는 32GB가 탑재돼 있으며, 주 워크스테이션에는 64GB가 탑재돼 있다. 엄청난 양의 RAM을 가진 컴퓨터를 다룰 때는 스왑 공간을 제한하는 성능 인자는 2배보다 훨씬 작아진다. 결국 권장 스왑 공간은 시스템 메모리가 아니라 시스템 메모리 작업량의 함수로 생각된다.

표 5-2는 페도라 프로젝트가 권장하는 시스템 램의 크기와 하이버네이션hibernation에 충분한 메모리를 원할 때의 스왑 파티션 크기다. 하지만 하이버네이션을 위해서는 맞춤형 파티션custom partitioning 단계에서 스왑 공간을 편집해야 한다. '권장' 스왑 파티션 크기는 기본 설치 과정에서 자동으로 설정되지만 필요에 비해 대부분 너무 크거나 너무 작다.

페도라 29 설치 안내서[4]에는 스왑 공간 할당에 대한 현재의 생각을 정의하는 표 5-2와 같은 표가 포함돼 있다. 그 아래에 스왑 공간에 대한 내 생각을 정리한 표 5-3을 추가했다. 다른 버전의 페도라와 다른 리눅스 배포판은 어떤 측면에서 이 표와 약간 다를 수 있지만 레드햇 엔터프라이즈 리눅스의 권장 사항과 같은 표다. 표 5-2의 권장 사항은 페도라 19 이래로 매우 안정적이다.

표 5-2. 페도라 29 문서의 권장 시스템 스왑 공간

시스템에 설치된 램의 양	권장 스왑 공간	하이버네이션을 사용할 경우의 권장 스왑 공간
〈= 2G	2X 램	3X 램
2GB–8GB	= 램	2X 램
8GB–64GB	4G~0.5X 램	1.5X 램
〉 64GB	최소 4GB	하이버네이션이 권장되지 않음

물론 대부분의 리눅스 관리자는 (다른 모든 사항과 마찬가지로) 적절한 양의 스왑 공간에 대한 각자의 생각이 있을 것이다. 표 5-3은 여러 환경에서의 내 경험에

4. Fedora Documentation, Installation Guide, https://docs.fedoraproject.org/en-US/fedora/f29/

근거한 나 자신의 권장 사항을 담고 있다.

표 5-3. 저자의 권장 시스템 스왑 공간

시스템에 설치된 램의 양	권장 스왑 공간
<= 2G	2X 램
2GB-8GB	= 램
> 8GB	8GB

두 표 모두 자신의 고유 환경에는 맞지 않을 수도 있지만 일종의 시작점이 될 수 있다. 두 표의 주된 고려 사항은 램 양이 증가함께 따라 스왑 공간을 추가하면 심지어 스왑 공간이 가득 차기 전에 스레싱에 이른다는 점이다. 이들 권장 사항을 따르다가 가상 메모리가 너무 적으면 가능할 경우 스왑 공간보다 램을 추가해야 한다.

페도라(그리고 RHEL) 스왑 공간 권장 사항을 테스트하고자 내가 가진 가장 큰 시스템 두 곳(32와 64GB 램)에 0.5 × 램을 적용했다. 심지어 4~5개의 VM을 실행하고 리브레오피스에 여러 개의 문서를 연 후 썬더버드, 크롬 웹 브라우저, 터미널 에뮬레이터 세션 몇 개, Xfce 파일 관리자, 기타 여러 백그라운드 애플리케이션을 실행할 때에도 스왑이 사용될 때는 매일 아침 2시쯤 스케줄해둔 백업이 실행되는 동안뿐이었다. 심지어 그 때도 스왑 사용량은 16MB 미만(그렇다. 메가바이트다)이었다. 잊지 말 것은 이들 결과는 내 시스템에 내 작업량으로 테스트한 결과로서 자신이 가진 실제 작업 환경에는 꼭 적용되지 않을 수도 있다는 점이다.

파티션 만들기 완료

이제 계속해서 표 5-1처럼 데이터를 입력하고 스왑 파티션을 만든다. Add New Mount Point 대화상자에서 'swap'을 선택했을 때 스왑 파티션은 사용자(심지어

root조차도)가 직접 접근하지 않고 리눅스 커널만 접근할 수 있기 때문에 실제로는 마운트 포인트가 없음에 유의하기 바란다. 이는 사용자가 수동으로 파티션을 만들 때 스왑 파티션을 선택할 수 있게 하기 위한 메커니즘일 뿐이다.

표 5-1의 파티션을 모두 만들었으면 파란색 Done 버튼을 클릭한다. 그러면 Summary of Changes라는 제목의 대화상자가 나타날 것이다. Accept Changes를 클릭해 Installation Summary 대화상자로 돌아온다.

설치 시작

이제 VM을 위한 모든 구성을 마쳤다. 설치 과정을 시작하고자 파란색 Begin Installation 버튼을 클릭한다.

설치 중에 수행해야 하는 몇 가지 작업이 있다. root 패스워드를 설정하고 일반 사용자를 추가하기 전에 설치가 완료되기를 기다릴 필요가 없다. 그림 5-15를 보면 Root Password와 User Creation 위에 경고가 표시돼 있는 것을 볼 수 있다. 일반 사용자는 만들 필요가 없고 나중에 할 수 있다. 지금 할 수 있는 기회가 있기 때문에 남아 있는 작업을 처리해보자.

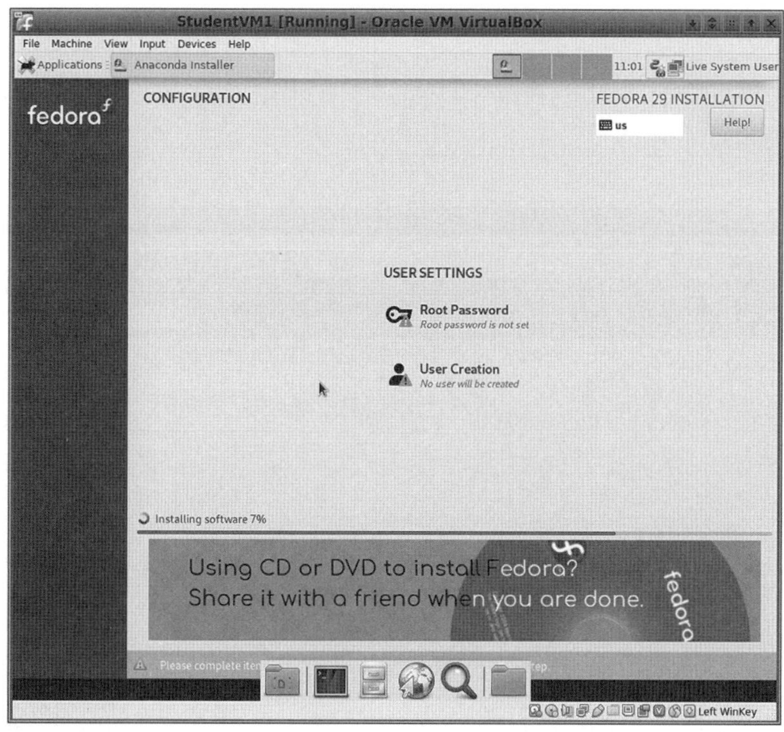

그림 5-15. 설치 과정이 시작됐다.

root 패스워드 설정

root의 패스워드를 설정하고자 Root Password를 클릭한다. 그림 5-16처럼 패스워드를 두 번 입력한다. root 패스워드 대화상자 아래쪽의 경고 메시지는 입력한 패스워드가 사전에 있는 단어에 기반을 두고 있음을 알려준다.

패스워드가 약하기 때문에 파란색 Done 버튼을 두 번 클릭해서 약한 패스워드를 정말 사용할 것임을 확인해야 한다. root로서 root나 일반 사용자 패스워드를 약하게 설정하려고 하면 비슷한 메시지를 받게 될 것이지만 무시하고 계속 진행할 수 있다. root 사용자는 자신이나 일반 사용자의 패스워드를 약하게 설정하는 것을 포함해서 어떤 일이든 할 수 있기 때문이다. 일반 사용자는 좋은 패스워드를 설정해야 하고 좋은 패스워드를 만드는 규칙을 우회할 수 없다.

하지만 여러분은 더 강한 패스워드(경고가 전혀 나오지 않는)를 설정하고 Done 버튼을 클릭해야 한다.

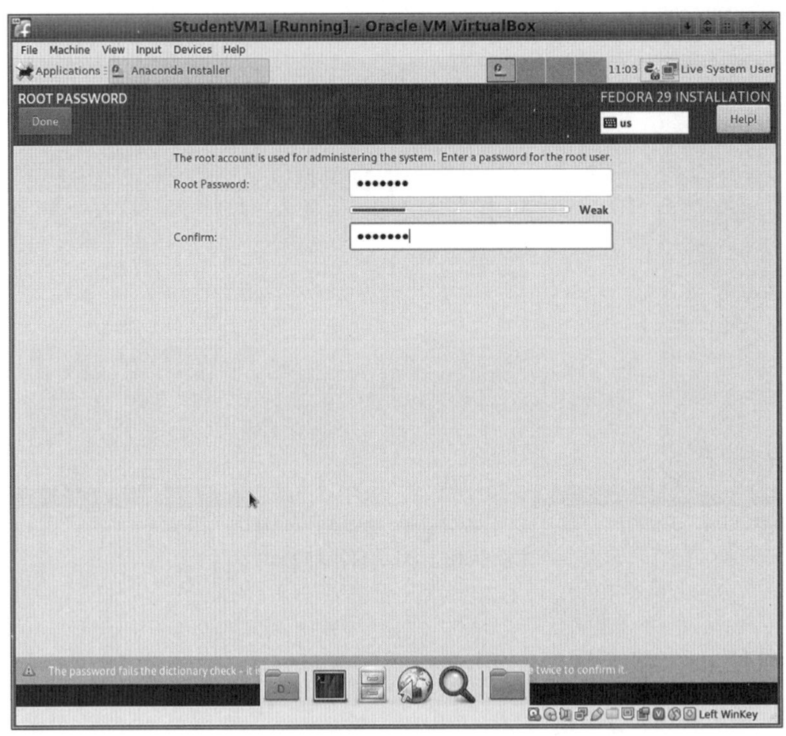

그림 5-16. root 패스워드 설정하기

root 패스워드를 설정한 다음 그림 5-15의 설치 대화상자로 돌아올 것이고, Root Password 항목은 더 이상 경고 메시지를 표시하지 않을 것이다.

student 사용자 생성

User Creation 아이콘을 클릭하면 그림 5-17의 User Creation 대화상자가 나타난다. 다음과 같이 데이터를 입력하고 파란색 Done 버튼을 클릭한다.

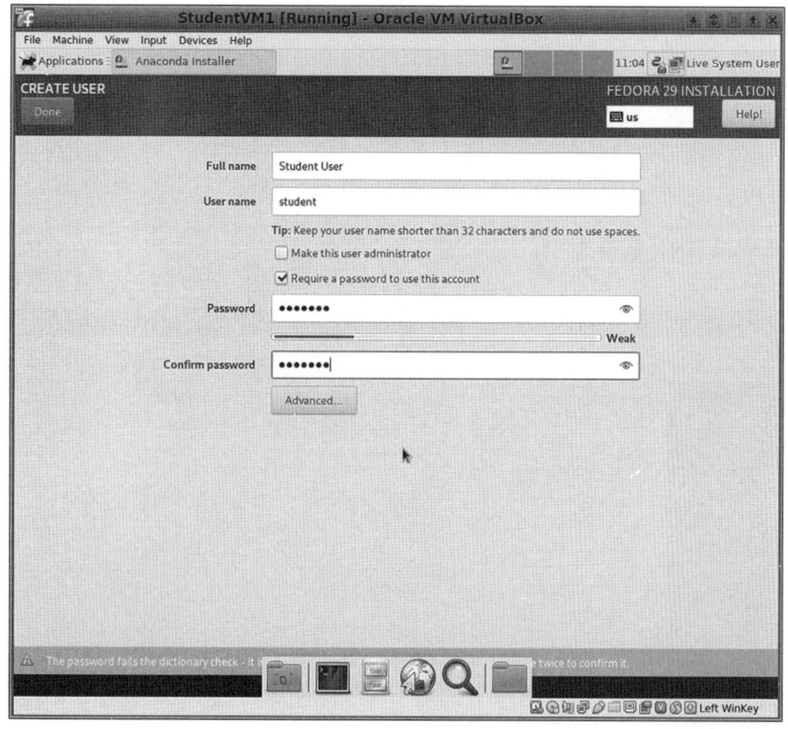

그림 5-17. student 사용자 만들기

사용자 정보를 지정하고 나면 다시 메인 설치 대화상자로 돌아올 것이다. 설치가 아직 끝나지 않았을 수도 있다. 끝나지 않았다면 그림 5-18처럼 끝날 때까지 기다렸다가 진행한다.

설치 완료

설치가 끝나면 아나콘다 설치 대화상자는 진행 표시줄progress bar에 'Complete'를 표시하고 그림 5-18처럼 오른쪽 하단에 파란색 Quit 버튼과 함께 성공 메시지가 표시된다.

설치 프로그램 종료

이 용어는 약간 혼란스러울 수 있다. Quit는 라이브 이미지 데스크탑에서 실행되는 애플리케이션인 아나콘다 설치 프로그램을 마친다는 의미다. 하드 드라이브가 파티션되고 포맷됐으며 페도라가 이미 설치됐다. Quit를 클릭해 아나콘다 설치 프로그램을 종료한다.

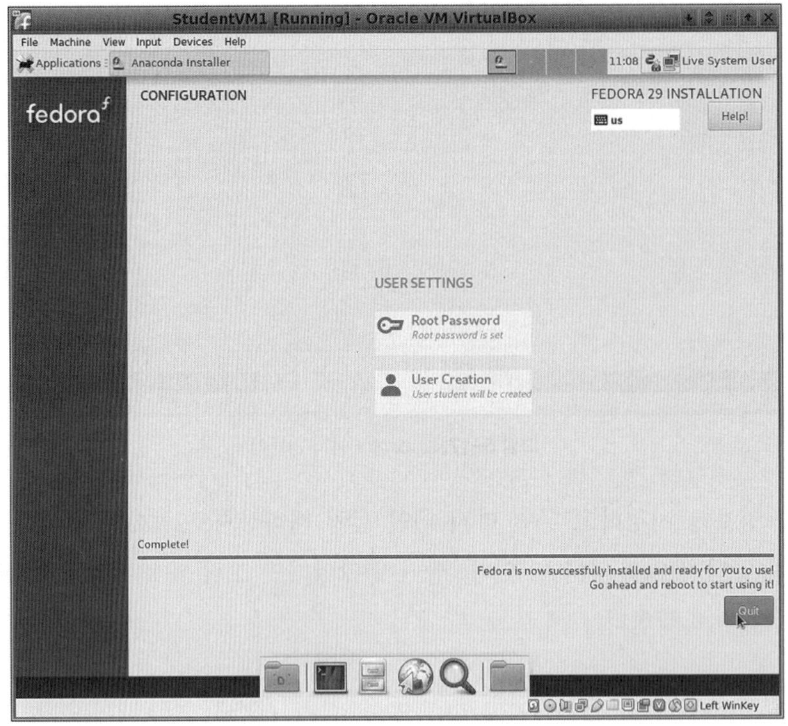

그림 5-18. 설치가 완료됐다.

라이브 시스템 종료

다른 일을 하기 전에 라이브 시스템 Xfce 데스크탑을 살펴보자. 라이브 시스템은 가상 디스크를 이용해 VM을 재부팅했을 때 사용할 Xfce 데스크탑과 똑같이 보이고 동작한다. 라이브 파일 시스템 아이콘 중 일부가 더 이상 보이지 않는다는 점이 유일한 차이점이다. 따라서 이 데스크탑을 쓰는 것은 설치돼 있는 어느 시스템의 Xfce 데스크탑을 쓰는 것과도 같을 것이다.

그림 5-19는 라이브 시스템을 셧다운하는 방법을 보여준다. 화면 상단의 Xfce 패널은 왼쪽에 애플리케이션 실행기가 있고 오른쪽에 실행 중인 애플리케이션의 아이콘을 위한 공간, 시계, 다양한 기능과 통지를 위한 아이콘을 담고 있는 시스템 트레이, 오른쪽 끝에 언제나 현재 로그인된 사용자의 이름을 표시하는 사용자 버튼이 있다.

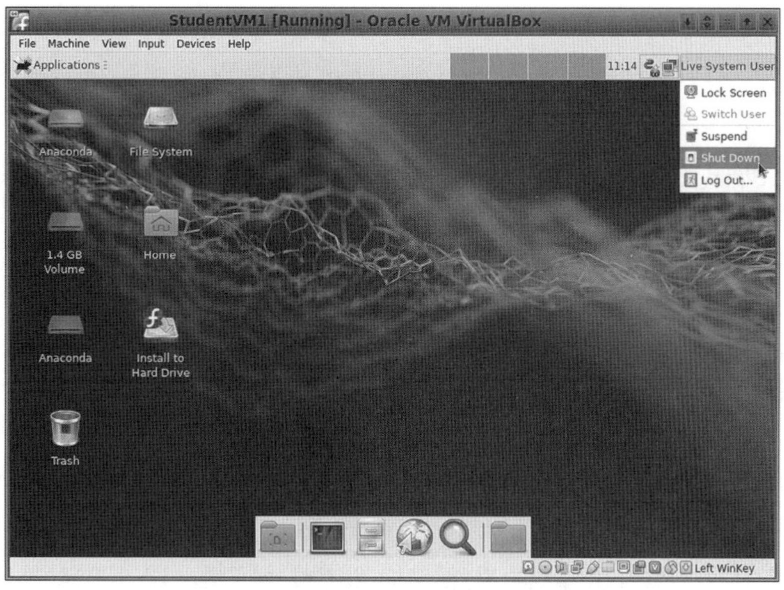

그림 5-19. 설치가 완료된 다음에 VM을 셧다운한다.

Live System User 아이콘을 클릭한 다음 Shut Down 버튼을 클릭한다. 30초 카운트다운 대화상자가 나타날 것이다. 대화상자를 통해 즉시 셧다운하거나 셧다운을 취소할 수 있다. 아무것도 안 하면 30초 카운트다운 뒤에 시스템이 셧다운된다.

셧다운되면 VM 전원이 꺼지고 VM 창이 닫힌다.

VM 재구성

VM을 재부팅하기 전에 페도라 ISO 이미지 파일을 가상 광학 드라이브에서 제거하는 재구성을 해야 한다. ISO 이미지가 가상 드라이브에 삽입된 채로 남겨두면 VM이 ISO 이미지로 부팅할 것이다.

1. StudentVM1의 Settings를 연다.
2. Storage를 클릭한다.
3. Storage Devices 패널의 IDE 컨트롤러 아래에서 페도라 라이브 CD를 선택한다.
4. Attributes 패널의 Optical Drive 줄에 있는 CD 아이콘을 클릭한다.
5. 목록의 맨 아래에서 Remove disk From Virtual Drive 메뉴 옵션을 선택한다. 이제 IDE 컨트롤러 아래의 항목이 비어 있어야 한다.
6. Settings 대화상자의 OK 버튼을 클릭한다.

이제 StudentVM1 VM을 이용해서 이 과정의 실습을 수행할 준비가 됐다.

스냅샷 생성

VM을 부팅하기 전에 VM이 너무 많이 망가져서 처음부터 다시 시작하지 않으면 복구할 수 없게 될 경우에 대비해 돌아올 수 있는 스냅샷을 만들자. 스냅샷이 있으면 전체 재설치를 수행하지 않고도 완전히 깨끗한 시스템으로 복구하기 쉽다.

그림 5-20은 방금 만든 StudentVM1 VM의 스냅샷 목록 화면이다. VirtualBox 관리자에서 이 뷰view로 오려면 StudentVM1 VM을 선택한 다음 StudentVM1 선택 막대 오른쪽의 메뉴 아이콘을 클릭한다. 그러면 Snapshots 항목이 있는 짧은 메뉴가 튀어나온다. 아이콘 막대에서 Snapshots 버튼을 클릭한다. Current State

라는 항목만 보이므로 스냅샷이 없음을 알 수 있다.

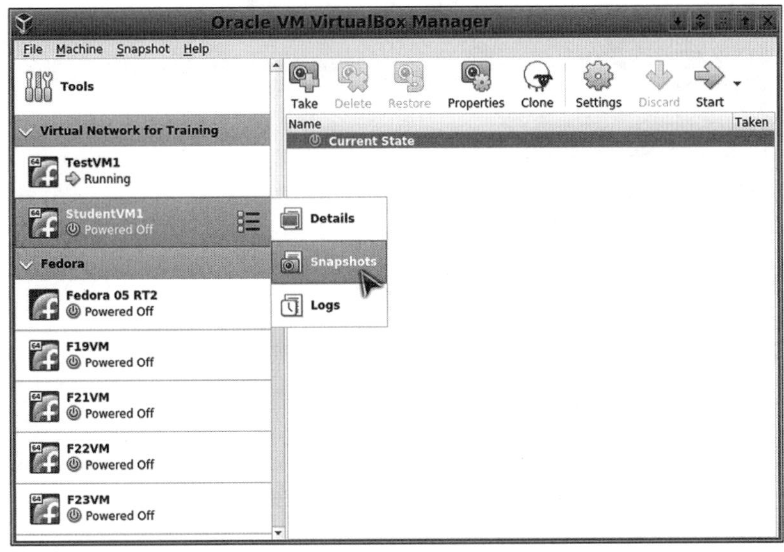

그림 5-20. 스냅샷을 만들기 전 StudentVM1의 스냅샷 뷰

이 과정을 진행하면서 같은 VM의 여러 스냅샷을 만들 수 있으며, 그에 따라 여기서 만들 첫 번째 스냅샷 대신 최근 스냅샷으로 쉽게 돌아갈 수 있을 것이다. VM의 파일들이 저장되는 하드 드라이브에 충분한 공간이 있다면 장이 끝날 때마다 스냅샷을 만들 것을 권장한다.

스냅샷을 만들려면 Take 버튼(초록색 + 표시가 있는 버튼)을 클릭한다. 그러면 Take Snapshot of Virtual Machine 대화상자가 열리고 거기서 기본으로 주어진 이름을 바꿀 수 있다. 또한 description 필드가 있어 여러분이 원하는 노트나 식별 데이터를 넣을 수 있다. 이름은 그대로 두고 description 필드에 'Before first boot'라고 입력한다. description 필드에는 원하는 무엇이든 입력할 수 있지만 기본으로 주어진 스냅샷 이름은 그대로 둘 것을 권한다. 첫 번째 스냅샷을 만들고 난 후의 Snapshot 뷰는 그림 5-21과 같다.

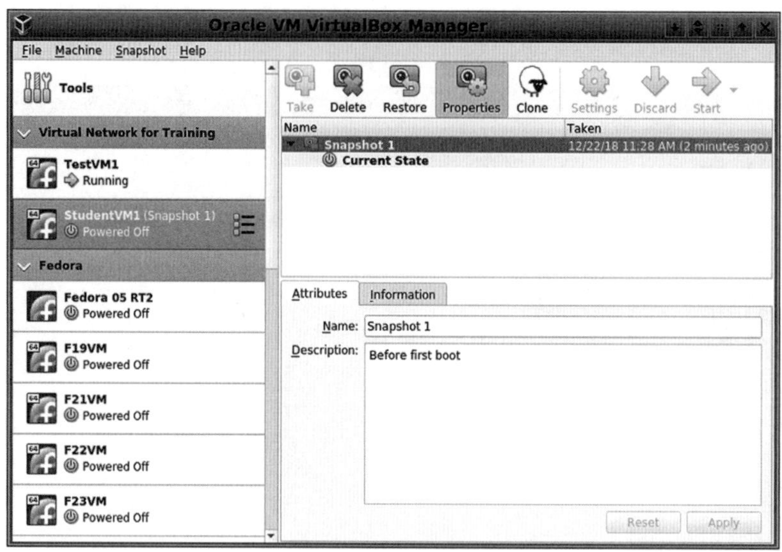

그림 5-21. StudentVM1의 첫 번째 스냅샷을 만든 후

첫 번째 부팅

이제 VM을 부팅할 시간이다.

1. StudentVM1 VM을 선택한다.
2. 스냅샷 대화상자에서 VM의 Current State를 선택한다.
3. VirtualBox 관리자의 아이콘 막대에서 Start 아이콘을 클릭한다. VM을 오른쪽 클릭해 나오는 팝업 메뉴에서 Start를 선택할 수도 있다.
4. VM이 그림 5-22 같은 GUI 로그인 화면으로 부팅한다.

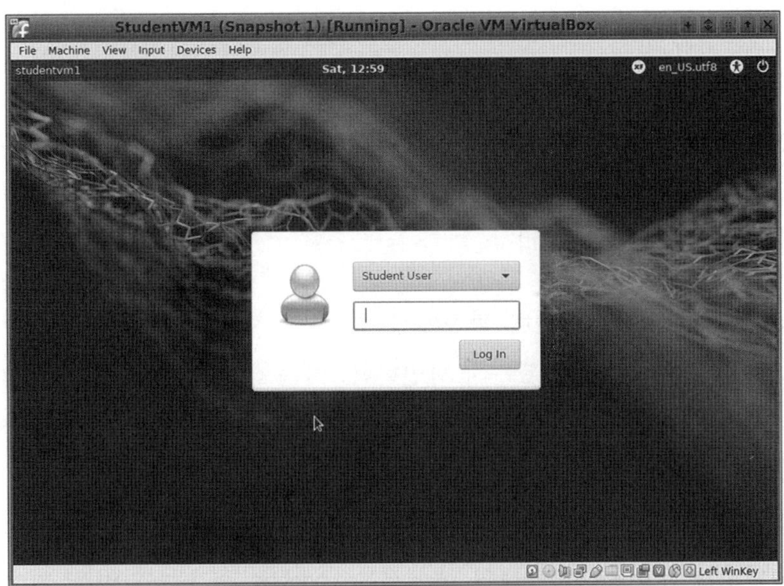

그림 5-22. 페도라 29 GUI 로그인 화면

하지만 아직 로그인하지 말고 잠깐 기다리기 바란다. 6장에서 실제 로그인하기 조금 전에 로그인 화면과 기타 관련 사항에 대해 알아본 다음 Xfce 데스크탑을 다룬다.

6장으로 넘어갈 준비가 안 됐다면 VM이 이 상태로 실행되도록 두거나 로그인 화면에서 셧다운할 수 있다. VM 로그인 화면의 오른쪽 상단에 전원 버튼 기호가 있다. 이를 클릭하고 Shut Down을 선택해서 VM을 끈다.

실습이 제대로 동작하지 않을 경우

6장부터는 시스템 관리자가 되기 위한 학습의 일부로 실습을 수행한다. 이 실습은 독립적이고 이전에 수행된 실습이나 준비의 결과를 제외한 다른 설정에 의존하지 않게 설계됐다. 특정 리눅스 유틸리티와 도구가 필요하지만 이들 모두 표준 페도라 워크스테이션에 설치돼 있다. 설치해야 하는 도구가 있다면 해당 실습 전에 준비 과정이 있을 것이다. 이들 도구를 설치하는 것도 결국 시스템 관리자가 되는 과정의 일부다.

필요한 도구를 설치했다고 가정하면 모든 실습은 '그냥 성공'해야 한다. 우리는 모두 일이 어떻게 진행되는지 알고 있다. 그렇지 않은가? 뭔가 실패한다면 가장 먼저 해야 할 일은 명백하다.

1. 필요한 도구들이 준비 과정에서 설치됐는지 확인한다.
2. 명령이 제대로 입력됐는지 확인한다. 이는 내 스스로 가장 흔히 맞닥뜨린 문제이기도 하다. 때로 내 두뇌가 보내는 명령을 손가락이 제대로 입력하지 않는 것처럼 보일 때가 있다.
3. 명령을 찾을 수 없다는 에러 메시지를 볼 수도 있다. Bash 셸은 잘못된 명령을 보여준다. 아래의 예에서는 badcommand라는 명령을 지어냈다. Bash는 그다음에 간략하게 문제를 기술한다. 이 에러 메시지는 명령이 없거나 철자가 틀린 두 가지 경우 모두에 표시된다. 명령의 철자와 문법이 올바른지 여러 번 확인한다.

```
[student@testvm1 ~]$ badcommand
bash: badcommand: command not found...
```

4. 명령의 올바른 문법과 철자를 확인하고자 man 명령을 사용해서 매뉴얼 페이지[man page]를 살펴본다.
5. 필요한 명령이 실제로 설치돼 있는지 확인한다. 아직 설치되지 않았다면 설치한다.
6. root로 로그인해야 하는 실습의 경우 그렇게 했는지 확인한다. 이 과정의 여러 실습이 root 로그인을 요구한다. 일반 사용자로 수행하면 제대로 되지 않고 도구들이 에러를 출력할 것이다.

7. 일반 사용자로 수행해야 하는 실습의 경우 student 계정으로 로그인했는지 확인한다.

그 밖에는 잘못될 일이 거의 없지만 이들 조언을 통해 해결할 수 없는 문제를 만난다면 LinuxGeek46@both.org로 알려주면 문제를 해결하고자 최선을 다할 것이다.

요약

4장에서 만든 VM에 최신 버전의 페도라 리눅스를 설치했다. 파일 시스템과 관련된 용어를 알아봤고 흔히 파일 시스템으로 마운트하게 권장되는 디렉터리 목록을 살펴봤다. 문제가 생길 경우 처음으로 되돌릴 수 있도록 VM의 스냅샷을 만들었다.

연습문제

5장을 마무리하며 연습문제를 풀어보기 바란다.

1. 아나콘다 설치 프로그램이 만든 볼륨 그룹의 이름을 설치 중에 바꿀 수 있는가?
2. 하이버네이션이 필요치 않은 10GB 램이 탑재된 호스트에 대해 페도라 문서가 권장하는 스왑 공간의 크기는 얼마인가?
3. 스왑 공간 권장량은 어떤 요인에 근거를 두고 있는가?
4. 설치에 필요한 총 공간은 얼마인가?
5. 스냅샷의 목적은 무엇인가?

6. VM이 실행 중인 동안 스냅샷을 만들 수 있는가?

6장

Xfce 데스크탑 사용

학습 목표

6장의 학습 목표는 다음과 같다.

- Xfce가 일반적으로 사용할 때뿐만 아니라 이 과정에 적합한 데스크탑인 이유
- Xfce 데스크탑의 기본 사용법
- 프로그램 실행 방법
- 새로운 소프트웨어뿐만 아니라 현재의 모든 업데이트를 설치하는 방법
- 설정 관리자Settings Manager 사용법
- 바닥 패널bottom panel에 프로그램 실행기를 추가하는 방법
- Xfce 데스크탑 구성 방법

왜 Xfce인가?

Xfce는 리눅스 과정에서 사용할 데스크탑으로 좀 더 일반적인 GNOME이나 KDE 데스크탑에 비해 독특한 선택으로 보일 수 있다. 나는 몇 달 전부터 Xfce를 사용하기 시작했고, 속도가 빠르고 가벼워서 매우 좋아한다. Xfce 데스크탑은 날씬하고 빠르며 전반적으로 우아해 사용법을 익히기 쉽다. 경량화로 인해 메모리와 CPU 사이클을 덜 사용한다. 이는 데스크탑과, 자원이 제약된 VM에 나눠줄 자원이 부족한 오래된 호스트에 이상적이다. 하지만 Xfce는 충분히 유연하고 강력해 나와 같은 고급 사용자에게도 알맞다.

데스크탑

Xfce는 경량 데스크탑으로, KDE와 GNOME 같은 데스크탑에 비해 매우 적은 메모리와 CPU를 사용한다. 내 시스템에서 Xfce 데스크탑을 이루는 프로그램들은 강력한 데스크탑으로, 극히 작은 양의 메모리를 사용할 뿐이다. 매우 낮은 CPU 사용량도 Xfce 데스크탑의 특징이다. 메모리 사용량이 적기 때문에 Xfce가 CPU 사이클을 절약해도 나는 특별히 놀라지 않았다.

Xfce 데스크탑은 그림 6-1에서 볼 수 있듯이 간단하고 깔끔하다. 기본 데스크탑에는 두 개의 패널이 있고 왼쪽에 일련의 아이콘들이 수직으로 늘어서 있다. 패널 0은 화면 맨 아래쪽에 있고 기본 애플리케이션 실행기와 시스템의 모든 애플리케이션에 접근할 수 있는 '애플리케이션' 아이콘으로 이뤄져 있다. 패널들은 새로운 실행기를 추가하거나 높이와 폭을 바꿀 수 있다.

패널 1은 화면 맨 위쪽에 있고 애플리케이션 실행기와 사용자가 여러 작업 공간을 옮겨 다닐 수 있는 '작업 공간 전환기Workspace Switcher'가 있다. 작업 공간은 데스크탑과 비슷한 것으로, 여러 작업 환경이 있으면 서로 다른 프로젝트를 위한 각각의 데스크탑이 있는 것과 같다.

그림 6-1. Thunar 파일 관리자와 xfce4-terminal이 열려 있는 Xfce 데스크탑

데스크탑의 왼쪽에 있는 아이콘들은 홈 디렉터리와 휴지통 아이콘이다. 또한 전체 파일 시스템 디렉터리 트리와 연결된 모든 USB 저장 장치에 해당하는 아이콘도 있을 수 있다. 이들 아이콘은 장치를 마운트하거나 마운트 해제할 때 쓸 수도 있고, 기본 파일 관리자를 열 때 쓸 수도 있다. 파일 시스템, 휴지통, 홈 디렉터리 아이콘은 각각 원하면 감출 수 있다. 이동식removable 드라이브는 감추거나 그룹으로 표시할 수 있다.

파일 관리자

Thunar는 Xfce의 기본 파일 관리자다. 간단하고 사용과 구성 방법이 쉬우며 배우기도 매우 쉽다. Konqueror나 Dolphin 같은 파일 관리자처럼 기능이 많지는 않지만 상당한 기능을 갖고 있으며 매우 빠르다. Thunar는 윈도우에 여러 개의 페인pane을 만들 수는 없지만 탭을 제공해서 동시에 여러 디렉터리를 열 수 있다. 또한 Thunar는 데스크탑처럼 전체 파일 시스템 트리와 연결된 모든 USB 저장 장치에 해당하는 아이콘을 담고 있는 아주 멋진 사이드바를 갖고 있다. 장치를 마운트하거나 마운트 해제할 수 있고 CD 같은 이동식 매체를 방출할 수 있다. Thunar는 아카이브 파일을 클릭했을 때 열지 묻는 등의 헬퍼 애플리케이션도 사용할 수 있다. zip, tar, rpm 같은 아카이브 파일을 볼 수도 있고 그 안의 개별 파일을 밖으로 복사할 수도 있다.

여러 가지 파일 관리자를 사용해 본 결과 Thunar가 단순하고 쓰기 쉬워서 마음에 든다. 사이드바를 이용해서 파일 시스템 안을 이동하기도 쉽다.

안정성

Xfce 데스크탑은 매우 안정적이다. 3년 주기로 새 릴리스가 발표되고 필요에 따라 업데이트가 제공된다. 현재 버전은 4.12로 2015년 2월에 발표됐다.[1] Xfce 데스크탑의 든든함은 KDE에서 문제를 겪은 뒤에 매우 안심이 된다. Xfce 데스크탑은 내가 쓰는 동안 절대 크래시한 적이 없고 시스템 자원을 많이 소모하는 데몬은 실행한 적이 없다. 그냥 거기에서 내가 원하는 일을 해낸다.

Xfce는 그야말로 우아하다. 단순함이 우아함의 보증 마크 중 하나다. 분명히 Xfce와 그 애플리케이션을 작성하고 유지 보수하는 프로그래머들은 단순함을 정말 좋아하는 모양이다. 이 단순함이 Xfce를 안정적으로 만드는 이유일 가능성이 매우 높지만 이로 인해 보기가 깔끔하고 인터페이스의 응답성이 좋고, 자연스럽게 느껴지는 쉬운 메뉴 조작 구조를 갖고, 사용하기 즐거운 전반적인 우아함을 갖추게 됐다.

1. 현재 최신 버전은 2020년에 발표된 4.16이다. – 옮긴이

xfce4-terminal 에뮬레이터

xfce4-terminal 에뮬레이터는 다른 여러 터미널 에뮬레이터처럼 탭을 이용해서 여러 개의 터미널을 한 윈도우에 열 수 있는 강력한 에뮬레이터다. 이 터미널 에뮬레이터는 Tilix, Terminator, Konsole 등 다른 에뮬레이터에 비해 간단하지만 필요한 일을 한다. 탭 이름을 바꿀 수 있고 드래그 앤 드롭drag and drop이나, 툴바에서 화살표 아이콘을 이용하거나, 메뉴바의 옵션을 이용해서 탭 순서를 바꿀 수 있다. Xfce 터미널 에뮬레이터의 탭을 내가 특별히 좋아하는 한 가지는 중간에 얼마나 많은 호스트를 거치든 최종 연결된 호스트의 이름을 보여준다는 것이다. 즉, host1 → host2 → host3 → host4로 연결된 경우 탭에 제대로 host4를 보여준다. 다른 에뮬레이터는 기껏해야 host2를 보여준다.

기능과 모양의 여러 측면을 필요에 따라 쉽게 구성할 수 있다. 다른 Xfce 요소와 마찬가지로 이 터미널 에뮬레이터는 시스템 자원을 매우 조금 사용한다.

구성

제약된 범위 안에서이기는 하지만 Xfce도 구성을 상당히 바꿀 수 있다. KDE 같은 데스크탑만큼 많이 바꿀 수는 없지만, 예를 들어 GNOME보다는 훨씬 더 많이 쉽게 바꿀 수 있다. 설정 관리자Settings Manager를 사용하면 Xfce를 구성할 때 필요한 모든 것을 찾을 수 있다. 개별 구성용 애플리케이션이 별도로 존재하지만 설정 관리자는 이들에 쉽게 접근할 수 있도록 모두 하나의 윈도우에 모아뒀다. 이제 데스크탑의 모든 주요 측면을 필요와 취향에 따라 구성할 수 있다.

시작

처음 로그인하기 전에 그림 6-2의 GUI 로그인 화면을 살짝 살펴보자. 몇 가지 흥미로운 것들이 있다. 로그인 화면(greeter)은 디스플레이 관리자인 lightdm[2]이 표시하고 제어하는데, 디스플레이 관리자Display Manager[3]라고 불리는 몇 가지 그래픽 로그인 관리자 중 하나일 뿐이다. 또한 각 디스플레이 관리자는 사용자가 바꿀 수 있는 하나 이상의 greetergraphical interface를 갖고 있다.

화면 중간에 로그인 대화상자가 있다. GUI로 로그인할 수 있는 다른 사용자가 없기 때문에 student 사용자가 이미 선택돼 있다. root 사용자는 GUI로 로그인할 수 없다. 리눅스의 다른 모든 것과 마찬가지로 이 동작은 바꿀 수 있지만, 바꾸는 것은 권장하지 않는다. 이 호스트에 다른 사용자가 만들어져 있다면 선택 막대를 통해 선택할 수 있다.

로그인 화면 맨 위의 패널은 정보와 제어 장치를 담고 있다. 맨 왼쪽에는 호스트의 이름이 있다. 내가 사용해본 여러 디스플레이 관리자는 호스트 이름을 표시하지 않는다. 제어 패널 가운데 부분에는 현재 날짜와 시간이 표시된다.

패널의 오른쪽 부분, 그중 왼쪽에는 동그라미 안에 Xfce를 나타내는 'XF'가 있다. 이를 통해 Xfce 외에 설치한 여러 데스크탑 중 하나를 선택할 수 있다. 리눅스에는 KDE, GNOME, Xfce, LXDE, Mate 등 여러 가지 데스크탑이 있다. 이들 중 어느 것이든 설치하고 로그인할 때마다 선택할 수 있다. 로그인하기 전에 원하는 데스크탑을 선택해야 한다.

---

2. LightDM, https://en.wikipedia.org/wiki/LightDM

3. 위키피디아, https://en.wikipedia.org/wiki/X_display_manager_(program_type)

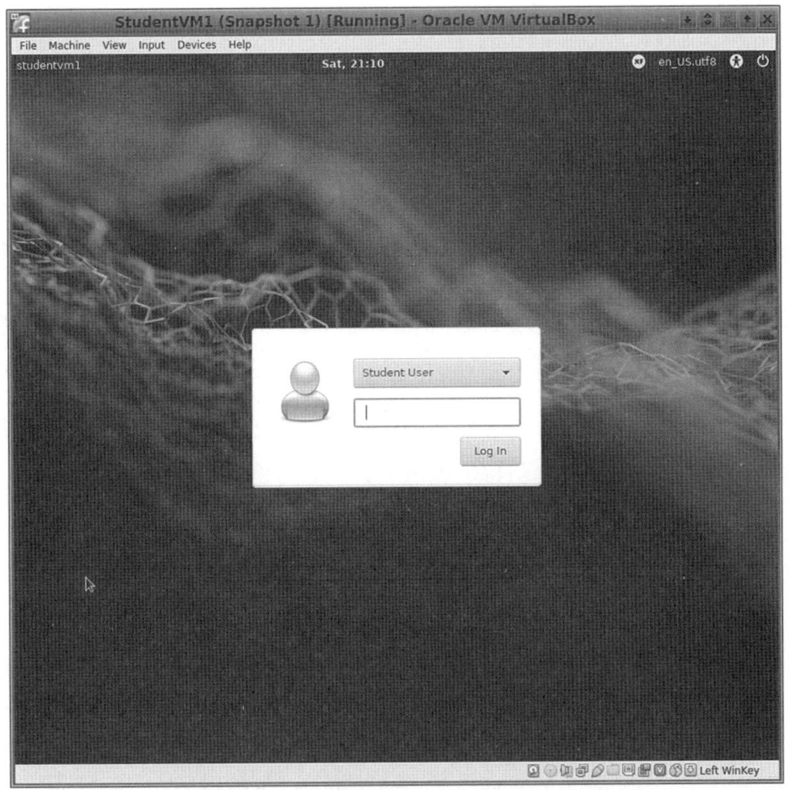

그림 6-2. 패스워드를 입력하고 Log In 버튼을 클릭한다.

다음에 마주할 항목은 언어 선택이다. 수백 가지 언어 중 데스크탑에서 사용할 언어를 고를 수 있다.

그런 다음에는 팔과 다리를 쭉 뻗은 사람이 나온다. 데스크탑에서 큰 글꼴font과 고대비 색상을 사용토록 접근성accessibility을 위한 선택을 할 수 있다.

마지막으로 가장 오른쪽에 가상 전원 버튼이 있다. 이것을 클릭하면 시스템을 절전 모드suspend, 최대 절전 모드hibernate, 재기동restart, reboot, 종료shutdown, power off할 수 있는 하위 메뉴가 나타난다.

로그인

Xfce 데스크탑을 사용하기 전에 로그인해야 한다. StudentVM1 VM은 그림 6-2처럼 이미 실행 중으로, 여러분이 로그인하기를 기다리고 있어야 한다. 하지만 5장에서 VM을 닫았다면 지금 기동시키기 바란다. VM 화면을 클릭하고 student 사용자용으로 여러분이 선택한 패스워드를 입력한 후 Log In 버튼을 클릭한다.

Xfce에 처음 로그인하면 패널을 선택하라는 화면이 나타난다. 패널은 애플리케이션 실행기, 달력, 네트워크, 업데이트, 클립보드 등에 접근할 수 있는 시스템 트레이를 담을 수 있다. 개인적으로 빈 패널보다는 기본 구성을 사용할 것을 강력히 추천한다. 나중에 패널을 변경할 수 있지만 빈 패널로 시작하면 지금 당장 필요치 않은 많은 일거리가 발생한다.

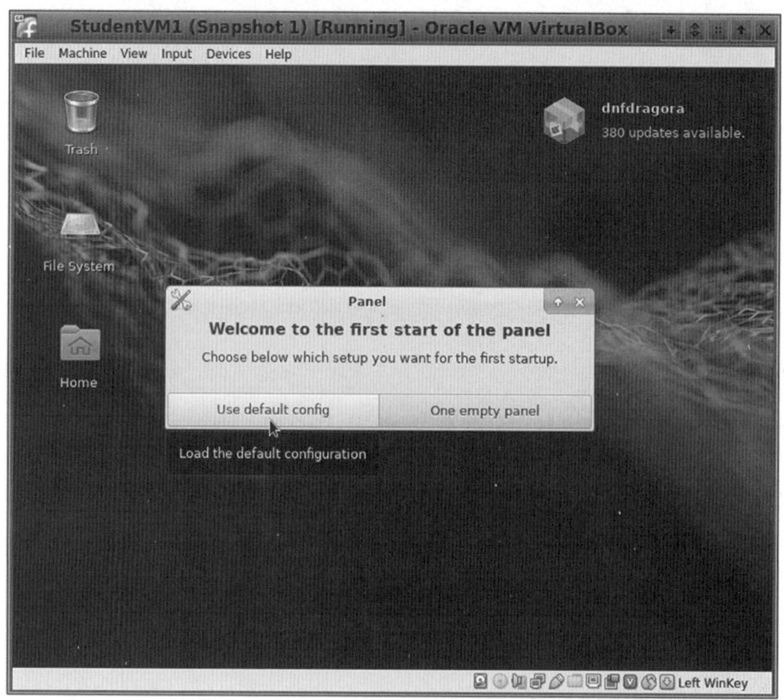

그림 6-3. 기본 패널 구성을 선택한다.

Use default config를 클릭하면 그림 6-4처럼 Xfce 데스크탑의 맨 위와 맨 아래에 패널이 추가된다. 위 패널을 이용하면 몇 가지 중요한 기능에 접근하고 제어할 수 있다.

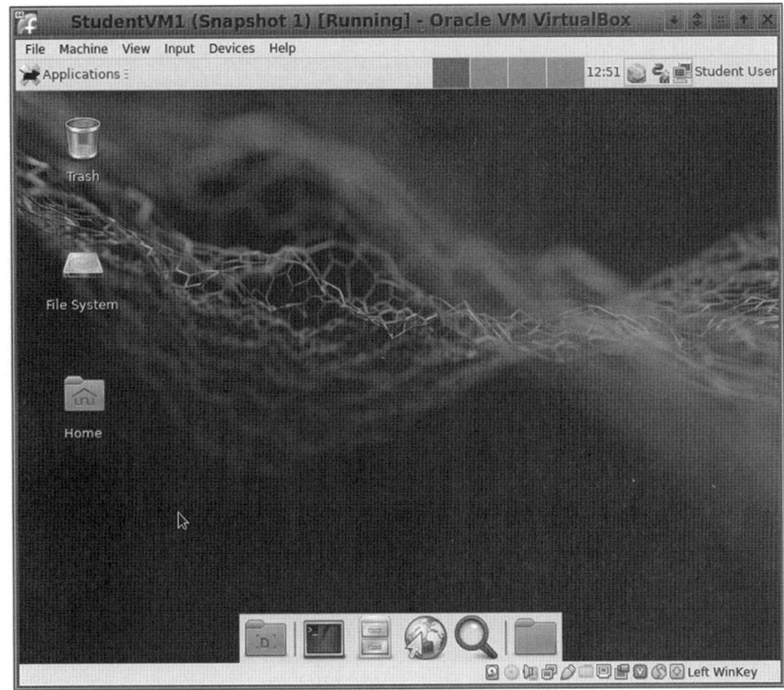

그림 6-4. Xfce 데스크탑

위 패널의 가장 왼쪽에는 Applications 메뉴가 있다. 이를 클릭하면 메뉴와 몇 가지 하위 메뉴가 나타나고 프로그램과 유틸리티를 선택하고 실행할 수 있다. 원하는 애플리케이션을 클릭해서 실행한다.

다음은 현재 비어 있는 공간으로, 실행 중인 애플리케이션들의 아이콘이 표시될 것이다. 그런 다음에 사각형이 4개 있는데, 하나는 어두운 회색이고 나머지 3개는 좀 더 밝은 회색이다. 이는 데스크탑 선택기desktop selector로, 어두운 색은 현재 선택된 데스크탑을 나타낸다. 둘 이상의 데스크탑을 갖는 이유는 서로 다른 프로젝트의 윈도우를 서로 다른 데스크탑에 배치해 정리하기 위함이다. 실행 중인 애플리케이션이 있으면 애플리케이션 윈도우와 아이콘이 데스크탑 선택기에 표시된다. 원하는 데스크탑을 클릭하면 해당 데스크탑으로 전환된다. 애플리케이션은 한 데스크탑에서 다른 데스크탑으로 옮길 수 있다. 전환기 switcher에 있는 하나의 데스크탑에서 애플리케이션을 끌어 다른 데스크탑에 넣거나 애플리케이션 타이틀 바에서 오른쪽 클릭해 데스크탑 전환 옵션을 제공하는 메뉴가 나타나게 할 수 있다.

데스크탑 전환기 바로 오른쪽에 시계가 있다. 시계를 오른쪽 클릭해 날짜와 시간이 다른 형식으로 표시되게 설정할 수 있다. 그다음은 시스템 트레이로 소프트웨어 업데이트를 설치하는 아이콘과 네트워크를 연결, 연결 해제, 상태 점검하는 아이콘, 배터리 상태를 점검하는 아이콘을 담고 있다. 네트워크는 부팅 때 기본으로 연결되지만 현재의 연결에 대한 정보도 찾을 수 있다. 노트북에서는 무선 네트워크에 대한 정보도 찾을 수 있다.

로그인하고 나서 곧, 그리고 나서 일정한 간격으로 dnf-dragora 프로그램(찾기 힘든 주황과 파란색의 아이콘)이 업데이트가 있는지 점검하고, 있으면 알려준다. 설치하고 나서 처음 부팅하면 많은 양의 업데이트가 있을 가능성이 매우 높다. 당분간 무시하기 바란다. 지금 업데이트를 설치하려고 하지 말라. 6장의 뒤쪽에서 커맨드라인을 이용해서 업데이트한다.

아래쪽 패널은 일부 기본 애플리케이션의 실행기를 담고 있다. 왼쪽에서 두 번째 아이콘은 xfce4-terminal 에뮬레이터를 실행한다. 나머지도 곧 자세히 살펴볼 것이다.

Xfce 데스크탑

Xfce 데스크탑 자체를 조금 둘러보자. 화면 보호기screen saver의 방해도annoyance level를 줄여보고, 기본 애플리케이션을 설정하고, 애플리케이션 실행기를 패널 2(아래 패널)에 추가해서 좀 더 사용하기 쉽게 해보고 다중 데스크탑도 사용해보자.

Xfce 데스크탑을 둘러볼 때 시간을 들여 스스로 살펴봐야 한다. 이것이 가장 배우기 좋은 방법이다. 나는 사물을 계속 조작해 내가 바라는 대로 설정하기(또는 망가뜨리기)를 좋아한다. 망가지면 무엇이 잘못됐는지 알아내고 고친다.

제대로 된 모든 데스크탑과 마찬가지로 Xfce는 화면을 잠그는 화면 보호기를 갖고 있다. 이는 성가실 수 있으므로(내가 이 책을 쓰는 동안 그랬듯이) 먼저 화면 보호기를 다시 설정할 것이다. 그림 6-5는 어떻게 시작하는지를 보여준다.

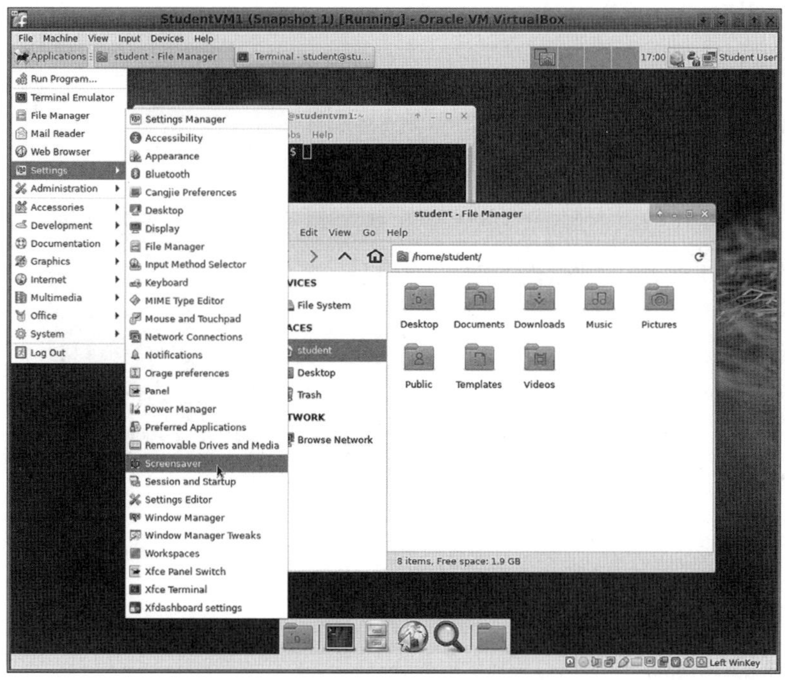

그림 6-5. 화면 보호기 설정 애플리케이션 실행하기

실험 6-1

이 실험은 student 사용자로 수행하기 바란다. 이 실험에서는 화면 보호기를 살펴보고 작업을 방해하지 않게 꺼보겠다.

1. 화면 보호기 애플리케이션을 실행고자 패널 1(위 패널)을 사용하고 Applications ➤ Settings ➤ Screensaver를 선택한다.
2. 그림 6-6은 **화면 보호기 환경설정** 대화상자다. Mode는 현재 목록에 선택돼 있는 것들 중에서 선택해서 사용하는 Random Screen Saver로 설정돼 있다. 아래로 스크롤해 몇 개를 선택해보면 어떻게 보이는지를 오른쪽의 미리보기 화면에서 확인할 수 있다. 이 스크린샷에서는 추억을 되살릴 수 있는 XanalogTV를 선택했다. 직접 실험해보기 바란다. 재미있다.

그림 6-6. 화면 보호기 애플리케이션 실험

이 페이지에서는 또한 화면이 사라지는 시간과 새로운 화면 보호기로 바뀌는 주기도 설정할 수 있다.

3. Advanced 탭을 클릭한다. 이 대화상자를 통해 텍스트와 이미지 관련 설정을 할 수 있다. 또한 디스플레이 관련 전원 관리 설정도 제공한다.
4. 화면 보호기를 끄려면 Display Modes 탭으로 돌아와서 Mode 버튼을 클릭하고 Disable Screen Saver를 선택한다.
5. 화면 보호기 환경설정 대화상자를 닫는다.

내 물리적 호스트의 경우 화면 보호기로는 주로 빈 화면을 선택하고, 내가 책상에서 여전히 일하지만 마우스나 키보드를 건드리지 않는 사이에 화면이 사라지지 않도록 시간을 충분히 길게 설정한다. 그런 다음 몇 분 뒤에 화면이 잠기도록 설정한다. 나의 허용 수준[tolerance level]은 시간이 흐름에 따라 바뀌므로 가끔씩이 설정을 바꾼다. 여러분도 자신의 필요에 따라 설정하기 바란다.

설정 관리자

Xfce의 다양한 데스크탑 설정에 어떻게 접근하는지 살펴보자. 2가지 방법이 있는데, 하나는 패널 1의 애플리케이션 버튼을 클릭하고 Settings를 선택한 뒤 변경하고 싶은 설정 항목을 선택하는 것이다. 다른 방법은 Settings 메뉴의 맨 위에 있는 설정 관리자를 여는 것이다. 설정 관리자를 이용하면 모든 설정을 하나의 윈도우에서 쉽게 접근할 수 있다. 그림 6-7은 두 가지 방법을 모두 보여준다. 왼쪽에는 애플리케이션 메뉴가 선택돼 있고 오른쪽에는 설정 관리자가 있다.

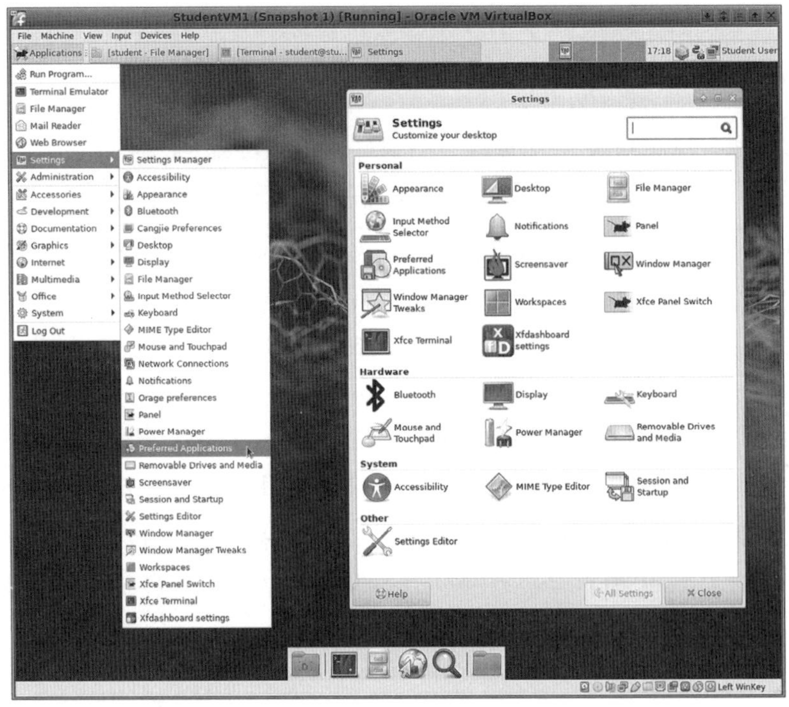

그림 6-7. 다양한 Xfce 데스크탑 설정에 접근하는 두 가지 방법이 있다. 참고로 설정 관리자의 모든 설정을 보여주기에 충분한 세로 공간을 확보하도록 StudentVM1 VM의 윈도우 크기를 조절했다.

패널 2에 실행기 추가

개인적으로는 설정 관리자를 더 좋아한다. 또한 설정 관리자에 더 쉽게 접근할 수 있게 구성하기를 좋아한다. 설정 도구에 접근하고 싶을 때마다 메뉴 트리를 따라 세 번 클릭하기보다는 한 번 클릭이 언제나 낫다. 이것이 게으른 시스템 관리자 되기의 일부다. 타이핑을 덜 하고 마우스 클릭을 덜 하는 것이 언제나 더 효율적이다. 따라서 패널 2(아래 패널)에 설정 관리자 실행기를 추가하는 짧은 여정을 떠나보자.

실험 6-2

이 실험에서는 Xfce 데스크탑의 패널 2에 설정 관리자를 추가할 것이다.

1. 그림 6-7처럼 애플리케이션 메뉴를 열고 설정 메뉴의 맨 위에 있는 설정 관리자를 찾는다.
2. 설정 관리자를 여는 것처럼 클릭하지만 그림 6-8처럼 마우스 버튼을 계속 누른 채로 패널 2의 왼쪽으로 드래그한다. 빨간 세로 막대가 나타날 때까지 패널의 끝에 있는 작은 공간 위로 움직인다. 이 막대는 새 실행기가 추가될 자리를 보여준다.

그림 6-8. 패널 2에 설정 관리자 추가하기

3. 빨간 막대가 패널의 원하는 자리에 위치하면 마우스 버튼을 놓아 거기에 떨어뜨린다.

4. 질문 대화상자가 나타나 데스크탑 파일로부터 새로운 실행기를 만들지를 물으면 Create Launcher 버튼을 클릭한다. 이제 그림 6-9처럼 새로운 실행기가 패널 2에 나타난다.

그림 6-9. 패널 2에 새로 추가된 설정 관리자 실행기

이제 패널에서 설정 관리자를 실행할 수 있다. 실행기는 데스크탑에 있는 패널의 어디에든 추가할 수 있다.

패널에서 애플리케이션을 실행하려면 한 번만 클릭하면 된다. 나는 주로 사용하는 애플리케이션은 사용하고 싶을 때마다 메뉴에서 찾을 필요 없게 모두 패널 2에 추가한다. 이 과정을 진행하면서 여러분도 패널에 더 많은 실행기를 추가해 효율을 높일 수 있다.

선호 애플리케이션

이제 선호 애플리케이션 설정으로 돌아가자. 기본 애플리케이션은 다른 모든 애플리케이션에서 필요할 때 실행하도록 선택해둔 터미널 에뮬레이터나 웹 브라우저 등의 애플리케이션이다. 예를 들어 텍스트에 포함된 URL을 클릭하면 워드프로세서가 크롬을 실행하기를 바랄 수 있다. Xfce는 이들을 선호 애플리케이션preferred application이라고 부른다.

선호 터미널 에뮬레이터는 이미 여러분이 사용해본 xfce4-terminal로 설정돼 있다. xfce4-terminal은 7장에서 좀 더 자세히 살펴볼 것이다.

Xfce 데스크탑의 아래쪽 패널 2에 있는 아이콘들은 기본 애플리케이션으로 선택할 수 있는 것들(웹 브라우저와 파일 관리자)을 포함한다. 웹 브라우저 아이콘(마우스 포인터가 있는 지구)을 클릭하면 설치돼 있는 웹 브라우저 중 어느 것을 기본으로 사용하고 싶은지를 물을 것이다. 지금은 파이어폭스[firefox] 웹 브라우저만 설치돼 있으므로 사실상 선택할 것은 없다.

또한 더 좋은 방법이 있는데, 모든 선호 애플리케이션 선택을 한 번에 하는 것이다.

실험 6-3

이 실험에서는 student 사용자를 위해 선호 애플리케이션을 설정할 것이다.

1. 설정 관리자가 이미 열려 있지 않으면 지금 연다.
2. 설정 대화상자에서 Preferred Applications 아이콘을 찾고 한 번 클릭해서 연다. 이 대화상자는 Internet 탭이 선택된 채로 열리는데, 거기서 브라우저와 이메일 애플리케이션을 선택할 수 있다. 이 시점에서 둘 다 선호 애플리케이션이 설정돼 있지 않으므로 선호 브라우저를 설정해야 한다.
3. 파이어폭스를 기본 브라우저로 설정하고자 웹 브라우저 항목에 'No application selected'라고 써있는 선택 막대를 클릭한다. 현재 선택할 수 있는 것은 파이어폭스뿐이므로 그것을 선택한다.
4. 그림 6-10처럼 선호 애플리케이션 대화상자의 Utilities 탭으로 전환한다. 두 항목 모두 이미 선택돼 있다. Thunar는 유일한 파일 관리자고 Xfce 터미널은 유일한 터미널 에뮬레이터다.

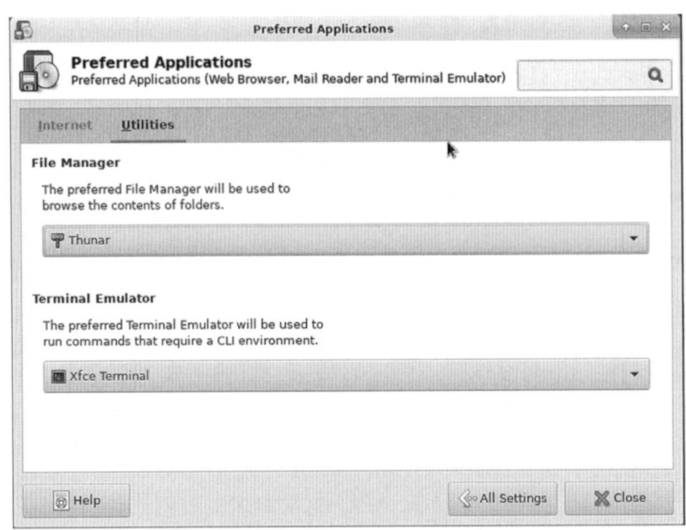

그림 6-10. 선호 애플리케이션 대화상자의 Utilities 탭에서는 기본 GUI 파일 관리자와 기본 터미널 에뮬레이터를 선택할 수 있다.

5. 이들 애플리케이션에 대해 다른 선택이 없는 것은 데스크탑 설치 프로그램이 극히 기본적인 설치를 했기 때문이다.
6. 그림 6-10의 All Settings 버튼을 클릭해 주 설정 관리자로 돌아간다.

Thunar는 내가 사용해본 최고의 파일 관리자 중 하나다. 많은 파일 관리자가 있고 페도라 리눅스에서는 그중 몇 가지를 사용할 수 있다. Xfce 터미널도 마찬가지다. 매우 좋은 여러 에뮬레이터 중 최고에 속한다. 개인적으로는 여기서 다른 선택을 할 수 있더라도 이들 프로그램은 최고이고 바꾸지 않을 것이다. 파일 관리자는 2권의 2장에서 좀 더 자세히 다룬다.

데스크탑 외관

데스크탑의 외관을 바꾸는 것은 설정 관리자의 여러 설정 도구를 통해 관리된다. 나는 관련 설정으로 기분이 내키는 대로 장난이 아니라 실험하기를 좋아한다. 글쎄 그렇게 자주는 아니지만 몇 주마다 나는 다른 것을 시도하기를 좋아하고 이는 재미있는 변경을 시도하는 무해한 방법이다.

외관

사용자 인터페이스의 모양에 대한 다양한 측면을 선택할 수 있는 외관appearance 도구부터 시작하겠다. Xfce의 설정은 KDE 만큼 많지는 않지만 여전히 많다. 나는 데스크탑의 모양을 바꾸는 데 유연성이 많은 것을 좋아하며 Xfce 데스크탑의 유연성은 상당히 만족스럽다. 너무 복잡하지 않으면서 충분히 유연하다.

외관 도구에는 Xfce 데스크탑의 서로 다른 부분을 조절하는 4개의 탭이 있다. 외관 대화상자는 Style 탭이 선택된 채로 열린다. 이 탭은 대부분 색채의 배합에 대한 것이지만 버튼과 슬라이더 표현 관련 효과도 일부 포함하고 있다. 예를 들어 평면이나 입체로 된 서로 다른 스타일을 선택할 수 있다.

두 번째 탭인 Icons를 이용하면 몇 가지 아이콘 테마 중 하나를 선택할 수 있다. 다른 테마를 다운로드해서 설치할 수도 있다.

세 번째 탭은 Fonts로, 데스크탑의 글꼴 테마를 선택할 수 있다. 기본 고정폭monospace 글꼴뿐만 아니라 기본 가변폭variable width 글꼴도 선택할 수 있다.

네 번째 탭은 Settings로, 아이콘의 텍스트 유무와 위치를 선택할 수 있다. 또한 버튼과 메뉴 항목의 이미지 유무도 선택할 수 있다. 이벤트가 발생했을 때 소리를 낼지 여부도 이 탭에서 선택할 수 있다.

실험 6-4

이 실험에서는 데스크탑의 룩앤필[look and feel]을 바꿔볼 것이다. 이들 변경 사항에 대한 실험은 시간이 많이 걸릴 것이므로 너무 산만해지지 않도록 주의하자. 중요한 것은 Xfce 데스크탑의 외관을 바꾸는 데 익숙해지는 것이다.

몇 가지 서로 다른 스키마를 클릭해 VM에서 어떻게 보이는지 살핀다. 개인적으로는 (이 글을 쓰는 현재) Xfce의 색상 선택은 좋아 보이지만 메뉴 바와 메뉴 바가 있는 윈도우가 메뉴 항목과 함께 섞여 읽기가 힘들어 보인다. 스타일을 고를 때는 다른 항목들의 스타일을 고려해야 한다. 나는 Adwaita-dark, Arc-Dark-solid, Crux 스타일을 좋아한다.

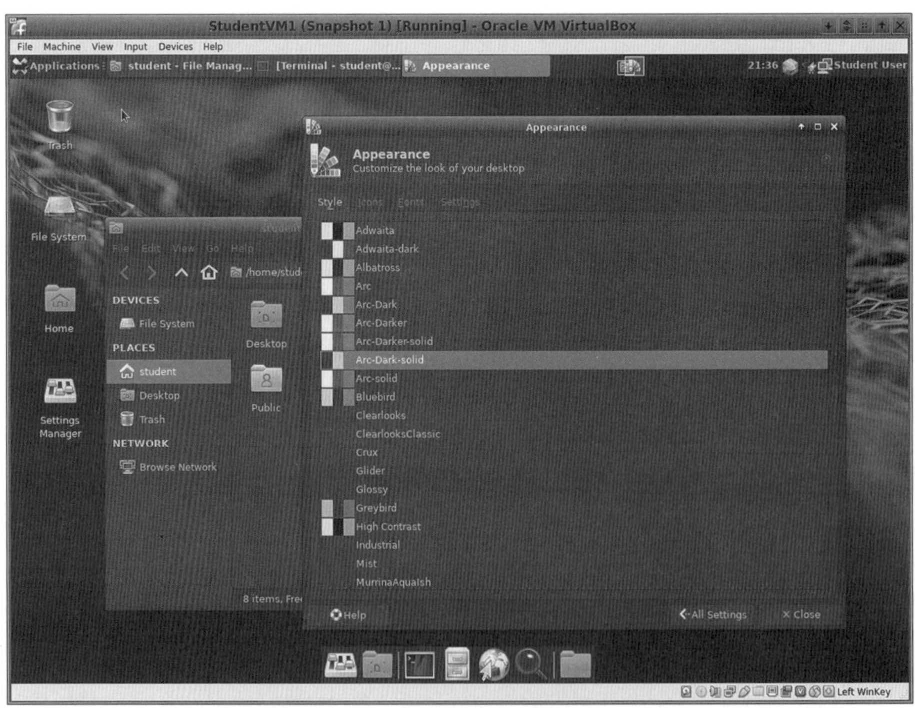

그림 6-11. Xfce 데스크탑의 스타일 요소 설정하기

이제 Icons 탭으로 가서 서로 다른 아이콘 조합을 선택하고 어떻게 보이는지 살펴보자. 이는 마우스 포인터 아이콘이 아니라 애플리케이션 아이콘이다. 나는 페도라 아이콘 세트를 좋아한다.

선택하자마자 모든 변경이 거의 바로 이뤄짐을 알 수 있다.

데스크탑 외관 설정을 마치면 All Settings 버튼을 클릭해 주 설정 대화상자로 돌아온다. 그런 다음에 **윈도우 관리자**window manager를 클릭한다. 여기서는 윈도우 장식의 모양(타이틀 바, 타이틀 바의 아이콘, 윈도우 테두리의 크기와 모양 등)을 바꿀 수 있다. 그림 6-12에서는 B6 윈도우 장식을 골랐다. 이 메뉴의 다른 테마도 살펴보기 바란다.

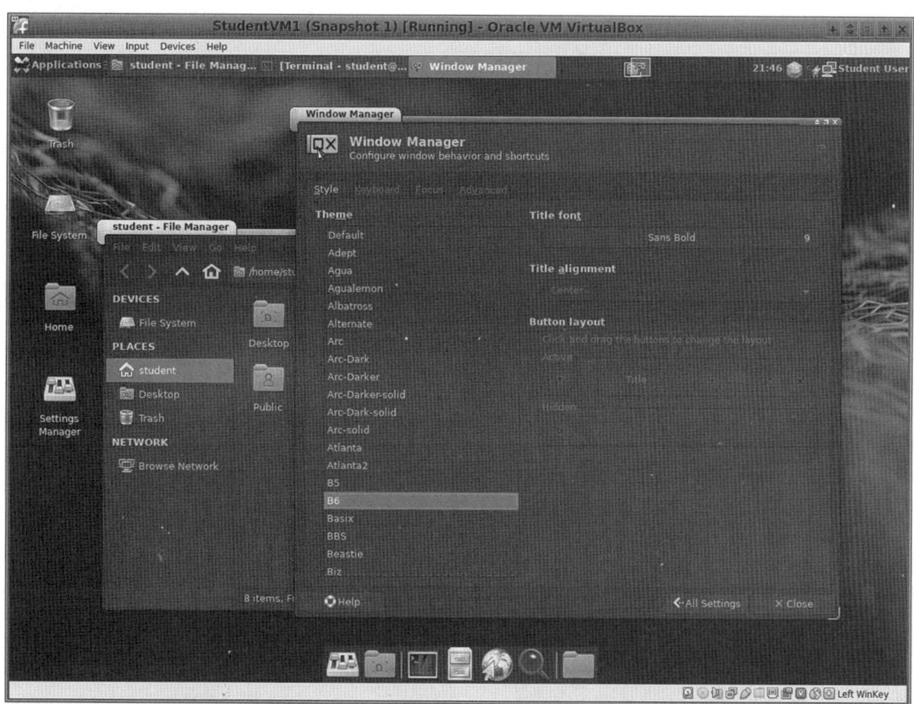

그림 6-12. 윈도우 관리자 설정에서는 윈도우 장식의 모양을 바꿀 수 있다.

Keyboard 탭에서는 키보드 단축키를 바꿀 수 있지만 나는 여기는 거의 바꾸지 않는다. Focus 탭에서는 언제 윈도우가 포커스focus를 받아 활성 윈도우가 될지를 결정할 수 있다. Advanced 탭에서는 윈도우가 보이지 않는 격자에 가까이 갔을 때 격자에 딸깍 붙을지를 결정한다. 또한 윈도우가 화면 가장자리로 드래그drag됐을 때의 동작을 설정할 수 있다.

당분간 설정 관리자를 열어둔다.

설정 관리자에서 찾을 수 있는 다른 대화상자들도 차근차근 살펴보기 바란다.

언제든지 설정 관리자로 돌아와서 데스크탑의 외관을 바꿀 수 있음을 잊지 말자. 따라서 오늘 선택한 사항이 내일 마음에 들지 않으면 또 다른 룩앤필을 선택할 수 있다.

데스크탑의 룩앤필 설정하기는 약간 시시해 보일 수 있지만 데스크탑이 내 마음에 드는 모습을 띠고, 내가 가장 자주 실행하는 애플리케이션의 실행기를 갖고 쉽게 수정할 수 있는 것은 내 일을 편안하고 쉽게 하는 데 큰 도움이 된다. 게다가 이들 설정을 갖고 노는 것은 재미있고, 시스템 관리자는 즐겁고 싶을 뿐이다.

다중 데스크탑

Xfce 데스크탑의 또 다른 기능이자 가장 단순한 데스크탑 외에는 모두 제공하는 기능으로 다중 데스크탑, 즉 Xfce에서는 작업 공간workspace이라고 부르는 기능이 있다. 나는 이 기능을 자주 이용하고, 많은 사람이 서로 다른 데스크탑에 프로젝트별 윈도우를 배치함으로써 일들을 정리하는 데 유용하다고 생각한다. 예를 들어 내 Xfce 데스크탑에는 4개의 작업 공간이 있다. 주 작업 공간에는 이메일, 크로미움 웹 브라우저, 터미널 세션이 있다. 두 번째 작업 공간에는 VirtualBox

와 실행 중인 모든 VM, 또 하나의 터미널 세션이 있다. 글쓰기 관련 도구는 세 번째 작업 공간에 있는데, 다양한 문서를 리브레오피스로 열어뒀고, 연구용 크로미움 브라우저, 이 책을 이루는 문서를 열고 관리하기 위한 파일 관리자, 내가 실행하는 VM들에 SSH로 로그인돼 있는 여러 탭을 갖고 있는 또 하나의 터미널 에뮬레이터가 있다.

실험 6-5

이 실험은 다중 데스크탑을 연습하도록 설계됐다. 데스크탑은 그림 6-13과 비슷하게 보일 것이다. 설정 관리자와 Thunar 파일 관리자를 열어두자.

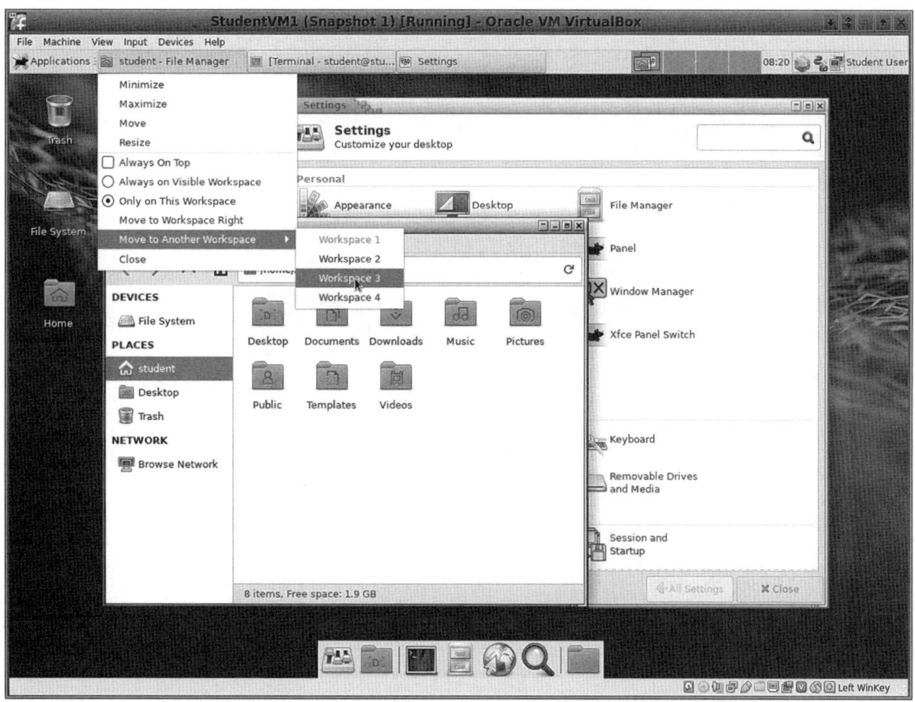

그림 6-13. 시스템 메뉴를 이용해서 Thunar 파일 관리자를 다른 작업 공간으로 옮긴다.

먼저 패널 2(아래 패널)의 파일 캐비닛 아이콘을 클릭한다. 이 폴더 위로 마우스 포인터를 움직이면 툴팁이 나타나 이름('File Manager')을 보여줄 것이다. 기본 파일 관리자는 Thunar고, 이를 이용해서 홈 디렉터리와 기타 여러분이 접근 권한을 갖고 있는 시스템 디렉터리(예, /tmp)를 탐색할 수 있다.

그러나 우리는 이 파일 관리자를 다른 데스크탑으로 옮기고 싶다. 그러려면 서로 다른 두 가지 방법이 있다. 먼저 파일 관리자의 윈도우 윗부분에 있는 타이틀 바의 어디든 오른쪽 클릭한다. 그런 다음 그림 6-13처럼 Move to Another Workspace를 선택한 루 Workspace 3을 클릭한다. 위쪽 패널(패널 1)에서 실행 중인 애플리케이션에서 오른쪽 클릭해도 같은 메뉴에 접근할 수 있다.

그림 6-14에서 볼 수 있듯이 작업 공간 전환기는 이제 파일 관리자 윈도우를 작업 공간 3에 표시한다. 설정 관리자는 여전히 작업 공간 1에 있다. 전환기에서 아무 작업 공간이나 클릭하면 즉시 해당 작업 공간으로 갈 수 있다. 그러므로 작업 공간 3을 클릭해서 그리로 가보자.

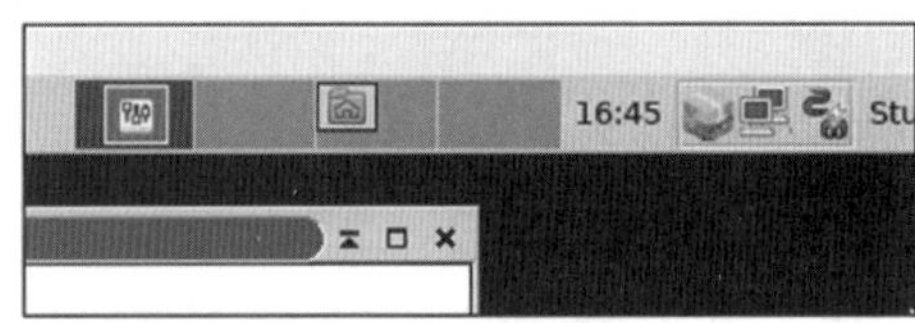

그림 6-14. 작업 공간 전환기가 작업 공간 1과 3의 윈도우들을 보여준다.

전환기 안에 있는 윈도우들의 크기는 전환기가 나타내는 작업 공간의 상대적인 크기의 적당한 근사치다. 또한 전환기 속의 윈도우들은 윈도우 안에서 실행되는 애플리케이션을 나타내는 아이콘을 갖고 있다. 이로 인해 우리가 전환기를 이용해서 윈도우들을 한 작업 공간에서 다른 작업 공간으로 제법 쉽게 옮길 수 있다.

하지만 패널 크기가 너무 작으면 윈도우가 데스크탑 전환기에 정확히 모사되지 않거나 아이콘 없이 윈도우의 외곽선만 표현될 수 있다. 데스크탑 전환기에 윈도우가 없으면 다음 문단을 건너뛰어야 한다.

파일 관리자 아이콘을 작업 공간 3에서 작업 공간 4로 드래그해 거기에 놓는다. 파일 관리자 윈도우가 작업 공간에서 사라지고 파일 관리자 아이콘이 이제 작업 공간 4에 있다. 작업 공간 4를 클릭해 그리로 간다.

리눅스에서 모든 것이 그렇듯이 이들 작업 공간과 작업 공간 안의 애플리케이션 윈도우를 관리하는 여러 가지 방법이 있다. 때로 특정 프로젝트에 속하는 윈도우들을 별도의 작업 공간으로 옮기는 것이 주 작업 공간을 정리하는 좋은 방법일 수 있다.

업데이트 설치

리눅스 운영체제와 소프트웨어를 언제나 최신으로 유지하는 것이 중요하다. 데스크탑의 시스템 트레이에 있는 dnfdragora 소프트웨어 관리 도구를 이용해 업데이트를 설치할 수도 있지만 시스템 관리자라면 커맨드라인에서 업데이트를 수행할 가능성이 더 높다.

소프트웨어 업데이트는 기존 버전의 문제를 고치거나 새로운 기능을 추가하고자 설치한다. 업데이트는 완전히 새로운 버전의 페도라를 설치하지 않는다. 6장의 마지막 실험에서는 데스크탑의 터미널 세션을 이용해서 root 사용자로 소프트웨어 업데이트를 설치할 것이다.

실험 6-6

아래 패널(패널 2)에서 터미널 에뮬레이터 아이콘(그림 6-15의 왼쪽에서 세 번째 아이콘)을 한 번 클릭한다. 마우스 포인터를 아이콘 위로 움직이면 아이콘이 나타내는 프로그램에 대한 간략한 설명을 볼 수 있다.

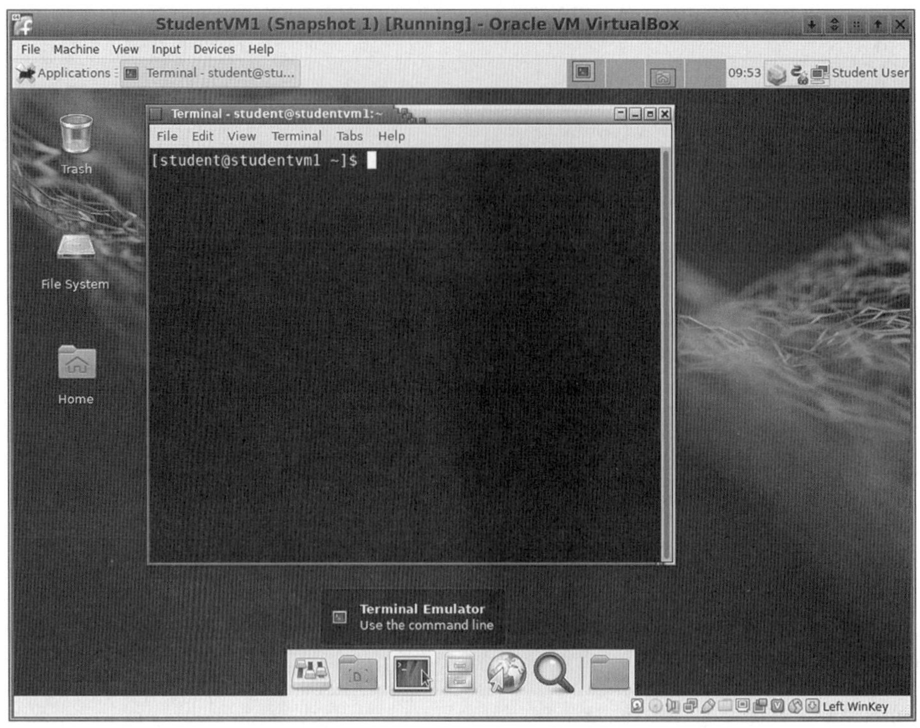

그림 6-15. 패널 2를 이용해서 터미널 세션을 연다.

1. 업데이트는 root만 설치할 수 있다. 데스크탑에서 GUI 방식의 dnfdragora 소프트웨어 관리 도구를 사용하더라도 root 패스워드를 입력해야 한다. 터미널 세션에서 root로 전환하자.

```
[student@studentvm1 ~]$ su -
Password: <root 패스워드를 입력한다.>
[root@studentvm1 ~]#
```

su 명령 뒤에 언제나 su -처럼 대시(-)를 붙인다는 것을 눈치 챘을 것이다. 이는 나중에 더 자세히 다루겠지만 지금은 그냥 대시를 붙이면 root가 올바른 환경에서 작업할 수 있다고만 알아두자. root 사용자는 자신의 홈 디렉터리, $PATH 같은 환경 변수, 일반 사용자와 조금 다른 커맨드라인 도구를 갖고 있다.

2. 이제 가용한 모든 업데이트를 설치한다. 이는 매우 중요한데, 최신 업데이트를 설치함으로써 시스템이 제대로 작동하게 확실히 하는 것이 언제나 가장 좋기 때문이다. 최신 업데이트는 기능 수정 사항뿐만 아니라 가장 최근의 보안 패치도 담고 있을 것이다.

   업데이트는 쉽지만 절차가 완료되기까지 기다려야 할 것이다. 좋은 점은, 리눅스 업데이트는 재부팅이 필요하더라도 자동으로 재부팅하지 않으며 여러분이 재부팅할 준비가 될 때까지 작업을 계속할 수 있다는 점이다.

   다음과 같은 명령을 입력한다.

```
[root@studentvm1 ~]# dnf -y update
```

   내 VM에서는 375개의 업데이트가 설치됐다. 이 숫자는 여러분이 설치한 ISO 이미지가 얼마나 최신인지에 따라 크게 다를 수 있다. 이 명령의 기다란 출력 결과는 생략하지만 여러분은 dnf 명령이 일을 수행하는 동안 잘 살펴봐야 한다. 이를 통해 다음에 업데이트를 실행하면 어떤 일이 일어날지 대충 알 수 있다.

   어떤 업데이트(특히 일부 커널 패키지)를 설치할 때는 한동안 멈춰있는 것처럼 보일 수도 있다. 정상이므로 걱정하지 말기 바란다.

3. 커널이 업데이트됐으므로 새로운 커널이 로드되게 재부팅할 것이다. GUI에서 재부팅하는 몇 가지 방법이 있지만 나는 커맨드라인에서 재부팅하기를 더 좋아한다. 업데이트가 설치되고 'Complete!' 메시지가 표시된 다음(그 전이 아니라) 재부팅할 것이다.

```
[root@studentvm1 ~]# reboot
```

4. 재부팅하는 동안 GRUB 메뉴를 꼭 살펴보기 바란다. 여러 개의 커널(지금은 2개)이 보일 것이다. 키보드의 위/아래 화살표를 이용해서 기본 말고 다른 커널(가장 최신의)을 선택할 수 있다. 이에 대해서는 나중에 더 자세히 알아보겠지만 부팅할 수 있는 여러 커널이 있으면 때로 매우 유용할 수 있다. 지금은 바꾸지 말기 바란다.
5. 데스크탑에 로그인해 터미널 세션을 연다. man(ual) 페이지(도움말 기능)를 최신 상태로 갱신하려면 업데이트 이후에 뭔가 해야 할 일이 있다. 데이터베이스가 제대로 업데이트되지 않아 man 명령이 명령의 매뉴얼 페이지를 표시하지 않는 일이 있었다. 다음 명령은 모든 매뉴얼 페이지를 최신 상태로 업데이트한다.

```
[root@studentvm1 ~]# mandb
<생략>
Purging old database entries in /usr/share/man/ko...
Processing manual pages under /usr/share/man/ko...
Purging old database entries in /usr/local/share/man...
Processing manual pages under /usr/local/share/man...
0 man subdirectories contained newer manual pages.
0 manual pages were added.
0 stray cats were added.
2 old database entries were purged.
```

이 시스템에서는 많은 일이 일어나지는 않았지만 오래된 데이터베이스 항목 2개가 제거됐다.

요약

여러분은 Xfce 데스크탑의 GUI 화면을 사용해서 로그인했고 데스크탑에 익숙해지는 연습을 했다. xfce4-terminal 에뮬레이터를 실행해 매우 간단한 사용법을 배웠다. 모든 최신 업데이트를 설치했다.

Xfce 데스크탑을 둘러보고 룩앤필을 바꾸는 여러 가지 방법을 배웠다. 또한 패널에 실행기를 추가하고 다중 데스크탑을 이용하는 등 데스크탑이 여러분에게 좀 더 효율적으로 동작하게 하는 몇 가지 방법을 알아봤다.

인터넷에서 Xfce의 의미를 찾아보니 옛날에는 XForms Common Environment를 가리켰던 것으로 보인다. 하지만 Xfce는 더 이상 Xforms 도구를 사용하지 않는다. 몇 년 전 'Xtra fine computing environment'를 나타낸다는 페이지를 찾은 적이 있는데, 지금은 해당 페이지를 찾을 수 없지만 개인적으로 마음에 드니 이를 택하겠다.

연습문제

6장을 마무리하며 연습문제를 풀어보기 바란다.

1. Xfce 데스크탑이 '경량'이라는 것은 무슨 뜻인가?
2. 다중 작업 공간을 사용하면 여러분이 일하는 방식에 도움이 된다고 생각하는가?
3. 선호 애플리케이션 구성 대화상자에서 선택할 수 있는 터미널 에뮬레이터는 몇 가지인가?
4. 가용한 작업 공간의 개수를 바꿀 수 있는가?

5. Xfce 데스크탑의 기본 파일 관리자의 이름은 무엇인가?

6. 이 파일 관리자를 여러분이 사용해본 다른 파일 관리자와 비교하면 어떤가?

7. 터미널에 root로 로그인하는 방법은 무엇인가?

7장

리눅스 커맨드라인 사용

학습 목표

7장의 학습 목표는 다음과 같다.

- 커맨드라인 용어와 terms 터미널, 콘솔, 셸, 커맨드라인, 세션 사이의 차이
- 리눅스 CLI[Command Line Interface]에 접근하는 세 가지 방법
- bash 셸 사용법
- 다른 대체 셸
- 여러 커맨드라인 세션을 동시에 열면 유용한 이유
- 여러 커맨드라인 인터페이스를 다루는 최소한 3가지의 서로 다른 방법
- 기초적이지만 중요한 리눅스 명령

개요

리눅스 커맨드라인은 시스템 관리자에게는 '리눅스 명령 센터'다. 리눅스 CLI는 비제한적인 인터페이스다. 어떻게 사용하는지 제한이 없기 때문이다.

GUI(Graphical User Interface)는 원래부터 매우 제한적인 인터페이스다. 허용된 작업을 규정된 방식으로만 수행할 수 있고 이 모두가 프로그래머에 의해 선택돼 있다. 코드를 작성한 프로그래머의 상상력 한계나 십중팔구 상관의 지시에 의해 프로그래머가 만들어둔 제약에서 벗어날 수 없다.

내 생각에는 모든 GUI의 가장 큰 결점은 자동화의 가능성을 없앤다는 점이다. 어떤 GUI도 진정한 자동화 작업 능력을 제공하지 않는다. 대신 살짝 다른 데이터에 대해 같거나 비슷한 작업을 여러 번 수행하도록 마우스 클릭을 반복할 뿐이다. 간단한 '찾아 바꾸기' 동작은 GUI 프로그램에서 얻을 수 있는 최선이 무엇인지를 잘 보여준다.

반면 CLI는 작업 수행에 엄청난 유연성을 허용한다. 각각의 리눅스 명령(GNU 핵심 유틸리티뿐만 아니라 방대한 대다수의 리눅스 명령)이 "모든 것이 파일이다", "언제나 STDIO를 이용하라", "각 프로그램은 하나의 일을 잘해야 한다", "제한적인 사용자 인터페이스를 피하라" 등의 리눅스 철학에 따라 작성됐기 때문이다. 무슨 말인지 감을 잡았을 것이다. 각각의 원칙은 나중에 다룰 것이므로 아직 의미를 이해하지 못하더라도 너무 걱정 말기 바란다.

시스템 관리자를 위한 핵심은 개발자가 원칙을 따르면 커맨드라인의 힘을 전적으로 활용할 수 있다는 것이다. 리눅스 CLI의 방대한 힘은 완전히 제약 없음에 있다. 7장에서는 커맨드라인의 힘을 알아본다.

가상 콘솔, 다양한 터미널 에뮬레이터, 기타 여러분의 유연성과 생산성을 높여주는 관련 소프트웨어와 같이 커맨드라인에 접근하는 여러 방법이 있다. 7장에서는 이들 방법 모두와 얼핏 보기에 불가능한 작업을 커맨드라인이 실행하는,

즉 보스를 만족시키는 예들을 다룰 것이다.

준비

커맨드라인에 대한 논의를 더 진행하기 전에 약간 준비해야 할 것이 있다.

기본 리눅스 셸은 bash다. 다른 많은 것과 마찬가지로 선택할 수 있는 여러 셸이 있다. 이들 셸 중 다수는 리눅스와 맥OS를 비롯한 유닉스 시스템 모두에서 사용할 수 있다. 여기서 그중 몇 가지를 살펴보고 나중에 살펴볼 몇 가지 흥미로운 프로그램과 함께 설치해볼 것이다.

준비

모든 배포판이 7장에서 사용할 소프트웨어 패키지를 모두 설치하지는 않으므로 지금 설치한다. 주로 셸 패키지다.

하나 이상의 패키지가 이미 설치돼 있다면 이를 나타내는 메시지가 출력될 것이지만 나머지 패키지는 여전히 올바르게 설치될 것이다. 설치하는 패키지의 전제조건을 만족하고자 추가 패키지가 설치될 수 있다.

다음 명령을 root로 실행한다.

```
[root@studentvm1 ~]# dnf -y install tilix screen ksh tcsh zsh sysstat
```

테스트 VM에서는 이 명령이 나열된 패키지와 의존관계를 만족하기 위한 일부 추가 패키지를 설치했다.

커맨드라인 정의

커맨드라인은 사용자와 운영체제 사이에 텍스트 모드 인터페이스를 제공하는 도구다. 커맨드라인을 이용하면 컴퓨터가 처리할 명령을 사용자가 입력하고 결과를 볼 수 있다.

리눅스 커맨드라인 인터페이스는 bash[Bourne again shell], csh[C shell], ksh[Korn shell] 같은 셸로 구현돼 있다. 여기서는 3개만 나열했지만 더 많은 셸이 있다. 셸의 기능은 사용자가 입력한 명령을 해석하고 결과를 운영체제에 전달해 운영체제가 명령을 실행하고 결과를 셸로 반환하게 하는 것이다.

커맨드라인에 대한 접근은 일종의 터미널 인터페이스를 통한다. 현대 리눅스 컴퓨터에 공통적으로 존재하는 주요 터미널 인터페이스에는 세 가지가 있지만 용어가 헛갈릴 수 있다. 따라서 내가 이들 용어와 커맨드라인 관련 기타 용어를 약간 자세하게 정의하는 동안 내버려두기 바란다.

CLI 용어

커맨드라인 관련해서 종종 혼용하는 용어가 있다. 이런 무분별한 용어 사용은 인해 내가 처음 유닉스와 리눅스 관련 일을 시작했을 때 상당한 혼동을 일으켰다. 나는 시스템 관리자가 콘솔, 가상 콘솔, 터미널, 터미널 에뮬레이터, 터미널 세션, 셸 등의 용어 사이 차이점을 이해하는 것이 중요하다고 생각한다.

물론 여러분은 뜻만 통한다면 어떤 용어를 써도 좋다. 이 책 안에서는 가능한 한 가장 정확한 용어를 쓰려고 한다. 이들 용어의 뜻 사이에 커다란 차이가 있고 그것이 때로 중요하기 때문이다.

명령 프롬프트

명령 프롬프트는 다음과 같은 문자열로, 반짝이면서 여러분이 명령을 입력하기를 기다리는 커서와 함께 표시된다.

```
[student@studentvm1 ~]$ ■
```

현대 리눅스의 전형적인 명령 프롬프트는 사용자 이름과 호스트 이름, PWD Present Working Directory('현재' 디렉터리)를 모두 대괄호로 묶은 것이다. 틸드(~)는 홈 디렉터리를 나타낸다.

커맨드라인

커맨드라인은 터미널에 있는 줄로, 명령 프롬프트와 여러분이 입력한 명령을 담고 있다.

현대의 모든 주류 리눅스 배포판은 커맨드라인에 접근하는 최소한 세 가지의 방법을 제공한다. GUI 데스크탑을 사용한다면 대부분의 배포판은 여러 개의 터미널 에뮬레이터를 제공하고 그중에서 고를 수 있다. GUI 터미널 에뮬레이터는 GUI 데스크탑의 윈도우에서 실행되며 동시에 둘 이상의 터미널 에뮬레이터를 실행할 수 있다.

또한 리눅스는 여러 개의 가상 콘솔을 제공하므로 하나의 키보드와 모니터(KVM)에서 여러 번 로그인할 수 있다. 가상 콘솔은 GUI 데스크탑이 없는 시스템에서 사용할 수 있지만 GUI 데스크탑이 있는 시스템에서도 쓸 수 있다.

리눅스 컴퓨터에서 커맨드라인에 접근하는 마지막 방법은 원격 로그인이다. 텔넷telnet은 수년간 원격 접속용 일반적인 도구였지만 보안에 대한 관심이 엄청나게 증가함에 따라 대부분 SSHSecure Shell로 대치됐다.

커맨드라인 인터페이스

커맨드라인 인터페이스는 리눅스 운영체제에 대한 텍스트 모드 사용자 인터페이스로, 이를 통해 사용자가 명령을 입력하고 텍스트 출력으로 결과를 볼 수 있다.

명령

명령은 여러분이 원하는 일을 리눅스에게 알려주고자 커맨드라인에 입력하는 것이다. 명령은 이해하기 쉬운 일반적인 문법을 갖고 있다. 대부분의 셸에서 명령의 기본적인 문법은 다음과 같다.

```
명령 [-o(옵션)] [인자1] [인자2] ... [인자X]
```

옵션option은 스위치switch라고도 하며 보통 한 글자로 이뤄져 있고 이진법적인 의미를 띤다. 즉, ls -l에서 -l이 디렉터리 내용의 긴 목록을 보여주는 것처럼 명령의 기능을 활성화한다. 인자는 보통 명령이 올바른 결과를 만들어낼 때 필요한 텍스트나 숫자 데이터다. 예를 들어 파일명, 디렉터리, 사용자 이름 등이 인자가 될 수 있다. 이 과정에 등장하는 여러 명령이 하나 이상의 옵션과 필요에 따라 인자를 사용한다.

추가 데이터를 터미널에 전혀 출력하지 않고 CLI 명령 프롬프트로 돌아오는 명령을 실행해도 걱정 말기 바란다. 이는 대부분의 명령에서 정상적인 동작이다. 리눅스 명령이 제대로 작동했을 때 대부분의 경우 아무런 결과도 표시하지 않는다. 에러가 있을 때만 메시지가 출력될 것이다. 이는 "침묵은 금이다"라는 리눅스 철학과 일치한다(이에 대해 상당한 논의가 있지만 여기서 다루지는 않겠다).

명령 이름도 매우 짧다. 이는 리눅스 철학의 '게으른 관리자' 부분에 해당한다. 적게 타이핑할수록 좋다. 명령 이름은 보통 기능과 관련된 글자를 갖고 있다.

즉 'ls' 명령은 디렉터리의 내용을 나열한다list는 뜻이고, 'cd'는 디렉터리를 바꾼다change directory는 뜻이라는 등이다.

리눅스는 대소문자를 가린다는 점을 유의하기 바란다. 명령을 대문자로 입력하면 실행되지 않을 것이다. ls는 작동하지만 LS는 작동하지 않는다. 파일과 디렉터리 이름도 대소문자를 가린다.

터미널

'터미널'이라는 단어는 원래 메인프레임이나 유닉스 컴퓨터 호스트와 상호작용할 때 사용하는 오래된 하드웨어를 의미한다. 이 책에서 이 용어는 같은 기능을 수행하는 터미널 에뮬레이터 소프트웨어를 가리킨다.

터미널은 컴퓨터가 아니다. 터미널은 메인프레임과 유닉스에 연결할 뿐이다. 터미널(하드웨어)은 보통 기다란 직렬 케이블을 통해 호스트 컴퓨터에 연결된다.

그림 7-1. DEC VT100 덤 터미널. 이 파일은 Creative Commons Attribution 2.0 Generic 라이선스에 따라 사용 허가를 받았다(저자: 제이슨 스콧(Jason Scott)).

그림 7-1의 DEC VT100 같은 터미널은 메인프레임이나 유닉스 호스트에 연결할 때 터미널로 동작하는 PC 등의 작은 컴퓨터와 구별하고자 보통 '덤 터미널dumb terminal'이라고 부른다. 덤 터미널은 호스트에서 온 데이터를 표시하고 키보

드 입력을 호스트로 보내기 위한 간단한 논리 회로만을 갖고 있다. 모든 처리와 계산은 터미널이 연결된 호스트에서 수행된다.

심지어 더 오래된 터미널도 있다. 예를 들어 기계식 텔레타이프TTY는 CRT가 대중화되기도 전에 있었다. TTY는 돌돌말린 신문지 같은 종이에 명령의 입력과 결과를 모두 기록했다. 내가 대학에서 처음 들은 컴퓨터 프로그래밍 과목에서 이런 TTY 장치를 사용했는데, 초당 300비트의 전화선을 통해 수백 마일 떨어진 GEGeneral Electric 시분할 컴퓨터에 연결돼 있었다. 그 당시 우리 대학은 자체 컴퓨터를 가질 만한 형편이 되지 않았다.

커맨드라인에 적용되는 용어 상당수는 이들 두 가지 종류의 덤 터미널에서의 역사적인 사용에 뿌리를 두고 있다. 예를 들어 TTY라는 용어가 여전히 널리 쓰이지만 수년간 실제 TTY 장치를 본 적이 없다. 여러분의 리눅스 및 유닉스 컴퓨터의 /dev 디렉터리를 다시 한 번 살펴보면 다수의 TTY 장치 파일을 찾을 수 있을 것이다.

터미널은 사용자가 명령을 입력하고 돌돌말린 종이나 화면을 통해 결과를 봄으로써 터미널에 연결된 컴퓨터와 상호작용할 수 있게 하려는 하나의 목적으로 설계됐다. '터미널'이라는 용어는 컴퓨터와 통신하고 상호작용하지만 컴퓨터와 분리된 하드웨어 장치를 암시하는 경향이 있다.

콘솔

콘솔은 호스트에 연결된 기본 터미널이기 때문에 특별한 터미널이다. 시스템 운영자는 이 터미널에 앉아 호스트에 연결된 다른 호스트에서는 허용되지 않는 명령을 입력하고 작업을 수행한다. 또한 콘솔은 문제가 생겼을 때 호스트가 시스템 수준 에러 메시지를 표시하는 유일한 터미널이기도 하다.

그림 7-2. 유닉스 개발자 켄 톰슨과 데니스 리치. 톰슨이 유닉스를 실행하는 DEC 컴퓨터와 인터페이스하는 콘솔로 사용되는 텔레타이프 터미널에 앉아 있다(피터 해머 - 매그너스 맨스크가 업로드).

메인프레임과 유닉스 호스트에 여러 개의 터미널이 연결될 수 있지만 오직 하나만 콘솔로 동작할 수 있다. 대부분의 메인프레임과 유닉스 호스트에서 콘솔은 콘솔을 위해 특별히 지정된 전용 연결선으로 연결됐다. 유닉스와 마찬가지로 리눅스에는 실행 수준run level이 있고 실행 수준 1, 단일 사용자 모드, 복구 모드 같은 일부 실행 수준은 유지 보수용으로만 사용된다. 이들 실행 수준에서는 시스템 관리자가 시스템과 상호작용하고 유지 보수를 수행할 수 있게 콘솔만 동작한다.

참고

KVM은 키보드(keyboard), 비디오(video), 마우스(mouse), 즉 사람들이 컴퓨터와 상호작용할 때 가장 많이 사용하는 세 가지 장치를 나타낸다.

PC에서 물리적 콘솔은 보통 컴퓨터에 직접 부착된 키보드, 모니터(비디오), 마우스KVM다. 이들은 BIOS 부트 시퀀스boot sequence 동안 BIOS와 상호작용하는 데 사용되는 물리적 장치들이고, 리눅스 부팅 절차 초기 단계에서 GRUB과 상호작용하고 부팅할 커널을 선택하거나 부팅 명령을 수정해 다른 실행 수준으로 부팅하는 데 사용될 수 있다.

KVM 장치가 컴퓨터에 밀접하게 물리적으로 연결돼 있기 때문에 시스템 관리자는 컴퓨터와 상호작용하고자 부팅 절차 동안 콘솔에 물리적으로 앉아 있어야 한다. 시스템 관리자의 원격 접속은 부팅 절차 동안은 불가능하고 SSHD 서비스가 실행돼야 가능하다.

가상 콘솔

리눅스를 실행하는 현대의 개인용 컴퓨터와 서버는 보통 콘솔로 사용할 수 있는 덤 터미널을 갖고 있지 않다. 리눅스는 흔히 다중 가상 콘솔 기능을 제공해 하나의 표준 PC 키보드와 모니터에서 여러 번의 로그인을 허용한다. 레드햇 엔터프라이즈 리눅스, CentOS, 페도라 리눅스는 보통 텍스트 모드 로그인에 6~7개의 가상 콘솔을 제공한다. GUI가 사용되면 첫 번째 가상 콘솔(vc1)이 X 윈도우 시스템(X) 시작 후 첫 번째 GUI 세션이 되고 vc7이 두 번째 GUI 세션이 된다.

각각의 가상 콘솔은 콘솔 번호에 해당하는 기능 키에 할당된다. 즉, vc1은 기능키 F1에 할당되는 등이다. 이들 콘솔 사이를 전환하기는 쉽다. 물리적 컴퓨터에서는 Ctrl-Alt 키를 누른 채로 F2를 눌러 vc2로 전환할 수 있다. 그리고 Ctrl-Alt 키를 누른 채로 F1을 눌러 vc1으로 전환할 수 있는데, 이는 흔히 GUI 데스크탑 인터페이스다. VM에서 어떻게 할 수 있는지는 실험 7-1에서 다룰 것이다. GUI가 실행되고 있지 않다면 vc1은 단순히 또 다른 텍스트 콘솔일 것이다.

```
Fedora 27 (Twenty Seven)
Kernel 4.13.12-300.fc27.x86_64 on an x86_64 (tty2)

testvm1 login: _
```

그림 7-3. 가상 콘솔 2의 로그인 프롬프트

가상 콘솔을 이용하면 하나의 물리적 시스템 콘솔(키보드, 비디오 디스플레이, 마우스, 즉 KVM)을 통해 여러 콘솔에 접근할 수 있다. 이는 시스템 관리자가 시스템 유지 보수와 문제 해결을 수행할 때 더 큰 유연성을 제공한다. 추가적인 유연성을 제공하는 다른 방법들도 있지만 가상 콘솔은 여러분이 시스템에 직접 접근할 수 있거나 직접 연결된 KVM 장치에 접근할 수 있거나 ILO[Integrated Lights-Out] 같은 논리적 KVM 확장 도구에 접근할 수 있으면 언제나 사용할 수 있다. screen 명령 같은 방법은 환경에 따라 쓸 수 없을 수도 있고 GUI 데스크탑은 대부분의 서버에서 쓸 수 없을 것이다.

가상 데스크탑 사용법

실험 7-1

이 실험에서는 가상 콘솔 중 하나를 이용해서 커맨드라인에 root로 로그인할 것이다. 커맨드라인은 시스템 관리자가 대부분의 일을 하는 곳이다. 나중에 GUI 데스크탑에서 터미널 세션을 사용해볼 기회를 갖겠지만 이 실험은 GUI가 없을 때 시스템이 어떻게 보일지를 살펴볼 기회다.

1. 물리적 호스트를 사용 중이라면 Ctrl-Alt-F2를 눌러 가상 콘솔 2로 전환할 수 있다. 하지만 우리는 VM을 사용하므로 해당 키 조합을 누르면 물리적 호스트의 가상 콘솔로 전환될 것이다. 가상 기계에서는 약간 다르게 해야 한다.

   VM을 클릭해 포커스를 활성화한다. 호스트 키[Host Key]라는 키를 사용하면

Ctrl–Alt 키 조합을 흉내낼 수 있다. 현재 호스트 키는 그림 7-4처럼 VM 윈도우의 오른쪽 하단에 표시돼 있다. 그림에서 볼 수 있듯이 나는 VirtualBox의 기본 호스트 키를 왼쪽 윈도우 키로 바꿨다. 오른쪽 Ctrl 키보다 사용하기 쉽기 때문이다.[1] 윈도우 키는 물리적 키보드의 윈도우 아이콘이 그려진 키다.

그림 7-4. 오른쪽 윈도우 키가 기본 호스트 키이지만 좀 더 사용하기 쉬운 왼쪽 윈도우 키로 바꿨다.

VM의 포커스가 활성화돼 있을 때 가상 콘솔 2(vc2)로 바꾸려면 키보드에서 VM의 호스트 키를 누른 상태에서 F2 키(호스트 키–F2)를 누른다. 여러분의 VM 윈도우는 이제 그림 7-5처럼 보일 것이다. 전체 윈도우가 잘 보이도록 VM 윈도우의 크기를 조절했다.

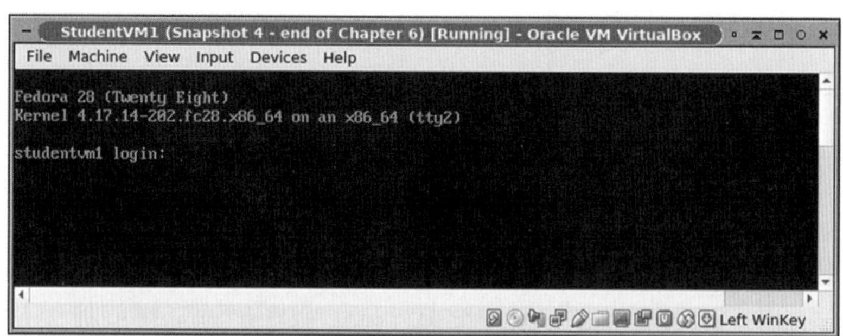

그림 7-5. VM 윈도우가 가상 콘솔 2 로그인을 보여준다.

2. 이미 로그인하지 않았다면(아직 로그인하지 않았을 텐데) 가상 콘솔 2에 root로 로그인한다. 그림 7-6처럼 로그인 줄에 root를 입력하고 엔터키를 누른다. root 패스워드를 입력하고 다시 엔터키를 누른다. 이제 로그인돼

1. VM 윈도우의 메뉴 바에서 File ▶ Preferences 메뉴를 선택하고 Input을 선택해 호스트 키와 기타 키 조합을 바꿀 수 있다.

명령 프롬프트가 보일 것이다.

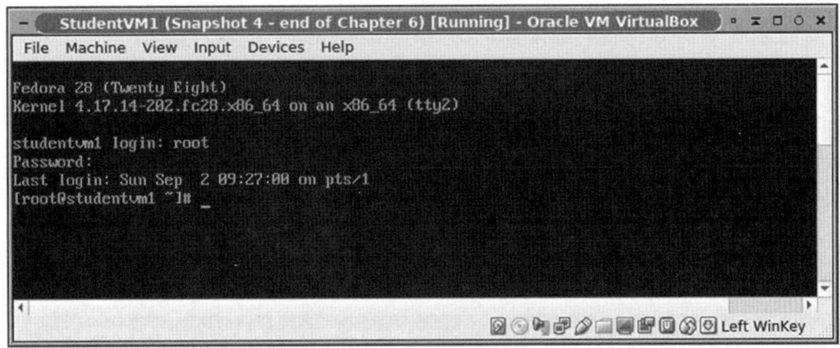

그림 7-6. root로 로그인한 뒤의 vc2

프롬프트가 root 로그인임을 나타낸다.

3. 호스트 키-F3을 이용해서 가상 콘솔 세션 3(vc3)으로 전환한다. 이 콘솔에서 student로 로그인한다. 어느 사용자든 가상 콘솔과 GUI 터미널 에뮬레이터를 통해 여러 번 로그인할 수 있다. $ 프롬프트는 일반 사용자(비특권 사용자)를 나타낸다. vc3에서 `ls -la` 명령을 실행한다. bash와 기타 구성파일이 대부분 점(.)으로 시작하는 것을 알 수 있다. 여러분의 파일 목록은 나의 목록과 다를 것이다.

```
[student@studentvm1 ~]$ ls -la
total 160
drwx------. 15 student student  4096 Sep  2 09:14 .
drwxr-xr-x.  5 root    root     4096 Aug 19 08:52 ..
-rw-------.  1 student student    19 Aug 29 13:04 .bash_history
-rw-r--r--.  1 student student    18 Mar 15 09:56 .bash_logout
-rw-r--r--.  1 student student   193 Mar 15 09:56 .bash_profile
-rw-r--r--.  1 student student   231 Mar 15 09:56 .bashrc
drwx------.  9 student student  4096 Sep  2 09:15 .cache
drwx------.  8 student student  4096 Aug 19 15:35 .config
drwxr-xr-x.  2 student student  4096 Aug 18 17:10 Desktop
```

```
drwxr-xr-x.  2 student student  4096 Aug 18 10:21 Documents
drwxr-xr-x.  2 student student  4096 Aug 18 10:21 Downloads
-rw-------.  1 student student    16 Aug 18 10:21 .esd_auth
drwx------.  3 student student  4096 Aug 18 10:21 .gnupg
-rw-------.  1 student student  1550 Sep  2 09:13 .ICEauthority
drwxr-xr-x.  3 student student  4096 Aug 18 10:21 .local
drwxr-xr-x.  4 student student  4096 Apr 25 02:19 .mozilla
drwxr-xr-x.  2 student student  4096 Aug 18 10:21 Music
drwxr-xr-x.  2 student student  4096 Aug 18 10:21 Pictures
drwxr-xr-x.  2 student student  4096 Aug 18 10:21 Public
drwxr-xr-x.  2 student student  4096 Aug 18 10:21 Templates
-rw-r-----.  1 student student     5 Sep  2 09:13 .vboxclient-clipboard.pid
-rw-r-----.  1 student student     5 Sep  2 09:13 .vboxclient-display.pid
-rw-r-----.  1 student student     5 Sep  2 09:13 .vboxclient-draganddrop.pid
-rw-r-----.  1 student student     5 Sep  2 09:13 .vboxclient-seamless.pid
drwxr-xr-x.  2 student student  4096 Aug 18 10:21 Videos
-rw-rw-r--.  1 student student 18745 Sep  2 09:24 .xfce4-session.verbose-log
-rw-rw-r--.  1 student student 20026 Sep  2 09:12 .xfce4-session.verbose-log.
last
-rw-rw-r--.  1 student student  8724 Aug 18 21:45 .xscreensaver
-rw-------.  1 student student  1419 Sep  2 09:13 .xsession-errors
-rw-------.  1 student student  1748 Sep  2 09:12 .xsession-errors.old
[student@studentvm1 ~]$
```

4. clear 명령을 이용해서 콘솔 화면을 지운다.

```
[student@studentvm1 ~]$ clear
```

reset 명령은 모든 터미널 설정을 리셋한다. 이는 바이너리 파일에 대해 cat 명령을 실행하거나 해서 터미널이 사용하거나 읽을 수 없게 됐을 때 유용하다. reset 명령을 입력할 때 타이핑하는 내용이 보이지 않더라도 명령은 여전히 동작할 것이다. 나는 가끔 reset 명령을 연거푸 두 번 써야 했던 적도 있다.

5. 지금 GUI에서 터미널 에뮬레이터를 이용해서 로그인해 있지 않다면 그렇게 한다. 호스트 키-F1을 이용해서 GUI로 돌아오고 터미널 에뮬레이터를 연다. 이미 GUI 데스크탑에서 로그인했기 때문에 터미널 에뮬레이터 세션에 로그인할 필요는 없다.

6. 아직 터미널 윈도우를 열지 않았다면 하나 연다. w를 입력해 현재 로그인된 사용자와 로그인 시간을 살펴본다. 최소 세 개의 로그인이 보여야 한다. 하나는 tty2의 root, 또 하나는 tty3의 student, 또 하나는 tty1(GUI 콘솔 세션)의 student다.

```
[student@studentvm1 ~]$ w
16:48:31 up 2 days, 7:35, 5 users, load average: 0.05, 0.03, 0.01
USER     TTY      LOGIN@   IDLE   JCPU  PCPU  WHAT
student  tty1     Sun09    2days 10.41s 0.05s /bin/sh /etc/xdg/xfce4/
xinitrc -- vt
student  pts/1    Sun09   18:57m  0.15s 0.05s sshd: student [priv]
root     tty2     13:07    3:41m  0.02s 0.02s -bash
student  pts/3    13:17    4.00s  0.05s 0.03s w
student  tty3     13:21    3:24m  0.03s 0.03s -bash
[student@studentvm1 ~]$
```

내가 여러분보다 로그인 수가 많은 이유는 SSH를 이용해서 물리적 호스트 워크스테이션으로부터 '원격으로' 로그인하기도 했기 때문이다. 그러면 명령의 결과를 복사하고 붙여넣기가 약간 더 쉬워진다. 가상 네트워크의 설정 때문에 여러분은 가상 기계로 SSH할 수 없을 것이다.

첫 번째 줄은 student가 TTY1로 로그인했음을 보여준다. TTY1은 GUI 데스크탑이다. 또한 TTY2와 TTY3을 통한 로그인 외에 가상 터미널(pts)인 pts/1과 pts/3을 이용한 로그인도 볼 수 있다. 이들은 원격 SSH 로그인 세션들이다.

7. who 명령을 입력한다. w와 비슷하지만 약간 다른 정보를 제공한다.

```
[student@studentvm1 ~]$ who
student tty1      2018-09-02  09:13  (:0)
student pts/1     2018-09-02  09:26  (192.168.0.1)
root    tty2      2018-09-04  13:07
student pts/3     2018-09-04  13:17  (192.168.0.1)
student tty3      2018-09-04  13:21
[student@studentvm1 ~]$
```

who 명령의 결과에서 내가 원격 접속을 위해 SSH를 실행한 서버의 IP 주소를 볼 수 있다. (:0) 문자열은 이모티콘이 아니라 TTY1이 display: 0, 즉 첫 번째 디스플레이에 연결돼 있음을 나타낸다.

8. whoami 명령을 입력해 현재 로그인 이름을 출력한다.

```
[student@studentvm1 ~]$ whoami
student
[student@studentvm1 ~]$
```

물론 로그인 이름은 명령 프롬프트에도 표시된다. 하지만 여러분은 때로 스스로가 생각하는 누군가가 아닐 수도 있다.

9. id 명령을 입력해 실제 ID/GID와 유효[effective] ID/GID를 출력한다. 또한 id 명령은 해당 사용자 ID가 속하는 그룹의 목록도 보여준다.

```
[student@studentvm1 ~]$ id
uid=1000(student) gid=1000(student) groups=1000(student)
context=unconfined_u:unconfined_r:unconfined_t:s0-s0:c0.c1023
[student@studentvm1 ~]$
```

ID, 그룹, 그룹 ID는 나중에 자세히 다룰 것이다.

id 명령의 출력 중 'context'로 시작하는 부분이 여기에는 두 줄로 나뉘어 있지만 여러분의 터미널에는 한 줄로 표시돼야 한다. 하지만 이렇게 나눠보면 SELinux 정보를 살펴보기 편리하다. SELinux는 안전한 리눅스Secure Linux로, 해커가 SELinux로 보호된 호스트에 접근하더라도 잠재적 피해가 극히 제한되도록 NSA가 코드를 작성했다. SELinux는 3권의 17장에서 약간 더 자세히 다룬다.

10. 다시 콘솔 세션 2로 전환한다. 다른 콘솔 세션에서와 마찬가지로 whoami, who, id 명령을 사용한다. who am I 명령도 사용해보자.

```
[student@studentvm1 ~]$ whoami
student
[student@studentvm1 ~]$ who
root     pts/1      2019-01-13 14:13 (192.168.0.1:S.0)
root     pts/2      2019-01-14 12:09 (192.168.0.1:S.1)
student pts/3      2019-01-15 16:15 (192.168.0.1)
student tty1       2019-01-15 21:53 (:0)
student pts/5      2019-01-15 22:04 (:pts/4:S.0)
student pts/6      2019-01-15 22:04 (:pts/4:S.1)
student tty2       2019-01-15 22:05
student tty3       2019-01-15 22:06
student pts/8      2019-01-15 22:19
[student@studentvm1 ~]$ id
uid=1000(student) gid=1000(student) groups=1000(student)
context=unconfined_u:unconfined_r:unconfined_t:s0-s0:c0.c1023
[student@studentvm1 ~]$ who am i
student pts/8      2019-01-15 22:19
```

11. 모든 가상 콘솔 세션에서 로그아웃한다.

12. Ctrl-Alt-F1(호스트 키-F1)을 이용해서 GUI 데스크탑으로 돌아간다.

가상 콘솔은 그림 7-3에서 가상 콘솔 2에 /dev/tty2가 할당되듯이 장치 파일에 할당된다. 장치 파일은 이 과정 전체와 특히 2권의 3장에서 훨씬 더 자세히 다룰 것이다. 리눅스의 콘솔[2]은 리눅스 가상 콘솔용 터미널 에뮬레이터다.

터미널 에뮬레이터

계속해서 용어를 살펴보자. 터미널 에뮬레이터는 하드웨어 터미널을 흉내내는 소프트웨어 프로그램이다. 그림 7-7의 xfce4-terminal 에뮬레이터 같은 요즘 그래픽 터미널 에뮬레이터 대부분은 서로 다른 몇 가지 종류의 하드웨어 터미널을 흉내낼 수 있다. 대부분의 터미널 에뮬레이터는 Xfce, KDE, Cinnamon, LXDE, GNOME 등의 리눅스 그래픽 데스크탑 환경에서 실행되는 그래픽 프로그램이다.

그림 7-7에서 볼 수 있듯이 xfce4-terminal 에뮬레이터 윈도우에서 오른쪽 클릭하면 다른 탭을 열거나 에뮬레이터 윈도우를 열 수 있는 메뉴가 나온다. 또한 이 그림은 현재 두 개의 탭이 열려있음도 보여준다. 탭은 메뉴 바 바로 아래에 있다.

2. 위키피디아, Linux Console, https://en.wikipedia.org/wiki/Linux_console

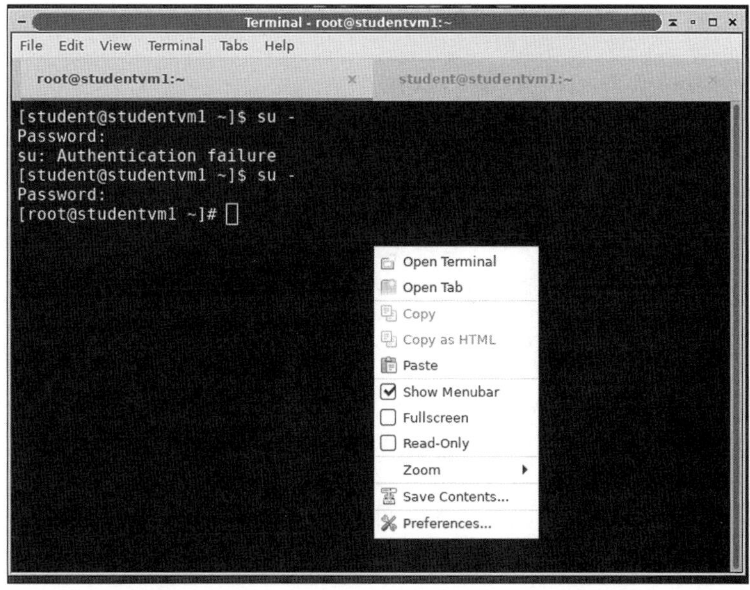

그림 7-7. 두 개의 탭이 열려 있는 xfce4-terminal 에뮬레이터

첫 번째 터미널 에뮬레이터는 1984년에 토마스 딕키Thomas Dickey[3]가 개발한 Xterm[4]이었다. Xterm은 여전히 현대의 여러 리눅스 배포판의 일부로 패키지돼 유지 보수되고 있다. 다른 터미널 에뮬레이터로는 xfce4-terminal[5], GNOME-terminal[6], Tilix[7], rxvt[8], Terminator[9], Konsole[10] 등이 있다. 이들 터미널 에뮬레이터 각각은 특정 집단 사람들의 관심을 끄는 흥미로운 기능을 갖고 있다. 어떤 에뮬레이터는 하나의 윈도우에서 여러 개의 탭이나 터미널을 열 수 있다. 다른 에뮬레이터는 기능을 수행하기 위한 최소한의 특성만을 제공하고 흔히 작은 크기와 효율

3. 위키피디아, Thomas Dickey, https://en.wikipedia.org/wiki/Thomas_Dickey
4. 위키피디아, Xterm, https://en.wikipedia.org/wiki/Xterm
5. Xfce Documentation, xfce4-terminal, https://docs.xfce.org/apps/xfce4-terminal/introduction
6. 위키피디아, GNOME terminal, https://en.wikipedia.org/wiki/GNOME_Terminal
7. Fedora Magazine, Tilix, https://fedoramagazine.org/try-tilix-new-terminal-emulator-fedora/
8. 위키피디아, Rxvt, https://en.wikipedia.org/wiki/Rxvt
9. 위키피디아, Terminator, https://en.wikipedia.org/wiki/Terminator_(terminal_emulator)
10. KDE, Konsole 터미널 에뮬레이터, https://konsole.kde.org/

성이 필요할 때 사용된다.

내가 가장 좋아하는 터미널 에뮬레이터는 xfce4-terminal, Konsole, Tilix다. 한 윈도우에서 여러 터미널 에뮬레이터를 실행할 수 있기 때문이다. xfce4-terminal 등은 전환할 수 있는 다중 탭을 이용해서 이를 지원한다. Tilix는 다중 세션을 제공할 뿐만 아니라 한 윈도우 세션에서 여러 에뮬레이터 세션을 타일처럼 표시할 수도 있다. 현재로서 내 선택은 xfce4로, 터미널 에뮬레이터로서 좋은 기능을 제공할 뿐만 아니라 매우 가볍고 시스템 자원을 아주 적게 사용하기 때문이다. 다른 터미널 에뮬레이터 소프트웨어도 이들 기능 중 여럿을 제공하지만 xfce4-terminal과 Tilix만큼 솜씨 좋고 매끄럽지는 않다.

이 과정에서는 xfce4-terminal을 사용할 것이다. Xfce 데스크탑의 기본 에뮬레이터고 시스템 자원을 조금 사용하며 우리에게 필요한 기능을 모두 갖고 있기 때문이다. 14장에서 다른 터미널 에뮬레이터들을 설치하고 살펴볼 것이다.

가상 터미널

가상 터미널pseudo-terminal은 운영체제와 접속하고자 터미널 에뮬레이터와 연결된 리눅스 장치다. 가상 터미널용 장치 파일은 /dev/pts 디렉터리에 있고 새로운 터미널 에뮬레이터 세션이 시작할 때만 만들어진다. 이는 새로운 터미널 에뮬레이터 윈도우이거나 하나의 윈도우에서 여러 세션을 지원하는 터미널 에뮬레이터의 기존 윈도우 안에 있는 새로운 탭이거나 패널일 수 있다.

/dev/pts 안의 장치 파일은 단순히 열려있는 각 에뮬레이터 세션의 번호다. 예를 들어 첫 번째 에뮬레이터는 /dev/pts/1이다.

장치 특수 파일

잠깐 시간을 내서 장치 특수 파일device special file을 살펴보자. 리눅스는 거의 모든 것을 파일로 처리한다. 이는 흥미롭고 놀라운 결과를 초래한다. 이 개념으로 인해 부트 레코드를 포함한 전체 하드 드라이브를 복사할 수 있다. 전체 하드 드라이브가 개별 파티션과 마찬가지로 하나의 파일이기 때문이다. "모든 것이 파일이다"는 리눅스에서 모든 장치가 장치 파일device file이라는 것으로 구현되기 때문에 가능하다. 장치 파일은 장치 드라이버가 아니라 사용자가 볼 수 있는, 이를 통해 장치로 연결되는 관문에 가깝다.

장치 파일은 엄밀히 말해 장치 특수 파일[11]이라고 한다. 장치 파일은 운영체제와 (개방형 운영체제에서는 더욱 더 중요한) 사용자가 장치에 접근할 수 있게 한다. 모든 리눅스 장치 파일은 /dev 디렉터리에 있는데, /dev 디렉터리는 부트 절차의 초기(다른 파일 시스템들이 마운트되기 전)에 반드시 있어야 하는 루트(/) 파일 시스템의 필수적인 부분이다.

이 과정 내내 장치 특수 파일이 언급될 것이고 여러분은 2권의 3장에서 장치 특수 파일 관련해서 폭넓은 실습 기회를 가질 것이다. 지금은 장치 특수 파일에 대한 약간의 정보만 알고 있으면 충분하다.

세션

세션session은 여러 가지에 적용될 수 있지만 본질적으로는 같은 의미를 지닌다. 이 용어가 가장 기본적으로 적용되는 예는 터미널 세션으로, 하나의 사용자 로그인과 셸에 연결된 하나의 터미널 에뮬레이터를 말한다. 따라서 가장 기본적인 의미에서 세션은 로컬이나 원격 호스트에 로그인된 하나의 윈도우나 가상 콘솔 및 그 안에서 실행 중인 커맨드라인 셸을 의미한다. xfce4-terminal 에뮬레이터는 다중 세션을 지원하며 독립된 탭에 각각의 세션을 담고 있다.

11. 위키피디아, Device File, https://en.wikipedia.org/wiki/Device_file

셸

셸shell은 운영체제를 위한 명령 해석기다. 수많은 리눅스용 셸이 사용자나 시스템 관리자가 입력한 명령을 해석해서 운영체제가 사용할 수 있는 형태로 변환한다. 결과가 셸 프로그램으로 반환되면 터미널에 표시한다.

대부분의 리눅스 배포판에서 기본 셸은 bash 셸이다. bash는 Bourne again shell을 뜻하는데, 1977년에 스티븐 본Steven Bourne이 작성한 예전의 Bourne 셸에 기반을 두고 있기 때문이다. 다른 셸도 많다. 내가 가장 자주 마주친 네 개는 다음과 같지만 그 외에도 많다.[12]

- **csh**: C 언어의 문법을 좋아하는 프로그래머를 위한 C 셸
- **ksh**: 데이비드 콘David Korn이 작성했고 유닉스 사용자에게 유명한 콘 셸
- **tcsh**: 편의 기능이 추가된 버전의 csh
- **zsh**: 유명한 여러 셸의 많은 기능을 조합한 셸

모든 셸은 핵심 유틸리티가 제공하는 명령들을 보완하거나 대체하는 약간의 내장 명령을 갖고 있다. bash의 매뉴얼 페이지를 열어 'BUILT-INS' 절을 찾아보면 셸 자체가 제공하는 명령의 목록을 볼 수 있다.

나는 csh, ksh, zsh를 모두 써봤으나 여전히 다른 셸보다 bash 셸을 더 좋아한다. 셸마다 각자의 개성과 문법이 있다. 어떤 셸은 자신에서 더 잘 맞을 것이고 다른 셸은 그렇지 않을 것이다. 가장 잘 맞는 셸을 사용하면 되지만 최소한 다른 셸들도 사용해보기 바란다. 셸은 아주 쉽게 바꿀 수 있다.

다른 셸 사용

지금까지는 bash 셸을 사용해봤으므로 bash 셸에 대해 약간의 경험을 갖게 됐

12. 위키피디아, Comparison of command shells, https://en.wikipedia.org/wiki/Comparison_of_command_shells

다. 필요에 더 잘 맞을 수도 있는 다른 셸들이 있다. 이 실험에서는 세 가지 셸을 살펴볼 것이다.

실험 7-2

대부분의 리눅스 배포판이 기본으로 bash 셸을 사용하기 때문에 지금 bash 셸을 사용 중이고, bash 셸이 기본 셸이라고 가정한다. 7장을 준비하면서 세 가지 다른 셸(ksh, tcsh, zsh)을 설치했다.

이 실험은 student 사용자로 실시한다. 먼저 명령 프롬프트는 다음과 같다.

```
[student@studentvm1 ~]$
```

일반 사용자를 위한 표준 bash 프롬프트다. 이제 ksh 셸로 바꿔보자. 셸의 이름만 입력하면 된다.

```
[student@studentvm1 ~]$ ksh
$
```

프롬프트의 차이로 다른 셸임을 알 수 있다. `ls`와 `free` 같은 간단한 명령 몇 가지를 실행해보면 명령이 동작하는 방식에는 차이가 없음을 알 수 있다. 이는 내장 명령을 제외하면 대부분의 명령이 셸과 독립적이기 때문이다. `ll` 명령을 실행해보자.

```
$ ll
ksh: ll: not found [No such file or directory]
$
```

이 명령이 실패하는 이유는 콘 셸 앨리어스[alias]가 bash 앨리어스와 다르기 때문이다. bash처럼 명령 히스토리[history]를 얻고자 위로 스크롤해보자. 이는 동작하지 않는다. zsh를 사용해보자.

```
$ zsh
This is the Z Shell configuration function for new users,
zsh-newuser-install.
You are seeing this message because you have no zsh startup files
(the files .zshenv, .zprofile, .zshrc, .zlogin in the directory
~). This function can help you with a few settings that should
make your use of the shell easier.

You can:

(q) Quit and do nothing. The function will be run again next time.
Chapter 7 Using the Linux Command Line
This copy belongs to 'adn3129'
200

(0) Exit, creating the file ~/.zshrc containing just a comment.
That will prevent this function being run again.

(1) Continue to the main menu.

--- Type one of the keys in parentheses ---
```

1을 입력하면 zsh를 필요(현재 단계에서 여러분이 아는 최대한)에 맞게 구성할 수 있도록 일련의 메뉴가 나타난다. 여기서는 Q를 선택하고 bash 프롬프트와는 약간 다른 프롬프트가 표시된다.

```
[student@studentvm1]~%
```

zsh에서 몇 가지 간단한 명령을 실행해본다. exit를 두 번 입력해 원래의 최상위에 있는 bash 셸로 돌아온다.

```
[student@studentvm1]~% w
14:30:25 up 3 days, 6:12, 3 users, load average: 0.00, 0.00, 0.02
USER     TTY    LOGIN@  IDLE   JCPU  PCPU  WHAT
student  pts/0  Tue08   0.00s  0.07s 0.00s  w
root     pts/1  Wed06   18:48  0.26s 0.26s  -bash
student  pts/2  08:14   6:16m  0.03s 0.03s  -bash
[student@studentvm1]~% exit
$ exit
[student@studentvm1 ~]$
```

이미 bash 셸에 있을 때 bash 셸을 실행하면 어떤 일이 일어날까?

```
[student@studentvm1 ~]$ bash
[student@studentvm1 ~]$ ls
Desktop Documents Downloads Music Pictures Public Templates Videos
[student@studentvm1 ~]$ exit
exit
[student@studentvm1 ~]$
```

그냥 또 다른 bash 셸로 들어간다.

이는 피상적으로 보이는 것 이상을 보여준다. 먼저 각 셸이 계층이라는 사실이다. 새로운 셸을 시작해도 이전 셸이 종료되지 않는다. bash에서 tcsh을 시작하면 bash 셸은 백그라운드에 남아 있고, tcsh을 종료하면 bash 셸로 돌아온다.

셸에서 어느 명령이나 프로세스를 실행하더라도 똑같은 일이 일어난다. 명령은 각자의 세션에서 실행되고 부모 셸(프로세스)은 하위 명령subcommand이 반환해 제어권이 돌아올 때까지 기다렸다가 이후의 명령을 처리한다.

따라서 다른 명령을 실행(그것이 그 스크립트의 목적이다)하는 스크립트가 있다면 스크립트는 각각의 명령을 실행하고 현재 실행 중인 명령이 끝나기를 기다렸다가 다음 명령으로 넘어가서 실행한다.

명령의 끝에 '&'를 붙이면 동작이 바뀌어 호출된 명령을 백그라운드로 보내고 사용자가 계속해서 셸과 상호작용할 수 있게 하거나 스크립트가 명령을 더 처리할 수 있게 된다. 사용자와의 추가 상호작용이나 STDOUT으로의 출력이 더 이상 없는 명령의 경우에만 이렇게 하고 싶을 것이다. 또한 먼저 실행하는 명령의 결과가 나중에 실행되지만 백그라운드 작업이 종료되기 전에 실행될 명령에서 필요할 경우에는 해당 명령을 백그라운드로 실행하고 싶지 않을 것이다.

리눅스에서는 시스템 관리자와 사용자가 여러 가지 선택을 할 수 있기 때문에 프로그램을 백그라운드로 옮길 필요가 별로 없다. 데스크탑에서 새로운 터미널 에뮬레이터를 열거나, 스크린 세션에서 또 하나의 터미널 에뮬레이터를 시작하거나, 다른 가상 콘솔로 전환해도 된다. 백그라운드 실행 기능은 다른 명령을 처리하는 동안 또 다른 프로그램을 실행하는 스크립트에서 더 유용할 수 있다.

chsh 명령으로 로그인해서 새로운 터미널 세션을 시작할 때마다 사용하는 셸을 바꿀 수 있다. 터미널 에뮬레이터와 셸은 14장에서 더 자세히 살펴본다.

SSH

SSH[Secure Shell]은 진짜 셸은 아니다. ssh 명령은 클라이언트인 자신과 SSHD 서버를 실행하는 다른 호스트 사이에 보안 연결을 시작한다. 서버에서 사용되는 실제 명령 셸은 서버에서 해당 계정에 설정된 기본 셸(bash 셸 등)이다. SSH는 단순히 리눅스 호스트 사이에 보안 통신 터널을 만드는 프로토콜이다.

screen

어쩌면 'screen'을 리눅스 데스크탑이 표시되는 장치로 생각할 수도 있을 것이다. 물론 그런 뜻도 있지만 시스템 관리자에게 screen은 커맨드라인의 힘을 향상시키는 화면 관리자 프로그램을 의미한다. screen 유틸리티를 이용하면 하나의 터미널 세션에서 여러 개의 셸을 실행하고 실행 중인 셸 사이를 오갈 수 있다.

나는 원격 세션으로 프로그램을 실행하는 중에 통신 연결이 끊어진 경험이 많다. 그러면 실행 중이던 프로그램도 종료되고 처음부터 다시 시작해야 했다. screen 세션은 네트워크 연결 실패로 원격 호스트로의 연결이 끊어져도 계속 실행된다. 또한 screen 세션을 터미널 세션에서 일부러 끊은 뒤 나중에 동일한 컴퓨터나 다른 컴퓨터에서 다시 연결할 수도 있다. screen 터미널 세션에서 실행 중인 모든 CLI 프로그램은 원격 호스트에서 계속 실행될 것이다. 이는 통신이 다시 연결되면 다시 원격 호스트에 로그인한 뒤 원격 커맨드라인에서 screen -r 명령으로 screen 세션을 터미널에 다시 연결할 수 있음을 의미한다.

따라서 나는 screen에 여러 개의 터미널 세션을 실행한 뒤 Ctrl-a + d를 이용해서 screen의 연결을 끊고 로그아웃한다. 그런 다음 다른 위치로 가서 다른 호스트에 로그인한 뒤 screen을 실행 중인 호스트로 SSH하고 로그인한 뒤 screen -r 명령을 이용해 screen 세션에 다시 연결하면, 모든 터미널 세션과 프로그램이 여전히 실행 중이다.

screen은 가상 콘솔을 제공하는 하드웨어 콘솔에 물리적으로 접근할 수 없지만 여러 셸을 사용하는 유연성이 필요한 환경에서 유용할 수 있다. screen 프로그램은 유용할 뿐만 아니라 어떤 경우에는 빠르고 효율적으로 일하는 데 필수적일 수 있다.

실험 7-3

이 실험에서는 screen 프로그램의 사용법을 살펴본다. 이 실험은 터미널 세션에서 student 사용자로 수행하기 바란다.

시작하기 전에 새로운 터미널을 열거나 실행 중인 터미널 세션을 전환하는 등의 일을 하고자 명령을 screen 프로그램으로 보내는 방법을 알아보자.

예를 들어 이 실험에는 새로운 터미널을 열고자 "Ctrl-a + c를 누른다" 같은 지시 사항이 제공된다. 이는 a 키를 누를 때 Control 키도 누르고 있어야 한다는 의미다. 그런 다음에는 Control과 a 키를 떼도 된다. screen 프로그램에게 다음 키 입력이 있을 것임을 알렸기 때문이다. 이제 c 키를 누른다. 이런 키 조합은 약간 복잡해 보이지만 개인적으로는 금방 익혔고 지금은 매우 자연스럽다. 여러분도 마찬가지일 것이라고 믿는다.

Ctrl-a + "(큰따옴표)는 screen 세션에 열려 있는 터미널의 목록을 보여준다. Ctrl-a를 눌렀다가 뗀 뒤 shift + "를 누른다.

Ctrl-a + Ctrl-a 조합을 이용하면 최근에 사용한 두 터미널 세션을 전환할 수 있다. Control 키를 계속 누른 채로 a 키를 두 번 눌러야 한다.

1. screen 명령을 입력하면 화면이 지워지고 명령 프롬프트가 나타난다. 이제 하나의 윈도우에 하나의 터미널 세션이 열리고 표시된 screen 디스플레이 관리자 안에 있다.
2. 아무 명령(ls 등)이나 입력해 터미널 세션에 명령 프롬프트 외의 뭔가가 표시되게 한다.
3. Ctrl-a + c를 눌러 screen 세션 안에 새로운 셸을 연다.
4. 새로운 터미널에 다른 명령(df -h 등)을 입력한다.
5. Ctrl-a + Ctrl-a를 눌러 터미널을 전환한다.
6. Ctrl-a + c를 눌러 세 번째 터미널을 연다.
7. Ctrl-a + "를 눌러 열려 있는 터미널의 목록을 얻는다. 위/아래 화살표 키를 이용해 마지막 터미널이 아닌 하나의 터미널을 선택한 뒤 엔터키를 눌러 해당 터미널로 전환한다.
8. 선택된 터미널을 닫고자 exit을 입력하고 엔터키를 누른다.
9. Ctrl-a + "를 눌러 해당 터미널이 사라졌음을 확인한다. 여러분이 선택한 번호의 터미널이 사라지고 나머지 터미널들의 번호가 바뀌지 않았음에

주목하기 바란다.

10. 새로운 터미널을 열고자 Ctrl-a + c를 누른다.
11. Ctrl-a + "를 눌러 새로운 터미널이 만들어졌음을 확인한다. 새 터미널이 예전에 닫힌 터미널의 번호로 열렸음을 주목하기 바란다.
12. screen 세션 및 열려있는 모든 터미널과의 연결을 끊고자 Ctrl-a + d를 누른다. 이때 screen 세션 안의 모든 터미널과 프로그램은 계속 실행됨을 유의하기 바란다.
13. 커맨드라인에 `screen -list` 명령을 입력해 현재 screen 세션을 모두 나열한다. 이는 여러 screen 세션이 있을 때 올바른 screen 세션에 다시 연결할 때 유용할 수 있다.
14. `screen -r` 명령을 이용해서 실행 중인 screen 세션에 다시 연결한다. 여러 screen 세션이 실행 중이라면 목록이 표시될 것이고, 연결할 세션을 선택할 수 있다. 이 경우 연결할 screen 세션의 이름[13]을 입력해야 한다.

기존의 screen 세션 안에서 새로운 screen 세션을 열지 말 것을 권장한다. 그럴 경우 터미널 간의 전환이 어려울 수 있다. screen 프로그램이 내부의 screen 세션 중 어디로 해당 명령을 보낼지 판단하기가 어려워지기 때문이다.

나는 screen 프로그램을 아주 자주 사용한다. 커맨드라인에서 작업할 때 극도의 유연성을 제공해주는 강력한 도구다.

GUI와 CLI

여러분은 GUI를 좋아할 수도 있고 거의 모든 리눅스 배포판에 있는 여러 가지 GUI, 즉 데스크탑을 사용할 수 있다. 심지어 여러 데스크탑을 전환하면서 사용

13. `[pid.]tty.host`의 형태 – 옮긴이

할 수도 있다. 특정 작업에는 특정 데스크탑(예, KDE)이 좋고 다른 작업에는 다른 데스크탑(예, GNOME)이 적합할 수도 있기 때문이다. 하지만 리눅스 컴퓨터를 관리하는 데 필요한 대부분의 그래픽 도구가 그저 실제로 이들 기능을 수행하는 CLI 명령을 그래픽으로 포장해놓은 것일 뿐이라는 점도 알게 될 것이다.

GUI는 CLI의 힘에 가까이 갈 수 없다. GUI는 근본적으로 여러분이 접근해도 좋다고 프로그래머가 결정해 놓은 기능으로 제한되기 때문이다. 이것이 윈도우와 기타 제한적 운영체제가 작동하는 방식이다. 그들은 여러분이 접근해도 좋다고 자신이 결정해놓은 기능과 권한에만 접근할 수 있게 허용한다. 이는 개발자가 여러분이 컴퓨터의 강력한 힘으로부터 보호되고 싶어 한다고 생각하거나, 여러분이 그 수준의 힘을 다룰 능력이 없다고 생각하거나, CLI가 할 수 있는 모든 일을 할 수 있도록 GUI를 작성하기에는 개발자의 시간이 너무 많이 들고 우선순위가 떨어진다고 생각하기 때문일 수 있다.

어떤 방식으로든 GUI가 제한된다고 해서 좋은 시스템 관리자가 일을 쉽게 하고자 GUI를 이용하면 안 된다는 뜻은 아니다. GUI를 활용하면서 좀 더 유연성 있게 커맨드라인 작업을 함께 사용할 수 있다. 데스크탑에서 여러 개의 터미널 윈도우를 쓸 수 있고 Xfce나 Tilix 같이 GUI 환경을 위해 설계된 터미널 에뮬레이션 프로그램을 이용할 수 있기 때문에 생산성을 향상시킬 수 있다. 데스크탑에 여러 개의 터미널을 열 수 있기 때문에 여러 컴퓨터에 동시에 로그인할 수 있다. 또한 한 컴퓨터에 여러 번 로그인할 수도 있는데, 그중 하나에는 자신의 사용자 ID로 로그인하고 다른 터미널 세션에는 root로 로그인할 수도 있다.

개인적으로는 언제나 여러 개의 터미널 세션을 여러 가지 방식으로 열어 놓기 때문에 GUI는 여러 개의 터미널 세션을 열기 위한 것일 뿐이다. 또한 GUI는 이 책을 쓸 때 사용하고 있는 리브레오피스[LibreOffice], 그래픽 이메일, 웹 브라우징 애플리케이션 등의 프로그램을 사용할 수 있게 해준다. 그러나 시스템 관리자의 진짜 힘은 커맨드라인에 있다.

리눅스는 리처드 스톨만Richard M. Stallman[14](RMS라고도 한다)이 원래 무료 버전의 유닉스 또는 유닉스류 운영체제에 필요한 오픈소스 유틸리티로 작성한 GNU 핵심 유틸리티를 사용한다. GNU 핵심 라이브러리는 GNU/리눅스 같은 GNU 운영체제의 기본 파일, 셸, 텍스트 편집 유틸리티이고, 어느 시스템 관리자든 모든 버전의 리눅스에 존재한다고 믿을 수 있다. 게다가 모든 리눅스 배포판은 더 많은 기능을 제공하는 확장된 유틸리티들을 갖고 있다.

info coreutils 명령을 입력하면 GNU 핵심 유틸리티의 목록을 볼 수 있고 개별 명령을 골라 추가 정보를 볼 수 있다. 또한 이들 명령 각각과 모든 배포판에 표준적으로 탑재되는 기타 수백 가지 리눅스 명령의 매뉴얼 페이지를 볼 수 있다.

중요한 리눅스 명령

가장 기본적인 리눅스 명령은 디렉터리 구조에서 현재 위치를 알아내고 바꾸는 명령과 파일을 만들고, 관리하고, 살펴보는 명령, 시스템 상태의 다양한 측면을 살펴보는 명령 등이다. 앞으로 나올 실험에서는 이런 작업 모두를 할 수 있는 기본 명령 중 일부를 소개할 것이다. 또한 문제 확인 절차에서 자주 쓰이는 일부 고급 명령도 다룰 것이다.

이들 실험에서 다루는 대부분의 명령은 여러 가지 옵션이 있고, 그중 일부는 잘 알려져 있지 않다. 이들 실험은 모든 리눅스 명령(수백 가지)을 다루려는 것도 아니고 이들 명령의 모든 옵션을 다루려는 것도 아니다. 이들 명령과 사용법을 소개하려는 것뿐이다.

14. 위키피디아, Richard M. Stallman, https://en.wikipedia.org/wiki/Richard_Stallman

PWD

PWD는 현재 작업 디렉터리present working directory를 의미한다. PWD는 모든 명령의 동작이 명령에 명시적으로 다른 위치가 지정되지 않는 한 PWD에서 일어나기 때문에 중요하다. pwd 명령은 'print working directory', 즉 셸 출력으로 현재 디렉터리의 이름을 인쇄하라는 의미다.

디렉터리 경로 표기법

경로path는 리눅스 디렉터리 트리의 디렉터리를 나타내는 표기법이다. 이를 통해 현재 작업 디렉터리에 없는 디렉터리나 파일로의 경로를 나타낼 수 있다. 현재 작업 디렉터리를 '현재 디렉터리'라고도 한다. 리눅스는 경로를 폭넓게 사용해 전체 경로를 입력할 필요 없이 실행 파일의 위치를 간편하게 찾을 수 있다.

예를 들어 ls 명령을 실행하려면 '/usr/bin/ls'를 입력하기보다 'ls'를 입력하는 편이 더 쉽다. 셸은 PATH 변수에 실행 파일(예, ls)을 찾을 디렉터리의 목록을 저장한다.

실험 7-4

다음은 student 사용자의 PATH 환경 변수에 있는 내용을 간단히 보여준다.

```
[student@studentvm1 ~]$ echo $PATH
/usr/local/bin:/usr/bin:/usr/local/sbin:/usr/sbin:/home/student/.local/bin:/
home/student/bin
[student@studentvm1 ~]$
```

셸이 검색할 다양한 경로(디렉터리)가 위 명령의 출력에 나열된다. 각 경로는 콜론(:)으로 나뉜다.

경로를 나타낼 때 사용할 수 있는 두 가지 표기법이 있다. 절대 경로absolute path는 루트 디렉터리에서 시작하는 전체 경로를 나타낸다. 따라서 현재 작업 디렉터리가 내 홈 디렉터리의 Download 디렉터리라면 절대 경로는 /home/student/ownloads다. 이 디렉터리가 현재 작업 디렉터리일 때 내 Documents/Work 디렉터리의 절대 경로를 나타내면 /home/student/Documents/Work가 된다. 또한 이 경로를 현재 작업 디렉터리에 대한 상대 경로relative path로 나타내면 ../ocuments/Work가 된다. 틸드(~)가 내 홈 디렉터리를 나타내는 단축 표기법이기 때문에 ~/Documents/Work로 표기할 수도 있다.

디렉터리 트리에서 이동

커맨드라인을 이용해서 리눅스 파일 시스템 디렉터리 트리에서 이동하는 방법을 살펴보자. 어떤 디렉터리에 대한 작업을 수행할 때 해당 디렉터리가 현재 작업 디렉터리(현재 디렉터리)면 훨씬 쉽다. 파일 시스템을 돌아다는 것은 매우 중요한 기능이고, 이를 돕는 여러 가지 지름길이 있다.

실험 7-5

이 실험은 student 사용자로 수행하기 바란다. 이미 Xfce 데스크탑에 로그인해 있고 Xfce 터미널 세션을 student 사용자로 열어뒀어야 한다. 그렇지 않다면 지금 하기 바란다.

리눅스 파일 시스템 디렉터리에서 이동하는 것은 여러 이유로 중요하다. 여러분은 이 과정 내내 및 시스템 관리자로서의 실생활에서 이 기술을 사용할 것이다.

1. student 사용자로 터미널 세션을 시작한다. 현재 작업 디렉터리PWD를 확인한다.

```
[student@studentvm1 tmp]$ pwd
/tmp
[student@studentvm1 tmp]$ cd
[student@studentvm1 ~]$ pwd
/home/student
[student@studentvm1 ~]$
```

첫 번째 확인했을 때는 내가 거기서 작업했기 때문에 현재 작업 디렉터리가 /tmp 디렉터리였다. 여러분의 현재 작업 디렉터리는 여러분의 홈 디렉터리(~)일 것이다. 옵션 없이 cd 명령을 이용하면 홈 디렉터리가 현재 디렉터리가 된다. 명령 프롬프트에서 틸드(~)는 홈 디렉터리를 나타내는 약칭이다.

2. 이제 간단한 명령을 실행해 홈 디렉터리의 내용을 살펴본다. 이들 디렉터리는 새로운 사용자가 계정에 GUI를 통해 처음 로그인할 때 만들어진 것이다.

```
[student@studentvm1 ~]$ ll
total 212
drwxr-xr-x. 2 student student 4096 Aug 18 17:10 Desktop
drwxr-xr-x. 2 student student 4096 Aug 18 10:21 Documents
drwxr-xr-x. 2 student student 4096 Aug 18 10:21 Downloads
drwxr-xr-x. 2 student student 4096 Aug 18 10:21 Music
drwxr-xr-x. 2 student student 4096 Aug 18 10:21 Pictures
drwxr-xr-x. 2 student student 4096 Aug 18 10:21 Public
drwxr-xr-x. 2 student student 4096 Aug 18 10:21 Templates
drwxr-xr-x. 2 student student 4096 Aug 18 10:21 Videos
[student@studentvm1 ~]$
```

이 명령은 나머지 내용을 더 쉽게 살펴볼 수 있도록 홈 디렉터리의 숨겨진 파일들은 보여주지 않는다.

3. 기본으로 만들어진 숨겨진 구성파일밖에 없으므로 작업할 몇 개의 파일을 만들어보자. 다음의 커맨드라인 프로그램은 몇 개의 파일을 만들어 디렉터리 외에 살펴볼 거리를 만들어준다. 커맨드라인 프로그래밍에 대해서는 이 과정을 진행하면서 자세히 살펴볼 것이다. 프로그램을 모두 한 줄에 입력한다.

```
[student@studentvm1 ~]$ for I in dmesg.txt dmesg1.txt dmesg2.txt
dmesg3.txt dmesg4.txt ; do dmesg > $I ; done
[student@studentvm1 ~]$ ll
total 252
drwxr-xr-x. 2 student student  4096 Sep 29 15:31 Desktop
-rw-rw-r--. 1 student student 41604 Sep 30 16:13 dmesg1.txt
-rw-rw-r--. 1 student student 41604 Sep 30 16:13 dmesg2.txt
-rw-rw-r--. 1 student student 41604 Sep 30 16:13 dmesg3.txt
-rw-rw-r--. 1 student student 41604 Sep 30 16:13 dmesg4.txt
-rw-rw-r--. 1 student student 41604 Sep 30 16:13 dmesg.txt
drwxr-xr-x. 2 student student  4096 Sep 29 15:31 Documents
drwxr-xr-x. 2 student student  4096 Sep 29 15:31 Downloads
drwxr-xr-x. 2 student student  4096 Sep 29 15:31 Music
drwxr-xr-x. 2 student student  4096 Sep 29 15:31 Pictures
drwxr-xr-x. 2 student student  4096 Sep 29 15:31 Public
drwxr-xr-x. 2 student student  4096 Sep 29 15:31 Templates
drwxr-xr-x. 2 student student  4096 Sep 29 15:31 Videos
[student@studentvm1 ~]$
```

이 긴 목록은 각 파일과 디렉터리의 소유자와 권한을 보여준다. drwxr-xr-x는 먼저 맨 앞의 'd'로 이것이 디렉터리임을 보여준다. 파일은 그 자리에 대시(-)가 표시된다. 파일 권한은 rwx의 세 글자로 나타낸다. r은 읽기^Read, w는 쓰기^Write, x는 실행^eXecute으로, 사용자^owner(파일의 소유자), 그룹^group(파일의 소유 그룹), 나머지^other(나머지 사용자)를 세 글자씩 나타낸다. 이들 권한은 디렉터리의 경우 약간 다르게 표현된다. 파일과 디렉터리의 소유권과 권한은 18장에서 더 자세히 살펴본다.

4. /var/log를 현재 작업 디렉터리로 만들고 내용의 목록을 표시한다.

```
[student@studentvm1 ~]# cd /var/log ; ll
total 18148
drwxrwxr-x. 2 root root     4096 Aug 13 16:24 anaconda
drwx------. 2 root root     4096 Jul 18 13:27 audit
drwxr-xr-x. 2 root root     4096 Feb 9 2018 blivet-gui
-rw-------. 1 root root    74912 Sep 2 09:13 boot.log
-rw-rw----. 1 root utmp      768 Sep 2 09:26 btmp
-rw-rw----. 1 root utmp      384 Aug 18 10:21 btmp-20180901
<생략>
drwxr-xr-x. 2 lightdm lightdm 4096 Sep 2 09:13 lightdm
-rw-------. 1 root root        0 Sep 2 03:45 maillog
-rw-------. 1 root root        0 Apr 25 02:21 maillog-20180819
-rw-------. 1 root root        0 Aug 19 03:51 maillog-20180831
-rw-------. 1 root root        0 Aug 31 14:47 maillog-20180902
-rw-------. 1 root root  2360540 Sep 6 13:03 messages
-rw-------. 1 root root  1539520 Aug 19 03:48 messages-20180819
-rw-------. 1 root root  1420556 Aug 31 14:44 messages-20180831
-rw-------. 1 root root   741931 Sep 2 03:44 messages-20180902
drwx------. 3 root root     4096 Jul 8 22:49 pluto
-rw-r--r--. 1 root root     1040 Jul 18 07:39 README
<생략>
-rw-r--r--. 1 root root    29936 Sep 4 16:48 Xorg.0.log
-rw-r--r--. 1 root root    28667 Sep 2 09:12 Xorg.0.log.old
-rw-r--r--. 1 root root    23533 Aug 18 10:16 Xorg.9.log
[root@studentvm1 log]#
```

어느 것이 파일이고 어느 것이 디렉터리인지 알 수 있겠는가?

5. 현재 maillog 파일의 내용을 출력해본다.

```
[student@studentvm1 log]$ cat maillog
```

```
cat: maillog: Permission denied
[student@studentvm1 log]$
```

6. 권장한 대로 페도라를 사용하고 있다면 /var/log 디렉터리에 README 파일이 있을 것이다. cat 명령으로 내용을 출력한다.

```
[student@studentvm1 log]$ cat README
```

이 파일의 내용을 볼 수 있는 이유는 무엇인가?

7. 현재 작업 디렉터리를 /etc로 바꾼다.

```
[student@studentvm1 log]$ cd /etc ; pwd
/etc
[student@studentvm1 etc]$
```

8. 이제 홈 디렉터리(~)의 Documents 하위 디렉터리로 바꾼다.

```
[student@studentvm1 etc]$ cd ~/Documents/ ; ll
total 0
[student@studentvm1 Documents]$
```

여기서는 틸드(~)를 사용해서 홈 디렉터리를 나타냈다. 그렇지 않으면 /home/student/Documents라고 입력했어야 한다.

9. 이제 /etc로 돌아가려고 하지만 축약어를 이용해서 타이핑을 줄일 수 있다.

```
[student@studentvm1 Documents]$ cd -
```

```
/etc
[student@studentvm1 etc]$
```

대시(-)는 빼기 기호라고도 하는데, 언제나 직전의 작업 디렉터리를 반환한다. 환경 변수 $PWD와 $OLDPWD를 살펴보자. env 명령은 현재의 환경 변수를 모두 출력하고 다음과 같은 grep 명령은 'pwd'를 포함하는 줄만 뽑아내 STDOUT으로 보낸다.

```
[student@studentvm1 etc]$ env | grep -i pwd
PWD=/etc
OLDPWD=/home/student/Documents
[student@studentvm1 etc]$
```

대시(-)가 cd 명령과 함께 쓰이면 $OLDPWD 변수의 줄임 표기법이 된다. 같은 명령을 다음과 같은 방식으로도 실행할 수 있다.

```
[student@studentvm1 Documents]$ cd $OLDPWD
[student@studentvm1 etc]$
```

10. 몇 단계 더 깊은 디렉터리로 가자. 먼저 홈 디렉터리로 돌아와서 몇 단계 깊이의 새로운 디렉터리를 만든다. mkdir 명령을 -p 옵션과 함께 사용하면 된다.

```
[student@studentvm1 etc]$ cd ; mkdir -p ./testdir1/testdir2/testdir3/
testdir4/testdir5 testdir6 testdir7
[student@studentvm1 ~]$ tree
.
├── Desktop
```

```
├── dmesg1.txt
├── dmesg2.txt
├── dmesg3.txt
├── dmesg.txt
├── Documents
├── Downloads
├── Music
├── newfile.txt
├── Pictures
├── Public
├── Templates
├── testdir1
│ └── testdir2
│ └── testdir3
│ └── testdir4
│ └── testdir5
├── testdir6
├── testdir7
└── Videos
```

이 명령은 몇 가지 재미있는 일을 수행했다. 첫 번째 문자열은 부모가 여럿인 디렉터리를 만들었다. 그런 다음 현재 디렉터리에 두 개의 디렉터리가 추가로 만들어지게 했다. mkdir 유틸리티는 다른 유틸리티와 마찬가지로 하나뿐이 아니라 여러 개의 인자를 가질 수 있다. 이 경우에는 인자로 새로 만들 디렉터리의 목록을 넘겨받았다.

11. 명령에서 현재 작업 디렉터리를 줄여 쓸 수 있는 표기법도 있다. 변수 $PWD도 가능하지만 점(.)이 훨씬 더 빠르다. 소스source와 타깃target 디렉터리가 필요한 명령에서 소스와 타깃으로 .을 사용할 수 있다. 이전 단계에서 tree 명령의 출력이 현재 디렉터리를 나타내는 점으로 시작한 것을 주목하기 바란다.

```
[student@studentvm1 ~]$ mv ./dmesg2.txt /tmp
[student@studentvm1 ~]$ cp /tmp/dmesg2.txt .
[student@studentvm1 ~]$ cp /tmp/dmesg2.txt ./dmesg4.txt
```

이 실험에서는 디렉터리 트리를 옮겨 다니는 방법과 새로운 디렉터리를 만드는 방법을 살펴봤다. 또한 사용할 수 있는 몇 가지 단축 표기법도 연습해봤다.

탭 완성 기능

bash는 일부만 입력한 프로그램 이름과 호스트 이름, 파일명, 디렉터리 이름을 완성해주는 기능을 제공한다. 명령의 인자로 명령이나 파일명을 일부만 입력한 뒤 탭 키를 눌렀을 때 해당 호스트나 파일, 디렉터리, 프로그램이 존재하고 이름의 나머지가 유일하면 bash가 이름의 전체를 완성해서 보여준다. 탭 키로 이름 완성 기능을 시작하기 때문에 이 기능을 때로 '탭 완성Tab completion'이라고 부르기도 한다.

탭 완성은 프로그래밍할 수도 있고 여러 가지 필요에 따라 설정을 바꿀 수 있다. 하지만 리눅스, 핵심 유틸리티, 기타 CLI 애플리케이션이 제공하는 표준 구성이 만족시키지 못하는 특별한 요구가 없다면 기본 설정을 바꿀 필요는 없을 것이다.

참고

bash 매뉴얼 페이지에는 '프로그래밍 가능한 완성 기능'의 자세하지만 대부분 이해할 수 없는 설명이 담겨 있다. 『Beginning the Linux Command Line』에는 짧고 더 읽을 만한 설명이 나와 있고[15], 위키피디아[16]에는 이 기능의 이해를 돕는 더 많은 정보, 예제, 움직이는 GIF가 있다.

---

15. Sander Van Vugt, Beginning the Linux Command Line, Apress 2015, 22
16. 위키피디아, Command Line Completion, https://en.wikipedia.org/wiki/Command-line_completion

실험 7-6은 명령 완성 기능을 매우 간략히 소개한다.

실험 7-6

이 실험은 student 사용자로 수행하기 바란다. 이 실험을 위해서는 홈 디렉터리에 Documents라는 이름의 하위 디렉터리가 있어야 한다. 대부분의 리눅스 배포판이 사용자별로 Documents 하위 디렉터리를 만든다.

홈 디렉터리가 현재 작업 디렉터리인지 확인한다. 완성 기능을 이용해서 ~/Documents 디렉터리로 이동할 것이다. 다음과 같은 명령을 터미널에 입력한다.

```
[student@studentvm1 ~]$ cd D<탭>
```

<탭>은 탭 키를 한 번 누르라는 의미다. 아무 일도 일어나지 않는다. 'D'로 시작하는 디렉터리가 3개나 있기 때문이다. 탭 키를 빠르게 두 번 연거푸 누르면 이미 입력한 문자열과 일치하는 모든 디렉터리의 목록을 볼 수 있다.

```
[student@studentvm1 ~]$ cd D<탭><탭>
Desktop/ Documents/ Downloads/
[student@studentvm1 ~]$ cd D
```

이제 명령에 'o'를 추가한 뒤 탭을 두 번 더 누른다.

```
[student@studentvm1 ~]$ cd Do<탭><탭>
Documents/ Downloads/
[student@studentvm1 ~]$ cd Do
```

'Do'로 시작하는 두 디렉터리의 목록을 볼 수 있다. 이제 명령에 'c'를 추가한 뒤 탭 키를 한 번 누른다.

```
[student@studentvm1 ~]$ cd Doc<탭>
[student@studentvm1 ~]$ cd Documents/
```

즉, cd Doc<탭>을 입력하면 명령에서 디렉터리 이름의 나머지가 자동으로 완성된다.

명령 완성을 간략히 살펴보자. 이 경우 명령이 비교적 짧지만 대부분 그렇다. 호스트의 현재 가동 시간[uptime]을 알고 싶다고 하자.

```
[student@studentvm1 ~]$ up<탭><탭>
update-alternatives  updatedb                 update-mime-database upower
update-ca-trust      update-desktop-database update-pciids        uptime
update-crypto-policies   update-gtk-immodules  update-smart-drivedb
[student@studentvm1 ~]$ up
```

'up'으로 시작하는 몇 가지 명령을 볼 수 있고, 한 글자('t')를 더 입력하면 나머지는 고유하기 때문에 충분히 uptime 명령을 완성할 수 있음을 알 수 있다.

```
[student@studentvm1 ~]$ upt<탭>ime
07:55:05 up 1 day, 10:01, 7 users, load average: 0.00, 0.00, 0.00
```

완성 기능은 명령이나 디렉터리, 파일명에 대해서만 작동하며, 필요한 나머지 텍스트 문자열이 명백히 고유할 때 완성한다.

탭 완성은 명령, 일부 하위 명령, 파일명, 디렉터리 이름에 대해 동작한다. 개인적으로는 비교적 길기 마련인 디렉터리 이름과 파일명의 경우 완성이 가장 유용하고, 일부 긴 명령과 일부 하위 명령에도 유용하다고 생각한다.

많은 리눅스 명령이 이미 매우 짧아서 명령을 입력하는 것보다 완성 기능을 이용해도 그다지 효율적이지 않다. 짧은 리눅스 명령은 게으른 시스템 관리자에게 잘 어울린다. 그러니 짧은 명령에 완성 기능을 이용하는 것은 여러분이 느끼기에 효율적이거나 일관됐는지에 달려있다. 일단 어느 명령이 탭 완성에 적합하고 얼마나 많이 입력해야 하는지를 안다면 자신에게 도움이 되는 기능을 이용하면 된다.

파일 탐험

다음 실험에서 살펴볼 명령은 모두 객체로서 파일을 만들고 조작하는 것과 관련된다.

실험 7-7

이 실험은 student 사용자로 수행하기 바란다. 이미 student 사용자로 리눅스 컴퓨터의 GUI에 로그인해서 xfce4-terminal 세션을 열어뒀을 것이다.

1. 터미널 메뉴 바에서 File을 선택하고 드롭다운drop-down 메뉴에서 Open Tab을 선택해 새로운 탭을 연다. 새로운 탭이 활성화되고 student 사용자로 로그인돼 있을 것이다. 터미널에서 새로운 탭을 여는 또 다른 쉬운 방법은 터미널 윈도우 어디든 오른쪽 클릭한 후 팝업 메뉴에서 Open Tab을 선택하는 것이다.
2. pwd 명령을 입력해 현재 작업 디렉터리를 확인한다. 아래에서 볼 수 있듯이 /home/student일 것이다.

```
[student@studentvm1 ~]$ pwd
/home/student
[student@studentvm1 ~]$
```

3. 현재 작업 디렉터리가 홈 디렉터리가 아니면 아무런 옵션이나 인자 없

이 cd 명령을 이용해 홈 디렉터리로 이동한다.

4. 이전의 프로젝트에서 root로 했던 것처럼 새로운 파일 몇 개를 만든다. cp 명령을 이용해 파일을 복사한다. 다음 명령을 이용해 파일을 만들고 복사한다.

```
[student@studentvm1 ~]$ touch newfile.txt
[student@fstudentvm1 ~]$ df -h > diskusage.txt
```

5. ls -lah 명령을 이용해 홈 디렉터리 안에 있는 모든 파일의 긴 목록을 출력하고 파일의 크기를 사람이 읽을 수 있는 형식으로 표시한다. 참고로 파일마다 표시된 시간은 mtime(파일이나 디렉터리가 마지막으로 변경된 시간)이다. '숨겨진' 파일이 많은데, 이름의 첫 글자가 점(.)이다. 숨겨진 파일을 볼 필요가 없으면 ls -lh를 사용한다.

6. touch dmesg2.txt는 파일의 모든 시간을 바꾼다.

```
[student@studentvm1 ~]$ touch dmesg2.txt
[student@studentvm1 ~]$ ls -lh
total 212K
drwxr-xr-x. 2 student student 4.0K Aug 18 17:10 Desktop
-rw-rw-r--. 1 student student 1.8K Sep  6 09:08 diskusage.txt
-rw-rw-r--. 1 student student  44K Sep  6 10:52 dmesg1.txt
-rw-rw-r--. 1 student student  44K Sep  6 10:54 dmesg2.txt
-rw-rw-r--. 1 student student  44K Sep  6 10:52 dmesg3.txt
-rw-rw-r--. 1 student student  44K Sep  6 10:52 dmesg.txt
drwxr-xr-x. 2 student student 4.0K Aug 18 10:21 Documents
drwxr-xr-x. 2 student student 4.0K Aug 18 10:21 Downloads
drwxr-xr-x. 2 student student 4.0K Aug 18 10:21 Music
-rw-rw-r--. 1 student student    0 Sep  6 10:52 newfile.txt
drwxr-xr-x. 2 student student 4.0K Aug 18 10:21 Pictures
drwxr-xr-x. 2 student student 4.0K Aug 18 10:21 Public
```

```
drwxr-xr-x. 2 student student 4.0K Aug 18 10:21 Templates
drwxr-xr-x. 2 student student 4.0K Aug 18 10:21 Videos
[student@studentvm1 ~]$
```

7. ls -lc와 ls -lu 명령을 입력해 ctime(inode가 마지막으로 변경된 시간)과 atime(파일이 마지막으로 접근된(사용되거나 내용이 읽힌) 시간)을 표시한다.
8. cat dmesg1.txt를 입력한다. 그러나 화면에 쏟아져 나오는 데이터는 신경 쓰지 않아도 된다. 이제 다시 ls -l, ls -lc, ls -lu 명령을 이용해 파일의 날짜와 시간을 보고 파일 dmesg1.txt의 atime이 바뀌었음을 확인한다. 파일의 atime은 다른 프로그램이 그 파일을 마지막으로 읽은 시간이다. 주목할 것은 ctime도 바뀌었다는 점이다. 왜일까? 지금 이유를 모른다면 나중에 다룰 것이니 걱정하지 않아도 된다.
9. stat dmesg1.txt를 입력해 [acm]time, 크기, 권한, 할당된 디스크 데이터 블록 수, 소유권, 심지어 inode 번호 등 이 파일에 대한 정보 전체를 표시한다. inode는 나중에 자세히 다룰 것이다.

```
[student@studentvm1 ~]$ stat dmesg1.txt
   File: dmesg1.txt
   Size: 44297         Blocks: 88       IO Block: 4096    regular file
Device: fd07h/64775d  Inode: 213       Links: 1
Access: (0664/-rw-rw-r--) Uid: ( 1000/ student) Gid: ( 1000/ student)
Context: unconfined_u:object_r:user_home_t:s0
Access: 2018-09-06 10:58:48.725941316 -0400
Modify: 2018-09-06 10:52:51.428402753 -0400
Change: 2018-09-06 10:52:51.428402753 -0400
Birth: -
[student@studentvm1 ~]$
```

stat 명령은 파일 타임스탬프를 마이크로초로 보여준다. 이는 페도라

14부터로, 이전에는 타임스탬프를 초 단위로 보여줬지만 초 단위 표시는 트랜잭션 타이밍 순서가 중요한 고속 대용량 트랜잭션 환경을 다루기 충분하지 않았다.

참고

/tmp 디렉터리는 모든 사용자가 읽고 쓸 수 있다. 따라서 임시로 파일을 공유하기에 좋다. 그러나 이는 보안 문제를 만들 수도 있다.

---

10. 어쩌면 여러분은 호기심에(이는 좋은 일이다) 이 실험의 8단계를 여러 번 반복했을 수도 있는데, 처음에 cat 명령을 실행해서 파일 내용을 본 다음에는 atime이 더 이상 바뀌지 않았음을 눈치 챘을 수도 있다. 이는 파일 내용이 이제 캐시돼서 더 이상 내용을 읽고자 파일에 접근할 필요가 없기 때문이다. 다음 명령을 이용해서 내용을 바꾼 다음 stat를 실행해서 결과를 살펴본다.

```
[student@studentvm1 ~]$ echo "hello world" >> dmesg1.txt ; cat dmesg1.txt ;
stat dmesg1.txt
```

11. mv dmesg3.txt /tmp를 이용해 dmesg3.txt를 /tmp 디렉터리로 옮긴다. ls 명령으로 현재 디렉터리와 /tmp 디렉터리의 내용을 출력하고 파일이 옮겨졌음을 확인한다.
12. rm /tmp/dmesg3.txt를 입력해 파일을 삭제하고 ls 명령으로 삭제됐음을 확인한다.

이 실험에서는 파일을 만들고, 복사하고, 옮겨봤다. 또한 파일의 메타데이터를 보여주는 몇 가지 도구를 소개했다.

기타 명령

유용하게 사용할 수 있는 명령들이 더 있다.

실험 7-8

이 실험은 student 사용자로 수행하기 바란다.

먼저 명령을 실행했을 때 너무 많은 데이터가 출력돼 화면 위쪽으로 스크롤돼 사라지면 어떤 일이 일어나는지 살펴본다.

1. dmesg 명령은 리눅스가 초기 부팅 과정에서 만들어낸 메시지들을 출력한다. dmesg를 입력하고 출력이 재빠르게 스크롤돼 화면에서 사라지는 것을 살펴본다. 보이지 않는 데이터가 매우 많을 것이다.
2. dmesg | less 명령을 입력한다. dmesg 명령에서 출력된 맨 첫 부분이 보일 것이다. 터미널의 맨 아래에 다음 예처럼 콜론과 커서가 보일 것이다.

```
:■
```

화면의 맨 아래에 데이터를 한 줄 더 출력하려면 엔터키를 누른다.

3. 스페이스바를 눌러 명령에서 출력된 다음 페이지를 살펴본다.
4. 위/아래 화살표 키를 이용해서 각각의 방향으로 한 줄씩 이동할 수도 있다. 페이지 업/다운키로 한 번에 한 페이지씩 이동할 수도 있다. 이들 4가지 키를 이용해 잠시 출력 결과 내에서 이동해본다. 출력의 끝에 다다르면 화면의 왼쪽 하단에 (END)가 표시될 것이다.
5. 줄 번호와 G 키를 이용해서 지정된 줄로 '이동[Goto]'할 수 있다. 다음은 256째 줄로 이동하는 예로, 해당 줄이 터미널의 맨 위에 표시된다.

```
256G
```

6. 줄 번호 없이 대문자 G를 누르면 데이터의 맨 끝으로 이동한다.

```
G
```

7. 소문자 g는 데이터의 맨 앞으로 이동한다.

```
g
```

8. q 키를 누르면 종료돼 커맨드라인으로 돌아온다.

   less의 이동 명령은 vim의 이동 명령과 매우 비슷하므로 익숙할 것이다. 시간과 날짜는 중요하므로 리눅스 date와 cal 명령은 몇 가지 흥미로운 기능을 제공한다.

9. date 명령을 입력해 오늘의 날짜를 출력한다.

```
[student@studentvm1 ~]$ date
Sun Sep 23 15:47:03 EDT 2018
[student@studentvm1 ~]$
```

10. cal 명령을 입력해 이번 달의 달력을 출력한다.

```
[student@studentvm1 ~]$ cal
September 2018
Su Mo Tu We Th Fr Sa
                   1
 2  3  4  5  6  7  8
```

```
 9  10 11  12  13  14  15
16  17 18  19  20  21  22
23  24 25  26  27  28  29
30
[student@studentvm1 ~]$
```

11. 다음과 같은 명령을 입력해 1949년 전체의 달력을 출력한다.

```
[student@studentvm1 ~]$ cal 1949
```

12. cat /etc/passwd | less 명령을 이용해서 패스워드 파일의 내용을 출력한다. 힌트: 이 파일은 실제로 패스워드를 담고 있지는 않다. 약간 둘러본 다음 less를 마친다.
13. 다음과 같은 명령을 입력해 데이터를 만들고 파이프를 통해 결과를 wc(word count)로 보내 데이터 안의 단어, 줄, 문자수를 센다.

```
[student@studentvm1 ~]$ cat /etc/services | wc
11473 63130 692241
[student@studentvm1 ~]$
```

이는 wc가 데이터에 11,473 줄, 63,130 단어, 692,241 글자가 있음을 알아냈음을 보여준다. 여러분의 결과는 같거나 매우 비슷할 것이다. services 파일은 컴퓨터 사이의 통신을 위해 다양한 네트워크 서비스가 사용하도록 표준으로 할당되고 인식되는 포트의 목록이다.

14. wc 명령은 독립적으로 사용할 수 있다. wc -l /etc/services를 이용해 해당 파일의 줄 수를 센다. 즉 -l(소문자)은 'line'을 나타낸다.

명령 기억과 편집

게으른 시스템 관리자는 타이핑을 싫어한다. 특히 반복된 타이핑을 싫어하므로, 시간과 타이핑을 절약할 방법을 찾는다. bash 셸 히스토리를 이용하면 도움이 된다. history 명령은 커맨드라인에서 실행된 마지막 1,000개의 명령을 보여준다. 커맨드라인에서 위/아래 화살표 키를 이용해 히스토리를 스크롤하고 최소한의 타이핑으로 동일하거나 수정된 명령을 실행할 수 있다.

커맨드라인 편집을 이용하면 수많은 비슷한 명령을 좀 더 쉽게 입력할 수 있다. 이전의 명령을 위/아래 화살표 키로 명령 히스토리를 스크롤해 찾을 수 있다. 그런 다음 간단한 편집을 수행해 원래의 명령을 수정할 수 있다. 왼쪽/오른쪽 화살표 키를 이용하면 편집 중인 명령 안에서 이동할 수 있다. 백스페이스 키를 이용해서 글자를 지우고 나머지 글자를 타이핑해 수정된 명령을 완성할 수 있다.

실험 7-9

이 실험은 student 사용자로 시작하고 중간에 root로 전환할 것이다. 이 실험에서는 bash 히스토리, 커맨드라인 기억, 기억된 커맨드라인 편집을 살펴본다.

1. history 명령을 입력해 현재 명령 히스토리를 살펴본다.

```
[student@studentvm1 ~]$ history
1 su -
2 poweroff
3 su -
4 ls -la
5 clear
6 w
7 who
```

```
8 whoami
9 id
10 ksh
11 exit
12 infor core-utils
13 info core-utils
14 info coreutils
15 info utils-linux
16 info utilslinux
17 info utils
18 info coreutils
19 ls -la
20 tty
21 stty
<생략>
220 hwclock --systohc -v
221 cd /root
222 vgs
223 less /etc/sudoers
224 cd /tmp/testdir1
225 ll
226 tree
227 vim ascii-program.sh
<생략>
257 dnf list installed
258 dnf list installed | wc
259 dnf list available | wc
260 dnf list available
261 dnf info zorba
262 dnf info zipper
263 history
[student@studentvm1 ~]$
```

2. 위 화살표 키를 이용해서 커맨드라인의 히스토리를 스크롤한다.

3. 커맨드라인에 흔히 있는 ls 같은 비파괴적 명령을 히스토리에서 찾으면 엔터키를 눌러 해당 명령을 다시 실행한다.
4. history 명령을 이용해 다시 히스토리를 살펴본다. 다시 실행하고 싶은 명령을 고른 후 다음과 같은 명령을 입력한다. 여기서 XXX는 해당 명령의 번호다. 그런 다음 엔터키를 누른다.

```
[student@studentvm1 ~]$ !XXX
```

5. 이 실험의 나머지 부분을 수행하고자 root 터미널 세션으로 전환한다.
6. 현재 작업 디렉터리를 /var/log/로 바꾸고 거기서 ls 명령을 실행한다. 파일 목록에서 이름이 boot.log인 파일이 보일 것이다. 이 파일을 앞으로의 작업에 사용할 것이다.
7. cat 명령을 사용해 boot.log 파일의 내용을 화면에 출력한다.

```
[root@studentvm1 log]# cat boot.log
```

8. boot.log 파일의 줄 수를 세어본다. 위쪽 화살표 키를 이용해 이전 줄로 돌아온다. 명령에 대한 변경 사항은 끝에 추가되므로 명령이 다음과 같이 보일 때까지 입력한다.

```
[root@studentvm1 log]# cat boot.log | wc
```

9. 이제 단어 'kernel'이 있는 줄을 찾아본다. 위쪽 화살표 키를 이용해 이전 명령으로 돌아간다. 백스페이스를 눌러 'wc'를 지우지만 파이프(|)는 지우지 않는다. 'kernel'을 담고 있는 줄만 표시하고자 grep 명령(9장에서 더 자세히 다룬다)을 추가한다.

```
[root@studentvm1 log]# cat boot.log | grep kernel
```

10. 그러나 대문자 K가 사용된 'Kernel'을 포함하는 줄은 어떨까? 마지막 명령으로 돌아가서 왼쪽 화살표 키를 이용해 커서를 'grep'과 'kernel' 사이의 빈칸으로 옮기고 커맨드라인이 다음과 같이 보이도록 -i(대소문자 무시)를 추가한다.

```
[root@studentvm1 log]# cat boot.log | grep -i kernel
```

11. 마지막 명령을 편집해 끝에 | wc를 추가하고 단어 'kernel'이 대문자와 소문자로 포함된 모든 줄의 수를 센다.

위의 예처럼 CLI 히스토리를 사용하는 것은 약간 사소해 보이지만 매우 길고 복잡한 명령을 반복해야 한다면 타이핑을 정말 많이 줄일 수 있고, 어쩌면 훨씬 더 불만스러울 수 있는 오타를 줄일 수 있다.

요약

간단한 예를 통해 커맨드라인을 사용할 때 시스템 관리자에게 주어지는 강력한 힘을 조금이나마 느꼈기를 바란다.

7장에서는 리눅스가 커맨드라인에 접근하고 시스템 관리자로서의 작업을 수행하는 여러 가지 방법을 알아봤다. 가상 콘솔과 다수의 터미널 에뮬레이터와 셸을 사용할 수 있다. 이들을 screen 프로그램과 함께 사용해 커맨드라인의 유연성을 더욱 향상시킬 수 있다.

또한 중요한 리눅스 명령 여럿을 살펴보고 bash 히스토리에서 명령을 기억하고 편집하는 방법을 배웠다.

7정에서 보여준 예는 자체로도 유익하지만 시작일 뿐이기도 하다. 이 과정을 진행하면서 7장에서 설명한 여러 기능과 조합해 커맨드라인의 힘과 유연성을 향상시키는 여러 가지 방법을 알게 될 것이다.

연습문제

7장을 마무리하며 연습문제를 풀어보기 바란다.

1. bash 셸이 root와 일반(non-root) 세션을 나타내고자 서로 다른 문자($와 #)를 사용하는 이유는 무엇인가?
2. 리눅스에 서로 다른 여러 가지 셸이 있는 이유는 무엇인가?
3. 이미 선호하는 터미널 에뮬레이터가 있다면 Xfce 터미널 에뮬레이터와의 차이는 무엇이고 각각의 기능 중 어느 쪽을 더 선호하는가?
4. 터미널 에뮬레이터의 기능은 무엇인가?
5. bash 이외의 셸을 선호한다면 무엇이고, 그 이유는 무엇인가?
6. 잠시 tcsh 셸로 전환하려면 무슨 명령을 사용하는가?
7. SSH는 가상 콘솔, 터미널 에뮬레이터와 어떻게 다른가?
8. student 사용자 같은 일반[unprivileged] 사용자가 /var/log/messages 파일의 내용을 출력할 수 있는가? 아키텍처 설계 결정보다는 기술적인 측면에서 그 이유는 무엇인가?

9. 현재 작업 디렉터리를 이전의 작업 디렉터리로 되돌리려면 어떤 명령을 이용하는가?

10. student 사용자의 PATH에서 마지막 두 항목은 무엇인가?

11. cat 명령을 이용해 한 번에 둘 이상의 파일의 내용을 출력할 수 있는가?

12. 이전 명령을 반복하고 싶은데, 다시 타이핑하고 싶지 않다면 어떻게 하겠는가?

13. 커맨드라인에서 실행한 모든 명령의 목록을 얻는 방법은 무엇인가?

8장

핵심 유틸리티

학습 목표

8장의 학습 목표는 다음과 같다.

- GNU 핵심 유틸리티의 간략한 역사
- utils-linux 유틸리티의 간략한 역사
- 핵심 유틸리티의 기본적인 사용법

이 책을 포함해서 최근에 내가 쓰고 있는 글과 책을 조사해봤더니 GNU 핵심 유틸리티가 상당히 자주 등장했다. 모든 시스템 관리자가 이런 유틸리티를 자주 거의 무의식적으로 이용한다. 또 다른 기본 유틸리티인 util-linux도 리눅스에서 중요하므로 살펴봐야 한다.

이런 두 가지 유틸리티는 리눅스 시스템 관리자가 매일의 작업을 완료하고자 사용하는 기본 도구의 대부분을 이룬다. 작업에는 텍스트 파일, 디렉터리, 데이터 스트림, 각종 저장 매체, 프로세스 제어, 파일 시스템 등의 관리와 조작이 포함된다. 이들 도구의 주요 기능은 시스템 관리자가 리눅스 컴퓨터를 관리하고자 필요한 여러 기본 작업을 수행할 수 있게 하는 것이다. 이들 도구는 필수적이다. 이런 도구들 없이는 리눅스 컴퓨터에서 유용한 일을 하나도 할 수 없기 때문이다.

GNU 핵심 유틸리티

GNU 핵심 유틸리티의 기원을 이해하려면 웨이백 머신Wayback Machine을 이용해 유닉스 초기의 벨연구소로 짧은 여행을 떠나야 한다. 유닉스는 원래 켄 톰슨Ken Thompson, 데니스 리치Dennis Ritchie, 더그 매킬로이Doug McIlroy, 조 오산나Joe Ossanna가 멀틱스Multics라는 대규모 멀티태스킹/멀티유저 컴퓨터 프로젝트에서 일할 때 시작했던 뭔가를 계속할 수 있게 하고자 작성했다. 그 작은 뭔가는 '우주여행'이라는 게임이었다.

오늘날과 마찬가지로, 컴퓨터 기술을 진보시킨 것은 언제나 컴퓨터 게임을 좋아하는 사람인 것 같다. 이 새로운 운영체제는 동시에 오직 두 사용자만 로그인할 수 있을 정도로 멀틱스보다 훨씬 제한돼 있었으므로 유닉스Unics라고 불렸다. 이 이름은 나중에 유닉스Unix로 바뀌었다.

시간이 흐름에 따라 유닉스는 대성공을 거뒀고 벨연구소는 유닉스를 처음에는 대학으로, 나중에는 회사로 매체와 배송비만 받고 배포하기 시작했다. 그 시절에는 시스템 수준 소프트웨어가 조직과 프로그래머 간에 시스템 관리라는 맥락 안에서 공통 목표를 이루고자 협업하며 공유됐다.

마침내 AT&T의 보스들은 유닉스로 돈을 벌기 시작해야 한다고 결정했고 좀 더 제한적이고 비싼 라이선스를 사용하기 시작했다. 이는 소프트웨어가 전반적으로 좀 더 사유화되고 제한적, 폐쇄적으로 변하는 시기에 발생했다. 소프트웨어를 다른 사용자나 조직과 공유하기가 불가능해지고 있었다.[1]

1. 위키피디아, History of Unix, https://en.wikipedia.org/wiki/History_of_Unix

이를 좋아하지 않은 사람들이 있었고 자유 소프트웨어로 이에 맞섰다. 리처드 스톨만(RMS라고도 한다)은 공개되고 자유롭게 구할 수 있는 운영체제('GNU 운영체제'라고 불렀다)를 작성하려고 시도했던 반란군 그룹을 이끌었다. 이 그룹은 GNU 핵심 유틸리티[2]가 된 것을 만들었지만 아직 실행 가능한 커널을 만들지 못했다.

리누스 토발즈가 처음에 리눅스 커널을 만들고 컴파일했을 때 조금이나마 유용한 작업을 수행하기 위해서라도 매우 기초적인 시스템 유틸리티가 필요했다. 커널은 스스로 명령이나 Bash 같은 명령 셸을 제공하지 않는다. 커널 자체만으로는 쓸모가 없다. 따라서 리누스는 자유롭게 사용할 수 있는 GNU 핵심 유틸리티를 사용했고 리눅스용으로 다시 컴파일했다. 이로써 매우 기초적이지만 완전한 운영체제가 탄생했다.

이들 명령은 원래 세 가지의 분리된 묶음(fileutils, shellutils, textutils)이었지만 2002년에 리눅스 핵심 유틸리티로 통합됐다.

실험 8-1

이 실험은 student 사용자로 실시한다.

info 명령을 이용하면 GNU 유틸리티를 이루는 모든 명령 하나하나를 배울 수 있다. Xfce 데스크탑에 터미널 에뮬레이터를 열어두지 않았다면 지금 열기 바란다.

```
[student@studentvm1 ~]$ info coreutils
Next: Introduction, Up: (dir)
GNU Coreutils
*************
This manual documents version 8.29 of the GNU core utilities, including
the standard programs for text and file manipulation.
```

2. GNU Operating System, Core Utilities, www.gnu.org/software/coreutils/coreutils.html

Copyright © 1994-2017 Free Software Foundation, Inc.

Permission is granted to copy, distribute and/or modify this document under the terms of the GNU Free Documentation License, Version 1.3 or any later version published by the Free Software Foundation; with no Invariant Sections, with no Front-Cover Texts, and with no Back-Cover Texts. A copy of the license is included in the section entitled "GNU Free Documentation License".

```
* Menu:

* Introduction::                    Caveats, overview, and authors
* Common options::                  Common options
* Output of entire files::          cat tac nl od base32 base64
* Formatting file contents::        fmt pr fold
* Output of parts of files::        head tail split csplit
* Summarizing files:: wc sum        cksum b2sum md5sum sha1sum sha2
* Operating on sorted files::       sort shuf uniq comm ptx tsort
* Operating on fields::             cut paste join
* Operating on characters::         tr expand unexpand
* Directory listing::               ls dir vdir dircolors
* Basic operations::                cp dd install mv rm shred
* Special file types::              mkdir rmdir unlink mkfifo mknod ln link
                                    readlink
* Changing file attributes::        chgrp chmod chown touch
* Disk usage::                      df du stat sync truncate
* Printing text::                   echo printf yes
* Conditions::                      false true test expr
* Redirection::                     tee
* File name manipulation::          dirname basename pathchk mktemp realpath
* Working context::                 pwd stty printenv tty
* User information::                id logname whoami groups users who
* System context::                  date arch nproc uname hostname hostid
                                    uptime
* SELinux context::                 chcon runcon
* Modified command invocation::     chroot env nice nohup stdbuf timeout
* Process control::                 kill
```

```
* Delaying::                         sleep
* Numeric operations::               factor numfmt seq
* File permissions::                 Access modes
* File timestamps::                  File timestamp issues
* Date input formats::               Specifying date strings
* Opening the software toolbox::     The software tools philosophy
* GNU Free Documentation License::   Copying and sharing this manual
* Concept index::                    General index

- The Detailed Node Listing -
-----Info: (coreutils)Top, 344 lines --Top---------------------------------
------
```

유틸리티는 찾기 쉽게 기능별 그룹으로 묶여있다. 이 페이지는 상호대화형이다. 키보드의 화살표를 이용해 추가 정보를 원하는 그룹을 하이라이트한 뒤 엔터키를 누른다.

목록을 아래로 스크롤해 커서가 'Working context::'가 있는 줄에 오게 한 뒤 엔터키를 누르면 다음과 같은 페이지가 표시될 것이다.

```
Next: User information, Prev: File name manipulation, Up: Top

19 Working context

******************

This section describes commands that display or alter the context in
which you are working: the current directory, the terminal settings, and
so forth. See also the user-related commands in the next section.

* Menu:

* pwd invocation::            Print working directory.
* stty invocation::           Print or change terminal characteristics.
* printenv invocation::       Print environment variables.
* tty invocation::            Print file name of terminal on standard input.
```

이제 나열된 유틸리티 중 맨 아래 줄을 하이라이트한 뒤 엔터키를 누른다.

```
Prev: printenv invocation, Up: Working context
19.4 'tty': Print file name of terminal on standard input
============================================================

'tty' prints the file name of the terminal connected to its standard
input. It prints 'not a tty' if standard input is not a terminal.
Synopsis:

    tty [OPTION]...

    The program accepts the following option. Also see *note Common
options::.

'-s'
'--silent'
'--quiet'
       Print nothing; only return an exit status.

    Exit status:

    0 if standard input is a terminal
       1 if standard input is a non-terminal file
       2 if given incorrect arguments
       3 if a write error occurs
```

이 유틸리티에 대한 정보를 읽었으므로 이제 사용해보자. 두 번째 터미널 에뮬레이터를 열어두지 않았다면 이제 열자. 기존 xfce4-terminal 에뮬레이터에서 두 번째 탭을 열고 싶을 수도 있다. 이렇게 하면 **info** 페이지와 작업 중인 커맨드라인 사이를 쉽게 오가며 볼 수 있다. 두 번째 터미널에서 다음과 같은 명령을 입력한다.

```
[student@studentvm1 ~]$ tty
/dev/pts/52
```

```
[student@studentvm1 ~]$
```

w와 who 명령에서 얻었던 것과 본질적으로 똑같은 정보를 얻음을 알 수 있다. 그러나 이번에는 장치 특수 파일을 가리키는 전체 경로를 보여준다. 이는 스크립트를 위해 해당 정보가 필요할 때 유용하다. 다른 두 명령에서 필요한 날짜를 추출하는 코드를 작성하는 것보다 쉽기 때문이다.

Info에서 능숙하게 조심조심 움직이고자 다음 키를 사용한다. 노드는 특정 명령이나 명령 그룹에 대한 페이지다.

- **p:** 메뉴 이동 경로 중 이전 Info 노드
- **n:** 메뉴 이동 경로 중 다음 Info 노드
- **u:** 한 메뉴 계층 위
- **l**(소문자 L)**:** 히스토리 중 마지막으로 방문한 노드
- **q:** Info를 마침
- **H:** 도움말/도움말 종료

천천히 시간을 들여 Info를 사용해서 핵심 유틸리티 중 몇 가지 명령을 살펴보기 바란다.

이 실험에서 GNU 유틸리티를 약간 배웠다. 또한 짧게나마 Info 유틸리티를 이용해서 리눅스 명령에 대한 정보를 찾는 방법도 배웠다. Info에 대해 더 많이 배우려면 info info 명령을 이용하면 된다. 물론 이들 유틸리티 모두를 매뉴얼 페이지[man]에서 찾을 수 있지만 Info에 포함된 문서가 더 충실하다.

GNU 핵심 유틸리티에는 102가지 유틸리티가 있고, 유닉스나 리눅스 호스트에서 기본적인 작업을 수행할 때 필요한 여러 가지 기초적인 기능을 수행할 수 있다. 하지만 기본적인 유틸리티 중 다수가 여전히 빠져 있다. 예를 들어 mount

와 umount 명령은 이 유틸리티에 포함돼 있지 않다. 이들 GNU 핵심 유틸리티에 없는 여러 명령을 util-linux 패키지에서 찾을 수 있다.

util-linux

util-linux[3] 유틸리티 패키지는 시스템 관리자가 흔히 사용하는 여러 가지 명령을 담고 있다. 이들 유틸리티는 리눅스 커널 기구Linux Kernel Organization에서 배포한다. 다음 목록에서 볼 수 있듯이 이들 명령은 리눅스 시스템 관리의 여러 측면을 다룬다.

```
agetty        fsck.minix   mkfs.bfs     setpriv
blkdiscard    fsfreeze     mkfs.cramfs  setsid
blkid         fstab        mkfs.minix   setterm
blockdev      fstrim       mkswap       sfdisk
cal           getopt       more         su
cfdisk        hexdump      mount        sulogin
chcpu         hwclock      mountpoint   swaplabel
chfn          ionice       namei        swapoff
chrt          ipcmk        newgrp       swapon
chsh          ipcrm        nologin      switch_root
colcrt        ipcs         nsenter      tailf
col           isosize      partx        taskset
colrm         kill         pg           tunelp
column        last         pivot_root   ul
ctrlaltdel    ldattach     prlimit      umount
```

3. 위키피디아, util-linux, https://en.wikipedia.org/wiki/Util-linux

```
ddpart          line         raw            unshare
delpart         logger       readprofile    utmpdump
dmesg           login        rename         uuidd
eject           look         renice         uuidgen
fallocate       losetup      reset          vipw
fdformat        lsblk        resizepart     wall
fdisk           lscpu        rev            wdctl
findfs          lslocks      rtcwake        whereis
findmnt         lslogins     r              unuser wipefs
flock           mcookie      script         write
fsck            mesg         scriptreplay   zramctl
fsck.cramfs     mkfs         setarch
```

이들 유틸리티 중 일부는 더 이상 사용되지 않으며 앞으로 언젠가 제거될 가능성이 높다. util-linux 유틸리티에 대한 일부 정보는 위키피디아를 확인하기 바란다. 이들 명령을 자세히 배우려면 매뉴얼 페이지를 사용할 수 있다. 아쉽게도 Info 페이지는 없다. mount와 umount는 이 그룹에 속함을 알 수 있다.

이들 유틸리티가 무엇에 대한 것인지 알아보고자 몇 가지 명령을 살펴보자.

실험 8-2

이 실험은 student 사용자로 실시한다.

먼저 달력을 만드는 cal 명령부터 알아보자. 옵션을 추가하지 않으면 오늘 날짜를 하이라이트해 이번 달을 보여준다.

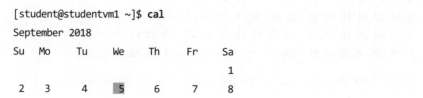

```
[student@studentvm1 ~]$ cal
September 2018
Su  Mo   Tu   We   Th   Fr   Sa
                             1
 2   3    4    5    6    7    8
```

```
 9  10   11   12   13   14   15
16  17   18   19   20   21   22
23  24   25   26   27   28   29
30
[student@studentvm1 ~]$
```

-3 옵션을 사용하면 현재 달을 중심으로 세 달(전달, 이번 달, 다음 달)을 출력한다.

```
[student@studentvm1 ~]$ cal -3
     August 2018         September 2018         October 2018
Su Mo Tu We Th Fr Sa  Su Mo Tu We Th Fr Sa  Su Mo Tu We Th Fr Sa
          1  2  3  4                     1      1  2  3  4  5  6
 5  6  7  8  9 10 11   2  3  4  5  6  7  8   7  8  9 10 11 12 13
12 13 14 15 16 17 18   9 10 11 12 13 14 15  14 15 16 17 18 19 20
19 20 21 22 23 24 25  16 17 18 19 20 21 22  21 22 23 24 25 26 27
26 27 28 29 30 31 23  24 25 26 27 28 29 28  29 30 31
                      30
[student@studentvm1 ~]$
```

인자로 년을 사용하면 1년 전체의 달력을 표시한다.

```
[student@studentvm1 ~]$ cal 1948
                               1948

       January               February                 March
Su Mo Tu We Th Fr Sa  Su Mo Tu We Th Fr Sa  Su Mo Tu We Th Fr Sa
             1  2  3   1  2  3  4  5  6  7      1  2  3  4  5  6
 4  5  6  7  8  9 10   8  9 10 11 12 13 14   7  8  9 10 11 12 13
11 12 13 14 15 16 17  15 16 17 18 19 20 21  14 15 16 17 18 19 20
18 19 20 21 22 23 24  22 23 24 25 26 27 28  21 22 23 24 25 26 27
25 26 27 28 29 30 31  29                    28 29 30 31

        April                   May                   June
```

```
Su Mo Tu We Th Fr Sa  Su Mo Tu We Th Fr Sa  Su Mo Tu We Th Fr Sa
             1  2  3                     1         1  2  3  4  5
 4  5  6  7  8  9 10   2  3  4  5  6  7  8   6  7  8  9 10 11 12
11 12 13 14 15 16 17   9 10 11 12 13 14 15  13 14 15 16 17 18 19
18 19 20 21 22 23 24  16 17 18 19 20 21 22  20 21 22 23 24 25 26
25 26 27 28 29 30     23 24 25 26 27 28 29  27 28 29 30
                      30                    31

        July                 August              September
Su Mo Tu We Th Fr Sa  Su Mo Tu We Th Fr Sa  Su Mo Tu We Th Fr Sa
             1  2  3   1  2  3  4  5  6  7            1  2  3  4
 4  5  6  7  8  9 10   8  9 10 11 12 13 14   5  6  7  8  9 10 11
11 12 13 14 15 16 17  15 16 17 18 19 20 21  12 13 14 15 16 17 18
18 19 20 21 22 23 24  22 23 24 25 26 27 28  19 20 21 22 23 24 25
25 26 27 28 29 30 31  29 30 31              26 27 28 29 30

       October               November             December
Su Mo Tu We Th Fr Sa  Su Mo Tu We Th Fr Sa  Su Mo Tu We Th Fr Sa
1 2                       1  2  3  4  5  6            1  2  3  4
 3  4  5  6  7  8  9   7  8  9 10 11 12 13   5  6  7  8  9 10 11
10 11 12 13 14 15 16  14 15 16 17 18 19 20  12 13 14 15 16 17 18
17 18 19 20 21 22 23  21 22 23 24 25 26 27  19 20 21 22 23 24 25
24 25 26 27 28 29 30  28 29 30              26 27 28 29 30 31
31
[student@studentvm1 ~]$
```

man cal 명령을 이용해 cal 명령에 대한 추가 정보를 찾아본다. 개인적으로 cal 명령을 실제로 사용하는데, 여러분도 사용해보면 유용함을 알 수 있을 것이다.

내가 로그인해 있는 하드웨어(실제든 가상이든)에 대한 정보를 찾고자 몇 가지 명령을 사용할 수 있다. 예를 들어 CPU에 대한 정보는 시스템 관리자에게 유용할 수 있다.

```
[student@studentvm1 ~]$ lscpu
```

```
Architecture:          x86_64
CPU op-mode(s):        32-bit, 64-bit
Byte Order:            Little Endian
CPU(s):                2
On-line CPU(s) list:   0,1
Thread(s) per core:    1
Core(s) per socket:    2
Socket(s):             1
NUMA node(s):          1
Vendor ID:             GenuineIntel
CPU family:            6
Model:                 85
Model name:            Intel(R) Core(TM) i9-7960X CPU @ 2.80GHz
Stepping:              4
CPU MHz:               2807.986
BogoMIPS:              5615.97
Hypervisor vendor:     KVM
Virtualization type:   full
L1d cache:             32K
L1i cache:             32K
L2 cache:              1024K
L3 cache:              22528K
NUMA node0 CPU(s):     0,1
Flags:                 fpu vme de pse tsc msr pae mce cx8 apic sep mtrr pge mca
                       cmov pat pse36 clflush mmx fxsr sse sse2 ht syscall nx
                       rdtscp lm constant_tsc rep_good nopl xtopology nonstop_
                       tsc cpuid pni pclmulqdq ssse3 cx16 pcid sse4_1 sse4_2
                       x2apic movbe popcnt aes xsave avx rdrand hypervisor
                       lahf_lm abm 3dnowprefetch invpcid_single pti fsgsbase
                       avx2 invpcid rdseed clflushopt
```

lscpu 명령은 설치된 CPU에 대한 엄청난 양의 정보를 제공한다. 이 정보 중 일부는 이 정보가 필요한 스크립트를 작성할 때 매우 유용하다. VirtualBox는 가상화된 버전에 전달된 대부분의 하드웨어를 물리적 하드웨어 그대로 보여준다.

lsblk 명령은 블록 장치(주로 디스크 드라이브)의 목록을 보여주는데, 파티션, 볼륨 그룹, 물리적 디스크 볼륨, 논리적 볼륨 관리LVM, Logical Volume Management를 사용하는 논리적 디스크 볼륨의 구조를 이해하는 데 큰 도움이 된다.

```
[student@studentvm1 ~]$ lsblk -i
NAME                                  MAJ:MIN RM SIZE RO TYPE MOUNTPOINT
sda                                     8:0  0  60G  0 disk
|-sda1                                  8:1  0   1G  0 part /boot
`-sda2                                  8:2  0  59G  0 part
|-fedora_studentvm1-pool00_tmeta      253:0  0   4M  0 lvm
| `-fedora_studentvm1-pool00-tpool    253:2  0   2G  0 lvm
| |-fedora_studentvm1-root            253:3  0   2G  0 lvm /
| `-fedora_studentvm1-pool00          253:6  0   2G  0 lvm
|-fedora_studentvm1-pool00_tdata      253:1  0   2G  0 lvm
| `-fedora_studentvm1-pool00-tpool    253:2  0   2G  0 lvm
| |-fedora_studentvm1-root            253:3  0   2G  0 lvm /
| `-fedora_studentvm1-pool00          253:6  0   2G  0 lvm
|-fedora_studentvm1-swap              253:4  0   8G  0 lvm [SWAP]
|-fedora_studentvm1-usr               253:5  0  15G  0 lvm /usr
|-fedora_studentvm1-home              253:7  0   2G  0 lvm /home
|-fedora_studentvm1-var               253:8  0  10G  0 lvm /var
`-fedora_studentvm1-tmp               253:9  0   5G  0 lvm /tmp
sr0                                    11:0  1  1024M 0 rom
[student@studentvm1 ~]$
```

여기서는 -i 옵션을 이용해서 결과를 ASCII 형식으로 출력했다. ASCII 형식이 이런 문서에 더 잘 전달되기 때문이다. 여러분도 -i 옵션을 사용할 수 있지만 아무 옵션 없이 실행해서 화면에서 더 보이는 출력을 얻어 보기 바란다.

df 명령(원래의 GNU 핵심 유틸리티에 포함된)은 비슷한 데이터를 보여주지만 상세한 사항이 조금 다르다.

```
[student@studentvm1 ~]$ df -h
Filesystem                          Size  Used Avail Use% Mounted on
devtmpfs                            2.0G     0  2.0G   0% /dev
tmpfs                               2.0G     0  2.0G   0% /dev/shm
tmpfs                               2.0G  1.2M  2.0G   1% /run
tmpfs                               2.0G     0  2.0G   0% /sys/fs/cgroup
/dev/mapper/fedora_studentvm1-root  2.0G   49M  1.8G   3% /
/dev/mapper/fedora_studentvm1-usr    15G  3.8G   11G  27% /usr
/dev/sda1                           976M  185M  724M  21% /boot
/dev/mapper/fedora_studentvm1-tmp   4.9G   21M  4.6G   1% /tmp
/dev/mapper/fedora_studentvm1-var   9.8G  494M  8.8G   6% /var
/dev/mapper/fedora_studentvm1-home  2.0G  7.3M  1.8G   1% /home
tmpfs                               395M  8.0K  395M   1% /run/user/1000
tmpfs                               395M     0  395M   0% /run/user/0
```

여기서는 -h 옵션을 이용해서 디스크 공간을 사람이 쉽게 읽을 수 있도록 GB와 MB로 나타내게 했다. 참고로 목록을 보여주는 명령의 이름은 흔히 'ls'로 시작하고 이는 리눅스에서 보통 'list(목록)'를 의미한다.

---

df와 lsblk 명령의 출력 모두에 일부 임시 파일 시스템이 포함돼 있다. 임시 파일 시스템은 나중에 다룬다. 또한 /dev/mapper/fedora_studentvm1-tmp 같은 항목을 만드는 LVM도 살펴볼 것이다.

요약

두 가지 기본 리눅스 유틸리티 모음인 GNU 핵심 유틸리티와 util-linux는 간단한 리눅스 시스템을 관리할 때 필요한 기초적인 유틸리티를 제공한다. 8장을 집필하면서 이전에 몰랐던 몇 가지 흥미로운 유틸리티를 발견했다. 이들 명령 중 다수는 거의 필요치 않다. 하지만 필요한 경우에는 필수적이다.

이들 두 모음에는 200개가 넘는 리눅스 유틸리티가 있다. 일반적인 리눅스 배포판에는 훨씬 더 많은 명령이 있지만 일반적인 리눅스 호스트의 기초적인 기능을 관리할 때 필요한 것이 바로 이 명령들이다.

이들 패키지 각각에서 몇 가지 명령을 살펴봤지만 이 과정을 진행하면서 더 많은 명령을 보게 될 것이다. 명령 모두를 배우기보다는 자주 마주치고 가장 많이 사용할 유틸리티만을 다루는 편이 타당할 것이다.

혼동을 막고자 용어를 정리하면 지금부터 핵심 유틸리티는 이들 유틸리티 모두를 의미한다. 한 가지만을 개별적으로 언급할 때는 정확한 이름을 명시할 것이다.

연습문제

8장을 마무리하며 연습문제를 풀어보기 바란다.

1. 이들 두 가지 핵심 유틸리티 그룹의 전반적인 목적은 무엇인가?
2. GNU 핵심 유틸리티가 리누스 토발즈에게 중요했던 이유는 무엇인가?
3. 각각의 파일 시스템에 남아 있는 공간을 알려면 어떤 핵심 유틸리티를 사용하겠는가?
4. 여러분의 VM에 있는 CPU의 모델 이름은 무엇인가?
5. 여러분의 물리적 호스트에는 몇 개의 CPU가 있고 VM에는 몇 개가 할당돼 있는가?
6. CPU를 VM에 할당하면 호스트 기계에서 사용할 수 없게 되는가?

9장

데이터 스트림

학습 목표

9장의 학습 목표는 다음과 같다.

- 텍스트 데이터 스트림이 리눅스 커맨드라인의 극단적으로 유연한 아키텍처의 기초를 이루는 이유
- 텍스트 데이터의 스트림을 만드는 방법
- 파이프, STDIO, 여러 핵심 유틸리티를 사용해서 텍스트 데이터 스트림을 다루는 방법
- 데이터 스트림을 파일로 리디렉트redirect하는 방법
- /dev 디렉터리에 있는 특수 파일 중 일부의 기초적인 사용법

원료로서의 데이터 스트림

리눅스에서 모든 것은 데이터의 흐름(특히 텍스트 스트림)을 중심으로 운영된다.

데이터 스트림data stream은 핵심 유틸리티와 기타 여러 CLI 도구가 작업을 수행하는 기반이다. 이름이 암시하듯이 데이터 스트림은 하나의 파일이나 장치, 프로그램에서 STDIOStandard Input/Output를 통해 또 다른 파일이나 장치, 프로그램으로 전달되는 데이터(텍스트 데이터)의 흐름이다. 9장에서는 파이프를 사용해서 데이터의 흐름을 하나의 유틸리티 프로그램에서 STDIO를 통해 다른 프로그램으로 연결하는 방법을 소개한다. 데이터를 어떤 방식으로 변환하는 이들 프로그램의 기능을 배운다. 또한 리디렉션redirection을 이용해서 데이터를 파일로 보내는 방법도 배운다.

이들 프로그램과 관련해서 '변환transform'이라는 용어를 사용하는 이유는 각 프로그램의 주요 작업이 STDIO에서 들어오는 데이터를 시스템 관리자가 의도하는 특정 방식으로 변환해서 STDOUT으로 내보내 또 다른 변환 프로그램이나 파일로의 리디렉션이 가능토록 하기 위한 것이기 때문이다.

표준 용어인 '필터filter'는 내가 동의하지 않는 뭔가를 암시한다. 정의에 따르면 필터는 뭔가를 제거하는 장치나 도구로, 예를 들어 공기 필터는 공기 매개 오염물을 제거해 자동차의 내연기관이 이들 입자로 인해 마모돼 망가지는 것을 막는다. 고등학교와 대학 화학 수업에서 거름종이filter paper는 액체에서 입자를 제거하고자 사용된다. 집의 HVAC 시스템의 공기 필터는 내가 들이마시고 싶지 않은 입자를 제거한다.

이들 유틸리티가 때로 스트림에서 원치 않는 데이터를 제거하기도 하지만 훨씬 더 많은 일을 하기 때문에 '변환자transformer'라는 용어를 훨씬 더 좋아한다. 이들 유틸리티는 데이터를 스트림에 추가하고 뭔가 놀라운 방식으로 데이터를 변경하고, 정렬하고, 각 줄의 데이터를 재배치하고, 데이터 스트림의 내용에 따른 동작을 수행하는 등 훨씬 많은 일을 할 수 있다. 여러분이 좋아하는 어느 용어든 사용해도 좋지만 나는 개인적으로 변환자를 선호한다.

데이터 스트림은 파이프를 이용해서 스트림에 변환자를 추가함으로써 조작할 수 있다. 시스템 관리자는 각 변환자 프로그램을 이용해서 스트림의 데이터에 어떤 동작을 수행해 그 내용을 어떤 방식으로 바꾼다. 그런 다음 파이프라인의 끝에 리디렉션을 이용해서 데이터 스트림을 파일로 보낼 수 있다. 앞서 언급했듯이 그 파일은 하드 드라이브의 실제 파일이거나 드라이브 파티션, 프린터, 터미널, 가상 터미널, 기타 컴퓨터에 연결된 어떤 장치[1] 같은 장치 파일일 수도 있다.

이런 작지만 강력한 변환자 프로그램을 이용해서 데이터 스트림을 조작하는 능력은 리눅스 커맨드라인 인터페이스의 힘의 핵심이다. 핵심 유틸리티 중 다수가 변환자 프로그램이고 STDIO를 사용한다.

최근 구글에서 'data stream'을 찾아보니 상위 검색 결과 대부분이 스트리밍 비디오/오디오 같은 한 항목 안의 대용량 스트리밍 데이터를 처리하는 것이나 금융 기관이 엄청난 수의 개별 트랜잭션으로 이뤄진 스트림을 처리하는 것과 관련돼 있었다. 이는 우리가 이 과정에서 얘기하는 것이 아니다. 개념은 같고 현재의 애플리케이션이 리눅스의 스트림 처리 기능을 여러 종류의 데이터를 처리하는 모형으로 사용하는 사례를 찾을 수 있겠지만 말이다.

유닉스와 리눅스 세계에서 스트림은 어떤 소스에서 유래한 텍스트 데이터의 흐름이다. 스트림은 이를 어떤 방식으로 변환하는 하나 이상의 프로그램으로 흘러갈 수 있다. 파일에 저장되거나 터미널 세션에 표시될 수도 있다. 시스템 관리자의 일은 이들 데이터 스트림의 생성과 흐름을 조작하는 것과 긴밀하게 연관돼 있다. 9장에서는 데이터 스트림을 살펴볼 것이다. 데이터 스트림이 무엇이고 어떻게 만드는지, 어떻게 사용하는지도 살짝 살펴볼 것이다.

---

1. 리눅스 시스템에서 모든 하드웨어 장치는 파일로 취급된다. 이에 대한 좀 더 자세한 사항은 2권의 3장을 참고하기 바란다.

텍스트 스트림: 범용 인터페이스

프로그램 입력과 출력에 STDIO를 사용하는 것이 리눅스에서 일을 처리하는 방식의 핵심이다. STDIO는 처음에 유닉스용으로 개발됐고 그 이후 도스, 윈도우, 리눅스 등 대부분의 운영체제에 도입됐다.

> 이것이 유닉스 철학이다. 한 가지 일을 잘하는 프로그램을 작성한다. 함께 동작하는 프로그램을 작성한다. 텍스트 스트림을 처리하는 프로그램을 작성한다. 그것이 범용 인터페이스이기 때문이다.
>
> – 더그 매킬로이Doug McIlroy, 유닉스 철학의 기초[2,3]

STDIO는 켄 톰슨[4]이 초기 버전의 유닉스에서 파이프를 구현할 때 필요한 기반 구조로 개발했다. STDIO를 구현하는 프로그램은 입력과 출력을 위해 디스크에 저장된 파일이나 기타 저장 매체를 사용하기보다 표준화된 파일 핸들을 사용한다. STDIO는 버퍼 있는 데이터 스트림으로 가장 잘 묘사할 수 있고, 주요 기능은 한 프로그램이나 파일, 장치에서 출력된 데이터를 다른 프로그램이나 파일, 장치의 입력으로 흐르게 하는 것이다.

STDIO 파일 핸들

세 가지 STDIO 데이터 스트림이 있고, 각각은 프로그램(STDIO를 사용하는 프로그램)을 시작할 때 자동으로 파일로 열린다. 각 STDIO 데이터 스트림은 파일 핸들과 연관돼 있는데, 파일 핸들은 파일의 속성을 기술하는 메타데이터의 집합이다. 파일 핸들 0, 1, 2는 오랜 관례상 명시적으로 각각 STDIN, STDOUT, STDERR

---

2. Eric S. Raymond, The Art of Unix Programming, www.catb.org/esr/writings/taoup/html/ch01s06.html
3. Linuxtopia, Basics of the Unix Philosophy, www.linuxtopia.org/online_books/programming_books/art_of_unix_programming/ch01s06.html
4. 위키피디아, Ken Thompson, https://en.wikipedia.org/wiki/Ken_Thompson

로 정의돼 있다.

STDIN(파일 핸들 0)은 표준 입력으로, 보통 키보드에서의 입력이다. STDIN은 키보드 대신 장치 파일을 포함하는 임의의 파일에서 리디렉트될 수 있다. STDIN을 리디렉트해야 하는 경우는 흔치 않지만 가능하다.

STDOUT(파일 핸들 1)은 표준 출력으로, 기본 설정으로 데이터 스트림을 화면으로 보낸다. 흔히 STDOUT을 파일로 리디렉트하거나 파이프를 통해 다른 프로그램으로 리디렉트해 추가 처리를 한다.

STDERR는 파일 핸들 2와 연관돼 있다. STDERR의 데이터 스트림도 흔히 화면으로 보내진다.

STDOUT이 파일로 리디렉트돼도, STDERR는 계속해서 화면으로 출력된다. 이는 데이터 스트림 자체가 터미널에 표시되지 않더라도 STDERR을 통해 사용자가 프로그램의 실행으로 발생하는 에러를 볼 수 있게 보장한다. STDERR도 같은 곳으로 리디렉트되거나 파이프라인의 다음 변환자 프로그램으로 전달될 수 있다.

STDIO는 표준 C 라이브러리 헤더 파일(stdio.h)에 구현돼 있는데, 프로그램의 소스코드에 인클루드include돼 실행 파일로 컴파일될 수 있다.

USB 드라이브 준비

다음 실험 중 일부는 다른 용도로는 전혀 사용되지 않는 USB 드라이브를 이용해서 안전하게 수행할 수 있다. 개인적으로는 다른 용도로 사용하지 않는 8GB USB 드라이브를 찾아 실험용으로 준비했다. 갖고 있는 어느 용량의 USB 드라이브든 사용할 수 있으며, 작아도 괜찮고 심지어 몇 MB라도 충분하다. 여러분이 갖고 있는 USB 드라이브는 VFAT 파티션을 갖고 있어야 한다. 의도치 않게 다른 종류의 파일 시스템으로 포맷하지 않았다면 9장의 실험을 위한 요구 사항을 만족할 것이다.

준비 9-1

실험에 사용하기 위한 USB 장치를 준비한다.

1. root로 로그인한 터미널 세션이 이미 열려있지 않다면 실험에 사용할 가상 기계 중 하나를 열고 root로 로그인한다.
2. USB 장치를 물리적 호스트 컴퓨터의 USB 슬롯에 꽂는다.
3. VM 윈도우의 맨 위에 있는 메뉴 바에서 Devices ▶ USB를 클릭한다. 방금 꽂은 장치를 찾는다. 그림 9-1처럼 'generic mass storage device'로 보일 것이다. 참고로 내 장치 중 하나는 'USB Disk'로 식별됐다.
4. 장치를 클릭하면 잠시 뒤에 VM 데스크탑에 새로운 디스크 장치 아이콘이 나타날 것이다. 이로써 올바른 장치를 찾았음을 알 수 있다.

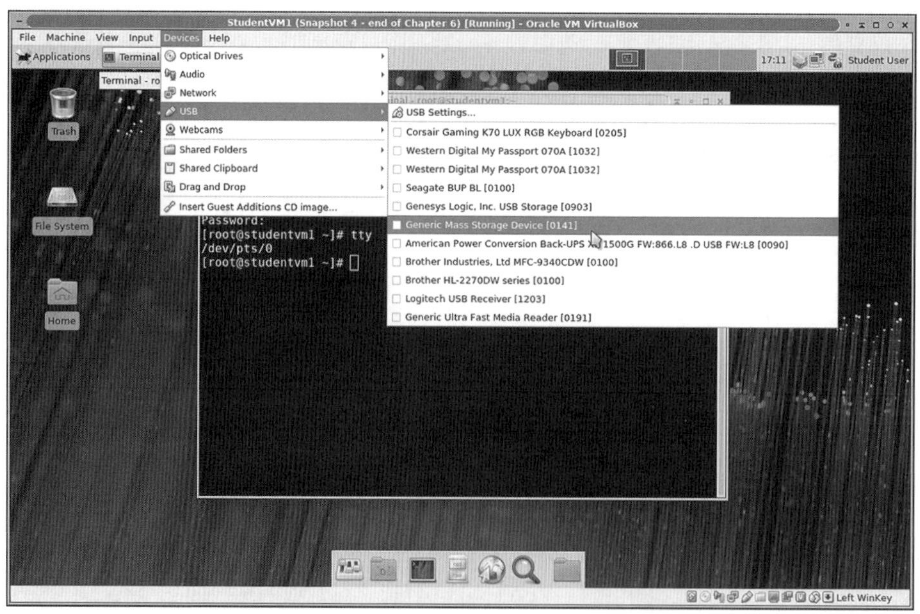

그림 9-1. VM에서 실험용으로 사용할 USB 장치를 선택한다

5. VM에서 root 터미널 세션을 사용해 **dmesg** 명령을 실행해서 커널이 어느 장치 파일을 USB 드라이브에 할당했는지 알아낸다. /dev/sdb 같은 것일 것이다. **dmesg** 출력은 최소한 하나의 /dev/sdb1 파티션을 보여줘야 한다. 여러분의 리눅스 VM에서 장치 문자(이 예에서는 b)가 다를 수 있지만 그럴 가능성은 매우 낮다.

```
[root@studentvm1 ~]# dmesg
<생략>
[ 849.668963] usb 1-1: new high-speed USB device number 3 using ehci-pci
[ 849.981751] usb 1-1: New USB device found, idVendor=0781, idProduct=5530,
  bcdDevice= 2.00
[ 849.981757] usb 1-1: New USB device strings: Mfr=1, Product=2,
  SerialNumber=3
[ 849.981760] usb 1-1: Product: Cruzer
[ 849.981762] usb 1-1: Manufacturer: SanDisk
[ 849.981764] usb 1-1: SerialNumber: 2243021B525036CB
[ 849.988408] usb-storage 1-1:1.0: USB Mass Storage device detected
[ 849.992316] scsi host4: usb-storage 1-1:1.0
[ 851.028443] scsi 4:0:0:0: Direct-Access SanDisk Cruzer
  8.02 PQ: 0 ANSI: 0 CCS
[ 851.028826] sd 4:0:0:0: Attached scsi generic sg2 type 0
[ 851.039594] sd 4:0:0:0: [sdb] 7856127 512-byte logical blocks: (4.02
  GB/3.75 GiB)
[ 851.046239] sd 4:0:0:0: [sdb] Write Protect is off
[ 851.046245] sd 4:0:0:0: [sdb] Mode Sense: 45 00 00 08
[ 851.052946] sd 4:0:0:0: [sdb] No Caching mode page found
[ 851.052953] sd 4:0:0:0: [sdb] Assuming drive cache: write through
[ 851.139347] sdb: sdb1
[ 851.181538] sd 4:0:0:0: [sdb] Attached SCSI removable disk
[root@studentvm1 ~]#
```

다음과 같은 명령을 사용할 수도 있다.

```
[root@studentvm1 ~]# lsblk -i
NAME                          MAJ:MIN RM   SIZE RO TYPE MOUNTPOINT
sda                             8:0    0   100G  0 disk
|-sda1                          8:1    0     1G  0 part /boot
`-sda2                          8:2    0    99G  0 part
  |-fedora_studentvm1-root    253:0    0     1G  0 lvm  /
  |-fedora_studentvm1-swap    253:1    0     4G  0 lvm  [SWAP]
  |-fedora_studentvm1-usr     253:2    0     9G  0 lvm  /usr
  |-fedora_studentvm1-home    253:3    0     5G  0 lvm  /home
  |-fedora_studentvm1-var     253:4    0     2G  0 lvm  /var
  `-fedora_studentvm1-tmp     253:5    0     5G  0 lvm  /tmp
sdb                             8:16   1   3.8G  0 disk
`-sdb1                          8:17   1   3.8G  0 part
sr0                            11:0    1  1024M  0 rom
[root@studentvm1 ~]#
```

이제 해당 장치에 fdisk 명령을 실행해서 USB 드라이브에 있는 파티션의 종류를 알아낸다. 이를 위해 장치 특수 파일을 사용한다.

```
[root@studentvm1 ~]# fdisk -l /dev/sdb
Disk /dev/sdb: 3.8 GiB, 4022337024 bytes, 7856127 sectors
Units: sectors of 1 * 512 = 512 bytes
Sector size (logical/physical): 512 bytes / 512 bytes
I/O size (minimum/optimal): 512 bytes / 512 bytes
Disklabel type: dos
Disk identifier: 0x00000000

Device     Boot Start     End Sectors Size Id Type
/dev/sdb1          38 7839719 7839682 3.8G  b W95 FAT32
[root@studentvm1 ~]#
```

6. 이제 장치 파일을 알았으니 드라이브의 파티션을 /mnt에 마운트할 수 있다. 저장 장치에 접근할 수 있으려면 저장 장치가 메인 루트(/) 파일

시스템에 마운트돼야 한다. /mnt 디렉터리는 정확히 우리처럼 파일 시스템을 임시로 마운트하기 위한 마운트 포인트로 정의돼 있다.

```
[root@studentvm1 ~]# mount /dev/sdb1 /mnt
[root@studentvm1 ~]#
```

7. 작업 디렉터리를 /mnt로 바꾸고 기존 파일을 모두 지운다.

```
[root@studentvm1 ~]# cd /mnt
[root@studentvm1 mnt]# ll
total 31734
-rwxr-xr-x. 1 root root 7250452 May  9 2017 BE0028P.bio
-rwxr-xr-x. 1 root root 7133368 May  8 2017 BE0034P.bio
-rwxr-xr-x. 1 root root 7709204 May  8 2017 BE0041P.bio
-rwxr-xr-x. 1 root root 9732628 Nov  5 2012 BE0048.bio
-rwxr-xr-x. 1 root root   66945 May  8 2017 command.com
-rwxr-xr-x. 1 root root      13 Feb 26 2002 command.en
-rwxr-xr-x. 1 root root   27918 Aug 24 2006 country.sys
-rwxr-xr-x. 1 root root     766 May 20 2000 fdcom.ico
-rwxr-xr-x. 1 root root  102418 Aug 19 2006 freecom.en
-rwxr-xr-x. 1 root root  194332 Jul 19 2011 IFLASH2.exe
-rwxr-xr-x. 1 root root    2336 Aug  5 2000 join.en
-rwxr-xr-x. 1 root root   30802 Nov 28 2002 join.exe
-rwxr-xr-x. 1 root root   40548 Aug 20 2006 kernel16.sys
-rwxr-xr-x. 1 root root   44530 Aug 20 2006 kernel32.sys
-rwxr-xr-x. 1 root root   44889 May  8 2017 kernel.sys
-rwxr-xr-x. 1 root root    2370 Aug  5 2000 subst.en
-rwxr-xr-x. 1 root root   30802 Nov 28 2002 subst.exe
-rwxr-xr-x. 1 root root   25791 Aug  5 2000 swsubst.en
-rwxr-xr-x. 1 root root   30802 Nov 28 2002 swsubst.exe
-rwxr-xr-x. 1 root root   11600 Aug 20 2006 sys.com
[root@studentvm1 mnt]# rm -rf *
[root@studentvm1 mnt]# ll
```

```
total 0
[root@studentvm1 mnt]#
```

8. 다음과 같이 커맨드라인 프로그램을 입력하고 실행해서 드라이브에 내용이 있는 파일을 만든다. 간단히 dmesg 명령을 이용해서 파일이 담을 데이터를 제공한다. 각 파일에 약간의 내용이 있기만 하면 무슨 내용인지는 상관없다.

```
[root@studentvm1 mnt]# for I in 0 1 2 3 4 5 6 7 8 9 ; do dmesg > file$I.txt ; done
[root@studentvm1 mnt]#
```

9. 드라이브에 최소한 10개의 파일(file0.txt부터 file9.txt까지)이 있음을 확인한다.

```
[root@studentvm1 mnt]# ll
total 440
-rwxr-xr-x. 1 root root 44240 Sep 5 21:15 file0.txt
-rwxr-xr-x. 1 root root 44240 Sep 5 21:15 file1.txt
-rwxr-xr-x. 1 root root 44240 Sep 5 21:15 file2.txt
-rwxr-xr-x. 1 root root 44240 Sep 5 21:15 file3.txt
-rwxr-xr-x. 1 root root 44240 Sep 5 21:15 file4.txt
-rwxr-xr-x. 1 root root 44240 Sep 5 21:15 file5.txt
-rwxr-xr-x. 1 root root 44240 Sep 5 21:15 file6.txt
-rwxr-xr-x. 1 root root 44240 Sep 5 21:15 file7.txt
-rwxr-xr-x. 1 root root 44240 Sep 5 21:15 file8.txt
-rwxr-xr-x. 1 root root 44240 Sep 5 21:15 file9.txt
[root@studentvm1 mnt]#
```

10. /root 디렉터리(root의 홈 디렉터리)로 이동한다.

```
[root@studentvm1 mnt]# cd
```

USB 드라이브를 마운트 해제하거나 VM에서 제거하지 않는다. 이제 USB 드라이브가 9장의 실험에서 사용할 수 있게 준비됐다.

데이터 스트림 생성

대부분의 핵심 유틸리티는 STDIO를 출력 스트림으로 사용하고, 데이터 스트림을 만드는 유틸리티는 스트림을 어떤 방식으로든 변환하기보다는 우리의 실험에 사용할 데이터 스트림을 만드는 데 사용할 수 있다. 데이터 스트림은 한 줄이나 한 글자만큼 짧을 수도 있고 필요한 만큼 길 수도 있다.[5]

첫 번째 실험을 시작해서 짧은 데이터 스트림을 만들어보자.

실험 9-1

아직 로그인하지 않았다면 실험용으로 사용하는 호스트에 student 사용자로 로그인한다. GUI 데스크탑 세션에 로그인했다면 좋아하는 터미널 에뮬레이터를 실행한다. 가상 콘솔이나 터미널 에뮬레이터에 로그인했다면 시작할 준비가 된 것이다.

다음과 같은 명령을 이용해서 데이터 스트림을 만든다.

```
[student@studentvm1 ~]$ ls -la
total 28
```

5. 특수 장치 파일(예, random, urandom, zero)에서 취한 데이터 스트림은 사용자가 Ctrl-C를 누르거나, 명령에 제한 인자를 넣거나, 시스템 오류가 발생하는 등 외부로부터 종료되지 않으면 영원히 계속될 수 있다.

```
drwx------    3 student student 4096 Oct 20 01:25 .
drwxr-xr-x. 10 root    root    4096 Sep 21 10:06 ..
-rw-------    1 student student 1218 Oct 20 20:26 .bash_history
-rw-r--r--    1 student student   18 Jun 30 11:57 .bash_logout
-rw-r--r--    1 student student  193 Jun 30 11:57 .bash_profile
-rw-r--r--    1 student student  231 Jun 30 11:57 .bashrc
drwxr-xr-x    4 student student 4096 Jul  5 18:00 .mozilla
```

이 명령의 출력은 STDOUT(콘솔이나 여러분이 로그인한 터미널 세션)에 표시된 짧은 데이터 스트림이다.

일부 GNU 핵심 유틸리티는 콕 집어서 데이터 스트림을 만들고자 설계됐다. 이들 유틸리티 중 일부를 살펴보자.

실험 9-2

yes 명령은 인자로 제공된 데이터 문자열의 반복으로 이뤄진 연속적인 데이터 스트림을 생성한다. 생성된 데이터 스트림은 화면에 ^C로 표시되는 Ctrl-C로 중단될 때까지 계속될 것이다.

다음과 같은 명령을 입력하고 몇 초 동안 실행한다. 같은 문자열이 스크롤되는 것을 쳐다보기가 지겨워지면 Ctrl-C를 누른다.

```
[student@studentvm1 ~]$ yes 123465789-abcdefg
123465789-abcdefg
123465789-abcdefg
123465789-abcdefg
123465789-abcdefg
123465789-abcdefg
123465789-abcdefg
```

```
123465789-abcdefg
1234^C
```

이제 옵션 없이 yes 명령만 입력한다.

```
[student@studentvm1 ~]$ yes
y
y
y
<생략>
y
y
y^C
```

yes 명령의 주요 기능은 데이터의 스트림을 만드는 것이다.

"이것이 무엇을 증명하는가?"라고 물을 수 있다. 이는 유용할 수 있는 데이터 스트림을 만드는 여러 가지 방법이 있다는 의미다. 예를 들어 하드 드라이브의 문제를 고치고자 fsck 프로그램으로부터의 끝없이 계속되는 듯한 'y' 입력 요청에 대한 응답을 자동화하고 싶을 수도 있다. 이 해결책은 'y' 키를 수없이 눌러야 하는 수고를 줄여줄 수 있다.

그리고 거의 확실히 시도하지 않을 것이 있다. root로 실행하면 rm * 명령은 현재 작업 디렉터리의 모든 파일을 지울 것이다. 그러나 파일마다 실제로 해당 파일을 지우고 싶으면 'y'를 입력하라고 묻는다. 이는 더 많은 타이핑을 의미한다.

실험 9-3

파이프를 아직 언급하지 않았지만 시스템 관리자이거나 시스템 관리자가 되고자 하는 사람이라면 이미 파이프의 사용법을 알고 있을 것이다. 다음과 같은 CLI 프로그램은 rm 명령의 요청마다 응답으로 'y'를 제공하고 현재 작업 디렉터리의 모든 파일을 지운다.

현재 디렉터리가 /mnt인지 확인한다.

```
yes | rm * ; ll
```

경고

이 명령은 현재 작업 디렉터리의 모든 파일을 지울 것이므로 이 실험에서 지정된 곳 이외의 어디서도 실행해서는 안 된다.

이제 지난번처럼 파일 번호를 목록으로 제공하는 대신 seq[sequence] 명령으로 생성해 방금 지운 파일을 다시 만든다. 그런 다음에 파일들이 다시 만들어졌는지 확인한다.

```
for I in `seq 0 9` ; do dmesg > file$I.txt ; done
```

물론 현재 작업 디렉터리의 모든 파일을 강제로 지우는 rm -f *를 사용할 수도 있다. -f는 삭제를 "강제한다[force]"는 의미다. 현재 작업 디렉터리가 분명히 USB 장치를 마운트한 /mnt 디렉터리인지 확인한다. 그런 다음 다음과 같은 명령을 실행해 방금 만든 모든 파일을 지우고 실제로 사라졌음을 확인한다.

```
rm -f * ; ll
```

이 또한 해당 파일들이 정말 지워져야 하는지 확신하지 않으면 일반적으로 실행해서는 안 되는 명령이다.

다시 한 번 테스트 파일들을 /mnt에 만든다. USB 장치를 마운트 해제하지 않는다.

---

yes를 이용한 이론 검증

yes 명령을 사용하는 또 다른 경우는 상관없는 임의의 데이터를 담고 있는 파일로 디렉터리를 채우는 것이다. 이 기법을 이용할 경우 특정 디렉터리가 가득 차면 리눅스 호스트에 무슨 일이 일어나는지 테스트할 수 있다. 개인적으로 이 기법을 사용한 예는 고객이 컴퓨터의 로그인할 수 없는 문제를 겪고 있을 때 그에 대한 이론을 시험하기 위한 것이었다.

참고

9장의 실험에서는 USB 드라이브가 (내 VM과 마찬가지로) /dev/sdb에 있고 파티션은 /dev/sdb1이라고 가정한다. 여러분의 VM은 다를 수 있으므로 반드시 확인하기 바란다. 자신의 상황에 맞는 장치 파일[6]을 사용하기 바란다.

---

6. 장치 파일은 2권의 3장에서 좀 더 자세히 다룬다.

실험 9-4

이 실험은 root로 실행해야 한다.

루트 파일 시스템을 가득 채우지 않도록 이 실험은 9장의 '준비 9-1'에서 미리 준비한 USB 장치를 이용한다. 이 실험은 해당 장치 내의 기존 파일에 영향을 주지 않을 것이다.

USB 드라이브를 준비하지 않았다면 기다리고 있을 테니 되돌아가서 지금 준비하기 바란다.

준비됐는가? 훌륭하다.

실험 9-3이 끝났을 때의 상태대로 USB 드라이브의 파티션이 /mnt에 마운트돼 있다고 가정하고 이 실험을 시작한다.

또 다른 도구인 watch 유틸리티를 배워보자. 이 명령은 df 같은 정적인 명령을 지속적으로 갱신하는 명령으로 만들어준다. df 유틸리티는 파일 시스템, 파일 시스템 크기, 여유 공간, 마운트 포인트를 보여준다. 인자 없이 df 명령을 실행해보자.

```
[root@studentvm1 ~]# df
Filesystem                          Size Used Avail Use% Mounted on
devtmpfs                            982M  12K  982M   1% /dev
tmpfs                               996M    0  996M   0% /dev/shm
tmpfs                               996M 992K  995M   1% /run
tmpfs                               996M    0  996M   0% /sys/fs/cgroup
/dev/mapper/fedora_studentvm1-root 976M  56M  854M   7% /
/dev/mapper/fedora_studentvm1-usr  8.8G 4.4G  4.1G  52% /usr
/dev/mapper/fedora_studentvm1-home 4.9G  24M  4.6G   1% /home
/dev/mapper/fedora_studentvm1-var  2.0G 690M  1.2G  38% /var
/dev/mapper/fedora_studentvm1-tmp  4.9G  21M  4.6G   1% /tmp
```

```
/dev/sda1                           976M 213M  697M   24% /boot
tmpfs                               200M 8.0K  200M    1% /run/user/992
tmpfs                               200M    0  200M    0% /run/user/0
/dev/sdb1                           3.8G 672K  3.8G    1% /mnt
```

-h 옵션은 숫자를 사람이 읽기 좋은 형식으로 보여준다.

```
[root@studentvm1 ~]# df -h
Filesystem                          Size Used Avail Use% Mounted on
devtmpfs                            982M  12K  982M   1% /dev
tmpfs                               996M    0  996M   0% /dev/shm
tmpfs                               996M 984K  995M   1% /run
tmpfs                               996M    0  996M   0% /sys/fs/cgroup
/dev/mapper/fedora_studentvm1-root 976M  56M  854M   7% /
/dev/mapper/fedora_studentvm1-usr  8.8G 4.4G  4.1G  52% /usr
/dev/mapper/fedora_studentvm1-home 4.9G  24M  4.6G   1% /home
/dev/mapper/fedora_studentvm1-var  2.0G 690M  1.2G  38% /var
/dev/mapper/fedora_studentvm1-tmp  4.9G  21M  4.6G   1% /tmp
/dev/sda1                           976M 213M  697M  24% /boot
tmpfs                               200M 8.0K  200M   1% /run/user/992
tmpfs                               200M    0  200M   0% /run/user/0
```

이 실험에서는 기본 단위인 1K 블록을 사용할 것이다. 하나의 root 터미널 세션에서 df 명령을 인자로 삼아 watch 명령을 시작한다. 이는 끊임없이 디스크 사용량 정보를 갱신하고 이를 통해 USB 장치가 꽉 차는지 살펴볼 수 있다. watch 명령의 -n 옵션은 df 명령을 기본 설정인 2초 대신 1초마다 시행하게 한다.

```
[root@studentvm1 ~]# watch -n 1 df -h
Every 1.0s: df -h studentvm1:
Wed Feb 13 15:56:02 2019
```

```
Filesystem                          1K-blocks    Used Available Use% Mounted on
devtmpfs                              1004944      12   1004932   1% /dev
tmpfs                                 1019396       0   1019396   0% /dev/shm
tmpfs                                 1019396     992   1018404   1% /run
tmpfs                                 1019396       0   1019396   0% /sys/fs/
                                                                     cgroup
/dev/mapper/fedora_studentvm1-root  999320   56812    873696   7% /
/dev/mapper/fedora_studentvm1-usr  9223508 4530124   4205144  52% /usr
/dev/mapper/fedora_studentvm1-home 5095040   23740   4792772   1% /home
/dev/mapper/fedora_studentvm1-var  1998672  705988   1171444  38% /var
/dev/mapper/fedora_studentvm1-tmp  5095040   20528   4795984   1% /tmp
/dev/sda1                              999320  217544    712964  24% /boot
tmpfs                                  203876       8    203868   1% /run/
                                                                     user/992
tmpfs                                  203876       0    203876   0% /run/
                                                                     user/0
/dev/sdb1                             3918848     672   3918176   1% /mnt
```

이 터미널을 데스크탑의 어딘가에 여러분이 볼 수 있는 곳에 둔 다음 또 다른 터미널 세션에서 root로 다음과 같은 명령을 실행한다. USB 파일 시스템의 크기에 따라 파일 시스템이 채워지는 시간이 다르겠지만 작은 용량의 USB 드라이브에서는 꽤 빠르게 채워질 것이다. 내 시스템에서는 4GB USB 장치를 18분 55초 만에 가득 채웠다. /mnt의 /dev/sdb1 파일 시스템이 채워지면 상태를 살펴본다.

```
[root@studentvm1 ~]# yes 123456789-abcdefgh >> /mnt/testfile.txt
yes: standard output: No space left on device
[root@studentvm1 ~]# df -h
Filesystem                          Size  Used Avail Use% Mounted on
devtmpfs                            982M   12K  982M   1% /dev
tmpfs                               996M     0  996M   0% /dev/shm
```

```
tmpfs                                  996M  992K  995M   1% /run
tmpfs                                  996M     0  996M   0% /sys/fs/cgroup
/dev/mapper/fedora_studentvm1-root     976M   56M  854M   7% /
/dev/mapper/fedora_studentvm1-usr      8.8G  4.4G  4.1G  52% /usr
/dev/mapper/fedora_studentvm1-home     4.9G   24M  4.6G   1% /home
/dev/mapper/fedora_studentvm1-var      2.0G  690M  1.2G  38% /var
/dev/mapper/fedora_studentvm1-tmp      4.9G   21M  4.6G   1% /tmp
/dev/sda1                              976M  213M  697M  24% /boot
tmpfs                                  200M  8.0K  200M   1% /run/user/992
tmpfs                                  200M     0  200M   0% /run/user/0
/dev/sdb1                              3.8G  3.8G     0 100% /mnt
[root@studentvm1 ~]# ll /mnt
total 3918816
-rwxr-xr-x 1 root root      40615 Feb 13 09:15 file0.txt
-rwxr-xr-x 1 root root      40615 Feb 13 09:15 file1.txt
-rwxr-xr-x 1 root root      40615 Feb 13 09:15 file2.txt
-rwxr-xr-x 1 root root      40615 Feb 13 09:15 file3.txt
-rwxr-xr-x 1 root root      40615 Feb 13 09:15 file4.txt
-rwxr-xr-x 1 root root      40615 Feb 13 09:15 file5.txt
-rwxr-xr-x 1 root root      40615 Feb 13 09:15 file6.txt
-rwxr-xr-x 1 root root      40615 Feb 13 09:15 file7.txt
-rwxr-xr-x 1 root root      40615 Feb 13 09:15 file8.txt
-rwxr-xr-x 1 root root      40615 Feb 13 09:15 file9.txt
-rwxr-xr-x 1 root root 4012212224 Feb 13 16:28 testfile.txt
[root@studentvm1 ~]#
```

여러분도 비슷한 결과를 얻었을 것이다. 반드시 /dev/sdb1 장치에 해당하는 df의 출력을 살펴보기 바란다. 이는 해당 파일 시스템 공간의 100%가 사용됐음을 나타낸다.

이제 /mnt에서 testfile.txt를 지우고 해당 파일 시스템을 마운트 해제한다.

```
[root@studentvm1 ~]# rm -f /mnt/testfile.txt ; umount /mnt
```

```
[root@studentvm1 ~]#
```

한 줄에 두 명령을 세미콜론으로 구분해 적었다. 이는 별도의 두 명령을 입력하는 것보다 빠를 수 있고 이 과정의 뒤쪽에서 더 자세히 살펴볼 커맨드라인 프로그램 생성의 시작이기도 하다.

고객의 문제를 진단하는 과정 중 실험 9-4에서 소개한 간단한 테스트를 내 컴퓨터의 /tmp 디렉터리에서 사용해봤다. /tmp가 가득 찬 뒤 사용자들은 더 이상 GUI 데스크탑에 로그인할 수 없었지만 여전히 콘솔을 통해 로그인할 수 있었다. 이는 GUI 데스크탑으로 로그인할 때 /tmp 디렉터리에 파일을 만드는 데 남은 공간이 없으므로 로그인이 실패하기 때문이다. 콘솔 로그인은 /tmp에 새로운 파일을 만들지 않으므로 성공한다. 해당 고객은 CLI에 익숙지 않았기 때문에 콘솔 로그인을 시도하지 않았다.

내 시스템에서 테스트를 통해 검증한 뒤 콘솔을 이용해서 고객의 호스트에 로그인했고 /tmp 디렉터리의 모든 공간을 차지하는 다수의 큰 파일들을 찾았다. 이 파일들을 지우고 고객이 파일들이 만들어진 이유를 찾게 도와 그 일을 멈출 수 있었다.

USB 드라이브 탐험

이제 약간의 탐험을 할 시간이고 최대한 안전하게 하고자 이미 실험에 사용하고 있는 USB 드라이브를 사용한다. 이번 실험에서는 파일 시스템 구조를 살펴본다.

간단한 것부터 시작하자. dd 명령에 최소한 약간이라도 익숙할 것이다. 공식적으로는 '디스크 덤프disk dump'라고 알려져 있지만 여러 시스템 관리자가 '디스크 파괴자disk destroyer'라고 부르는 데는 그럴만한 이유가 있다. 이것이 USB 드라이브를 이용해서 몇 가지 실험을 수행하는 까닭이다.

평판에도 불구하고 dd는 다양한 종류의 저장 매체, 하드 드라이브, 파티션을 탐험할 때 상당히 유용하며, 이를 리눅스의 다른 측면을 탐험하기 위한 도구로도 활용할 것이다.

실험 9-5

이 실험은 root로 실행해야 한다. 아직 로그인하지 않았다면 터미널 세션에 root로 로그인한다.

이 실험을 위해 USB 드라이브를 마운트할 필요는 없다. 사실 이 실험은 장치를 마운트하지 않을 때 더 인상적이다. USB 장치가 지금 마운트돼 있다면 마운트 해제한다.

터미널 세션에서 root로 dd 명령을 이용해서 USB 드라이브(/dev/sdb 장치에 할당돼 있다고 가정)의 부트 레코드를 볼 수 있다. bs= 인자는 블록 크기를 지정한다. count= 인자는 STDIO로 덤프하는 블록의 수를 지정한다. if= 인자는 데이터 스트림의 소스(여기서는 USB 장치)를 지정한다.

```
[root@studentvm1 ~]# dd if=/dev/sdb bs=512 count=1
'
��&wU�1+0 records in
1+0 records out
512 bytes copied, 0.079132 s, 6.5 kB/s
[root@studentvm1 ~]#
```

이 명령은 부트 레코드의 텍스트(디스크(어느 디스크든)의 첫 번째 블록)를 출력한다.

이 경우 파일 시스템과 2진 형식으로 저장돼 있어 읽을 수는 없지만 파티션 테이블에 대한 정보가 있다. 부팅 가능한 장치였다면 GRUB의 1단계나 다른 어떤 부트로더가 이 섹터에 있었을 것이다. 마지막 세 줄은 처리된 레코드와 바이트 수를 담고 있다.

이제 같은 실험을 첫 번째 파티션의 첫 번째 레코드에 시행해보자.

실험 9-6

이제 USB 장치를 다시 마운트해야 한다. 여전히 root로 로그인해 있어야 한다. 다음과 같은 명령을 root로 실행한다.

```
[root@studentvm1 ~]# dd if=/dev/sdb1 bs=512 count=1
���          @ �?�&w�)��NO NAME       FAT32   U�1+0 records in
1+0 records out
512 bytes copied, 0.0553326 s, 9.3 kB/s
[root@studentvm1 ~]#
```

출력 결과는 이것과 전혀 다를 수 있다. 이는 내가 사용한 USB 장치에 있는 내용이다.

이 실험은 부트 레코드와 파티션의 첫 번째 레코드 사이에 차이가 있음을 보여준다. 또한 dd 명령을 이용해서 디스크 자체뿐만 아니라 파티션에 있는 데이터도 볼 수 있음을 보여준다.

USB 드라이브에 또 뭐가 있는지 살펴보자. 여러분이 이 실험에 사용하는 USB 장치 특유의 사항에 따라 다른 결과를 얻을 수 있다. 내가 수행한 결과를 보여줄 것이고 여러분은 원하는 결과를 얻고자 필요한 부분을 변경하면 된다.

우리가 시도하는 것은 dd 명령을 이용해서 우리가 USB 드라이브에 만든 파일의 디렉터리 항목과 약간의 데이터를 찾는 것이다. 메타데이터 구조에 대한 충분한 지식이 있다면 이를 직접 해석해서 드라이브의 데이터 위치를 찾을 수 있겠지만 그렇지 않으므로 어려운 방법(원하는 것을 찾을 때까지 데이터를 출력)으로 해야 할 것이다.

그러면 아는 것부터 시작해서 능숙하게 진행해보자. 우리는 USB 장치를 준비하는 동안 만든 데이터 파일들이 장치의 첫 번째 파티션에 있었음을 알고 있다. 따라서 데이터가 들어 있지 않은 부트 레코드와 첫 번째 파티션 사이의 공간은 살펴볼 필요가 없다. 최소한 그곳의 데이터는 의미가 없다.

/dev/sdb1의 처음에서 시작해 한 번에 몇 블록의 데이터를 살펴보고 원하는 것을 찾아보자. 실험 9-7의 명령은 살펴볼 데이터를 몇 블록 더 지정한 것을 빼고는 이전 것과 비슷하다. 터미널이 모든 데이터를 한 번에 보여줄 만큼 충분히 크지 않다면 더 적은 수의 블록을 지정하거나 파이프를 통해 less 유틸리티로 보내 데이터를 페이지 단위로 볼 수 있게 해도 된다. 두 가지 방법 모두 가능하다. 기억할 것은 이 모든 작업을 root 사용자로 한다는 점이다. 일반 사용자는 필요한 권한을 갖고 있지 않기 때문이다.

실험 9-7

이전 실험에서 입력했던 것과 같은 명령을 입력한다. 하지만 아래에서 볼 수 있듯이 더 많은 데이터를 보여주도록 출력할 블록의 수를 2000으로 증가시킨다.

```
[root@studentvm1 ~]# dd if=/dev/sdb1 bs=512 count=2000
��          @ �?�&w�)��NO NAME    FAT32   U�RRaArrAaK��U�U�
��          @ �?�&w�)��NO NAME    FAT32   U�RRaArrAa����U�U�
��������������]�����]�����]�����]�����]�����]�����]
�����]�����]�����]�����]�����]�����]�����]
```

����]����]����]����]����]����]Afile0�.txt����
�FILE0   TXT �IMNMN�IMN�]��Afile1�.txt������FILE1 TXT �IMNMN
�IMN�]��Afile2�.txt������FILE2 TXT �IMNMN�IMN�]��Afile3�.txt
������FILE3   TXT �IMNMN�IMN�]��Afile4�.txt������FILE4 TXT
�IMNMN�IMN�]��Afile5�.txt������FILE5   TXT �IMNMN�IMN�]��
Afile6A.txt������FILE6   TXT �IMNMN�IMN�]Afile7E�.txt������
��FILE7   TXT �IMNMN�IMN�]��Afile8�.txt������FILE8   TXT
�IMNM�NIMN�]�Afile9M.txt������FILE9   TXT �IMNMN�IMN�]���
testfxile.txt�ES��%��ntTem�plate.ot�Compl�exDocume�OMPLE~1OTT
GMNMNGMN1]AB�.odt<���������������tract<Template�Consu<ltingCon
�ONSUL~1ODT GMNMNGMN2]���.ottD��������������tractD
Template�ConsuDltingCon�ONSUL~1OTT
GMNMNGMN4]���hexag{ons.odp�EXAGONSODP
GMNMNGMN6]��   �ots��z���������������Invoizce-2018.
�NVOIC~1OTS GMNMNGMNJ]�E�t����������������������
ctTemplate.ot�LinuxLabProje�INUXL~1OTT GMNMNGMNK]QZ�oice.�ott���
������Mille�nniumInv�ILLEN~1OTT GMNMNGMNL]S�p�����������
�������������senta�tions.ot�Mille�nniumPre�ILLEN~1OTP
GMNMNGMNM]�K�rHead�.ott�������tingL�LC.Lettehnology�Consul�
Mille�nniumTec�ILLEN~2OTT GMNMNGMNP]�Q�t�������{����������
������rkTem{plate.od�State{me�ntOfWo�TATEM~1ODT
GMNMNGMNQ])y▮T▮L▮┼
ux.ott���-Intr�oduction�StudentRoster�TUDEN~1OTT GMNMNGMNR]�-�-
LSAS�A.ott�����Stude�ntRoster�TUDEN~2OTT GMNMNGMNS]/�-TPLSoA.ott
�����StudeontRoster�TUDEN~3OTT GMNMNGMNT]�'�card-=10-b.ott�v42-
b=usiness-�42-BU~1OTT GMNMNGMNU]�=�~$opt�ion Even�$OPTI~1DOC"�[;<�
>vU{7V��mbers� (3).doc�ff Co�ntact Nu�~$opt�ions Sta�$OPTI~2DOC"D
�[;<�>�m�:V��WRL0474TMP r�[;<�>�`l1Vd�ng_65�9.xls�����dopt_
�counseli�2004_�budget_a�004_B~1XLS ��[;<�>���.Vy?┼±?▮6690.xls��
���dopt_9counseli�2004_9budget_a�004_B~2XLS I�[;<;<��.
V�.docX�����������������2009 XHolidays�009HO~1DOC
��[;<�>LL�9V��Mail.ldoc��rm.do�c������������t Tra�cking
Fo�Adopt�ion Even�DOPTI~1DOC ��[;<�>N[�6V`�rPoinIt2.ppt���AdoptIion
Powe�DOPTI~1PPT �[;<;<�am;V�S�rPoin�t.ppt�����Adopt�ion
Powe�DOPTI~2PPT '�[;<;<DrR7�VR[�ls����H����������������nt

```
actH List .x�osterH Care Co�AdoptHions F�DOPTI~1XLS \;<�>&U28qW��HART.
doc���������ANIZATIONAL C�ADOPTIONS ORG�DOPTI~2DOC
<생략>
�PADO{ SPC \;<;<I��W�PDMM{ CHK 8\;<�>im/PDMM{ SPC
t\;<�>im/�W�PLOG{ CHK �\;<��>�C��PLOG{ SPC
\;<;<�C��W�DDENDUM '\;<�>"]�>�W�DDRESS "p\;<�>"]�>�X�DDSUM UPD
��\;<�>#]�>CY�c#����C��������������_CondCensed.do�tact
CNumbers �ons SCtaff Con�.~locCk.Adopti�LOCKA~1DOC d�Y�<�<�Y�<�\D
123456789-abcdefgh
123456789-abcdefgh
123456789-abcdefgh
123456789-abcdefgh
123456789-abcdefgh
123456789-abcdefgh
123456789-abcdefgh
123456789-abcdefgh
123456789-abcdefgh
123456789-abcdefgh
123456789-abcdefgh
123456789-abcdefgh
2000+0 records in
2000+0 records out
1024000 bytes (1.0 MB, 1000 KiB) copied, 0.19544 s, 5.2 MB/s
[root@studentvm1 ~]#
```

마침내 우리가 만들었던 파일의 일부 내용과 testfile.txt 파일의 반복되는 데이터를 볼 수 있다.

약간의 추가적인 유연성을 제공하는 dd 명령의 새로운 옵션을 살펴보자.

실험 9-8

이제 50개 블록의 데이터를 한 번에 보고 싶지만 파티션의 처음에서 시작하고 싶지는 않다. 이미 살펴본 블록은 건너뛰고 싶다.

다음과 같은 명령을 입력한다. 데이터의 첫 2000 블록을 건너뛰고 그다음 50 블록을 출력하도록 skip 인자를 추가한다.

```
[root@studentvm1 ~]# dd if=/dev/sdb1 bs=512 count=50 skip=2000
10+0 records in
10+0 records out
5120 bytes (5.1 kB, 5.0 KiB) copied, 0.01786 s, 287 kB/s
```

위의 인자를 사용해도 USB 드라이브의 크기나 포맷이 다르다면 파일 데이터를 볼 수 없을 수 있다. 그러나 이는 좋은 출발점이 될 것이다. 데이터를 찾을 때까지 계속 반복하면 된다.

실험 9-9

이제 dd 명령을 입력한다. count를 100으로, skip을 200 블록으로 설정한다. 그런 다음 데이터 스트림을 파이프를 통해 less 변환자로 보낸다. 그러면 페이지업과 페이지다운 키를 이용해 출력을 스크롤할 수 있다.

```
[root@studentvm1 ~]# dd if=/dev/sdb1 bs=512 count=100 skip=200 | less
```

출력 결과 모두를 여기 적지는 않겠지만 몇 군데만 살펴보기로 하자. 먼저 USB 드라이브의 파일에 해당하는 디렉터리 항목을 담고 있는 섹션을 살펴보자. 이는 FAT 파티션으로, 어쩌면 실험 9-6에서 눈치챘을지도 모르겠다. USB 드라이브를 준비할 때 만든 파일의 이름을 볼 수 있다. 또한 해당 준비 과정에서 삭제된 파일명의 일부도 볼 수 있다.

```
^@^@^@^@^@^@^@^@^@^@^@^@^@^@^@^@^@^@^@^@Af^@i^@l^@e^@0^@^O^@<D9>.^@t^@x^@
t^@^@^@<FF><FF>^@^@<FF><FF><FF><FF>FILE0 TXT ^@^@<E5>      &M&M^@^@<E5>
&M^C^@b^@^@Af^@i^@l^@e^@1^@^O^@<ED>.^@t^@x^@t^@^@^@<FF><FF>^@^@<FF><FF
><FF><FF>FILE1 TXT ^@^@<E5>      &M&M^@^@<E5>      &M/^@b^@^@Af^@i^@l^@
e^@2^@^O^@<F1>.^@t^@x^@t^@^@^@<FF><FF>^@^@<FF><FF><FF><FF>FILE2   TXT ^@^@
<E5>       &M&M^@^@<E5>   &M[^@b^@^@Af^@i^@l^@e^@3^@^O^@<D5>.^@t^@x^@t^
@^@^@<FF><FF>^@^@<FF><FF><FF><FF>FILE3   TXT ^@^@ <E5>      &M&M^@^@<E5>
&M<87>^@b^@^@Af^@i^@l^@e^@4^@^O^@<E9>.^@t^@x^@t^@^@^@<FF><FF>^@^@<FF><FF
><FF><FF>FILE4     TXT ^@^@ <E5> &M&M^@^@<E5>   &M<B3>^@b^@^@Af^@i^@l^@
e^@5^@^O^@<FD>.^@t^@x^@t^@^@^@<FF><FF>^@^@<FF><FF><FF><FF>FILE5 TXT ^@^@
<E5> &M&M^@^@<E5> &M<DF>^@b^@^@Af^@i^@l^@e^@6^@^O^@A.^@t^@x^@t^@^@^@<F
F><FF>^@^@<FF><FF><FF><FF>FILE6 TXT ^@^@<E5> &M&M^@^@<E5> &M^K^Ab^@^@
Af^@i^@l^@e^@7^@^O^@E.^@t^@x^@t^@^@^@<FF><FF>^@^@<FF><FF><FF><FF>FILE7 TXT
^@^@<E5> &M&M^@^@<E5> &M7^Ab^@^@Af^@i^@l^@e^@8^@^O^@<F9>.^@t^@x^@t^@^@^@
<FF><FF>^@^@<FF><FF><FF><FF>FILE8 TXT ^@^@<E5> &M&M^@^@<E5> &Mc^Ab^@^@
Af^@i^@l^@e^@9^@^O^@M.^@t^@x^@t^@^@^@<FF><FF>^@^@<FF><FF><FF><FF>FI
LE9 TXT ^@^@<E5> &M&M ^@^@<E5> &M<8F>^Ab^@^@<E5>t^@e^@s^@t^@f^@^O^@
xi^@l^@e^@.^@t^@x^@^@^@t^@^@^@<E5>ESTFILETXT ^@^@<AB>^K&M&M^@^@<AB>^K&M<BB>
^A^@<C0><AE>^C<E5>j^@o^@i^@n^@.^@^O^@<D7>e^@x^@e^@^@^@<FF><FF><FF><FF>^@^@<FF
><FF><FF><FF><E5>OIN      EXE ^@^@
```

이 명령의 출력은 /dev/sdb1 파티션의 디렉터리에 포함된 데이터를 보여준다. 이는 디렉터리도 다른 데이터와 똑같이 파티션 안의 데이터라는 것을 보여준다.

스크롤을 계속하면 마침내 파일의 내용 데이터에 이른다.

```
^@^@^@^@^@
123456789-abcdefgh
```

```
123456789-abcdefgh
123456789-abcdefgh
123456789-abcdefgh
123456789-abcdefgh
123456789-abcdefgh
123456789-abcdefgh
<생략>
123456789-abcdefgh
123456789-abcdefgh
123456789-abcdefgh
123456789-abcdefgh
123456789-abcdefgh
123456789-abcdef[    0.000000] Linux version 4.17.14-202.fc28.x86_64
(mockbuild@bkernel01.phx2.fedoraproject.org) (gcc version 8.1.1 20180712
(Red
Hat 8.1.1-5) (GCC)) #1 SMP Wed Aug 15 12:29:25 UTC 2018
[    0.000000] Command line: BOOT_IMAGE=/vmlinuz-4.17.14-202.fc28.x86_64 root=/
    dev/mapper/fedora_studentvm1-root ro resume=/dev/mapper/fedora_studentvm1-
    swap rd.lvm.lv=fedora_studentvm1/root rd.lvm.lv=fedora_studentvm1/swap
    rd.lvm.lv=fedora_studentvm1/usr rhgb quiet LANG=en_US.UTF-8
[    0.000000] x86/fpu: Supporting XSAVE feature 0x001: 'x87 floating point
    registers'
[    0.000000] x86/fpu: Supporting XSAVE feature 0x002: 'SSE registers'
[    0.000000] x86/fpu: Supporting XSAVE feature 0x004: 'AVX registers'
[    0.000000] x86/fpu: xstate_offset[2]: 576, xstate_sizes[2]: 256
[    0.000000] x86/fpu: Enabled xstate features 0x7, context size is 832 bytes,
    using 'standard' format.
[    0.000000] e820: BIOS-provided physical RAM map:
[    0.000000] BIOS-e820: [mem 0x0000000000000000-0x000000000009fbff] usable
[    0.000000] BIOS-e820: [mem 0x000000000009fc00-0x000000000009ffff] reserved
[    0.000000] BIOS-e820: [mem 0x00000000000f0000-0x00000000000fffff] reserved
[    0.000000] BIOS-e820: [mem 0x0000000000100000-0x00000000dffeffff] usable
[    0.000000] BIOS-e820: [mem 0x00000000dfff0000-0x00000000dfffffff] ACPI data
[    0.000000] BIOS-e820: [mem 0x00000000fec00000-0x00000000fec00fff] reserved
[    0.000000] BIOS-e820: [mem 0x00000000fee00000-0x00000000fee00fff] reserved
```

```
[    0.000000] BIOS-e820: [mem 0x00000000fffc0000-0x00000000ffffffff] reserved
[    0.000000] BIOS-e820: [mem 0x0000000100000000-0x000000011fffffff] usable
[    0.000000] NX (Execute Disable) protection: active
[    0.000000] random: fast init done
```

이 데이터의 첫 부분은 USB 파일 시스템을 채우고자 만들었던 큰 파일의 내용의 일부다. 우리는 그 파일을 지웠지만 해당 데이터가 여전히 매체에 남아 있음을 볼 수 있다. 데이터는 사라지지 않았지만 이 파일의 디렉터리 항목은 '삭제됨'으로 표시돼 있다.

이 출력 결과의 두 번째 부분은 파일(file0.txt부터 file9.txt)의 내용 데이터로 사용한 dmesg 출력이다.

즉, dd 명령은 다양한 종류의 파일 시스템 구조를 살펴보고 결함이 있는 저장장치에서 데이터의 위치를 찾는 등에 매우 유용함을 알 수 있다. 또한 dd는 데이터 스트림을 출력하므로 변환 유틸리티를 사용해서 데이터를 변경하거나 살펴볼 수 있다.

'q' 키를 눌러 less를 종료한다.

시간을 더 들여 USB 드라이브의 내용을 더 살펴보기 바란다. 여러분이 찾은 것을 보고 깜짝 놀라게 될 것이다.

무작위

컴퓨터에서 무작위randomness가 필요할 때가 있다. 누가 알았겠는가? 시스템 관리자가 무작위한 데이터의 스트림을 만들고 싶어 할 수많은 이유가 있다. 무작위한 데이터의 스트림은 때로 파티션 전체(예, /dev/sda1)나 심지어 하드 드라이브 전체(예, /dev/sda)의 내용을 덮어쓸 때 유용하다.

파일 삭제는 영구적인 것처럼 보이지만 그렇지 않다. 많은 포렌식[forensic] 도구가 있고 훈련된 전문가는 이를 이용해서 삭제된 것으로 간주된 파일을 쉽게 복구할 수 있다. 무작위 데이터로 덮어쓴 파일은 복구하기가 훨씬 더 어렵다. 나는 종종 하드 드라이브의 모든 데이터를 그저 지우기만하지 않고 복구할 수 없게 덮어쓰기까지 해야 했다. 나는 이 작업을 고객과 내게 오래된 컴퓨터를 재사용이나 재활용하도록 '선물'해준 친구들을 위해 수행한다.

컴퓨터에 최종적으로 무슨 일이 일어나든 나는 컴퓨터를 기증하는 이에게 하드 드라이브의 모든 데이터를 완전히 지울 것이라고 약속한다. 컴퓨터에서 드라이브를 제거하고 플러그인 하드 드라이브 도킹 스테이션에 넣은 뒤 실험 9-10에 있는 것과 비슷한 명령을 사용해 모든 데이터를 덮어쓰지만 이 실험에서처럼 무작위 데이터를 STDOUT으로 쏟아내는 대신 이를 덮어써야 하는 하드 드라이브 장치 파일로 리디렉트한다. 하지만 여러분은 그렇게 하지 말라.

실험 9-10

이 실험은 student 사용자로 수행한다. 이 명령을 입력해 끝없는 무작위 데이터의 스트림을 STDIO로 출력한다.

```
[student@studentvm1 ~]$ cat /dev/urandom
```

Ctrl-C를 이용해 데이터 스트림을 중단한다. Ctrl-C를 여러 번 눌러야 할 수도 있다.

여러분이 극히 편집증적이라면 shred 명령을 이용해 파티션과 전체 드라이브뿐만 아니라 개별 파일을 덮어쓸 수 있다. 이 명령은 안전하다고 느끼기에 필요한

만큼 반복해서 여러 단계로 무작위 데이터와 가장 예민한 장비를 이용하더라도 하드 드라이브에서 데이터를 복구할 수 없도록 설계된 특정 순서의 패턴으로 장치를 덮어쓸 수 있다. 무작위 데이터를 사용하는 다른 유틸리티와 마찬가지로 무작위 스트림은 /dev/urandom 장치로 공급된다.

또한 무작위 데이터는 무작위 패스워드와 과학/통계 계산에 쓰이는 무작위 데이터와 숫자를 만드는 프로그램에 입력 시드input seed로서도 사용된다. 무작위성과 기타 흥미로운 데이터 소스는 2권 3장에서 좀 더 자세히 다룬다.

파이프 드림

파이프는 커맨드라인에서 놀라운 일을 할 수 있게 하는 데 매우 중요하므로 유닉스 초기에 더글라스 매킬로이[7]가 발명했다는 것을 아는 것이 중요하다. 고마워요, 더그! 프린스턴 대학 웹 사이트에는 매킬로이와의 인터뷰 일부[8]가 게재돼 있는데, 거기서 파이프의 탄생과 유닉스 철학의 시작을 말한다.

실험 9-11을 보면 간단한 커맨드라인 프로그램에 '파이프를 사용해서 같은 시간에 로그인한 사용자를 한 사용자가 여러 번 로그인했더라도 한 번씩 나열할 수 있음을 알 수 있다.

실험 9-11

이 실험은 student 사용자로 수행한다. 다음과 같은 명령을 입력한다.

```
[student@studentvm1 ~]$ w | tail -n +3 | awk '{print $1}' | sort | uniq
root
```

7. 위키피디아, Biography of Douglas McIlroy, www.cs.dartmouth.edu/~doug/biography

8. Princeton University, Interview with Douglas McIlroy, www.princeton.edu/~hos/frs122/precis/mcilroy.htm

```
student
[student@studentvm1 ~]$
```

이 명령의 결과는 사용자 root와 student가 모두 로그인해 있음을 보여주는 두 줄의 데이터를 출력한다. 이는 각 사용자가 몇 번 로그인해 있는지는 보여주지 않는다.

파이프는 세로줄(|)로 나타내는 구문 접착제syntactical glue로, 이들 커맨드라인 유틸리티를 함께 연결하는 연산자다. 파이프는 한 명령의 표준 출력을 '파이프를 통해' 다음 명령의 표준 입력으로 흘려보낼 수 있다.

|& 연산자를 이용하면 STDOUT과 함께 STDERR까지 다음 명령의 STDIN으로 보낼 수 있다. 이는 언제나 바라는 것은 아니지만 문제 파악 목적으로 STDERR 데이터 스트림을 기록할 수 있는 유연성을 제공한다.

파이프로 연결된 일련의 프로그램을 파이프라인이라고 하며, STDIO를 이용하는 프로그램을 공식적으로 필터filter라고 부르지만 개인적으로는 변환자transformer라는 용어를 더 좋아한다.

한 명령에서 만들어진 데이터 스트림을 파이프를 통해 다음 명령으로 보낼 수 없다면 이 프로그램이 어떻게 동작했어야 할지 생각해보자. 다음 명령은 데이터의 스트림을 중간 파일에서 읽고 데이터 스트림에 대한 변경을 수행한 뒤 자신의 출력을 새로운 임시 데이터 파일로 보내야 할 것이다. 세 번째 명령은 두 번째 임시 데이터 파일에서 데이터를 가져와 데이터 스트림에 대해 나름대로의 조작을 수행한 다음 결과 데이터를 또 하나의 임시 파일에 저장해야 한다. 각 단계별로 한 명령에서 다음 명령으로 데이터 파일명을 어떻게든 전달해야 할 것이다.

너무나 복잡하기 때문에 생각하기도 싫다. 단순함이 최고임을 잊지 말자!

파이프라인 작성

뭔가 새로운 일을 하거나 새로운 문제를 풀 때 보통 전체 bash 명령 파이프라인을 실험 9-11처럼 아무런 준비 없이 머릿속에서 뚝딱 지어내 타이핑하지는 않는다. 보통은 파이프라인의 한두 명령으로 시작해서 데이터 스트림을 처리하는 더 많은 명령을 추가해 만들어나간다. 그러면 파이프라인 안의 각 명령을 거친 뒤의 데이터 스트림 상태를 보고 필요한 수정을 할 수 있다.

실험 9-12에서는 각 줄의 명령을 입력하고 실행해 결과를 살펴봐야 한다. 그러면 복잡한 파이프라인을 어떻게 단계별로 만들어나가는지 느낄 수 있을 것이다.

실험 9-12

각 줄에 보이는 명령을 입력한다. 새로운 변환자 유틸리티가 파이프를 통해 데이터 스트림에 삽입될 때마다 데이터 스트림에 일어나는 변화를 관찰한다.

리눅스 가상 콘솔 두 곳에 root로 로그인하고 또 다른 두 곳에 student 사용자로 로그인한다. 데스크탑에 몇 개의 터미널 세션을 연다. 그러면 이 실험을 위한 충분한 데이터가 제공될 것이다.

```
[student@studentvm1 ~]$ w
[student@studentvm1 ~]$ w | tail -n +3
[student@studentvm1 ~]$ w | tail -n +3 | awk '{print $1}'
[student@studentvm1 ~]$ w | tail -n +3 | awk '{print $1}' | sort
[student@studentvm1 ~]$ w | tail -n +3 | awk '{print $1}' | sort | uniq
```

이 실험의 결과는 파이프라인의 각 변환자 유틸리티 프로그램이 수행하는 데이터 스트림 변경을 분명히 보여준다.

STDIO를 사용하는 여러 가지 유틸리티를 사용해 데이터 스트림을 변환하는 매우 복잡한 파이프라인을 만들 수 있다.

리디렉션

리디렉션redirection은 프로그램의 STDOUT 데이터 스트림을 기본 타깃인 디스플레이 대신 파일로 보내는 기능이다. '>' 문자는 리디렉션을 나타내는 문법 기호다. 실험 9-13은 df -h 명령의 출력 데이터 스트림을 파일 diskusage.txt로 리디렉트하는 방법을 보여준다.

실험 9-13

명령의 STDOUT을 리디렉트하면 해당 명령의 결과를 담은 파일을 만들 수 있다.

```
[student@studentvm1 ~]$ df -h > diskusage.txt
```

에러가 발생하지 않으면 이 명령으로부터 터미널로 출력되는 것은 없다. 이는 STDOUT 데이터 스트림이 파일로 리디렉트되고 STDERR는 여전히 STDOUT 장치(디스플레이)로 전달되기 때문이다. 방금 만들어진 파일의 내용은 다음 명령으로 볼 수 있다.

```
[student@studentvm1 ~]$ cat diskusage.txt
Filesystem Size Used Avail Use% Mounted on
devtmpfs                         2.0G    0 2.0G   0% /dev
tmpfs                            2.0G    0 2.0G   0% /dev/shm
tmpfs                            2.0G 1.2M 2.0G   1% /run
tmpfs                            2.0G    0 2.0G   0% /sys/fs/cgroup
```

```
/dev/mapper/fedora_studentvm1-root   2.0G   49M 1.8G    3% /
/dev/mapper/fedora_studentvm1-usr     15G  3.8G  11G   27% /usr
/dev/sda1                            976M  185M 724M   21% /boot
/dev/mapper/fedora_studentvm1-tmp    4.9G   21M 4.6G    1% /tmp
/dev/mapper/fedora_studentvm1-var    9.8G  504M 8.8G    6% /var
/dev/mapper/fedora_studentvm1-home   2.0G  7.3M 1.8G    1% /home
tmpfs                                395M  8.0K 395M    1% /run/user/1000
tmpfs                                395M     0 395M    0% /run/user/0
/dev/sdb1                             60M  440K  59M    1% /mnt
[student@studentvm1 ~]$
```

리디렉션을 위해 > 기호를 이용했을 때 지정된 파일이 이미 존재하지 않으면 해당 파일이 만들어진다. 이미 존재하면 명령에서 출력된 데이터 스트림으로 그 내용을 덮어쓴다. >> 기호를 쓰면 실험 9-14에서 볼 수 있듯이 파일의 기존 내용에 새로운 데이터를 덧붙일 수 있다.

실험 9-14

이 명령은 새로운 데이터 스트림을 기존 파일의 끝에 덧붙인다.

```
[student@studentvm1 ~]$ df -h >> diskusage.txt
```

새로운 데이터가 파일의 끝에 추가됐는지 확인하고자 cat이나 less를 이용해서 diskusage.txt 파일을 볼 수 있다.

< 기호는 데이터를 프로그램의 STDIN으로 리디렉트한다. 이 방법을 이용하면 파일명을 인자로 취하지 않지만 STDIN을 사용하는 명령이 STDIN을 통해 파일에서 데이터를 입력받을 수 있다. 입력 소스(grep의 입력으로 사용되는 파일 등)가

STDIN으로 리디렉트될 수 있지만 일반적으로 그럴 필요는 없다. grep은 파일명도 입력 소스를 나타내는 인자로 사용할 수 있기 때문이다. 대부분의 명령이 파일명을 입력 소스 인자로 사용할 수 있다.

STDIO의 리디렉션을 사용하는 예로 실험 9-15의 od 명령을 들 수 있다. -N 50 옵션은 출력이 영원히 계속되지 않게 한다. -N 옵션을 사용해서 출력을 제한하지 않는다면 Ctrl-C를 이용해 출력 데이터 스트림을 종료시킬 수 있다.

실험 9-15

이 실험은 STDIN 입력을 리디렉션하는 예를 보여준다.

```
[student@studentvm1 ~]$ od -c -N 50 < /dev/urandom
0000000 331 203   _ 307   ]   { 335 337   6 257 347       $   J   Z   U
0000020 245  \0   `  \b   8 307 261 207   K   :   }   S   \ 276 344   ;
0000040 336 256 221 317 314 241 352   ` 253 333 367 003 374 264 335   4
0000060   U  \n 347   (   h 263 354 251   u   H   ] 315 376   W 205  \0
0000100 323 263 024   % 355 003 214 354 343   \   a 254   #   `   {   _
0000120   b 201 222   2 265   [ 372 215 334 253 273 250   L   c 241 233
<생략>
```

데이터 스트림을 좀 더 이해하기 쉬운 형식으로 정리해주는 od[octal display] 명령을 사용하면 결과의 특성을 이해하기 훨씬 더 쉽다. 자세한 정보는 od의 매뉴얼 페이지를 참고하기 바란다.

리디렉션은 파이프라인의 소스이거나 종점일 수 있다. 입력으로는 잘 쓰이지 않기 때문에 리디렉션은 보통 파이프라인의 종점으로 쓰인다.

실험 9-16

이 실험은 student 사용자로 수행한다. 이 활동은 리디렉션의 아직 다루지 않은 측면의 예를 제공한다. echo 명령은 문자열을 STDOUT으로 출력하는 데 사용된다.

1. 홈 디렉터리를 현재 작업 디렉터리로 만든다.
2. 텍스트 파일을 만든다.

```
[student@studentvm1 ~]$ echo "Hello world" > hello.txt
```

3. 파일을 STDIN으로 리디렉트해 내용을 읽는다.

```
[student@studentvm1 ~]$ cat < hello.txt
Hello world
[student@studentvm1 ~]$
```

4. 기존 파일에 텍스트 한 줄을 추가한다.

```
[student@studentvm1 ~]$ echo "How are you?" >> hello.txt
```

5. 내용을 본다.

```
[student@studentvm1 ~]$ cat hello.txt
Hello world
How are you?
[student@studentvm1 ~]$
```

6. 파일을 지우고 홈 디렉터리의 파일들을 나열해 해당 파일이 지워졌음을 확인한다.

```
[student@studentvm1 ~]$ rm hello.txt ; ls -l
```

7. 파일을 다시 만든다.

```
[student@studentvm1 ~]$ echo "Hello world" >> hello.txt ; ll
```

8. ls와 cat 명령을 이용해서 파일이 다시 만들어졌는지 확인한다.

7단계에서 >> 연산자는 파일을 새로 만든다. 파일이 이미 존재하지 않기 때문이다. 파일이 이미 존재하고 있었다면 해당 줄은 4단계에서처럼 기존 파일의 끝에 추가됐을 것이다. 또한 따옴표는 표준 ASCII 따옴표로, 인용된 문자열의 앞과 뒤가 똑같다. 앞과 뒤 따옴표가 다른 확장 ASCII가 아니다.

---

grep 명령

grep 명령은 데이터 스트림에서 지정된 패턴과 일치하는 줄들을 선택할 때 사용된다. grep은 가장 흔히 사용되는 변환자 유틸리티 중 하나로, 매우 창의적이고 흥미로운 방식으로 사용될 수 있다. grep 명령은 올바르게 필터라고 부를 수 있는 몇 안 되는 명령 중 하나로, 실제로 데이터 스트림 중 원치 않는 모든 줄을 걸러내고 남아있는 데이터 스트림에 원하는 줄들만 남긴다.

실험 9-17

랜덤random 데이터를 담고 있는 파일을 만들어야 한다. 랜덤 패스워드를 만드는 도구를 쓸 수 있지만 먼저 root 사용자로 설치해야 한다.

```
dnf -y install pwgen
```

이제 student 사용자로 랜덤 데이터를 만들고 이를 이용해서 파일을 만든다. 현재 작업 디렉터리가 홈 디렉터리가 아니라면 홈 디렉터리로 이동한다. 다음과 같은 명령은 5000줄(줄마다 75자)의 랜덤 데이터 스트림을 만들고 이를 random.txt 파일에 저장한다.

```
pwgen 75 5000 > random.txt
```

수많은 패스워드가 있음을 고려하면 그중 일부 문자열이 같을 가능성이 매우 높다. grep 명령을 이용해서 어떤 짧은 화면의 마지막 패스워드 10개 중에서 무작위로 선택된 문자열을 찾는다. 개인적으로 이들 10개의 패스워드 중 하나에서 'see'와 'loop'을 봤으므로 내가 사용한 명령은 grep see random.txt이고, 여러분도 이를 사용해볼 수 있지만 여러분 각자의 문자열을 골라 확인해보기도 해야 한다. 2~4자로 이뤄진 짧은 문자열이 가장 좋다.

grep 필터를 사용해 dmesg의 출력 중 cpu가 포함된 모든 줄을 찾는다.

```
dmesg | grep cpu
```

다음과 같은 명령으로 홈 디렉터리 안의 모든 디렉터리를 나열한다.

```
ls -la | grep ^d
```

이 명령이 작동하는 이유는 긴 목록에서 디렉터리 항목의 첫 글자가 'd'이기 때문이다.

디렉터리가 아닌 모든 파일을 나열하려면 -v 옵션을 적용해 이전 grep 명령과 반대의 의미로 실행한다.

```
ls -la | grep -v ^d
```

뒷정리

뒷정리할 것이 약간 있다.

뒷정리 9-1

이 시점에서 USB 드라이브는 마운트돼 있지 않아야 하지만 만일을 대비해서 마운트 해제한다.

```
[root@studentvm1 ~]# umount /mnt
[root@studentvm1 ~]# umount /mnt
umount: /mnt: not mounted.
[root@studentvm1 ~]#
```

내 VM에서는 USB 드라이브가 여전히 마운트돼 있었기 때문에 첫 번째 umount 명령은 USB 드라이브를 마운트 해제했다. 두 번째 umount 명령의 결과는 해당 장치가 더 이상 마운트돼 있지 않음을 알리며 에러를 보여준다.

이제 다시 그림 9-1을 보고 USB 장치의 목록을 연다. 9장에서 실험에 사용한 USB 드라이브에 체크 표시가 돼 있을 것이다. 그 메뉴 항목을 클릭해 체크 표시를 없앤다. 이제 물리적 USB 장치를 컴퓨터의 USB 슬롯에서 제거할 수 있다.

이제 뒷정리가 완료됐다.

요약

리눅스 커맨드라인에서 수행할 수 있는 여러 가지 놀랍고도 강력한 작업이 가능한 것은 오직 파이프와 리디렉션 덕분이다. 한 프로그램이나 파일에서 다른 프로그램이나 파일로 STDIO 데이터 스트림을 전송하는 것은 파이프다. 9장에서는 하나 이상의 변환자 프로그램을 파이프로 연결해서 데이터 스트림을 연결해 이들 스트림의 데이터를 조작하는 강력하고 유연한 사용법을 배웠다.

실험에서 볼 수 있는 파이프라인 안의 각 프로그램은 작지만 한 가지 일을 잘한다. 또한 이들은 변환자이기도 하다. 즉, 표준 입력을 받아 어떤 방식으로 처리한 뒤 표준 출력으로 결과를 보낸다. 변환자로서 처리된 데이터 스트림을 자신의 표준 출력으로부터 다른 프로그램의 표준 입력으로 보내는 이들 프로그램의 구현은 리눅스 도구로서의 파이프 구현을 보완하면서 필수적이다.

9장에서는 STDIO가 데이터 스트림일 뿐이라는 점을 배웠다. 이 데이터는 명령의 출력부터 디렉터리의 파일 목록이나, /dev/urandom 같은 특수 장치로부터의 끝나지 않는 데이터 스트림, 심지어 하드 드라이브나 파티션의 가공되지 않은 데이터[raw data]를 담고 있는 스트림에 이르기까지 거의 모든 것일 수 있다. 서로 다른 종류의 데이터 스트림을 만드는 여러 가지 흥미로운 방식들과 dd 명령을 사용해 하드 드라이브의 내용을 살펴보는 방법을 배웠다.

리눅스 컴퓨터에 연결된 어떤 장치든 데이터 스트림으로 취급될 수 있다. dd와

cat 같은 평범한 도구로 장치의 데이터를 STDIO 데이터 스트림으로 덤프해서 다른 평범한 리눅스 도구로 처리할 수 있다.

연습문제

9장을 마무리하며 연습문제를 풀어보기 바란다.

1. > 기호의 기능은 무엇인가?
2. 데이터 스트림의 내용을 기존 파일에 추가할 수 있는가?
3. CPU 모델 이름만 출력하는 짧은 커맨드라인 프로그램을 설계하라.
4. 랜덤 데이터 10 블록으로 이뤄진 파일을 /tmp 디렉터리에 만들어라.

10장

텍스트 편집기

학습 목표

10장의 학습 목표는 다음과 같다.

- 텍스트 편집기가 필요한 이유
- 몇 가지 텍스트 편집기 소개: 터미널 세션용과 GUI 데스크탑용
- vim 텍스트 편집기 사용법
- 여러분이 선택한 텍스트 편집기를 사용해야 하는 이유

텍스트 편집기가 필요한 이유

워드프로세싱 프로그램이 있기 전에 텍스트 편집기가 있었다. 초기 텍스트 편집기의 원래 용도는 셸 스크립트, C와 기타 프로그래밍 언어로 작성된 프로그램, 시스템 구성파일 같은 텍스트 파일의 생성과 유지 보수였다.

오래지않아 LaTeX[1] 같은 문서 준비 소프트웨어는 다양한 종류의 문서(특히 기술 문서와 저널)의 조판 절차를 자동화하고자 개발됐다. 이는 워드프로세싱이 아니라 조판이다. LaTeX은 여전히 많이 쓰이고 상당히 인기가 있는데, 형식과 모양보다는 문서의 내용에 집중한다. LaTeX의 입력용으로 만들어진 텍스트 파일은 Vim 같은 텍스트 편집기로 만들어진 ASCII 평문plain text 파일이다.

텍스트 편집기는 결과로 만들어지는 파일에서 텍스트 문자와 문자열만이 중요한 측면인 환경을 위해 개발됐다. 편집기는 워드프로세싱 프로그램에서 폰트, 스타일, 다양한 제목 수준, 예쁜 표, 그래픽 표현을 나타내고자 사용하는 내용과 상관없는 마크업 문자열이 없는 텍스트 파일을 만든다.

편집기의 모든 요소가 텍스트만 포함하는 파일을 만들기 위한 것이다. 인텔 PC와 관련 프로세서에서 이는 ASCII[2] 텍스트를 의미한다.

리브레오피스 라이터와 기타 워드프로세싱 프로그램이 파일을 ASCII 텍스트로 저장할 수 있는 것이 사실이다. 그러나 그러려면 몇 가지 단계가 추가로 필요하고, 결과도 여전히 진정한 ASCII는 아니다. 예를 들어 작은 ASCII 텍스트 파일을 실행 파일로 만들려고 했으며, 매우 간단하다. 나는 다음과 같은 텍스트를 리브레오피스 라이터로 작성했고 'text' 문서로 저장했다.

코드 예제 10-1

```
#!/usr/bin/bash
# This is an ASCII text file.
echo "This is a BASH program created by LibreOffice"
exit
```

1. LaTeX 프로젝트, www.latex-project.org
2. 위키피디아., ASCII, https://en.wikipedia.org/wiki/ASCII

문제점이 보이는가?

echo문의 큰따옴표를 살펴보자. 이들은 진정한 ASCII가 아니고 왼쪽 오른쪽 따옴표가 포함된 확장 ASCII다. 이들 확장 ASCII 따옴표는 Bash 셸 등에서 적절히 해석되지 않는다. 이 프로그램은 실행은 되겠지만 결과는 따옴표를 포함한 전체 문자열이 출력되는 것이다. 이런 코드의 의도는 따옴표 안의 문자열을 출력하고 따옴표 자체는 출력하지 않는 것이다. 표준 ASCII 큰따옴표 문자(16진수 22)나 ASCII 작은따옴표(16진수 27)만 제대로 동작한다.

리브레오피스가 표준 ASCII 큰따옴표를 쓰게 하는 방법이 있지만 표준 ASCII와 다른 것을 사용하는 문서 사이를 전환하는 것은 힘들 수 있다.

또한 대부분의 서버처럼 GUI 데스크탑이 설치되지 않은 호스트에 로그인했을 때는 GUI 프로그램을 사용할 수 없다. 모든 리눅스 배포판에서 언제든지 사용할 수 있는 것은 Vim, vim[3]이다. 다른 편집기는 모든 배포판의 모든 실행 수준에서 사용할 수 있다고 기대할 수 없다.

Vim

Vim 편집기는 Vi 텍스트 편집기를 개선한 버전으로 여러 버전의 유닉스와 함께 배포된다. 경우에 따라 Vi 편집기는 있지만 Vim은 없는 경우가 있는데, 오래된 배포판에서 시스템이 복구 모드나 단일 사용자 모드로 부팅된 경우일 수 있다. 현재 페도라 배포판은 복구 모드에서 Vim을 사용한다.

Vim은 일견 매우 간단한 텍스트 편집기처럼 보일 수 있지만 사실 꽤 강력하다. Vim은 광범위하게 설정을 바꿀 수 있고 여러 가지 플러그인을 갖고 있다. 컬러를 사용할 수 있으면 Vim은 다양한 프로그래밍 언어와 스크립트 언어의 문법과

---

3. Vim 웹 사이트, Vim, www.vim.org/

논리적 구조에 따라 글자의 색깔을 바꿔 프로그래머가 코드의 구조와 기능을 시각화하는 데 도움을 줄 수 있다.

Vim은 모든 워드프로세서를 능가하는 강력한 검색과 치환 능력을 갖고 있다. 정규 표현식을 이용해서 Vim은 내가 가장 좋아하는 워드프로세서인 리브레오피스 라이터로는 도저히 불가능한 방식으로 텍스트 문자열을 찾고 수정할 수있다. Vim은 이를 치환[substitution]이라고 한다. 또한 Vim은 자체 스크립트 언어인 Vim 스크립트를 갖고 있다.

대부분의 리눅스 배포판에서 기본 셸인 Bash 셸은 여러 가지 매우 강력한 내장 명령을 갖고 있고 더 많은 도구가 리눅스 핵심 유틸리티의 일부로 제공된다. 이들 모두 Vim 편집기 내부에서 직접 사용할 수 있다.

이는 여러 가지 리눅스 철학, 그중에서도 특히 모든 프로그램이 한 가지 일을 하고 그 일을 매우 잘 한다는 원칙의 훌륭한 예다. 대표적인 예가 sort 핵심 유틸리티다. sort 유틸리티는 작은 프로그램으로, 정렬에 매우 능하다. 이 유틸리티는 정렬만 한다. Vim 개발자가 이미 핵심 유틸리티가 제공하는 정렬 같은 작업을 수행할 수 있으면 좋겠다고 생각했을 때 그들은 이미 사용할 수 있는 이들 유틸리티를 그대로 활용하기로 결정했다. 바퀴를 왜 다시 발명해서 Vim을 더 복잡하게 만드는가? 외부 정렬 명령(뿐만 아니라 모든 외부 명령들)을 사용하면 이들뿐만 아니라 미래의 어떠한 기능이라도 쉽게 추가할 수 있음을 의미한다. 그저 Vim 외부에 이미 존재하는 명령을 사용하는 능력을 추가하면 된다.

Vim은 같은 화면에서 두 파일을, 심지어 서로 다른 두 파일을 한 화면에서 편집할 수 있는 분할 화면 모드를 제공한다. 또한 내장 도움말 기능은 편집 중인 파일과 함께 분할 화면에 표시된다.

Vim 사용자들에게 더욱 좋은 일은 GUI 데스크탑에서 사용할 수 있는 gVim이 있다는 것이다. 또한 Vim은 더 간단한 버전인 evim[easy Vim]으로 동작하도록 설정될 수 있다. Vim 모드를 Bash 셸의 커맨드라인 편집용으로 사용할 수 있는 옵션도 있다. 페도라와 기타 레드햇 기반 배포판에서 Vim은 시스템 관리자가 도구 상자에 간직할 수 있는 가장 강력한 도구 중 하나다.

Vim은 매우 최소한의 설치에 이르기까지 모든 리눅스 릴리스와 배포판에 언제나 존재하기 때문에 익힐 것을 권장한다. 또한 다른 유닉스에서도 가장 손쉽게 사용할 수 있는 편집기다. 다른 편집기는 이렇게 쉽게 볼 수 없다. 이렇게 폭넓은 Vim의 가용성으로 인해 이 과정에서는 Vim을 이용할 것이다.

기타 편집기

리눅스 시스템 관리자가 사용할 수 있는 편집기는 Vim 외에도 많으므로 무엇이 있는지 여러분에게 살짝 알려주고자 몇 개만 살펴볼 것이다.

'Linux open source text editors'라고 구글에서 찾아보면 여러 개의 검색 결과가 나온다. 결과 중 상당수의 제목은 '최고의 텍스트 편집기 X 가지...'이므로 선택할 수 있는 것이 많음을 알 수 있다. 너무 많은 편집기가 있으므로 이 책에 모두 소개할 수는 없다. 이들 편집기는 모두 완전히 좋고 각각 나름의 강점과 약점이 있다. 개인적으로 이들 편집기 중 몇 가지를 써봤지만 언제나 Vim으로 돌아왔다. 따라서 이들 편집기에 대해 매우 잘 알지는 못하지만 내가 써본 것들만 여기 적어보겠다.

Emacs

Emacs[4]는 가장 인기 있고 가장 많이 사용되는 오픈소스 편집기다. 매우 확장성이 좋은 아키텍처와 다수의 플러그인 덕분에 Emacs는 매우 강력하다. Emacs는 텍스트 모드 편집기지만 Vim처럼 GUI 버전도 있다.

---

4. GNU Emacs 웹 사이트, www.gnu.org/software/emacs/

Emacs는 여러 프로그래밍 언어와 스크립트 언어를 위한 구문 강조syntax highlighting 기능을 제공한다. Emacs는 스크립트 언어인 Emacs Lisp와 광범위한 내장 문서를 갖고 있다. 어떤 사람들은 Emacs를 운영체제 자체라고 부르는데, Emacs로 Emacs 세션에서 실행되는 게임을 포함한 여러 종류의 프로그램을 작성할 수 있기 때문이다.

또한 Emacs 모드는 Bash 셸의 기본 편집 모드이기도 하다. Emacs를 좋아한다면 Bash 명령 중 편집은 여러분에게 매우 자연스러울 것이다.

gedit

gedit 텍스트 편집기는 구문 강조, 플러그인, 내장 맞춤법 검사기spell-checking, 열려 있는 텍스트 문서의 목록을 보여주는 사이드 페인side pane을 제공하는 GUI 프로그램이다. 단순하고 사용하기 쉽게 개발됐지만 여전히 강력한 기능을 자랑한다.

Leafpad

Leafpad는 내가 사용해본 GUI 텍스트 편집기다. 몇 가지 기능만 제공하고 매우 간단하다. 줄 바꿈word wrap, 자동 들여쓰기, 줄 번호 기능을 켤 수 있다. 가장 간단한 GUI 편집기를 원한다면 이는 분명히 상위권에 든다.

Kate

Kate는 KDE 환경용으로 설계된 진보된 GUI 데스크탑 텍스트 편집기지만 다른 데스크탑에서도 잘 동작한다. 구문 강조 기능을 제공하고 분할 화면 같은 다중 페인, 문서 개요용 사이드 패널, 줄 번호 기능 등을 사용할 수 있다. Kate는 플러그인도 지원하고 Vim에 매우 익숙한 사용자를 위해 Vi 모드도 제공한다.

다른 많은 KDE 관련 도구와 달리 Kate는 KDE 패키지를 많이 요구하지 않는다.

내가 설치했을 때는 의존관계의 패키지가 단지 하나 더 설치됐다.

Kate는 프로그래밍 환경에서 사용하도록 설계된 여러 기능을 제공한다. 개발자이고 GUI 데스크탑에서 작업한다면 Kate는 여러분이 고려해야 하는 편집기다.

xfw

xfw 편집기는 X File Write라고도 한다. 매우 기본적인 GUI 텍스트 편집기로, 기본 검색/치환 외에 소수의 기능을 제공한다. 소수의 구성 옵션만 갖고 있다. 매우 간단하고 깔끔한 것을 좋아한다면 xfw가 좋은 선택이다.

xed

xed는 또 하나의 간단한 GUI 편집기다. 맞춤법 검사기와 구문 강조 기능을 갖고 있으므로 코딩이나 긴 텍스트 문서 작업을 하는 사람에게는 더 좋은 선택일 수 있다.

Vim 학습

편집기를 배우기는 어려울 수 있다. Vim이나 vi는 언제나 사용할 수 있으므로 Vim 편집기를 배우는 것은 모든 시스템 관리자에게 도움이 될 수 있다. 다행히도 Vim은 훌륭한 사용 지침서인 vimtutor를 갖고 있다. 실험 10-1의 지시 사항에 따라 지침서를 설치하고 시작해보자.

실험 10-1

vimtutor가 이미 설치돼 있을 수도 있지만 확실히 설치돼 있는지 확인하자. vimtutor는 vim-enhanced 패키지에 포함돼 있다.

1. 터미널 세션에서 root로 vim-enhanced 패키지를 설치한다.

```
[root@studentvm1 ~]# dnf -y install vim-enhanced
```

2. 터미널 세션에서 student 사용자로 vimtutor 명령을 입력해 사용 지침서를 시작한다.

```
[student@studentvm1 ~]$ vimtutor
```

3. vimtutor가 로드하는 파일을 읽고 제공하는 지시 사항을 따른다. 여러분이 사용 지침서를 익히는 데 필요한 모든 정보는 vimtutor 파일 안에 있다.

시스템 관리자 커뮤니티에는 새로운 사용자가 Vim에서 나갈 수 없는 것에 대한 여러 가지 농담이 있다. 어렵지는 않지만 방법을 모른다면 매우 좌절감을 느낄 것이다.

Vim 활용 능력은 이 과정의 나머지 실험 중 일부에 중요하다. vimtutor 사용 지침서는 필수적인 편집에 필요한 기초적인 기술을 제공한다. 하지만 vimtutor는 Vim의 능력 중 표면만 살짝 긁는 정도에 지나지 않는다. 이 과정에서뿐만 아니라 실제 세계에서 Vim이 특정 기능을 갖고 있기를 바라는 상황에 처할 것이다. Vim이 실제로 무엇이든 여러분이 바라는 기능을 갖고 있을 확률이 상당히 높다. 도움말 기능을 활용해 여러분에게 필요한 기능을 찾아보기 바란다.

또한 Vim을 밑바닥부터 배울 수 있는 훌륭한 방법을 제공하는 책인 『Pro Vim』[5]도 추천한다.

5. Mark McDonnell, Pro Vim, Apress, 2014

SELinux 해제

원래 SELinux는 해커가 리눅스 컴퓨터 접근에 성공하더라도 컴퓨터에 변경을 일으키지 못하게 막고자 NSA가 만든 보안 프로토콜이다. 이는 좋은 보안 조치고 오픈소스이므로 백도어가 없음을 검증하고자 NSA 밖의 여러 개발자가 조사할 기회가 있었다. SELinux가 앞으로의 실험 일부와 관련해서 일으킬 수 있는 문제 때문에 SELinux를 해제해야 한다.

실험 10-2

root로 Vim을 이용해 /etc/selinux/config 파일에서 SELinux를 'disabled'로 설정한다. 다음과 같은 명령을 이용해 Vim으로 SELinux 구성파일을 연다.

```
[root@studentvm1 ~]# vim /etc/selinux/config

SELINUX 줄을

From:

SELINUX=enforcing

To:

SELINUX=disabled
```

편집을 마치고 나면 구성파일은 다음과 같이 보일 것이다. 변경된 줄을 굵은체로 표시했다.

```
# This file controls the state of SELinux on the system.
# SELINUX= can take one of these three values:
#       enforcing - SELinux security policy is enforced.
#       permissive - SELinux prints warnings instead of enforcing.
#       disabled - No SELinux policy is loaded.
```

```
SELINUX=disabled
# SELINUXTYPE= can take one of these three values:
#       targeted - Targeted processes are protected,
#       minimum - Modification of targeted policy. Only selected processes are
        protected.
#       mls - Multi Level Security protection.
SELINUXTYPE=targeted
```

파일을 저장한 후 Vim을 종료하고 VM을 재부팅한다.

이는 바라는 구성 변경의 효과를 내고자 재부팅이 필요한 몇 안 되는 경우 중 하나다. 재부팅 중 SELinux가 대상 파일과 디렉터리에 꼬리표를 바꿔 붙이는데 몇 분이 걸릴 수 있다. 꼬리표 붙이기labeling는 프로세스나 파일에 보안 컨텍스트security context를 부여하는 과정이다. 꼬리표 바꿔 붙이기 절차가 끝나면 시스템이 또 재부팅될 것이다.

SELinux는 3권의 16장에서 더 자세히 다룬다.

가장 좋아하는 텍스트 편집기 사용

"당신이 가장 좋아하는 텍스트 편집기를 사용하라"는 시스템 관리자를 위한 리눅스 철학[6]의 원칙 중 하나다. 편집기에 대한 논쟁은 엄청난 에너지 낭비의 원인이 될 수 있기 때문에 중요하다. 모두 자신이 가장 좋아하는 편집기가 있고 나와는 다를 수 있다.

나는 Vim을 편집기로 사용하는데, 수년간 사용한 이 편집기를 아주 좋아하고 익숙하게 사용한다. Vim은 내가 사용해본 다른 어떤 편집기보다도 나의 필요를

---

6. David Both, The Linux Philosophy for SysAdmins, Apress, 2018, 371?379

더 잘 충족한다. 자신의 편집기에 대해 그렇게 말할 수 있다면(그 편집기가 무엇이든) 여러분은 편집기 열반에 들어있는 것이다.

나는 20년 전에 솔라리스를 배우기 시작했을 때 Vim을 사용하기 시작했다. 내 멘토는 Vim이 모든 시스템에 언제나 존재할 것이기 때문에 이를 이용한 편집을 배울 것을 권했다. 이는 운영체제가 솔라리스든 리눅스든 옳은 것으로 드러났다. Vim 편집기는 언제나 거기에 있으므로 믿을 수 있다. 내게는 성공적이다.

또한 Vim 편집기는 Bash 커맨드라인 편집용으로 사용할 수 있다. 기본 명령 편집 모드는 Emacs지만 나는 Vim 옵션을 사용한다. 이미 Vim 키 사용법을 알고 있기 때문이다. Bash에서 Vim 스타일 편집 기능을 사용하는 옵션은 사용자 한 명에게 적용하려면 ~/.bashrc에 'set -o vi'를 추가하면 된다. 전체 사용자에게 적용하려면 /etc/profile.d/ 안의 구성파일을 사용해 root와 일반 사용자 모두 각자의 Bash 구성의 일부로 포함되게 하면 된다.

Vim 편집 기능을 이용하는 다른 도구로는 crontab과 visudo 명령이 있다. 이들 모두 vi를 감싼 래퍼wrapper다. 게으른 시스템 관리자는 이미 존재하는(특히 오픈소스일 때) 코드를 사용한다. 이들 도구에 Vim 편집기를 사용하는 것은 훌륭한 예다.

그 밖에도 훌륭하고 강력하고 환상적인 편집기가 많다. 나는 여전히 Vim을 선호한다. 여러분은 원하는 편집기를 사용하면 되고 다른 사람들이 사용하는 것을 걱정하지 않아도 된다. 내가 Vim을 사용한다고 해서 여러분도 Vim을 사용해야 하는 것은 아니다. 여러분에게 가장 좋은 편집기를 사용하는 것이 생산성에 중요하다. 여러분이 가장 자주 사용하는 키 조합과 명령을 배우고 나면 온갖 종류의 파일 편집에 매우 효율적일 수 있다.

요약

10장은 거의 Vim 편집기에 대한 소개다. 이는 부분적으로 모든 리눅스 배포판에 언제나 존재할 것이기 때문이기도 하지만 그 놀라운 힘 때문이기도 하다. Vim의 기초만 배워도 매우 생산적일 수 있다. 좀 더 고급 기능을 익히면 그 힘을 더 향상시킬 수 있고 시스템 관리자의 생산성을 더욱 더 높일 수 있다.

10장에서 말했듯이 다른 많은 오픈소스 텍스트 편집기가 있다. 다수의 개발자와 사용자에게 극히 인기가 있는 것도 있고 그렇지 않은 것도 있다. 그러나 모두 추천할 만한 기능이 있다.

이들 편집기 중 여러분의 스타일에 더 잘 맞는 것을 찾을 수 있을 것이고, 그렇다면 그것을 사용하는 것이 좋다. 그러나 Vim에 대한 지식은 언제나 유용할 것이다.

연습문제

10장을 마무리하며 연습문제를 풀어보기 바란다.

1. 텍스트 편집기는 워드프로세서와 어떻게 다른가?
2. 다섯 단어를 지우고자 어떤 Vim 명령을 사용하겠는가?
3. Vim이 사용하는 두 가지 동작 모드는 무엇인가?
4. 이미 줄 번호를 알고 있다면 커서를 어떻게 해당 줄로 이동하겠는가?
5. Vim을 이용해서 student 사용자의 홈 디렉터리에 이름이 fruit.txt이고 최소한 열 가지 과일 이름의 목록(한 줄에 하나씩)을 담고 있는 파일을 만든다. 파일을 저장하고 cat 유틸리티를 이용해 그 파일의 내용을 출력한다.

6. Vim을 이용해서 fruit.txt 파일을 편집해 과일 이름을 알파벳 순서로 정렬한다. 파일을 저장하고 cat을 이용해 내용을 출력한다.

7. Vim이 맞춤법 검사 기능을 갖고 있는가? 어떻게 확인할 수 있는가?

11장

root로 작업

학습 목표

11장의 학습 목표는 다음과 같다.

- root와 일반 사용자의 기능상 차이
- root 권한의 장점
- root 권한의 단점
- 일반 사용자가 특권 작업을 수행할 수 있게 권한 수준을 높이기
- sudo의 올바른 사용법
- 일반 사용자가 하나의 프로그램을 실행하게 root 권한을 부여하는 방법

왜 root인가?

모든 리눅스 컴퓨터 시스템은 관리자가 필요하다. 시스템 관리자는 컴퓨터에 필요한 모든 관리 작업을 수행토록 권한이 부여된 사용자다. 유닉스와 리눅스

에서는 관리자를 root라고 부른다. root에 대해 흔히 사용되는 유의어는 슈퍼유저다.

root 사용자는 뭐든지 할 수 있고 리눅스 컴퓨터에서 어느 사용자가 파일, 디렉터리, 프로세스를 갖고 있든 무슨 일이든 할 수 있다. root는 지울 수 없는 파일을 지울 수 있고, 사용자를 추가하고 제거할 수 있다. root는 ('nice' 수치를 통해) 모든 실행 중인 프로그램의 우선순위를 바꿀 수 있고 모든 실행 중인 프로그램의 실행을 종료시키거나 중단[suspend]시킬 수 있다. root는 파일 시스템 자체의 구조뿐만 아니라 파일 시스템 디렉터리 트리의 모든 깊고 흥미로운 구석까지 탐색할 수 있다.

일반 사용자, 즉 root 사용자에게 부여된 특권이 없는 사용자는 리눅스 컴퓨터에서 root 수준 작업을 수행할 권한이 없다. 예를 들어 일반 사용자는 다른 사용자의 홈(또는 모든) 디렉터리에 들어갈 수 없고 root나 해당 파일을 소유한 사용자가 다른 일반 사용자에게 명시적으로 허용해주지 않는다면 일반 사용자가 다른 사용자의 파일을 지울 수 없다. 이는 리눅스가 사용자의 파일과 프로세스를 다른 사용자가 지우거나 변경하지 못하게 보호하기 때문이다. 이는 리눅스 같은 다중 사용자 운영체제에서 필수적이다.

일반 계정을 가진 사용자가 root 권한을 갖게 할 수는 있지만 권장 사항은 아니다. 권장하는 방법은 지정된 사람이 root 계정 접근 권한을 갖는 것이다. 한 명 이상의 특권 없는 일반 사용자가 root 특권이 필요한 한두 가지 명령을 실행해야 한다면 적절한 방법은 sudo 기능을 이용해 이들 일부 명령에 접근할 수 있게 하는 것이다. sudo의 사용법은 나중에 더 자세히 다룬다.

su 명령

su(switch user 또는 substitute user) 명령은 커맨드라인에서 로그인한 사용자가 아닌 다른 사용자로 작업할 수 있게 해주는 강력한 도구다. student 사용자에서 root 사용자로 전환하기 위해 이미 이 명령을 커맨드라인에서 사용했지만 더 자세히 알아봐야 한다.

이 명령은 오늘날의 리눅스 환경에서 필수적이다. 사용자들이 그래픽 데스크탑에 root로 직접 로그인하는 것이 권장되지 않기 때문이다. 이런 제약은 보통 디스플레이 관리자에서 다른 유효한 사용자 이름은 표시돼 선택할 수 있지만 root는 타이핑해야 하는 식으로 구현된다. 이는 성가실 수 있지만 시스템 관리자가 모든 일을 root로 수행해 보안 문제를 일으키지 않게 막기 위함이다. 각 시스템 관리자는 일반 사용자로 로그인한 뒤 꼭 필요할 때만 root 사용자로 전환해 root 권한이 필요한 동작을 수행해야 한다.

이제 하이픈(-)에 대해 알아보자. 예를 들어 일반 사용자인 student가 하이픈 없이 su 명령을 사용해 root 권한을 얻으면 $PATH 등의 환경 변수는 student 사용자의 것이 그대로 남아 있고 현재 작업 디렉터리도 그대로 유지된다. 이런 동작은 역사와 관련된 것으로, 하위 호환성을 위한 것이다. su 명령에 하이픈을 추가하면 로그인 셸로 시작해 root 환경을 설정하고 root의 홈 디렉터리인 /root로 전환한다. root가 su를 이용해서 일반 사용자로 전환할 때 하이픈을 붙이면 환경이 대상 사용자의 것으로 설정된다. 이에 대해 더 살펴보자.

실험 11-1

이 실험은 student 사용자로 시작한다. 필요하면 터미널 세션을 연다. 하이픈 없이 su 명령을 이용해서 root 사용자로 전환한다.

```
[student@studentvm1 ~]$ su
Password: <Enter the root password>
[root@studentvm1 student]# echo $PATH
/home/student/.local/bin:/home/student/bin:/usr/local/bin:/usr/bin:/usr/
local/sbin:/usr/sbin
```

su 명령으로 만들어진 하위 셸에서 exit 명령으로 나와 원래의 Bash 셸로 돌아갈 수 있다.

```
[root@studentvm1 student]# exit
[student@studentvm1 ~]$ su -
Password: <Enter the root password>
[root@studentvm1 ~]# echo $PATH
/usr/local/sbin:/usr/local/bin:/usr/sbin:/usr/bin:/root/bin
[root@studentvm1 ~]# exit
[student@studentvm1 ~]$
```

현재 작업 디렉터리가 다르고 $PATH 환경 변수가 현저히 다르다. 셸 환경의 이런 차이 때문에 일부 명령의 결과가 올바르지 않을 수 있고 오해의 소지가 있는 결과를 낳을 수 있다.

실험 11-1의 결과를 보면 root 사용자로, 더 나아가 어느 사용자로든 전환할 때 언제나 하이픈을 이용하는 것이 중요함을 알 수 있다.

root는 su - 명령을 사용해서 패스워드 없이 다른 어떤 사용자로든 전환할 수 있다. 따라서 root 사용자는 다른 어떤 사용자로든 전환해서 해당 사용자로 작업을 수행할 수 있다. 이는 흔히 같은 명령을 문제 있는 일반 사용자로 시도함으로써 문제를 밝히는 데 도움이 된다. su 명령의 이런 측면은 11장의 끝부분에서 살펴본다.

좀 더 자세한 정보는 su 명령의 매뉴얼 페이지를 참고하기 바란다.

root 권한을 요구하는 작업을 수행하는 또 다른 방법은 sudo[switch user and do] 명령이다. sudo 명령은 쓰임새가 있고 상대적인 장점과 단점은 나중에 다룬다.

root 계정 알아보기

root 계정은 운영체제가 식별할 수 있는 몇 가지 고유한 속성이 있다. 각각의 리눅스 사용자 계정은 운영체제가 해당 계정, 해당 계정에 속하는 파일들, 해당 계정이 커맨드라인에 입력한 명령이나 프로그램과 유틸리티가 실행한 명령들을 어떻게 다룰 지에 대한 정보를 제공하는 속성을 갖고 있다. 이들 속성 중 두 가지가 UID[User ID]와 GID[Group ID]다. 먼저 root의 사용자와 그룹 정보를 살펴보자.

실험 11-2

이 간단한 실험은 root로 수행해야 한다. root 사용자의 UID와 GID를 찾고자 필요한 정보는 id 명령으로 /etc/passwd 파일에서 사용자의 보안 컨텍스트[security context]에 대한 정보와 함께 추출할 수 있다.

이 과정을 위해 사용하는 VM에서 root로 로그인된 터미널 에뮬레이터가 이미 열려 있지 않다면 터미널 에뮬레이터를 열고 su -를 통해 root로 전환한다.

```
[student@studentvm1 ~]$ su -
Password: <Enter root password here>
[root@studentvm1 ~]#
```

7장에서는 id 명령으로 student 사용자의 계정 정보를 살펴봤다. 이제 그 명령을 root에게 사용해보자.

```
[root@studentvm1 ~]# id
uid=0(root) gid=0(root) groups=0(root)
[root@studentvm1 ~]#
```

이는 root의 UID와 GID가 모두 0임과 root 사용자가 root 그룹(GID가 0)의 구성원임을 보여준다. SELinux가 'Enforcing'으로 설정돼 있으면 이 명령은 SELinux 컨텍스트에 대한 추가 정보를 보여준다.

이제 root의 홈 디렉터리에 있는 파일들을 살펴보자. 두 번째 `ll` 명령의 `-n` 옵션은 소유권을 사용자와 그룹의 이름 대신 숫자 ID로 보여준다.

```
[root@studentvm1 ~]# ll
total 12
-rw-------. 1 root root 1354 Aug 13 16:24 anaconda-ks.cfg
-rw-r--r--. 1 root root 1371 Aug 18 10:16 initial-setup-ks.cfg
[root@studentvm1 ~]# ll -n
total 12
-rw-------. 1 0 0 1354 Aug 13 16:24 anaconda-ks.cfg
-rw-r--r--. 1 0 0 1371 Aug 18 10:16 initial-setup-ks.cfg
[root@studentvm1 ~]#
```

소유자의 UID와 소유 그룹의 GID가 0, 즉 root임을 알 수 있다.

실험 11-2에서 볼 수 있듯이 UID와 GID 0은 리눅스에서 root 소유로 인식되고 다른 사용자와 다르게 취급된다. 사용자 관리와 사용자/그룹 정보를 담고 있는 파일은 2권의 16장에서 자세히 다룬다. 지금은 root 계정이 다르다는 것과 리눅스 시스템에서 뭐든지 무슨 작업이든지 수행할 수 있다는 것과 다른 모든 계정은 다른 사용자나 시스템 자체의 자원에 영향을 주는 방법이 특정 방식으로 제한돼 있다는 것만 알면 된다.

여러분은 VirtualBox를 설정하고 리눅스 가상 기계를 설치하면서 이미 몇 가지 일을 root로 수행했다. 또한 새로운 소프트웨어 패키지를 설치했고 몇 가지 실험을 root로 수행했다. 설정과 준비 과정에서 root로 수행토록 지시된 이들 작업 중 아무것도 일반 사용자로는 수행할 수 없었을 것이다.

root 사용자의 능력을 완전히 이해하고자 일반 사용자의 한계를 살펴볼 것이다.

실험 11-3

디렉터리 생성을 간단히 살펴보자. student 사용자로 다음과 같은 예의 명령들을 사용해서 디렉터리 트리의 다양한 위치에 새로운 디렉터리(testdir)를 만들어 보자.

```
[student@studentvm1 ~]$ mkdir /testdir
mkdir: cannot create directory '/testdir': Permission denied
[student@studentvm1 ~]$ mkdir /etc/testdir
mkdir: cannot create directory '/etc/testdir': Permission denied
[student@studentvm1 ~]$ mkdir /var/testdir
mkdir: cannot create directory '/var/testdir': Permission denied
[student@studentvm1 ~]$ mkdir /media/testdir
mkdir: cannot create directory '/media/testdir': Permission denied
[student@studentvm1 ~]$ mkdir /mnt/testdir
mkdir: cannot create directory '/mnt/testdir': Permission denied
[student@studentvm1 ~]$ mkdir testdir
[student@studentvm1 ~]$
```

student 사용자는 디렉터리 트리 대부분에서 새로운 디렉터리를 만들 수 없다. 그런 시도는 'Permission denied' 에러 메시지를 낳는다. student 사용자가 새로운 디렉터리를 만들 수 있는 유일한 장소는 자신의 홈 디렉터리뿐이다.

student 같은 일반 사용자가 새로운 디렉터리를 만들 수 있는 하나의 디렉터리가 있다. 어디인지 알겠는가?

다음과 같은 명령을 실행해보자.

```
[student@studentvm1 ~]$ mkdir /tmp/testdir
[student@studentvm1 ~]$ ll /tmp
total 80
-rw-rw-r--. 1 student student 44297 Sep  6 10:54 dmesg2.txt
drwx------. 2 root    root    16384 Aug 13 16:16 lost+found
-rw-r--r--. 1 root    root     5120 Sep  6 09:37 random.file
drwx------. 3 root    root     4096 Sep 12 17:19
systemd-private-24e6ace1ee014ad28178a1d72dc5ac1e-
chronyd.service-AHYFAL
drwx------. 3 root    root     4096 Sep 12 17:19
systemd-private-24e6ace1ee014ad28178a1d72dc5ac1e-
rtkit-daemon.service-JajDc7
drwxrwxr-x. 2 student student  4096 Sep 13 16:38 testdir
[student@studentvm1 ~]$
```

이 경우에는 에러가 없고 /tmp/testdir 디렉터리가 만들어졌음을 확인할 수 있다. 왜 그럴까?

왜 일반 사용자가 새로운 디렉터리(또는 파일)를 만들 수 없는지 설명하려면 이들 디렉터리의 소유권과 권한을 살펴봐야 한다.

실험 11-4

student 사용자가 새로운 디렉터리를 만들려고 한 디렉터리의 소유권과 권한을 살펴보자.

```
[student@studentvm1 ~]$ ls -la /
total 76
dr-xr-xr-x. 18 root   root 4096 Apr 25 02:19 .
dr-xr-xr-x. 18 root   root 4096 Apr 25 02:19 ..
<중략>
dr-xr-xr-x. 13 root   root    0 Sep 12 17:18 sys
drwxrwxrwt. 10 root   root 4096 Sep 13 16:45 tmp
drwxr-xr-x. 13 root   root 4096 Apr 25 02:19 usr
drwxr-xr-x. 22 root   root 4096 Apr 25 02:23 var
[student@studentvm1 ~]$
```

이 정보는 우리가 알아야 하는 것들을 말해준다. 이 디렉터리 목록에서 이와 관련된 두 줄을 강조했다.

실험 11-4에 강조돼 있는 두 디렉터리를 보면 권한이 다름을 알 수 있다. 또한 두 디렉터리 모두 소유자가 root이고 소유 그룹도 root임을 주목하기 바란다. 이들 권한이 디렉터리에 적용됐을 때의 의미를 살펴보자. 파일과 디렉터리의 권한은 18장에서 자세히 다룬다.

그림 11-1은 리눅스 파일과 디렉터리의 권한 체계를 분해한 것이다.

사용자	그룹	기타
rwx	rwx	rwx

그림 11-1. 디렉터리에 적용된 리눅스 권한

파일 및 디렉터리 권한과 소유권은 사용자 계정과 관련돼 있기 때문에 리눅스가 제공하는 보안의 한 측면이다. 리눅스 시스템의 각 파일과 디렉터리는 소유자와 접근 권한을 갖는다. 사용자 계정의 컨텍스트에서 파일 소유권과 권한, 파일과 디렉터리에 대해 무엇을 할 수 있는지를 약간 이해하는 것이 중요하다.

파일이나 디렉터리의 권한 설정은 파일 모드file mode라고도 한다. /usr 디렉터리 항목을 살펴보자.

```
drwxr-xr-x. 13 root   root 4096 Apr 25 02:19 usr
```

첫 번째 문자 'd'는 이것이 디렉터리임을 말해준다. 'l'은 해당 항목이 링크link임을 나타낸다. 링크는 18장에서 자세히 살펴본다. 첫 번째 자리의 대시(-)는 문자가 없음을 나타내고 기본으로 파일(root의 홈 디렉터리에서 볼 수 있듯이 어떤 종류의 파일이든)을 나타낸다.

```
-rw-------. 1 root    root 2118 Dec 22 11:07 anaconda-ks.cfg
-rw-r--r--. 1 root    root 2196 Dec 22 12:47 initial-setup-ks.cfg
```

그다음에 세 가지 범주의 권한이 있고 각각은 파일에 대한 r(read, 읽기), w(write, 쓰기), x(execute, 실행) 권한을 나타낸다. 권한의 범주는 u(user, 사용자), g(group, 그룹), o(other, 기타)다.

사용자는 파일이나 디렉터리의 소유자다. 사용자 권한 rwx는 사용자 root가 내용을 나열하고(읽기) 새로운 파일을 만들 수 있음(쓰기)을 의미한다. 그룹과 기타 사용자 권한 r-x는 root 그룹의 구성원이 이 디렉터리에 들어갈 수 있고(x) 그 안의 파일을 읽을 수 있음(r)을 의미한다. '기타' 범주 접근 권한은 다른 모든 사용자(root도 아니고 파일을 소유하는 root 그룹의 구성원도 아닌)가 디렉터리에 들어갈 수 있고 내용을 읽을 수 있게 허용하지만 이 디렉터리 안에 파일이나 디렉터리를 만들 수 없게 한다.

이는 student 사용자가 /usr로 이동하고 그 안의 파일과 디렉터리의 목록을 나열할 수 있는 결과를 낳는다. 모든 경우에 디렉터리 안의 개별 파일에 대한 읽기와 쓰기 권한은 각 파일의 모드를 통해 관리된다.

실험 11-5

이 실험은 다른 사용자로 수행토록 명시되기 전까지 root로 수행한다. 먼저 /tr 에 디렉터리를 만든다.

```
[root@studentvm1 ~]# mkdir /tmp/testdir1 ; cd /tmp
[root@studentvm1 ~]# ll
total 84
-rw-rw-r--. 1 student student 44297 Sep  6 10:54 dmesg2.txt
drwx------. 2 root    root    16384 Aug 13 16:16 lost+found
-rw-r--r--. 1 root    root     5120 Sep  6 09:37 random.file
<중략>
drwxrwxr-x. 2 student student  4096 Sep 13 16:38 testdir
drwxr-xr-x 2 root     root     4096 Sep 15 09:27 testdir1
```

이제 chmod[change mode] 명령을 이용해서 디렉터리의 권한을 바꿔보자. 가장 쉬운 방법은 권한을 나타내는 8진법 숫자를 이용하는 것이다.

```
[root@studentvm1 tmp]# chmod 000 testdir1 ; ll
total 84
-rw-rw-r--. 1 student student 44297 Sep  6 10:54 dmesg2.txt
drwx------. 2 root    root    16384 Aug 13 16:16 lost+found
-rw-r--r--. 1 root    root     5120 Sep  6 09:37 random.file
<중략>
drwxrwxr-x. 2 student student  4096 Sep 13 16:38 testdir
d--------- 2 root     root     4096 Sep 15 09:27 testdir1
[root@studentvm1 tmp]#
```

이 시점에서 이론적으로 심지어 /tmp/testdir1 디렉터리의 사용자(소유자)조차도 해당 디렉터리에 들어가거나 그 안에 파일을 만들 수 없어야 한다. 그럼에도 이를 root로 수행했을 때 다음과 같은 결과를 얻을 수 있다.

```
[root@studentvm1 tmp]# cd testdir1 ; pwd
/tmp/testdir1
[root@studentvm1 testdir1]# echo "This is a new file" > testfile.txt ; ll
total 4
-rw-r--r-- 1 root root 19 Sep 15 09:38 testfile.txt
[root@studentvm1 testdir1]#
```

또한 cat testfile.txt로 실제 내용을 확인해야 하지만 목록을 보면 그 파일이 19바이트의 데이터를 갖고 있음을 알 수 있다.

일반 사용자의 파일 모드를 나중에 살펴보겠지만 당분간 이는 root 이외의 사용자에게는 적용되지 않을 것이라고 가정할 수 있다. 다른 사용자는 권한이 000일 때 해당 디렉터리에 그들 소유의 파일을 만들 수 없을 것이다.

따라서 root가 실행한 동작은 디렉터리에 설정된 권한에 우선하고 root 사용자는 권한이 전혀 없어 보이는 디렉터리에 들어가서 데이터를 담고 있는 파일을 만들 수 있다. 여기서 핵심은 root는 뭐든지 할 수 있다는 것이다. root를 제한하려는 몇 가지 의도적인 방식이 있음에도 root 사용자가 이들 비교적 사소한 제한을 뛰어넘기는 매우 쉽다.

root의 단점

리눅스 시스템에서 root는 무슨 일이든 할 수 있으므로 엄청난 위험이 잠재한다. root의 실수는 잠재적으로 리눅스 호스트에 파국적인 해를 끼칠 수 있다. 1장에서 리눅스의 방대한 힘을 나타내고자 다음과 같은 말을 인용한 적이 있다.

> 유닉스는 사용자가 어리석은 일을 하는 것을 막게 설계되지 않았다. 이는 사용자가 영리한 일을 하는 것도 막을 것이기 때문이다.
>
> – 더그 그윈Doug Gwyn

이 말은 절대로 옳다. 특히 root 사용자에 대해서는 더 그렇다. 쉽게 일으킬 수 있는 실수를 막고자 root의 힘을 제한하는 몇 가지 기능이 있지만 이는 간단히 회피할 수 있다. 문제는 root로 작업할 때 자동으로 한다는 점이다. 파일이나 전체 디렉터리 구조를 완전히 지우는 실수를 하기 쉽다. SSH 연결을 통해 원격에서 root로 작업할 때 잘못된 기계의 전원을 끄거나 재기동하기도 매우 쉽다.

시스템 관리자는 root로 작업할 때 매우 조심해야 한다. root 사용자의 힘은 완전하고 완전히 회복하기 어려운 피해를 일으키기 쉽다. 최소한 의도치 않게 손가락이 미끄러져 일어난 일을 복구하는 데 몇 시간이나 걸릴 수도 있다.

사용자 특권 상승

일반 사용자가 평소에 root만 수행할 수 있는 작업을 수행할 수 있게 일반 사용자의 특권 수준을 높일 수 있다. 흔히 일반 사용자가 root 사용자만 권한을 갖고 있는 작업을 수행할 수 있게 하기 위함이다. 이는 일반적인 요구 사항이고 쉽고 안전하게 이뤄질 수 있다.

나쁜 방법

하지만 시스템 관리자가 로컬 사용자에게 간단히 root 패스워드를 주는 많은 경우를 봤다. 이는 위험하고 숙련되지 않은 사용자로 인해 발생하는 문제를 낳을 수 있다. 이는 반복 작업으로 인한 root 사용자의 업무량을 줄여주면서 정당한 작업을 하는 사용자들을 돕는 끔찍한 방법이다. 이는 분명히 일반 사용자가 root 특권이 필요한 명령을 실행하도록 허용하는 안전한 방법이 아니다.

완전한 특권 상승을 제공하는 또 한 가지 끔찍한 방법이 있다. 이를 알아야 하는 이유는 이를 식별해 금지할 수 있기 때문이다. 사용자의 UID와 GID를 0으로 설정하는 것이다. 이를 위해서는 passwd, group, shadow 파일을 편집하면 된다. 이들 파일은 2권의 16장에서 다룬다. 이런 접근은 (혹시 훈련을 받았더라도) 제대로 훈련받지 않았거나 그저 이들 방법이 얼마나 안전하지 않은지를 이해하지 못하는 전임 관리자의 잔재일 수 있다. 또는 무지의 소치로 이런 접근을 요구하는 관리자 때문일 수도 있다.

더 나은 방법이 있다.

sudo 사용

일반 사용자가 특정 특권 명령에 접근하는 적절한 방법을 제공하고자 sudo 기능을 사용하면 시스템 관리자의 작업 부하를 줄여주면서 보안을 유지하고 ID와 명령을 통해 사용자의 동작을 기록할 수 있다. sudo 기능은 일반 사용자에게 하나 또는 여러 명령을 위한 특권 상승을 허용하고자 사용될 수 있다.

실험 11-6

터미널 세션에서 root로 다음과 같은 명령을 입력하면 여러분의 테스트 VM의 인터넷 연결에 대한 정보를 보여줄 것이다.

```
[root@studentvm1 ~]# ip addr
1: lo: <LOOPBACK,UP,LOWER_UP> mtu 65536 qdisc noqueue state UNKNOWN group
default qlen 1000
    link/loopback 00:00:00:00:00:00 brd 00:00:00:00:00:00
    inet 127.0.0.1/8 scope host lo
        valid_lft forever preferred_lft forever
```

```
    inet6 ::1/128 scope host
       valid_lft forever preferred_lft forever
2: enp0s3: <BROADCAST,MULTICAST,UP,LOWER_UP> mtu 1500 qdisc fq_codel state UP
group default qlen 1000
    link/ether 08:00:27:a9:e6:b4 brd ff:ff:ff:ff:ff:ff
    inet 10.0.2.6/24 brd 10.0.2.255 scope global dynamic noprefixroute enp0s3
       valid_lft 1065sec preferred_lft 1065sec
    inet6 fe80::2edb:118b:52cc:b63f/64 scope link noprefixroute
       valid_lft forever preferred_lft forever
```

이 VM에 구성된 NIC의 이름을 담고 있는 2번 항목(강조돼 있음)을 살펴보자. 내 VM에 있는 대로 **enp0s3**이겠지만 확실하게 하고자 확인하기 바란다. 내 것과 같지 않다면 여러분의 VM에 있는 것과 일치하는 NIC 이름을 사용해야 한다.

다음과 같은 명령을 student 사용자로 입력해 NIC의 상세 사항을 살펴보자.

```
[student@studentvm1 ~]$ mii-tool -v enp0s3
SIOCGMIIPHY on 'enp0s3' failed: Operation not permitted
[student@studentvm1 ~]$
```

실패하는 이유는 student 사용자에게 이 명령을 실행하기에 필요한 권한이 없기 때문이다.

이제 이 한 가지 명령을 위한 **sudo** 접근 권한을 줄 것이다. 터미널 세션에서 root로 작업해 **visudo** 명령을 이용해서 /etc/sudoers의 맨 끝에 다음과 같은 줄을 입력한다.

```
student ALL=/usr/sbin/mii-tool
```

이 줄은 student 사용자에게 이 특권 명령만 사용할 수 있게 허용한다. 수정된

sudoers 파일을 저장한다.

다음과 같은 명령을 실행해서 student 사용자가 `mii-tool` 명령을 실행할 수 있는지 시험한다.

```
[student@studentvm1 ~]$ sudo mii-tool -v enp0s3

We trust you have received the usual lecture from the local System
Administrator. It usually boils down to these three things:

    #1) Respect the privacy of others.
    #2) Think before you type.
    #3) With great power comes great responsibility.

[sudo] password for student: <student의 패스워드를 입력한다>
enp0s3: no autonegotiation, 1000baseT-FD flow-control, link ok
  product info: Yukon 88E1011 rev 4
  basic mode:   autonegotiation enabled
  basic status: autonegotiation complete, link ok
  capabilities: 1000baseT-FD 100baseTx-FD 100baseTx-HD 10baseT-FD 10baseT-HD
  advertising:  1000baseT-FD 100baseTx-FD 100baseTx-HD 10baseT-FD 10baseT-HD
flow-control
  link partner: 1000baseT-HD 1000baseT-FD 100baseTx-FD 100baseTx-HD 10baseTFD
10baseT-HD
[student@studentvm1 ~]$
```

사용자가 sudo를 처음 사용하면 화면을 통해 약간의 강의를 받게 된다. 시스템 관리자는 언제나 sudo 특권을 가진 사용자들에게 엄중한 강의를 해야 한다.

사용자는 자신의 패스워드를 입력해야 한다. 그러면 명령이 실행된다. 5분 이내에 같은 명령이나 기타 허용된 명령을 실행하면 패스워드를 다시 입력하지 않아도 된다. 이 유효 기간은 변경할 수 있다.

이제 또 다른 특권 명령을 실행해보자. vgs 명령은 호스트에서 현재 사용할 수 있는 볼륨 그룹(활성화돼 있든 아니든)의 목록을 나열한다.

```
[student@studentvm1 ~]$ vgs
  WARNING: Running as a non-root user. Functionality may be unavailable.
  /run/lvm/lvmetad.socket: access failed: Permission denied
  WARNING: Failed to connect to lvmetad. Falling back to device scanning.
  /dev/mapper/control: open failed: Permission denied
  Failure to communicate with kernel device-mapper driver.
  Incompatible libdevmapper 1.02.146 (2017-12-18) and kernel driver (unknown
version).
[student@studentvm1 ~]$
```

이 명령은 실패한다. student 사용자는 한 가지 명령에 대한 특권만 받았기 때문이다.

당신이 잘하는 sudo를 사용하라

sudoers 파일을 좀 더 자세히 살펴보자. 최근에 한 네트워크 호스트의 USB 드라이브에서 다른 네트워크 호스트로 MP3 파일을 복사하는 짧은 Bash 프로그램을 작성했다. 파일들은 워크스테이션에서 서버의 특정 디렉터리로 복사되고 거기에서 다운로드돼 재생된다.

이 프로그램은 몇 가지 다른 일도 하는데, 파일들이 웹 페이지의 날짜대로 자동으로 정렬되도록 복사 전에 이름을 바꾼다. 또한 전송이 제대로 됐음을 확인한 뒤에 USB 드라이브 안의 모든 파일을 지운다. 이 작고 멋진 프로그램은 도움말을 보여주는 -h와 시험 모드로 설정하는 -t 등 몇 가지 옵션을 갖고 있다.

훌륭한 내 프로그램은 주요 기능을 수행하고자 root로 실행돼야 한다. 불행히도 이 조직에서는 나를 포함한 소수의 사람들만 오디오와 컴퓨터 시스템 관리에 관심을 갖고 있어서 내가 반쯤 기술적인 사람들을 찾아 사용하는 컴퓨터에 로그인해서 파일을 전송하고 이 작은 프로그램을 실행토록 훈련해야 했다.

내가 직접 그 프로그램을 실행할 수 없는 것은 아니지만 출장이나 병 등으로 인해 내가 언제나 거기에 있는 것이 아니기 때문이다. 심지어 내가 있더라도 '게으른 시스템 관리자'로서 다른 사람에게 위임해 그들이 배울 기회를 주기를 좋아한다. 따라서 이들 작업을 자동화하는 스크립트를 작성하고 sudo를 사용해서 일부 사람이 해당 스크립트를 실행할 수 있게 지정했다.

root 사용자만 실행할 수 있는 많은 리눅스 관리 명령이 있다. sudo 프로그램은 root 권한을 가진 시스템 관리자가 모든 또는 몇 가지 관리 작업에 대한 책임을 컴퓨터의 적절한 다른 사용자들에게 위임할 수 있게 해주는 편리한 도구다. 이를 이용하면 root 패스워드를 위태롭게 하지 않고도 위임할 수 있어 호스트의 높은 보안 수준을 유지할 수 있다.

예를 들어 일반 사용자 'ruser'에게 기능의 일부를 수행하고자 root로 실행해야 하는 나의 Bash 프로그램 'myprog'에 대한 접근 권한을 줬다고 가정하자. 먼저, 사용자가 자신의 패스워드를 이용해 ruser로 로그인한다. 그런 다음 사용자는 다음과 같은 명령을 이용해 myprog를 실행한다.

```
sudo myprog
```

sudo 프로그램은 /etc/sudoers 파일을 확인해 ruser가 myprog를 실행해도 되는지 검증한다. 그렇다면 sudo는 사용자에게 자신의 패스워드(root 패스워드가 아니라)를 입력하게 요청한다. ruser가 자신의 패스워드를 입력하고 나면 프로그램이 실행된다. 또한 sudo 프로그램은 myprog에 접근한 사실을 프로그램이 실행된 날짜와 시간, 전체 명령, 실행한 사용자와 함께 기록한다. 이 데이터는 /var/log/secure에 기록된다.

이렇게 해서 하나의 프로그램을 실행할 권한을 나 자신과 일부 다른 사용자에게 위임했다. 하지만 sudo는 훨씬 더 많은 일을 할 수 있다. 이를 이용해 시스템 관리자가 네트워크 기능이나 특정 서비스를 관리하는 권한을 어떤 사람이나 믿을 만한 그룹에게 위임할 수 있다. sudo를 이용하면 root 패스워드의 보안을 보호하면서 이들 기능을 위임할 수 있다.

sudoers 파일

시스템 관리자는 /etc/sudoers 파일을 이용해서 사용자나 여러 사용자가 하나의 명령이나 정해진 여러 명령, 모든 명령에 접근할 수 있게 할 수 있다. 이러한 유연성이 sudo를 이용한 위임의 힘과 단순성의 핵심이다. 여기서는 공간을 절약하고자 sudoers 파일을 보여주지 않았다. less 명령을 이용해 sudoers 파일을 볼 수 있다.

실험 11-7

이 실험은 root로 실행한다. sudoers 파일을 보려면 다음과 같은 명령을 입력한다.

```
[root@studentvm1 ~]# less /etc/sudoers
```

Page Up과 Page Down 키를 이용해서 파일을 한 번에 한 페이지씩 스크롤할 수 있고 위 화살표와 아래 화살표 키를 이용해서 한 번에 한 줄씩 스크롤할 수 있다. sudoers 파일을 다 보고나면 'q'(q 키)를 눌러 마치고 명령 프롬프트로 돌아온다.

내가 처음 sudoers 파일을 봤을 때는 매우 헛갈렸다. 이 설명을 모두 마치고 나면 그렇게 이해하기 어렵지 않기를 바란다. 나는 안내를 제공하는 많은 설명과 예제를 포함하는 레드햇 기반 배포판을 좋아한다. 이로 인해 인터넷 검색의

필요가 훨씬 줄어들어 작업이 쉬워진다.

보통 sudoers 파일의 끝에 새로운 줄을 추가하기보다는 파일을 편집한다. sudoers 파일을 수정할 때 표준 편집기를 사용하지 말라. 파일이 저장되고 편집기에서 나오자마자 변경 사항이 모두 활성화되게 설계된 visudo 명령을 사용하기 바란다. visudo 명령은 vi 편집기의 래퍼다. visudo와 같은 방법으로 vi 외의 편집기도 사용할 수 있다.

먼저 몇 가지 종류의 앨리어스를 시작으로 이 파일을 분석해보자. 각 섹션을 조사하면서 sudoers 파일을 스크롤해보자.

호스트 앨리어스

호스트 앨리어스host alias는 명령이나 명령 앨리어스에 접근할 때 사용할 호스트 그룹을 만들 때 사용한다. 기본 생각은 조직의 모든 호스트를 위해 이 하나의 파일을 유지하고 각 호스트의 /etc로 복사한다는 것이다. 따라서 어떤 호스트들(서버 등)은 어떤 사용자들이 특정 명령(HTTPD, DNS, 네트워킹 같은 서비스를 시작하고 멈추거나 파일 시스템을 마운트하는 등)을 실행할 수 있게 그룹으로 설정될 수 있다. 호스트 앨리어스에 호스트 이름 대신 IP 주소를 사용할 수도 있다.

사용자 앨리어스

구성 예제의 다음 섹션은 사용자 앨리어스user alias다. 이를 이용하면 사용자들을 그룹으로 정리해 전체 그룹에게 특정 root 권한을 제공할 수 있다. 이 섹션에서 자신의 앨리어스를 만들 수 있다.

내가 작성한 작은 프로그램을 위해 이 섹션에 다음과 같은 앨리어스를 추가했다.

```
User_Alias AUDIO = dboth, ruser
```

sudoers 파일에 적혀 있듯이 앨리어스 대신 간단히 /etc/groups 파일에 정의된 그룹을 사용할 수도 있다. 이미 거기에는 여러분의 필요를 충족하는 그룹이 'audio'처럼 정의돼 있다면 %group처럼 그룹 이름 앞에 % 기호를 붙여 sudoers 파일에서 그룹에 명령을 할당할 때 사용할 수 있다.

명령 앨리어스

sudoers 파일을 더 내려가면 명령 앨리어스command alias 섹션이 있다. 이들 앨리어스는 네트워킹 명령이나 새로운 RPM 패키지를 설치하거나 업데이트할 때 필요한 명령 등 관련된 명령의 목록이다. 이들 앨리어스를 이용하면 시스템 관리자가 일군의 명령에 대한 접근을 쉽게 허용할 수 있다. 이 섹션에 이미 설정된 앨리어스가 많이 있어 특정 종류의 명령에 대한 접근을 위임할 때 쉽게 이용할 수 있다.

환경 디폴트

다음 섹션은 몇 가지 디폴트 환경 변수를 설정한다. 이 섹션에서 가장 흥미로운 항목은 !visiblepw 줄로, 사용자 환경이 패스워드를 보여주도록 설정돼 있으면 sudo가 실행되지 않게 한다. 이는 무시해서는 안 될 보안 예방 조치다.

명령 섹션

이 섹션이 sudoers 파일의 주요 부분이다. 필수적인 것은 모두 앨리어스 없이 여기에 충분한 항목을 추가해 이룰 수 있다. 앨리어스는 그냥 이를 훨씬 더 쉽게 해줄 뿐이다.

이 섹션은 이미 정의된 앨리어스를 사용해서 sudo에게 누가 어떤 호스트에서 무엇을 할 수 있는지 알려준다. 이 섹션의 문법을 이해하고 나면 예제는 따로 설명이 필요 없다. 다음은 사용자 계정 ruser에 대한 항목의 예다.

```
ruser       ALL=(ALL) ALL
```

위 줄의 첫 번째 'ALL'은 이 규칙이 모든 호스트에 적용됨을 나타낸다. 두 번째 ALL은 ruser가 명령을 모든 사용자로 실행할 수 있게 허용한다. 기본적으로 명령들은 root 사용자로 실행되지만 ruser는 sudo 커맨드라인에 프로그램이 다른 어떤 사용자로 실행되게 지정할 수 있다. 마지막 ALL은 ruser가 모든 명령을 제한 없이 실행할 수 있음을 의미한다. 이 항목은 ruser에게 모든 root 권한을 준다. 나는 내 문제를 해결하고자 이런 줄을 사용하지 않는다. 사용자들에게 필요치 않은 너무나 많은 힘을 주기 때문이다.

root를 위한 항목이 있다. 이 항목은 root가 모든 호스트에서 모든 명령에 접근할 수 있도록 허용한다.

다음 항목은 myprog에 대한 접근을 제어하고자 추가한 것이다. 이는 sudoers 파일의 맨 위에 정의된 AUDIO 그룹에 지정된 사용자가 하나의 호스트 guest1에서 오직 하나의 프로그램인 myprog에만 접근할 수 있음을 나타낸다.

```
AUDIO       guest1=/usr/local/bin/myprog
```

AUDIO 그룹 명령의 문법은 이 접근이 허용될 호스트와 프로그램만 지정하며, 사용자가 프로그램을 다른 사용자로 실행할 수 있는지는 지정하지 않는다.

패스워드 우회

NOPASSWORD를 이용해 AUDIO 그룹에 지정된 사용자들이 패스워드를 입력하지 않고 myprog를 실행할 수 있게 할 수 있다. 명령 섹션의 수정된 항목은 다음과 같다.

```
AUDIO       guest1=NOPASSWORD : /usr/local/bin/myprog
```

내가 작성한 프로그램의 경우에는 이렇게 하지 않았다. 비교적 경험이 적은 사용자가 sudo를 사용할 때는 잠시 멈춰서 그들이 하는 일에 대해 생각해야 하고 패스워드를 입력하는 것이 그것에 조금이나마 도움이 되리라고 믿기 때문이다. 내가 작성한 작은 프로그램을 위한 항목을 예로 사용했을 뿐이다.

wheel

다음에 나와 있는 sudoers 파일 내에서 명령 섹션의 `wheel` 설정은 'wheel' 그룹 안의 모든 사용자가 어느 호스트에서든 모든 명령을 실행할 수 있게 허용한다. wheel 그룹은 /etc/group 파일에 정의돼 있고 이 설정이 작동하려면 사용자들이 이 그룹에 추가돼 있어야 한다. 그룹 이름 앞의 % 기호는 sudo가 이 그룹을 /etc/group 파일에서 찾아야 함을 의미한다.

```
%wheel     ALL = (ALL) ALL
```

이는 여러 사용자에게 root 패스워드를 제공하지 않으면서 root 권한 전체를 위임하는 좋은 방법이다. 사용자를 wheel 그룹에 추가하는 것만으로 root 권한 전체를 제공한다. 또한 이는 sudo에 의해 만들어지는 로그 항목을 통해 그들의 활동을 모니터링하는 도구도 제공한다. 우분투 등의 배포판은 모든 특권 명령을 사용하는 사용자들이 sudo를 사용할 수 있게 /etc/group의 wheel 그룹에 해당 사용자의 ID를 추가한다.

> 나는 sudo를 (한두 사용자에게 하나의 명령에 대한 접근을 제공하는) 매우 제한된 목적에 사용했다. 나는 이를 두 줄로 이뤘다. 특정 작업에 대한 권한을 root 권한이 없는 사용자들에게 위임하기는 쉽고 시스템 관리자의 시간을 많이 절약할 수 있다. 또한 로그를 남겨 문제를 발견하는 데 도움이 될 수 있다.

sudoers 파일은 많은 능력과 구성 옵션을 제공한다. 자세한 사항은 sudo 명령과

sudoers 파일의 매뉴얼 페이지를 확인하기 바란다.

진짜 시스템 관리자는 sudo를 사용하지 않는다

최근에 내가 배우고 싶은 리눅스 기능에 대한 좋은 정보를 담고 있는 매우 흥미로운 글을 읽었다. 글의 제목과 주제, 심지어 그 글을 읽은 웹 사이트도 말하지 않겠지만 글 자체가 나를 떨게 만들었다.

이 글이 민망하게 느껴진 이유는 모든 명령 앞에 sudo 명령을 붙였기 때문이다. 이 글에 대해 내가 생각하는 문제는 그 글이 이른바 시스템 관리자를 위한 글이고 진짜 시스템 관리자는 실행하는 모든 명령 앞에 sudo를 붙이지 않는다는 점이다. 이는 sudo 명령의 잘못된 쓰임이다.

sudo 사용할 것이냐 sudo를 사용하지 않을 것이냐

시스템 관리자가 되고 가장 좋아하는 도구를 사용하는 것은 부분적으로 우리가 가진 도구를 올바르게 쓰고 그 도구들을 아무런 제약 없이 쓸 수 있게 하는 것이다. 이 경우 sudo 명령이 결코 의도되지 않은 방식으로 쓰인다고 생각한다. 나는 일부 배포판에서 sudo 기능을 쓰는 방식을 특히 싫어하는데, 시스템 관리자의 작업을 하는 사람들이 임무를 수행하고자 필요한 도구에 접근하는 것을 제한할 때 사용하기 때문이다.

> [시스템 관리자는] sudo를 사용하지 않는다.
>
> – 폴 베네치아Paul Venezia

베네치아는 그의 인포월드[1] 기사에서 sudo는 시스템 관리자에게 목발처럼 쓰인다고 설명한다. 그는 이 입장을 방어하거나 설명하는 데 많은 시간을 쓰지 않는

1. Paul Venezia, Nine traits of the veteran Unix admin, Infoworld, www.infoworld.com/article/2623488/unix/nine-traits-of-the-veteran-unix-admin.html

다. 그저 이를 사실로 말할 뿐이다. 그리고 나는 시스템 관리자로서 그에 동의한다. 우리의 일을 하는 데 보조 바퀴가 필요 없다. 사실 그것들은 방해가 된다.

우분투 등의 배포판은 sudo 명령을 root 특권이 필요한 명령을 약간 더 쓰기 힘들게 하려는 방식으로 사용한다. 이들 배포판에서는 root 사용자로 직접 로그인하기가 불가능하므로 sudo 명령을 이용해서 일반 사용자가 임시로 root 권한에 접근하게 돼 있다. 이는 사용자 추가/삭제, 그들에게 속하지 않는 파일의 삭제, 새로운 소프트웨어 설치, 그 밖에 현대 리눅스 호스트를 관리할 때 필요한 모든 작업 같은 높은 수준의 특권이 필요한 명령을 실행할 때 좀 더 신중하라는 의도다. 시스템 관리자가 다른 명령 앞에 sudo를 붙이게 강제하는 것은 리눅스를 좀 더 안전하게 만드는 것으로 여겨진다.

이들 배포판의 방식대로 sudo를 사용하는 것은 개인적으로 초보 시스템 관리자에게 잘못된 보안 감각을 제공하는 끔찍하고 효과적이지 않은 시도라고 생각한다. 이는 어떠한 수준의 보호를 제공하는 데에도 도움이 안 된다. sudo를 사용하더라도 sudo를 사용하지 않을 때와 마찬가지로 잘못되거나 위험한 명령을 실행할 수 있다. sudo를 이용해서 잘못된 명령을 실행할 수도 있다는 공포감을 마비시키는 배포판은 시스템 관리자에게 엄청난 피해를 준다. 이들 배포판에서 sudo 기능을 이용해서 사용할 수 있는 명령에는 아무런 제한이 없다. 실제로 사용자로부터 시스템을 보호함으로써 발생할 수 있는 피해와 사용자가 해로운 일을 할 수 있는 가능성을 실제로 제한하려는 시도는 없다.

따라서 이를 명확히 하자. 이들 배포판은 사용자가 모든 시스템 관리 작업을 수행한다고 기대한다. 이들 배포판은 사용자(1장의 목록을 기억한다면 실제로 시스템 관리자들인)가 명령을 실행하고자 제한을 가하는 추가 단계(자신의 암호를 입력)를 수행해야 하기 때문에 뭔가 나쁜 일로부터 보호된다고 생각하도록 안심시킨다.

sudo 우회

이렇게 동작하는 배포판은 보통 root 사용자의 패스워드를 잠그는데, 우분투가 그런 것 중 하나다. 이 방식은 아무도 root로 로그인할 수 없고 거추장스러운 것 없이 작업을 시작한다. 나는 우분투 16.04 LTS[Long-Term Support]로 VM을 준비했으므로 sudo를 사용할 필요를 피하고자 패스워드를 설정하는 방법을 보여줄 수 있다. 이 과정을 위해 준비한 VM에서 이를 할 필요가 없지만 다른 배포판에서 이것이 필요할 경우에 대비해서 보여주겠다.

참고

실험 11-8은 선택 사항이다. 이는 sudo를 이용해 root 계정에 패스워드를 설정함으로써 root 계정에 대한 잠금을 해제하는 방법을 알려주기 위한 것이다. 여러분이 사용하는 배포판이 sudo 사용을 강제하지 않거나 sudo 사용을 강제하는 배포판에 접근 권한이 없다면 이 실험을 건너뛰기 바란다.

실험 11-8(선택적)

원한다면 따라할 수 있도록 여기에 설정을 명시했다. VirtualBox를 사용해서 VM에 우분투 16.04 LTS[2]를 설치했다. 설치하는 동안 이 실험을 위해 간단한 패스워드를 가진 일반 사용자 student를 만들었다.

student 사용자로 로그인한 뒤 터미널 세션을 연다. 암호화된 패스워드가 저장돼 있는 /etc/shadow 파일에서 root를 찾아보자.

```
student@ubuntu1:~$ cat /etc/shadow
cat: /etc/shadow: Permission denied
```

---

2. Canonical Group LTD, Download web site, www.ubuntu.com/download/desktop

허가되지 않으므로 /etc/shadow 파일을 볼 수 없다. 이는 모든 배포판에서 공통으로, 특권이 없는 사용자는 암호화된 패스워드를 볼 수 없다. 볼 수 있게 되면 이들 패스워드를 알아내는 일반적인 해킹 도구를 사용할 수 있게 되므로 이를 허용하는 것은 안전하지 않다.

이제 su - 명령을 이용해서 root로 전환해보자.

```
student@ubuntu1:~$ su -
Password:
su: Authentication failure
```

이 명령이 실패하는 이유는 root 계정에는 패스워드가 없고 잠겨 있기 때문이다. sudo를 이용해서 /etc/shadow 파일을 보자.

```
student@ubuntu1:~$ sudo cat /etc/shadow
[sudo] password for student: <패스워드를 입력한다>
root:!:17595:0:99999:7:::
<생략>
student:$6$tUB/y2dt$A5ML1UEdcL4tsGMiq3KOwfMkbtk3WecMroKN/:17597:0:99999:7:::
<생략>
```

root와 student 사용자만 보여주고자 결과를 생략했다. 또한 해당 항목이 한 줄에 들어가도록 암호화된 패스워드를 짧게 줄였다.

필드들은 콜론(:)으로 나뉘고 두 번째 필드가 패스워드다. root의 패스워드는 느낌표다. 이는 해당 계정이 잠겨 있고 사용될 수 없음을 의미한다.

이제 root 계정을 적절한 시스템 관리자 계정으로 사용하고자 필요한 것은 root 계정의 패스워드를 설정하는 것뿐이다.

```
student@ubuntu1:~$ sudo su -
[sudo] password for student: <student의 패스워드 입력>
root@ubuntu1:~# passwd root
Enter new UNIX password: <root 패스워드 입력>
Retype new UNIX password: <root 패스워드 재입력>
passwd: password updated successfully
root@ubuntu1:~#
```

이제 명령마다 sudo를 사용하는 대신 콘솔에서 root로 직접 로그인하거나 root로 직접 su - 할 수 있다. 물론 root로 로그인하고 싶을 때마다 sudo su -를 사용할 수도 있지만, 번거롭게 그럴 필요가 있을까?

오해하지 않기를 바란다. 우분투 같은 배포판과 그 계열은 완벽히 좋고, 나도 그중 몇 가지를 수년 동안 사용하고 있다. 우분투와 관련 배포판을 사용할 때 내가 하는 첫 번째 일은 root로 바로 로그인할 수 있게 root 패스워드를 설정하는 것이다.

sudo의 타당한 쓰임

sudo 기능은 분명 그 용도가 있다. sudo의 진짜 의도는 root 사용자가 한두 명의 일반 사용자에게 정기적으로 필요한 한두 가지 특정 특권 명령을 실행할 수 있게 권한을 위임하는 것이다. 그 이유는 게으른 시스템 관리자를 위함이다. 사용자가 반복해서 하루에 몇 번이나 사용하는, 특권이 필요한 한두 가지 명령을 실행할 수 있게 해서 사용자들이 시스템 관리자에게 수없이 요청하지 않게 하고, 그렇지 않을 경우 사용자들이 경험할 대기 시간을 없애기 위함이다. 그러나 대부분의 일반 사용자는 root 권한 전부를 갖지 않아야 하고 그들이 필요한 몇 가지 명령에만 접근할 수 있어야 한다.

때로 일반 사용자가 root 특권이 필요한 프로그램을 실행해야 할 때가 있다.

이런 경우에는 한두 명의 일반 사용자를 설정하고 그들에게 해당 명령을 실행할 수 있게 권한을 준다. 또한 sudo 기능은 이를 이용하는 각 사용자의 사용자 ID를 기록한다. 이를 통해 누가 실수를 저질렀는지 추적할 수 있다. 이것이 sudo가 하는 일의 전부다. sudo는 마술 보호막이 아니다.

sudo 기능은 결코 시스템 관리자가 실행하는 명령의 관문으로 만들어지지 않았다. sudo는 명령의 유효성을 확인할 수 없다. 사용자가 뭔가 어리석은 일을 하고 있는지 확인하지 않는다. sudo는 시스템의 모든 명령에 접근할 수 있는 사용자들로부터 시스템을 안전하게 지키지 않는다. 그들이 '제발'이라고 말하게 강제하는 관문을 통하더라도 이는 결코 의도된 목적이 아니다.

> 유닉스는 결코 제발(please)이라고 말하지 않는다.
>
> – 롭 파이크Rob Pike

유닉스에 대한 이 인용문은 리눅스에도 똑같이 적용된다. 시스템 관리자는 root로 작업해야 할 때 root로 로그인하고 일이 끝나면 root 세션에서 로그아웃한다. 어떤 날은 하루 종일 root로 로그인해 있지만 시스템 관리자는 언제나 필요할 때에만 root로 작업한다. 우리는 결코 sudo를 사용하지 않는다. 우리의 일에 필요한 명령을 실행하고자 필요 이상으로 타이핑하게 강제하기 때문이다. 유닉스나 리눅스는 우리가 정말 무언가를 하길 바라는지 묻지 않는다. 즉, "당신이 이것을 하기를 원하는지 확인해 주세요"라고 하지 않는다.

그렇다. 나는 일부 배포판이 sudo 명령을 사용하는 방식을 싫어한다.

root로서 su 사용

지금까지 일반 사용자급에서 root 사용자(슈퍼유저)급으로 특권 수준을 높이기 위해 su와 sudo 명령을 사용하는 방법을 살펴봤다. 때로는 또 다른 사용자로 전환해야 할 때가 있다.

예를 들어 student 같은 일반 사용자로 작업하고 있는데 또 다른 사용자(student1이라고 하자)가 그들의 계정을 망가뜨려서[3] 이상한 일들이 일어나고 스스로 고치거나 설명할 수 없다고 하자. 정말이다. 그런 일이 실제로 일어난다. 따라서 시스템 관리자의 일은 이를 해결하는 것이다. 게으른 시스템 관리자로서 어디가 됐든, 걸어갈 수 있는 거리에 있든 말든, student1이 있는 곳에 걸어가고픈 마음이 없다. 그저 그들의 화면을 보고 증상을 살펴볼 수 있으면 된다.

나는 그냥 내 터미널 세션 중 하나에서 `su -`를 사용해서 student1으로 전환한다. 내게 필요한 것은 student1의 패스워드뿐이다. 다만 나는 그것을 갖고 있지 않고 내가 student1에게 패스워드를 요청해서 긍정적인 응답을 받는다면 그들은 가장 기초적인 보안 규칙 중 하나(절대로, 심지어 root에게도 패스워드를 공유하지 말라)를 어기는 것이다.

그러나 root는 직접은 아니더라도 무슨 일이든 할 수 있다. 나는 `su -`를 통해 student에서 root로, 그다음에 `su - student1` 명령을 사용해서 2단계 전환을 완료할 수 있다. 이제 나는 무슨 일이 일어나고 있는지 살펴보고 문제를 해결할 수 있다. root 사용자는 일반 사용자로 전환할 때 해당 사용자의 패스워드가 필요치 않다.

요약

11장에서는 root 사용자를 살펴보고 root의 능력 중 몇 가지를 알아봤다. 핵심은 root는 무엇이든 할 수 있다는 것이다. 리눅스에서 root 사용자는 스스로를 완전히 파괴하는 작업을 완전히 무사하게 수행할 수 있을 정도로 전능하다. root로 작업할 때 시스템 관리자의 능력은 리눅스 호스트에 관한 한 한계가 없다.

---

3. 가능한 한 거의 모든 방법으로 망가뜨리는 것이 일반적으로 가장 많은 피해를 입히는 방법이다.

일반 사용자는 다른 사용자의 작업을 방해하거나 손상시키지 않게만 다소 제한된다. sudo를 이용하면 시스템 관리자가 특정하게 제한된 추가 특권을 일반 사용자에게 부여해 root 특권이 필요한 특정 작업을 수행하게 할 수 있다.

시스템 관리자는 결코 스스로 sudo를 사용하지 말아야 하고 sudo를 요구하는 리눅스 배포판에서 작업할 경우 이를 우회해야 한다. sudoers 파일을 설정해 시스템 관리자가 없을 때 일반 사용자가 sudo를 활용해 매우 소수의 명령에 매우 제한적으로 접근할 수 있게 했다.

연습문제

11장을 마무리하며 연습문제를 풀어보기 바란다.

1. root 계정의 기능은 무엇인가?
2. 실험 11-1에서 su 명령을 이용해 student에서 root로 전환해봤다. root 사용자가 su를 이용해서 일반 사용자로 전환할 때 하이픈 유무에 따라 무슨 일이 일어나는가?
3. 시스템 관리자가 스스로의 작업을 위해 sudo를 사용하면 안 되는 이유는 무엇인가?
4. sudo를 사용해서 일반 사용자에게 몇 가지 프로그램에 대한 관리자급 접근 권한을 제공할 경우 시스템 관리자에게 유용한 점은 무엇인가?
5. 실험 11-5는 모든 권한이 제거된(000) 디렉터리에 root가 파일을 만들 수 있음을 보여준다. 이 실험에 사용된 디렉터리의 소유자는 root였다. 이전 장에서 student 사용자가 /tmp에 디렉터리를 만들기도 했다. root는 모든 권한이 제거된 다른 사용자 소유의 디렉터리에도 여전히 파일

을 만들 수 있을까? 여러분의 답을 증명하라.

6. 리눅스 호스트에서 root 계정이 할 수 있는 일에 제한이 있는가?

7. sudoers 파일을 설정해 student 사용자가 vgs 명령을 사용할 수 있게 허용하고 결과를 시험하라.

12장

소프트웨어 설치와 업데이트

학습 목표

12장의 학습 목표는 다음과 같다.

- RPM[RPM Package Manager]이 만들어진 이유
- 인터넷으로 연결된 현대 세계에서 레드햇 패키지 관리자의 부족한 점
- DNF 패키지 관리자의 장점
- DNF를 이용해서 소프트웨어 패키지를 설치, 업데이트, 관리하는 방법
- RPM 도구를 생산적으로 이용하는 방법

패키지 관리와 RPM/DNF 같은 도구의 목적은 리눅스 호스트에 소프트웨어를 간단하게 설치하고 관리하기 위함이다. DNF는 RPM의 래퍼이고 RPM의 주요 결점을 보완하고자 개발됐다. 12장에서는 RPM의 결점을 알아보고 DNF를 이용해서 소프트웨어를 설치하고 업데이트하는 방법을 살펴본다.

의존성 지옥

의존성 지옥dependency hell의 전체 영향을 이해하는 것이 중요하다. 최소한 실제로 거기에 가지 않더라도 가능한 한 많이 이해하자. 의존성 지옥은 여러 계층으로 이뤄진 복잡한 의존성을 해결하는 어려운 절차로, 현대 패키지 관리 도구가 개발되기 이전에 흔히 겪던 문제다.

개인적으로 리눅스 사용 초기, RHELRed Hat Enterprise Linux 이전의 초기 레드햇 리눅스, CentOS, 페도라를 사용했을 때 내 컴퓨터 중 하나에 리눅스를 설치한 적이 있다. 최종적으로 어떤 소프트웨어가 필요할지 모르고 그냥 몇 가지 기본적인 것을 설치했다. 시스템을 동작시키고 나서 추가 소프트웨어를 설치하기로 결정했고 워드프로세서를 설치하려고 시도했다. 심지어 어느 것이었는지 기억도 나지 않지만 리브레오피스나 그 이전 버전은 아니었다. 내게 필요한 모든 소프트웨어는 배포판 CD에 있었으므로 쉬울 것이라 생각했다.

먼저 워드프로세서 자체를 설치하려고 시도했다. 나는 매우 긴 패키지 의존성 목록을 받았고 그것들을 먼저 설치해야 했으므로 목록을 따라 작업하기 시작했다. 첫 번째 의존성은 라이브러리 파일의 패키지였다. 해당 패키지를 설치하려다 또 다른 의존성 목록을 받았다. 그 목록은 이전에 제공되지 않았는데, 라이브러리 패키지를 설치하기 전에 설치돼야 하는 것들이었다. 따라서 그 목록을 시작했다. 몇 가지 의존성을 설치한 다음 가까스로 라이브러리를 설치할 수 있었다. 첫 번째 목록의 두 번째 의존성을 시작했지만 충족돼야 하는 새로운 의존성 목록을 얻을 뿐이었다.

나는 의존성 지옥을 발견했다. 실제로 워드프로세서를 설치하기 전에 패키지 의존성을 모두 설치하는 데 하루 종일 걸렸다. 이는 나쁜 상황이었고 아마도 초기에 리눅스가 매우 사용하기 어렵다고 여겨진 이유 중 하나였을 것이다. 뭔가 다른 것이 필요했다.

여러분은 이미 DNF를 이용해서 업데이트와 새로운 소프트웨어를 설치해봤다.

이제 패키지 관리와 DNF를 특히 더 자세히 살펴보자. RPM과 DNF 둘 다 단순 소프트웨어 설치와 업데이트 외에 더 많은 일을 할 수 있다.

RPM

RPM[1]은 RPM 패키지 관리자로, RPM 패키지를 설치, 제거, 업그레이드, 관리하는 능력을 제공하는 시스템이자 프로그램이다. RPM은 레드햇 패키지 관리 시스템Red Hat package management system의 이름이다. 또한 RPM 패키지를 설치하고 관리하는 데 쓰이는 프로그램인 rpm의 이름이고 .rpm은 RPM 패키지의 파일 확장자다.

rpm 프로그램은 설치되거나 제거되는 RPM 안에 있는 의존성을 처리하지 못하는 단점이 있다. 이는 쓰고 싶은 새로운 소프트웨어 패키지를 설치하려고 하다가 빠뜨린 의존성이 있다는 에러 메시지만 받게 될 수도 있다는 의미다.

rpm 프로그램은 로컬 호스트에 이미 다운로드된 RPM 패키지만 처리할 수 있다. 원격 리포지터리에는 접근할 수 없다.

이 모든 단점에도 불구하고 RPM은 리눅스를 전보다 더 많은 사용자가 사용할 수 있게 해준 주요한 한 걸음이었다. 이른바 다섯 단계 절차를 이용해서 모든 소프트웨어 패키지를 다운로드하고 컴파일해야 할 필요를 없애줌으로써 RPM은 리눅스의 소프트웨어 설치를 단순화하고 표준화했다. 다음의 단계들은 컴파일러와 make 프로그램이 설치돼 있고 여러분이 사용법을 알고 있다고 가정한다. 또한 소스를 다운로드할 수 있는 인터넷에 쉽게 접근할 수 있다고 가정한다.

1. 소스코드를 다운로드한다. 흔히 tarball[2]로 배포된다.
2. 여러분의 디렉터리 트리 중 원하는 개발 위치에 tarball을 압축 해제한다.

1. 위키피디아, RPM, https://en.wikipedia.org/wiki/Rpm_(software)
2. zip 파일의 기능과 비슷하며 tarball은 tar 명령으로 만들어지고 파일 확장자는 .tar이다.

3. make configure 명령을 실행해 이들 단계들이 실행될 특정 호스트 기계를 위한 절차를 구성한다.
4. make 명령을 실행해 소스코드를 실행 파일로 실제 컴파일한다.
5. make install을 실행해 컴파일 절차에 의해 만들어진 실행 바이너리 파일과 라이브러리, 매뉴얼 페이지를 포함한 문서를 파일 시스템 디렉터리 구조의 올바른 위치에 설치한다.

RPM 패키지 관리 시스템은 처음에 모든 배포판에서 사용할 수 있었고 리눅스 호스트를 설치하고 유지 보수하기가 전보다 훨씬 더 쉬워졌다. 또한 서명하는 키의 형태로 보안도 제공한다. 패키저packager는 RPM을 사용해서 GPG[3] 서명 키로 RPM 패키지를 서명할 수 있다. 나중에 RPM 패키지를 다운로드 한 뒤 키를 이용해서 진짜인지 확인할 수 있다. 서명 키는 DNF 같은 패키지 관리 시스템에서 페도라 리포지터리 같은 패키지 리포지터리에서 다운로드한 패키지가 안전하고 조작되지 않았음을 보장하고자 사용한다.

그 단점과 더 기능이 좋은 DNF 같은 래퍼가 있음에도 불구하고 rpm 프로그램은 강력하고 여전히 유용하다. dnf는 rpm 프로그램의 래퍼 프로그램이기 때문에 rpm이 어떻게 동작하는지를 이해하는 것이 DNF를 이용한 향상된 패키지 관리를 이해하는 데 중요하다. 또한 RPM 자체를 이용하는 여러 이유를 찾을 수 있을 것이다.

간단한 RPM 패키지 설치를 시도함으로써 RPM 살펴보기를 시작하자. 전체 URL을 알고 있다면 실험 12-1에서 만날 wget 명령을 사용해 인터넷에서 파일들을 다운로드할 수 있다. 이는 시간을 들여 웹 브라우저를 열고 올바른 URL로 이동할 필요가 없음을 의미한다.

3. GNU Privacy Guard

실험 12-1

이 실험은 root로 수행한다. 이 실험은 rpm 프로그램의 이슈를 보여주기 위한 것이다. 이 실험을 위해 내가 만든 RPM 패키지(utils-1.0.0-1.noarch.rpm)를 설치할 것이다.

/tmp로 이동한다.

이 실험에서 사용할 RPM 파일을 /tmp 디렉터리로 다운로드한다.

https://github.com/Apress/using-and-administering-linux-volume-1/blob/master/utils-1.0.0-1.noarch.rpm

다음과 같은 명령을 이용해서 다운로드된 RPM을 설치한다. 옵션은 i(설치), v(메시지 출력), h(진행 막대를 보여주는 해시)다.

```
[root@studentvm1 tmp]# rpm -ivf utils-1.0.0-1.noarch.rpm
error: Failed dependencies:
        mc is needed by utils-1.0.0-1.noarch
[root@studentvm1 tmp]#
```

이 에러는 mc^midnight commander^ 패키지가 이미 설치돼 있지 않기 때문에 발생한다. rpm 프로그램은 이 의존성을 해결할 수 없으므로 단순히 에러를 던지고 종료한다. 최소한 무엇이 잘못됐는지는 말해준다.

---

rpm 프로그램 자체는 실험 12-1에서 만난 의존성을 해결할 수 없다. utils 패키지 설치를 다시 시도하기 전에 리포지터리에서 미드나이트 커맨더^Midnight Commander^를 다운로드한 다음 rpm을 사용해서 이를 먼저 설치해야 한다. 물론 이는 미드나이트 커맨더가 해결되지 않은 의존성을 갖고 있지 않다고 가정한 것이다.

이런 문제에 대한 해결책을 살펴보기 전에 RPM이 할 수 있는 일들을 살펴보자.

실험 12-2

이 실험은 root로 수행해야 한다. 이 실험에서는 RPM을 이용해 `utils` 패키지를 살펴보고 그에 대해 더 많은 것을 알아낼 것이다.

utils-1.0.0-1.noarch.rpm 파일을 살펴보고 패키지 안의 모든 의존관계를 찾아내자. `-q` 옵션은 쿼리[query]이고, `R` 옵션은 쿼리의 종류로서 이 경우에는 Requires, 즉 의존성이나 요구 사항을 의미한다. `-q` 옵션은 언제나 다른 쿼리 옵션 앞에 나와야 한다.

```
[root@studentvm1 tmp]# rpm -qR utils-1.0.0-1.noarch.rpm
/bin/bash
/bin/sh
/bin/sh
/bin/sh
/bin/sh
bash
dmidecode
mc
rpmlib(CompressedFileNames) <= 3.0.4-1
rpmlib(FileDigests) <= 4.6.0-1
rpmlib(PayloadFilesHavePrefix) <= 4.0-1
rpmlib(PayloadIsXz) <= 5.2-1
screen
[root@studentvm1 tmp]#
```

또한 이 RPM 패키지를 통해 어떤 파일들이 설치될지 알고 싶기도 하다. l(소문자 L) 옵션은 설치될 파일들을 나열한다. 이들은 주로 내가 작성한 작은 스크립트들과 GPL 라이선스 정보다.

```
[root@studentvm1 tmp]# rpm -ql utils-1.0.0-1.noarch.rpm
/usr/local/bin/create_motd
/usr/local/bin/die
/usr/local/bin/mymotd
/usr/local/bin/sysdata
/usr/local/share/utils/Copyright.and.GPL.Notice.txt
/usr/local/share/utils/GPL_LICENSE.txt
/usr/local/share/utils/utils.spec
[root@studentvm1 tmp]#
```

이 파일 목록은 파일들이 설치될 절대 경로 전체를 보여준다.

-i 옵션은 다음과 같이 패키지 상세 정보를 보여준다.

```
[root@studentvm1 tmp]# rpm -qi utils-1.0.0-1.noarch.rpm
Name        : utils
Version     : 1.0.0
Release     : 1
Architecture: noarch
Install Date: (not installed)
Group       : System
Size        : 71985
License     : GPL
Signature   : (none)
Source RPM  : utils-1.0.0-1.src.rpm
Build Date  : Thu 30 Aug 2018 10:16:42 AM EDT
Build Host  : testvm1.both.org
Relocations : (not relocatable)
Packager    : David Both
URL         : http://www.both.org
Summary     : Utility scripts for testing RPM creation
Description : A collection of utility scripts for testing RPM creation.
```

때로 RPM 데이터베이스가 훼손되기도 한다. 그럴 경우 **rpm** 명령이 데이터베이스 훼손을 알리는 에러를 보여주기 때문에 알 수 있다. 다음과 같은 명령을 통해 재구축할 수 있다.

```
[root@studentvm1 tmp]# rpm --rebuilddb
[root@studentvm1 tmp]#
```

이 명령은 설치된 패키지들의 데이터베이스를 재구축한다. RPM은 설치되지 않은 어떤 패키지들이 존재하는지 알 방법이 없다.

RPM의 능력에 대해 더 배우려면 **rpm** 매뉴얼 페이지를 읽기 바란다.

```
[root@studentvm1 tmp]# man rpm
```

RPM은 설치된 패키지를 삭제할 때에도 사용할 수 있다. 간단히 **-e** 옵션과 RPM의 이름을 사용한다. RPM은 다른 패키지의 의존성으로 필요한 패키지는 삭제하지 않는다. 그냥 에러 메시지를 출력하고 종료한다.

YUM

YUM Yellow Dog Updater Modified[4] 프로그램은 의존성 지옥이라는 문제를 풂과 동시에 레드햇 리눅스 RPM 패키지를 인터넷상의 보관소를 통해 사용할 수 있게 하려는 초기(처음은 아니지만) 시도였다. 이는 새로운 소프트웨어를 설치할 때마다 시스템에 CD를 넣을 필요를 없애줬다. 또한 인터넷을 통해 업데이트를 쉽게 설치할 수 있게 됐다.

4. 위키피디아, YUM, https://en.wikipedia.org/wiki/Yum_(software)

YUM은 듀크대학교 물리학과의 세스 비달Seth Vidal과 마이클 스테너Michael Stenner가 원래 Yellow Dog라는 초기 리눅스 배포판의 YUP이라는 프로그램이 했던 일을 레드햇과 RPM 패키지를 위해 수행할 수 있게 작성했다. YUM은 매우 성공적이었지만 시간이 흐름에 따라 몇 가지 문제점이 발견됐다. 그것은 느렸고 메모리를 많이 사용했으며 다량의 코드가 재작성돼야 했다.

더 이상 YUM에 대해 논하는 것은 의미가 없다. 바로 교체할 수 있도록 DNF의 문법은 명령 이름 자체를 빼면 YUM과 똑같다. RHEL 8 이전까지 YUM은 여전히 RHEL과 CentOS에서 패키지 관리자로 사용됐지만 DNF용으로 배운 모든 것이 YUM에도 적용된다. 현재 버전의 페도라와 RHEL 8에서는 yum과 dnf 명령 모두 단순히 dnf-3 명령으로의 링크다. 링크에 대해서는 1권의 18장에서 살펴보겠지만 지금으로서는 링크가 파일로의 포인터고 여러 개의 링크가 허용된다고 말하는 것으로 충분하다.

실험 12-3

이 실험은 root로 수행한다. yum과 dnf 유틸리티를 위한 링크를 살펴보자.

```
[root@studentvm1 ~]# for I in `which yum dnf` ; do ll $I ; done
lrwxrwxrwx. 1 root root 5 Dec 13 05:33 /usr/bin/yum -> dnf-3
lrwxrwxrwx. 1 root root 5 Dec 13 05:33 /usr/bin/dnf -> dnf-3
```

which 유틸리티는 yum과 dnf를 위한 실행 파일의 위치를 찾아준다. for 루프는 그 결과를 이용해서 which가 찾은 파일의 자세한 목록을 보여준다.

여러분 스스로 which yum dnf를 실행해보기 바란다.

DNF

DNF[5]는 페도라 22에서 기본 패키지 관리자로 YUM을 대체했다. DNF는 `rpm` 프로그램의 래퍼로, 로컬이나 원격 저장소에서 RPM 패키지를 설치할 수 있게 해주고 필요한 의존성을 처리한다. DNF의 의존성 처리는 목표 패키지가 설치되는 것을 막는 모든 의존성을 재귀적으로 찾아내고 해소하는 능력을 포함한다.

이는 목표 패키지가 25가지 패키지에 의존한다면 DNF가 모두 식별해서 이미 설치돼 있는지 확인하고, 그렇지 않다면 설치하게 표시한다는 의미다. 그런 다음에 이들 의존성이 추가 의존성을 갖고 있는지 확인하고 설치하게 표시한다. 새로이 표시된 패키지 모두에 대해 추가 의존성이 발견되지 않을 때까지 재귀적으로 반복한다. 이제 표시된 패키지를 모두 다운로드하고 설치한다.

DNF는 'DaNdiFied YUM'을 의미한다. DNF의 문법은 YUM과 똑같아 YUM에서 DNF로 전환하기 쉽다. DNF는 패키지를 설치하고 제거할 수 있다. 또한 설치된 패키지를 업데이트하고 설치된 패키지와 저장소에 있지만 아직 설치되지 않은 패키지에 대한 정보를 제공할 수 있다. DNF는 서명된 패키지를 자동으로 확인해서 위조된 패키지가 여러분의 페도라 시스템에 멀웨어를 설치하는 것을 막을 수 있다.

DNF는 자동으로 GPG 서명 키를 다운로드하고 RPM 패키지가 진짜라는 것을 패키지를 다운로드하고 설치하기 전에 확인할 수 있다.

5. 위키피디아, DNF, https://en.wikipedia.org/wiki/DNF_(software)

패키지 설치

새로운 소프트웨어를 설치하는 것은 대부분의 사람이 새로운 시스템에 리눅스를 설치한 다음 첫 번째로 하는 일이다. 페도라 라이브 USB 메모리에서 설치할 때의 제한된 옵션 때문에 대부분의 소프트웨어는 초기 운영체제 설치 이후에 설치돼야 한다.

실험 12-4

이 실험은 root로 수행해야 한다. RPM과 DNF는 root 사용자로 실행될 때만 대부분의 작업을 수행할 수 있다.

이제 전에 시도했던 `utils` 패키지 설치를 해보자.

1. utils-1.0.0-1.noarch.rpm 패키지가 /tmp 디렉터리에 있으므로 /tmp로 이동한다.
2. dnf를 이용해서 이 패키지를 설치한다.

```
[root@studentvm1 tmp]# dnf -y install ./utils-1.0.0-1.noarch.rpm
Last metadata expiration check: 2:55:12 ago on Sun 23 Sep 2018 06:09:48 PM
EDT.
Dependencies resolved.
==========================================================================
Package          Arch          Version               Repository        Size
==========================================================================
Installing:
 utils           noarch        1.0.0-1               @commandline      24 k
Installing dependencies:
 libssh2         x86_64        1.8.0-7.fc28          fedora            97 k
 mc              x86_64        1:4.8.19-7.fc27       fedora           2.0 M
Transaction Summary
==========================================================================
```

```
Install 3 Packages

Total size: 2.1 M
Total download size: 2.0 M
Installed size: 7.0 M
Downloading Packages:
(1/2): libssh2-1.8.0-7.fc28.x86_64.rpm        109 kB/s | 97 kB  00:00
(2/2): mc-4.8.19-7.fc27.x86_64.rpm            613 kB/s | 2.0 MB 00:03
-------------------------------------------------------------------------------
Total                                         518 kB/s | 2.0 MB 00:04
Running transaction check
Transaction check succeeded.
Running transaction test
Transaction test succeeded.
Running transaction
  Preparing          : 1/1
  Installing         : libssh2-1.8.0-7.fc28.x86_64                     1/3
  Installing         : mc-1:4.8.19-7.fc27.x86_64                       2/3
  Running scriptlet  : utils-1.0.0-1.noarch                            3/3
  Installing         : utils-1.0.0-1.noarc                             3/3
  Running scriptlet  : utils-1.0.0-1.noarch                            3/3
  Verifying          : utils-1.0.0-1.noarch                            1/3
  Verifying          : mc-1:4.8.19-7.fc27.x86_64                       2/3
  Verifying          : libssh2-1.8.0-7.fc28.x86_64                     3/3

Installed:
  tils.noarch 1.0.0-1 libssh2.x86_64 1.8.0-7.fc28 mc.x86_64 1:4.8.19-7.fc27

Complete!
[root@studentvm1 tmp]#
```

놀랍지 않은가. DNF는 우리가 설치한 패키지의 의존성을 해결하고자 어떤 패키지가 필요한지 알아낼 뿐만 아니라 그것들을 다운로드하고 설치한다. 더 이상 의존성 지옥은 없다.

3. 실험 12-2를 기억한다면 `utils` 패키지에 명시된 의존성을 살펴봤고

libssh2는 그중에 없었다. 이는 mc 패키지의 의존성일 가능성이 높다. 그것은 다음과 같이 확인할 수 있다.

```
[root@studentvm1 tmp]# dnf repoquery --deplist mc
Last metadata expiration check: 0:22:27 ago on Sun 23 Sep 2018 09:11:46 PM EDT.
package: mc-1:4.8.19-7.fc27.x86_64
  dependency: /bin/sh
   provider: bash-4.4.23-1.fc28.x86_64
  dependency: /usr/bin/perl
   provider: perl-interpreter-4:5.26.2-413.fc28.x86_64
  dependency: /usr/bin/python
   provider: python2-2.7.15-2.fc28.i686
   provider: python2-2.7.15-2.fc28.x86_64
  dependency: libc.so.6(GLIBC_2.15)(64bit)
   provider: glibc-2.27-32.fc28.x86_64
  dependency: libglib-2.0.so.0()(64bit)
   provider: glib2-2.56.1-4.fc28.x86_64
  dependency: libgmodule-2.0.so.0()(64bit)
   provider: glib2-2.56.1-4.fc28.x86_64
  dependency: libgpm.so.2()(64bit)
   provider: gpm-libs-1.20.7-15.fc28.x86_64
  dependency: libpthread.so.0()(64bit)
   provider: glibc-2.27-32.fc28.x86_64
  dependency: libpthread.so.0(GLIBC_2.2.5)(64bit)
   provider: glibc-2.27-32.fc28.x86_64
  dependency: libslang.so.2()(64bit)
   provider: slang-2.3.2-2.fc28.x86_64
  dependency: libslang.so.2(SLANG2)(64bit)
   provider: slang-2.3.2-2.fc28.x86_64
  dependency: libssh2.so.1()(64bit)
   provider: libssh2-1.8.0-7.fc28.x86_64
  dependency: perl(File::Basename)
   provider: perl-interpreter-4:5.26.2-413.fc28.x86_64
  dependency: perl(File::Temp)
```

```
    provider: perl-File-Temp-0.230.600-1.fc28.noarch
   dependency: perl(POSIX)
    provider: perl-interpreter-4:5.26.2-413.fc28.x86_64
   dependency: perl(bytes)
    provider: perl-interpreter-4:5.26.2-413.fc28.x86_64
   dependency: perl(strict)
    provider: perl-libs-4:5.26.2-413.fc28.i686
    provider: perl-libs-4:5.26.2-413.fc28.x86_64
   dependency: rtld(GNU_HASH)
    provider: glibc-2.27-32.fc28.i686
    provider: glibc-2.27-32.fc28.x86_64
[root@studentvm1 tmp]#
```

이 쿼리의 결과에서 libssh.so.2를 볼 수 있을 것이다.

업데이트 설치

DNF는 다른 패키지 관리자와 마찬가지로 이미 설치돼 있는 소프트웨어의 업데이트를 설치할 수 있다. 이는 보통 버그 수정, 문서 업데이트, 때로 소프트웨어 버전 업데이트 등을 담고 있는 하나 이상의(흔히 훨씬 더 많은) 업데이트된 RPM 패키지로 이뤄진다. 이 절차는 하나의 페도라 릴리스에서 다른 릴리스(예를 들어 페도라 28에서 페도리 29)로의 전체 업그레이드를 설치하지는 않는다.

실험 12-5

이 실험은 root로 수행해야 한다. DNF를 이용해서 업데이트가 있는지 확인한 다음 업데이트 설치를 진행한다.

1. DNF를 이용하면 우리 시스템에 설치될 수 있는 업데이트의 목록도 확인할 수 있다.

```
[root@studentvm1 tmp]# dnf check-update
```

파이프를 통해 결과를 less 유틸리티로 보내면 페이지 전환하면서 볼 수 있다.

2. 업데이트해야 하는 패키지의 목록을 다 살펴봤으면 업데이트를 실행하자. tee 유틸리티는 STDOUT으로 전달되는 데이터 스트림을 나중에 볼 수 있게 복제해 지정된 파일로 보낼 수 있다. 다른 DNF 로그 파일도 있지만 이렇게 하면 화면에서 본 것을 그대로 /tmp/update.log 파일에 기록했다가 나중에 볼 수 있다.

```
[root@studentvm1 tmp]# dnf -y update | tee /tmp/update.log
```

이 명령의 출력 데이터 스트림은 매우 길므로 생략한다. 새로운 업데이트는 테스트되고 검증되자마자 업데이트 목록에 추가되므로 여러분의 출력도 길 것이다.

3. 업데이트 절차를 관찰한다. 업데이트될 패키지가 많을 것이다. 다음과 같은 단계로 이뤄지는 이 작업을 수행하는 데 시간이 꽤 걸릴 것이다.

   (1) 설치된 패키지 중 어떤 것에 업데이트가 있는지 확인한다.
   (2) 의존성을 확인하고 추가한다.
   (3) 필요한 패키지나 증분[delta]을 다운로드한다.
   (4) 증분을 사용해서 RPM을 다시 만든다.
   (5) 업데이트를 설치한다.

4. 업데이트 설치를 마친 다음 less 유틸리티를 이용해서 tee 명령으로 /etc/update.log에 저장한 결과를 살펴본다.
5. DNF는 자신의 로그 파일을 만든다. 살펴보자.

```
[root@studentvm1 tmp]# cd /var/log
[root@studentvm1 log]# ll dnf*
-rw-------  1 root  root 1606065 Sep 24 11:48 dnf.librepo.log
-rw-------. 1 root  root 1202827 Sep  2 03:35 dnf.librepo.log-20180902
-rw-------. 1 root  root 4944897 Sep 12 17:29 dnf.librepo.log-20180912
-rw-------. 1 root  root 2603370 Sep 16 02:57 dnf.librepo.log-20180916
-rw-------  1 root  root 6019320 Sep 23 02:57 dnf.librepo.log-20180923
-rw-------  1 root  root  178075 Sep 24 11:48 dnf.log
-rw-------. 1 root  root   46411 Sep  2 03:35 dnf.log-20180902
-rw-------. 1 root  root  271613 Sep 12 17:29 dnf.log-20180912
-rw-------. 1 root  root   98175 Sep 16 02:57 dnf.log-20180916
-rw-------  1 root  root  313358 Sep 23 02:57 dnf.log-20180923
-rw-------  1 root  root   27576 Sep 24 11:48 dnf.rpm.log
-rw-------. 1 root  root    1998 Sep 2 03:35 dnf.rpm.log-20180902
-rw-------. 1 root  root    9175 Sep 12 17:28 dnf.rpm.log-20180912
-rw-------. 1 root  root    4482 Sep 16 02:57 dnf.rpm.log-20180916
-rw-------  1 root  root   10839 Sep 23 02:57 dnf.rpm.log-20180923
[root@studentvm1 log]#
```

*(별표) 기호를 사용하면 'dnf'로 시작하고 그 뒤에 0개 이상의 글자가 추가된 모든 파일을 지정할 수 있고 이와 일치하는 파일들만 표시된다. 이를 파일 글로빙file globbing이라고 하며, *는 사용할 수 있는 글로빙 문자 중 하나다. 파일 글로빙에 대한 자세한 사항은 나중에 다루겠다.

파일명에 날짜가 포함된 파일들은 오래된 로그 파일이다. 리눅스는 하나의 파일이 너무 커지는 것을 막고자 정기적으로 로그 파일을 순환rotate 시킨다.

6. /var/log로 이동한다. `less`를 사용해서 dnf.log를 살펴본다. `utils` 패키지 설치에 대한 로그 데이터를 찾을 수 있을 것이다. `less` 유틸리티를 이용하면 보고 있는 파일의 내용을 검색할 수 있다. 슬래시(/)를 누른 다음 검색하려는 문자열을 입력하기만 하면 된다. /util을 이용해서 쉽게 첫 번째 항목을 찾을 수 있다. 각 항목은 발생한 날짜와 시간으로 시작

하며 Z로 나타내는 Zulu 표준 시간으로 표시된다. Zulu는 GMT의 군대식 표현이다.

```
2018-09-24T01:04:09Z DDEBUG Command: dnf -y install utils-1.0.0-1.noarch.rpm
```

n 키를 눌러 다음 문자열을 찾는다. util 패키지와 의존성을 설치하는 전체 과정을 찾을 수 있을 것이다.

7. dnf.log 파일을 스크롤해 내용을 살펴본다. 이 실험의 5단계에서 했던 시스템 업데이트에 대한 항목을 찾을 수 있을 것이다. 모두 살펴보고 나면 less를 종료한다.
8. less를 이용해서 dnf.librepo.log와 dnf.rpm.log 파일을 살펴본다.
9. dnf 명령은 log 파일에서 정보를 쉽게 얻을 수 있는 옵션들을 제공한다. 첫 번째 명령은 가장 최근에 설치된 패키지를 나열한다.

```
[root@studentvm1 ~]# dnf list recent
```

다음 명령은 설치된 모든 패키지를 (하나도 빠짐없이) 나열한다.

```
[root@studentvm1 ~]$ dnf list installed
```

그리고 다음 명령은 설치할 수 있는 모든 패키지를 나열한다.

```
[root@studentvm1 ~]$ dnf list available
```

10. dnf 명령에서 나온 데이터 스트림을 파이프를 통해 wc 명령으로 보내 얼마나 많은 패키지가 설치돼 있고 얼마나 많은 패키지를 설치할 수 있

는지 확인한다. 내 student 가상 기계에는 1503개의 패키지가 설치돼 있지만 여러분의 숫자가 약간 달라도 상관없다.

11. 리눅스 컴퓨터를 재기동해야 하는 때는 새로운 커널이 설치된 다음뿐이다. 이는 새로운 커널을 로드하는 한 가지 방법이다. 또한 glibc가 업데이트된 다음 재기동하는 것도 좋은 생각이다. 커널이나 glibc 패키지가 업데이트됐을 가능성이 높다. 로그를 점검해서 새 커널이 설치됐음을 확인하고 그렇다면 다시 부트한다.

12. 시스템이 재부트 과정을 시작한 다음 GRUB 메뉴 화면에 여러 커널이 나열됨을 볼 수 있을 것이다.

이 화면이 지나가기 전에 반드시 Esc 키를 눌러야 한다. 기본 타임아웃은 5초이므로 준비하고 있어야 한다. 스페이스바나 Esc 키를 누르면 카운트다운을 멈추고 옵션을 볼 수 있다. 화살표 키를 이용해서 메뉴 화면의 어떤 커널이든 선택해서 부팅할 수 있다. 나중에 다시 알아볼 것이므로 여기서는 간단히 살펴보기 바란다.

엔터키를 눌러 맨 위에 기본으로 선택된 커널로 부팅하고 다음 단계로 넘어간다.

GRUB(사실 GRUB 2)은 GRand Unified Bootloader의 약자로, 리눅스 부팅 절차 초기 단계를 책임진다. GRUB, 커널, 부팅은 16장에서 자세히 다룬다.

업데이트 이후 작업

업데이트를 실시한 뒤에는 보통 최소한 한 가지 추가 단계가 존재한다. 특히 많은 RPM 패키지가 업데이트됐을 때에는 더 그렇다. 매뉴얼 페이지 데이터베이스가 새롭고 개정된 페이지를 담고 더 이상 필요 없는 페이지는 지우도록 갱신하는 것은 언제나 좋은 생각이다.

실험 12-6

이 실험은 root 사용자로 수행해야 한다. 매뉴얼 페이지 데이터베이스를 업데이트한다.

```
[root@studentvm1 ~]# mandb
Purging old database entries in /usr/share/man...
Processing manual pages under /usr/share/man...
Purging old database entries in /usr/share/man/ru...
Processing manual pages under /usr/share/man/ru...
Purging old database entries in /usr/share/man/zh_CN...
Processing manual pages under /usr/share/man/zh_CN...
Purging old database entries in /usr/share/man/cs...
<생략>
Purging old database entries in /usr/local/share/man...
Processing manual pages under /usr/local/share/man...
3 man subdirectories contained newer manual pages.
27 manual pages were added.
0 stray cats were added.
5 old database entries were purged.
[root@studentvm1 ~]#
```

이제 매뉴얼 페이지가 필요할 때 가장 최신의 내용을 볼 수 있다.

개인적으로 매뉴얼 페이지가 왜 자동으로 업데이트되지 않는지 궁금하다.

패키지 제거

DNF는 패키지를 제거할 수 있고(dnf remove) 해당 패키지와 함께 설치된 의존관계도 제거할 수 있다. 따라서 utils 패키지를 제거하면 libssh2와 mc 패키지도 제거할 것이다.

실험 12-7

이 실험은 root로 수행한다. 이 실험에서는 다음과 같은 명령을 이용해서 utils 패키지를 제거한다. DNF가 계속 진행할지 묻도록 -y 옵션은 사용하지 말기 바란다. 나는 의존관계가 없어지거나 사용되지 않는다고 생각하는 패키지를 삭제할 때 이를 안전장치로 사용한다. 이는 여전히 필요한 수백 개의 파일을 삭제하지 않도록 도와줬다.

```
[root@studentvm1 log]# dnf remove utils
Dependencies resolved.
==========================================================================
 Package   Arch      Version           Repository        Size
==========================================================================
Removing:
 utils     noarch    1.0.0-1           @@commandline      70 k
Removing dependent packages:
 mc        x86_64    1:4.8.19-7.fc27   @fedora           6.7 M
Removing unused dependencies:
libssh2    x86_64    1.8.0-7.fc28      @fedora           197 k

Transaction Summary
==========================================================================
Remove 3 Packages

Freed space: 7.0 M
```

이 명령은 나열된 세 개의 패키지를 제거한다. 이와 관련해 문제가 있다. utils 패키지를 제거하면 mc 패키지도 제거된다. 미드나이트 커맨더는 utils 패키지의 진짜 의존관계는 아니다. 또 다른 root 세션에서 다음과 같은 명령을 사용해 리포지터리 데이터베이스repository database에서 mc의 의존관계(요구 사항)를 찾아보기 바란다.

```
[root@studentvm1 log]# dnf repoquery --requires mc
```

DNF가 왜 mc를 의존관계로 삭제하려고 한다고 생각하는가? 삭제를 기다리는 터미널 세션으로 돌아가 y를 입력하고 삭제를 계속해보자.

```
Is this ok [y/N]: y
Running transaction check
Transaction check succeeded.
Running transaction test
Transaction test succeeded.
Running transaction
  Preparing        :                                 1/1
  Erasing          : utils-1.0.0-1.noarch            1/3
  Running scriptlet: utils-1.0.0-1.noarch            1/3
  Erasing          : mc-1:4.8.19-7.fc27.x86_64       2/3
  Erasing          : libssh2-1.8.0-7.fc28.x86_64     3/3
  Running scriptlet: libssh2-1.8.0-7.fc28.x86_64     3/3
  Verifying        : utils-1.0.0-1.noarch            1/3
  Verifying        : libssh2-1.8.0-7.fc28.x86_64     2/3
  Verifying        : mc-1:4.8.19-7.fc27.x86_64       3/3
Removed:
  utils.noarch 1.0.0-1 mc.x86_64 1:4.8.19-7.fc27 libssh2.x86_64
                                                 1.8.0-7.fc28
Complete!
[root@studentvm1 tmp]#
```

지금까지 본 것만으로도 DNF가 독립형 RPM 패키지 관리 시스템에 비해 상당한 개선을 이룬 것으로 보이지만 시스템 관리자의 일을 훨씬 쉽게 만들어주는 또 한 가지 기능이 있는데, 바로 그룹이다.

그룹

전체 시스템을 이루는 데 여러 패키지(때로 수백)가 필요한 복잡한 소프트웨어 시스템들이 있다. GUI 데스크탑이나 이클립스 같은 IDE(Integrated Development Environment), 여러 가지 개발 도구의 집합을 생각해보자. 이들 모두 완전히 동작하려면 여러 독립된 패키지가 필요하다.

DNF에는 '그룹' 기능이 있어 데스크탑, 교육 소프트웨어, 전자 실험실, 파이썬 교실 같은 완전히 동작하는 시스템을 만드는 데 필요한 개별 패키지 모두를 정의할 수 있다.

실험 12-8

이 실험은 root로 수행해야 한다.

1. 먼저 모든 그룹을 나열한다.

```
[root@studentvm1 tmp]# dnf grouplist
```

   출력된 목록의 그룹들은 여러 범주로 나뉜다. Available Environment Groups 범주의 그룹들은 일반적으로 데스크탑 환경이다. Installed Groups 범주는 명백하다. 이 범주에는 한 그룹만 속한다. Available Groups 범주는 설치되지 않았지만 데스크탑이 아닌 그룹들로 이뤄진다.

2. 그중 한 그룹의 정보를 살펴보자. DNF 그룹 명령을 사용할 때는 언제나 공백이 있는 그룹 이름을 따옴표로 둘러싸야 함을 주의하기 바란다.

```
[root@studentvm1 ~]# dnf groupinfo "Audio Production" | less
```

   이 그룹과 함께 설치될 패키지들의 긴 목록을 볼 수 있을 것이다.

3. 이제 실생활에 유용할 것 같은 그룹을 설치해보자. 나는 리브레오피스 스위트로 책(이 책과 같은)을 쓰고 스프레드시트와 프레젠테이션을 만든다. 리브레오피스는 널리 받아들여진 ODF[Open Document Format] 형식으로 문서를 저장하고, 또한 마이크로소프트 오피스 문서, 스프레드시트, 프레젠테이션 등을 만들고 사용할 수 있다.

먼저 DNF를 사용해 리브레오피스의 그룹 정보를 보고 리브레오피스 그룹을 설치한다. 설치돼야 하는 의존관계 목록을 볼 수 있게 -y 옵션은 사용하지 않는다.

```
[root@studentvm1 ~]# dnf group install LibreOffice
```

여러분의 인터넷 연결 속도에 따라 전체 오피스 스위트의 다운로드와 설치는 몇 분 정도 걸릴 것이다.

어느 그룹에도 속해있지 않은 패키지가 많다. 그룹은 여러 패키지가 필요한 복잡한 소프트웨어 시스템을 관리하는 수단이다. 또한 전체 그룹을 설치하지 않고도 하나 이상의 그룹에 속한 패키지들을 설치할 수 있다.

리포지터리 추가

페도라를 사용할 때 필요한 모든 소프트웨어가 표준 페도라 리포지터리에 있는 것은 아니다. 다른 리포지터리를 추가하면, 특히 RPMFusion 같은 신뢰받는 리포지터리를 추가하면 페도라 배포판의 일부가 아닌 새로운 소프트웨어를 훨씬 쉽고 빠르게 추가할 수 있다.

RPMFusion 리포지터리는 페도라 배포판과 함께 제공되지 않는 여러 패키지를 담고 있다. RPMFusion 리포지터리와 그 안의 패키지는 잘 관리되고, 서명되고, 믿을 수 있다. 여러분이 바란다면 브라우저로 RPMFusion 웹 사이트(www.rpmfusion.org)를 살펴봐도 된다. 두 가지 RPMFusion 리포지터리의 설치는 간단하다. CentOS와 RHEL의 경우 먼저 EPEL^Extra Programs for Enterprise Linux 리포지터리를 설치해야 하지만 우리는 페도라를 사용하므로 그럴 필요가 없다.

실험 12-9

이 실험은 root로 수행해야 한다. RPMFusion free와 non-free 리포지터리를 다운로드하고 설치할 것이다.

1. /tmp로 이동한다.

```
[root@studentvm1 ~]# cd /tmp
```

2. wget을 이용해서 RPMFusion RPM을 /tmp에 다운로드한다. 다음과 같은 두 명령을 입력한다. 각 명령은 하나의 줄에 입력해야 한다. 이들 명령이 두 줄로 나뉜 것은 책의 폭 때문이다.

팁

이들 두 리포지터리의 '안정(stable)' 릴리스가 있지만 글을 쓰고 있는 현재 페도라 29에 설치하게 갱신되지 않았다.[6] 이 때문에 우리는 이들 실험에 사용되는 호스트에 설치된 특정 페도라 릴리스용 RPM 패키지를 다운로드하고 설치해야 한다. 나는 페도라 29를 사용하고 있지만 여러분은 다른 이후의 릴리스를 사용하고 있을 수도 있다. 이 문제는 여러분이 이 실험을 수행할 때면 해결됐을 수도 있지만 RPMFusion 안정 RPM이 설치되지 않는다면 반드시 설치된 릴리스를 사용해야 한다. 한 번 RPMFusion 리포지터리가 설치되면 다시 설치할 필요가 없다. 이는 엄밀히 안정 패키지의 설치 문제다. 일단 설치되고 나면 /etc/yum.repo.d에 있는 파일들은 동일하다.

---

6. 2022년 3월 현재 최신 릴리스는 페도라 35다. – 옮긴이

반드시 여러분의 페도라 시스템과 일치하는 릴리스 번호를 사용해야 한다. 여기서는 내가 이 실험을 만들 때 사용한 호스트에 페도라 29가 설치돼 있기 때문에 29를 사용한다.

```
[root@studentvm1 tmp]# wget http://download1.rpmfusion.org/free/fedora/
rpmfusion-free-release-29.noarch.rpm
--2019-02-22 09:55:10-- http://download1.rpmfusion.org/free/fedora/
rpmfusion-free-release-29.noarch.rpm
Resolving download1.rpmfusion.org (download1.rpmfusion.org)...
193.28.235.60
Connecting to download1.rpmfusion.org
(download1.rpmfusion.org)|193.28.235.60|:80... connected.
HTTP request sent, awaiting response... 200 OK
Length: 14708 (14K) [application/x-rpm]
Saving to: 'rpmfusion-free-release-29.noarch.rpm'

rpmfusion-free-release-stable.
100%[=======================================>] 14.36K --.-KB/s in 0.1s

2019-02-22 09:55:11 (123 KB/s) - 'rpmfusion-free-release-29.noarch.rpm'
saved [14708/14708]
[root@studentvm1 tmp]# wget http://download1.rpmfusion.org/nonfree/fedora/
rpmfusion-nonfree-release-29.noarch.rpm
--2019-02-22 09:55:40--
http://download1.rpmfusion.org/nonfree/fedora/rpmfusion-nonfree-release-29
.noarch.rpm
Resolving download1.rpmfusion.org (download1.rpmfusion.org)...
193.28.235.60
Connecting to download1.rpmfusion.org
(download1.rpmfusion.org)|193.28.235.60|:80... connected.
HTTP request sent, awaiting response... 200 OK
Length: 15120 (15K) [application/x-rpm]
Saving to: 'rpmfusion-nonfree-release-29.noarch.rpm'

rpmfusion-nonfree-release-
100%[=======================================>] 14.77K --.-KB/s in 0.1s
```

```
2019-02-22 09:55:40 (111 KB/s) - 'rpmfusion-nonfree-release-29.noarch.rpm'
saved [15120/15120]
```

3. 다음과 같은 명령을 이용해서 이들 두 RPM을 로컬에 설치한다.

```
[root@studentvm1 tmp]# dnf -y install ./rpmfusion*
```

4. /etc/yum.repos.d 디렉터리로 이동해 거기에 있는 파일 목록을 확인한다. RPMFusion 리포지터리 몇 개를 확인할 수 있을 것이다. 또한 디폴트인 fedora와 fedora-updates 리포지터리 구성파일도 확인할 수 있을 것이다.
5. 이들 파일 중 일부의 내용을 살펴보자. testing과 rawhide 리포지터리는 `enabled=0`으로 설정, 즉 작동 중지돼 있음을 알 수 있다. 이들은 테스트용으로 여러분이 프로그래밍 전문가이고 자학을 좋아하는 것이 아니라면 작동시키지 말아야 한다.

이제 RPMFusion 리포지터리에서 RPM 패키지를 설치할 수 있다.

어떤 리포지터리는 RPM으로 패키징하는 대신 리포지터리 파일을 /etc/yum.repos.d에 다운로드하게 돼 있다.

커널

DNF가 설치된 패키지들을 업데이트하는 동안 새로운 커널은 '업데이트'되지 않고 설치됐음을 눈치 챘을 것이다. 이는 DNF가 새로운 커널이 시스템에 문제를 일으킬 경우를 대비해 여러 개의 이전 커널을 유지할 수 있는 옵션을 제공하기 때문이다. 발생할 수 있는 문제로는 어떤 프로그램(특히 VMWare 가상화 소프트웨어처럼 특정 커널에 의존하는 것들)이 더 이상 동작하지 않는 등이 있다. 커널 업데이트 이후에 다른 소프트웨어가 동작하지 않거나 정상 동작하지 않기도 한다. 자주 일어나지는 않지만 실제로 일어난다. 이전 커널을 유지하면 새로운 커널에서 문제가 있을 때 이전 커널 중 하나로 부팅할 수 있다.

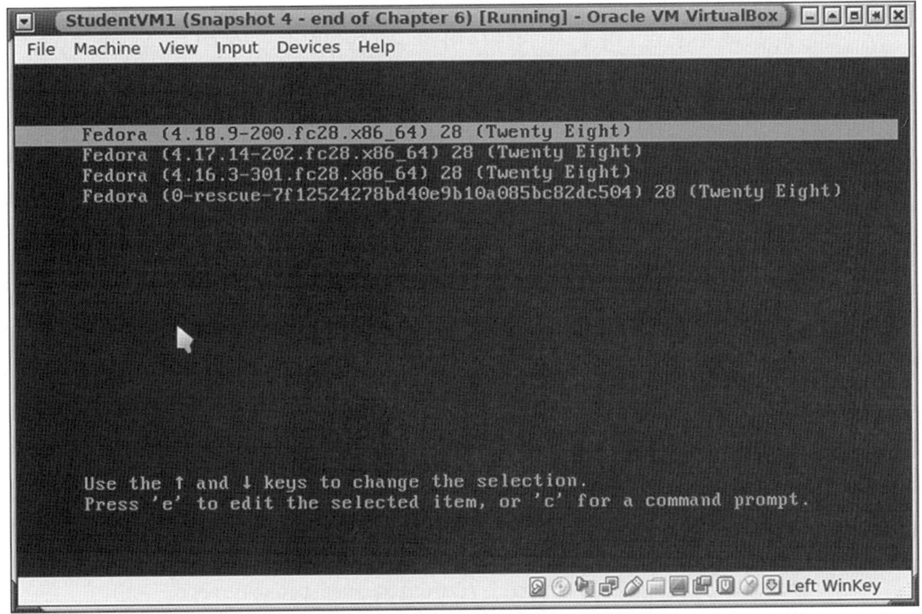

그림 12-1. 시스템을 몇 번 업데이트한 다음 GRUB 메뉴는 정규 커널 세 개와 복구(rescue) 옵션 한 개를 보여준다. 가장 최근의 커널이 맨 위에 있지만 화살표 키를 사용해서 이전의 커널을 선택하고 부팅할 수 있다.

실험 12-10

이 실험은 root로 실행한다. 여러 개의 커널을 유지하고 그중 하나를 골라 부팅할 수 있게 하는 구성 항목을 살펴보자. 또한 유지할 이전 커널의 개수도 바꿔 볼 것이다.

1. vim으로 /etc/dnf/dnf.conf 구성파일을 편집한다. `installonly_limit=3`

행을 installonly_limit=5로 바꿔 유지할 커널의 총 개수를 5로 증가시킨다.

2. clean_requirements_on_remove=True 행을 살펴보자. 이는 의존관계가 있는 패키지를 제거할 때 설치돼 있는 패키지 중 의존관계 패키지에 의존하는 것이 더 이상 없으면 해당 의존관계 패키지도 삭제돼야 함을 의미한다. 이 설정은 리눅스 호스트에 필요 없고 사용되지 않는 RPM이 없게 도와주므로 바꾸지 말기 바란다. 오래되고 쓰이지 않는 것들은 RPM이든, 기타 오래된 프로그램들이든, 프로그램 안의 오래되고 쓰이지 않는 코드든, 어떤 종류의 쓰이지 않는 파일이든, 모두 싫은 것[cruft]이라고 한다.
3. gpgcheck=1 행은 다운로드된 RPM이 유효하고 변조되지 않았음을 보장하고자 GPG 서명 키로 확인한다는 의미다.
4. 파일을 저장하고 vim을 종료한다.
5. 이제 /etc/yum.repo.d 디렉터리의 리포지터리 파일을 살펴보자. /etc/yum.repo.d로 이동하고 디렉터리의 내용을 나열한다.

```
[root@studentvm1 yum.repos.d]# ls
fedora-cisco-openh264.repo    rpmfusion-free-updates.repo
fedora.repo                   rpmfusion-free-updates-testing.repo
fedora-updates.repo           rpmfusion-nonfree.repo
fedora-updates-testing.repo   rpmfusion-nonfree-updates.repo
rpmfusion-free.repo           rpmfusion-nonfree-updates-testing.repo
[root@studentvm1 yum.repos.d]#
```

여러분의 리포지터리 목록도 이렇게 보여야 한다.

6. cat 명령을 이용해서 최소한 페도라 리포지터리 구성파일의 내용을 살펴보자. fedora.repo 파일에는 여러 개의 섹션이 있다. 첫 번째 섹션 [fedora]가 활성화돼 있다. 다른 두 섹션 [fedora-debuginfo]와 [fedora-

source]는 비활성화돼 있다. 이 두 섹션은 디버그 코드를 사용해서 문제를 해결하려고 할 때나 소스코드 RPM(.src.rpm)을 설치해서 하나 이상의 패키지를 수정하거나 다시 컴파일하려고 할 때만 활성화해야 한다. 우리 대부분은 이들 섹션을 활성화할 필요가 절대 없다.

모든 리포지터리를 /etc/yum.repo.d 안의 구성파일을 이용해서 비활성화할 수 있다. 또한 disablerepo=<리포지터리 이름>이나 enablerepo=<리포지터리 이름> 옵션을 통해 하나의 DNF 명령으로 리포지터리를 임시로 활성화하거나 비활성화할 수 있다. 반드시 DNF 매뉴얼 페이지를 읽기 바란다.

요약

DNF[DaNdiFied YUM package manager] 같은 도구를 사용하면 소프트웨어를 업데이트하고 설치하기 쉽다. DNF는 강력한 RPM 패키지 관리자를 둘러싼 래퍼로, 의존관계를 자동으로 처리(의존관계를 확인하고, 인터넷에 있는 리포지터리에서 다운로드하고 설치한다)하는 등 향상된 기능을 제공한다.

DNF는 그룹 개념을 이용해서 복잡한 소프트웨어 시스템이 사용하는 다수의 관련 패키지를 설치하고 제거할 수 있다. 그룹을 사용해서 데스크탑, 개발 환경, 오피스 스위트, 과학, 관련 기술 패키지를 정의하면 전체 시스템을 하나의 명령으로 쉽게 설치할 수 있다.

DNF와 RPM은 모두 RPM 패키지의 내용을 살펴볼 수 있는 도구를 제공한다. RPM 패키지를 통해 설치될 파일들과 RPM 패키지가 의존하는 다른 패키지들의 목록을 볼 수 있다.

페도라가 기본으로 제공하는 리포지터리 외에 추가 리포지터리를 설치해봤다.

추가 리포지터리를 이용하면 배포판의 일부가 아닌 소프트웨어를 좀 더 쉽게 설치할 수 있다.

연습문제

12장을 마무리하며 연습문제를 풀어보기 바란다.

1. 실험 12-7에서 `utils` 패키지를 제거했더니 `mc`(Midnight Commander) 패키지도 덩달아 제거됐다. DNF가 왜 `mc`도 제거했는지 자세히 설명하라.

2. 커맨드라인 텍스트 기반 환경에서 인터넷을 살펴보고, 이메일을 보내고 받고, 원격 서버에서 파일을 받는 등의 모든 작업을 할 수 있다는 사실을 알고 있었는가? 이들 작업을 수행하는 데 필요한 모든 패키지를 찾아내고 설치하라.

3. student VM을 재기동하고 이전 커널 중 하나(복구 옵션 제외)를 선택한다. 지금까지 배운 도구 몇 가지를 사용해 모든 것이 올바르게 작동하는지 확인하라.

4. 때로 DNF 데이터베이스와 캐시가 훼손되거나 시스템과 동기화되지 않을 수 있다. 이 상황을 어떻게 해결하겠는가?

13장

문제 해결용 도구

학습 목표

13장의 학습 목표는 다음과 같다.

- 문제 해결을 위한 절차
- 기본으로 설치돼 있지 않은 문제 해결에 유용한 도구 설치
- CPU, 메모리, 디스크 같은 다양한 리눅스 시스템 자원의 상태를 조사하기 위한 올바른 도구의 선택과 사용
- 특정 문제를 시뮬레이션하는 커맨드라인 프로그램 작성
- 시뮬레이션된 문제를 찾아내고 해결하는 데 유용한 도구 사용
- 버퍼의 기능을 설명하고자 FIFO 네임드 파이프named pipe 만들기

13장에서는 문제를 찾아내고 해결하는 데 유용한 강력하고 중요한 도구 몇 가지를 소개한다. 이들 도구에 대해 익힐 것이 매우 많기 때문에 13장은 매우 길다. 이들 도구가 최소한 두 가지 방식으로 긴밀히 관련돼 있기 때문에 한 장으로 묶었다. 첫째, 이들은 문제를 확인하는 데 쓰이는 가장 기초적이고 일반

적인 도구들이다. 둘째, 이들 도구가 제공하는 데이터의 상당 부분 서로 겹치기 때문에 특정 목적으로 어느 도구를 선택할지에 상당한 융통성이 있다.

이들 도구 모두 강력하고 융통성이 있으며, 접근하는 데이터를 표시하는 방식에 대한 여러 옵션을 제공한다. 가능한 모든 옵션을 다루기보다는 이들 도구에 대해 여러분의 호기심을 자극하고 여러분이 스스로 더 깊이 알아보도록 부추기기에 충분한 정보를 제공하려고 할 것이다. "당신의 호기심을 따르라"는 시스템 관리자를 위한 리눅스 철학[1]의 원칙 중 하나다.

문제 해결의 기술

내 멘토들이 준 가장 좋은 도움 중 하나는 거의 모든 종류의 문제 해결에 언제나 사용할 수 있는 분명한 절차를 만들어준 것이다. 이 절차는 과학적 방법과 매우 밀접하게 관련돼 있다.

"How the Scientific Method Works"[2]라는 제목의 이 짧은 글은 매우 유용하다. 이 글은 과학적인 방법을 나의 5단계 문제 해결법을 위해 만든 것과 매우 비슷한 그림을 이용해서 설명한다. 따라서 멘토로서 이를 전달하고, 이는 젊은 시스템 관리자 여러분 모두를 위한 나의 기여다. 부디 여러분에게도 유용하길 바란다.

모든 종류의 문제 해결은 기술이고 과학이며, 어떤 사람들은 어쩌면 약간의 마술이라고 말하기도 한다. 컴퓨터에서 나타나는 것 같은 기술적인 문제를 해결하려면 전문 지식도 많이 필요하다. 어떤 종류의 문제 해결을 위한 접근법이든 리눅스 문제 해결을 포함해서 증상 목록과 증상을 일으킨 문제를 고치거나 피

1. David Both, The Linux Philosophy for SysAdmins, Apress, 2018, Chapter 22
2. William Harris, How the Scientific Method Works, https://science.howstuffworks.com/innovation/scientific-experiments/scientific-method6.htm

하고자 필요한 단계들 이상을 담고 있어야 한다. 이런 이른바 '대증 치료 symptom-fix' 접근법은 관리자를 위한 보고서에는 좋아 보이지만 실제로는 정말 나쁘다. 문제를 해결하는 가장 좋은 접근법은 해당 주제에 대한 광범위한 지식 기반과 강력한 방법론이다.

5단계 문제 해결법

그림 13-1은 문제 해결 절차와 관련된 5가지 기본 단계다. 이 알고리듬은 각주[3]에 언급된 과학적 방법과 매우 비슷하지만 기술적 문제를 해결하는 데 특화돼 있다.

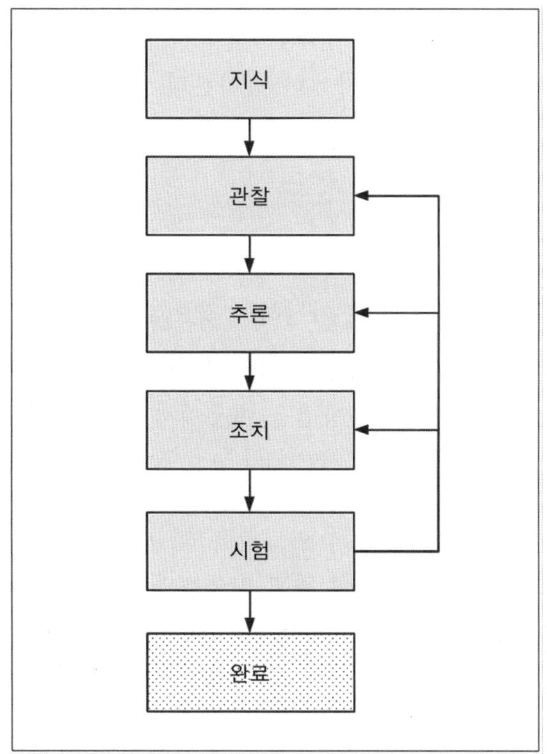

그림 13-1. 내가 문제 해결에 사용하는 알고리듬

3. William Harris, How the Scientific Method Works, https://science.howstuffworks.com/innovation/scientific-experiments/scientific-method6.htm

여러분은 이미 문제를 해결할 때 이들 단계를 따르고 있지만 인식하지 못할 수도 있다. 이들 단계는 보편적이고 컴퓨터나 리눅스 관련 문제뿐만 아니라 어떤 종류의 문제를 해결하는 데도 적용할 수 있다. 나는 이들 단계를 수년 동안 무의식적으로 다양한 종류의 문제에 적용해왔다. 이를 문서로 정리했더니 문제를 해결하다가 막혔을 때 훨씬 더 효과적이었다. 이제까지 수행한 단계들을 검토할 수 있었고, 절차 중 어디에 있었는지 확인하고 적절한 단계에서 다시 시작할 수 있었다.

과거에 문제 해결에 적용되는 몇 가지 다른 용어를 들은 적이 있을 것이다. 이 절차의 첫 세 단계는 문제 확인problem determination, 즉 문제의 근본 원인 찾기라고도 한다. 마지막 두 단계는 문제 해결, 즉 실제로 문제를 고치는 것이다. 지금부터 다섯 단계의 각을 좀 더 자세히 알아본다.

지식

풀고자 하는 주제에 대한 지식은 첫 번째 단계다. 과학적 방법에 대해 내가 본 모든 글은 이를 전제 조건으로 가정하는 것으로 보인다. 하지만 지식의 습득은 계속 진행되는 절차로, 호기심에 이끌리고 실험을 통해 여러분의 기존 지식을 탐구하고 확장하는 과학적인 방법을 이용해서 얻은 지식에 의해 강화된다. 이것이 내가 이 과정에서 '실습 프로젝트' 같은 말보다 '실험'이라는 말을 쓰는 이유 중 하나다.

최소한 리눅스에 대해 많이 알아야 하고 리눅스와 함께 상호작용하고 리눅스에 영향을 주는 다른 요인, 예를 들어 하드웨어, 네트워크, 심지어 리눅스 시스템이 운영되는 온도, 습도, 전기 환경이 주는 영향도 더더욱 많이 알아야 한다.

지식은 리눅스 및 기타 주제에 대한 책과 웹 사이트를 읽음으로써 얻을 수 있다. 수업, 세미나, 콘퍼런스에 참석할 수 있고 거기서 만나는 박식한 사람들과의 상호작용을 통해서도 지식을 얻을 수 있다. 이 과정에서 한 것처럼 네트워크 환경에 여러 대의 리눅스 컴퓨터를, 물리적이든 가상이든 설정할 수도 있다. 지식은 문제를 해결할 때, 특정 종류의 문제에 대한 새로운 원인을 발견할 때 얻을 수 있다. 또한 문제를 고치려고 시도하다가 일시적인 문제를 일으킬 때 새로운 지식을 찾을 수도 있다.

수업도 새로운 지식을 제공하는 중요한 방법이다. 개인적으로는 리눅스나 네트워크, 네임 서비스, DHCP, 크로니Chrony 등 특정 요소를 갖고 놀고, 아니 실험하고 난 뒤에 내가 체득한 지식을 내재화하는 데 도움을 주는 한두 가지 수업을 듣기를 선호한다.

기억하라. 보그Borg[4]에게 "지식 없이 저항은 소용없다"라는 말을 다른 말로 표현하면 지식이 힘이다.

관찰

문제 해결의 두 번째 단계는 문제의 증상을 관찰하는 것이다. 문제 증상 모두를 기록하는 것이 중요하며 제대로 작동하는 것이 무엇인지 관찰하는 것도 중요하다. 아직은 문제를 고치려고 애쓸 시간이 아니다. 관찰만 한다.

관찰의 또 한 가지 중요한 부분은 여러분이 무엇을 봤고 무엇을 보지 못했는지 스스로에게 묻는 것이다. 문제별로 고유한 질문 외에 몇 가지 일반적인 질문이 있다.

- 이 문제가 하드웨어나 리눅스, 애플리케이션 소프트웨어, 어쩌면 사용자 지식이나 교육 부족으로 발생했는지?
- 이 문제가 전에 본 다른 문제와 비슷한지?
- 에러 메시지가 있는지?
- 문제에 고유한 로그 항목이 있는지?

4. 영화 〈스타트렉〉에 나오는 강력한 외계 종족 – 옮긴이

- 에러가 발생하기 직전에 컴퓨터에 무슨 일이 일어났는지?
- 에러가 발생하지 않았다면 무슨 일이 일어나기를 기대했는지?
- 최근에 시스템 하드웨어나 소프트웨어가 바뀌었는지?

이들 질문에 대답하는 동안 다른 질문들이 스스로 나타날 것이다. 여기서 기억할 중요한 것은 특정 질문들이 아니라 가능한 한 많은 정보를 모으는 것이다. 가장 좋은 문제 해결법은 아무것도 당연하게 여기지 않는 것이다. 수집한 정보를 결코 100% 정확하거나 완전하다고 여기지 않는다. 갖고 있는 정보가 서로 상충하거나 증상과 일치하지 않으면 정보가 전혀 없는 것처럼 처음부터 다시 시작한다.

컴퓨터 업계에 있는 대부분의 동안 우리는 언제나 서로를 도우려고 했고, 이는 내가 IBM에 있을 때도 그랬다. 나는 언제나 뭔가를 고치는 데 매우 능숙했고 다른 CE^Customer Engineer^가 문제의 원인을 찾으려고 힘든 시간을 보내고 있을 때 내가 고객 앞에 나타나곤 했던 적이 있다. 내가 했던 첫 번째 일은 상황을 파악하는 것이다. 1차로 문제를 찾고자 CE에게 이제까지 한 일을 묻곤 했다. 그런 다음에 처음부터 다시 시작하곤 했다. 나는 언제나 결과를 스스로 보기를 원했다. 이는 많은 경우에 효과가 있었는데, 다른 사람이 놓친 것을 관찰하곤 했기 때문이다. 물론 나의 멘토인 다른 CE들이 같은 방식으로 나를 돕곤 했다.

매우 특이했던 경우 하나는 내가 커다란 컴퓨터 위에 올라앉아 고쳤다. 이는 긴 이야기이고 결과적으로 내가 매우 큰 프린터 제어 장치 위에 있던 작업 공간 위에 앉음으로써 발생한 매우 짧은 증상을 관찰했다는 사실에 이른다. 전체 이야기는 나의 책 『The Linux Philosophy for SysAdmins』[5]에서 찾을 수 있다.

---

5. David Both, The Linux Philosophy for SysAdmins, Apress, 2018, 471–72

추론

추론 기술을 사용해서 증상을 관찰해서 얻은 정보, 여러분의 지식으로부터 문제의 개연성 있는 원인을 이끌어낸다. 여러 종류의 추론에 대해 23장에서 약간 자세히 다룬다.[6] 문제의 관찰, 지식, 과거의 경험을 통한 추론의 절차는 예술과 과학이 결합해 영감이나 직감, 기타 신비로운 정신 절차를 만들어낸 것으로, 문제의 근본 원인에 대한 통찰을 제공한다.

경우에 따라 이는 상당히 쉬운 절차다. 에러 코드를 보고 가용한 자료에서 그 의미를 찾는다. 또는 어쩌면 익숙한 증상을 관찰하고 이를 해결하는 단계들을 알고 있을 수도 있다. 그러면 리눅스에 대해 읽은 이 책 및 리눅스와 함께 제공된 문서를 통해 얻은 방대한 지식을 적용해서 문제의 원인을 향해 나아갈 수 있다.

다른 경우에는 매우 어렵고 긴 문제 파악 절차일 수 있다. 이는 가장 어려운 종류의 문제일 수 있다. 어쩌면 전혀 본 적이 없는 증상이거나 모든 방법을 사용해도 해결되지 않는 문제일 수 있다. 더 많은 작업이 필요하고, 특히 더 많은 추리가 적용돼야 하는 문제들이다.

증상은 문제가 아님을 기억하는 것이 도움이 된다. 문제가 증상을 만든다. 여러분은 증상이 아니라 문제를 고치기를 원한다.

조치

이제 적절한 수리 조치를 수행할 시간이다. 이는 보통 간단한 부분이다. 힘든 부분은 앞에 있었다(무엇을 할지 알아내기). 문제의 원인을 알고 나면 취할 올바른 수리 조치를 알아내기는 보통 쉽다.

취할 구체적인 조치는 문제의 원인에 따라 다르다. 기억할 것은 근본 문제를

6. op. cit, Ch 23.

고치려는 것이지 증상을 없애거나 덮어버리려는 것이 아니라는 점이다.

한 번에 한 가지씩만 바꾼다. 문제의 원인을 고칠 수 있는 몇 가지 조치가 있다면 근본 원인을 해결할 가능성이 가장 높은 한 가지 변경만 하거나 한 가지 조치만 취한다. 지금 여기서 하려는 일은 문제를 고칠 가능성이 가장 높은 수정 조치를 선택하려는 것이다. 여러분 자신의 경험이나 다른 사람의 경험이 어느 조치를 취하라고 하든 목록 중 가장 높은 가능성을 가진 것에서 가장 낮은 가능성을 가진 것 순으로 한 번에 한 조치씩 취해본다. 각각의 조치 뒤에 결과를 시험한다.

시험

명시적인 수리 조치를 취한 뒤 문제가 해결됐는지 시험해야 한다. 이는 보통 처음에 실패했던 작업을 수행한다는 뜻이지만 문제를 나타내는 하나의 간단한 명령일 수도 있다.

하나의 변경을 수행해 하나의 가능성 있는 수정 조치를 취하고 해당 조치의 결과를 시험한다. 몇 가지 수정 조치를 한꺼번에 취한 다음 한 번 시험하면 어느 조치가 문제를 고쳤는지 알 수 없다. 이는 해결책을 찾은 다음 효과가 없었던 변경들을 제거하고자 할 때 특히 중요하다.

수리 조치가 성공적이지 않았다면 절차를 다시 시작해야 한다. 취할 수 있는 수리 조치가 남았다면 해당 단계로 돌아가 가능성이 다 떨어지거나 여러분이 잘못된 길에 있음을 확실히 알게 될 때까지 반복한다.

시험할 때는 관찰된 증상을 분명히 확인해야 한다. 여러분이 취한 조치 때문에 증상이 바뀔 수 있고 절차의 다음 반복 때 정보에 근거한 결정을 내리고자 이를 잘 알고 있어야 한다. 문제가 해결되지 않더라도 변화된 증상은 다음 단계로 결정할 때 매우 귀중할 수 있다.

문제를 처리하면서 최소한 몇 단계를 반복해야 할 것이다. 예를 들어 주어진 수리 조치가 문제를 해결하지 않으면 과거에 그 문제를 해결한 것으로 알려진 또 다른 조치를 시도해야 할 것이다. 그림 13-1은 계속 진행하고자 이전의 어느 단계로든 되돌아가서 반복할 수 있음을 보여준다.

관찰 단계로 돌아가 문제에 대한 추가 정보를 모아야 할 수도 있다. 지식 단계로 돌아가 더 많은 기초 지식을 쌓는 것도 때로 좋은 생각일 수 있다. 후자는 막힌 지점을 통과해 나아갈 때 필요한 지식을 얻고자 언제든 매뉴얼, 매뉴얼 페이지를 읽거나 다시 읽기, 검색 엔진 사용하기 등을 포함한다. 다른 방법으로 진전을 이루지 못하면 물러났다가 다시 시작하기를 망설이지 말기 바란다.

시스템 성능과 문제 해결

이제 리눅스 시스템의 다양한 구성과 성능 측면을 관찰하는 데 사용할 수 있는 몇 가지 명령을 살펴보자. 문법이나 표시된 데이터의 해석에 대한 질문이 있으면 각 명령의 매뉴얼 페이지를 참고하기 바란다.

시스템 성능과 문제 확인 절차에 사용하는 수많은 리눅스 명령이 있다. 이들 명령 대부분은 나중에 살펴볼 /proc 파일 시스템 안의 다양한 파일에서 정보를 얻는다. 명령과 출력을 비교하고자 여러 개의 터미널 세션을 나란히 사용하고 싶을 수도 있다.

나는 문제 확인 절차를 시작할 때 top, htop, atop을 기본 도구로 사용한다. 이들 세 가지 도구는 모두 비슷한 정보를 출력하지만 서로 다른 방식과 서로 다른 측면을 강조한다. 이들 세 가지 도구는 모두 시스템 데이터를 거의 실시간으로 보여준다. 또한 top과 htop 유틸리티는 상호대화형이고 시스템 관리자가 프로세스에 renice와 kill 시그널을 보낼 수 있다. atop 도구는 프로세스를 kill할 수 있지만 renice는 할 수 없다.

참고

nice 명령을 사용하면 프로세스의 nice 값(nice number)을 바꿔(renice) 우선순위 수준을 바꾸고 리눅스 스케줄러로부터 얼마나 많은 CPU 시간을 할당받을지 바꿀 수 있다. nice 값, 우선순위, 스케줄링은 13장과 2권의 4장에서 알아본다.

이들 세 가지 도구를 좀 더 자세히 살펴보자.

top

top 명령은 어떤 종류의 성능 이슈를 해결할 때든 믿을 만한 도구다. 이 명령은 오랫동안 있어왔고 다른 도구가 설치돼 있지 않을 때에도 언제나 사용할 수 있다. top 유틸리티는 페도라에 언제나 설치돼 있고 내가 사용해본 다른 모든 배포판에도 언제나 설치돼 있었다.

top 프로그램은 메모리와 CPU 사용량뿐만 아니라 동적 설정으로 평균 부하량을 관찰하는 데에도 매우 중요하고 강력한 도구다. top이 제공하는 정보는 현존 문제를 진단하는 데 중요한 도움이 될 수 있다. 이는 새로운 문제를 분석할 때 내가 흔히 첫 번째로 사용하는 도구다.

top이 제공하는 정보를 이해해야 이를 제대로 활용할 수 있다. 우리에게 성능 문제에 대한 경보를 주는 데이터의 의미를 더 자세히 살펴보자. 이 정보의 상당수는 살펴볼 다른 시스템 모니터에도 존재하는데, 이 모니터들도 같은 정보 중 일부를 보여준다.

top 유틸리티는 시스템 정보를 거의 실시간으로 (디폴트로) 3초마다 업데이트해 보여준다. 1초보다 자주 업데이트하게 설정할 수도 있지만 너무 자주 업데이트하게 설정하면 시스템에 상당한 부하를 줄 수 있다. 또한 top은 상호대화형이고 표시되는 열과 정렬 기준 열을 바꿀 수 있다.

실험 13-1

이 실험은 StudentVM1에서 root로 실행한다. top을 실행한다.

```
[root@StudentVM1 ~]# top
```

결과는 전체 화면에 표시되며 3초마다 업데이트된다. top은 상호대화형 도구로, 어느 프로그램을 표시할지나 결과 정렬 방식 등을 바꿀 수 있다. 또한 프로그램에 대해 renice를 수행해 우선순위를 바꾸거나 kill할 수 있다.

```
top - 21:48:21 up 7 days, 8:50, 7 users, load average: 0.00, 0.00, 0.00
Tasks: 195 total,   1 running, 136 sleeping, 0 stopped, 0 zombie
%Cpu(s): 0.0 us, 0.2 sy, 0.0 ni, 99.7 id, 0.0 wa, 0.0 hi, 0.2 si, 0.0 st
KiB Mem : 4038488 total, 2369772 free,   562972 used, 1105744 buff/cache
KiB Swap: 10485756 total, 10485756 free,      0 used. 3207808 avail Mem

 PID USER     PR  NI   VIRT  RES  SHR S %CPU %MEM    TIME+ COMMAND
5173 student  20   0 316084 3328 2884 S  0.3  0.1 5:16.42 VBoxClient
7396 root     20   0 257356 4504 3620 R  0.3  0.1 0:00.03 top
   1 root     20   0 237000 9820 6764 S  0.0  0.2 0:23.54 systemd
   2 root     20   0      0    0    0 S  0.0  0.0 0:00.26 kthreadd
   3 root      0 -20      0    0    0 I  0.0  0.0 0:00.00 rcu_gp
   4 root      0 -20      0    0    0 I  0.0  0.0 0:00.00 rcu_par_gp
   6 root      0 -20      0    0    0 I  0.0  0.0 0:00.00 kworker/0:0H-kb
   8 root      0 -20      0    0    0 I  0.0  0.0 0:00.00 mm_percpu_wq
   9 root     20   0      0    0    0 S  0.0  0.0 0:01.40 ksoftirqd/0
  10 root     20   0      0    0    0 I  0.0  0.0 0:10.44 rcu_sched
  11 root     20   0      0    0    0 I  0.0  0.0 0:00.00 rcu_bh
```

여러분이 공부하는 동안 계속 실행되게 두자. 그런 다음에 s(소문자) 키를 누른다. top 유틸리티가 'Change delay from 3.0 to'를 표시하면 1을 입력한 뒤 엔터키를 누른다. 이렇게 하면 업데이트가 1초 단위로 바뀐다. 개인적으로 1초 단위 업데이트가 디폴트인 3초보다 더 즉각적으로 반응해서 더 좋아한다.

이제 1 키를 눌러 이 VM 안의 두 CPU 모두가 각각의 CPU에 대한 통계를 헤더 영역의 별도 줄에 표시하게 한다. 1을 다시 누르면 CPU 데이터가 종합된 화면으로 돌아간다. 이를 몇 번 반복해서 데이터를 비교하고 마지막에는 top이 두 CPU를 모두 표시하게 한다.

이런 변경 뒤 이 상태를 영구히 유지하고 싶다고 가정하자. top 유틸리티는 변경을 자동으로 저장하지 않으므로 W(대문자)를 눌러 변경된 구성을 ~/.toprc 파일에 저장해야 한다.

top을 계속 실행하게 두고 화면의 여러 가지 영역을 살펴보자.

---

top의 출력은 두 개의 영역으로 나뉘어 있다. '개요summary' 영역은 출력의 맨 윗부분이고, '프로세스process' 영역은 출력의 아랫부분이다. top뿐만 아니라 atop과 htop에도 일관성을 위해 이 용어를 사용하겠다.

top 프로그램은 데이터 표시를 관리하고 개별 프로세스를 조작할 수 있는 여러 가지 유용한 상호대화형 명령을 갖고 있다. h 명령으로 다양한 상호대화형 명령에 대한 간략한 도움말 페이지를 볼 수 있다. 도움말 페이지 둘을 모두 보려면 반드시 h를 두 번 눌러야 한다. q 키를 누르면 도움말을 마치고 원래 화면으로 돌아온다.

개요 영역

top의 개요 영역은 현재 시스템 상태를 훌륭하게 요약한 정보를 담고 있다. 이 영역은 전반적인 CPU와 메모리 사용량에 대한 기본적인 사실과 함께 CPU 부하 추세도 알려준다.

첫째 줄은 시스템 가동 시간uptime과 1분, 5분, 15분 평균 부하load를 보여준다.

실험 13-1에서 평균 부하는 모두 0이다. 호스트가 거의 아무 일도 안 하기 때문이다. 그림 13-2는 약간의 작업이 진행되는 동안의 평균 부하를 보여준다. 둘째 줄은 현재 활동 중인 프로세스의 수와 각각의 상태를 보여준다.

그다음 줄들은 CPU 통계를 담고 있다. 시스템에 존재하는 모든 CPU의 통계를 종합한 한 줄이 있을 수도 있고, 그림 13-2처럼 한 줄에 한 CPU씩 표시되기도 한다. 그림 13-2는 하나의 쿼드코어 CPU의 예다. CPU 사용량을 통합해서 보여줄지와 개별 CPU를 보여줄지는 **1** 키를 눌러 전환할 수 있다. 표시되는 데이터는 전체 CPU 시간의 %로 표시된다.

개요 영역의 마지막 두 줄은 메모리 사용량으로, 램과 스왑 공간을 포함해서 물리적 메모리 사용량을 보여준다.

이제 우리가 살펴볼 다른 많은 도구가 같은 정보의 일부나 전부를 보여준다. 지금부터 이들 정보를 자세히 살펴볼 것이고 이는 같은 정보가 다른 도구에 표시될 때에도 적용될 것이다.

평균 부하

top의 출력 중 첫째 줄은 현재 평균 부하를 담고 있다. 평균 부하는 시스템의 1분, 5분, 15분 평균 부하를 나타낸다. CPU 4개짜리 호스트에서 얻은 그림 13-2에서 평균 부하는 각각 2.49, 1.37, 0.60이다.

```
top - 12:21:44 up 1 day,  3:25,  7 users,  load average: 2.49, 1.37, 0.60
Tasks: 257 total,   5 running, 252 sleeping,   0 stopped,   0 zombie
Cpu0  : 33.2%us, 32.3%sy,  0.0%ni, 34.5%id,  0.0%wa,  0.0%hi,  0.0%si,  0.0%st
Cpu1  : 51.7%us, 24.0%sy,  0.0%ni, 24.2%id,  0.0%wa,  0.0%hi,  0.0%si,  0.0%st
Cpu2  : 24.6%us, 48.5%sy,  0.0%ni, 27.0%id,  0.0%wa,  0.0%hi,  0.0%si,  0.0%st
Cpu3  : 67.1%us, 21.6%sy,  0.0%ni, 11.3%id,  0.0%wa,  0.0%hi,  0.0%si,  0.0%st
Mem:   6122964k total,  3582032k used,  2540932k free,   358752k buffers
Swap:  8191996k total,        0k used,  8191996k free,  2596520k cached
```

그림 13-2. 이 top 실행 예는 CPU 사용량이 최근에 증가했음을 나타낸다.

그러나 1분(또는 5분이나 10분)의 평균 부하가 2.49라는 것은 사실 무슨 뜻일까? 평균 부하는 CPU를 얼마나 요구하는지를 나타내는 척도라고 생각할 수 있으며 CPU 시간을 기다리고 있는 명령의 개수의 평균을 나타낸다. 따라서 단일 프로세서 시스템에서 CPU가 최대로 활용된다면 평균 부하는 1이다. 이는 CPU가 요청을 정확히 만족시킨다는 뜻으로, 즉 완전하게 활용되고 있다는 의미다. 평균 부하가 1보다 작으면 CPU가 덜 활용된다underutilize는 뜻이고 평균 부하가 1보다 크면 과사용overutilize된다는 뜻으로, 기다리고 있는 만족시키지 못한 요청이 있음을 의미한다. 예를 들어 단일 CPU 시스템의 평균 부하가 1.5면 어떤 명령은 앞서 처리되고 있는 한 가지 작업이 끝날 때까지 기다려야 함을 의미한다.

이는 다중 프로세서에도 똑같이 적용된다. CPU 4개짜리 시스템의 평균 부하가 4라면, 완전하게 활용되는 중이다. 예를 들어 평균 부하가 3.24라면 프로세서 3개는 완전하게 활용되고, 하나는 약 76% 정도로 덜 활용되고 있다. 앞의 예에서 CPU 4개짜리 시스템의 1분 평균 부하가 2.49라면 CPU 4개의 용량 중 상당량이 남아 있다는 의미다. 완전히 활용되는 CPU 4개짜리 시스템의 평균 부하는 4.00이다.

이상적인 서버 환경에서 최적의 평균 부하는 시스템의 총 CPU 개수와 같다. 이는 모든 CPU가 완전히 활용되지만 기다리는 명령도 없다는 의미다.

또한 5분과 10분 단위의 비교적 장기 평균 부하는 전반적인 활용도 추이를 나타낸다. 앞의 예에서 단기 평균 부하는 활용도의 단기 정점을 가리키지만 여전히 상당한 용량이 남아 있음을 나타낸다.

리눅스 저널 2006년 12월 1일호에 평균 부하의 이론과 배경 수학, 해석법을 설명하는 훌륭한 글이 있다.[7]

7. Ray Walker, Examining Load Average, Linux Journal, Dec. 1, 2006, https://archive.org/details/Linux-Journal-2006-12/page/n81

CPU 사용량

CPU 사용량은 명령을 실행하는 데 얼마나 많은 CPU 시간이 사용됐는지를 나타내는 상당히 간단한 지표다. 이들 숫자는 %로 표시되며 지정된 시간 동안 사용된 CPU 시간의 양을 나타낸다.

디폴트 업데이트 간격은 3초지만 's' 키를 이용해서 바꿀 수 있고, 나는 보통 1초를 사용한다. 1초보다 작은 간격은 0.01까지 사용할 수 있다. 매우 짧은 간격은 추천하지 않는데, 1초보다 짧으면 시스템 부하를 높여 데이터를 읽기 어려워진다. 그러나 리눅스의 유연함에 의해 때로 간격을 1초보다 짧게 설정하는 것이 유용할 때가 있다.

```
top - 09:47:38 up 13 days, 24 min,  6 users,  load average: 0.13, 0.04, 0.01
Tasks: 180 total,   1 running, 179 sleeping,   0 stopped,   0 zombie
Cpu0  :  0.0%us,  0.0%sy,  0.0%ni,100.0%id,  0.0%wa,  0.0%hi,  0.0%si,  0.0%st
Cpu1  :  0.9%us,  0.9%sy,  0.0%ni, 98.1%id,  0.0%wa,  0.0%hi,  0.0%si,  0.0%st
Cpu2  :  0.0%us,  0.0%sy,  0.0%ni,100.0%id,  0.0%wa,  0.0%hi,  0.0%si,  0.0%st
Cpu3  :  1.0%us,  0.0%sy,  0.0%ni, 99.0%id,  0.0%wa,  0.0%hi,  0.0%si,  0.0%st
Mem:   2056456k total,   797768k used,  1258688k free,    92028k buffers
Swap:  4095992k total,       88k used,  4095904k free,   336252k cached
```

그림 13-3. top의 요약 영역에는 CPU와 메모리 사용량에 대한 종합적인 개요가 담겨 있다.

CPU 사용량을 좀 더 자세히 기술하는 8개의 필드가 있다. us, sy, ni, id, wa, hi, si, st 필드는 CPU 사용량을 시스템에서 무엇이 CPU 시간을 사용하는지에 대한 이해를 돕는 범주별로 나눈다.

- **us(user space)**: 시스템(즉 커널) 공간과 반대로, 사용자 공간에 있는 태스크들을 수행하는 데 사용한 CPU 시간이다. 사용자 수준 프로그램이 실행되는 영역이다.
- **sy(system)**: 시스템 태스크들을 수행하는 데 사용한 CPU 시간이다. 이들은 대부분 커널 태스크들로, 메모리 관리, 태스크 처리, 기타 커널이 수

행하는 모든 작업에 해당한다.

- **ni(nice)**: nice 값이 양수인 태스크가 사용한 CPU 시간이다. nice 값이 양수면 태스크를 좀 더 친절하게, 즉 CPU 시간을 덜 요구하고 다른 태스크가 더 높은 우선순위를 갖게 한다.
- **id(idle)**: idle 시간은 CPU가 한가하고 아무 일도 하지 않거나 I/O가 발생하기를 기다리는 시간이다.
- **wa(IO wait)**: CPU가 디스크 읽기나 쓰기 같은 I/O가 일어나기를 기다리는 시간이다. 해당 CPU에서 실행되는 프로그램은 계속 진행하기 전에 해당 I/O 동작의 결과를 기다리고 있고 I/O 동작이 발생할 때까지 블록block된다.
- **hi(hardware interrupt)**: 일정 기간 중 하드웨어 인터럽트를 기다린 CPU 시간을 %로 나타낸 것이다. 이 숫자가 높다면, 특히 IO wait도 높다면 기존 부하에 비해 하드웨어 속도가 너무 느림을 나타낼 수 있다.
- **si(software interrupt)**: 일정 기간 중 소프트웨어 인터럽트의 개수다. 이 숫자가 크다면, 특히 IO wait도 크다면 어떤 소프트웨어 애플리케이션이 빽빽한 루프나 경쟁 상태race condition에 있음을 나타낼 수 있다.
- **st(stolen)**: VM은 실행될 수 있지만 다른 VM이 실행 중이어서 VM 하이퍼바이저가 '이' VM에게 시간을 할당할 수 없어 '이' VM이 뺏긴 시간이다. 이는 가상 호스트가 아닌 경우 언제나 0이어야 한다. 가상 호스트에서 0보다 훨씬 큰 수는 주어진 실제와 가상 시스템 부하를 위해 물리적 CPU 성능이 더 필요하다는 뜻일 수 있다.

이들 시간을 모두 합하면 보통 각 CPU별로 100%가 되거나 약간의 반올림 오차를 보인다.

프로세스 영역

top 출력의 프로세스 영역은 시스템에서 실행 중인 프로세스의 목록이다. 최소한 터미널 디스플레이에 한꺼번에 보여줄 수 있는 만큼 표시된다. top이 표시하는 디폴트 칼럼들이 다음과 같이 설명돼 있다. 다른 몇 가지 칼럼도 가능하고 보통 하나의 키 입력으로 추가할 수 있다. 자세한 사항은 top의 매뉴얼 페이지를 참고하기 바란다.

- PID: 프로세스 ID
- USER: 프로세스 소유자의 사용자 이름
- PR: 프로세스의 우선순위
- NI: 프로세스의 nice 값
- VIRT: 프로세스에 할당된 가상 메모리의 전체량
- RES: 프로세스가 사용하는 스왑되지 않은 물리적 RAM 메모리의 상주 크기(달리 표시되지 않으면 단위는 kb)
- SHR: 프로세스가 사용하는 공유 메모리의 양(단위는 kb)
- S: 프로세스의 상태. R은 실행 중(running), I는 idle 시간, S는 수면(sleep), Z는 좀비(zombie)를 의미한다.
- %CPU: 마지막으로 측정된 기간 동안 프로세스가 사용한 CPU 사이클의 %
- %MEM: 프로세스가 사용한 물리적 시스템 메모리의 %
- TIME+: 프로세스가 시작된 때부터 프로세스가 사용한 누적 CPU 시간(1/100초 단위)
- COMMAND: 프로세스를 시작하고자 사용된 명령

Page Up과 Page Down 키로 실행 중인 프로세스의 목록을 스크롤할 수 있다. <와 > 키를 이용해서 정렬 기준 칼럼을 좌우로 바꿀 수 있다.

k 키를 이용해서 프로세스를 kill하거나 r 키를 이용해서 nice 값을 바꿀 수 있다. kill하거나 nice 값을 바꾸고자 하는 프로세스의 PID(Process ID)를 알아야

하고, 그 정보는 top 화면의 프로세스 영역에 표시된다. 프로세스를 kill할 때 top은 먼저 PID, 그런 다음 프로세스에게 보낼 시그널 번호를 요구한다. 그것들을 각각 입력하고 엔터키를 누른다. 먼저 시그널 15(SIGTERM)를 시도하고 그래도 프로세스가 죽지 않으면 9(SIGKILL)를 사용한다.

CPU 사용량과 관련해서 살펴볼 것

문제를 해결할 때 CPU 사용량과 관련해서 몇 가지 항목을 점검해야 한다. 오랫동안 idle 시간이 0%인 CPU를 찾는다. 특히 모든 CPU가 0이나 매우 낮은 idle 시간을 갖고 있다면 문제가 있는 것이다. 그러면 화면의 태스크 영역을 살펴 어느 프로세스가 CPU 시간을 사용하고 있는지 찾아야 한다.

주의할 점은 특정 환경이나 프로그램의 경우 CPU 사용량이 많은 것이 정상인지 이해해서 정상이나 일시적 증상을 보는지 아는 것이다. 앞으로 논의할 평균 부하를 사용하면 시스템이 과부하 상태인지 아니면 그저 매우 바쁜지를 알아내는 데 도움이 될 것이다.

CPU 시간을 빨아들이는 프로그램이 있을 때 top을 사용해서 CPU 사용량을 관찰하는 방법을 살펴보자.

실험 13-2

student 사용자로 두 번째 터미널 세션을 시작하고 이미 top을 실행하고 있는 root 터미널 가까이에 위치시켜 두 화면을 동시에 볼 수 있게 한다.

student 사용자로 홈 디렉터리에 cpuHog라는 이름의 파일을 만들고 권한을 rwxr_xr_x로 설정해 실행 가능으로 설정한다.

```
[student@studentvm1 ~]$ touch cpuHog
```

```
[student@studentvm1 ~]$ chmod 755 cpuHog
```

vim 편집기를 이용해서 파일에 다음 내용을 추가한다.

```
#!/bin/bash
# This little program is a cpu hog
X=0;while [ 1 ];do echo $X;X=$((X+1));done
```

Bash 셸 스크립트를 저장하고 vim을 닫은 후 다음과 같은 명령으로 cpuHog 프로그램을 실행한다.

```
[student@studentvm1 ~]$ ./cpuHog
```

위의 명령은 단순히 1씩 증가시키고 X의 현재 값을 STDOUT으로 출력한다. 그리고 CPU 사이클을 블랙홀처럼 빨아들인다. 이 프로그램이 시스템 성능에 미치는 영향을 top에서 관찰한다. CPU 사용량이 즉시 올라갈 것이고 평균 부하 또한 시간이 흐름에 따라 증가하기 시작할 것이다.

cpuHog 프로그램의 우선순위는 무엇인가?

이제 student 사용자로 또 하나의 터미널 세션을 열고 그 안에서 같은 프로그램을 실행한다. 이제 이 프로그램 두 개가 실행 중이다. top에서 두 프로세스가 평균적으로 거의 같은 양의 CPU 시간을 가짐을 볼 수 있다. 때로 하나가 다른 것보다 더 많이 갖고 때로 거의 같은 양을 갖는다.

그림 13-4는 이들 cpuHog 2개가 실행되고 있을 때의 top 실행 결과다. 참고로 나는 SSH를 이용해서 원격 로그인했고 screen 프로그램을 이용해서 이들 실험을 VM에서 수행하고 있으므로 그림 13-4에서 이들 도구가 CPU를 많이 사용하는 것으로 나타난다. 여러분의 top 출력에서는 이들 두 항목을 볼 수 없을 것이

다. 여러분이 보는 결과는 본질적으로 같다.

```
top - 11:46:13 up 20:55,  6 users,  load average: 3.64, 2.46, 1.14
Tasks: 161 total,   5 running,  97 sleeping,   0 stopped,   0 zombie
%Cpu0  :  3.0 us, 73.7 sy,  0.0 ni,  0.0 id,  0.0 wa, 12.1 hi, 11.1 si,  0.0 st
%Cpu1  : 11.2 us, 85.7 sy,  0.0 ni,  0.0 id,  0.0 wa,  3.1 hi,  0.0 si,  0.0 st
KiB Mem :  4038488 total,  3015548 free,   240244 used,   782696 buff/cache
KiB Swap: 10485756 total, 10485756 free,        0 used.  3543352 avail Mem

  PID USER      PR  NI    VIRT    RES    SHR S  %CPU %MEM     TIME+ COMMAND
15481 student   20   0  214388   1180   1036 R  52.0  0.0   0:19.30 cpuHog
15408 student   20   0  214388   1184   1040 R  33.3  0.0   4:07.18 cpuHog
15217 student   20   0  134336   4944   3768 R  31.4  0.1   2:02.57 sshd
15359 student   20   0  228968   3008   2212 R  31.4  0.1   2:19.63 screen
15017 root      20   0       0      0      0 I  13.7  0.0   0:27.36 kworker/u4:2-ev
15158 root      20   0       0      0      0 I  13.7  0.0   0:22.97 kworker/u4:0-ev
  814 root      20   0   98212   6704   5792 S   1.0  0.2   0:02.01 rngd
13103 root      20   0  257244   4384   3628 R   1.0  0.1   1:16.87 top
    1 root      20   0  171068   9488   6880 S   0.0  0.2   0:04.82 systemd
    2 root      20   0       0      0      0 S   0.0  0.0   0:00.02 kthreadd
    3 root       0 -20       0      0      0 I   0.0  0.0   0:00.00 rcu_gp
```

그림 13-4. top 명령이 cpuHog 프로그램 2개가 실행되고 있을 때 무슨 일이 일어나는지를 보여준다.

여러분의 VM에서 그림 13-4의 내 VM처럼 시간이 흐름에 따라 평균 부하가 오르다가 결국 안정화될 것이다. 또한 하나나 두 CPU가 하드웨어와 소프트웨어 인터럽트 대기를 보이기 시작할 것이다.

root 사용자로서 **top**을 이용해 이들 cpuHog의 nice 값을 먼저 +19로 설정했다가 -20으로 설정한 뒤 잠시 동안 각각의 설정 결과를 관찰한다. nice 값과 우선순위 설정은 2권의 4장에서 자세히 다루지만 지금으로서는 숫자가 클수록 더 친절해지고, 낮을수록(심지어 음수까지) 덜 친절해진다고 알면 충분하다. 더 친절한 프로그램은 우선순위로 더 큰 숫자를 갖고, 더 작은 숫자로 같은 프로그램보다 더 적은 CPU 사이클을 받는다. 직관적이지는 않더라도 이것이 사실이다. 이는 최소한 얼핏 보기에 RPL[Reverse Programmer Logic]에 해당하는 것으로 보인다.

팁

nice 값을 바꾸려면 r(소문자) 키를 누르고 화면의 'Swap' 줄 바로 아래의 지시를 따른다.

---

top을 이용해서 실행 중인 프로그램의 nice 값을 바꾸려면 간단히 r을 입력한다. top이 nice 값을 바꿀 PID를 요청하면 그림 13-5처럼 PID[process ID] 숫자를 입력한다. 여러분 프로세스의 PID는 내 것과 다를 것이다. 그러면 top 유틸리티가 값이 무엇인지 물을 것이다. 19를 입력하고 엔터키를 누른다. 누적 시간(TIME+)이 가장 많은 cpuHog 프로그램의 PID를 골라 시간이 흐름에 따라 다른 cpuHog 프로그램이 따라잡는 것을 살펴보기를 권한다. 관련된 데이터가 있는 줄을 굵은 글씨로 강조했다.

```
top - 11:46:13 up 20:55,  6 users,  load average: 3.64, 2.46, 1.14
Tasks: 160 total,   5 running,  97 sleeping,   0 stopped,   0 zombie
%Cpu0  :  2.0 us, 64.6 sy,  0.0 ni,  0.0 id,  0.0 wa, 15.2 hi, 18.2 si,  0.0 st
%Cpu1  :  6.1 us, 91.9 sy,  0.0 ni,  0.0 id,  0.0 wa,  2.0 hi,  0.0 si,  0.0 st
KiB Mem :  4038488 total,  3015028 free,   240208 used,   783252 buff/cache
KiB Swap: 10485756 total, 10485756 free,        0 used.  3543356 avail Mem
PID to renice [default pid = 15217] 15408
  PID USER      PR  NI    VIRT    RES    SHR S  %CPU %MEM     TIME+ COMMAND
15217 student   20   0  134336   4944   3768 S  34.7  0.1   6:58.80 sshd
15408 student   20   0  214388   1184   1040 R  34.7  0.0  10:06.25 cpuHog
15481 student   20   0  214388   1180   1036 R  33.7  0.0   7:01.68 cpuHog
15359 student   20   0  228968   3008   2212 R  31.7  0.1   7:11.20 screen
15017 root      20   0       0      0      0 I  13.9  0.0   1:55.58 kworker/u4:2-ev
15158 root      20   0       0      0      0 I  13.9  0.0   1:21.88 kworker/u4:0-ev
    9 root      20   0       0      0      0 R   2.0  0.0   0:12.88 ksoftirqd/0
15505 root      20   0  257244   4256   3504 R   1.0  0.1   0:06.23 top
```

그림 13-5. cpuHog 프로그램 중 하나의 nice 값을 바꾼다.

이들 두 cpuHog 프로그램이 실행 중임에도 불구하고 전반적인 시스템 성능과 응납성에서 거의 변화를 느끼지 못할 것이다. 심각하게 자원을 경쟁하는 다른 프로그램이 없기 때문이다. 하지만 우선순위가 가장 높은 cpuHog 프로그램(가장 작은 숫자)이 일관되게 가장 많은 CPU 시간을, 매우 적은 차이라도 얻을 것이다. nice 값과 실제 우선순위를 **top** 화면에서 확인할 수 있다. 그림 13-6은 PID 15408의 nice 값이 +19로 설정된 뒤 거의 3시간이 지난 뒤의 결과다. 그림 13-5에서는 PID 15408이 가장 많은 누적 시간은 갖고 있었지만 이제 두 cpuHog 중 가장 적은 누적 시간을 갖고 있음을 볼 수 있다.

```
top - 14:26:44 up 23:36,  6 users,  load average: 4.28, 4.11, 4.10
Tasks: 161 total,   4 running,  98 sleeping,   0 stopped,   0 zombie
%Cpu0  :  6.7 us, 58.9 sy,  5.6 ni,  1.1 id,  0.0 wa, 13.3 hi, 14.4 si,  0.0 st
%Cpu1  :  1.1 us, 77.3 sy, 17.0 ni,  1.1 id,  0.0 wa,  2.3 hi,  1.1 si,  0.0 st
KiB Mem :  4038488 total,  2973868 free,   240528 used,   824092 buff/cache
KiB Swap: 10485756 total, 10485756 free,        0 used.  3541840 avail Mem

  PID USER      PR  NI    VIRT    RES    SHR S  %CPU %MEM     TIME+ COMMAND
15481 student   20   0  214388   1180   1036 R  56.4  0.0  68:13.93 cpuHog
15408 student   39  19  214388   1184   1040 R  40.6  0.0  63:45.60 cpuHog
15217 student   20   0  134336   4944   3768 R  24.8  0.1  52:31.23 sshd
15359 student   20   0  228968   3008   2212 S  33.7  0.1  51:37.26 screen
16503 root      20   0       0      0      0 I   3.0  0.0   5:57.70 kworker/u4:3-ev
16574 root      20   0       0      0      0 I   5.0  0.0   5:21.60 kworker/u4:2-ev
16950 root      20   0       0      0      0 I   8.9  0.0   2:20.38 kworker/u4:1-ev
    9 root      20   0       0      0      0 S   1.0  0.0   1:58.70 ksoftirqd/0
15505 root      20   0  257244   4256   3504 R   1.0  0.1   1:05.85 top
```

그림 13-6. nice 값을 +19로 설정한 지 거의 3시간 뒤에 cpuHog PID 15408이 cpuHog PID 15481보다 누적 CPU 시간에서 뒤쳐졌다

이제 nice 값이 더 높은 프로세스의 nice 값을 +19에서 -19로 바꾼다. cpuHog 중 하나의 nice 값을 +19에서 -19로 바꾸고 나머지 cpuHog의 nice 값을 0으로 둔다. 그림 13-7은 그 결과를 보여준다.

```
top - 14:39:45 up 23:49,  6 users,  load average: 4.29, 4.14, 4.10
Tasks: 160 total,   5 running,  97 sleeping,   0 stopped,   0 zombie
%Cpu0  :  4.9 us, 61.8 sy,  0.0 ni,  0.0 id,  0.0 wa, 15.7 hi, 17.6 si,  0.0 st
%Cpu1  :  5.9 us, 92.1 sy,  0.0 ni,  0.0 id,  0.0 wa,  2.0 hi,  0.0 si,  0.0 st
KiB Mem :  4038488 total,  2973276 free,   240688 used,   824524 buff/cache
KiB Swap: 10485756 total, 10485756 free,        0 used.  3541672 avail Mem

  PID USER      PR  NI    VIRT    RES    SHR S  %CPU %MEM     TIME+ COMMAND
15481 student   20   0  214388   1180   1036 R  35.3  0.0  73:50.56 cpuHog
15408 student    1 -19  214388   1184   1040 R  37.3  0.0  68:43.16 cpuHog
15217 student   20   0  134336   4944   3768 R  35.3  0.1  56:33.25 sshd
15359 student   20   0  228968   3008   2212 R  30.4  0.1  55:39.90 screen
16503 root      20   0       0      0      0 I  12.7  0.0   7:00.04 kworker/u4:3-ev
16574 root      20   0       0      0      0 I   0.0  0.0   6:30.02 kworker/u4:2-ev
```

그림 13-7. PID 15408의 nice 값을 +19에서 −19로 바꾼 후 결과

결국 cpuHog 15408이 우선순위가 높기 때문에 cpuHog 15481보다 많은 누적 시간을 갖게 된다. 당분간 top과 실행 중인 두 cpuHog 프로세스를 그대로 둔다. 평균 부하 또한 계속해서 증가했음을 알 수 있을 것이다.

---

info 페이지에 따르면 nice 값은 커널 스케줄러에 단지 '제안'할 뿐임을 주의하기 바란다. 따라서 매우 작은(심지어 음수) nice 값을 설정해도 프로세스가 더 많은 CPU 시간을 받지 않을 수 있다. 모든 것이 전반적인 부하와 어느 프로세스가 언제 CPU 시간을 받을지를 계산하는 데 쓰이는 기타 여러 데이터에 달려있다. 그러나 cpuHog는 이를 약간 이해하는 데 도움이 된다.

메모리 통계

성능 문제는 메모리 부족으로 인해서도 발생할 수 있다. 활성화된 모든 프로그램을 실행할 충분한 메모리가 없으면 커널 메모리 관리 서브시스템은 모든 프로세스가 실행될 수 있게 메모리의 내용을 디스크에 있는 스왑swap 공간과 램

사이로 옮기는 데 시간을 허비할 것이다. 이런 스와핑swapping은 CPU 시간과 I/O 대역폭을 소모하므로 생산적인 일의 진행을 늦춘다. 궁극적으로 '스레싱thrashing' 이라는 상태가 일어나 컴퓨터의 시간 대부분이 메모리의 내용을 디스크와 램 사이로 옮기는 데 사용되고 생산적인 일에 쓸 수 있는 시간이 거의 없게 될 수 있다. 그림 13-8을 보면 충분한 램이 남아 있고 스왑 공간은 전혀 쓰이지 않음을 알 수 있다.

```
top - 09:04:07 up 1 day, 18:13,  6 users,  load average: 4.02, 4.03, 4.05
Tasks: 162 total,   6 running,  96 sleeping,   0 stopped,   0 zombie
%Cpu0  :  2.0 us, 72.5 sy,  0.0 ni,  0.0 id,  0.0 wa, 12.7 hi, 12.7 si,  0.0 st
%Cpu1  : 12.2 us, 84.7 sy,  0.0 ni,  0.0 id,  0.0 wa,  3.1 hi,  0.0 si,  0.0 st
KiB Mem :  4038488 total,  2940852 free,   243836 used,   853800 buff/cache
KiB Swap: 10485756 total, 10485756 free,        0 used.  3538144 avail Mem

  PID USER      PR  NI    VIRT    RES    SHR S  %CPU %MEM     TIME+ COMMAND
15481 student   20   0  214388   1180   1036 R  48.5  0.0 542:17.06 cpuHog
15408 student    1 -19  214388   1184   1040 R  33.7  0.0 484:37.55 cpuHog
15217 student   20   0  134336   4944   3768 R  31.7  0.1 402:08.24 sshd
15359 student   20   0  228968   3008   2212 R  31.7  0.1 396:29.99 screen
```

그림 13-8. top 메모리 통계를 보면 충분한 가상/실제 메모리가 남아 있음을 알 수 있다.

램과 스왑 공간의 전체 양(total), 남은 양(free), 사용된 양(used)은 명확하다. 그다지 명확하지 않은 값은 buff/cache다. buff/cache는 램이고 임시 저장소로 쓰이는 스왑 공간은 아니다.

버퍼buffer는 보통 운영체제가 예를 들어 네트워크나 직렬 통신선, 다른 프로그램을 통해 전송되는 데이터를 특정 프로그램이나 유틸리티가 해당 데이터를 가져가서 처리할 때까지 잠시 동안 저장하고자 지정한 메모리 영역을 말한다. 버퍼에 있는 데이터는 제거돼 사용될 때까지 변경되지 않는다. 버퍼를 이용하면 서로 다른 속도로 작업하는 프로세스들이 속도 차이로 인해 데이터를 잃어버리지 않고 통신할 수 있다.

리눅스는 두(또는 그 이상의) 프로그램 사이에서 저장소 버퍼로 동작하는 네임드 파이프named pipe라는 도구를 제공한다. 사용자(어느 사용자든)는 디렉터리에 네임드 파이프를 만들 수 있고, 만들어진 네임드 파이프는 해당 디렉터리 안의 파일로 보인다. 네임드 파이프는 FIFOFirst In, First Out 버퍼로, 데이터가 들어간 순서대로 나온다. 네임드 파이프는 여러 가지 용도로 사용할 수 있는데, 스크립트와 기타 실행 프로그램 사이의 프로세스 간 통신inter-process communication을 제공할 수 있고, 나중에 다른 프로그램이 사용할 수 있도록 출력 데이터를 저장할 수도 있다.

실험 13-3

이 실험은 student 사용자로 수행해야 한다. 이 실험에서는 네임드 파이프라는 일종의 버퍼를 살펴본다. 만들기 쉽고 아무나 만들 수 있기 때문에 이를 이용해서 버퍼의 기능을 설명할 수 있다.

이 실험을 위해 student 사용자로 두 개의 터미널 세션을 열어야 한다. 한 터미널에서는 홈 디렉터리에 mypipe라는 이름의 네임드 파이프를 만들고 홈 디렉터리의 파일 목록에서 mypipe를 찾아보자. 1열에 있는 파일 형식에 파이프를 나타내는 'p'가 보일 것이다.

```
[student@studentvm1 ~]$ mkfifo mypipe
[student@studentvm1 ~]$ ll
total 284
-rw-rw-r--  1 student student   130 Sep 15 16:21 ascii-program.sh
-rwxr-xr-x  1 student student    91 Oct 19 11:35 cpuHog
<중략>
drwxr-xr-x. 2 student student  4096 Aug 18 10:21 Music
prw-rw-r--  1 student student     0 Oct 25 21:21 mypipe
-rw-rw-r--. 1 student student     0 Sep  6 10:52 newfile.txt
<중략>
```

```
drwxrwxr-x. 2 student student 4096 Sep  6 14:48 testdir7
drwxr-xr-x. 2 student student 4096 Aug 18 10:21 Videos
[student@studentvm1 ~]$
```

이제 파이프에 데이터를 넣어보자. 데이터 스트림을 만드는 어떤 명령도 쓸 수 있지만 이 실험에서는 lsblk 명령으로 시스템에 있는 블록 장치(디스크 드라이브)의 목록을 나열해 출력을 네임드 파이프로 리디렉트한다. 터미널 세션 중 하나에서 다음과 같은 명령을 실행한다.

```
[student@studentvm1 ~]$ lsblk -i > mypipe
```

명령 프롬프트가 나타나지 않음에 유의하기 바란다. 커서가 빈 줄에 위치할 것이다. 명령 프롬프트가 나올 때까지 Ctrl-C를 누르지 말기 바란다.

다른 터미널 세션에서 cat 명령을 이용해 네임드 파이프로부터 데이터를 읽는다. 이 간단하고 표준적인 핵심 명령이 파이프로부터 데이터를 읽어 STDOUT으로 보낸다. 그 시점에서 우리가 원하는 무엇이든 할 수 있다.

```
[student@studentvm1 ~]$ cat mypipe
NAME                                  MAJ:MIN RM  SIZE RO TYPE MOUNTPOINT
sda                                     8:0    0   60G  0 disk
|-sda1                                  8:1    0    1G  0 part /boot
`-sda2                                  8:2    0   59G  0 part
  |-fedora_studentvm1-pool00_tmeta    253:0    0    4M  0 lvm
  | `-fedora_studentvm1-pool00-tpool 253:2    0    2G  0 lvm
  |   |-fedora_studentvm1-root        253:3    0    2G  0 lvm  /
  |   `-fedora_studentvm1-pool00      253:6    0    2G  0 lvm
  |-fedora_studentvm1-pool00_tdata    253:1    0    2G  0 lvm
  | `-fedora_studentvm1-pool00-tpool 253:2    0    2G  0 lvm
  |   |-fedora_studentvm1-root        253:3    0    2G  0 lvm  /
```

```
  |   `-fedora_studentvm1-pool00      253:6    0    2G  0 lvm
  |-fedora_studentvm1-swap            253:4    0   10G  0 lvm  [SWAP]
  |-fedora_studentvm1-usr             253:5    0   15G  0 lvm  /usr
  |-fedora_studentvm1-home            253:7    0    2G  0 lvm  /home
  |-fedora_studentvm1-var             253:8    0   10G  0 lvm  /var
  `-fedora_studentvm1-tmp             253:9    0    5G  0 lvm  /tmp
sr0                                    11:0    1 1024M  0 rom
```

파이프에 있는 모든 데이터가 STDOUT으로 보내진다. 여러분이 파이프에 데이터를 넣었던 터미널 세션으로 돌아간다. 해당 세션이 명령 프롬프트로 돌아왔음을 확인한다.

다른 명령으로 파이프에 더 많은 데이터를 넣은 다음 다시 읽어본다.

캐시cache는 가까운 미래의 어느 시점에서 사용하거나 필요 없으면 버려도 되는 데이터에 특별히 할당된 램 메모리다.

하드웨어 캐시도 프로세서에 흔히 존재한다. CPU 캐시는 top으로 모니터링하는 램 캐시와는 다르다. 이는 프로세서 칩 자체에 별도로 위치하는 공간이고 램에서 전달된 데이터를 CPU가 필요로 할 때까지 캐시(저장)하는 데 사용된다. CPU 캐시에 있는 모든 데이터가 반드시 사용되지는 않으며 일부는 램에서 전달된 CPU가 사용할 확률이 더 높은 데이터를 위한 공간을 마련하고자 버려지기도 한다. CPU 안에 있는 캐시는 일반 시스템 램보다 빠르므로 CPU가 사용할 확률이 높은 데이터를 캐시에 넣으면 전반적인 처리 속도를 개선할 수 있다. 이는 절대 top 프로그램으로 모니터링하는 종류의 캐시가 아니다.

버퍼와 캐시 공간은 모두 임시 저장소로 사용하고자 램에 할당된다는 점에서 매우 비슷하다. 차이점은 이들이 사용되는 방식이다.

태스크 목록

top 태스크 목록은 특정 자원의 대부분을 소비하는 태스크들을 보여준다. 태스크 목록은 CPU와 메모리 사용량 등 화면에 표시된 어느 열로든 정렬할 수 있다. 디폴트로 top은 CPU 사용량이 높은 순으로 정렬한다. 이로 인해 가장 많은 CPU 사이클을 소비하는 프로세스를 빠르게 볼 수 있다. 가용한 CPU 사이클의 90% 이상을 빨아들인다든지 해서 눈에 띄는 프로세스가 있다면 이는 문제가 있음을 보여주는 것일 수 있다. 이것이 언제나 문제인 것은 아니다. 어떤 애플리케이션은 원래 다량의 CPU 시간을 소비한다. 또한 태스크 목록은 즉시 눈에 띄지는 않지만 help 옵션이나 top 매뉴얼 페이지에서 찾을 수 있는 다른 데이터도 제공한다.

또한 반드시 올바르게 동작하는 시스템을 관찰해 무엇이 정상인지를 알아야 비정상을 봤을 때 알아차릴 수 있다. 나는 문제가 없을 때에도 top과 기타 도구를 이용해 내 호스트의 활동을 관찰하는 데 많은 시간을 쓴다. 이를 통해 이들 호스트에서 무엇이 '정상'인지를 이해할 수 있고 호스트들이 정상적으로 동작하지 않을 때 내가 이해해야 하는 지식을 얻을 수 있다.

시그널

top, atop, htop 유틸리티를 이용하면 실행 중인 프로세스에 시그널을 보낼 수 있다. 이들 시그널 각각은 특정 기능을 갖고 있지만 시그널 중 일부는 시그널 처리기signal handler를 이용해 시그널을 받는 프로그램에서 기능을 정의할 수 있다.

kill 명령은 top과 별개로 모니터 밖에서 프로세스에게 시그널을 보낼 수 있다. kill -l은 보낼 수 있는 모든 시그널의 목록을 보여준다. 실제로 프로세스를 죽이려고 하지 않는다면 kill 명령을 써서 시그널을 보내는 것이 이상하게 느껴질 수 있다. 기억할 것은 kill 명령이 프로세스에 시그널을 보낼 때 쓰인다는 점과 최소한 세 가지 시그널이 서로 다른 정도의 부작용을 갖고 프로세스를 종료하는 데 쓰일 수 있다는 점이다.

- **SIGTERM(15):** 시그널 15 SIGTERM은 k 키를 눌렀을 때 top 등의 모니터가 보내는 디폴트 시그널이다. 또한 이는 가장 효과가 적은 방법인데, 프로그램 안에 시그널 처리기가 있어야 하기 때문이다. 프로그램의 시그널 처리기는 들어오는 시그널을 가로채서 적절히 처리해야 한다. 따라서 스크립트의 경우 대부분의 스크립트에 시그널 처리기가 없고 SIGTERM은 무시된다. SIGTERM에 깔린 생각은 간단히 프로그램에게 종료하라고 하면 이를 활용해서 열려 있는 파일들을 정리한 다음 스스로를 깔끔하고 좋은 매너로 종료한다는 것이다.
- **SIGKILL(9):** 시그널 9 SIGKILL은 스크립트와 기타 시그널 처리기가 없는 프로그램을 포함해서 가장 저항이 심한 프로그램까지 죽이는 방법을 제공한다. 하지만 이는 실행 중인 스크립트뿐만 아니라 스크립트가 실행되고 있는 셸 세션까지 죽이는데, 이는 여러분이 원하는 동작이 아닐 수 있다. 프로세스를 죽이고 싶고 친절하게 굴 생각이 없다면 이 시그널이 여러분이 원하는 시그널이다. 이 시그널은 프로그램 코드 안의 시그널 처리기로 가로챌 수 없다.
- **SIGINT(2):** 시그널 2 SIGINT는 SIGTERM이 작동하지 않을 때 프로그램을 약간 더 부드럽게, 예를 들어 프로그램이 실행 중인 셸 세션을 죽이지 않고 죽이고 싶을 때 쓸 수 있다. SIGINT는 프로그램이 실행 중인 세션으로 인터럽트를 보낸다. 이는 실행 중인 프로그램, 특히 스크립트를 Ctrl-C 키 조합으로 종료하는 것과 같다.

다른 여러 시그널이 있지만 이것들이 프로그램을 종료하기 위한 것들이다.

일관성

top과 그 친척들에 대한 또 한 가지는 올바르고 일관된 현재의 통계를 보여주고자 계속 실행하고 있을 필요가 없다는 점이다. 예를 들어 TIME+ 같은 데이터는 시스템이 부팅된 시점이나 프로세스가 실행된 시점부터의 누적 값이다. top을 시작하거나 재시작해도 데이터의 정확도는 바뀌지 않는다. 이는 top의 고유한 능력 때문이 아니라 top 등의 프로그램이 정보를 /proc 가상 파일 시스템에서 얻기 때문이다.

기타 top 같은 도구

리눅스와 관련된 모든 것과 마찬가지로 top과 같은 방식으로 동작하는 다른 프로그램들이 있고 여러분이 좋다면 그 프로그램들을 사용할 수도 있다. 여기서는 이들 대체 프로그램 중 3가지인 htop, atop, iotop을 살펴본다. 이들 도구 중 아무것도 여러분의 페도라 VM에 설치돼 있을 것 같지 않으므로 지금 설치해 보자.

준비 13-1

이 준비 단계는 root로 수행한다. 13장에서 필요한 도구들을 설치한다.

```
[root@studentvm1 ~]# dnf -y install htop atop iotop
```

atop의 패키지 이름은 이전 버전용이라고 표시될 수 있다. 이는 흔치 않지만 해당 도구가 아직 가장 최근 버전의 페도라용으로 다시 패키지되지 않았을 때 일어날 수 있다. 기술 검토자인 제이슨과 나 모두 이 현상을 봤지만 이는 문제가 아니다. 이것이 문제라면 더 오래된 패키지는 현재 페도라 릴리스용 저장소에 나타나지 않을 것이다.

htop

htop 유틸리티는 top과 매우 비슷하지만 실행 중인 프로세스와 상호작용하는 능력에서 약간의 차이가 있다. htop을 이용하면 여러 프로세스를 선택해서 동시에 조작할 수 있다. 이를 통해 선택된 프로세스들을 죽이고 nice 값을 바꾸고 하나 이상의 프로세스에 시그널을 동시에 보낼 수 있다.

실험 13-4

top과 cpuHog 프로그램 2개를 실행해둔다. 또 다른 터미널 세션에서 root 사용자로 htop을 실행한다.

```
[root@studentvm1 ~]# htop
```

화면 맨 위쪽의 막대그래프와 평균 부하 데이터를 살펴보자. 지면을 아끼고자 데이터를 몇 줄 제거했지만 여전히 표시된 데이터가 top과 매우 비슷함을 알 수 있다. 화면 아래쪽의 기능 키 메뉴를 통해 여러 기능에 쉽게 접근할 수 있다.

```
1  [||||||||||||||||||||||||||||||||100.0%]  Tasks: 77, 71 thr; 2 running
2  [||||||||||||||||||||||||||||||||100.0%]  Load average: 3.19 3.39 3.50
Mem[||||||||||||                252M/3.85G]  Uptime: 1 day, 11:43:50
Swp[                             0K/10.00G]

 PID USER     PRI  NI  VIRT  RES    SHR    S  CPU%  MEM%  TIME+      Command
4691 student  25   5   209M  1200   1056   R  200.  0.0   15h03:36  /bin/bash ./cpuHog
4692 student  12  -8   209M  1176   1032   R  172.  0.0   14h50:13  /bin/bash ./cpuHog
1703 student  21   1   224M  3396   2068   R  123.  0.1   9h18:00    SCREEN
1396 lightdm  22   2   951M  85620  67092  S  0.0   2.1   0:00.00
/usr/sbin/lightdm-gtk-greeter
1414 lightdm  21   1   951M  85620  67092  S  0.0   2.1   0:00.00
/usr/sbin/lightdm-gtk-greeter
```

```
<중략>
1045 root     20  0   652M  17156  14068  S  0.0   0.4   0:01.06
/usr/sbin/NetworkManager --no-
4700 root     20  0   652M  17156  14068  S  0.0   0.4   0:00.00
/usr/sbin/NetworkManager ?no-
<중략>
1441 lightdm  20  0  572M  12264  9112   S  0.0  0.3  0:00.03  /usr/bin/pulseaudio
--daemoniz
<중략>
 872 root     20  0   534M  10284  8744   S  0.0   0.3  0:00.03  /usr/sbin/abrtd
-d -s
   1 root     20  0   231M  9844   6828   S  0.0   0.2   0:02.68
/usr/lib/systemd/systemd
F1Help F2Setup F3Search F4Filter F5Tree F6SortBy F7Nice - F8 Nice + F9Kill F10Quit
```

h를 누르면 짧은 도움말 페이지를 읽을 수 있다. 또한 약간의 시간을 들여 htop의 매뉴얼 페이지를 읽기 바란다.

F2를 누르면 'Setup' 메뉴가 나타난다. 이 메뉴에서 헤더 정보의 배치를 바꿀 수 있고 데이터를 보여주는 방식을 고를 수 있다. Esc 키를 누르면 주 화면으로 돌아온다. 14장에서 F1과 F10이 이 상황에서 기대한 대로 동작하지 않는 이유와 해당 문제를 고치를 방법을 알아본다.

F6 키로 'Sort By' 메뉴로 들어가 CPU%를 선택한다. cpuHog 프로그램 2개의 CPU 사용량 데이터를 한동안 관찰한다.

위/아래 화살표 키로 cpuHog 중 하나를 선택한 뒤 F7과 F8 키로 먼저 nice 값을 -20으로 감소시켰다가 +19로 증가시키면서 두 상태 모두를 잠시 동안 관찰한다. nice 값이 바뀜에 따라 프로세스의 우선순위가 어떻게 바뀌는지 살펴보자.

하이라이트 막대를 첫 번째 cpuHog에 두고 스페이스바를 눌러 선택한 다음 두 번째 cpuHog에 대해서도 똑같이 한다. 선택된 프로세스만 영향을 받기 때문에 이 작업을 수행하는 동안 하이라이트 막대가 다른 프로세스로 이동해도 괜찮다. cpuHog들이 서로 다른 nice 값으로 시작했다고 가정할 때 한 프로세스가 상한이나 하한에 도달하면 무슨 일이 일어나는가?

프로세스를 선택 해제할 수 있다. 하이라이트 막대를 옮긴 뒤 스페이스바를 다시 누른다. 누적 CPU 시간(TIME+)이 가장 많은 cpuHog를 선택 해제한 다음 여전히 선택돼 있는 다른 cpuHog 프로세스의 nice 값을 선택 해제된 프로세스보다 작은 음수 값으로 설정한다.

F5 키를 이용해 프로세스 트리 뷰를 선택한다. 이 뷰는 실행 중인 프로세스의 부모/자식 관계를 보여줘 편리하다. cpuHog를 찾을 때까지 아래로 스크롤한다.

htop에는 여기서 살펴본 것보다 훨씬 많은 기능이 있다. 더 많이 살펴보고 htop의 강력한 능력을 배우기 바란다. htop 도구를 종료하지 말기 바란다.

---

atop

atop 유틸리티는 top, htop과 비슷한 데이터를 제공한다.

실험 13-5

atop 프로그램을 또 다른 root 터미널 세션에서 실행한다.

```
[root@studentvm1 ~]# atop
```

이제 top, htop, atop이 두 개의 cpuHog 프로그램과 함께 실행 중이다. 더 많은 데이터를 보여주고자 다음과 같은 출력 결과의 폰트 크기를 줄였다. atop이 보여주는 추가 정보를 아래에서 확인할 수 있다. atop 유틸리티는 합계, 장치별, 프로세스별 I/O 사용량에 대한 상세 정보를 보여준다. 아래 정보나 여러분의

student VM에서 해당 데이터를 쉽게 찾을 수 있을 것이다.

```
ATOP - studentvm1 2018/10/27 09:22:40 - 1d12h4m53s elapsed
PRC | sys 23h58m | user 16h11m  | #proc 169    | #tslpu 0      | #zombie 0     | #exit 0       |
CPU | sys 48%       | user 25%     | irq 8%       | idle 118%     | wait 2%       | curscal ?%    |
cpu | sys 21%       | user 15%     | irq 4%       | idle 59%      | cpu000 w 1%   | curscal ?%    |
cpu | sys 27%       | user 10%     | irq 4%       | idle 59%      | cpu001 w 1%   | curscal ?%    |
CPL | avg1 3.74     | avg5 3.67    | avg15 3.61   | csw 209886e5  | intr 48899e5  | numcpu 2      |
MEM | tot 3.9G      | free 2.7G    | cache 669.2M | buff 134.6M   | slab 136.2M   | hptot 0.0M    |
SWP | tot 10.0G     | free 10.0G   |              |               | vmcom 981.5M  | vmlim 11.9G   |
LVM | udentvm1-var  | busy 5%      | read 14615   | write 297786  | MBw/s 0.0     | avio 10.4 ms  |
LVM | udentvm1-usr  | busy 0%      | read 30062   | write 6643    | MBw/s 0.0     | avio 3.35 ms  |
LVM | dentvm1-root  | busy 0%      | read 1408    | write 1089    | MBw/s 0.0     | avio 20.0 ms  |
LVM | pool00-tpool  | busy 0%      | read 1265    | write 1090    | MBw/s 0.0     | avio 21.0 ms  |
LVM | pool00_tdata  | busy 0%      | read 1280    | write 1090    | MBw/s 0.0     | avio 20.9 ms  |
LVM | udentvm1-tmp  | busy 0%      | read 254     | write 1257    | MBw/s 0.0     | avio 17.9 ms  |
LVM | dentvm1-home  | busy 0%      | read 153     | write 108     | MBw/s 0.0     | avio 34.9 ms  |
LVM | pool00_tmeta  | busy 0%      | read 66      | write 15      | MBw/s 0.0     | avio 10.6 ms  |
LVM | dentvm1-swap  | busy 0%      | read 152     | write 0       | MBw/s 0.0     | avio 4.89 ms  |
DSK | sda           | busy 5%      | read 39186   | write 252478  | MBw/s 0.0     | avio 11.5 ms  |
NET | transport     | tcpi 221913  | tcpo 235281  | udpi 3913     | udpo 4284     | tcpao 48      |
NET | network       | ipi 226661   | ipo 242445   | ipfrw 0       | deliv 226655  | icmpo 3836    |
NET | enp0s8 0%     | pcki 253285  | pcko 244604  | sp 1000 Mbps  | si 6 Kbps     | so 2 Kbps     |
NET | enp0s3 0%     | pcki 1459    | pcko 7235    | sp 1000 Mbps  | si 0 Kbps     | so 0 Kbps     |

  PID SYSCPU USRCPU  VGROW  RGROW  RDDSK  WRDSK RUID     EUID     ST EXC THR S CPUNR CPU CMD 1/5
 4691  8h39m  6h38m 209.4M  1200K     4K     0K student  student  N-    -   1 R     1 81% cpuHog
 4692  8h43m  6h21m 209.4M  1176K     0K     0K student  student  N-    -   1 R     1 79% cpuHog
 1703  6h18m  3h08m 224.1M  3396K    32K     8K student  student  N-    -   1 R     0 50% screen
 5076  7m13s  2m20s 251.2M  4420K   308K     0K root     root     N-    -   1 S     0  1% top
20233  5m58s  0.00s     0K     0K     0K     0K root     root     N-    -   1 I     1  1% kworker/u4:1-e
20622  2m12s  0.01s     0K     0K     0K     0K root     root     N-    -   1 I     1  0% kworker/u4:2-e
 9009 20.16s 20.09s 224.4M  3664K     0K     0K root     root     N-    -   1 S     1  0% screen
 1388 10.14s 23.98s 951.1M 85620K 59636K  9020K lightdm  lightdm  N-    -   5 S     0  0% lightdm-gtk-gr
<중략>
    1  4.68s  2.51s 231.5M  9844K 258.1M 227.9M root     root     N-    -   1 S     1  0% systemd
  867  3.02s  3.19s 435.2M 34388K 13236K     4K root     root     N-    -   2 S     0  0% firewalld
   10  6.04s  0.00s     0K     0K     0K     0K root     root     N-    -   1 I     1  0% rcu_sched
```

```
  714  4.07s  1.89s 125.7M 24492K  3360K     0K root     root     N-    -   3 S     0  0% dmeventd
20723  4.24s  1.12s 219.0M  4116K     0K     0K root     root     N-    -   1 S     1  0% htop
  854  2.05s  1.76s  98.0M  1840K   388K    0K root     root     N-    -   2 S     1  0% irqbalance
 1481  3.19s  0.09s 131.2M  5016K     0K     0K student student N-    -   1 S     1  0% sshd
<중략>
  862  0.75s  0.21s 188.5M  3376K    72K     0K rtkit rtkit N- - 3 S 1 0% rtkit-daemon
  893  0.65s  0.07s 103.1M  2800K   156K   140K chrony chrony N- - 1 S 1 0% chronyd
<중략>
```

atop 프로그램은 상세 CPU 사용량의 합계와 개별 데이터뿐만 아니라 네트워크 사용량 데이터도 제공한다. 디폴트로 수집 기간에 실제로 CPU 시간을 받은 프로세스만 보여준다. a 키를 누르면 모든 프로세스를 보여준다. atop은 또한 활동이 있으면 헤더 공간에 데이터를 보여준다. 출력을 잠시 살펴보면 이를 볼 수 있을 것이다. atop은 프로세스를 죽일 수는 있지만 nice 값을 바꿀 수는 없다.

atop 프로그램이 시작할 때는 시간 간격이 10초로 설정돼 있다. 간격을 1초로 설정하려면 i를 누르고 1을 입력한다.

도움말 기능을 사용하려면 h를 누른다. 이 도움말을 훑어보고 이 도구의 여러 기능을 배우기 바란다. q를 누르면 도움말을 마친다.

atop은 많은 양의 정보에 대한 통찰을 제공하고 개인적으로 매우 유용하다고 생각한다. 로그 파일을 만드는 옵션이 있어 장기 시스템 성능 모니터링에 사용하고 나중에 리뷰할 수 있다. q를 누르면 atop에서 나올 수 있다.

이들 세 도구는 내가 문제를 살펴보기 시작할 때 사용한다. 이들은 내가 실행하는 시스템에 대해 내가 알아야 하는 거의 모든 것을 말해준다. atop은 가장 복잡한 인터페이스를 갖고 있고, 폭(열)이 충분치 않은 터미널에서는 출력의 배열이 어긋나거나 왜곡될 수 있다.

기타 도구

시스템 관리자들이 사용할 수 있는 더 많은 도구가 있다. 이들 대부분은 메모리나 CPU 사용량 같이 시스템의 한 가지 측면에 집중한다. 종류별로 몇 가지 간단히 살펴보자.

메모리 도구

free와 vmstat 유틸리티는 메모리 사용량을 살펴본다. 또한 vmstat 도구는 CPU 사용량 세부 내역(사용자, 시스템, idle 시간)에 대한 데이터를 제공한다.

실험 13-6

이 실험은 root로 수행해야 하지만 명령을 이용해서 일반 사용자로도 같은 결과를 얻을 수 있다.

free 명령을 이용해서 시스템 메모리 정보를 출력한다.

```
[root@studentvm1 ~]# free
          total     used      free   shared  buff/cache   available
Mem:    4038488   255292   2865144     6092      918052     3517436
Swap: 10485756         0  10485756
[root@studentvm1 ~]#
```

top의 출력과 상당히 비슷한가? 그래야 한다. 둘 다 /proc 파일 시스템에서 얻기 때문이다.

vmstat 명령은 top과 기타 유틸리티가 보여주는 데이터 일부를 포함하는 가상 메모리 통계를 보여준다. 이 명령의 데이터 출력은 다른 도구들의 출력보다 설명이 더 필요하므로 필요하면 매뉴얼 페이지를 참고해서 해석하기 바란다.

```
[root@studentvm1 ~]# vmstat
procs --------memory---------- ---swap-- -----io---- -system-- ------cpu-----
 r  b  swpd    free  buff   cache  si  so    bi   bo   in    cs us sy id wa st
 3  0     0 2865308 138528 779548   0   0     5   13  149    41 13 28 58 1 0
[root@studentvm1 ~]#
```

1. 이들 명령은 모두 계속적이지 않다. 즉, 화면에 한 번만 표시되고 종료된다. watch 명령을 이용하면 반복 도구로 만들 수 있다. 다음과 같은 명령을 입력하고 한동안 살펴본다. 출력은 실제로는 터미널의 맨 위에 나타난다.

```
[root@studentvm1 ~]# watch free

Every 2.0s: free              studentvm1: Sat Oct 27 10:24:26 2018

           total    used      free  shared  buff/cache  available
Mem:     4038488  255932   2864320    6092      918236    3516804
Swap:   10485756       0  10485756
```

화면의 데이터는 디폴트로 2초 간격으로 업데이트될 것이다. 간격은 바꿀 수 있고 업데이트 사이에 변경된 값을 강조할 수 있다. 물론 watch 명령은 다른 도구들과도 잘 동작한다. watch 명령은 여러 가지 흥미로운 기능을 갖고 있어 매뉴얼 페이지를 통해 살펴볼 만하다. 끝내고 싶을 때는 Ctrl-C를 눌러 watch 프로그램에서 빠져나올 수 있다.

디스크 I/O 통계를 보여주는 도구

top과 atop이 모두 I/O 사용량에 대한 약간의 통찰을 제공하기는 하지만 top의 경우 이 데이터는 I/O wait으로 제한된다. atop 유틸리티는 디스크 읽기(RDDSK)

와 쓰기(WRDSK) 등 훨씬 많은 양의 I/O 정보를 제공한다. iostat 프로그램은 free 명령처럼 디스크 I/O 통계에서 특정 시점의 상태를 보여주고, iotop은 디스크 I/O 통계를 top처럼 보여준다.

실험 13-7

이 실험은 root로 수행해야 한다. 먼저 iostat 도구의 결과를 살펴보자.

```
[root@studentvm1 tmp]# iostat
Linux 4.18.9-200.fc28.x86_64 (studentvm1)  10/28/2018 _x86_64_  (2 CPU)

avg-cpu: %user  %nice  %system  %iowait  %steal  %idle
           8.55  11.09    42.74     0.54    0.00  37.08

Device    tps   kB_read/s   kB_wrtn/s   kB_read   kB_wrtn
sda      2.08        2.58       15.58    670835   4051880
dm-0     0.00        0.00        0.00       280        44
dm-1     0.01        0.08        0.02     20917      5576
dm-2     0.01        0.08        0.02     20853      5576
dm-3     0.01        0.14        0.02     37397      5956
dm-4     0.00        0.01        0.00      3320         0
dm-5     0.15        1.42        0.13    368072     34108
dm-7     0.00        0.01        0.00      2916       412
dm-8     2.28        1.01       11.59    261985   3014888
dm-9     0.01        0.02        4.10      6252   1065340
```

iostat 유틸리티는 초당 디스크 읽기/쓰기와 누적 읽기/쓰기에 대한 특정 시점의 데이터를 제공한다. sda 장치는 전체 하드 드라이브이므로 해당 행의 데이터는 전체 장치 안의 모든 파일 시스템의 데이터의 총합이다. dm 장치들은 /dev/sda에 있는 개발 파일 시스템이다. 다음과 같은 명령을 이용해서 파일 시스템 이름을 볼 수 있다.

```
[root@studentvm1 tmp]# iostat -j ID
Linux 4.18.9-200.fc28.x86_64 (studentvm1) 10/28/2018  _x86_64_  (2 CPU)

avg-cpu: %user  %nice  %system  %iowait  %steal  %idle
          8.56  11.10    42.79     0.54    0.00  37.01

 tps  kB_read/s  kB_wrtn/s  kB_read  kB_wrtn Device
2.09      2.57      15.57   670835  4059184 ata-VBOX_HARDDISK_VBb426cd38-22c9b6be
0.00       0.00       0.00      280       44 dm-0
0.01       0.08       0.02    20917     5640 dm-1
0.01       0.08       0.02    20853     5640 dm-2
0.01       0.14      0.02    37397      6028 dm-name-fedora_studentvm1-root
0.00       0.01      0.00     3320         0 dm-name-fedora_studentvm1-swap
0.15       1.41       0.13   368072    34580 dm-name-fedora_studentvm1-usr
0.00      0.01      0.00     2916        412 -dm-name-fedora_studentvm1-home
2.28       1.00      11.59   261985  3021780 dm-name-fedora_studentvm1-var
0.01       0.02       4.09     6252  1065412 dm-name-fedora_studentvm1-tmp
```

iostat 프로그램에는 여러 옵션이 있어 이 데이터에 대한 좀 더 동적인 뷰를 제공할 뿐만 아니라 나중에 정독할 수 있게 로그 파일을 만들 수도 있다.

iotop 유틸리티에는 현재 시간 간격(디폴트는 1초) 동안의 전체와 실제 디스크 읽기/쓰기를 보여주는 두 줄짜리 헤더가 있다. 먼저 한 터미널에서 root 사용자로 iotop 프로그램을 실행한다.

```
[root@studentvm1 tmp]# iotop
```

처음에 전체 화면 출력은 이 예처럼 별로 진행되는 것이 없어 보인다. 이 출력은 실제로 I/O를 수행하든 않든 터미널 윈도우에 표시할 수 있는 모든 프로세스를 담고 있다.

```
Total DISK READ :  0.00 B/s | Total DISK WRITE :  0.00 B/s
Actual DISK READ:  0.00 B/s | Actual DISK WRITE:  0.00 B/s
  TID PRIO USER  DISK READ  DISK WRITE  SWAPIN     IO> COMMAND
    1 be/4 root   0.00 B/s    0.00 B/s  0.00 %  0.00 % systemd
--switched-root~system --deserialize 32
    2 be/4 root   0.00 B/s    0.00 B/s  0.00 %  0.00 % [kthreadd]
    3 be/0 root   0.00 B/s    0.00 B/s  0.00 %  0.00 % [rcu_gp]
    4 be/0 root   0.00 B/s    0.00 B/s  0.00 %  0.00 % [rcu_par_gp]
<생략>
```

cpuHog 프로그램이 여전히 실행 중이지만 디스크 I/O를 수행하지는 않으므로 이를 수행할 작은 프로그램이 필요하다. 이 터미널 윈도우에서 **iotop** 유틸리티를 계속 실행해두자.

실행하는 프로그램이 이전 터미널 윈도우에서 보이도록 student 사용자로 윈도우를 하나 더 연다. 다음과 같은 짧은 커맨드라인 프로그램을 실행한다. 이 dd 명령은 /home 파일 시스템의 백업 이미지를 만들어 그 결과를 /tmp에 저장한다. 표 5-1의 파일 시스템 크기대로 파일 시스템을 만들었다면 크기가 2.0 GB인 /home 파일 시스템은 크기가 5GB인 /tmp 파일 시스템을 가득 채우지 않을 것이다.

```
[root@studentvm1 tmp]# time dd if=/dev/mapper/fedora_studentvm1-home of=/tmp/
home.bak
4194304+0 records in
4194304+0 records out
2147483648 bytes (2.1 GB, 2.0 GiB) copied, 96.1923 s, 22.3 MB/s

real    1m36.194s
user    0m0.968s
sys     0m14.808s
[root@studentvm1 tmp]#
```

time 유틸리티를 이용해서 dd 프로그램이 실행된 시간을 측정했다. 내 VM에서는 1분 남짓, 실제 시간(real)의 절반 동안 실행됐지만 VM 하부의 물리적 호스트의 사양과 기타 부하에 따라 다를 수 있다.

iotop 명령의 출력은 다음과 같이 바뀔 것이다. 여러분의 결과는 여러분의 시스템의 구체적인 상황에 따라 다르겠지만 최소한 어떤 디스크 활동을 볼 수 있을 것이다.

```
Total DISK READ : 3.14 M/s | Total DISK WRITE :  3.14 M/s
Actual DISK READ: 3.14 M/s | Actual DISK WRITE: 19.72 M/s
  TID PRIO USER  DISK READ  DISK WRITE  SWAPIN     IO>    COMMAND
   42 be/4 root   0.00 B/s    0.00 B/s  0.00 % 99.99 % [kswapd0]
  780 be/3 root   0.00 B/s    0.00 B/s  0.00 % 99.99 % [jbd2/dm-9-8]
26769 be/4 root   0.00 B/s   0.00 B/s  0.00 % 93.31 % [kworker/u4:3+flush-253:9]
13810 be/4 root   3.14 M/s    3.14 M/s  0.00 % 87.98 % dd
if=/dev/mapper/fedor~1-home of=/tmp/home.bak
    1 be/4 root   0.00 B/s    0.00 B/s  0.00 % 0.00 % systemd
--switched-root~system --deserialize 32
    2 be/4 root   0.00 B/s    0.00 B/s  0.00 % 0.00 % [kthreadd]
<생략>
```

iotop에서 관찰하기 전에 백업이 끝나면 다시 실행한다.

iotop이 실제로 I/O를 수행하는 프로세스만 보여주게 하는 옵션을 찾는 것은 숙제로 남겨두겠다. 이 실험의 마지막 부분을 해당 옵션을 켠 채로 수행한다.

/proc 파일 시스템

13장에서 소개한 명령들과 실행 중인 리눅스 시스템의 현재 상태를 알려주는 기타 여러 도구가 보여주는 모든 데이터는 커널에 의해 /proc 파일 시스템에 저장된다. 커널이 이미 이 데이터에 쉽게 접근할 수 있는 곳에 대부분 아스키 테스트 형식으로 저장하기 때문에 다른 프로그램들이 커널의 성능에 영향 없이 해당 정보에 접근할 수 있다.

/proc 파일 시스템에 대해 이해하는 데 중요한 두 가지가 있다. 첫째, /proc 파일 시스템은 가상 파일 시스템이고 물리적 하드 드라이브에 존재하지 않는다(RAM에만 존재한다). 둘째, /proc 파일 시스템은 커널 자체의 내부 조건 및 구성 설정과 나머지 운영체제 사이의 직접적인 인터페이스다.

간단한 리눅스 명령을 이용하면 인간이 커널의 현재 상태와 구성 파라미터를 볼 수 있다. 또한 여러 커널 구성 항목을 재부팅 없이 즉시 바꿀 수 있다. 자세한 사항은 2권의 5장에서 다룬다.

실험 13-8

이 실험을 root로 수행해야 한다. 먼저 /proc으로 이동해 ls를 실행한다.

```
[root@studentvm1 proc]# ls
1    1375 1549  17570 33   480  781 862  99          irq           sched_debug
10   1381 1550  17618 34   492  783 864  acpi        kallsyms      schedstat
100  1382 1555  17621 35   517  784 865  asound      kcore         scsi
101  1387 1556  18    36   518  792 866  buddyinfo   keys          self
102  1388 15614 1950  37   562  793 867  bus         key-users     slabinfo
103  14   16    2     379  563  8   872  cgroups     kmsg          softirqs
1030 1413 16021 20    38   5693 814 893  cmdline     kpagecgroup   stat
104  1416 16033 20599 384  6    815 9    consoles    kpagecount    swaps
1048 1421 16659 20863 39   616  818 9008 cpuinfo     kpageflags    sys
1053 1423 16872 21    4    643  820 9009 crypto      latency_stats sysrq-trigger
1054 1427 16897 22    42   680  821 9010 devices     loadavg       sysvipc
107  1468 17    22771 43   701  839 904  diskstats   locks         thread-self
108  1471 1702  23    439  705  840 9056 dma mdstat  timer_list
11   1473 1703  24    448  714  841 910  driver      meminfo       tty
```

```
114  1474 1704  27    450  741  842  9107 execdomains misc         uptime
1163 1479 17155 28    462  744  854  937  fb          modules      version
12   1481 1729  29    463  745  856  938  filesystems mounts       vmallocinfo
13   1487 17498 3     464  748  857  940  fs          mtrr         vmstat
1338 15   17521 30    467  778  858  945  interrupts  net          zoneinfo
1348 1513 17545 31    4691 779  859  97   iomem       pagetypeinfo
1363 1546 17546 32    4692 780  860  98   ioports     partitions
[root@studentvm1 proc]#
```

먼저 이름이 숫자로 된 디렉터리들을 보자. 각 디렉터리 이름은 실행 중인 프로세스의 PID다. 이들 디렉터리 안의 데이터는 각 프로세스와 관련된 모든 정보를 알려준다. 이것이 무슨 뜻인지 알기 위해 하나의 디렉터리를 살펴보자.

htop을 사용해서 cpuHog 중 하나의 PID를 찾는다. 내 VM에서는 4691과 4692지만 여러분의 PID는 다를 것이다. 이들 PID 중 하나를 골라 해당 디렉터리로 이동한다. 나는 PID 4691을 이용했으므로 현재 작업 디렉터리는 /proc/4691이다.

```
[root@studentvm1 4691]# ls
attr            cpuset  latency   mountstats    personality smaps_rollup timerslack_ns
autogroup       cwd     limits    net           projid_map  stack
auxv            environ loginuid  ns            root        stat         wchan
cgroup          exe     map_files numa_maps     sched       statm
clear_refs      fd      maps      oom_adj       schedstat   status
cmdline         fdinfo  mem       oom_score     sessionid   syscall
comm            gid_map mountinfo oom_score_adj setgroups   task
coredump_filter io      mounts    pagemap       smaps       timers
[root@studentvm1 4691]#
```

이제 cat loginuid 명령을 실행한다. 이들 파일 안의 데이터 대부분(최소한 마지막 항목)이 끝에 라인피드line feed가 없음에 주목하기 바란다. 이는 때로 새로운 명령 프롬프트가 데이터와 같은 줄에 표시될 수 있음을 의미한다. 예를 들면 다음과 같다.

```
[root@studentvm1 4691]# cat loginuid
1000[root@studentvm1 4691]#
```

이 프로세스를 시작한 사용자의 UID는 1000이다. 이제 student 사용자로 로그인한 터미널로 가서 다음 명령을 입력한다.

```
[student@studentvm1 ~]$ id
uid=1000(student) gid=1000(student) groups=1000(student)
[student@studentvm1 ~]$
```

이와 같이 student 사용자의 UID^User ID^는 1000이고 student 사용자의 PID가 4691인 프로세스를 실행했음을 알 수 있다. 이제 이 프로세스의 스케줄링 데이터를 살펴보자. 나의 실행 결과를 여기에 적지는 않겠지만 여러분은 이 변화가 일어나는 동안 실제로 확인할 수 있을 것이다. root 터미널 세션에서 다음과 같은 명령을 실행한다.

```
[root@studentvm1 4691]# watch cat sched
```

이제 /proc으로 돌아간다. 다음과 같은 명령을 입력해 /proc 파일 시스템의 가공되지 않은 데이터 몇 가지를 살펴본다.

```
[root@studentvm1 proc]# cat /proc/meminfo
[root@studentvm1 proc]# cat /proc/cpuinfo
[root@studentvm1 proc]# cat /proc/loadavg
```

이상은 /proc에 있는 파일 중 몇 개일 뿐이다. /proc은 엄청나게 유용한 정보를 담고 있다. 시간을 좀 들여서 /proc에 있는 데이터를 더 살펴보기 바란다. 데이터 중 일부는 사람들이 이해하려면 약간 손을 봐야 하는데, 그중 상당수는 커널이나 시스템 개발자들에게만 유용하다.

우리는 /proc 파일 시스템의 매우 작은 부분만 건드렸을 뿐이다. 이 데이터를 모두 볼 수 있으면 시스템 개발자뿐만 아니라 시스템 관리자들도 커널, 하드웨어, 실행 중인 프로그램에 대한 정보를 쉽게 얻을 수 있다. 이는 리눅스 시스템의 알 수 있는 모든 측면을 찾아내고자 커널이나 해당 자료 구조에 접근하는 코드를 작성할 필요가 없음을 의미한다.

페도라 문서 중 일부는 /proc 파일 시스템에 있는 여러 유용한 파일에 대한 정보를 담고 있다. 리눅스 문서화 프로젝트는 /proc 안에 있는 데이터 파일 일부에 대한 간단한 설명을 갖고 있다.[8]

하드웨어 살펴보기

호스트에 설치된 하드웨어에 관한 매우 구체적인 정보를 알면 편리할 때가 가끔(사실 자주) 있고 이를 도와줄 몇 가지 도구도 있다. 개인적으로 좋아하는 두 가지는 `lshw`list hardware와 `dmidecode`Desktop Management Interface[9] decode 명령이다. 이 두 명령은 모두 SMBIOS에 있는 가용한 모든 정보를 보여준다.[10] `dmidecode`의 매뉴얼 페이지에 따르면 "SMBIOS는 시스템 관리 BIOSSystem Management BIOS를 뜻하고, DMI는 데스크탑 관리 인터페이스Desktop Management Interface를 의미한다. 두 표준은 밀접하게 관련되고, DMTFDesktop Management Task Force에 의해 개발됐다."

---

8. Linux Documentation Project, Linux System Administrator's Guide, 3.7. The /proc filesystem, www.tldp.org/LDP/sag/html/proc-fs.html

9. 위키피디아, Desktop Management Interface, https://en.wikipedia.org/wiki/Desktop_Management_Interface

10. 위키피디아, System Management BIOS, https://en.wikipedia.org/wiki/System_Management_BIOS

이 유틸리티 도구들은 SMBIOS에 저장된 데이터를 사용한다. SMBIOS는 시스템 마더보드상의 데이터 저장 영역으로, BIOS 부트 프로세스가 시스템 하드웨어에 대한 데이터를 저장할 수 있다. 하드웨어 데이터 수집 작업은 부팅할 때 수행되기 때문에 운영체제는 리눅스 커널 부팅과 시작 프로세스 동안 어느 하드웨어 관련 커널 모듈을 로드할지 결정하는 등의 작업을 수행할 때 필요한 정보를 수집하고자 하드웨어를 직접 조사할 필요가 없다. 리눅스 컴퓨터의 부팅과 시작 프로세스는 16장에서 자세히 다룬다.

SMBIOS로 수집된 데이터는 `lshw`나 `dmidecode` 같은 시스템 관리자용 도구로 쉽게 접근할 수 있다. 예를 들어 업그레이드를 계획할 때 이 데이터를 사용할 수 있다. 지난번에 시스템에 램을 증설해야 했을 때 `dmidecode` 유틸리티를 사용해서 마더보드에 있는 메모리 총량과 현재 메모리 종류를 알아냈다. 마더보드 공급사, 모델, 일련번호도 여러 번 참조했다. 이를 통해 인터넷에서 문서를 찾고자 필요한 정보를 쉽게 얻을 수 있었다.

그 밖에 `lsusb`^list USB^, `lspci`^list PCI^ 등의 도구는 DMI 정보를 사용하지 않는다. 이들은 리눅스 부팅 동안 만들어지는 특수 파일 시스템 /proc과 /sys에서 얻은 정보를 사용한다. 이들 특수 파일 시스템은 2권의 5장에서 살펴본다.

이들 도구는 커맨드라인 도구이므로 로컬 시스템이나 지구 반대편에 있는 시스템의 하드웨어 상세 정보에 접근할 수 있다. 시스템을 분해하지 않고도 상세한 하드웨어 정보를 얻을 수 있다는 장점의 가치는 이루 헤아릴 수 없다.

실험 13-9

이 실험은 root로 수행한다. `lshw`^list hardware^ 패키지를 설치한다.

```
[root@studentvm1 ~]# dnf install -y lshw
```

이 프로그램은 마더보드, CPU, 기타 설치된 하드웨어에 대한 데이터를 나열한다. 다음과 같은 명령을 실행해서 여러분의 호스트에 있는 하드웨어의 목록을 나열한다. 데이터를 추출해서 보여주는 데 시간이 좀 걸릴 수 있으므로 인내심을 갖기 바란다. 데이터를 통해 여러분의 VM에 있는 모든 (가상) 하드웨어를 살펴본다.

```
[root@studentvm1 ~]# lshw | less
```

또한 하드웨어 정보를 DMI 타입별로 나열할 수도 있다. 예를 들어 마더보드는 DMI 타입 2이므로 다음과 같은 명령을 이용해서 마더보드에 대한 하드웨어 정보만 나열할 수 있다.

```
[root@studentvm1 ~]# dmidecode -t 2
```

각종 하드웨어의 타입 코드는 dmidecode 매뉴얼 페이지에서 찾을 수 있다.

USB와 PCI 장치를 나열하는 두 가지 명령이 있다. 둘 다 이미 설치돼 있을 것이다. 다음과 같은 명령을 실행하고 잠시 출력을 살펴보기 바란다.

```
[root@studentvm1 ~]# lsusb -v | less
[root@studentvm1 ~]# lspci -v | less
```

주의

dmidecode와 lshw 도구의 결과가 의심스러울 수 있다. 이들 도구의 매뉴얼 페이지에 따르면, "종종 DMI 테이블에 있는 정보는 부정확하거나, 불완전하거나, 그냥 틀리다."

대부분 이런 정보 결핍은 하드웨어 공급사가 (데이터를 제공할 때) 해당 하드웨어에 대한 정보를 언제나 유용한 방식으로 저장하지는 않기 때문이다.

하드웨어 온도 모니터링

컴퓨터의 수명을 길게 유지하려면 반드시 냉각시켜야 한다. 대규모 데이터 센터는 컴퓨터를 차갑게 유지하고자 엄청난 에너지를 소모한다. 자세히 쓰지는 않겠지만 설계자는 시원한 공기의 흐름이 데이터 센터로 향하고, 특히 컴퓨터의 랙rack으로 흘러 시원하게 유지해야 한다. 상당히 일정한 온도를 유지하면 더 좋다.

적절한 냉각은 집이나 사무실 환경에서도 필수적이다. 주변 온도는 인간의 편안함을 1차적으로 고려해 더 높기 때문이다. 개별 랙 안뿐만 아니라 데이터 센터의 여러 지점에서 온도를 잴 수 있는데, 컴퓨터 내부의 온도는 어떻게 잴 수 있을까?

다행히도 현대 컴퓨터에는 온도, 환풍기 속도, 전압을 모니터링하고자 여러 센서가 다양한 부품 안에 내장돼 있다. 컴퓨터가 BIOS 구성 모드에 있을 때 데이터를 살펴보면 이 값 중 다수를 볼 수 있다. 그러나 이는 실제 상황에서 다양한 종류의 부하에 있을 때 컴퓨터 안에서 무슨 일이 일어나고 있는지를 보여주지는 않는다.

리눅스는 시스템 관리자가 내부 센서를 모니터링할 수 있는 소프트웨어 도구를 제공한다. 이들 도구는 모두 페도라, CentOS 등 모든 레드햇 기반 배포판에서 사용할 수 있는 lm_servers, SMART, hddtemp 라이브러리 모듈에 기반을 두고 있다.

가장 간단한 도구는 `sensors` 명령이다. `sensors` 명령이 실행되기 전에 호스트 시스템에 설치된 센서를 최대한 많이 감지하고자 `sensors-detect` 명령이 사용된다. 그런 다음 sensors 명령이 마더보드와 CPU 온도, 마더보드에서 여러 지점의 전압, 환풍기 속도 등을 포함하는 출력을 내놓는다. 또한 sensors 명령은 정상, 높음, 심각함으로 간주되는 온도 범위도 보여준다.

hddtemp 명령은 특정 하드 드라이브의 온도를 보여준다. smartctl 명령은 하드 드라이브의 현재 온도, 잠재적인 하드 드라이브 고장을 알려주는 여러 가지 지표, 경우에 따라 하드 드라이브 온도를 ASCII 텍스트 그래프로 보여준다. 이 마지막 출력은 어떤 종류의 문제를 해결하는 데 특히 도움이 될 수 있다.

컴퓨터의 온도 상태를 모니터링할 때 사용할 수 있는 다양한 그래픽 모니터링 도구도 많다. 이를 통해 컴퓨터의 정상 온도를 알 수 있다. 이런 도구들을 사용하면 온도를 실시간으로 모니터링할 수 있고 다양한 종류의 추가 작업이 온도에 어떤 영향을 주는지 이해할 수 있다.

실험 13-10

root 상태에서 lm_sensors와 hddtemp 패키지를 설치한다. 여러분의 가상 기계를 위한 물리적 호스트가 리눅스 시스템이라면, 그리고 여러분이 root 계정을 사용할 수 있다면 이들 실험을 해당 물리적 호스트에서 수행해도 괜찮다.

```
[root@studentvm1 proc]# dnf -y install lm_sensors hddtemp
```

유용한 데이터를 수집하려면 먼저 lm_sensors 패키지를 구성해야 한다. 불행히도 이는 상호대화형인 절차지만 보통 그냥 엔터키를 눌러 모두 디폴트 값(일부는 'no'가 디폴트)을 사용하거나 yes 명령을 이용해서 모든 옵션에 yes로 응답하면 된다.

```
[root@studentvm1 proc]# yes | sensors-detect
```

이들 유틸리티는 실제 하드웨어를 요구하기 때문에 가상 기계에서는 아무런 결과를 출력하지 않는다. 따라서 여기서는 내 호스트 중 하나인 주 워크스테이션에서의 결과를 보여주겠다.

```
[root@david proc]# sensors
coretemp-isa-0000
Adapter: ISA adapter
Package id 0: +54.0°C (high = +86.0°C, crit = +96.0°C)
Core 0:        +44.0°C (high = +86.0°C, crit = +96.0°C)
Core 1:        +51.0°C (high = +86.0°C, crit = +96.0°C)
Core 2:        +49.0°C (high = +86.0°C, crit = +96.0°C)
Core 3:        +51.0°C (high = +86.0°C, crit = +96.0°C)
Core 4:        +51.0°C (high = +86.0°C, crit = +96.0°C)
Core 5:        +50.0°C (high = +86.0°C, crit = +96.0°C)
Core 6:        +47.0°C (high = +86.0°C, crit = +96.0°C)
Core 7:        +51.0°C (high = +86.0°C, crit = +96.0°C)
Core 8:        +48.0°C (high = +86.0°C, crit = +96.0°C)
Core 9:        +51.0°C (high = +86.0°C, crit = +96.0°C)
Core 10:       +53.0°C (high = +86.0°C, crit = +96.0°C)
Core 11:       +47.0°C (high = +86.0°C, crit = +96.0°C)
Core 12:       +52.0°C (high = +86.0°C, crit = +96.0°C)
Core 13:       +52.0°C (high = +86.0°C, crit = +96.0°C)
Core 14:       +54.0°C (high = +86.0°C, crit = +96.0°C)
Core 15:       +52.0°C (high = +86.0°C, crit = +96.0°C)

radeon-pci-6500
Adapter: PCI adapter
temp1:        +40.5°C (crit = +120.0°C, hyst = +90.0°C)

asus-isa-0000
Adapter: ISA adapter
cpu_fan:        0 RPM

[root@david proc]# hddtemp
/dev/sda: TOSHIBA HDWE140: 38°C
/dev/sdb: ST320DM000-1BD14C: 33°C
```

```
/dev/sdc: ST3000DM001-1CH166: 31°C
/dev/sdd: ST1000DM003-1CH162: 32°C
/dev/sdi: WD My Passport 070A: drive supported, but it doesn't have a
temperature sensor.
[root@david proc]#
```

하드 드라이브 모니터링

하드 드라이브는 컴퓨터에서 팬 바로 다음으로 가장 흔히 망가지는 부분 중 하나다. 하드 드라이브에는 움직이는 부품이 있고, 이는 언제나 전자 집적회로 칩보다 더 잘 망가진다. 하드 드라이브가 곧 망가질 가능성이 높다는 것을 미리 알면 많은 시간을 절약하고 상황이 악화되는 것을 막을 수 있다. 요즘 하드 드라이브에는 SMARTSelf-Monitoring, Analysis and Reporting Technology[11] 기능이 탑재돼 있어서 시스템 관리자가 곧 망가질 가능성이 높은 드라이브를 식별하고 정기 보수 기간에 교체할 수 있다.

smartctl 명령을 이용하면 SMART 기능이 탑재된 하드 드라이브에서 얻을 수 있는 데이터와 통계에 접근할 수 있다. 요즘 대부분의 하드 드라이브에 SMART 기능이 탑재돼 있지만 전부는 아니며, 특히 매우 오래된 하드 드라이브에는 탑재돼 있지 않을 수 있다.

실험 13-11

이 실험은 root로 수행한다. 여러분이 물리적 리눅스 호스트의 root 권한을 갖고 있다면 이 실험을 VM 대신 해당 호스트에서 조심스럽게 수행하기를 선호할 수도 있다. 해당 물리적 호스트에 smartmontools 패키지를 설치해야 할 것이다.

11. 위키피디아, S.M.A.R.T., https://en.wikipedia.org/wiki/S.M.A.R.T.

```
[root@david ~]# dnf -y install smartmontools
```

먼저 여러분의 하드 드라이브의 장치 이름을 확인한다. 여러분의 VM에는 하나의 하드 드라이브, sda만 있을 것이다. 우리가 그렇게 만들었다. 하지만 12장의 실험에서 만든 USB 드라이브도 보일 수 있다. 괜찮다. 그냥 sda 장치를 사용하기만 하면 된다.

```
[root@studentvm1 ~]# lsblk -i
NAME                        MAJ:MIN RM  SIZE RO TYPE MOUNTPOINT
sda                           8:0    0   60G  0 disk
|-sda1                        8:1    0    1G  0 part /boot
`-sda2                        8:2    0   59G  0 part
  |-fedora_studentvm1-root  253:0    0    2G  0 lvm  /
  |-fedora_studentvm1-swap  253:1    0    6G  0 lvm  [SWAP]
  |-fedora_studentvm1-usr   253:2    0   15G  0 lvm  /usr
  |-fedora_studentvm1-home  253:3    0    4G  0 lvm  /home
  |-fedora_studentvm1-var   253:4    0   10G  0 lvm  /var
  `-fedora_studentvm1-tmp   253:5    0    5G  0 lvm  /tmp
sdb                           8:16   0   20G  0 disk
|-sdb1                        8:17   0    2G  0 part /TestFS
|-sdb2                        8:18   0    2G  0 part
`-sdb3                        8:19   0   16G  0 part
  `-NewVG--01-TestVol1      253:6    0    4G  0 lvm
sdc                           8:32   0    2G  0 disk
`-NewVG--01-TestVol1        253:6    0    4G  0 lvm
sdd                           8:48   0    2G  0 disk
`-sdd1                        8:49   0    2G  0 part [SWAP]
sr0                          11:0    1 1024M  0 rom
[root@studentvm1 ~]#
```

다음과 같은 명령을 이용해서 모든 SMART 데이터를 출력하고 파이프를 통해 less 필터로 보낸다. 여기서는 여러분의 하드 드라이브가 /dev/sda라고 가정했는데, 가상 환경을 사용한다면 아마도 맞을 것이다.

```
[root@studentvm1 proc]# smartctl -x /dev/sda
```

여러분의 VM은 가상 하드 드라이브를 사용하고 있기 때문에 그다지 볼 것이 없다. 따라서 다음은 내가 가진 주 워크스테이션의 하드 드라이브 중 하나의 데이터다.

```
[root@david ~]# smartctl -x /dev/sda
smartctl 6.6 2017-11-05 r4594 [x86_64-linux-4.18.16-200.fc28.x86_64] (local
build)
Copyright (C) 2002-17, Bruce Allen, Christian Franke, www.smartmontools.org
Chapter 13 Tools for Problem Solving
=== START OF INFORMATION SECTION ===
Model Family:     Toshiba X300
Device Model:     TOSHIBA HDWE140
Serial Number:    46P2K0DZF58D
LU WWN Device Id: 5 000039 6fb783fa0
Firmware Version: FP2A
User Capacity:    4,000,787,030,016 bytes [4.00 TB]
Sector Sizes:     512 bytes logical, 4096 bytes physical
Rotation Rate:    7200 rpm
Form Factor:      3.5 inches
Device is:        In smartctl database [for details use: -P show]
ATA Version is:   ATA8-ACS (minor revision not indicated)
SATA Version is:  SATA 3.0, 6.0 Gb/s (current: 6.0 Gb/s)
Local Time is:    Wed Oct 31 08:59:01 2018 EDT
SMART support is: Available - device has SMART capability.
SMART support is: Enabled
AAM feature is:   Unavailable
APM level is:     128 (minimum power consumption without standby)
Rd look-ahead is: Enabled
Write cache is:   Enabled
```

```
DSN feature is:   Unavailable
ATA Security is:  Disabled, frozen [SEC2]
Wt Cache Reorder: Enabled

=== START OF READ SMART DATA SECTION ===
SMART overall-health self-assessment test result: PASSED

General SMART Values:
Offline data collection status: (0x82) Offline data collection activity
                                       was completed without error.
                                       Auto Offline Data Collection:
Enabled.
Self-test execution status:      (   0) The previous self-test routine
                                       completed
                                       without error or no self-test has
ever
                                       been run.
Total time to complete Offline
data collection:        (  120) seconds.
Offline data collection
capabilities:              (0x5b) SMART execute Offline immediate.
                                 Auto Offline data collection on/off
support.
                                 Suspend Offline collection upon new
                                 command.
                                 Offline surface scan supported.
                                 Self-test supported.
                                 No Conveyance Self-test supported.
                                 Selective Self-test supported.
SMART capabilities:      (0x0003) Saves SMART data before entering
                                 power-saving mode.
                                 Supports SMART auto save timer.
Error logging capability: (0x01) Error logging supported.
                                 General Purpose Logging supported.
Short self-test routine
recommended polling time:   ( 2) minutes.
```

```
Extended self-test routine
recommended polling time: ( 469) minutes.
SCT capabilities:         (0x003d) SCT Status supported.
                                   SCT Error Recovery Control supported.
                                   SCT Feature Control supported.
                                   SCT Data Table supported.

SMART Attributes Data Structure revision number: 16
Vendor Specific SMART Attributes with Thresholds:
ID# ATTRIBUTE_NAME          FLAGS  VALUE WORST THRESH FAIL RAW_VALUE
  1 Raw_Read_Error_Rate     PO-R-- 100   100   050    -    0
  2 Throughput_Performance  P-S--- 100   100   050    -    0
  3 Spin_Up_Time            POS--K 100   100   001    -    4146
  4 Start_Stop_Count        -O--CK 100   100   000    -    132
  5 Reallocated_Sector_Ct   PO--CK 100   100   050    -    0
  7 Seek_Error_Rate         PO-R-- 100   100   050    -    0
  8 Seek_Time_Performance   P-S--- 100   100   050    -    0
  9 Power_On_Hours          -O--CK 051   051   000    -    19898
 10 Spin_Retry_Count        PO--CK 102   100   030    -    0
 12 Power_Cycle_Count       -O--CK 100   100   000    -    132
191 G-Sense_Error_Rate      -O--CK 100   100   000    -    63
192 Power-Off_Retract_Count -O--CK 100   100   000    -    82
193 Load_Cycle_Count        -O--CK 100   100   000    -    162
194 Temperature_Celsius     -O---K 100   100   000    - 36 (Min/Max
                                                        24/45)
196 Reallocated_Event_Count -O--CK 100   100   000    - 0
197 Current_Pending_Sector  -O--CK 100   100   000    - 0
198 Offline_Uncorrectable   ----CK 100   100   000    - 0
199 UDMA_CRC_Error_Count    -O--CK 200   253   000    - 0
220 Disk_Shift              -O---- 100   100   000    - 0
222 Loaded_Hours            -O--CK 051   051   000    - 19891
223 Load_Retry_Count        -O--CK 100   100   000    - 0
224 Load_Friction           -O---K 100   100   000    - 0
226 Load-in_Time            -OS--K 100   100   000    - 210
240 Head_Flying_Hours       P----- 100   100   001    - 0
```

```
                                    ||||||_ K auto-keep
                                    |||||__ C event count
                                    ||||___ R error rate
                                    |||____ S speed/performance
                                    ||_____ O updated online
                                    |______ P prefailure warning
General Purpose Log Directory Version 1
SMART           Log Directory Version 1 [multi-sector log support]
Address    Access R/W  Size Description
0x00       GPL,SL R/O     1 Log Directory
0x01           SL R/O     1 Summary SMART error log
0x02           SL R/O    51 Comprehensive SMART error log
0x03       GPL    R/O    64 Ext. Comprehensive SMART error log
0x04       GPL,SL R/O     8 Device Statistics log
0x06           SL R/O     1 SMART self-test log
0x07       GPL    R/O     1 Extended self-test log
0x08       GPL    R/O     2 Power Conditions log
0x09           SL R/W     1 Selective self-test log
0x10       GPL    R/O     1 NCQ Command Error log
0x11       GPL    R/O     1 SATA Phy Event Counters log
0x24       GPL    R/O 12288 Current Device Internal Status Data log
0x30       GPL,SL R/O     9 IDENTIFY DEVICE data log
0x80-0x9f  GPL,SL R/W    16 Host vendor specific log
0xa7       GPL    VS      8 Device vendor specific log
0xe0       GPL,SL R/W     1 SCT Command/Status
0xe1       GPL,SL R/W     1 SCT Data Transfer
SMART Extended Comprehensive Error Log Version: 1 (64 sectors)
No Errors Logged

SMART Extended Self-test Log Version: 1 (1 sectors)
No self-tests have been logged. [To run self-tests, use: smartctl -t]

SMART Selective self-test log data structure revision number 1
 SPAN  MIN_LBA  MAX_LBA  CURRENT_TEST_STATUS
    1        0        0  Not_testing
    2        0        0  Not_testing
```

```
    3        0        0 Not_testing
    4        0        0 Not_testing
    5        0        0 Not_testing
Selective self-test flags (0x0):
  After scanning selected spans, do NOT read-scan remainder of disk.
If Selective self-test is pending on power-up, resume after 0 minute delay.

SCT Status Version:                     3
SCT Version (vendor specific):          1 (0x0001)
SCT Support Level:                      1
Device State:                           Active (0)
Current Temperature:                       36 Celsius
Power Cycle Min/Max Temperature:        34/45 Celsius
Lifetime Min/Max Temperature:           24/45 Celsius
Under/Over Temperature Limit Count:      0/0

SCT Temperature History Version:        2
Temperature Sampling Period:            1 minute
Temperature Logging Interval:           1 minute
Min/Max recommended Temperature:         5/55 Celsius
Min/Max Temperature Limit:               5/55 Celsius
Temperature History Size (Index):       478 (197)

Index     Estimated Time    Temperature Celsius
 198     2018-10-31 01:02    37 ******************
 ...     ..( 12 생략).        .. ******************
 211     2018-10-31 01:15    37 ******************
 212     2018-10-31 01:16    36 *****************
 ...     ..(137개 생략).       .. *****************
<중략>
  16     2018-10-31 05:58    35 ****************
  17     2018-10-31 05:59    36 *****************
 ...     ..(179개 생략).       .. *****************
 197     2018-10-31 08:59    36 *****************

SCT Error Recovery Control:
           Read: Disabled
```

```
        Write: Disabled

Device Statistics (GP Log 0x04)
Page  Offset Size        Value Flags Description
0x01  =====  =               =  ===  == General Statistics (rev 2) ==
0x01  0x008  4             132  ---  Lifetime Power-On Resets
0x01  0x010  4           19898  ---  Power-on Hours
0x01  0x018  6     37056039193  ---  Logical Sectors Written
0x01  0x020  6        31778305  ---  Number of Write Commands
0x01  0x028  6     46110927573  ---  Logical Sectors Read
0x01  0x030  6       256272184  ---  Number of Read Commands
0x02  =====  =               =  ===  == Free-Fall Statistics (rev 1) ==
0x02  0x010  4              63  ---  Overlimit Shock Events
0x03  =====  =               =  ===  == Rotating Media Statistics (rev 1) ==
0x03  0x008  4           19897  ---  Spindle Motor Power-on Hours
0x03  0x010  4           19891  ---  Head Flying Hours
0x03  0x018  4             162  ---  Head Load Events
0x03  0x020  4               0  ---  Number of Reallocated Logical Sectors
0x03  0x028  4               0  ---  Read Recovery Attempts
0x03  0x030  4               0  ---  Number of Mechanical Start Failures
0x04  =====  =               =  ===  == General Errors Statistics (rev 1) ==
0x04  0x008  4               0  ---  Number of Reported Uncorrectable Errors
0x04  0x010  4               1  ---  Resets Between Cmd Acceptance and
Completion
0x05  =====  =               =  ===  == Temperature Statistics (rev 1) ==
0x05  0x008  1              36  ---  Current Temperature
0x05  0x010  1              37  N--  Average Short Term Temperature
0x05  0x018  1              38  N--  Average Long Term Temperature
0x05  0x020  1              45  ---  Highest Temperature
0x05  0x028  1              24  ---  Lowest Temperature
0x05  0x030  1              41  N--  Highest Average Short Term Temperature
0x05  0x038  1              30  N--  Lowest Average Short Term Temperature
0x05  0x040  1              39  N--  Highest Average Long Term Temperature
0x05  0x048  1              32  N--  Lowest Average Long Term Temperature
0x05  0x050  4               0  ---  Time in Over-Temperature
```

```
0x05  0x058  1             55  ---  Specified Maximum Operating Temperature
0x05  0x060  4              0  ---  Time in Under-Temperature
0x05  0x068  1              5  ---  Specified Minimum Operating Temperature
0x06  =====  =              =  ===  == Transport Statistics (rev 1) ==
0x06  0x008  4           1674  ---  Number of Hardware Resets
0x06  0x018  4              0  ---  Number of Interface CRC Errors
0x07  =====  =              =  ===  == Solid State Device Statistics
(rev 1) ==
                                |||_ C monitored condition met
                                ||__ D supports DSN
                                |___ N normalized value

Pending Defects log (GP Log 0x0c) not supported

SATA Phy Event Counters (GP Log 0x11)
ID      Size     Value  Description
0x0001  4            0  Command failed due to ICRC error
0x0002  4            0  R_ERR response for data FIS
0x0003  4            0  R_ERR response for device-to-host data FIS
0x0004  4            0  R_ERR response for host-to-device data FIS
0x0005  4            0  R_ERR response for non-data FIS
0x0006  4            0  R_ERR response for device-to-host non-data FIS
0x0007  4            0  R_ERR response for host-to-device non-data FIS
0x0008  4            0  Device-to-host non-data FIS retries
0x0009  4           15  Transition from drive PhyRdy to drive PhyNRdy
0x000a  4           16  Device-to-host register FISes sent due to a COMRESET
0x000b  4            0  CRC errors within host-to-device FIS
0x000d  4            0  Non-CRC errors within host-to-device FIS
0x000f  4            0  R_ERR response for host-to-device data FIS, CRC
0x0010  4            0  R_ERR response for host-to-device data FIS, non-CRC
0x0012  4            0  R_ERR response for host-to-device non-data FIS, CRC
0x0013  4            0  R_ERR response for host-to-device non-data FIS, non-
CRC
[root@david ~]#
```

이 길고 복잡한 결과 중 이해하기 쉬운 부분은 START OF READ SMART DATA SECTION이다. 앞의 결과를 보면 다음과 같다.

```
SMART overall-health self-assessment test result: PASSED
```

특정 하드 드라이브에 대한 구체적인 데이터는 장치 제조사와 모델에 따라 달라질 것이다. 그리고 소프트웨어가 최근 버전일수록 새로운 하드 드라이브에 저장된 추가 정보를 활용할 수 있다.

SMART[12] 보고서는 이해할 수만 있다면 유용할 엄청나게 많은 양의 정보를 담고 있다. 데이터를 처음 보면 매우 헷갈리겠지만 약간의 지식만 있어도 도움이 될 것이다. 혼동의 원인 중 하나는 표시되는 정보에 대한 표준이 없고 제조사에 따라 SMART를 다른 식으로 구현한다는 사실이다.

어떤 대규모 클라우드 저장소 회사는 거의 40,000개의 하드 드라이브에 대한 최근 수년간에 걸친 자료를 보관하고 있으며 그 데이터를 웹에 공개한다. 컴퓨터 월드 웹 사이트의 기사[13]에 따르면 그 회사는 하드 드라이브 고장을 예측할 수 있는 5가지 데이터 포인트를 다음과 같이 나열했다.

- SMART 5: Reallocated_Sector_Count
- SMART 187: Reported_Uncorrectable_Errors
- SMART 188: Command_Timeout
- SMART 197: Current_Pending_Sector_Count
- SMART 198: Offline_Uncorrectable

12. 위키피디아, S.M.A.R.T., https://en.wikipedia.org/wiki/S.M.A.R.T.

13. Lucas Mearian, The 5 SMART stats that actually predict hard drive failure, Computer World, www.computerworld.com/article/2846009/the-5-smart-stats-that-actually-predicthard-drive-failure.html

이들 속성 각각은 출력 중 SMART Attribute 영역에 나열돼 있고 작은 숫자가 좋다. 이들 속성 중 하나(또는 특히 하나 이상)의 값이 크면 하드 드라이브를 교체하는 편이 나을 것이다.

SAR를 이용한 시스템 통계

sar 명령은 문제를 해결할 때 내가 가장 좋아하는 도구 중 하나다. SAR은 System Activity Reporter의 약자다. 주요 기능은 나중에 표시할 수 있게 매일의 시스템 성능 데이터를 수집하고 로그 파일에 저장하는 것이다. 데이터는 10분간의 평균으로 수집되지만 좀 더 촘촘하게 수집하도록 구성할 수도 있다. 데이터는 한 달간 보관된다.

개인적으로 SAR 구성을 바꾼 때는 특정 문제가 발생하는 정확한 시간을 파악하고자 데이터를 10분 대신 1분마다 수집해야 했을 때뿐이다. SAR 데이터는 날마다 /var/log/sa 디렉터리 안의 두 파일에 저장된다. 10분보다 더 짧은 간격으로 데이터를 수집하면 이들 파일이 매우 크게 자랄 수 있다.

예전 직장 중 한 곳에서 발생하고 나서 빠르게 악화된 문제가 있었는데, 디폴트인 10분 간격은 CPU 부하, 디스크 활동, 그 밖에 뭔가 중 어느 것이 먼저 발생했는지 알아내는 데 크게 도움이 되지 않았다. 1분 간격을 이용해서 CPU 활동만 많았던 게 아니라 직전에 네트워크 활동과 디스크 활동도 있었음을 알아냈다. 최종적으로 웹 서버에 의도하지 않았던 DOS[Denial Of Service]가 있었고 해당 컴퓨터에 너무나 적은 램이 설치돼 있었기에 잠깐의 과부하를 처리할 수 없었고 상황이 더 복잡해진 것이었다. 기존 2GB 램에 2GB를 추가했더니 문제가 해결됐고, 이후의 DOS 공격은 문제를 일으키지 않았다.

설치와 구성

SAR은 레드햇 기반 배포판에서 `sysstat` 패키지의 일부로 설치된다. 하지만 최소한 현재 페도라 배포판의 일부에서는 디폴트로 설치되지 않는다. 우리는 SAR를 7장에서 설치했다. 지금쯤이면 SAR가 오랫동안 실행돼 우리가 살펴보기에 충분한 양의 데이터가 수집됐을 것이다.

`sysstat` 패키지의 일부로 SAR를 설치한 다음 보통은 구성을 바꾸거나 데이터 수집을 시작하고자 아무것도 할 필요가 없다. 데이터는 매시간 10분마다 수집된다.

수집된 데이터 살펴보기

`sar` 명령의 출력은 매우 자세하다. 나의 주 워크스테이션(인텔 코어 16개와 CPU 32개)에서 하루 종일 수집된 데이터는 14,921줄의 데이터를 출력했다.

데이터는 여러 가지 방식으로 다룰 수 있다. 데이터의 일부만 제한해 표시되게 지정할 수도 있고, 원하는 데이터를 `grep` 명령으로 추출할 수도 있고, 파이프를 통해 `less` 도구로 보낸 뒤 `less`에 내장된 검색 기능으로 페이지를 넘겨가며 살펴볼 수도 있다.

실험 13-12

이 실험은 student 사용자로 수행한다. `sar` 명령을 실행하는 데는 root 권한이 필요 없다. SAR이 매우 많은 양의 데이터를 출력할 수 있기 때문에 여기서는 결과를 설명하기 위한 헤더와 데이터 중 일부 줄을 제외하고는 생략했다.

참고

`sar` 명령의 일부 옵션은 여기 나와 있는 대로 대문자다. 소문자를 사용하면 에러가 발생하거나 잘못된 데이터가 출력될 것이다.

먼저 그냥 옵션 없이 sar 명령을 입력하면 합산된 CPU 성능 데이터가 표시된다. sar 명령은 디폴트로 오늘 날짜를 사용하며 자정이나 오늘 시스템이 부팅된 시간부터 시작한다. 호스트가 오늘 중에 재부팅됐다면 결과에 알림이 있을 것이다. SAR 명령의 출력 중 일부는 폭이 매우 넓을 수 있으니 주의하기 바란다.

```
[student@studentvm1 ~]$ sar
Linux 4.18.9-200.fc28.x86_64 (studentvm1) 11/01/2018 _x86_64_ (2 CPU)

08:44:38     LINUX RESTART (2 CPU)

08:50:01 AM     CPU  %user  %nice  %system  %iowait  %steal  %idle
09:00:05 AM     all   0.01   0.03     0.13     1.54    0.00  98.28
09:10:05 AM     all   0.01   0.00     0.09     0.95    0.00  98.95
09:20:05 AM     all   0.01   0.00     0.08     1.14    0.00  98.77
09:30:02 AM     all   0.02   0.00     0.09     1.17    0.00  98.72
09:40:05 AM     all   0.01   0.00     0.08     0.95    0.00  98.96
09:50:02 AM     all   0.01   0.00     0.09     1.04    0.00  98.86
10:00:01 AM     all   0.01   0.01     0.09     1.29    0.00  98.61
10:10:01 AM     all   0.01   0.00     0.08     0.93    0.00  98.98
10:20:05 AM     all   6.26   3.91    82.39     0.18    0.00   7.26
Average:        all   0.68   0.42     8.89     1.02    0.00  88.98
11:10:03 AM  LINUX RESTART (2 CPU)

11:20:31 AM     CPU  %user  %nice  %system  %iowait  %steal  %idle
11:30:31 AM     all  18.41  10.15    71.34     0.00    0.00   0.10
11:40:07 AM     all  20.07  10.93    68.83     0.00    0.00   0.17
11:50:18 AM     all  18.68  10.32    70.88     0.00    0.00   0.13
12:00:31 PM     all  17.83  10.09    71.98     0.00    0.00   0.09
12:10:31 PM     all  17.87  10.95    71.07     0.00    0.00   0.11
Average:        all  18.55  10.48    70.84     0.00    0.00   0.12
[student@studentvm1 ~]$
```

전체 데이터는 모든 CPU(이 경우 두 개)의 10분간 합계다. 또한 top, htop, atop의 CPU 사용량에서 볼 수 있는 데이터와 같다. 다음과 같은 명령을 사용하면 개별 CPU의 상세 데이터를 볼 수 있다.

```
[student@studentvm1 ~]$ sar -P ALL
Linux 4.18.9-200.fc28.x86_64 (studentvm1) 11/01/2018 _x86_64_ (2 CPU)

08:44:38     LINUX RESTART (2 CPU)

08:50:01 AM     CPU  %user  %nice  %system  %iowait  %steal  %idle
09:00:05 AM     all   0.01   0.03     0.13     1.54    0.00  98.28
09:00:05 AM       0   0.02   0.00     0.12     0.24    0.00  99.61
09:00:05 AM       1   0.01   0.05     0.14     2.85    0.00  96.95

09:00:05 AM     CPU  %user  %nice  %system  %iowait  %steal  %idle
09:10:05 AM     all   0.01   0.00     0.09     0.95    0.00  98.95
09:10:05 AM       0   0.02   0.00     0.08     0.10    0.00  99.80
09:10:05 AM       1   0.01   0.00     0.10     1.80    0.00  98.09
<중략>

12:20:31 PM     CPU  %user  %nice  %system  %iowait  %steal  %idle
12:30:31 PM     all  15.4%  13.6%    70.8%     0.0%    0.0%   0.2%
12:30:31 PM       0  16.9%  15.3%    67.7%     0.0%    0.0%   0.1%
12:30:31 PM       1  13.9%  11.8%    73.9%     0.0%    0.0%   0.4%

Average:        CPU  %user  %nice  %system  %iowait  %steal  %idle
Average:        all  18.3%  10.7%    70.9%     0.0%    0.0%   0.1%
Average:          0  18.8%  15.6%    65.6%     0.0%    0.0%   0.0%
Average:          1  17.8%   5.9%    76.1%     0.0%    0.0%   0.2%
```

이제 다음과 같은 명령을 이용해서 디스크 통계를 살펴보자. -h 옵션은 데이터를 사람이 읽기 쉽게 보여주고, 또한 블록 장치(디스크)의 경우 장치의 이름도 보여준다. -d 옵션은 SAR이 디스크 활동을 보여준다.

```
[student@studentvm1 ~]$ sar -dh
Linux 4.18.9-200.fc28.x86_64 (studentvm1) 11/01/2018 _x86_64_ (2 CPU)

08:44:38     LINUX RESTART (2 CPU)

08:50:01 AM       tps   rkB/s  wkB/s  areq-sz  aqu-sz  await  svctm  %util
DEV
```

```
09:00:05 AM      8.12  168.8k  13.5k    22.5k    0.07   7.88   4.49   3.6%
sda
09:00:05 AM      0.00    0.0k   0.0k     0.0k    0.00   0.00   0.00   0.0%
fedora_studentvm1-pool00_tmeta
09:00:05 AM      0.09    0.5k   0.1k     7.1k    0.00  15.53   9.13   0.1%
fedora_studentvm1-pool00_tdata
09:00:05 AM      0.09    0.5k   0.1k     7.1k    0.00  15.53   9.13   0.1%
fedora_studentvm1-pool00-tpool
09:00:05 AM      0.09    0.7k   0.2k     9.5k    0.00  15.53   9.13   0.1%
fedora_studentvm1-root
09:00:05 AM      0.00    0.0k   0.0k     0.0k    0.00   0.00   0.00   0.0%
fedora_studentvm1-swap
09:00:05 AM      0.86   14.3k   1.1k    18.1k    0.01  10.25   4.41   0.4%
fedora_studentvm1-usr
09:00:05 AM      0.00    0.0k   0.0k     0.0k    0.00   0.00   0.00   0.0%
fedora_studentvm1-home
09:00:05 AM      7.71  154.0k  12.3k    21.6k    0.06   8.39   4.21   3.2%
fedora_studentvm1-var
09:00:05 AM      0.06    0.0k   0.2k     4.0k    0.00  27.37  23.71   0.1%
fedora_studentvm1-tmp
09:10:05 AM      1.74    0.4k   8.3k     5.0k    0.10  55.05  14.06   2.4%
sda
09:10:05 AM      0.00    0.0k   0.0k     0.0k    0.00   0.00   0.00   0.0%
fedora_studentvm1-pool00_tmeta
09:10:05 AM      0.02    0.0k   0.1k     3.7k    0.00  34.25  34.25   0.1%
fedora_studentvm1-pool00_tdata
09:10:05 AM      0.02    0.0k   0.1k     3.7k    0.00  34.25  34.25   0.1%
fedora_studentvm1-pool00-tpool
```

위의 명령을 -h 옵션 없이 실행해보자.

다음의 명령을 실행해서 오늘이나 최소한 호스트가 오늘 중 처음 부팅된 때부터의 출력을 살펴보자.

```
[student@studentvm1 ~]$ sar -A | less
```

sar 명령의 매뉴얼 페이지를 이용해서 결과를 해석하고 사용할 수 있는 여러 옵션을 알아보자. 이들 옵션을 사용하면 네트워크나 디스크 성능 같은 특정 데이터를 살펴볼 수 있다.

나는 흔히 sar -A 명령을 사용한다. 여러 종류의 데이터가 서로 연관돼 있고 다른 방법으로는 보지 못했을 성능 문제에 대한 실마리를 때로 이 출력 결과의 어떤 부분에서 찾을 수 있기 때문이다.

전체 CPU 활동만을 보여주도록 전체 데이터의 양을 제한할 수 있다. 다음과 같은 명령을 실행해보고 개별 CPU의 데이터 없이 합산된 CPU 데이터만 출력됨을 확인하기 바란다. 또한 메모리를 보여주는 -r 옵션과 스왑 공간을 보여주는 -S 옵션도 시험해보자. 또한 이들 옵션을 함께 써서 다음과 같이 CPU, 메모리, 스왑 공간을 살펴볼 수도 있다.

```
[student@studentvm1 ~]$ sar -urS
```

특정 시간 사이의 데이터만을 원한다면 -s와 -e를 써서 시작과 끝 시간을 정의할 수 있다. 다음과 같은 명령은 오늘 7:50 AM과 8:11 AM 사이의 모든 CPU 데이터(개별과 합산)를 보여준다.

```
[student@studentvm1 ~]$ sar -P ALL -s 07:50:00 -e 08:11:00
```

모든 시간은 24시간 형식으로 지정해야 함을 유의하기 바란다. CPU가 여러 개 있다면 각 CPU의 개별 데이터도 출력되고 모든 CPU의 평균값도 표시된다.

다음 명령은 -n 옵션을 사용해서 모든 인터페이스의 네트워크 통계를 보여준다.

```
[student@studentvm1 ~]$ sar -n ALL | less
```

전날 수집된 데이터도 원하는 로그 파일을 지정해 살펴볼 수 있다. 이번 달 2일의 데이터를 보고 싶다면 다음과 같은 명령을 이용해서 해당 날짜에 수집된 모든 데이터를 볼 수 있다. 각 파일명의 마지막 두 숫자는 해당 데이터가 수집된 날짜[14]를 나타낸다.

다음 예에서는 파일 sa02를 사용했지만 여러분은 /var/log/sa 디렉터리의 내용을 살펴보고 여러분의 호스트에 존재하는 파일을 골라야 한다.

```
[student@studentvm1 ~]$ sar -A -f /var/log/sa/sa02 | less
```

또한 SAR을 이용해서 (거의) 실시간 데이터도 표시할 수 있다. 다음의 명령은 메모리 사용량을 5초 간격으로 10번 보여준다.

```
[student@studentvm1 ~]$ sar -r 5 10
```

이는 sar의 흥미로운 옵션으로, 정해진 기간 동안 상세하게 조사하고 비교할 수 있는 일련의 데이터를 제공할 수 있다.

SAR 유틸리티는 매우 강력하며 여러 옵션을 갖고 있다. 여기서는 단지 몇 가지만을 살펴봤을 뿐이고 나머지는 매뉴얼 페이지를 참고하기 바란다. SAR는 근처에 지켜볼 사람이 없을 때 일어나는 성능 문제를 찾는 데 매우 유용하므로 익숙해지는 것이 좋다.

---

14. 예를 들어 9월 19일의 경우에는 19다. – 옮긴이

인텔과 관련 하드웨어에 익숙하지 않다면 sar 명령의 출력 일부는 특별한 의미가 없을 수도 있다. 시간이 흐름에 따라 시스템 관리자는 거의 하드웨어에 대해 상당히 많이 배우게 마련이므로 여러분도 그렇게 될 것이다. 내가 제안하는 가장 좋은 방법이면서 비교적 안전한 방법은 이 과정에서 배우는 도구들을 사용해서 여러분이 사용할 수 있는 모든 VM과 물리적 호스트들을 살펴보는 것이다. 나는 동네 컴퓨터 가게와 인터넷에서 부품을 사서 내 컴퓨터를 만들거나 하드웨어를 고치는 것을 좋아한다.

뒷정리

이 시점에서 뒷정리가 필요할 수 있다. cpuHog들을 죽이고 13장의 실험들을 수행하면서 열어둔 여러 터미널(전부는 아니더라도)을 닫고 싶을 수도 있다.

top과 시그널 2번을 이용해서 CPU hog 프로세스 중 하나를 죽인다. 이제 htop과 시그널 15번을 이용해서 나머지 CPU hog 프로세스를 죽인다. top, htop, atop 프로그램을 종료한 후 터미널 세션 한두 개를 남겨두고 나머지를 모두 닫는다.

요약

13장에서는 시스템 관리자가 여러 종류의 성능 문제의 근원을 찾을 때 가장 흔히 사용하는 도구 중 일부를 소개했다. 살펴본 각 도구는 문제의 근원을 찾는 데 도움을 주는 유용한 정보를 제공한다. 개인적으로 top을 제일 먼저 사용하지만 나머지 도구들도 유용하고 가치 있기 때문에 모두 사용한다. 각각의 도구는 다른 도구로는 해결할 수 없는 문제를 해결토록 해줬다.

다른 도구도 많고 그중 상당수는 GUI 데스크탑에서 여러 종류의 예쁜 그래프를 보여줄 수 있다. 여기 소개한 도구들을 고른 이유는 대부분의 리눅스 호스트에 이미 존재하거나 쉽게 설치할 수 있기 때문이다. 시스템 관리자로서 경험을 쌓아가면서 여러분에게 유용한 다른 도구들도 찾을 수 있을 것이다.

결코 모든 도구의 모든 옵션을 기억하려고 해서는 안 된다. 그냥 이들 도구가 존재하며 이들 각각이 유용하고 흥미로운 기능을 갖고 있음을 기억하는 것이 문제 해결의 시작점이다. 시간이 허용하는 만큼 더 많이 알아볼 수 있고, 시스템을 고치는 것처럼 특정 작업을 수행하면서 해당 문제에 필요한 특정 사항에 노력을 집중할 수 있다.

내 생각에는 단순히 /proc 파일 시스템의 내용을 다시 패키지한 값비싼 도구를 구매할 필요가 전혀 없다. 그게 정확히 그 도구들이 하는 일이기 때문이다. 아무것도 표준 리눅스 도구를 이용해서 이미 얻을 수 있는 것보다 더 많은 정보를 줄 수 없다. 심지어 리눅스는 여러분이 고를 수 있는 여러 GUI 도구도 제공하므로 여기서 살펴본 모든 데이터의 그래프도 그릴 수 있고 이를 로컬과 원격 호스트를 이용해서 수행할 수 있다.

마지막으로 우리가 더 많이 배우고자 사용한 대부분 명령의 도움말 옵션뿐만 아니라 매뉴얼 페이지와 info 페이지를 보는 데에도 익숙해졌을 것이다. 그러므로 내가 추천 사항을 쓰는 만큼 여러분도 읽으면서 피곤해졌을 수 있다. 새로운 명령에 대해 읽을 때 언제나 해야 하는 일은 이 도구들을 사용해서 더 많이 배우는 것임을 다시 한 번 강조하고 싶다.

연습문제

13장을 마무리하며 연습문제를 풀어보기 바란다.

1. top 명령의 갱신 주기를 1초 미민, 예를 들어 0.2초나 0.5초로 설정할 수 있는가?

2. 세 가지 평균 부하load average 값을 정의하라.

3. top을 이용해서 StudentVM1 가상 호스트의 가용 메모리와 스왑 공간을 알아내라.

4. 메모리 사용량 정보를 찾을 수 있는 도구를 최소한 세 개 나열하라.

5. top이 출력하는 TIME+ 값은 무엇을 알려주는가?

6. 이 VM에 얼마나 많은 메모리와 스왑 공간이 남아 있는가?

7. top의 디폴트 정렬 칼럼은 무엇인가?

8. top의 정렬 칼럼을 먼저 PID로 바꾸고 그런 다음에 TIME+로 바꾼다. 가장 CPU 시간이 큰 프로세스의 PID는 무엇인가?

9. top과 13장에서 살펴본 다른 도구들이 표시하는 데이터는 어디서 가져온 것인가?

10. 둘 이상의 프로그램에서 출력된 데이터를 거기서 데이터를 읽기 전에 같은 네임드 파이프named pipe에 버퍼링할 수 있는가?

11. 13장에서 다룬 도구 중 네트워크 I/O 정보를 제공하는 것은 무엇인가?

12. 13장에서 다룬 도구 중 여러 프로세스의 nice 값을 동시에 바꾸는 것 같은 작업을 수행할 수 있는 것은 무엇인가?

13. htop을 이용해서 어느 칼럼으로 정렬하면 어느 프로세스가 가장 많은 총 CPU 시간을 누적 사용했는지 알 수 있는가?

14. iotop이 보여주는 총 디스크 읽기/쓰기와 실제 디스크 읽기/쓰기 사이의 차이는 무엇인가?

15. htop의 설정 기능을 이용해서 호스트 이름과 시계를 오른쪽 헤더 칼럼의 맨 위에 추가하라.

16. 하드 드라이브의 내부 온도의 시간 기준 그래프를 얻으려면 어떤 명령을 써야 하는가?

17. SAR을 이용해서 오늘의 네트워크 통계를 출력하라.

18. 어제 기록된 모든 시스템 활동과 여러분의 VM이 그때 실행 중이었는지를 살펴본다. 그렇지 않다면 SAR 데이터에서 다른 날을 고른다.

19. 여러분의 VM에는 어떤 종류의 CPU가 설치돼 있는가? 제조사: ______________ 모델: ___________ 속도: _____________ GHz

14장

터미널 에뮬레이터 애호가

학습 목표

14장의 학습 목표는 다음과 같다.

- 서로 다른 여러 가지 터미널 에뮬레이터 사용
- 좀 더 효율적으로 작업하고자 에뮬레이터의 고급 기능 사용
- 하나 또는 그 이상의 파일을 쉽게 찾고 조작하고자 와일드카드, 집합, 괄호 확장, 메타문자 등의 고급 Bash 셸 도구 사용

터미널 에뮬레이터의 기능은 GUI에서 윈도우를 제공해서 우리가 리눅스 커맨드라인에 접근해 리눅스의 모든 힘에 제한 없이 접근할 수 있게 하는 것이다. 14장에서는 터미널 에뮬레이터가 어떻게 CLI를 좀 더 생산적으로 사용할 수 있게 하는지를 더 잘 이해하고자 몇 가지 터미널 에뮬레이터를 약간 자세히 살펴본다.

터미널에 대해

기억을 되살리자면 터미널 에뮬레이터는 하드웨어 터미널을 흉내내는 소프트웨어 프로그램이다. 대부분의 터미널 에뮬레이터는 Xfce, KDE, 시나몬Cinnamon, LXDE, GNOME 같은 리눅스 그래픽 데스크탑 환경에서도 실행되는 그래픽 프로그램이다.

7장에서는 CLICommand-Line Interface와 터미널 에뮬레이터[1]의 개념을 약간 자세히 알아봤다. 특히 커맨드라인에 입문하고자 xfce4-terminal을 살펴봤지만 그리 깊이 알아보지는 않았다. 이제 몇 가지 다른 터미널 에뮬레이터와 함께 그 기능을 좀 더 자세히 살펴볼 것이다.

준비 14-1

모든 배포판이 14장에서 사용할 터미널 에뮬레이터를 모두 설치하지는 않으므로 지금 설치해보자. 이는 root로 수행한다. 다음과 같은 명령을 입력해 앞으로 사용할 터미널 에뮬레이터를 설치한다.

```
# dnf -y install tilix lxterminal konsole5 rxvt terminator
```

에뮬레이터 자체 외에 여러 의존 패키지가 설치됨을 알 수 있다.

이들 터미널 에뮬레이터 모두가 이제 데스크탑의 시스템 런처의 하위 메뉴에 나타날 것이다.

1. 위키피디아, Terminal Emulator, https://en.wikipedia.org/wiki/Terminal_emulator

요구 사항

여러 곳에 여러 관리 대상 시스템을 갖고 있는 리눅스 관리자로서의 삶은 전적으로 단순화와 이들 시스템에 대한 접근성과 모니터링을 쉽고 유연하게 만드는 것이다. 과거에 Xterm부터 Konsole까지 여러 터미널 에뮬레이터를 사용해봤다.

대부분의 시간을 25개 내지 30개의 터미널 세션을 동시에 열어 놓고 이들 세션을 관리할 몇 개의 윈도우를 열어 놓으면 리눅스 데스크탑에 여러 개의 윈도우를 열지 않아도 된다. 일반적으로 책상을 지저분하게 쓰고 이를 지능이 높다는 표시라고 주장하지만 리눅스 데스크탑에도 창을 많이 열어두는 사람으로서 서너 개의 윈도우에 모든 터미널 세션을 우겨넣는 것은 잡동사니를 치우는 훌륭한 첫걸음이다.

그림 14-1은 내가 이 글을 쓰고 있는 주 워크스테이션의 데스크탑이다. 서로 다른 세 가지 에뮬레이터를 열어 놓았다. 그림 14-1에서 상세한 사항을 알아보기 불가능함을 이해하지만 하나의 GUI 데스크탑에 여러 개의 터미널 에뮬레이터를 엶으로써 얻을 수 있는 유연성의 이미지를 준다.

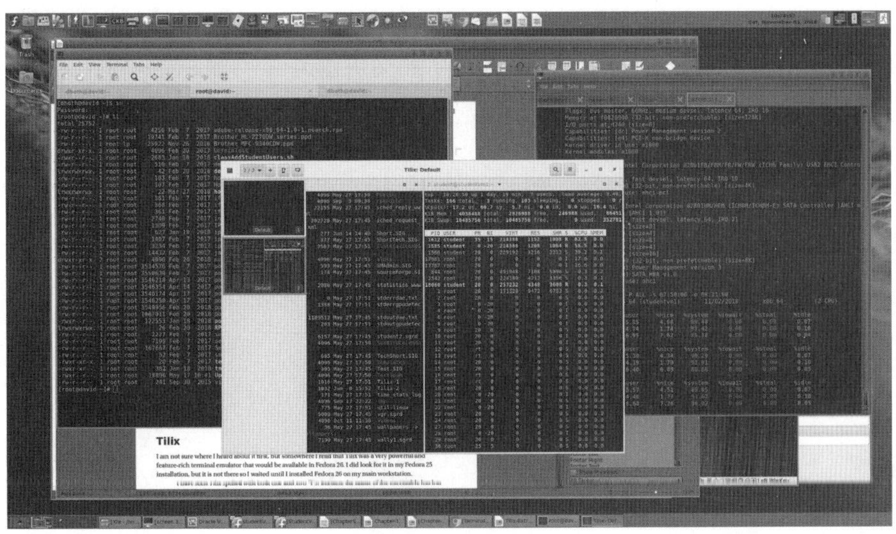

그림 14-1. 여러 개의 터미널 에뮬레이터가 열려 있는 주 워크스테이션 데스크탑

리눅스에서 사용할 수 있는 터미널 에뮬레이터는 매우 많다. 이들은 필요, 선호, 비선호, 개발한 개발자의 철학에 따라 작업을 여러 접근 방식으로 정의한다. 어떤 웹 사이트에 "35 Best Linux Terminal Emulators for 2018"[2]라는 제목의 글이 있는데, 선택할 수 있는 터미널 에뮬레이터가 몇 가지나 되는지 대략 감을 줄 것이다. 아쉽게도 여기서 모두를 살펴보기에는 너무나 많다. 14장에서 살펴볼 에뮬레이터의 기능을 이용하면 커맨드라인의 힘을 엄청나게 활용해 작업을 좀 더 효율적이고 효과적으로 수행할 수 있다. 개인적으로 이들 터미널 에뮬레이터 모두를 한때 써봤고 모두 강력한 기능을 제공한다. 때로 동시에 여러 개의 터미널 에뮬레이터를 사용하기도 하는데, 작업에 따라 더 적합한 것이 있기 때문이다. 따라서 내가 요즘 가장 좋아하는 터미널 에뮬레이터가 xfce4-terminal이고 여러 개를 열어놓더라도 다른 터미널 에뮬레이터를 함께 열어놓기도 한다. 이들 터미널 에뮬레이터 몇 종을 더 자세히 살펴보자.

rxvt

매우 최소화된 터미널도 있다. rxvt 터미널 에뮬레이터가 그중 하나다. 하나의 윈도우에서 열 수 있는 탭이나 다중 페인multi pane 같은 기능은 없다. 폰트 지원은 기초적이어서, 커맨드라인에서 특정 폰트를 지정하거나 그렇지 않으면 매우 기본적인 디폴트 폰트가 사용될 것이다.

실험 14-1

VM의 데스크탑에서 rxvt를 연다. rxvt 윈도우에는 메뉴나 아이콘 바가 없다. 윈도우에서 오른쪽 클릭하더라도 아무 일도 일어나지 않는다. 그러나 rxvt는 기본적인 터미널 에뮬레이터로 사용할 수 있다.

2. 35 Best Linux Terminal Emulators for 2018, www.slant.co/topics/794/~best-linux-terminal-emulators

몇 분 동안 rxvt로 실험해보고 정말 옛스럽지만 기능적인 터미널 에뮬레이터를 느껴보자.

이 터미널을 포함시킨 이유는 다른 터미널 에뮬레이터의 고급 기능과 비교할 기준선을 제공하기 위해서다. 또한 이런 종류의 터미널 에뮬레이터를 선호하는 사람이 있을 수도 있다. 실제로 그런 사람들이 있고, 이는 여러분의 선택이며 전혀 문제없다.

rxvt 터미널 실행 파일의 크기는 197,472바이트이고 실행할 때 226MB의 가상 메모리를 사용한다. 이는 내가 14장을 위해 살펴본 터미널 에뮬레이터 중 가장 작은 메모리 사용량이다. 그러나 이는 최소화된 프로젝트이기도 하다. 터미널 에뮬레이터로서의 동작 이외에는 아무런 기능도 없다. rxvt를 실행하는 커맨드 라인의 일부로 사용할 수 있는 옵션이 몇 가지 있지만 이 역시 매우 최소한이다.

xfce4-terminal

나는 xfce4-terminal 에뮬레이터를 가장 좋아한다. 하나의 윈도우에서 탭을 이용해 여러 터미널을 사용할 수 있는 강력한 에뮬레이터다. 유연하고 사용하기 쉽다. 이 터미널 에뮬레이터는 Tilix나 Terminator, Konsole 같은 에뮬레이터에 비해 단순하지만 필요한 일을 해낸다. 그리고 xfce4-terminal은 이 에뮬레이터의 실행 파일명이다.

xfce4-terminal에서 내가 가장 좋아하는 기능 중 하나는 탭이다. 하나의 윈도우 안에 여러 탭을 열 수 있고 각 탭에서 서로 다른 사용자나 root로, 또는 서로 다른 호스트로 로그인할 수 있다. 각 탭을 독립된 터미널 세션으로 생각하면 된다. 이는 데스크탑에 하나의 윈도우만 열어두고서도 여러 개의 터미널 세션을 실행할 수 있는 엄청난 유연성을 제공한다.

xfce4-terminal 에뮬레이터의 탭을 특히 좋아하는 이유는 탭에 연결된 호스트의 이름이 중간에 다른 여러 호스트를 거치더라도, 표시되기 때문이다. 예를 들어 호스트1 → 호스트2 → 호스트3 → 호스트4로 연결되더라도 탭에 호스트4가 적절히 표시된다. 다른 에뮬레이터들을 기껏해야 호스트2로 표시한다. Xfce 데스크탑의 다른 요소들과 마찬가지로 이 터미널 에뮬레이터는 시스템 자원을 매우 조금 사용한다. 마우스로 탭을 끌어 순서를 바꿀 수 있고 탭을 완전히 윈도우 밖으로 끌어내 데스크탑에 별도의 윈도우로 만든 뒤 원하면 탭을 추가할 수도 있다.

이제 시험해보자. 이 책에서 Xfce 데스크탑을 사용하고 있기 때문에 여러분은 지금까지 xfce4-terminal을 사용하고 있었을 것이고, 따라서 이미 약간 익숙해져 있을 것이다.

실험 14-2

이 실험은 student 사용자로 수행한다. 데스크탑에 이미 xfce4-terminal이 열려 있지 않다면 지금 하나를 연다. 그림 14-2는 세 개의 탭이 열려 있는 xfce4-terminal 윈도우다.

여러분의 에뮬레이터에는 아직 하나의 탭만 열려 있을 것이다. 이 첫 번째 터미널 세션에 약간의 내용을 표시하는 간단한 작업을 수행해보자(예를 들어 ll 명령 같은).

표준 메뉴 바 외에 xfce4-terminal 에뮬레이터에는 또 다른 탭이나 에뮬레이터 윈도우를 열 수 있는 아이콘 바[icon bar]도 있다. 아이콘 바를 보려면 활성화시켜야 한다. 메뉴 바에서 View ❯ Show Toolbar를 선택한다. 아이콘 바에서 가장 왼쪽에 있는 아이콘 위로 마우스를 옮긴다. 툴팁이 이 아이콘이 현재 윈도우에 새로운 탭을 만들 것이라고 알려준다. 탭 아이콘을 클릭한다. 이전에 터미널 세션이 하나뿐이었다면 탭 바[tab bar]가 만들어지고 탭 바의 맨 오른쪽에 새로운 탭이 삽입된다. 탭을 몇 개 더 열고 그중 하나에서 su -를 실행해 root로 전환한다.

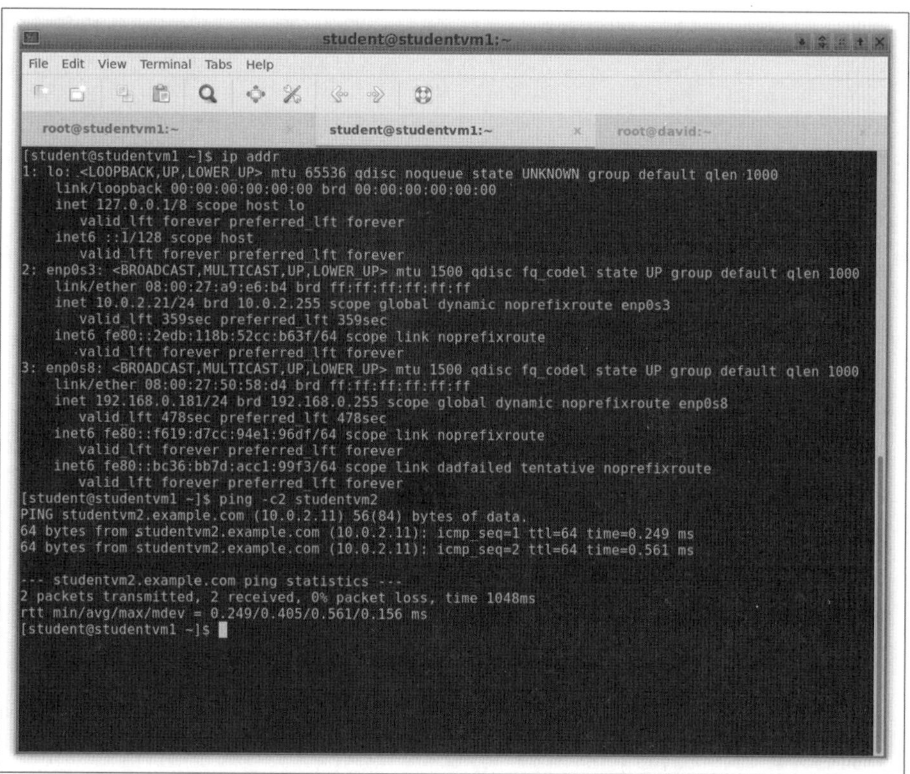

그림 14-2. xfce4-terminal 에뮬레이터는 에뮬레이터 세션 간 전환할 수 있는 탭을 포함해서 사용하기 쉬운 인터페이스를 자랑한다. 각 탭은 서로 다른 사용자나 서로 다른 호스트에 로그인할 수 있다.

탭 이름은 바꿀 수 있고 마우스로 끌어 놓거나 메뉴 바의 옵션을 선택해 순서를 바꿀 수 있다. 탭을 더블클릭하면 작은 대화상자가 열리고 탭의 새로운 이름을 지정할 수 있다. 이름으로 'My Tab'을 입력한다. 'My Tab'을 탭 바의 새로운 위치로 끌어 놓는다. 이제 탭 하나를 xfce4-terminal 윈도우 밖으로 완전히 끌어내 데스크탑의 어딘가에 놓는다. 그러면 해당 탭만을 담고 있는 새로운 윈도우가 생긴다. 새로운 윈도우는 원래의 윈도우와 똑같이 동작하고 그 안에 새로운 탭도 열 수 있다.

기능과 외양의 여러 측면도 여러분의 필요에 따라 쉽게 구성할 수 있다. 그림 14-3과 같은 Terminal Preference 구성 메뉴를 열면 xfce4-terminal의 룩앤필[look [and feel]의 다양한 측면을 구성할 수 있는 5개의 탭을 볼 수 있다. 터미널의 Edit ❯ Preference 대화상자를 열고 Appearance 탭을 선택한다. 서로 다른 폰트와 폰트 크기를 선택하고 차이를 살펴본다. htop 유틸리티는 어떤 종류의 데이터에 굵은체 텍스트를 사용하므로 Arrow bold text에서 선택 표시[check mark]를 없애고 어떻게 보이는지 살펴본다.

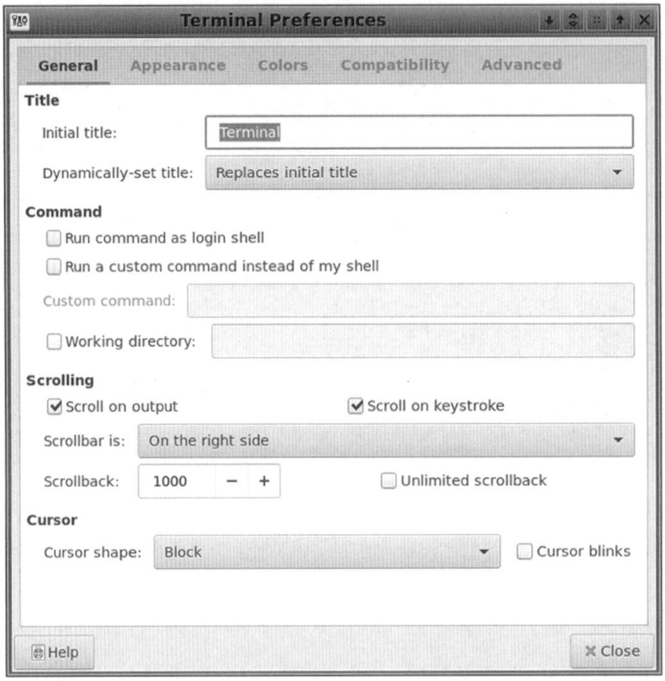

그림 14-3. xfce4-terminal의 Terminal Preference 대화상자를 이용하면 룩앤필의 여러 측면을 구성할 수 있다.

Colors 탭의 옵션들을 바꿔 어떤 색을 더 잘 읽을 수 있게 하기도 한다. Colors 탭은 몇 가지 미리 정해진 조합[preset]도 갖고 있어 이를 바탕으로 수정할 수 있다. 나는 보통 검정 바탕에 초록이나 흰색으로 시작해 몇 가지 개별적인 색깔을 수정함으로써 가독성을 높인다. Colors 탭을 선택한 후 미리 정해진 조합 몇 가지를 로드해 차이를 살펴본다. 잠시 동안 이 탭을 갖고 놀아 보자.

htop을 실행해둔 채로 탭을 선택한다. F1 키를 눌러 htop의 도움말을 본다.

F1을 다시 눌러 htop 도움말 페이지를 닫는다. 열려 있는 xfce4-terminal 윈도우를 모두 닫는다.

개인적인 의견으로 xfce4-terminal 에뮬레이터는 내가 사용해본 에뮬레이터 중 전반적으로 가장 좋은 터미널 에뮬레이터다. 기대하는 대로 작동하고 내게 필요한 기능을 갖추고 있다. 에뮬레이터 윈도우에 가로 공간이 있다면 탭은 호스트와 디렉터리 이름 전체를 표시할 만큼 또는 확실히 나머지를 유추하기에 충분할 만큼 넓어진다. 탭 기능이 있는 다른 터미널 에뮬레이터들은 보통 탭의 크기가 고정돼 있어 탭의 정보를 제한적으로 보여준다.

xfce4-terminal의 실행 파일 크기는 255KB를 살짝 넘는다. 이 에뮬레이터는 실행할 때에 576MB의 가상 메모리를 사용하는데, 이는 내가 시험해본 고급형 에뮬레이터 중 두 번째로 적은 양이다.

LXTerminal

LXTerminal 에뮬레이터는 가장 적은 양의 램을 사용하고, 내가 사용해본 터미널 에뮬레이터 중 실행 파일 크기가 가장 작다. 관련 없는 기능도 몇 가지 있지만 탭이 있어 하나의 에뮬레이터 윈도우에서 여러 세션을 열 수 있다.

LXTerminal 윈도우에는 아이콘 바가 없다. 메뉴 바와 윈도우를 오른쪽 클릭했을 때 나오는 팝업 메뉴와 대화상자만 사용한다.

실험 14-3

student 사용자로 LXTerminal을 연다. ll 같은 짧은 명령을 실행해 첫 번째 세션에 약간의 내용을 출력한다. 아직 탭은 보이지 않는다.

기존 세션에서 오른쪽 클릭해 팝업 메뉴가 보이게 하고 New tab을 선택해 두 번째 탭을 연다. 이제 터미널 에뮬레이터의 맨 위에 두 개의 탭이 보일 것이다. 이제 메뉴 바에서 File 메뉴를 열고 새로운 탭을 연다. 그러면 그림 14-4처럼 세 개의 탭이 열려 있게 될 것이다.

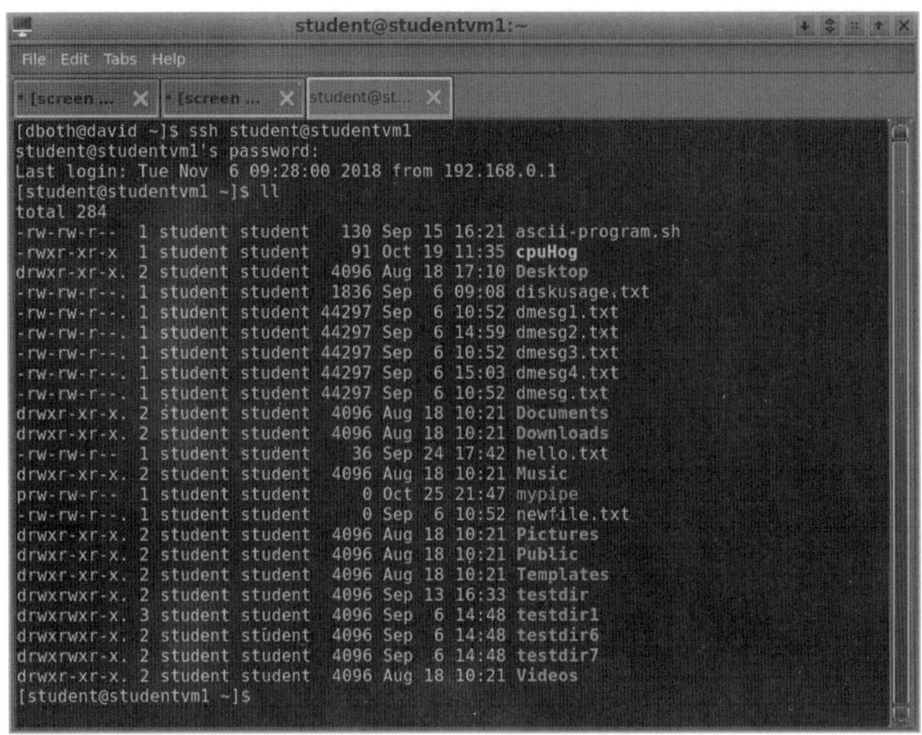

그림 14-4. 세 개의 탭이 열려 있는 LXTerminal 윈도우

메뉴 바에서 Edit ▶ Preference를 열면 매우 간소한 구성 옵션이 나타난다. Style 탭에서 터미널 폰트를 바꾸고 색깔과 커서 스타일을 조정할 수 있다. 때로 이들 색깔 중 한두 개를 조정해 특정 색깔의 텍스트를 약간 잘 읽을 수 있게 하기도 한다. 몇 가지 컬러 팔레트color palette를 골라 무엇이 있는지 살펴보고 이를 시작점 삼아 수정해본다.

OK 버튼을 클릭할 때까지는 변경 사항이 전혀 적용되지 않음에 주의하기 바란다. 또한 OK 버튼을 클릭하면 Preference 대화상자가 닫힌다. 이는 내가 싫어하는 한 가지다. 현재 변경 사항을 저장하고 어떻게 보이는지 확인한다.

다시 Preference를 열고 Display 탭을 선택한다. 나는 탭이 위쪽에 있는 것을 좋아하지만 여러분은 탭이 윈도우의 아래쪽에 있는 것을 더 좋아할 수도 있다. Bottom을 선택하고 변경 사항을 저장한다. Display 탭을 이용하면 스크롤할 수 있는 줄 수(개인적으로는 잘 바꾸지 않는다)와 새로운 LXTerminal 윈도우가 열릴 때의 디폴트 윈도우 크기도 바꿀 수 있다. 나는 현재 65행과 130열로 조정했다. 나는 큰 모니터를 갖고 있기 때문에 나의 넓은 화면에는 이 정도가 적당하다. 윈도우 크기를 조절해보고 LXTerminal의 새 세션을 시작해 여러분에게 적합한지 살펴보기 바란다.

이 탭에 있는 다른 옵션을 이용하면 스크롤 바나 메뉴 바 같은 여러 도구를 감출 수 있다. 이들 옵션을 시험해보고 이들 도구가 없는 환경에서는 어떻게 작업할지 살펴보기 바란다. 개인적으로는 아무것도 감추지 않는다.

Advanced 탭으로 전환한다. 이 탭에서 하는 일은 F10 메뉴 단축키를 비활성화시키는 것뿐이다. 단축키 탭을 이용하면 키를 다른 것으로 바꿀 수 있지만 나는 역시 디폴트를 결코 바꾸지 않는다.

시간을 좀 들여 LXTerminal을 스스로 살펴보고 여러분에게 적합한지 느껴보라. 마치고 나면 LXTerminal을 모두 닫는다.

LXTerminal은 매우 가벼운 터미널 에뮬레이터로 크기가 작고 구성 옵션이 비교적 적다. 이 터미널 에뮬레이터의 중요한 점은 시스템 관리자가 일을 빠르고 쉽게 수행하고자 필요한 모든 기능이 있다는 점이다. 이들 두 가지 사실로 인해 LXTerminal은 램이 적은 비교적 작고 오래된 노트북 컴퓨터 같은 작은 시스템에서 사용하기에 완벽할 뿐만 아니라 주 워크스테이션처럼 큰 시스템에서 사용하기에도 충분히 강력하다.

lxterminal 실행 파일의 크기는 98,592바이트이고 실행 시에 457MB의 가상 메모리를 소비한다. 두 숫자 모두 내가 시험해본 고급 에뮬레이터 중 가장 작다.

Tilix

Tilix를 이용하면 모든(최소한 많은 수의) 터미널 세션을 하나의 매우 유연한 윈도우에 정리해둘 수 있어 도움이 된다. Tilix의 강력한 힘과 유연성을 이용하면 터미널 세션들을 서로 다른 여러 가지 방식으로 정리할 수 있다. 그림 14-5는 전형적인(최소한 나에게는) Tilix 윈도우로, 활성화된 세 세션 중 하나가 네 개의 터미널을 담고 있다. 이 세션(세션 2/2)의 각 터미널은 SSH를 통해 서로 다른 호스트에 연결돼 있다. 각 터미널의 타이틀 바는 해당 터미널의 사용자, 호스트 이름, 현재 디렉터리를 표시한다.

그림 14-5의 Tilix는 나의 개인용 워크스테이션에서 실행 중이다. SSH를 이용해서 student 가상 네트워크의 서로 다른 세 개의 호스트에 로그인했다. 화면의 왼쪽 절반은 테스트용으로 쓰는 호스트인 testvm1이다. 오른쪽 상단 터미널은 나의 가상 테스트 네트워크에 설치한 VM 서버 studentvm2에 로그인돼 있다.[3] 오른쪽 하단의 터미널은 studentvm1에 로그인돼 있다. 이러면 나의 가상 네트워크에 있는 세 개의 호스트 모두를 쉽게 모니터링할 수 있다. 그림 14-5에서 상세한 사항은 보기 힘들 수도 있지만 하나의 에뮬레이터 윈도우에 여러 개의 터미널을 열 수 있으면 여러 시스템을 비교하거나 하나의 호스트에서 여러 유틸리티를 쉽게 비교할 수 있어 매우 유용하다.

3. 언급된 서버는 3권에서 만든다.

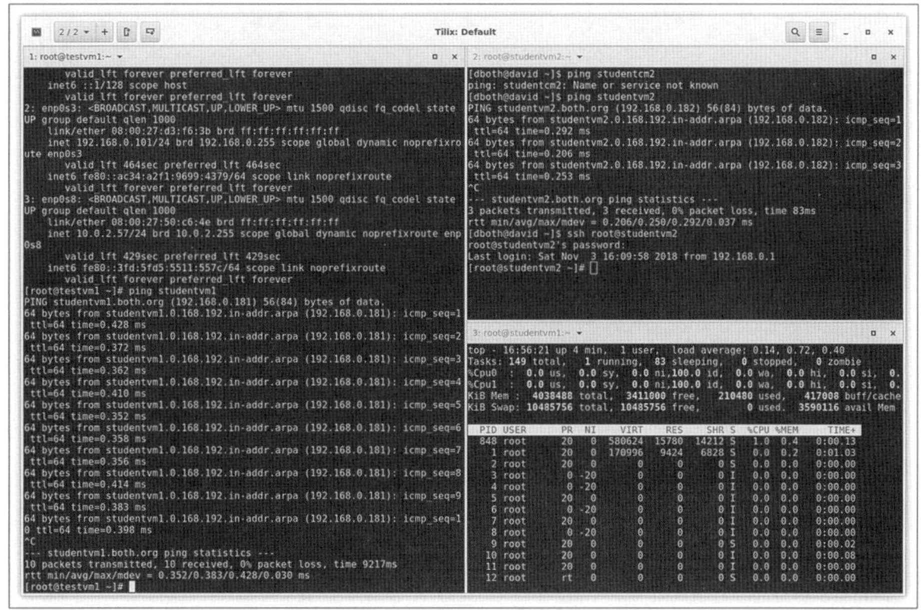

그림 14-5. 이 Tilix는 두 개의 세션이 있고 그중 세션 2에 세 개의 터미널이 열려 있다.

헛갈릴 수 있으므로 용어를 정리해보자. Tilix에서 '세션session'은 Tilix 윈도우의 한 페이지로, 하나 이상의 터미널을 담고 있다. 새로운 세션을 열면 하나의 터미널 에뮬레이션 세션을 담고 있는 새로운 페이지가 열린다. Tilix 세션은 가로나 세로로 나뉠 수 있고 Tilix 타이틀 바에 있는 도구로 일반적인 구성을 수행할 수 있다. 윈도우와 세션 컨트롤이 윈도우 타이틀 바에 있어 흔히 별도의 메뉴나 아이콘 바용으로 쓰이는 공간을 절약할 수 있다.

실험 14-4

먼저 여러분의 VM 데스크탑에서 student 사용자로 Tilix를 연다. 하나의 윈도우에서 여러 터미널 세션을 제공하는 다른 터미널 에뮬레이터와 마찬가지로 에뮬레이터가 실행됐을 때에는 하나의 세션만 열린다.

그림 14-6은 하나의 에뮬레이터 세션만 열려 있는 Tilix 윈도우의 위쪽 부분을

보여준다. 이 세션에서 새로운 터미널을 열 수도 있고 미리 정의된 대로 새로운 세션에서 열 수도 있다. 지금은 이 세션에서 기존 터미널 옆에 세로로 긴 새로운 터미널을 열어보자.

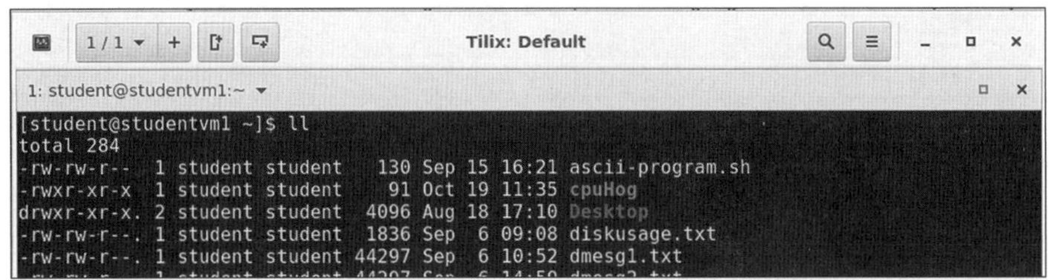

그림 14-6. Tilix 윈도우의 타이틀 바에는 터미널 세션을 관리하는 데 도움이 되는 비표준 아이콘들이 있다.

타이틀 바의 왼쪽에 다양한 방법으로 새로운 터미널을 여는 아이콘들이 있다. 그림 14-7의 두 아이콘은 현재 세션에 새로운 터미널을 연다.

그림 14-7. 이들 아이콘을 사용해서 현재 터미널 옆이나 아래에 새로운 터미널 세션을 연다.

둘 중 왼쪽 아이콘을 클릭해 기존 터미널 오른쪽에 새로운 터미널을 연다. 세션 윈도우 중간이 나뉘어 이제 왼쪽과 오른쪽으로 두 개의 터미널을 담게 될 것이다. 결과는 그림 14-8과 같다.

나란한 이 두 터미널을 이용하면 한 터미널에서 실행한 명령이 시스템 자원에 주는 영향을 다른 터미널에서 top을 사용해 관찰할 수 있다.

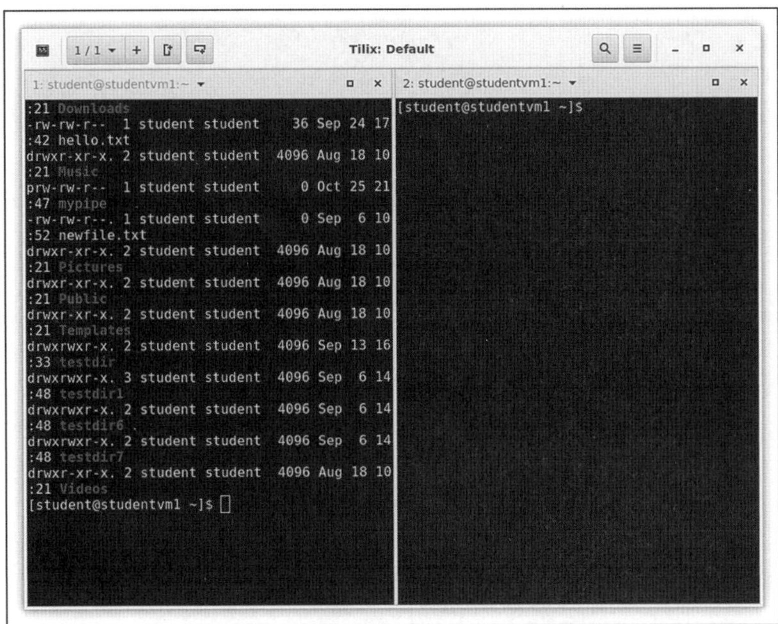

그림 14-8. 두 번째 터미널을 만든 뒤의 Tilix 세션

이제 왼쪽 터미널을 선택하고 그림 14-9에서 오른쪽 버튼을 클릭하면 새로운 터미널이 열리는데, 터미널 1이 위에, 터미널 3이 아래에, 터미널 2는 여전히 세션의 오른쪽 면 전체를 차지한다.

터미널 사이의 구분선을 움직여서 터미널의 상대적 크기를 조절할 수 있다. 가로세로 구분선을 조절해보고 어떻게 동작하는지 살펴보자.

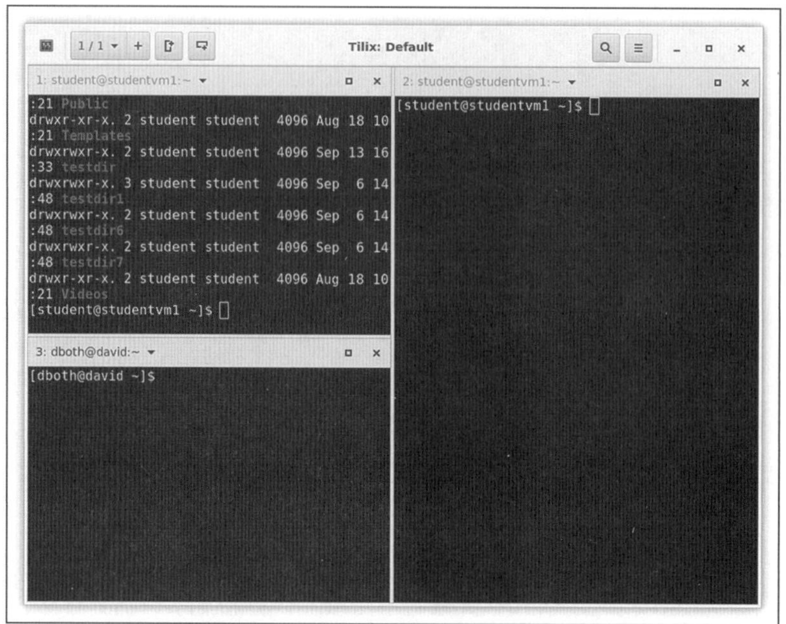

그림 14-9. 이제 Tilix 윈도우의 한 세션에 세 개의 터미널이 생겼다.

지금까지는 하나의 세션만으로 작업했다. 이 Tilix 윈도우에서 두 번째 세션을 만들려면 그림 14-10에서 볼 수 있는 더하기 기호(+) 아이콘을 클릭한다.

그림 14-10. + 아이콘을 이용해서 새로운 세션을 연다.

새로운 세션이 만들어지고 활성화된다. 세 개의 터미널이 있는 첫 번째 세션은 이제 감춰진다. 아이콘 안의 숫자는 이제 '2/2'로 바뀐다. 현재 세션이 두 번째 세션이기 때문이다. 이 아이콘의 왼쪽 부분을 어디든 클릭하면 사이드바가 나타난다. Tilix 윈도우의 왼쪽에 표시되는데, 사이드바는 열려 있는 세션의 축소된 모습을 보여준다. 원하는 세션을 클릭해 전환할 수 있다.

타이틀 바의 왼쪽 끝에 있는 아이콘은 터미널 화면처럼 보이고 흔히 표준 시스템 메뉴일 거라고 기대한다. 하지만 Tilix 윈도우의 경우는 그렇지 않다. Tilix는 아이콘에 자체 메뉴를 배치한다. 해당 메뉴의 항목 중 하나는 Preference다. Preference 대화상자를 연다.

Preference 대화상자는 스스로 살펴보기 바란다. 사이드바 대신 탭으로 세션을 전환토록 설정한 뒤 한동안 그렇게 사용해보고 어느 편이 더 좋은지 살펴보자.

Tilix의 룩앤필을 구성하는 디폴트 프로파일이 하나 있고 필요에 따라 다른 프로파일이 추가될 수 있다. 각 프로파일은 Tilix의 기능과 외관에 대한 서로 다른 설정을 담고 있다. 기존의 프로파일을 복제해서 새로운 프로파일을 만드는 기반으로 삼을 수 있다.

이미 열려 있는 윈도우를 위해 프로파일 목록 중 하나를 선택하려면 터미널 윈도우의 이름을 클릭하고 Profiles를 선택한 다음 변경하고자 하는 프로파일을 선택한다. 또한 새로운 Tilix 세션이나 터미널이 실행될 때 사용될 프로파일을 선택할 수도 있다.

개인적으로 GUI 데스크탑에서 터미널 에뮬레이터를 사용하면 커맨드라인에 GUI의 힘을 더한다고 생각한다. Tilix나 Terminator, Konsole 같은 터미널 에뮬레이터를 사용하면 여러 페이지와 분할 화면을 사용할 수 있어 작업 능률이 기하급수적으로 증가한다. 하나의 윈도우에서 여러 터미널 세션을 제공하는 다른 강력한 터미널 에뮬레이터들도 있지만 개인적으로 지금까지 사용해본 다른 에뮬레이터보다 Tilix가 내게 필요한 기능을 더 잘 제공한다고 생각한다.

Tilix는 xfce4-terminal, LXTerm, Konsole, Terminator 등의 터미널 에뮬레이션 소프트웨어가 제공하는 가장 표준적인 기능을 제공하면서, 그 밖의 기능들도 제공한다. Tilix는 이 기능들을 배우고, 구성하고, 다루고, 화면 공간을 최대한 활용하는 고전적인 인터페이스를 통해 구현한다. Tilix는 나의 데스크탑 작업

스타일에 매우 잘 맞고 그게 전부다. Tilix 실행 파일의 크기는 2.9MB이고 실행 중 675MB의 가상 메모리를 소비한다.

하나의 윈도우에서 여러 터미널 에뮬레이터 세션을 관리하는 다른 방법도 있다. 이 방법 중 하나인 GNU screen 유틸리티는 이미 살펴봤고 tmux[terminal multiplexer]를 이용하는 방법도 있다. 이들 도구는 하나의 윈도우나 가상 콘솔, 원격 연결을 사용하는 어느 터미널에서나 실행해 하나의 윈도우에서 여러 터미널 에뮬레이터 세션을 만들고 접근할 수 있다. 이들 커맨드라인 도구는 간단한(최소한 적당히 간단한) 키 입력으로 다룰 수 있다. 이들을 실행하는 데에는 어떤 종류의 GUI도 필요 없다.

14장에서 다루고 있는 터미널 에뮬레이터들은 여기서 다루지 않은 다른 여러 에뮬레이터들을 포함해 여러 탭을 사용하거나 에뮬레이터 윈도우를 여러 페인으로 나눠 각각에 터미널 에뮬레이터 세션을 실행할 수 있는 GUI 도구들이다. 이들 GUI 터미널 에뮬레이터들은 Tlix처럼 화면을 여러 페인으로 나누고 탭도 사용할 수 있다. 여러 페인을 사용하는 장점 중 하나는 비교하거나 함께 관찰하고 싶은 세션들을 하나의 윈도우에 함께 배치하기 쉽다는 것이다. 하지만 화면을 너무 많은 페인으로 나누다가 그 안에서 무슨 일이 일어나는지 실제로 보기 힘들 정도로 공간이 부족해지기도 쉽다.

따라서 예쁜 다중 페인, 다중 탭 터미널 에뮬레이터도 쓰고, 그 에뮬레이터 세션 중 일부에서 screen이나 tmux도 실행할 수 있다. 이로 인한 유일한 단점은 때로 어떤 세션들이 열려 있는지 헛갈려서 해야 하는 작업을 위해 이미 열려 있는 세션을 잊는 것이다. 조합이 매우 복잡해질 수 있다.

이들 흥미로운 기능 모두 다수의 터미널 세션을 소수의 윈도우로 관리할 수 있게 해서 데스크탑을 덜 어수선하게 만든다. 특정 세션을 찾기가 좀 어려워질 수는 있지만 말이다. 또한 명령을 잘못된 세션에 입력해 혼란을 일으키기도 쉬울 수 있다.

Konsole

Konsole은 KDE 데스크탑 환경의 디폴트 터미널 에뮬레이터다. 어느 데스크탑에도 설치하고 사용할 수 있지만 다른 터미널 에뮬레이터에 필요 없는 여러 KDE 라이브러리와 패키지를 설치한다.

실험 14-5

Konsole 터미널 에뮬레이터를 연다. 더 이상 진행하기 전에 한 가지 구성을 변경하자. Settings ▶ Configure Konsole을 열고 Tab Bar 탭을 선택한다. Tab Bar Visibility를 Always Show Tab Bar로 바꾸고 Show 'New Tab' and 'Close Tab'을 선택한다. OK 버튼을 클릭해 이들 변경 사항을 적용한다. Konsole을 재기동할 필요는 없다.

이제 Konsole이 탭 바의 양쪽에 탭을 열고 닫는 아이콘을 제공하고 간단히 탭 바의 빈 공간을 더블클릭하면 새로운 탭을 열 수 있음을 알 수 있다. 새로운 탭은 File 메뉴에서도 열 수 있다.

방금 말한 방법 중 하나로 두 번째 탭을 연다. 이제 Konsole 윈도우가 그림 14-11처럼 보일 것이다.

Konsole의 프로파일profile 기능은 매우 유연한데, Settings ▶ Manage Profiles...을 통해 Configure 대화상자를 열 수 있다. Profiles 탭을 선택하고 New Profile...을 클릭해 이 탭을 이용한 새로운 프로파일을 만들고 서로 다른 방식으로 구성하면서 여기 있는 옵션들을 살펴본다. 반드시 프로파일 목록의 Show 칼럼에 선택 표시를 해야 새로운 프로파일이 활성화된다. OK를 클릭해 변경 사항을 저장한다. 이제 Settings ▶ Switch Profile을 열고 새로운 프로파일명을 클릭한다.

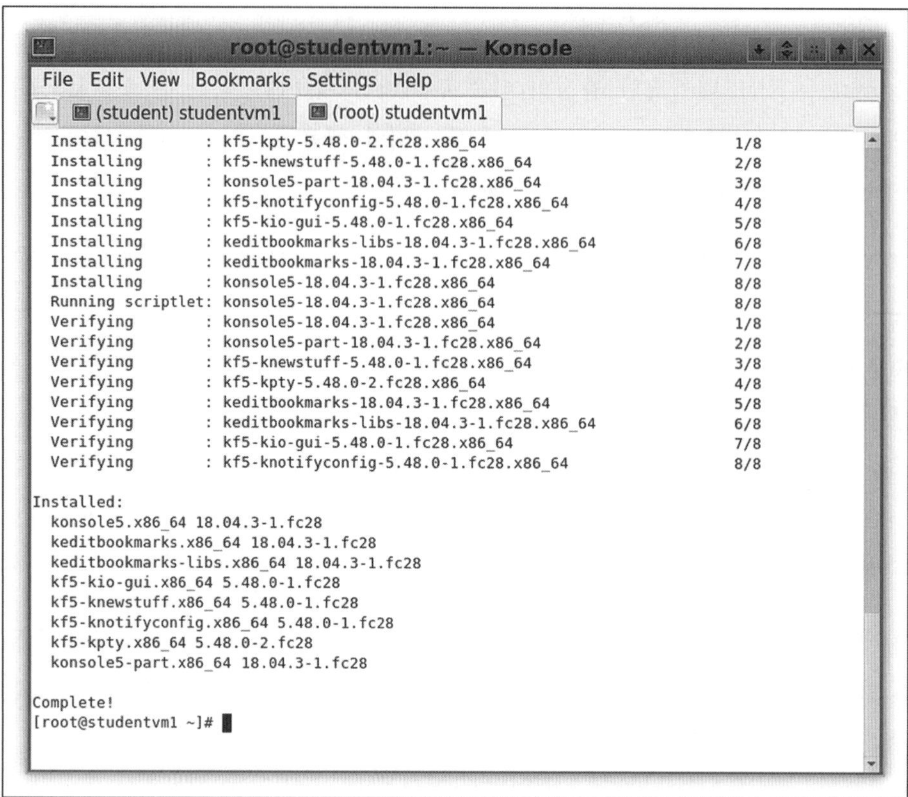

그림 14-11. 두 개의 탭이 열린 Konsole 터미널 에뮬레이터. 탭 바의 빈 공간에 더블클릭하면 새로운 탭이 열린다.

Konsole에는 여러분이 살펴볼 여러 가지 측면이 있다. 시간을 들여 이들 흥미로운 곳에서 여러분의 호기심이 이끄는 대로 살펴보기 바란다.

내가 Konsole을 매우 좋아하는 이유는 깔끔하고 단순한 사용자 인터페이스를 제공하면서 여러 터미널 세션을 사용할 수 있는 탭을 제공하기 때문이다. KDE 플라즈마 작업 공간에서 우려하는 점은 기능이 너무 확장되면서 대체로 느려지는 점이다. KDE 플라즈마 데스크탑에서 성능 문제와 크래시를 겪었지만 Konsole에서는 전혀 성능 문제가 없었다.

Konsole은 859MB의 가상 메모리를 사용한다.

Terminator

Terminator는 또 하나의 강력하고 기능 많은 터미널 에뮬레이터다. GNOME 터미널에 기반을 두고 있지만 탭과 격자를 이용해서 동시에 여러 터미널을 사용할 수 있는 시스템 관리자용 도구를 지향한다.

실험 14-6

student 사용자로 Terminator를 실행한다. 이제 윈도우를 오른쪽 클릭해 그림 14-12의 메뉴를 연다. Split Vertically를 선택해 윈도우를 반으로 나누고 오른쪽 절반에 새로운 터미널을 연다.

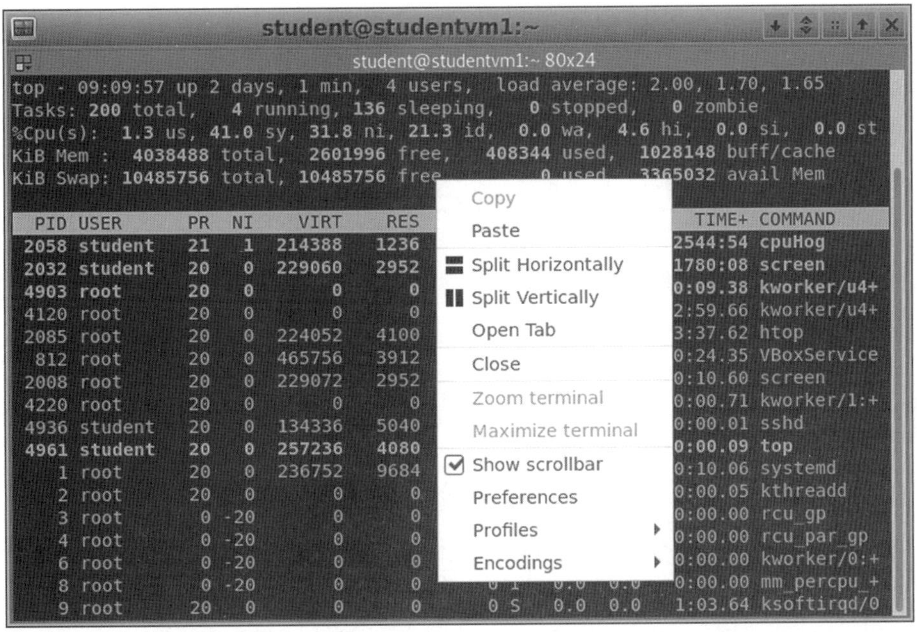

그림 14-12. Terminator 기능과의 모든 상호작용은 팝업 메뉴를 통해 이뤄진다.

이 실험의 나머지 과정을 진행함에 따라 터미널 윈도우를 더 크게 만들고 싶을 수 있다.

오른쪽 터미널 세션에서 top 프로그램을 실행한다. 왼쪽 터미널에서 Terminator의 매뉴얼 페이지를 연다.

오른쪽 터미널을 가로로 나눈다. top이 실행 중인 터미널이 위쪽 터미널이고 새로운 터미널이 아래쪽에 자리 잡는다. 11 같은 간단한 프로그램을 오른쪽 아래 터미널에서 실행한다. 오른쪽 아래를 세로로 나눈다.

터미널 세션들의 상대적인 크기를 조절하면 각 터미널이 더 잘 보이게 할 수 있다. 터미널 세션들은 드래그 바[drag bar]로 구분돼 있다. 마우스 포인터를 왼쪽 오른쪽 면 사이의 수직 드래그 바 위로 옮긴다. 그런 다음 바를 왼쪽으로 끌어 오른쪽 터미널 세션에게 더 많은 공간을 준다.

참고

이중 화살표 아이콘이 다른 애플리케이션과 다르게 사용된다. 포인터가 수직 드래그 바를 만나면 위/아래 이중 화살표 아이콘이 표시된다. 다른 모든 터미널 에뮬레이터는 좌우 화살표를 이용해서 가능한 이동 방향을 나타낸다.

여러분의 Terminator는 그림 14-13과 비슷하게 보일 것이다. 이제 두 번째 탭을 열고 그 탭을 최소 세 개의 터미널 세션으로 나눈다.

드래그 앤 드롭을 이용해서 윈도우 안의 터미널 세션들을 재배열할 수 있다. 첫 번째 탭 안의 윈도우 중 하나의 타이틀 바를 선택한다. 그 터미널 세션을 윈도우 안의 다른 위치로 끈다. 윈도우 안에서 터미널을 여기저기로 움직여서 이 기능이 어떻게 동작하는지 살펴본다. 터미널 세션을 데스크탑으로 끌어서 새로운 Terminator 윈도우를 열 수는 없다. 기존 윈도우 안의 다른 위치로만 끌 수 있다.

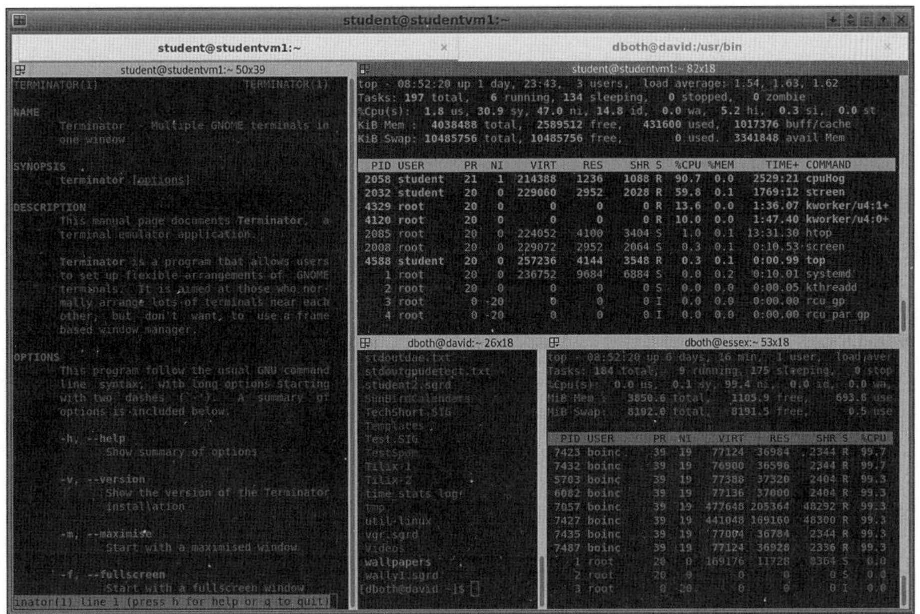

그림 14-13. 두 개의 탭이 열려 있고 보이는 탭 하나에 세 개의 세션이 있는 Terminator

오른쪽 클릭해서 Terminator 메뉴를 열고 Preferences를 선택한다. 여기서 구성을 바꾸고 새로운 프로파일을 만들 수 있다. 초록이나 검정 색채 조합color scheme과 살짝 큰 폰트를 이용해서 새로운 프로파일을 만들어본다. 프로파일을 전환한다. 열려 있는 터미널 각각은 개별적으로 새로운 조합으로 전환된다.

시간을 갖고 Terminator의 기능을, 특히 다양한 설정을 스스로 살펴보기 바란다.

이는 여러 터미널 세션을 열어 두고 그중 여러 개를 동시에 봐야 할 때 매우 유용하다. 때로 작은 윈도우를 너무 많이 열어버려서 좀 더 중요한 터미널을 보고자 재배치해야 하기도 하다.

Terminator는 보통 스스로 753MB의 가상 램을 사용하고 그 안에서 프로그램을 실행하면 더 많은 램을 사용할 것이다.

요약

리눅스의 다른 거의 모든 측면과 마찬가지로 사용자와 시스템 관리자에게 터미널 에뮬레이터에 대한 많은 선택권이 있다. 개인적으로 여러 에뮬레이터를 사용해봤고 14장에서 소개한 것들은 내가 가장 많이 사용해보고 가장 효율적인 업무 수단을 제공한 것들이다. 가장 좋아하는 터미널 에뮬레이터가 있는데도 여기 나와 있지 않다면 사과하겠다. 정말 너무 많아서 모두 담을 수가 없다.

나는 이 에뮬레이터들을 좋아하기 때문에 다른 기능 때문에라도 반복해서 사용한다. 또한 이전에 사용해보지 않은 다른 터미널 에뮬레이터를 계속 찾아본다. 새로운 것을 배우는 것은 언제나 좋고 다른 것들을 모두 제쳐놓고 사용하게 될 수도 있기 때문이다.

실험의 범위에 구애받지 말고 시간을 들여 터미널 에뮬레이터 각각을 사용해보기 바란다. 이 과정 내내 서로 다른 터미널 에뮬레이터를 시험 삼아 써보자. 그러면 커맨드라인을 사용할 때 이들이 어떻게 도움이 될지 더 잘 이해하는 기회가 될 것이다. 이들 터미널 에뮬레이터가 여러분의 필요를 충족하지 않는다면 그중 아무것도 쓸 필요가 없다. 다른 것들을 써보고 여러분이 가장 좋아하는 것을 사용하기 바란다.

연습문제

14장을 마무리하며 연습문제를 풀어보기 바란다.

1. 터미널 에뮬레이터의 선택 폭이 넓은 이유는 무엇인가?
2. Tilix가 여러분의 필요를 디폴트보다 더 잘 충족하도록 구성하는 프로파일을 추가하라. 색깔, 폰트, 디폴트 터미널 크기 등을 바꾸고 싶을 수 있다.

3. DNF와 인터넷을 사용해 14장에서 살펴보지 않은 새로운 터미널 에뮬레이터를 찾는다. 그중 최소 2개를 설치하고 기능을 살펴보라.

4. 14장에서 살펴본 터미널 에뮬레이터 기능 중 지금 여러분에게 가장 중요한 것은 무엇인가?

5. 적절한 터미널 에뮬레이터를 고르고 거기서 터미널 세션을 열어 다음 프로그램들을 동시에 볼 수 있게 해보라(top, iotop, 네트워크 통계를 실시간으로 볼 수 있는 sar).

6. 마음에 드는 특정 터미널 에뮬레이터가 있는가? 그렇다면 무엇이고 이유는 무엇인가?

15장

고급 셸 사용법

학습 목표

15장의 학습 목표는 다음과 같다.

- Bash 셸의 고급 사용법
- 셸 옵션의 사용
- 내부 명령과 외부 명령의 차이점
- 명령이 실패할 때를 대비하는 방법
- 내부 명령을 사용할지 외부 명령을 사용할지 결정하는 방법
- 외부 명령을 사용하게 지정하는 방법
- 명령으로 여러 파일명을 매칭해 실행시키고자 글로빙globbing을 사용하는 방법
- 어떤 명령을 사용할지와 관련해 PATH 변수가 끼치는 영향
- 한 사용자나 모든 사용자가 사용할 셸 스크립트를 배치할 위치
- 복합 명령 사용

- 간단한 복합 명령에서 기본 흐름 제어 사용
- 고급 패턴 매칭인 grep을 사용해 데이터 스트림에서 행을 추출하는 방법
- find를 사용해 간단하거나 복잡한 기준으로 파일을 찾는 방법

7장에서는 Bash 셸을 사용하는 방법을 간략하게 살펴봤고 터미널 에뮬레이터와 셸, 커맨드라인과 이외 더 많은 잠재적으로 혼란스러운 용어를 이해할 수 있게 몇 가지 용어를 정의했다. 9장에서는 몇 가지 기본 리눅스 명령과 몇 가지 간단한 파이프라인과 리디렉트를 사용하는 방법을 알아봤다.

15장에서는 Bash 셸을 더 자세히 살펴볼 것이다. 특히 Bash의 내부 명령과 환경 및 여기에 포함된 변수를 좀 더 자세히 살펴본다. 또한 셸 명령 실행과 관련한 환경의 영향을 찾아보고 복합 명령의 기능을 살펴보는 것으로 커맨드라인 프로그램을 알아보기 시작한다. 그런 다음 고급 도구 중 하나인 grep과 find로 넘어가보자.

Bash 셸

이미 Bash 셸을 사용해왔고 작동 방식도 어느 정도 알고 있으니 이제 조금은 이 셸이 친숙해보일 것이다. 셸(모든 셸에 해당)이란 커맨드라인 해석기를 말한다. 셸이 하는 일은 커맨드라인에 입력된 명령을 받아 파일 글로브[file globs], 즉 와일드카드 문자인 *와 ?를 확장하고 이를 완전한 파일이나 디렉터리 이름으로 설정해 결과를 커널에서 사용할 토큰으로 변환하는 것이다. 그런 다음 결과 명령을 실행하고자 커널에 전달한다. 그 후 셸은 명령이 실행된 결과의 출력값을 STDOUT으로 보낸다.

Bash는 명령 해석기이자 프로그래밍 언어다. 이는 흐름 제어나 절차와 같이 공통 프로그래밍 언어 구조를 사용하는 크고 복잡한 프로그램을 만들 때 사용할 수 있다. Bash 셸은 다른 커맨드라인 프로그램과 비슷하다. 커맨드라인 옵션

과 인수를 사용해 호출할 수 있다. 또한 내부 명령을 비롯해 여러 항목을 광범위하게 설명하는 매뉴얼 페이지가 있다.

셸 옵션

Bash 셸 옵션은 Bash 실행 파일이 시작될 때 설정할 수 있지만 일반적으로 일반 사용자는 셸을 시작하는 명령에 접근할 수 없다. 따라서 Bash 제작자는 셸이 실행되고 있을 때 셸 동작의 세부 사항을 정의하는 많은 옵션을 확인하고 변경할 수 있는 shopt[shell options] 명령을 제공한다.

shopt 명령을 사용하면 Bash의 set 명령과 함께 사용할 수 있는 옵션의 상위 목록에 접근할 수 있다. shopt 명령에 접근할 수 있는 옵션 중 어떤 것도 변경할 필요는 없지만 set 명령을 사용해 커맨드라인 편집을 vi 모드로 설정하는 것은 해둔다.

shopt 명령을 아무 옵션 없이 사용하면 명시적으로 활성화나 비활성화로 설정되는 Bash 옵션들의 현재 상태 목록을 보여준다. 사용할 수 있는 모든 옵션을 나열하지는 않는다. Bash의 매뉴얼 페이지를 보면 설정할 때 사용할 수 있는 모든 옵션을 포함해 set과 shopt에 대해 자세한 정보를 확인할 수 있다.

실험 15-1

student 사용자로 이 실험을 수행한다. 셸 옵션을 간단히 살펴보고 이를 변경하지는 않을 것이다. 아무 옵션이나 인수 없이 shopt 명령을 사용해 셸 옵션 목록을 출력해보자.

```
[student@studentvm1 ~]$ shopt
autocd          off
```

```
cdable_vars         off
cdspell             off
checkhash           off
checkjobs           off
checkwinsize        on
cmdhist             on
compat31            off
<생략>
nullglob            off
progcomp            on
promptvars          on
restricted_shell    off
shift_verbose       off
sourcepath          on
xpg_echo            off
```

이는 목록 일부를 잘라낸 것이니 여러분은 여기에 표시된 것보다 더 많은 항목이 표시돼야 한다. 이전에 언급했듯이 이러한 셸 옵션을 변경할 필요는 없다.

셸 변수

환경과 셸 변수는 17장에서 더 자세히 살펴보니 지금은 간단히 알아보자.

변수는 값을 포함한 메모리의 위치를 나타내는 명명된 개체Named Entity다. 변수의 값은 고정돼 있지 않으며 다양한 숫자나 문자열 연산의 결과로 변경될 수 있다. Bash 셸 변수는 유형이 지정돼 있지 않다. 즉, 숫자나 문자열로 모두 조작할 수 있다.

실험 15-2

student 사용자로 이 실험을 수행한다. 먼저 $HOSTNAME 변수는 이미 존재하므로 셸에서 해당 변수의 값을 출력해보자. 스크립트나 CLI 명령에서 변수 값에 접근하려는 경우에는 항상 $ 기호를 사용해 이를 참조할 수 있다. $ 기호는 해당 기호 뒤에 오는 이름(공백 없이)이 변수명임을 Bash 셸에 알려준다.

```
[student@studentvm1 ~]$ echo $HOSTNAME
studentvm1
```

이제 존재하지 않는 MYVAR이라는 이름의 다른 변수를 살펴보자.

```
[student@studentvm1 ~]$ echo $MYVAR
[student@studentvm1 ~]$
```

이 변수는 아직 존재하지 않기 때문에 null 값이므로 셸은 null 값을 출력한다. 이 변수에 값을 할당한 다음 이 변수를 다시 출력해보자.

```
[student@studentvm1 ~]$ MYVAR="Hello World!"
[student@studentvm1 ~]$ echo $MYVAR
Hello World!
[student@studentvm1 ~]$
```

즉, 변수에 값을 설정하려면 앞에 $ 기호 없이 변수명을 사용하는 것을 볼 수 있을 것이다. 이 경우 Bash 셸은 전체 맥락에서 등호(=)가 뒤에 오는 이름이 변수명이라는 것을 추론할 수 있다.

팁

Bash 셸 문법은 매우 엄격하기에 때로는 공백이 필요한 경우도 있고 필요 없는 경우도 있다. 변수 할당의 경우 등호 양쪽에 공백이 없어야 한다.

가끔 일반적인 경로를 참조하는 경우에는 'PATH'나 'path'를 모두 사용할 수 있지만 $PATH를 사용하면 항상 해당 변수나 변수의 값을 참조하게 된다.

명령

셸의 목적은 컴퓨터와 인간의 상호작용을 쉽고 효율적으로 만드는 것이다. 셸은 우리가 입력한 명령을 받아 커널이 이해할 수 있게 수정한 다음 이를 실행하는 운영체제에 전달한다. 셸은 이러한 상호작용을 가능하게 하는 도구를 제공한다.

명령은 두 가지 범주로 나뉜다. 셸 프로그램의 필수적인 부분인 내부 명령과 별도로 존재하는 외부 명령이 있으며, 외부 명령은 GNU나 리눅스 코어 유틸리티처럼 자체 실행 파일이 있다. 기타 외부 명령은 별도로 제공되거나 LVM(논리적 볼륨 관리)과 같은 다양한 리눅스 구성 요소에서 제공하는 도구다.

셸 내부 명령과 동일한 이름인 외부 명령이 있다면 내부 명령이 먼저 실행되기 때문에 이를 구분하는 것은 중요하다. 예를 들어 Bash 내부 명령인 echo와 외부 명령인 echo가 있다면 외부 명령에 대한 경로를 커맨드라인에 지정하지 않는 한 Bash 내부 명령인 echo가 사용된다. 두 명령이 약간 다르게 동작한다면 문제가 될 수 있다.

명령이 입력될 때 Bash 셸이 어떻게 동작하는지 매우 구체적으로 살펴보자.

1. 명령을 입력하고 엔터키를 누른다.

2. Bash는 명령을 분석해 명령 이름 앞에 경로가 있는지 확인한다. 있는 경우 4단계로 건너뛴다.
3. Bash는 명령이 내부 명령인지 확인하고, 내부 명령이라면 즉시 명령을 실행한다.
4. 명령의 일부로 경로가 입력됐다면 Bash는 명령을 실행할 새 하위 프로세스를 분기한 다음 명령을 실행한다. 이러한 분기는 CPU, I/O, RAM과 같은 시스템 리소스를 소모하며 시간도 조금 걸린다.
5. 명령에 대한 경로가 지정되지 않고 내부 명령이 아닌 경우 Bash는 앨리어스나 셸 기능(시스템과 사용자가 생성한 절차) 목록을 찾는다. 그중 하나가 발견되면 새 셸의 하위 프로세스를 분기하고 함수나 앨리어스를 실행한다. 다시 말하지만 이 모든 것은 아주 적은 양이지만 시간이 걸린다.
6. 앨리어스나 함수가 없으면 Bash는 $PATH 셸 변수에 지정된 디렉터리 목록을 검색해 명령을 찾는다. 명령을 찾으면 Bash는 명령을 실행하고자 새 하위 셸을 분기한다. 더 많은 시간이 소모된다.
7. 명령이 하위 셸에서 실행되면 하위 셸이 종료되고 실행 프로세스는 상위 셸로 돌아간다.

경로

$PATH는 셸에서 매우 중요한 환경 변수다. 이는 시스템과 셸이 실행 파일을 찾는 디렉터리 목록을 정의한 것으로, 콜론으로 구분돼 있다. 셸은 내부 명령이 아닌 명령이 입력될 때 $PATH에 입력된 각 디렉터리에서 실행 파일을 찾는다.

$PATH 환경 변수는 현재 셸이나 특정 사용자 혹은 모든 사용자의 모든 셸 인스턴스에 대해 변경할 수 있다. 하지만 기본적으로 $PATH는 개별 사용자가 자신의 홈 디렉터리 트리에서 셸 스크립트와 같은 실행 파일을 유지 관리해야 한다는 점을 고려하기 때문에 일반적으로 변경은 필요하지도 바람직하지도 않다.

실험 15-3

student 사용자로 이 실험을 수행한다. 먼저 $PATH의 기본값을 확인하는 것부터 시작하자.

```
[student@studentvm1 ~]$ echo $PATH
/usr/local/bin:/usr/bin:/usr/local/sbin:/usr/sbin:/home/student/.local/bin
:/home/student/bin
```

이 경로의 항목을 생각해보자. 첫 번째인 /usr/local/bin은 시스템 관리자나 모든 사용자가 사용하는 셸 스크립트처럼 로컬로 생성된 실행 파일을 저장하고자 특별히 정의된 위치다. /usr/local/etc 디렉터리는 /usr/local/bin에 있는 실행 파일에 대한 구성파일을 저장하는 데 사용한다.

두 번째 항목은 /usr/bin으로, 이는 대부분 사용자가 실행 가능한 바이너리 파일용이며 모든 사용자용이다. 세 번째는 /usr/sbin으로, 시스템 관리자가 사용하기 위한 표준이지만 필수적이지 않은 시스템 바이너리용이다.

마지막 두 디렉터리는 사용자의 디렉터리 트리에 있다. 사용자에게 개인용 셸 스크립트와 같은 개인 실행 파일이 있는 경우 이는 일반적으로 ~/bin에 저장되며, 이 경로가 사용자의 $PATH 변수에 있기 때문에 커널이 해당 디렉터리를 검색할 것이다.

$PATH는 타이핑 시간을 줄여준다. cpuHog 프로그램을 시작할 때 무엇이 필요했는지 기억하는가?

```
./cpuHog
```

명령 앞에 ./(점-슬래시)를 붙여야 했던 이유는 실행 가능한 cpuHog 셸 스크립트가 $PATH의 일부가 아닌 student 사용자의 홈 디렉터리인 /home/student/에 있기 때문이었다.

어떤 방식으로든 홈 디렉터리를 지정하지 않고 학생 사용자의 홈 디렉터리로 이동해 해당 명령을 실행해보자.

```
[student@studentvm1 ~]$ cpuHog
Bash: /home/student/bin/cpuHog: No such file or directory
```

에러가 발생하므로 이 경우 현재 디렉터리의 상대 경로를 사용해 경로를 지정해야 한다. 점(.) 표기법은 현재 디렉터리의 바로 가기를 말한다. 다음과 같은 방법으로 이 명령을 실행할 수 있다.

- ./cpuHog
- ~/cpuHog
- /home/cpuHog

현재 실행 중인 cpuHog 인스턴스를 종료하고 student 사용자의 현재 위치가 홈 디렉터리(~)인지 확인하자. 그런 다음 아직 사용하지 않은 두 가지 방법을 시도해본다.

방법 #1은 cpuHog 스크립트가 현재 위치에 있다고 가정한 것이다. 방법 #2는 현재 위치에 대해 가정하지 않으며 사용자의 홈 디렉터리에 바로 가기인 ~(틸드)를 사용한 것이다. 다른 디렉터리로 이동한 후 방법 #2를 사용해 cpuHog를 시작해보자.

```
[student@studentvm1 ~]$ cd /tmp ; ~/cpuHog
```

Ctrl-C를 사용해 이 cpuHog 인스턴스를 종료한 후 /tmp/ 디렉터리에 남아 방법 #3을 사용해보자.

```
[student@studentvm1 tmp]$ /home/student/cpuHog
```

이 방법도 동작하긴 하지만 훨씬 더 많은 입력값이 필요하다. 세 가지 방법은 모두 단순히 cpuHog 파일을 사용자의 개인 실행 파일 디렉터리인 ~/bin에 넣을 때보다 더 많은 입력값이 필요하다. 게으른 시스템 관리자는 가능한 모든 방법을 동원해 필요한 키 입력을 최소화한다는 것을 잊지 말자.

홈 디렉터리로 이동해 ~/bin을 찾아보자. 없다면 새로 생성해야 한다. 디렉터리를 새로 생성한 후 cpuHog를 그 안으로 옮기고 프로그램을 실행하는 작업을 모두 하나의 복합 명령으로 할 수 있다.

```
[student@studentvm1 ~]$ cd ; mkdir ~/bin ; mv cpuHog ./bin ; cpuHog
```

$PATH의 기능은 실행 파일을 저장할 수 있는 이미 정의된 위치를 제공해 실행할 때 경로를 입력할 필요가 없게 하는 것이다.

복합 명령은 이 장의 뒷부분에서 좀 더 알아본다.

내부 명령

리눅스 셸에는 자체적으로 내장된 많은 내부 명령이 있다. Bash 셸도 예외는 아니다. man과 info 페이지에서 이러한 명령의 목록을 확인할 수 있지만 그 모든 정보 중에서 내부 명령이 어떤 것인지 찾아내기가 약간 어려울 수 있다.

이러한 내부 명령은 셸 자체의 일부로 Bash 셸 외부에는 존재하지 않는다. 그것이 '내부'로 정의되는 이유다.

실험 15-4

student 사용자로 이 실험을 수행한다. help 명령은 내부 Bash 명령의 목록을 확인하는 가장 쉬운 방법이다.

```
[student@studentvm1 ~]$ help
GNU Bash, version 4.4.23(1)-release (x86_64-redhat-linux-gnu)
These shell commands are defined internally. Type `help' to see this list.
Type `help name' to find out more about the function `name'.

Use `info Bash' to find out more about the shell in general.
Use `man -k' or `info' to find out more about commands not in this list.

A star (*) next to a name means that the command is disabled.

job_spec [&]                               history [-c] [-d offset] [n]
                                           or history -anr>
(( expression ))                           if COMMANDS; then COMMANDS;
                                           [ elif COMMANDS;>
. filename [arguments]                     jobs [-lnprs] [jobspec ...]
                                           or jobs -x comma>
:                                          kill [-s sigspec | -n signum
                                           | -sigspec] pid>
[ arg... ]                                 let arg [arg ...]
[[ expression ]]                           local [option] name[=value] ...
alias [-p] [name[=value] ... ]             logout [n]
bg [job_spec ...]                          mapfile [-d delim] [-n
                                           count] [-O origin] [->
bind [-lpsvPSVX] [-m keymap] [-f filename] [->popd [-n] [+N | -N]
break [n]                                  printf [-v var] format [arguments]
builtin [shell-builtin [arg ...]]          pushd [-n] [+N | -N | dir]
caller [expr]                              pwd [-LP]
case WORD in [PATTERN [| PATTERN]...) COMMAND>read [-ers] [-a array]
```

```
cd [-L|[-P [-e]] [-@]] [dir]

command [-pVv] command [arg ...]

compgen [-abcdefgjksuv] [-o option] [-A actio>
complete [-abcdefgjksuv] [-pr] [-DE] [-o opti>

compopt [-o|+o option] [-DE] [name ...]

continue [n]
coproc [NAME] command [redirections]
declare [-aAfFgilnrtux] [-p] [name[=value] ..>
dirs [-clpv] [+N] [-N]
disown [-h] [-ar] [jobspec ... | pid ...]
echo [-neE] [arg ...]
enable [-a] [-dnps] [-f filename] [name ...]
eval [arg ...]

exec [-cl] [-a name] [command [arguments ...]>
exit [n]
export [-fn] [name[=value] ...] or export -p

false
npqrstuvxPT] [limit]
fc [-e ename] [-lnr] [first] [last] or fc -s >
fg [job_spec]
for NAME [in WORDS ... ] ; do COMMANDS; done
for (( exp1; exp2; exp3 )); do COMMANDS; don>

function name { COMMANDS ; } or name () { COM>

getopts optstring name [arg]
hash [-lr] [-p pathname] [-dt] [name ...]
```

```
[-d delim] [-i text] >
readarray [-n count]
[-O origin] [-s count] >
readonly [-aAf]
[name[=value] ...] or readon>
return [n]
select NAME [in WORDS ... ;]
do COMMANDS; do>
set [-abefhkmnptuvxBCHP]
[-o option-name] [->
shift [n]
shopt [-pqsu] [-o] [optname ...]
source filename [arguments]
suspend [-f]
test [expr]
time [-p] pipeline
times
trap [-lp] [[arg] signal_
spec ...]
true
type [-afptP] name [name ...]
typeset [-aAfFgilnrtux] [-p]
name[=value] .>
ulimit [-SHabcdefiklm

umask [-p] [-S] [mode]
unalias [-a] name [name ...]
unset [-f] [-v] [-n] [name ...]
until COMMANDS; do COMMANDS;
done
variables - Names and
meanings of some shell>
wait [-n] [id ...]
while COMMANDS; do COMMANDS;
done
```

```
help [-dms] [pattern ...]                      { COMMANDS ; }
[student@studentvm1 ~]$
```

참고

도움말의 각 열에 있는 일부 줄 끝에 있는 보다 큰 문자 gt(>)는 공간 부족으로 인해 줄이 잘렸음을 나타낸다.

각 명령에 대한 자세한 내용을 보려면 Bash의 man 페이지를 사용하거나 내부 명령 이름과 함께 help를 입력한다. 예를 들어 다음과 같다.

```
[student@studentvm1 ~]$ help echo
echo: echo [-neE] [arg ...]
    Write arguments to the standard output.

    Display the ARGs, separated by a single space character and followed by a
    newline, on the standard output.
<생략>
```

man 페이지는 외부 명령에 대한 정보만 제공한다. 내부 명령에 대한 정보는 Bash 자체의 man과 info 페이지에만 있다.

```
[student@studentvm1 ~]$ man Bash
```

셸 내부 명령을 찾으려면 다음 검색을 사용하자. 맞다, 모두 대문자다.

```
/^SHELL BUILTIN
```

슬래시(/)는 검색을 시작한다. 캐럿(^)은 해당 문자열이 행의 시작 부분에서 시작하는 경우에만 이 문자열을 찾아야 함을 나타내는 앵커 문자다. 이 문자열은 여러 곳에 있지만 줄의 시작 부분에서 'see SHELL BUILTIN COMMANDS below.'로 섹션을 시작하는 경우의 결과만 출력할 것이다.

각 내부 명령은 SHELL BUILTIN COMMANDS 섹션에 문법, 가능한 옵션, 인수와 함께 설명돼 있다. for, continue, break, declare, getopts 등과 같은 대부분의 Bash 내부 명령은 커맨드라인에서 독립적으로 사용되기보다는 스크립트나 커맨드라인 프로그램에서 사용하기 위한 것이다. 이 장의 뒷부분에서 그중 일부를 살펴본다. Bash man 페이지의 SHELL BUILTIN COMMANDS 섹션을 한번 살펴보길 바란다.

type 유틸리티를 사용해 위 명령 중 세 개를 확인해보자.

```
[student@studentvm1 ~]$ type echo getopts egrep
echo is a shell builtin
getopts is a shell builtin
egrep is aliased to `egrep --color=auto'
```

type 명령을 사용하면 셸 내부 명령을 쉽게 식별할 수 있다. 이 명령은 많은 리눅스 명령과 마찬가지로 여러 인수를 사용할 수 있다.

외부 명령

외부 명령은 실행 파일로 존재하며 셸의 일부가 아닌 명령이다. 실행 파일은 /bin, /usr/bin, /sbin 등과 같은 위치에 저장된다.

실험 15-5

먼저 /bin으로 현재 작업 디렉터리를 변경한 후 거기에 있는 파일의 long list(ll)를 모두 출력해보자.

```
[student@studentvm1 bin]$ ll | less
```

목록을 스크롤해 몇 가지 익숙한 명령을 찾아보자. echo와 getopts도 모두 외부 명령에서 찾을 수 있을 것이다. type 명령이 이들을 보여주지 않는 이유는 무엇일까? -a 옵션을 사용하면 하위 명령과 앨리어스를 비롯해서 모든 종류의 명령을 확인할 수 있다.

```
[student@studentvm1 bin]$ type -a echo getopts egrep
echo is a shell builtin
echo is /usr/bin/echo
getopts is a shell builtin
getopts is /usr/bin/getopts
egrep is aliased to `egrep --color=auto'
egrep is /usr/bin/egrep
[student@studentvm1 bin]$
```

type 명령은 셸이 명령을 실행할 경우 해당 명령을 검색하는 순서와 동일하게 실행 파일을 검색한다. -a 옵션이 없는 type 명령은 첫 번째 인스턴스에서 검색이 중지되므로 명령이 실행될 경우 실행될 실행 파일만이 표시된다. -a 옵션은 모든 인스턴스를 표시하도록 지시하는 것이다.

cpuHog 셸 스크립트는 어떤가? type 명령은 이 스크립트에 대해 어떤 것을 알려주는가? 한번 실행해보고 알아보자.

외부 명령을 사용하게 만드는 방법

앞에서 본 것처럼 내부 버전과 외부 버전이 동시에 존재하는 명령이 있다. 이 경우 동일한 이름을 사용하더라도 서로 약간 다르게 작동할 수 있으며 명령을 사용해 원하는 결과를 얻고 싶다면 이러한 가능성을 이해해야 한다.

동일한 이름을 가진 내부 명령이 아니라 외부 명령이 실행되도록 확실하게 해야 한다면 /usr/bin/echo에서처럼 명령의 이름에 대한 경로를 추가하기만 하면 된다. 이를 위해 Bash 셸이 명령을 검색하고 실행하는 방법을 이해하는 것이 도움이 된다.

복합 명령

앞에서 이미 매우 간단한 복합 명령을 사용한 적이 있다. 가장 간단한 형태의 복합 명령은 커맨드라인에서 여러 명령을 순서대로 묶는 것이다. 이러한 명령은 각 명령의 끝을 정의하는 세미콜론으로 구분된다.

복잡한 명령 파이프라인을 만들었던 것과 동일한 방식으로 복합 명령을 만들 수 있다. 한 줄에 간단한 여러 명령을 순서대로 만들려면 다음과 같이 세미콜론을 사용해 각 명령을 구분하기만 하면 된다.

```
명령1 ; 명령2 ; 명령3 ; 명령4 ; ... etc. ;
```

엔터키를 누르면 최종 명령이 종료된다는 의미이므로 마지막 세미콜론은 필요 없지만 일관성을 위해 마지막 세미콜론을 추가하는 건 괜찮다. 이 여러 개의 명령 목록은 실험 15-1의 마지막에서 새 디렉터리를 만들고 cpuHog 파일을 해당 디렉터리로 이동한 다음 cpuHog를 실행하게 만들었던 명령과 비슷하다. 이러한 경우 뒤에 나오는 명령의 기능은 이전 명령의 결과가 올바른지에 따라 달라진다.

```
cd ; mkdir ~/bin ; mv cpuHog ./bin ; cpuHog
```

이러한 명령은 에러가 발생하지 않는 한 문제없이 모두 실행된다. 하지만 에러

가 발생하면 어떻게 될까? 내장 Bash 제어 연산자인 &&와 ||를 사용하면 에러를 예상하고 대비할 수 있다. 이 두 제어 연산자는 흐름 제어를 어느 정도 할 수 있게 도와주며 코드 실행 순서를 변경할 수 있게 해준다. 세미콜론은 줄 바꿈 문자와 마찬가지로 Bash 제어 연산자로도 간주된다.

&& 연산자는 단순히 명령1이 성공하면 명령2를 실행하며, 어떤 이유로든 명령1이 실패하면 명령2는 건너뛴다. 문법은 다음과 같다.

```
명령1 && 명령2
```

이는 모든 명령이 성공적으로 완료됐는지 혹은 실행 중에 어떤 유형의 실패가 있었는지 여부를 나타내는 반환 코드[Return Code](RC)를 셸로 보내기 때문에 동작할 수 있는 것이다. 관례에 따르면 반환 코드 영(0)은 성공을 나타내고 양수는 어떤 유형의 실패를 나타낸다. 시스템 관리자가 사용하는 도구 중 일부는 실패를 알려주고자 오직 1만 반환하는 경우도 있지만 많은 도구가 발생한 실패 유형을 추가로 정의하고자 다른 코드를 반환하기도 한다.

Bash 셸에는 스크립트나 명령 목록 중 다음 명령을 이용하거나 시스템 관리자가 쉽게 확인할 수 있는 $?라는 변수가 있다.

실험 15-6

먼저 반환 코드를 살펴보자. 간단한 명령을 실행하면 즉시 반환 코드를 확인할 수 있다. 반환 코드는 항상 확인하기 전 마지막으로 실행된 명령에 대한 것이다.

```
[student@studentvm1 ~]$ ll ; echo "RC = $?"
total 284
-rw-rw-r--  1 student student   130 Sep 15 16:21 ascii-program.sh
drwxrwxr-x  2 student student  4096 Nov 10 11:09 bin
```

```
drwxr-xr-x. 2 student student  4096 Aug 18 17:10 Desktop
-rw-rw-r--. 1 student student  1836 Sep  6 09:08 diskusage.txt
-rw-rw-r--. 1 student student 44297 Sep  6 10:52 dmesg1.txt
<생략>
drwxrwxr-x. 2 student student  4096 Sep  6 14:48 testdir7
drwxr-xr-x. 2 student student  4096 Aug 18 10:21 Videos
RC = 0
[student@studentvm1 ~]$
```

반환 코드(RC)는 0이며 이는 명령이 성공적으로 완료됐음을 의미한다. 이제 권한이 없는 디렉터리에서 동일한 명령을 시도해보자.

```
[student@studentvm1 ~]$ ll /root ; echo "RC = $?"
ls: cannot open directory '/root': Permission denied
RC = 2
[student@studentvm1 ~]$
```

이 반환 코드의 의미는 어디에서 찾을 수 있을까?

커맨드라인 프로그램에서 사용할 수 있는 && 제어 연산자를 사용해보자. 먼저 간단한 것부터 시작해보면 된다. 여기서 목표는 새 디렉터리를 만들고 그 안에 새 파일을 만드는 것이라고 해보자. 디렉터리를 성공적으로 만들 수 있는 경우에만 이 작업을 진행할 것이다.

이 실험을 위해 이전에 만든 ~/testdir을 사용할 것이다. 다음 명령은 현재 비어 있을 ~/testdir에 새 디렉터리를 생성하기 위한 것이다.

```
[student@studentvm1 ~]$ mkdir ~/testdir/testdir8 && touch
~/testdir/testdir8/testfile1
[student@studentvm1 ~]$ ll ~/testdir/testdir8/
```

```
total 0
-rw-rw-r-- 1 student student 0 Nov 12 14:13 testfile1
[student@studentvm1 ~]$
```

우리가 testdir 디렉터리에 접근 가능하며 쓰기도 가능하기 때문에 모든 것이 제대로 동작했다.

testdir에 대한 권한을 변경해 student 사용자가 더 이상 접근할 수 없게 해보자. 이 책의 18장에서 파일의 소유권과 권한을 살펴볼 것이다.

```
[student@studentvm1 ~]$ chmod 076 testdir ; ll | grep testdir
d---rwxrw-. 3 student student 4096 Nov 12 14:13 testdir
drwxrwxr-x. 3 student student 4096 Sep  6 14:48 testdir1
drwxrwxr-x. 2 student student 4096 Sep  6 14:48 testdir6
drwxrwxr-x. 2 student student 4096 Sep  6 14:48 testdir7
[student@studentvm1 ~]$
```

ll 명령 다음에 grep 명령을 사용하면 이름에 testdir이 포함된 모든 디렉터리 목록을 보여준다. 여기서 student 사용자가 더 이상 testdir 디렉터리에 접근할 수 없음을 알 수 있다.[1] 이제 이전과 거의 동일한 명령이지만 testdir에 생성할 디렉터리 이름을 다르게 지정해보자.

```
[student@studentvm1 ~]$ mkdir ~/testdir/testdir9 && touch ~/testdir/testdir9/
testfile1
mkdir: cannot create directory '/home/student/testdir/testdir9': Permission
denied
[student@studentvm1 ~]$
```

---

1. 17장에서 파일과 디렉터리의 권한을 알아본다.

여기서 && 제어 연산자를 사용하면 testdir9를 만드는 중에 에러가 발생한 후 touch 명령이 실행되지 않는다. 이러한 유형의 커맨드라인 프로그램 흐름 제어를 사용하면 에러가 복잡해지고 모두 엉망으로 만드는 것을 방지할 수 있다. 하지만 좀 더 복잡하게 생각해보자.

|| 제어 연산자를 사용하면 초기 프로그램 명령이 0보다 큰 코드를 반환할 때 실행할 수 있는 다른 프로그램 명령문을 추가할 수 있다. 기본 문법은 다음과 같다.

```
명령1 || 명령2
```

이 구문은 명령1이 실패하면 명령2를 실행한다. 이는 명령1이 성공하면 명령2를 건너뛴다는 것을 의미한다. 이를 이용해 새 디렉터리를 만들어보자.

```
[student@testvm1 ~]$ mkdir ~/testdir/testdir9 || echo "testdir9 was not
created."
mkdir: cannot create directory '/home/student/testdir/testdir9': Permission
denied
testdir9 was not created.
[student@testvm1 ~]$
```

자, 이게 바로 우리가 예상한 것이다. 새 디렉터리를 만들 수 없기 때문에 첫 번째 명령이 실패해 두 번째 명령이 실행됐다.

이 두 연산자를 결합하면 두 가지 장점을 모두 사용할 수 있다.

```
[student@studentvm1 ~]$ mkdir ~/testdir/testdir9 && touch ~/testdir/
testdir9/testfile1 || echo "."
mkdir: cannot create directory '/home/student/testdir/testdir9': Permission
denied
```

```
[student@studentvm1 ~]$
```

이제 ~/testdir의 권한을 775로 재설정하고 마지막 명령을 다시 시도해보자.

이러한 흐름 제어 방식을 사용하는 복합 명령 구문은 &&와 || 제어 연산자 둘 다 사용할 때 일반적으로 다음과 같은 형식을 사용한다.

```
이전 명령 ; 명령1 && 명령2 || 명령3 ; 다음 명령
```

이 구문은 다음과 같이 말할 수 있다. 명령1이 반환 코드 0과 함께 종료되면 명령2를 실행한다. 그렇지 않으면 명령3을 실행한다. 이와 같이 제어 연산자를 사용하는 복합 명령은 흐름 제어 섹션에 있는 명령들과 연관은 있으나 흐름 제어의 영향을 받지 않는 다른 명령들이 앞이나 뒤에 올 수 있다. 위의 이전 명령과 다음 명령은 복합 명령 내의 흐름 제어 섹션에서 발생하는 모든 작업과 관계없이 실행된다.

시간 절약 도구

시스템 관리자와 권한이 없는 사용자 모두 사용할 수 있으며 광범위한 작업을 수행할 때 많은 유연성을 제공하는 몇 가지 추가 도구가 있다. 글로빙과 집합을 사용하면 파일명과 데이터 스트림의 문자열을 찾아 추가 변환이나 작업을 수행할 수 있다. 중괄호 확장을 사용하면 일부 공통점이 있는 문자열을 여러 개의 다른 문자열로 확장할 수 있다. 우리는 이미 Bash에서 사용할 수 있는 여러 메타문자도 경험한 적이 있다. 이들은 셸의 기능을 크게 향상시키는 프로그래밍 기능을 제공한다.

중괄호 확장

중괄호 확장Brace Expansion을 사용해 특수 패턴 문자를 위한 실험에 사용할 많은 파일을 생성할 것이기 때문에 이것부터 시작하겠다. 중괄호 확장을 사용하면 임의의 문자열 목록을 생성하고 정적 문자열 사이의 특정 위치나 정적 문자열의 양쪽 끝에 삽입할 수 있다. 이건 정확하게 묘사가 어려울 수 있으므로 그냥 해보자.

실험 15-7

먼저 중괄호 확장이 하는 일을 살펴보자.

```
[student@studentvm1 ~]$ echo {string1,string2,string3}
string1 string2 string3
```

별로 도움이 되지 않는 것 같지만 조금 다르게 사용하면 어떻게 되는지 보자.

```
[student@studentvm1 ~]$ echo "Hello "{David,Jen,Rikki,Jason}.
Hello David. Hello Jen. Hello Rikki. Hello Jason.
```

이 방법은 많은 타이핑 수를 절약할 수 있기에 우리가 사용하기 좋을 것 같다. 이제 다음을 해보자.

```
[student@studentvm1 ~]$ echo b{ed,olt,ar}s
beds bolts bars
```

테스트를 위한 파일명은 다음과 같이 생성하면 된다.

```
[student@studentvm1 ~]$ echo testfile{0,1,2,3,4,5,6,7,8,9}.txt
testfile0.txt testfile1.txt testfile2.txt testfile3.txt testfile4.txt
testfile5.txt testfile6.txt testfile7.txt testfile8.txt testfile9.txt
```

이처럼 순차적으로 번호가 매겨진 파일을 만들 때 사용할 수 있는 더 좋은 방법은 다음과 같다.

```
[student@studentvm1 ~]$ echo test{0..9}.file
test0.file test1.file test2.file test3.file test4.file test5.file test6.file
test7.file test8.file test9.file
```

x와 y가 정수인 {x..y} 구문은 x와 y를 포함해서 그들 사이의 모든 정수로 확장된다. 이에 대해 좀 더 설명하면 다음과 같다.

```
[student@studentvm1 ~]$ echo test{20..54}.file
test20.file test21.file test22.file test23.file test24.file test25.
file test26.file test27.file test28.file test29.file test30.file test31.
file test32.file test33.file test34.file test35.file test36.file test37.
file test38.file test39.file test40.file test41.file test42.file test43.
file test44.file test45.file test46.file test47.file test48.file test49.file
test50.file test51.file test52.file test53.file test54.file
```

다음을 실행해보자.

```
[student@studentvm1 ~]$ echo test{0..9}.file{1..4}
```

다음 명령도 실행해보자.

```
[student@studentvm1 ~]$ echo test{0..20}{a..f}.file
```

다음은 숫자의 길이를 동일하게 만들어 파일명의 길이를 항상 유지하고자 앞에 0을 추가한 것이다. 이렇게 하면 쉽게 검색하고 정렬할 수 있다.

```
[student@studentvm1 ~]$ echo test{000..200}{a..f}.file
```

지금까지 우리가 한 일은 긴 문자열 목록을 만드는 것뿐이다. 이보다는 다소 생산적인 일을 하기 전에 우리가 좀 더 놀 수 있는 디렉터리, 즉 파일을 만들고 작업하는 실험을 할 수 있는 곳으로 이동해보겠다. 아직 이동하지 않았다면 ~/testdir7 디렉터리를 현재 작업 디렉터리로 만든다. 이 디렉터리에 다른 파일이 없는지 확인하고 있으면 삭제한다.

이제 형식을 약간 변경하고 그 결과를 파일명으로 사용해 실제로 파일을 생성해보자.

```
[student@studentvm1 testdir7]$ touch {my,your,our}.test.file.{000..200}
{a..f}.{txt,asc,file,text}
```

와, 빠르다. 얼마나 빠른지 알고 싶으므로 방금 생성한 파일을 삭제하고 `time` 명령을 사용해 소요 시간을 측정해보자.

```
[student@studentvm1 testdir7]$ rm * ; time touch {my,your,our}.test.file.
{000..200}{a..f}.{txt,asc,file,text}
real 0m0.154s
user 0m0.038s
sys 0m0.110s
```

```
[student@studentvm1 testdir7]$
```

14,472개의 빈 파일을 만드는 데 실제 시간으로 0.154초가 걸린다는 건 정말 빠르다는 것이다. wc 명령을 사용해 확인해보자. 결괏값으로 14,473을 얻는다면 이유는 무엇일까? 정확한 결과를 얻는 간단한 방법이 무엇인지 찾을 수 있는가?

다음 실험 중에서 이 파일을 사용할 것이니 아직 삭제하지 말자.

특수 패턴 문자

대부분의 시스템 관리자가 파일 글로빙을 많이 이야기하지만[2] 이는 사실 다양한 작업을 수행할 때 파일명이나 기타 문자열을 매칭하게 만드는 데 상당한 유연성을 허용하는 특수 패턴 문자를 의미한다. 이러한 특수 패턴 문자를 사용하면 문자열에서 하나 이상 혹은 특정 문자를 매칭시킬 수 있다.

? 문자열 내의 지정된 위치에 있는 문자 중 하나만 일치

* 문자열 내의 지정된 위치에 있는 0개 이상의 문자

아마 이전에 사용해본 적이 있을 것이다. 이를 효과적으로 사용할 수 있는 실험을 몇 가지 해보자.

실험 15-8

실험 15-5에서 물어봤던 질문에 대답하고자 이미 파일 글로빙을 사용했을 수도 있다.

---

2. 위키피디아, Glob, https://en.wikipedia.org/wiki/Glob_(programming)

```
[student@studentvm1 testdir7]$ ls *test* | wc
14472 14472 340092
[student@studentvm1 testdir7]$
```

이러한 결과를 얻으려면 우리가 만든 파일명의 구조를 이해해야 한다. 이 파일명들은 모두 'test'라는 문자열을 포함하므로 이를 사용할 수 있다. 이 명령은 셸에 내장된 파일 글로빙을 사용해 이름에 'test' 문자열이 포함됐으며 이 특정 문자열 앞뒤에 임의의 수의 문자를 가질 수 있는 모든 파일을 매칭시키는 명령이다. 출력값의 행 개수를 세지 말고 그냥 어떻게 보이는지 확인해보자.

```
[student@studentvm1 testdir7]$ ls *test*
```

아마 여러분의 홈 디렉터리에 있는 'my' 파일이 필요하지 않을 것이다. 먼저 'my' 파일이 몇 개나 있는지 확인한 다음 모두 삭제하고 남은 파일이 없는지 확인해보자.

```
[student@studentvm1 testdir7]$ ls my* | wc ; rm -v my* ; ls my*
```

rm 명령의 -v 옵션은 이 명령이 삭제한 파일의 목록을 출력할 때 사용한다. 이 정보는 수행된 작업의 기록을 유지하고자 로그 파일로 리디렉션할 수 있다. 이 파일 글로빙을 사용하면 'my'로 시작하는 모든 파일을 ls 명령으로 출력하고 이후 작업을 수행할 수 있다.

파일 확장자가 txt인 'our' 파일을 모두 찾아보자.

```
[student@studentvm1 testdir7]$ ls our*txt | wc
```

파일명에 포함된 세 자리 숫자의 두 번째 위치(10 단위 위치)에 6이 포함돼 있고 asc로 끝나는 모든 파일을 찾아보자.

```
[student@studentvm1 testdir7]$ ls *e.?6?*.asc
```

세 자리 숫자 중 첫 번째(100자리 위치)나 세 번째(1자리 위치)에만 6이 있고 두 번째(10자리 위치)에는 6이 없는 파일은 출력하지 않고자 '6'의 위치를 신중하게 지정하도록 이와 같이 약간의 추가 작업이 필요하다. 물론 파일명 숫자의 첫 번째 자리에 6이 없다는 걸 알고 있지만 위 명령같이 좀 더 일반적인 경우에 대응하게 만들면 첫 번째, 세 번째 자리의 경우에 모두 적용할 수 있다.

또한 파일명이 our로 시작하든 your로 시작하든 상관하지 않지만 마지막은 'file.'의 'e.'를 사용하는 경우를 찾는다. 'file.'(.이 꼭 있어야 한다)로 다음 세 문자(숫자)를 분리해 고정시키기 위해서다. 모든 파일명의 'e.' 뒤에는 세 자리 숫자다. 첫 번째와 세 번째 숫자는 신경 쓰지 않고 두 번째 숫자만 고려한다. 따라서 ?로 6 앞뒤에 하나의 문자만 있음을 명시적으로 정의한다. 그런 다음 *를 사용해 얼마나 많은 또는 어떤 문자가 앞뒤에 있는지는 신경 쓰지 않지만 'asc'로 끝나는 파일을 출력하고 싶다고 정의한 것이다.

이 파일 중 일부에 내용을 추가해보자. 지금 갖고 있는 파일 패턴 사양은 거의 우리가 원하는 모양이다. 여기에 x6xa와 같이 세 자리 숫자의 중간 위치에 6이 있지만 숫자 뒤에 'a'가 있는 모든 파일에 내용을 추가할 것이다. 확장자가 asc, txt, text, file이든 상관없이 이에 매칭되는 모든 파일을 찾아보자.

먼저 패턴이 올바르게 작동하는지 확인해보자.

```
[student@studentvm1 testdir7]$ ls *e.?6?a.*
our.test.file.060a.asc our.test.file.163a.text your.test.file.067a.asc
our.test.file.060a.file our.test.file.163a.txt your.test.file.067a.file
```

```
our.test.file.060a.text our.test.file.164a.asc your.test.file.067a.text
our.test.file.060a.txt our.test.file.164a.file your.test.file.067a.txt
our.test.file.061a.asc our.test.file.164a.text your.test.file.068a.asc
our.test.file.061a.file our.test.file.164a.txt your.test.file.068a.file
our.test.file.061a.text our.test.file.165a.asc your.test.file.068a.text
<생략>
our.test.file.162a.file your.test.file.065a.txt your.test.file.169a.file
our.test.file.162a.text your.test.file.066a.asc your.test.file.169a.text
our.test.file.162a.txt your.test.file.066a.file your.test.file.169a.txt
our.test.file.163a.asc your.test.file.066a.text
our.test.file.163a.file your.test.file.066a.txt
```

우리가 원하는 리스트인 것으로 보인다. 전체 160개 파일이다. 이 파일에 임의의 데이터를 저장하고 싶으니 임의의 암호를 생성하는 작은 프로그램인 pwgen을 설치해야 한다.

일반적으로 이 도구는 적절한 암호를 생성하는 데 사용되지만 다른 용도로도 이 임의의 데이터를 쉽게 사용할 수 있다.

```
[root@studentvm1 ~]# dnf -y install pwgen
```

pwgen 도구를 테스트해보자. 다음 CLI 명령은 각각 80자의 임의의 문자로 구성된 50줄의 데이터를 생성한다.

```
[root@studentvm1 ~]# pwgen 80 50
```

이제 패턴과 일치하는 각 파일에 약간의 임의의 데이터를 배치하는 짧은 커맨드라인 프로그램을 만들어보자.

```
[student@studentvm1 testdir7]$ for File in `ls *e.?6?a.*` ; do pwgen 80 50 >
`$File ; done
```

이제 이 파일들에 이러한 데이터가 포함돼 있는지 파일 크기를 확인해보자.

```
[student@studentvm1 testdir7]$ ll *e.?6?a.*
```

cat을 사용해 파일의 내용을 확인해보자.

여러 목록에서 특정 파일명을 선택하고자 특수 패턴 문자를 사용하는 파일 글로빙은 강력한 도구다. 하지만 더 유연하게 사용할 수 있으며 복잡한 패턴으로 해야 하는 일을 훨씬 쉽게 만드는 특수 패턴의 확장이 있다. 이 도구는 집합이다.

집합

집합은 특수 패턴 문자의 한 형태다. 문자열의 특정한 문자 위치에 대괄호 [] 안에 있는 목록의 모든 문자가 포함되도록 지정할 수 있는 방법을 제공한다. 집합은 단독으로 쓰이거나 다른 특수 패턴 문자와 함께 사용할 수 있다.

집합은 매칭할 문자열의 특정 단일 위치에 있는 문자와 비교할 하나 이상의 문자로 구성될 수 있다. 다음 목록은 몇 가지 전형적으로 쓰이는 예제 집합과 각 집합에 매칭되는 문자열이다.

```
[0-9]        임의의 숫자
[a-z]        소문자 알파벳
[A-Z]        대문자 알파벳
[a-zA-Z]     모든 대문자나 소문자 알파벳
[abc]        세 개의 소문자 알파벳, a, b, c
```

```
[!a-z]      소문자 알파벳 없음
[!5-7]      숫자 5, 6, 7이 없음
[a-gxz]     a부터 g, x, z까지의 소문자
[A-F0-9]    A ~ F까지의 대문자 알파벳이나 임의의 숫자
```

다시 한 번 말하지만 실험으로 바로 넘어가면 설명이 더 쉽다.

실험 15-9

student 사용자로 이 실험을 수행한다. 현재 작업 디렉터리는 여전히 ~/testdir7이어야 한다. 파일명의 세 자리 숫자 가운데 6이 포함된 파일을 찾는 것부터 시작해보자.

```
[student@studentvm1 testdir7]$ ls *[0-9][6][0-9]*
```

가장 왼쪽 숫자가 0 또는 1이어야 한다는 것을 이미 알고 있기 때문에 다음의 대체 패턴을 사용할 수 있다. 이 패턴이 맞는지 확인하고자 두 경우 모두에 대해 반환된 파일 수를 계산해두자.

```
[student@studentvm1 testdir7]$ ls *[01][6][0-9]*
```

이제 파일명 숫자의 가운데 위치에만 6이 포함되고 다른 두 자리 숫자에는 6이 없는 파일을 찾아보자.

```
[student@studentvm1 testdir7]$ ls *[!6][6][!6]*
```

지금까지 갖고 있는 패턴과 일치하지만 t로 끝나는 파일을 찾아보자.

```
[student@studentvm1 testdir7]$ ls *[!6][6][!6]*t
```

이제 앞의 패턴과 일치하지만 숫자 바로 뒤에 'a'나 'e'가 있는 모든 파일을 찾아보자.

```
[student@studentvm1 testdir7]$ ls *[!6][6][!6][ae]*t
```

이 예제는 집합을 사용하는 몇 가지 예일 뿐이다. 집합을 더 잘 이해해보고 싶다면 실험을 더 해보자.

집합은 패턴 매칭에 대한 강력한 확장성을 주기 때문에 파일을 검색할 때 더 많은 유연성을 제공한다. 하지만 이러한 도구의 주요 용도는 단순히 파일명을 볼 수 있게 이러한 파일을 '찾기만' 하는 것이 아니라는 점을 기억하는 것이 중요하다. 패턴과 일치하는 파일을 찾아 삭제, 이동, 텍스트 추가, 특정 문자열에 대한 내용 검색 등과 같은 일부 작업을 수행할 수 있게 하는 것이 주요 용도다.

메타문자

메타문자는 셸에 특별한 의미가 있는 문자다. Bash 셸은 다음과 같은 메타문자를 정의했으며 그중 상당수는 이미 본 적이 있을 것이다.

```
$           셸 변수
~           홈 디렉터리 변수
&           백그라운드에서 명령 실행
;           명령 종료/분리
>,>>,<      I/O 리디렉션
|           명령 파이프
```

```
',",\          메타따옴표
`...`          명령 대체
(), {}         명령 그룹화
&&, ||         셸 제어 연산자. 조건부 명령 실행
```

이 과정을 계속 진행하면서 이미 알고 있는 메타문자는 더 자세히 알아보고 아직 알지 못하는 몇 가지도 알아볼 예정이다.

grep 사용

이미 경험했듯이 파일 글로빙 패턴의 사용은 매우 유용하다. 많은 수의 파일에 많은 작업을 매우 효율적으로 수행할 수 있었다. 하지만 이름에서 알 수 있듯이 파일 글로빙은 파일명에 사용하기 위한 것이므로 해당 파일의 내용에서는 동작하지 않는다. 또한 다소 제한적인 기능을 갖고 있다.

일치하는 패턴을 기반으로 데이터 스트림에서 모든 내용을 추출해 STDOUT으로 출력하는 데 사용할 수 있는 도구인 **grep**이 있다. 이러한 패턴은 단순한 텍스트 패턴에서 매우 복잡한 정규 표현식regex에 이르기까지 다양하다. 켄 톰슨Ken Thompson[3]이 만들어 1974년에 처음 출시된 **grep** 유틸리티는 GNU 프로젝트[4]에서 제공하며 이제까지 내가 사용한 모든 유닉스와 리눅스 배포 버전에 기본적으로 설치돼 있었다.

grep이 이해하지 못하는 글로빙 문자의 경우 **grep** 명령의 기본 검색 패턴은 *패턴*이다. 검색 패턴 전후에 암시적 와일드카드 매칭이 있는 것이다. 따라서 스캔 중인 행의 어느 위치에 있든 지정한 패턴이 발견될 것이라고 가정할 수 있다. 처음, 중간, 또는 끝에 있을 수도 있다. 즉, 문자열 내에서 우리가 검색하는

---

3. 위키피디아, Ken Thompson, https://en.wikipedia.org/wiki/Ken_Thompson

4. The GNU Project, www.gnu.org

문자의 앞/뒤에 다른 문자가 있음을 명시적으로 말할 필요가 없다.

실험 15-10

이 실험을 root 계정으로 수행한다. 권한이 없는 사용자는 검색할 데이터 중 일부에 접근할 수 있지만 root만 모든 데이터에 접근할 수 있다.

grep 유틸리티를 사용해야 하는 가장 일반적인 작업 중 하나는 특정 항목과 관련된 정보를 찾고자 로그 파일을 검색하는 것이다. 예를 들어 BIOS 이름[5]인 ethX로 시작하는 NIC(네트워크 인터페이스 카드)를 운영체제에서 인식하는 방법에 대한 정보를 확인해야 할 수 있다. 호스트에 설치된 NIC에 대한 정보는 dmesg 명령과 /var/log의 메시지 로그 파일을 사용해 찾을 수 있다.

dmesg의 출력값부터 살펴보자. 먼저 less를 통해 출력을 파이프하고 less에 내장된 검색 기능을 사용한다.

```
[root@studentvm1 ~]# dmesg | less
```

less가 생성한 화면에서 페이지를 이동하고 Mark I Eyeball[6]을 사용해 'eth' 문자열을 찾거나 검색을 사용할 수 있다. 슬래시(/) 문자를 입력한 다음 검색하려는 문자열(/eth)을 입력하면 검색 기능을 시작할 수 있다. 해당 문자열이 검색되면 문자열이 강조 표시되고 'n' 키를 사용하면 다음 문자를 찾으며 'b' 키를 사용하면 이전 문자로 역방향 검색할 수 있다.

좋은 검색 기능이 있어도 데이터 페이지를 검색하는 것은 눈으로 보는 것보다 쉽지만 grep을 사용하는 것만큼 쉽지는 않다. -i 옵션은 grep이 대소문자를 무

---

5. 대부분의 최신 리눅스 배포판은 NIC의 이름을 이전 BIOS 이름인 ethX에서 enp0s3과 같은 이름으로 바꾼다. 33장과 36장에서 이를 다룬다.

6. 위키피디아, Visual Inspection, https://en.wikipedia.org/wiki/Visual_inspection

시하고 대소문자에 관계없이 'eth' 문자열을 표시하게 지시하는 것이다. 리눅스에서는 모두 다른 문자열로 취급되는 eth, ETH, Eth, eTh 등을 찾을 것이다.

```
[root@studentvm1 ~]# dmesg | grep -i eth
[ 1.861192] e1000 0000:00:03.0 eth0: (PCI:33MHz:32-bit) 08:00:27:a9:e6:b4
[ 1.861199] e1000 0000:00:03.0 eth0: Intel(R) PRO/1000 Network Connection
[ 2.202563] e1000 0000:00:08.0 eth1: (PCI:33MHz:32-bit) 08:00:27:50:58:d4
[ 2.202568] e1000 0000:00:08.0 eth1: Intel(R) PRO/1000 Network Connection
[ 2.205334] e1000 0000:00:03.0 enp0s3: renamed from eth0
[ 2.209591] e1000 0000:00:08.0 enp0s8: renamed from eth1
[root@studentvm1 ~]#
```

이 결과는 BIOS 이름, BIOS 이름이 위치한 PCI 버스, MAC 주소, 리눅스에서 부여한 새 이름에 대한 데이터를 보여준다. 이제 새 NIC 이름인 'enp'를 시작하는 문자열을 찾아보자. 찾았는가?

참고

대괄호로 묶인 이 숫자 [2.205334]는 커널이 컴퓨터 제어권을 가진 후 해당 초 이후에 로그 항목이 작성됐음을 나타내는 타임스탬프 정보다.

이 첫 번째 사용 예에서 grep은 STDIN을 사용해 들어오는 데이터 스트림을 가져온 다음 출력값을 STDOUT으로 보낸다. grep 유틸리티는 파일을 데이터 스트림의 소스로 사용할 수도 있다. 다음 예제에서는 메시지 로그 파일에서 grep을 이용해 NIC에 대한 정보를 가져온다.

```
[root@studentvm1 ~]$ cd /var/log ; grep -i eth messages*
<생략>
messages-20181111:Nov 6 09:27:36 studentvm1 dbus-daemon[830]: [system]
Rejected send message, 2 matched rules; type="method_call", sender=":1.89"
```

```
(uid=1000 pid=1738 comm="/usr/bin/pulseaudio --daemonize=no ")
interface="org.freedesktop.DBus.ObjectManager" member="GetManagedObjects"
error name="(unset)" requested_reply="0" destination="org.bluez" (bus)
messages-20181111:Nov 6 09:27:36 studentvm1 pulseaudio[1738]: E:
[pulseaudio] bluez5-util.c: GetManagedObjects() failed: org.freedesktop.
DBus.Error.AccessDenied: Rejected send message, 2 matched rules;
type="method_call", sender=":1.89" (uid=1000 pid=1738 comm="/usr/bin/
pulseaudio --daemonize=no ") interface="org.freedesktop.DBus.ObjectManager"
member="GetManagedObjects" error name="(unset)" requested_reply="0"
destination="org.bluez" (bus)
messages-20181118:Nov 16 07:41:00 studentvm1 kernel: e1000 0000:00:03.0 eth0:
(PCI:33MHz:32-bit) 08:00:27:a9:e6:b4
messages-20181118:Nov 16 07:41:00 studentvm1 kernel: e1000 0000:00:03.0 eth0:
Intel(R) PRO/1000 Network Connection
messages-20181118:Nov 16 07:41:00 studentvm1 kernel: e1000 0000:00:08.0 eth1:
(PCI:33MHz:32-bit) 08:00:27:50:58:d4
messages-20181118:Nov 16 07:41:00 studentvm1 kernel: e1000 0000:00:08.0 eth1:
Intel(R) PRO/1000 Network Connection
<생략>
```

출력 데이터 스트림에서 각 행의 첫 번째 부분은 일치하는 행이 발견된 파일명이다. 날짜 없이 이름이 지정된 현재의 messages 파일을 조금만 탐색해보면 검색 패턴과 일치하는 행을 찾을 수도 있고 찾지 못할 수도 있다. 파일 글로빙을 사용해 'messages*' 패턴을 생성해 message로 시작하는 모든 파일을 검색해보자. 이 파일 글로빙 매칭은 grep 도구가 아니라 셸에서 수행된다.

이 첫 번째 검색 시도에서는 원하는 것보다 더 많은 것이 결과로 출력됐다. 'eth' 문자열이 있던 일부 행은 'method'라는 단어의 일부였다. 따라서 좀 더 명시적인 검색을 위해 검색 패턴의 일부로 집합을 사용해보자 :

```
[root@studentvm1 log]# grep -i eth[0-9] messages*
```

좀 더 낫긴 하지만 정말로 필요한 것은 이름이 변경된 후 NIC과 관련된 부분이다. 이전 NIC 이름이 변경된 이름을 알고 있으므로 그걸 검색할 수도 있다. 하지만 grep 도구는 여러 검색 패턴을 허용하는데, 다행히도 -e를 사용해 여러 검색 표현식을 지정하는 것과 같은 몇 가지 흥미로운 옵션을 제공한다. 각 검색 표현식은 -e 옵션을 개별적으로 사용해 지정해야 한다.

```
[root@studentvm1 log]# grep -i -e eth[0-9] -e enp0 messages*
```

이렇게 해도 되지만 확장 정규 표현식을 사용해 검색할 수도 있다.[7] 지금까지 우리가 사용해 온 grep 패턴은 BRE^Basic Regular Expression^(기본 정규 표현식)이며 더 복잡한 패턴을 위해서는 ERE^Extended Regular Expression^(확장 정규 표현식)를 사용할 수 있다. ERE를 이용하려면 ERE를 켜는 -E 옵션을 사용하면 된다.

```
[root@studentvm1 log]# grep -Ei "eth[0-9]|enp0" messages*
```

wc^word count^ 명령을 사용하면 마지막 두 명령이 결과로 동일한 수의 행을 생성하는지 확인할 수 있다.

이는 더 이상 사용되지 않고 향후 사용하지 못할 수 있는 egrep 명령을 사용하는 것과 기능적으로 동일하다. 현재로서는 아직 egrep을 사용하고 grep -E를 사용하게 업데이트되지 않은 스크립트처럼 이전 버전과의 호환성을 위해 여전히 egrep을 사용할 수 있다. 확장 정규 표현식은 큰따옴표로 묶어 사용한다.

이제 /etc를 현재 작업 디렉터리로 만들자. 예전에는 /etc 디렉터리에 있는 모든 구성파일을 확인하고자 모두 출력해야 했다. 이러한 파일은 일반적으로 .conf, .cnf 확장자나 rc로 끝난다. 이런 경우에는 검색 문자열이 검색되는 문자열의

7. 26장에서 이에 대해 자세히 살펴본다.

끝에 있음을 지정하는 앵커가 필요하다. 이를 위해 달러 기호($)를 사용한다. 다음 명령의 검색 문자열 구문은 나열된 확장자를 가진 모든 구성파일을 찾는다. ll이나 ls 명령의 -R 옵션은 명령이 모든 하위 디렉터리에 재귀 수행하게 한다.

```
[root@studentvm1 etc]# ls -aR | grep -E "conf$|cnf$|rc$"
```

캐럿(^)을 사용해 문자열의 시작 부분을 앵커로 사용할 수도 있다. KDE 데스크탑의 구성에 사용하고자 /etc에서 kde로 시작하는 모든 파일을 찾고 싶다고 가정해보자.

```
[root@studentvm1 etc]# ls -R | grep -E "^kde"
kde
kde4rc
kderc
kde.csh
kde.sh
kdebugrc
```

---

grep의 고급 기능 중 하나는 하나 이상의 패턴을 포함하는 파일에서 검색 패턴을 읽는 기능이다. 이는 복잡하고 동일한 검색을 정기적으로 수행해야 하는 경우에 매우 유용하다.

grep 도구는 강력하고 복잡하다. 매뉴얼 페이지에는 많은 양의 정보가 있으며 GNU 프로젝트는 grep의 학습과 사용을 도와주는 36페이지에 해당하는 무료 매뉴얼[8]을 제공한다. 해당 문서는 HTML로 제공되므로 웹 브라우저, ASCII 텍스트,

8. GNU Project, GNU grep, www.gnu.org/software/grep/manual/

정보 문서, 다운로드할 수 있는 PDF 파일 등을 통해 온라인으로 읽을 수 있다.

파일 찾기

ls 명령과 ll 같은 앨리어스는 디렉터리의 모든 파일을 나열하도록 설계됐다. 특수 패턴 문자와 grep 명령을 사용하면 STDOUT으로 보내는 파일 목록을 좁힐 수 있긴 하지만 아직 부족한 것이 있다. 명령에 약간의 문제가 있다. 실험 15-8에서 사용한 ls -R | grep -E "^kde"를 살펴보자. 찾은 파일 중 일부는 /etc/의 하위 디렉터리에 있었지만 ls 명령은 해당 파일이 저장된 하위 디렉터리의 이름을 표시하지 않았다.

다행히 find 명령은 패턴을 사용해 디렉터리 트리에서 파일을 검색하고 파일과 해당 디렉터리를 나열하거나 거기에서 일부 작업을 수행하도록 명시적으로 설계됐다. find 명령은 파일이 생성되거나 접근된 날짜와 시간, 특정 날짜와 시간 이전 또는 이후에 생성되거나 수정된 파일, 크기, 권한, 사용자 ID, 그룹 ID 등과 같은 속성을 사용할 수도 있다. 이러한 속성의 예를 들면 크기는 12M보다 크고 5년 이상 전에 생성됐으며 1년 이상 접근되지 않았고 UID XXXX를 가진 사용자에게 속한 모든 일반 파일(즉, 디렉터리, 심볼릭 링크, 소켓, 명명된 파이프 등이 아님) 등과 같이 매우 명시적으로 사용할 수 있게 결합할 수 있다.

이러한 파일이 발견되면 find 명령에는 목록 나열, 삭제, 인쇄, 혹은 파일명을 옵션으로 사용해 이동, 복사와 같은 시스템 명령을 실행하는 것과 같은 작업을 수행할 수 있는 기본 제공 옵션이 있다. 이는 매우 강력하고 유연한 명령이다.

실험 15-11

root 사용자로 이 실험을 수행한다. 다음 명령은 'kde'로 시작하는 /etc와 하위 디렉터리의 모든 파일을 찾으며 -name 대신 -iname을 사용하기 때문에 대소문자를 구분하지 않고 검색을 진행한다.

```
[root@studentvm1 ~]# find /etc -iname "kde*"
/etc/xdg/kdebugrc
/etc/profile.d/kde.csh
/etc/profile.d/kde.sh
/etc/kde4rc
/etc/kderc
/etc/kde
[root@studentvm1 ~]#
```

나머지 명령은 student 사용자로 수행하자. student 사용자의 홈 디렉터리(~)로 이동한다.

이전 실험의 일부로 홈 디렉터리에 생성된 비어 있는(길이가 0인) 파일을 모두 찾고 싶다고 가정해보자. 다음 명령은 이를 수행할 수 있다. 이는 홈(~) 디렉터리에서 비어 있고 파일명에 'test.file' 문자열이 포함된 파일(type f)을 찾기 시작한다.

```
[student@studentvm1 ~]$ find . -type f -empty -name "*test.file*" | wc -l
    9488
[student@studentvm1 ~]$
```

내 홈 디렉터리에는 이전 실험에서 진행한 9,488개의 빈 파일이 있지만 여러분의 홈 디렉터리에서 개수는 다를 수 있다. 이전 실험에서 비어 있는 매우 많은 수의 파일을 생성했기 때문에 숫자는 매우 클 것이다. wc 명령으로 데이터 스트림을 실행하지 않는 것을 제외하고 동일한 명령을 실행해보자. 이름만 출력해보자. 파일명은 정렬돼 있지 않다.

이전 실험의 일부가 아닌 파일이 있는지도 확인해보자. 그러려면 파일명에

'test.file' 문자열이 포함되지 않은 빈 파일을 찾으면 된다. '느낌표(!)' 문자는 -name 옵션의 의미를 반전시켜 파일명으로 지정한 문자열과 일치하지 않는 파일만 표시한다.

```
[student@studentvm1 ~]$ find . -type f -empty ! -name "*test.file*"
./link3
./.local/share/ranger/tagged
./.local/share/vifm/Trash/000_file02
./.local/share/vifm/Trash/000_file03
./.local/share/orage/orage_persistent_alarms.txt
./.local/share/mc/filepos
./.local/share/user-places.xbel.tbcache
./.cache/abrt/applet_dirlist
./file005
./newfile.txt
./testdir/file006
./testdir/file077
./testdir/link2
./testdir/file008
./testdir/file055
./testdir/file007
<생략>
```

이제 비어있지 않은 파일도 찾아보자.

```
[student@studentvm1 ~]$ find . -type f ! -empty -name "*test.file*" | wc -l
160
[student@studentvm1 ~]$
```

이제 우리는 이름에 'test.file' 문자열이 포함된 160개의 파일이 비어 있지 않다는 것을 알고 있다.

또한 이전 명령에서 찾은 파일에 삭제와 같은 작업을 수행해도 다른 중요한 파일에는 영향을 미치지 않는다는 것도 알고 있다. 그러니 이름에 'test.file'이라는 문자열이 있는 빈 파일을 모두 삭제해보자. 그런 다음 이러한 빈 파일이 더 이상 남아있지 않으며 비어 있지 않은 파일은 여전히 남아있는지 확인해보자.

```
[student@studentvm1 ~]$ find . -type f -empty -name "*test.file*" -delete
[student@studentvm1 ~]$ find . -type f -empty -name "*test.file*"
[student@studentvm1 ~]$ find . -type f ! -empty -name "*test.file*" | wc -l
   160
```

몇 가지 더 해볼 만한 실험이 있다. 먼저 다음 예제를 위해 상당히 큰 파일을 생성해야 한다. 크기가 1GB를 넘고 임의의 데이터를 포함하는 파일을 생성해 보자. 내 VM에서는 이 파일을 생성하는 데 약 15분이 걸렸으므로 인내심을 가지길 바란다.

```
[student@studentvm1 ~]$ pwgen -s 80 14000000 > testdir7/bigtestfile.txt
```

`-ls` 옵션을 사용하면 찾은 파일을 정렬해 출력할 수 있으며 `ls -dils` 명령과 같은 정보를 제공한다. iNode[9] 번호는 가장 왼쪽 열이 되며, 이는 데이터가 iNode 번호별로 정렬됨을 의미한다.

```
[student@studentvm1 ~]$ find . -type f ! -empty -name "*test.file*" -ls
```

결과를 크기별로 정렬하려면 약간 다른 작업을 해야 한다. 여기에서 `find` 명령의 `-exec` 옵션이 유용하다. 다음 명령은 크기가 3K보다 큰 모든 파일을 찾고 목록을 생성한다. 그런 다음 해당 데이터 스트림을 파이프해 숫자대로 정렬하

---

9. iNode는 18장에서 다룬다.

는 -n 옵션과 출력 행의 7번째 필드인 바이트 단위의 파일 크기로 정렬하는 -k 7 옵션을 사용한 sort 명령을 사용한다. 공백은 기본 필드 구분 기호다.

```
[student@studentvm1 ~]$ find -type f -size +3k -ls | sort -nk 7
```

나중에 find 명령을 더 많이 다룰 것이다.

---

find 명령은 매우 정확한 기준에 따라 파일을 찾기 때문에 자주 사용한다. 이를 이용해 일부 시스템 관리자 작업을 수행할 파일 선택을 자동화해 매우 정확하면서도 유연하게 제어할 수 있다.

요약

15장에서는 Bash 셸과 파일 글로빙, 중괄호 확장, 제어 연산자, 집합과 같은 셸 도구를 사용하는 방법을 설명했다. 또한 중요하고 자주 사용되는 커맨드라인 도구를 소개했다.

Bash 셸 사용의 여러 측면을 살펴보고 강력하고 놀라운 기능을 수행하는 방법을 이해했다. Bash 셸에 대한 자세한 내용은 gnu.org에 PDF와 HTML 등 여러 형식으로 제공되는 GNU Bash 매뉴얼[10]을 참고한다.

여기서는 Bash와 시스템 관리자로 사용할 수 있는 일부 고급 커맨드라인 도구를 완벽하게 모두 다룬 것은 아니지만 이제 여러분이 시작하고 더 많은 것을 배우는 데 관심을 갖게 하기에 충분할 것이다.

10. Free Software Foundation, GNU Bash Manual, www.gnu.org/software/Bash/manual/

연습 문제

15장을 마무리하며 연습문제를 풀어보기 바란다.

1. 7장에서 다른 셸을 설치했던 적이 있다. 그중 하나를 선택하고 약간의 시간을 할애해 간단한 작업을 수행해보고 거기서 필요한 문법과 구문에 대한 약간의 지식을 찾아보라. 어떤 명령이 내부 명령인지 알아내고자 선택한 셸의 매뉴얼 페이지를 읽어보라.
2. Bash 셸과 연습문제 1번에서 선택한 셸에 동일한 내부 명령이 있는가?
3. cpuHog 셸 스크립트가 ~/bin이 아닌 홈 디렉터리에 있는 경우 type 명령은 무엇을 하는가?
4. $PATH 환경 변수의 기능은 무엇인가?
5. 일반적으로 동일한 기능을 수행하고 동일한 이름을 가진 셸 내부 명령 대신 외부 명령을 사용하려는 이유는 무엇인가?
6. 여러분의 홈 디렉터리와 모든 하위 디렉터리에서 구성파일을 모두 찾아보라.
7. /etc 디렉터리에서 가장 큰 파일은 무엇인가?
8. 전체 파일 시스템(/)에서 가장 큰 파일은 무엇인가?

16장

리눅스 부팅과 시작

학습 목표

16장의 학습 목표는 다음과 같다.

- 리눅스 부팅boot과 시작startup의 차이점
- 하드웨어 부팅 시퀀스 중에 일어나는 일
- 리눅스 부팅 시퀀스 중에 일어나는 일
- 리눅스 시작 시퀀스 중에 일어나는 일
- 리눅스 부팅 및 시작 순서를 관리하고 수정하는 방법
- 디스플레이 및 윈도우 관리자의 기능
- 가상 콘솔과 GUI 모두에서 로그인 프로세스가 작동하는 방식
- 사용자가 로그오프할 경우 일어나는 일

16장에서는 하드웨어 부팅 순서, GRUB2 부트로더를 사용한 부팅 순서, systemd 초기화 시스템이 수행하는 시작 순서를 살펴본다. 컴퓨터 상태를 끄기에서 완전히 가동으로 변경하고 로그인한 사용자와 함께 실행하는 데 필요한 일련의

이벤트를 자세히 다룬다.

16장에서는 시작, 종료, 시스템 관리에 systemd를 사용하는 페도라와 기타 레드햇 기반 배포판과 같은 최신 리눅스 배포판을 설명한다. systemd는 init 및 SystemV init 스크립트를 현대적으로 대체한다.

개요

리눅스 호스트를 꺼진 상태에서 실행 중인 상태로 만드는 전체 프로세스는 복잡하지만 개방돼 있고 알 수 있게 돼 있다. 세부 사항을 살펴보기 전에 하드웨어가 켜진 후부터 사용자가 로그인할 준비가 될 때까지의 시간을 간략하게 알아보는 것이 도움이 될 것이다. 대부분의 경우 '부팅 프로세스'를 단일 엔티티라고 들었겠지만 정확하게 말하자면 하나의 요소가 아니다. 실제로 전체 부팅 및 시작 프로세스에는 세 가지 부분이 있다.

- 시스템 하드웨어를 초기화하는 하드웨어 부팅
- 리눅스 커널 및 systemd를 읽어오는 리눅스 부팅
- systemd가 호스트를 생산적인 작업에 사용할 수 있게 하는 리눅스 시작

리눅스 부팅 프로세스에서 하드웨어 부팅을 리눅스 시작에서 분리하고 이들 사이의 경계 지점을 명시적으로 정의하는 것이 중요하다.

이러한 차이점과 리눅스 시스템을 생산적인 상태로 만드는 데 각각의 역할을 이해하면 이러한 프로세스를 관리하고 대부분의 사람들이 '부팅'이라고 부르는 동안 문제가 발생하는 부분을 더 잘 결정할 수 있다.

하드웨어 부팅

리눅스 부팅 프로세스의 첫 번째 단계는 실제로 리눅스와 아무 관련이 없다. 이는 부팅 프로세스의 하드웨어 부분이며 모든 인텔Intel 기반 운영체제에서 동일하다.

컴퓨터 또는 이 과정을 위해 만든 VM에 전원이 처음 공급되면 POSTPower-On Self-Test[1]가 실행되는데, BIOSBasic I/O System[2] 또는 훨씬 더 새로운 UEFIUnified Extensible Firmware Interface[3]의 일부다. 1981년 IBM이 최초의 PC를 설계했을 때 BIOS는 하드웨어 구성 요소를 초기화하도록 설계됐다. POST는 컴퓨터 하드웨어가 올바르게 작동하는지 확인하는 작업을 수행하는 BIOS의 일부다. POST가 실패하면 컴퓨터를 사용할 수 없어 부팅 프로세스가 계속되지 않을 수 있다.

대부분의 최신 마더보드는 BIOS 대신 최신 UEFI를 제공한다. 많은 마더보드는 레거시 BIOS도 지원한다. BIOS와 UEFI는 하드웨어 확인 및 초기화, 부트로더의 로드와 같은 기능을 수행한다. 우리가 이 과정을 위해 만든 VM은 우리의 목적에 완벽하게 맞는 BIOS 인터페이스를 사용한다.

BIOS/UEFI POST는 하드웨어의 기본 작동 가능성을 확인한다. 그런 다음 회전 또는 SSD 하드 드라이브, DVD 또는 CD-ROM, StudentVM1 가상 머신을 설치하는 데 사용한 라이브 USB 장치와 같은 부팅 가능한 USB 메모리 스틱을 포함해 연결된 모든 부팅 가능한 장치에서 부팅 섹터를 찾는다. 유효한 마스터 부트 레코드MBR[4]를 포함하는 첫 번째 부트 섹터가 RAM에 로드되고 제어가 부트 섹터의 RAM 복사본으로 전송된다.

BIOS/UEFI 사용자 인터페이스는 오버클럭킹, CPU 코어를 활성 또는 비활성으

1. 위키피디아, Power On Self Test, http://en.wikipedia.org/wiki/Power-on_self-test
2. 위키피디아, BIOS, http://en.wikipedia.org/wiki/BIOS
3. 위키피디아, Unified Extensible Firmware Interface, https://en.wikipedia.org/wiki/Unified_Extensible_Firmware_Interface
4. 위키피디아, Master Boot Record, https://en.wikipedia.org/wiki/Master_boot_record

로 지정, 시스템이 부팅될 수 있는 특정 장치, 이러한 장치에서 부팅 가능한 부트 섹터 장치를 검색하는 순서와 같은 작업을 위해 시스템 하드웨어를 구성하는 데 사용할 수 있다. 더 이상 부팅 가능한 CD나 DVD 장치를 만들거나 부팅하지 않는다. 나는 외부의 이동식 장치에서 부팅할 때만 부팅 가능한 USB 썸 드라이브를 사용한다.

때때로 외부 USB 드라이브에서 부팅하거나 VM의 경우 라이브 USB 장치와 같은 부팅 가능한 ISO 이미지에서 부팅하기 때문에 항상 외부 USB 장치에서 먼저 부팅한 다음 적절한 내부 디스크 드라이브 장치에서 부팅하도록 시스템을 구성한다. 이는 대부분의 상용 환경에서 안전한 것으로 간주되지는 않지만 외부 USB 드라이브로 부팅을 많이 한다. 전체 컴퓨터를 도난 당하거나 자연 재해로 인해 파손된 경우 백업으로 되돌릴 수 있다.[5] 나는 내 금고에 보관한다.

대부분의 환경에서는 더 안전한 방법을 원하고 내부 부팅 장치에서만 부팅하게 호스트를 설정한다. BIOS 암호를 사용해 권한이 없는 사용자가 BIOS에 접근해 기본 부팅 순서를 변경하지 못하게 한다.

하드웨어 부팅은 부트 섹터가 시스템을 제어할 수 있을 때 종료된다.

리눅스 부팅

BIOS에 의해 로드되는 부트 섹터는 실제로 GRUB[6] 부트로더의 스테이지 1이다. 리눅스 부팅 프로세스 자체는 GRUB의 여러 스테이지로 구성된다. 이 절에서는 각 스테이지를 살펴본다.

5. 백업은 2권 18장에서 다룬다.

6. GNU, GRUB, www.gnu.org/software/grub/manual/grub

GRUB

GRUB2는 GRUB 부트로더의 최신 버전이며 요즘에는 훨씬 더 자주 사용된다. GRUB1 또는 LILO는 GRUB2보다 훨씬 오래됐기 때문에 여기에서 다루지는 않는다.

GRUB2보다 GRUB이라고 쓰고 말하는 것이 더 쉽기 때문에 이 장에서는 GRUB이라는 용어를 사용하지만 달리 지정하지 않는 한 GRUB2를 참조하는 것이다. GRUB2는 'GRand Unified Bootloader, version 2'의 약자로 현재 대부분의 리눅스 배포판의 표준 부트로더다. GRUB는 운영체제 커널을 찾아 메모리에 읽어올 수 있을 만큼 컴퓨터를 지능적으로 만드는 프로그램이지만 이를 수행하려면 GRUB의 세 단계가 필요하다. 위키피디아에는 GNU GRUB[7]에 대한 훌륭한 기사가 있으니 읽어보기 바란다.

GRUB는 GRUB가 여러 버전의 리눅스 및 기타 무료 운영체제를 부팅할 수 있게 하는 멀티부트 사양과 호환되도록 설계됐다. 또한 독점 운영체제의 부트 레코드를 체인 로드한다. GRUB를 사용하면 시스템 업데이트로 인해 둘 이상의 커널이 있는 경우 리눅스 배포용 여러 커널 중에서 부팅하도록 선택할 수 있다. 이는 업데이트된 커널이 어떻게든 실패하거나 중요한 소프트웨어와 호환되지 않는 경우 이전 커널 버전으로 부팅할 수 있는 기능을 제공한다. GRUB는 /boot/grub/grub.conf 파일을 사용해 구성할 수 있다.

GRUB1은 이제 레거시로 간주되며 대부분의 최신 배포판에서 GRUB1을 완전히 재작성한 GRUB2로 대체됐다. 레드햇 기반 배포판은 페도라 15 및 CentOS/RHEL 7 주변에서 GRUB2로 업그레이드됐다. GRUB2는 GRUB1과 동일한 부팅 기능을 제공하지만 GRUB2는 메인 프레임과 같은 명령 기반 사전 OS 환경도 제공하며 사전 부팅 단계 중에 더 많은 유연성을 허용한다.

7. 위키피디아, GNU GRUB, www.gnu.org/software/grub/grub-documentation.html

GRUB의 주요 기능은 리눅스 커널을 메모리에 로드해 실행하는 것이다. OS 이전 환경에서 GRUB2 명령을 사용하는 것은 이 장의 범위를 벗어난다. GRUB에서는 공식적으로 세 가지 스테이지에 대해 스테이지stage라는 용어를 사용하지 않지만 그런 식으로 참조하는 것이 편리하므로 여기에서는 스테이지라는 용어를 사용하겠다.

GRUB 스테이지 1

BIOS/UEFI POST 부분에서 언급했듯이 POST가 끝나면 BIOS/UEFI는 연결된 디스크에서 MBR(마스터 부트 레코드)에 있는 부트 레코드를 검색한다. 메모리에 찾은 첫 번째 항목을 로드한 다음 부트 레코드 실행을 시작한다.

GRUB 스테이지 1인 부트스트랩 코드는 파티션 테이블과 함께 하드 드라이브의 첫 번째 512바이트 섹터에 맞아야 하기 때문에 매우 작다.[8] 전통적으로 일반 MBR에서 실제 부트스트랩 코드에 할당된 총 공간은 446바이트다. 스테이지 1에 대한 446바이트 파일명은 boot.img며 파티션 테이블을 포함하지 않는다. 파티션 테이블은 장치가 파티션될 때 생성되고 바이트 447에서 시작하는 부트 레코드에 오버레이된다.

UEFI 시스템에서 파티션 테이블은 MBR에서 MBR 바로 다음에 오는 공간으로 옮겨졌다. 이는 파티션을 정의하기 위한 더 많은 공간을 제공하므로 더 많은 파티션을 생성할 수 있다.

부트 레코드는 매우 작아야 하기 때문에 그다지 똑똑하지도 않고 EXT4와 같은 파일 시스템 구조를 이해하지도 못한다. 따라서 스테이지 1의 유일한 목적은 GRUB 스테이지 1.5를 로드하는 것이다. 이를 위해 GRUB의 스테이지 1.5는 부트 레코드와 UEFI 파티션 데이터 사이의 공간과 드라이브의 첫 번째 파티션에 위치해야 한다. GRUB 스테이지 1.5를 RAM에 로드한 후 스테이지 1은 제어

---

8. 위키피디아, GUID Partition Table, https://en.wikipedia.org/wiki/GUID_Partition_Table

를 스테이지 1.5로 넘긴다.

실험 16-1

아직 사용 가능한 터미널 세션이 없는 경우 root로 터미널 세션에 로그인한다. 터미널 세션에서 root로 다음 명령을 실행해 VM의 부팅 드라이브 ID를 확인한다. 부팅 파티션과 동일한 드라이브여야 한다.

```
[root@studentvm1 ~]# lsblk -i
NAME                        MAJ:MIN  RM   SIZE RO TYPE MOUNTPOINT
sda                          8:0    0   60G    0 disk
|-sda1                       8:1    0    1G    0 part /boot
`-sda2                       8:2    0   59G    0 part
  |-fedora_studentvm1-root   253:0  0    2G    0 lvm  /
  |-fedora_studentvm1-swap   253:1  0    6G    0 lvm  [SWAP]
  |-fedora_studentvm1-usr    253:2  0   15G    0 lvm  /usr
  |-fedora_studentvm1-home   253:3  0    4G    0 lvm  /home
  |-fedora_studentvm1-var    253:4  0   10G    0 lvm  /va
  `-fedora_studentvm1-tmp    253:5  0    5G    0 lvm  /tmp
[root@studentvm1 ~]#
```

dd 명령을 사용해 부트 드라이브의 부트 레코드를 살펴보자. 이 실험에서는 /dev/sda 장치에 할당됐다고 가정한다. 명령의 bs= 인수는 블록 크기를 지정하고 count= 인수는 STDIO에 덤프할 블록 수를 지정한다. if= 인수(inFile)는 데이터 스트림의 소스(이 경우 USB 장치)를 지정한다.

```
[root@studentvm1 ~]# dd if=/dev/sda bs=512 count=1
�c��M���-��|����!��8u
                    �����u�����|���t�L��|������t��pt���
y|1�-M �d|<�t��R�|1�D@�D��D�f�\|f�f�`|f�\�Dp�B�r�p��K`���1
������a`���f��u����f1�f�TCPAf�f�a�&Z|�}��.}�4�3}�.���GR
UB GeomHard DiskRead Error
����<u��&#X073B;&#X07AE;���� ������ �_U�1+0 records in
1+0 records out
512 bytes copied, 9.9294e-05 s, 5.2 MB/s
[root@studentvm1 ~]#
```

이것은 디스크(모든 디스크)의 첫 번째 블록인 부트 레코드의 텍스트를 인쇄한다. 이 경우 파일 시스템에 대한 정보가 있으며 바이너리 형식으로 저장돼 읽을 수는 없지만 파티션 테이블에 대한 정보가 있다. GRUB 스테이지 1이나 다른 부트로더가 이 섹터에 있지만 그 역시 인간이 읽을 수 없다. 부트 레코드에 저장된 몇 가지 메시지를 ASCII 텍스트로 볼 수 있다. 이것을 조금 다르게 하면 이 메시지를 더 쉽게 읽을 수 있다. od 명령(8진수 표시)은 콘텐츠를 읽기 쉽게 만드는 멋진 매트릭스에 8진수 형식으로 파이프된 데이터 스트림을 표시한다. -a 옵션은 가능한 경우 읽을 수 있는 ASCII 형식 문자로 변환하도록 명령에 지시한다. 마지막 명령의 끝에서 od는 파일이 아닌 STDIN 스트림에서 입력을 가져오도록 지시한다.

```
[root@studentvm1 ~]# dd if=/dev/sda bs=512 count=1 | od -a ?
1+0 records in
1+0 records out
0000000   k   c dle dle  so   P   < nul   0   8 nul nul  so   X  so   @
0000020   {   > nul   |   ? nul ack   9 nul stx   s   $   j   ! ack nul
0000040 nul   >   > bel   8 eot   u  vt etx   F dle soh   ~   ~ bel   u
0000060   s   k syn   4 stx   0 soh   ; nul   |   2 nul  nl   t soh  vt
0000100   L stx   M dc3   j nul   | nul nul   k   ~ nul nul nul nul nul
0000120 nul nul nul nul nul nul nul nul nul nul nul nul soh nul nul nul
```

```
0000140 nul nul nul nul del   z dle dle   v   B nul   t enq   v   B   p
0000160   t stx   2 nul   j   y   | nul nul   1   @  so   X  so   P   <
0000200 nul  sp   {  sp   d   |   < del   t stx  bs   B   R   > enq   |
0000220   1   @  ht   D eot   @  bs   D del  ht   D stx   G eot dle nul
0000240   f  vt  rs   \   |   f  ht   \  bs   f  vt  rs   `   |   f  ht
0000260   \  ff   G   D ack nul   p   4   B   M dc3   r enq   ; nul   p
0000300   k stx   k   K   `  rs   9 nul soh  so   [   1   v   ? nul nul
0000320  so   F   |   s   %  us   a   `   8 nul   ;   M sub   f enq   @
0000340   u  gs   8 bel   ;   ? nul nul   f   1   v   f   ;   T   C   P
0000360   A   f   9 nul stx nul nul   f   :  bs nul nul nul   M sub   a
0000400 del   &   Z   |   >  us   }   k etx   >   .   }   h   4 nul   >
0000420   3   }   h   . nul   M can   k   ~   G   R   U   B  sp nul   G
0000440   e   o   m nul   H   a   r   d  sp   D   i   s   k nul   R   e
0000460   a   d nul  sp   E   r   r   o   r  cr  nl nul   ; soh nul   4
0000500  so   M dle   ,   < nul   u   t   C nul nul nul nul nul nul nul
0000520 nul nul nul nul nul nul nul nul nul nul nul nul nul nul nul nul
*
0000660 nul nul nul nul nul nul nul nul   \   ;   ^   . nul nul nul eot
0000700 soh eot etx   ~   B del nul  bs nul nul nul nul  sp nul nul   ~
0000720   B del  so   ~   B del nul  bs  sp nul nul   x   _ bel nul nul
0000740 nul nul nul nul nul nul nul nul nul nul nul nul nul nul nul nul
0000760 nul nul nul nul nul nul nul nul nul nul nul nul nul nul   U   *
0001000
```

주소 0000520과 0000660 사이의 별표(*)에 유의하자. 이는 해당 범위의 모든 데이터가 그 이전의 마지막 줄인 0000520과 동일함을 나타내며, 이는 모두 null 문자다. 이는 출력 스트림의 공간을 절약한다. 주소는 기본 8인 8진수다.

파티션 테이블을 포함하지 않는 일반 부트 레코드는 /boot/grub2/i386-pc 디렉터리에 있다. 해당 파일의 내용을 살펴보자. 이미 제한된 길이를 가진 파일을 보고 있기 때문에 dd를 사용한 경우 블록 크기와 개수를 지정할 필요가 없다. dd 명령을 사용하는 대신 od를 직접 사용하고 파일명을 지정할 수도 있다.

참고

페도라 30 이상에서 boot.img 파일은 /usr/lib/grub/i386-pc/ 디렉터리에 있다. 이 실험의 다음 부분을 수행할 때 해당 위치를 사용해야 한다.

```
[root@studentvm1 ~]# od -a /boot/grub2/i386-pc/boot.img
0000000   k   c dle nul nul nul nul nul nul nul nul nul nul nul nul nul
0000020 nul nul nul nul nul nul nul nul nul nul nul nul nul nul nul nul
*
0000120 nul nul nul nul nul nul nul nul nul nul nul nul soh nul nul nul
0000140 nul nul nul nul del   z   k enq   v   B nul   t enq   v   B   p
0000160   t stx   2 nul   j   y   | nul nul   1   @  so   X  so   P   <
0000200 nul  sp   {  sp   d   |   < del   t stx  bs   B   R   > enq   |
0000220   1   @  ht   D eot   @  bs   D del  ht   D stx   G eot dle nul
0000240   f  vt  rs   \   |   f  ht   \  bs   f  vt  rs   `   |   f  ht
0000260   \  ff   G   D ack nul   p   4   B   M dc3   r enq   ; nul   p
0000300   k stx   k   K   `  rs   9 nul soh  so   [   1   v   ? nul nul
0000320  so   F   |   s   %  us   a   `   8 nul   ;   M sub   f enq   @
0000340   u  gs   8 bel   ;   ? nul nul   f   1   v   f   ;   T   C   P
0000360   A   f   9 nul stx nul nul   f   :  bs nul nul nul   M sub   a
0000400 del   &   Z   |   >  us   }   k etx   >   .   }   h   4 nul   >
0000420   3   }   h   . nul   M can   k   ~   G   R   U   B  sp nul   G
0000440   e   o   m nul   H   a   r   d  sp   D   i   s   k nul   R   e
0000460   a   d nul  sp   E   r   r   o   r  cr  nl nul   ; soh nul   4
0000500  so   M dle   ,   < nul   u   t   C nul nul nul nul nul nul nul
0000520 nul nul nul nul nul nul nul nul nul nul nul nul nul nul nul nul
*
0000760 nul nul nul nul nul nul nul nul nul nul nul nul nul nul   U   *
0001000
```

이 출력에는 주소 0000020과 0000120 사이에 중복된 데이터의 두 번째 영역이 있다. 해당 영역은 실제 부트 레코드와 다르고 이 파일에서 모두 null이기 때문에 실제 부팅 기록의 파티션 테이블이 있는 위치를 유추할 수 있다. 파일에 포함된 ASCII 텍스트 문자열만 볼 수 있는 흥미로운 유틸리티도 있다.

```
[root@studentvm1 ~]# strings /boot/grub2/i386-pc/boot.img
TCPAf
GRUB
Geom
Hard Disk
Read
 Error
```

이 도구는 의미 있는 문자열을 찾고자 여러 줄의 임의의 ASCII 문자를 정렬하는 것보다 실제 텍스트 문자열을 찾는 데 사용하는 것이 더 쉽다. 그러나 이전 출력의 첫 번째 줄과 마찬가지로 모든 텍스트 문자열이 사람에게 의미가 있는 것은 아니다.

여기서 요점은 GRUB 부트 레코드가 boot.img 파일을 소스로 사용해 하드 드라이브 또는 기타 부트 가능한 미디어의 첫 번째 섹터에 설치된다는 것이다. 그러면 파티션 테이블이 지정된 위치의 부트 레코드에 겹치게 된다.

GRUB 스테이지 1.5

앞서 언급했듯이 GRUB의 스테이지 1.5는 부트 레코드와 UEFI 파티션 데이터 사이의 공간과 디스크 드라이브의 첫 번째 파티션에 위치해야 한다. 이 공간은 기술 및 호환성의 이유로 역사적으로 사용되지 않은 상태로 남아 있으며 '부트 트랙' 또는 'MBR 간격'이라고도 한다. 하드 드라이브의 첫 번째 파티션은 섹터 63에서 시작하고 섹터 0에 MBR이 있는 경우 core.img 파일로 배포되는 GRUB의 스테이지 1.5를 저장할 62개의 512바이트 섹터(31,744바이트)가 남는다. core.img 파일은 이 글을 쓰는 시점에서 28,535바이트이므로 MBR과 이를 저장할 첫 번째 디스크 파티션 사이에 충분한 공간이 있다.

실험 16-2

GRUB 스테이지 1.5가 포함된 파일은 /boot/grub2/i386-pc/core.img로 저장된다. 부트 드라이브의 MBR 간격에 저장된 파일의 코드를 비교해 스테이지 1에서 이전에 수행한 것처럼 이를 확인할 수 있다.

```
[root@studentvm1 ~]# dd if=/dev/sda bs=512 count=1 skip=1 | od -a -
1+0 records in
1+0 records out
512 bytes copied, 0.000132697 s, 3.9 MB/s
0000000   R   ?   t soh   f   1   @  vt   E  bs   f   A   `  ht   f   #
0000020   l soh   f  vt   - etx   }  bs nul  si eot   d nul nul   | del
0000040 nul   t   F   f  vt  gs   f  vt   M eot   f   1   @   0 del   9
0000060   E  bs del etx  vt   E  bs   )   E  bs   f soh enq   f etx   U
0000100 eot nul   G eot dle nul  ht   D stx   f  ht   \  bs   f  ht   L
0000120  ff   G   D ack nul   p   P   G   D eot nul nul   4   B   M dc3
0000140  si stx   \ nul   ; nul   p   k   h   f  vt   E eot   f  ht   @
0000160  si enq   D nul   f  vt enq   f   1   R   f   w   4  bs   T  nl
0000200   f   1   R   f   w   t eot  bs   T  vt  ht   D  ff   ;   D  bs
0000220  si  cr   $ nul  vt eot   *   D  nl   9   E  bs del etx  vt   E
0000240  bs   )   E  bs   f soh enq   f etx   U eot nul  nl   T  cr   @
0000260   b ack  nl   L  nl   ~   A  bs   Q  nl   l  ff   Z   R  nl   t
0000300  vt   P   ; nul   p  so   C   1   [   4 stx   M dc3   r   q  ff
0000320   C  so   E  nl   X   A   ` enq soh   E  nl   `  rs   A   ` etx
0000340  ht   A   1 del   1   v  so   [   |   s   %  us   >   V soh   h
0000360 ack nul   a etx   }  bs nul  si enq   " del etx   o  ff   i dc4
0000400 del   `   8 bel   ;   ; nul nul  so   C   f   1 del   ? nul stx
0000420   f   ;   T   C   P   A   f   >   l soh nul nul   g   f  vt  so
0000440   f   1   v   f   :  ht nul nul nul   M sub   a   >   X soh   h
0000460   F nul   Z   j nul stx nul nul   >   [ soh   h   : nul   k ack
0000500   >   ` soh   h   2 nul   >   e soh   h   , nul   k   ~   l   o
0000520   a   d   i   n   g nul   . nul  cr  nl nul   G   e   o   m nul
0000540   R   e   a   d nul  sp   E   r   r   o   r nul nul nul nul nul
```

```
0000560   ; soh nul   4  so   M dle   F  nl eot   < nul   u   r   C nul
0000600 nul nul nul nul nul nul nul nul nul nul nul nul nul nul nul nul
*
0000760 nul nul nul nul stx nul nul nul nul nul nul nul   o nul  sp  bs
0001000
[root@studentvm1 ~]# dd if=/boot/grub2/i386-pc/core.img bs=512 count=1 |
od -a -
1+0 records in
1+0 records out
512 bytes copied, 5.1455e-05 s, 10.0 MB/s
0000000   R   ?   t soh   f   1   @  vt   E  bs   f   A   `  ht   f   #
0000020   l soh   f  vt   - etx   }  bs nul  si eot   d nul nul   | del
0000040 nul   t   F   f  vt  gs   f  vt   M eot   f   1   @   0 del   9
0000060   E  bs del etx  vt   E  bs   )   E  bs   f soh enq   f etx   U
0000100 eot nul   G eot dle nul  ht   D stx   f  ht   \  bs   f  ht   L
0000120  ff   G   D ack nul   p   P   G   D eot nul nul   4   B   M dc3
0000140  si stx   \ nul   ; nul   p   k   h   f  vt   E eot   f  ht   @
0000160  si enq   D nul   f  vt enq   f   1   R   f   w   4  bs   T  nl
0000200   f   1   R   f   w   t eot  bs   T  vt  ht   D  ff   ;   D  bs
0000220  si  cr   $ nul  vt eot   *   D  nl   9   E  bs del etx  vt   E
0000240  bs   )   E  bs   f soh enq   f etx   U eot nul  nl   T  cr   @
0000260   b ack  nl   L  nl   ~   A  bs   Q  nl   l  ff   Z   R  nl   t
0000300  vt   P   ; nul   p  so   C   1   [   4 stx   M dc3   r   q  ff
0000320   C  so   E  nl   X   A   ` enq soh   E  nl   `  rs   A   ` etx
0000340  ht   A   1 del   1   v  so   [   |   s   %  us   >   V soh   h
0000360 ack nul   a etx   }  bs nul  si enq   " del etx   o  ff   i dc4
0000400 del   `   8 bel   ;   ; nul nul  so   C   f   1 del   ? nul stx
0000420   f   ;   T   C   P   A   f   >   l soh nul nul   g   f  vt  so
0000440   f   1   v   f   :  ht nul nul nul   M sub   a   >   X soh   h
0000460   F nul   Z   j nul stx nul nul   >   [ soh   h   : nul   k ack
0000500   >   ` soh   h   2 nul   >   e soh   h   , nul   k   ~   l   o
0000520   a   d   i   n   g nul   . nul  cr  nl nul   G   e   o   m nul
0000540   R   e   a   d nul  sp   E   r   r   o   r nul nul nul nul nul
0000560   ; soh nul   4  so   M dle   F  nl eot   < nul   u   r   C nul
0000600 nul nul nul nul nul nul nul nul nul nul nul nul nul nul nul nul
```

```
*
0000760 nul nul nul nul stx nul nul nul nul nul nul nul   7 nul  sp  bs
0001000
[root@studentvm1 ~]#
```

각각의 첫 번째 섹터는 확인을 위해 수행되지만 원하는 경우 더 많은 코드를 자유롭게 탐색해야 한다. 파일을 하드 드라이브의 GRUB 스테이지 1.5의 데이터와 비교하는 데 사용할 수 있는 도구가 있지만 이 두 데이터 섹터가 동일하다는 것은 분명하다.

이 시점에서는 GRUB 부트로더의 스테이지 1과 스테이지 1.5를 포함하는 파일과 리눅스 부트로더로서의 기능을 수행하고자 하드 드라이브에 있는 파일을 알고 있다.

스테이지 1보다 스테이지 1.5에 수용할 수 있는 코드의 양이 더 많기 때문에 표준 EXT, XFS, 기타 리눅스 파일 시스템(예, FAT 및 NTFS)과 같은 몇 가지 일반적인 파일 시스템 드라이버를 포함하기에 충분한 코드를 가질 수 있다. GRUB2의 core.img는 이전 GRUB1 스테이지 1.5보다 훨씬 더 복잡하고 기능이 뛰어나다. 이는 GRUB2의 스테이지 2가 표준 EXT 파일 시스템에 위치할 수 있지만 파일 시스템 드라이버가 로드되기 전에 부팅 가능한 볼륨의 특정 위치에서 읽어야 하기 때문에 논리 볼륨에 위치할 수 없음을 의미한다.

/boot 디렉터리는 EXT4와 같이 GRUB에서 지원하는 파일 시스템에 있어야 한다. 모든 파일 시스템이 그런 것은 아니다. 스테이지 1.5의 기능은 /boot 파일 시스템에서 스테이지 2 파일을 찾고 필요한 드라이버를 로드하는 데 필요한 파일 시스템 드라이버로 실행을 시작하는 것이다.

GRUB 스테이지 2

GRUB 스테이지 2의 모든 파일은 /boot/grub2 디렉터리와 그 하위 디렉터리에 있다. GRUB2에는 스테이지 1 및 스테이지 2와 같은 이미지 파일이 없다. 대신 /boot/grub2 디렉터리와 그 하위 디렉터리에서 필요에 따라 로드되는 파일과 런타임 커널 모듈로 구성된다. 일부 리눅스 배포판은 이러한 파일을 /boot/grub 디렉터리에 저장할 수 있다.

GRUB 스테이지 2의 기능은 리눅스 커널을 찾아 RAM에 로드하고 컴퓨터 제어를 커널에 넘기는 것이다. 커널 및 관련 파일은 /boot 디렉터리에 있다. 커널 파일은 모두 vmlinuz로 시작하는 이름이 지정되므로 식별할 수 있다. /boot 디렉터리의 내용을 나열해 시스템에 현재 설치된 커널을 볼 수 있다.

실험 16-3

리눅스 커널 목록은 내 VM에 있는 것과 유사해야 하지만 커널 버전과 릴리스는 다를 수 있다. VM에서 최신 페도라 릴리스를 사용해야 하므로 VM을 설치할 때 릴리스 29 이상이어야 한다. 다음 실험에서 차이가 없어야 한다.

```
[root@studentvm1 ~]# ll /boot
total 187716
-rw-r--r--. 1 root root 196376 Apr 23 2018 config-4.16.3-301.fc28.x86_64
-rw-r--r--. 1 root root 196172 Aug 15 08:55 config-4.17.14-202.fc28.x86_64
-rw-r--r--  1 root root 197953 Sep 19 23:02 config-4.18.9-200.fc28.x86_64
drwx------. 4 root root 4096 Apr 30 2018 efi
-rw-r--r--. 1 root root 184380 Jun 28 10:55 elf-memtest86+-5.01
drwxr-xr-x. 2 root root 4096 Apr 25 2018 extlinux
drwx------. 6 root root 4096 Sep 23 21:52 grub2
-rw-------. 1 root root 72032025 Aug 13 16:23
initramfs-0-rescue-7f12524278bd40e9b10a085bc82dc504.img
-rw-------. 1 root root 24768511 Aug 13 16:24
```

```
initramfs-4.16.3-301.fc28.x86_64.img
-rw-------. 1 root root 24251484 Aug 18 10:46
initramfs-4.17.14-202.fc28.x86_64.img
-rw------- 1 root root 24313919 Sep 23 21:52
initramfs-4.18.9-200.fc28.x86_64.img
drwxr-xr-x. 3 root root 4096 Apr 25 2018 loader
drwx------. 2 root root 16384 Aug 13 16:16 lost+found
-rw-r--r--. 1 root root 182704 Jun 28 10:55 memtest86+-5.01
-rw-------. 1 root root 3888620 Apr 23 2018 System.map-4.16.3-301.fc28.x86_64
-rw-------. 1 root root 4105662 Aug 15 08:55
System.map-4.17.14-202.fc28.x86_64
-rw------- 1 root root 4102469 Sep 19 23:02 System.map-4.18.9-200.fc28.x86_64
-rwxr-xr-x. 1 root root 8286392 Aug 13 16:23
vmlinuz-0-rescue-7f12524278bd40e9b10a085bc82dc504
-rwxr-xr-x. 1 root root 8286392 Apr 23 2018 vmlinuz-4.16.3-301.fc28.x86_64
-rwxr-xr-x. 1 root root 8552728 Aug 15 08:56 vmlinuz-4.17.14-202.fc28.x86_64
-rwxr-xr-x 1 root root 8605976 Sep 19 23:03 vmlinuz-4.18.9-200.fc28.x86_64
[root@studentvm1 ~]#
```

이 목록에 4개의 커널과 지원 파일이 있음을 알 수 있다. System.map 파일은 변수 및 함수와 같은 기호의 물리적 주소를 매핑하는 기호 테이블이다. initramfs 파일은 파일 시스템 드라이버가 로드되고 파일 시스템이 마운트되기 전에 리눅스 부팅 프로세스 초기에 사용된다.

GRUB는 설치된 리눅스 커널 중 하나에서 부팅을 지원한다. 레드햇 패키지 관리자인 DNF는 최신 버전에서 문제가 발생할 경우 이전 버전의 커널로 부팅할 수 있게 여러 버전의 커널 유지를 지원한다. 그림 16-1에서 볼 수 있듯이 GRUB는 복구 옵션과 각 커널에 대한 복구 옵션(구성된 경우)을 포함해 설치된 커널의 사전 부팅 메뉴를 제공한다.

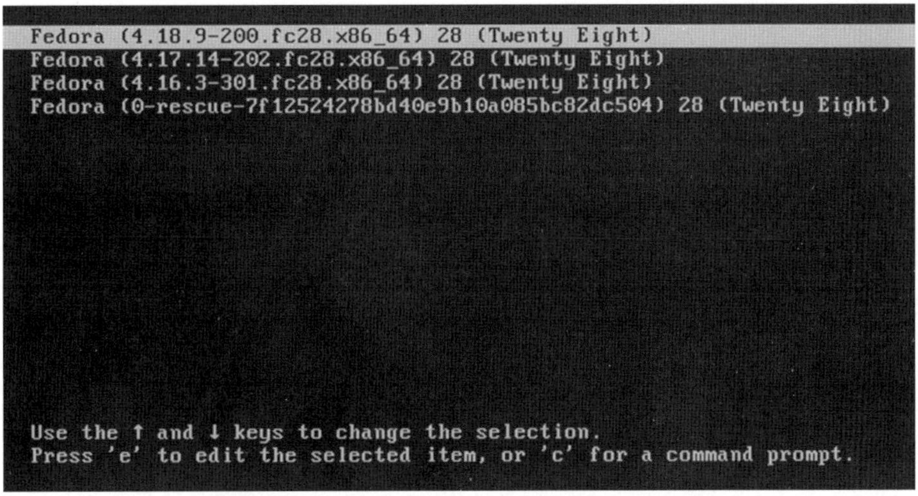

```
Fedora (4.18.9-200.fc28.x86_64) 28 (Twenty Eight)
Fedora (4.17.14-202.fc28.x86_64) 28 (Twenty Eight)
Fedora (4.16.3-301.fc28.x86_64) 28 (Twenty Eight)
Fedora (0-rescue-7f12524278bd40e9b10a085bc82dc504) 28 (Twenty Eight)

Use the ↑ and ↓ keys to change the selection.
Press 'e' to edit the selected item, or 'c' for a command prompt.
```

그림 16-1. GRUB 부트 메뉴에서 다른 커널을 선택할 수 있다.

기본 커널은 항상 업데이트 중에 설치된 가장 최신 커널이며 5초의 짧은 시간제한 후에 자동으로 부팅된다. 위쪽 및 아래쪽 화살표를 누르면 카운트다운이 중지되고 강조 표시줄이 다른 커널로 이동한다. 엔터키를 눌러 선택한 커널을 부팅한다.

위/아래 화살표 키 또는 'e'나 'c' 키를 제외한 거의 모든 키를 누르면 카운트다운이 중지되고 추가 입력을 기다린다. 이제 시간을 있으니 화살표 키를 사용해 부팅할 커널을 선택한 다음 엔터키를 눌러 부팅할 수 있다. GRUB의 스테이지 2에서는 선택한 커널을 메모리에 로드하고 컴퓨터 제어를 커널에 넘긴다.

복구 부팅 옵션은 리눅스 시스템이 부팅 프로세스를 완료하지 못하게 하는 심각한 부팅 문제를 해결하려고 할 때 최후의 수단으로 사용된다. 부팅 중 일부 유형의 오류가 발생하면 GRUB는 자동으로 복구 이미지에서 부팅하도록 대체한다.

설치된 커널에 대한 GRUB 메뉴 항목은 내게 매우 유용했다. VirtualBox에 대해 알게 되기 전에 리눅스를 업데이트할 때 문제가 발생하는 일부 상용 가상화 소프트웨어를 사용했다. 회사는 커널 변형을 따라잡고자 노력했지만 결국 모든 커널 버전에서 실행되도록 소프트웨어 업데이트를 중단했다. 내가 업데이트한 커널 버전을 지원하지 않을 때마다 GRUB 메뉴를 사용해 작동할 것으로 알고 있는 이전 커널을 선택했다. 세 개의 오래된 커널만 유지하는 것이 항상 충분하지 않다는 것을 발견했기 때문에 최대 10개의 커널을 저장하게 DNF 패키지 관리자를 구성했다. DNF 패키지 관리자 구성은 1권 12장에서 다룬다.

GRUB 구성

GRUB는 /boot/grub2/grub.cfg로 구성되지만 커널이 새 버전으로 업데이트될 때 덮어쓸 수 있으므로 해당 파일을 변경하지 않는다. 대신 /etc/default/grub 파일을 수정한다.

실험 16-4

/etc/default/grub 파일의 수정되지 않은 버전부터 살펴보자.

```
[root@studentvm1 ~]# cd /etc/default ; cat grub
GRUB_TIMEOUT=5
GRUB_DISTRIBUTOR="$(sed 's, release .*$,,g' /etc/system-release)"
GRUB_DEFAULT=saved
GRUB_DISABLE_SUBMENU=true
GRUB_TERMINAL_OUTPUT="console"
GRUB_CMDLINE_LINUX="resume=/dev/mapper/fedora_studentvm1-swap rd.lvm.
lv=fedora_studentvm1/root rd.lvm.lv=fedora_studentvm1/swap
rd.lvm.lv=fedora_
studentvm1/usr rhgb quiet"
GRUB_DISABLE_RECOVERY="true"
[root@studentvm1 default]#
```

각주 6에 언급된 GRUB 문서의 6장에는 /etc/default/grub 파일에서 가능한 모든 항목의 전체 목록이 포함돼 있지만 여기에서 살펴봐야 할 세 가지 항목이 있다.

나는 항상 GRUB 메뉴 카운트다운의 시간(초)인 GRUB_TIMEOUT을 5초에서 10초로 변경해 카운트다운이 0이 되기 전에 GRUB 메뉴에 응답할 시간을 좀 더 주곤 한다.

또한 GRUB_DISABLE_RECOVERY를 true에서 false로 변경한다. 이는 약간의 리버스 프로그래머 로직이다. 복구 부팅 옵션이 항상 작동하지 않는 것으로 나타났다. 이 문제를 피하고자 grub2-mkconfig 명령이 설치된 각 커널에 대한 복구 옵션을 생성할 수 있도록 이 명령을 변경한다. 나는 복구 옵션이 실패할 때 이러한 옵션이 작동한다는 것을 발견했다. 이는 또한 특정 커널 버전에서 실행해야 하는 특정 도구나 소프트웨어 패키지가 그렇게 할 수 있는 경우 사용할 복구 커널을 제공한다.

참고

grub 기본 구성에서 GRUB_DISABLE_RECOVERY를 변경하는 것은 페도라 30부터 더 이상 작동하지 않는다. 다른 변경, GRUB_TIMEOUT 및 GRUB_CMDLINE_LINUX 변수에서 'rhgb silent' 제거는 계속 작동한다.

GRUB_CMDLINE_LINUX 줄도 변경할 수 있다. 이 줄은 부팅할 때 커널에 전달되는 커맨드라인 매개변수를 나열한다. 나는 일반적으로 이 줄의 마지막 두 매개변수를 삭제한다. rhgb 매개변수는 Red Hat Graphical Boot를 나타내며 커널 초기화 중에 부팅 시간 메시지를 표시하는 대신 페도라 아이콘의 작은 그래픽 애니메이션이 표시되게 한다. Quiet 매개변수는 시작 진행 상황과 발생할 수 있는 오류를 문서화하는 시작 메시지의 표시를 방지한다. 시스템 관리자가 이러한 메시지를 볼 수 있어야 하므로 이 항목을 모두 삭제하라. 부팅하는 동안 문제가 발생하면 화면에 표시되는 메시지가 문제의 원인을 알려줄 수 있다.

grub 파일이 다음과 같이 보이도록 설명된 대로 이 세 줄을 변경한다.

```
[root@studentvm1 default]# cat grub
GRUB_TIMEOUT=10
GRUB_DISTRIBUTOR="$(sed 's, release .*$,,g' /etc/system-release)"
GRUB_DEFAULT=saved
GRUB_DISABLE_SUBMENU=true
GRUB_TERMINAL_OUTPUT="console"
GRUB_CMDLINE_LINUX="resume=/dev/mapper/fedora_studentvm1-swap rd.lvm.
lv=fedora_studentvm1/root rd.lvm.lv=fedora_studentvm1/swap
rd.lvm.lv=fedora_ studentvm1/usr"
GRUB_DISABLE_RECOVERY="false"
[root@studentvm1 default]#
```

/boot/grub2/grub.cfg 파일의 현재 내용을 확인한다. 다음 명령을 실행해 /boot/grub2/grub.cfg 구성파일을 업데이트한다.

```
[root@studentvm1 grub2]# grub2-mkconfig > /boot/grub2/grub.cfg
Generating grub configuration file ...
Found linux image: /boot/vmlinuz-4.18.9-200.fc28.x86_64
Found initrd image: /boot/initramfs-4.18.9-200.fc28.x86_64.img Found linux
image: /boot/vmlinuz-4.17.14-202.fc28.x86_64
Found initrd image: /boot/initramfs-4.17.14-202.fc28.x86_64.img
Found linux image: /boot/vmlinuz-4.16.3-301.fc28.x86_64
Found initrd image: /boot/initramfs-4.16.3-301.fc28.x86_64.img
Found linux image: /boot/vmlinuz-0-rescue-7f12524278bd40e9b10a085bc82dc504
Found initrd image: /boot/initramfs-0-rescue-7f12524278bd40e9b10a085bc82dc504.img
done
[root@studentvm1 grub2]#
```

변경 사항을 반영해야 하는 /boot/grub2/grub.cfg의 내용을 다시 확인한다. 변경한 특정 줄을 grep해 변경 사항이 발생했는지 확인할 수 있다. 이 명령의 대체 형식을 사용해 출력 파일을 지정할 수도 있다. `grub2-mkconfig -o /boot/grub2/grub.cfg` 양식이 작동하며 결과는 동일하다.

StudentVM1 가상 머신을 재부팅한다. GRUB 메뉴가 표시되면 Esc 키를 누른다. GRUB 메뉴에서 주목해야 할 첫 번째 차이점은 카운트다운 타이머가 10초에서 시작됐다는 것이다. 이제 GRUB 메뉴가 각 커널 버전에 대한 복구 옵션과 함께 그림 16-2에 표시된 것과 유사하게 나타나야 한다. 메뉴의 세부 사항은 이와 다를 것이다.

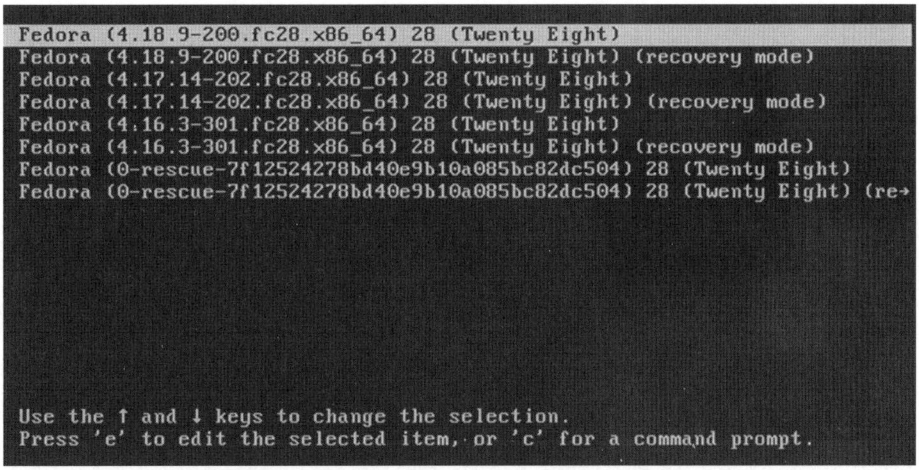

```
Fedora (4.18.9-200.fc28.x86_64) 28 (Twenty Eight)
Fedora (4.18.9-200.fc28.x86_64) 28 (Twenty Eight) (recovery mode)
Fedora (4.17.14-202.fc28.x86_64) 28 (Twenty Eight)
Fedora (4.17.14-202.fc28.x86_64) 28 (Twenty Eight) (recovery mode)
Fedora (4.16.3-301.fc28.x86_64) 28 (Twenty Eight)
Fedora (4.16.3-301.fc28.x86_64) 28 (Twenty Eight) (recovery mode)
Fedora (0-rescue-7f12524278bd40e9b10a085bc82dc504) 28 (Twenty Eight)
Fedora (0-rescue-7f12524278bd40e9b10a085bc82dc504) 28 (Twenty Eight) (re→

Use the ↑ and ↓ keys to change the selection.
Press 'e' to edit the selected item, or 'c' for a command prompt.
```

그림 16-2. /etc/default/grub을 변경하고 grub2-mkconfig를 실행하면 이제 GRB 메뉴에 각 커널에 대한 복구 모드 옵션이 포함된다.

아래쪽 화살표 키를 사용해 기본 커널에 대한 복구 옵션(두 번째 옵션)을 강조 표시하고 엔터키를 눌러 부팅 및 시작 프로세스를 완료한다. 그러면 해당 커널을 사용해 복구 모드로 전환된다. 또한 시스템이 부팅되고 시작될 때 화면에 많은 메시지가 표시되는 것을 볼 수 있다. 이러한 메시지 중 일부는 복구 셸과 관련된 메시지와 함께 그림 16-3에서 볼 수 있다.

이러한 메시지를 기반으로 '복구' 모드는 커널 버전을 선택하는 복구 모드라는 결론을 내릴 수 있다. 시스템에 로그인 메시지가 표시된다.

```
Give root password for maintenance
(or press Control-D to continue):
```

root 암호를 입력해 로그인한다. 재부팅하거나 기본 런레벨 대상으로 계속 진행하려는 경우 화면에 지침이 표시된다.

또한 그림 16-3의 화면 하단에서 17장의 bash 시작 구성파일에 포함할 메시지의 작은 흔적이 /etc/bashrc 및 /etc/profile.d/myBashConfig.sh /etc/profile.d에 있는 다른 모든 bash 구성파일과 함께 파일이 로그인할 때 실행됐다. 나는 이 부분을 살짝 건너뛰었지만 17장에서 직접 테스트하는 방법을 보여줄 것이다. 복구 모드에서 작업하는 동안 셸 구성 방식에서 무엇을 기대해야 하는지 알 수 있기 때문에 이는 좋은 정보다.

```
[   28.428812] audit: type=1130 audit(1543404043.929:88): pid=1 uid=0 auid=4294967295 ses=4294967295
 msg='unit=systemd-update-utmp comm="systemd" exe="/usr/lib/systemd/systemd" hostname=? addr=? termi
nal=? res=success'

[  OK  ] Reached target System Initialization.
[   28.436363] audit: type=1130 audit(1543404043.938:89): pid=1 uid=0 auid=4294967295 ses=4294967295
 msg='unit=alsa-state comm="systemd" exe="/usr/lib/systemd/systemd" hostname=? addr=? terminal=? res
=success'
[  OK  ] Started Manage Sound Card State (restore and store).
[  OK  ] Reached target Sound Card.
[   28.442391] audit: type=1130 audit(1543404043.943:90): pid=1 uid=0 auid=4294967295 ses=4294967295
 msg='unit=rescue comm="systemd" exe="/usr/lib/systemd/systemd" hostname=? addr=? terminal=? res=suc
cess'
[  OK  ] Started Rescue Shell.
[  OK  ] Reached target Rescue Mode.
         Starting Update UTMP about System Runlevel Changes...
[   28.455863] audit: type=1129 audit(1543404043.957:91): pid=801 uid=0 auid=4294967295 ses=42949672
95 msg='old-level=N new-level=1 comm="systemd-update-utmp" exe="/usr/lib/systemd/systemd-update-utmp
" hostname=? addr=? terminal=? res=success'
[   28.460204] audit: type=1130 audit(1543404043.961:92): pid=1 uid=0 auid=4294967295 ses=4294967295
 msg='unit=systemd-update-utmp-runlevel comm="systemd" exe="/usr/lib/systemd/systemd" hostname=? add
r=? terminal=? res=success'
[  OK  ] Started Update UTMP about System Runlevel Changes.
[   28.464368] audit: type=1131 audit(1543404043.963:93): pid=1 uid=0 auid=4294967295 ses=4294967295
 msg='unit=systemd-update-utmp-runlevel comm="systemd" exe="/usr/lib/systemd/systemd" hostname=? add
r=? terminal=? res=success'
[   28.538628] audit: type=1130 audit(1543404044.039:94): pid=1 uid=0 auid=4294967295 ses=4294967295
 msg='unit=plymouth-start comm="systemd" exe="/usr/lib/systemd/systemd" hostname=? addr=? terminal=?
 res=success'
You are in rescue mode. After logging in, type "journalctl -xb" to view
system logs, "systemctl reboot" to reboot, "systemctl default" or "exit"
to boot into default mode.
Give root password for maintenance
(or press Control-D to continue):
Running /etc/bashrc
Running /etc/profile.d/myBashConfig.sh
[root@studentvm1 ~]# _
```

그림 16-3. 복구 모드 커널로 부팅한 후 root 암호를 사용해 유지 관리 모드로 들어간다.

복구 모드에서 단일 사용자 모드라고 하는 것과 동일한 상태에서 시스템을 탐색한다. `lsblk` 유틸리티는 모든 파일 시스템이 올바른 위치에 마운트됐음을 표시하고 `ip addr` 명령은 네트워킹이 시작되지 않았음을 표시한다. 컴퓨터가 실행 중이지만 매우 최소한의 작동 모드에 있는 상태다. 문제 해결에 필요한 가장 필수적인 서비스만 사용할 수 있다. `runlevel` 명령은 호스트가 이전 SystemV 런레벨 1에 해당함을 보여준다.

이 실험을 완료하기 전에 VM을 이전 일반 커널 중 하나로 재부팅하고 데스크탑에 로그인한다. 몇 가지 프로그램을 테스트한 다음 터미널 세션을 열어 일부 커맨드라인 유틸리티를 테스트한다. 커널 버전이 나머지 리눅스 운영체제의 특정 버전에 종속되지 않기 때문에 모든 것이 문제없이 작동해야 한다. 대체 커널을 실행하는 것은 쉽고 자주 있는 일이다.

이 실험을 끝내려면 시스템을 재부팅하고 기본 커널이 부팅되게 한다. 특별한 개입은 필요 없다. 이 일반 부팅 중에 모든 커널 부팅 및 시작 메시지를 볼 수 있을 것이다.

복구 모드에는 일반적으로 복구[recovery], 응급 복구[rescue], 유지 관리라는 세 가지 다른 용어가 적용된다. 이들은 모두 기능적으로 동일하다. 유지 관리 모드는 일반적으로 부팅 및 시작 중에 발생하는 일부 오류로 인해 리눅스 호스트가 기본 대상으로 부팅하지 못할 때 사용된다. 오류가 발생한 경우 부팅 및 시작 메시지를 볼 수 있으면 문제가 있을 수 있는 위치에 대한 단서를 제공할 수도 있다.

나는 그림 16-1, 16-2, 16-3의 GRUB 메뉴 하단에 있는 옵션인 복구 커널이 거의 작동하지 않는다는 것을 발견했으며, 다양한 물리적 하드웨어 및 가상 머신에서 시도했었으나 항상 실패했다. 따라서 복구 커널을 사용해야 하며, 이것이 복구 메뉴 옵션을 생성하도록 GRUB를 구성하는 이유다.

그림 16-2에서는 GRUB를 설정하고 `grub2-mkconfig -o /boot/grub2/grub.cfg` 명령을 실행한 후 두 가지 복구 모드 메뉴 옵션이 있다. 내 테스트에서 상단의 응급 복구 모드 메뉴 옵션은 실패하지만 방금 만든 하단 응급 복구 모드 메뉴 옵션은 작동한다는 것을 발견했다. 그러나 내가 말했듯이 응급 복구 모드와 복구 모드가 정확히 동일한 기능을 제공하기 때문에 실제로는 중요하지 않은 것 같다. 이 문제는 GRUB에 있는 버그일 것이므로 Bugzilla[9]를 사용해 레드햇에 보고했다.

시스템 관리자로서의 우리 책임의 일부이자 오픈소스 커뮤니티에 환원하는 것의 일부는 버그가 발생했을 때 보고하는 것이다. 누구나 계정을 만들고 로그인해 버그를 신고할 수 있다. 버그 보고서가 변경될 때마다 업데이트가 이메일로 전송된다.

리눅스 커널

모든 리눅스 커널은 공간을 절약하고자 자동 압축 풀림 형식을 적용한다. 커널은 초기 RAM 디스크 이미지 및 기호 맵과 함께 /boot 디렉터리에 위치한다. 선택한 커널이 GRUB에 의해 메모리에 로드되고 실행이 시작된 후 유용한 작업을 수행하기 전에 먼저 압축된 버전의 파일에서 자신을 추출해야 한다. 커널은 스스로를 압축 파일에서 추출하고 systemd를 로드하고 제어권을 넘겨준다.

이것이 부팅 프로세스의 끝이다. 이 시점에서 리눅스 커널과 systemd는 실행 중이지만 최종 사용자를 위한 생산적인 작업을 수행할 수 있는 그 어떤 것도 실행되고 있지 않다. 커맨드라인을 제공하는 셸이 없고 네트워크나 기타 통신 링크를 관리하기 위한 백그라운드 프로세스도 없고, 컴퓨터가 생산적인 기능을 수행할 수 있게 하는 그 어떤 것도 실행되지 않는 상태다.

9. Red Hat Bugzilla, https://bugzilla.redhat.com

리눅스 시작

시작 프로세스는 부팅 프로세스를 따르고 리눅스 컴퓨터를 생산적인 작업에 사용할 수 있는 작동 상태로 만든다. 커널이 호스트 제어를 systemd로 이전할 때 시작startup 프로세스가 시작된다.

systemd

systemd[10,11]은 모든 프로세스의 어머니며 리눅스 호스트를 생산적인 작업을 수행할 수 있는 상태로 만드는 역할을 한다. 이전 SystemV[12] init 프로그램보다 훨씬 더 광범위한 기능 중 일부는 파일 시스템 마운트 및 생산적인 리눅스 호스트를 갖는 데 필요한 시스템 서비스 시작 및 관리를 포함해 실행 중인 리눅스 호스트의 여러 측면을 관리하는 것이다. 시작 순서와 관련이 없는 systemd의 모든 작업은 이 장의 범위를 벗어나지만 2권의 13장에서 살펴볼 것이다.

먼저 systemd는 스왑 파일이나 파티션을 포함해 /etc/fstab에 정의된 대로 파일 시스템을 마운트한다. 이 시점에서 자신을 포함해 /etc에 있는 구성파일에 접근할 수 있다. 호스트를 부팅해야 하는 상태나 타깃을 결정하고자 구성 링크인 /etc/systemd/system/default.target을 사용한다. default.target 파일은 실제 타깃 파일에 대한 심볼릭 링크다. 데스크탑 워크스테이션의 경우 이것은 일반적으로 graphic.target이 될 것이며 이는 SystemV의 런레벨 5에 해당한다. 서버의 경우 기본값은 SystemV의 런레벨 3과 같은 multi-user.target일 가능성이 더 크다. emergency.target은 단일 사용자 모드와 유사하다. 타깃과 서비스는 systemd 단위다.

---

10. 위키피디아, systemd, https://en.wikipedia.org/wiki/Systemd
11. systemd는 문장의 시작 부분에도 대문자 없이 항상 이렇게 써야 한다. systemd에 대한 문서는 이에 대해 매우 명확하게 얘기하고 있다.
12. 위키피디아, Runlevel, https://en.wikipedia.org/wiki/Runlevel

SystemV 런레벨	systemd 타깃	systemd 타깃 앨리어스	설명
	halt.target		전원을 끄지 않고 시스템을 중지한다.
0	poweroff.target	runlevel0.target	시스템을 중지하고 전원을 끈다.
S	emergency.target		실행 중인 서비스가 없다. 파일 시스템이 마운트되지 않은 상태다. 이는 사용자가 시스템과 상호작용할 수 있도록 메인 콘솔에서 비상 셸만 실행되는 가장 기본적인 작동 수준이다. SystemV의 단일 사용자 모드에 해당한다.
1	rescue.target	runlevel1.target	파일 시스템 마운트 등 가장 기본적인 서비스만 실행하고 메인 콘솔에서 복구 셸을 실행하는 기본적인 시스템이다.
2		runlevel2.target	NFS를 제외한 모든 비GUI 서비스가 동작하는 멀티유저 상태다.
3	multi-user.target	runlevel3.target	모든 서비스가 실행되는 멀티유저 상태지만 CLI(커맨드라인 인터페이스)만 작동한다.
4		runlevel4.target	사용되지 않지만 SystemV의 런레벨 3과 동일하다. 이 타깃은 디폴트 multi-user.target을 변경하지 않고 로컬 서비스를 시작하도록 커스터마이즈할 수 있다.
5	graphical.target	runlevel5.target	GUI가 있는 multi-user.target이다.
6	reboot.target	runlevel6.target	재부팅한다.
	default.target		이 타깃은 항상 multi-user.target이나 graphic.target에 대한 심볼릭 링크로 앨리어스가 지정된다. systemd는 항상 default.target을 사용해 시스템을 시작한다. default.target의 앨리어스를 halt.target이나 poweroff.target, reboot.target으로 지정해서는 안 된다.

그림 16-4. SystemV 런레벨과 systemd 타깃, 타깃 앨리어스 비교

그림 16-4는 이전 SystemV 시작 런레벨과 systemd 타깃을 비교한 것이다. systemd 타깃 앨리어스는 이전 버전과의 호환성을 위해 systemd에서 제공한다. 타깃 앨리어스를 사용하면 스크립트와 나 같은 많은 시스템 관리자가 `init 3`과 같은 SystemV 명령을 사용해 런레벨을 변경할 수 있다. 물론 SystemV 명령은 해석과 실행을 위해 systemd로 전달된다.

각 타깃에는 설정 파일에 설명된 의존성 세트가 있다. systemd는 필요한 의존성을 시작한다. 이러한 의존성은 특정 기능 수준에서 리눅스 호스트를 실행하는 데 필요한 서비스를 말한다. 타깃 설정 파일에 나열된 모든 의존성이 로드돼 실행 중이면 시스템이 해당 타깃 수준에서 실행되고 있는 것이다.

또한 systemd는 레거시 SystemV init 디렉터리를 살펴보고 거기에 시작 파일이 있는지 확인한다. 그렇다면 systemd는 설정 파일로 사용해 파일에 설명된 서비스를 시작한다. 더 이상 사용되지 않는 네트워크 서비스는 페도라에서 여전히 SystemV 시작 파일을 사용하는 서비스 중 하나의 좋은 예다.

그림 16-5는 부팅 매뉴얼 페이지에서 직접 복사한 것이다. 시스템 시작 중 일반적인 이벤트 시퀀스의 맵과 성공적인 시작을 보장하기 위한 기본 주문 요구사항을 보여준다.

sysinit.target 및 basic.target 타깃은 시작 프로세스에서 체크포인트로 간주될 수 있다. 시스템 서비스를 병렬로 시작하는 것은 systemd의 설계 목표 중 하나지만 다른 서비스와 타깃이 시작되기 전에 시작해야 하는 특정 서비스와 기능 타깃이 여전히 있다. 이러한 체크포인트는 해당 체크포인트에 필요한 모든 서비스와 타깃이 충족될 때까지 통과할 수 없다.

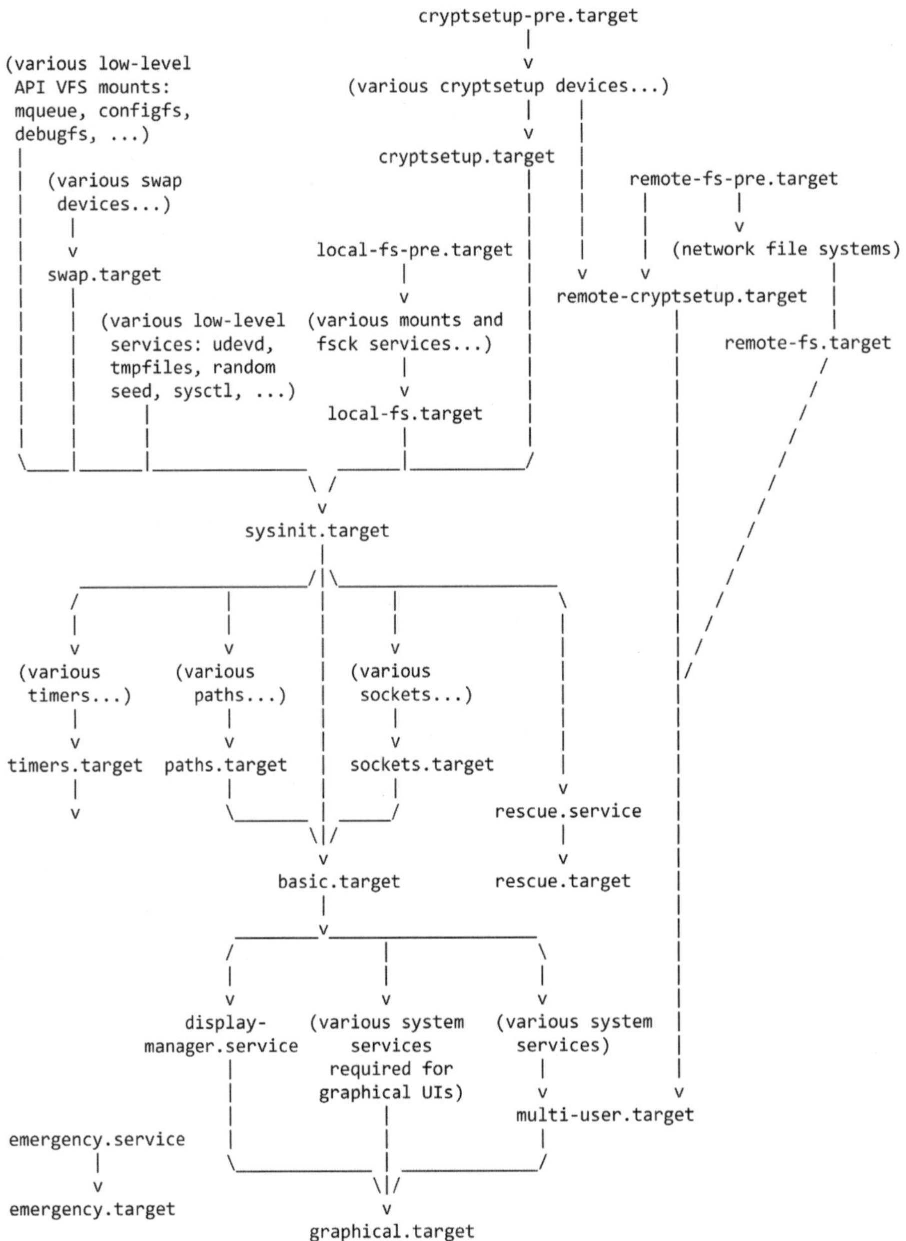

그림 16–5. systemd 시작 맵

sysinit.target은 종속된 모든 단위가 완료되면 도달된다. 이러한 모든 단위, 파일 시스템 마운트, 스왑 파일 설정, udev 시작, 임의 생성기 시드 설정, 하위 수준 서비스 시작, 하나 이상의 파일 시스템이 암호화된 경우 암호화 서비스 설정은 sysinit 내에서 완료돼야 한다. 타깃에 따라 이러한 작업을 병렬로 수행할 수 있다.

sysinit.target은 시스템이 미미하게 작동하는 데 필요한 모든 저수준 서비스와 단위를 시작하고 basic.target으로 이동하는 데 필요하다.

sysinit.target이 수행된 후 systemd는 다음으로 basic.target을 시작해 이를 수행하는 데 필요한 모든 단위를 시작한다. basic.target은 모든 다음 타깃에 필요한 단위를 시작해 몇 가지 추가 기능을 제공한다. 여기에는 다양한 실행 가능한 디렉터리, 통신 소켓 및 타이머에 대한 경로 설정이 포함된다.

마지막으로 사용자 수준 타깃인 multi-user.target이나 graphic.target을 초기화할 수 있다. graphic.target의 의존성을 충족하려면 multi-user.target에 도달해야 한다. 그림 16-5에서 밑줄이 그어진 타깃은 일반적인 시작 타깃이다. 이러한 목표 중 하나에 도달하면 시작이 완료된 것이다. multi-user.target이 기본값인 경우 콘솔에 텍스트 모드 로그인이 표시돼야 한다. graphical.target이 기본값인 경우 그래픽 로그인이 표시돼야 한다. 표시되는 특정 GUI 로그인 화면은 기본 디스플레이 관리자에 따라 다르다.

또한 bootup 매뉴얼 페이지는 초기 RAM 디스크와 시스템 종료 프로세스에 대한 부트 맵을 설명하고 제공한다.

실험 16-5

지금까지는 graphic.target으로만 부팅했으므로 default.target을 multi-user.target으로 변경해 GUI 인터페이스가 아닌 콘솔 인터페이스로 부팅하게 한다.

StudentVM1의 root 사용자로 systemd 구성이 유지 관리되는 디렉터리로 변경하고 나열해보자.

```
[root@studentvm1 ~]# cd /etc/systemd/system/ ; ll
drwxr-xr-x. 2 root root 4096 Apr 25 2018 basic.target.wants
<생략>
lrwxrwxrwx. 1 root root   36 Aug 13 16:23 default.target -> /lib/systemd/
system/graphical.target
lrwxrwxrwx. 1 root root   39 Apr 25  2018 display-manager.service -> /usr/
lib/systemd/system/lightdm.service
drwxr-xr-x. 2 root root 4096 Apr 25  2018 getty.target.wants
drwxr-xr-x. 2 root root 4096 Aug 18 10:16 graphical.target.wants
drwxr-xr-x. 2 root root 4096 Apr 25  2018 local-fs.target.wants
drwxr-xr-x. 2 root root 4096 Oct 30 16:54 multi-user.target.wants
<생략>
[root@studentvm1 system]#
```

systemd가 부팅 프로세스를 관리하는 방법을 이해하는 데 도움이 되는 몇 가지 중요한 사항을 강조하고자 이 목록을 줄였다. VM의 전체 디렉터리와 링크 목록을 볼 수 있어야 한다.

default.target 항목은 /lib/systemd/system/graphical.target 디렉터리에 대한 심볼릭 링크[13](symlink, 소프트 링크)다. 해당 디렉터리를 나열해 그 밖의 무엇이 있는지 확인하자.

```
[root@studentvm1 system]# ll /lib/systemd/system/ | less
```

이 목록에서 파일, 디렉터리, 더 많은 링크를 볼 수 있어야 하지만 multi-user.target 및 graphic.target을 찾아보자. 이제 /lib/systemd/system/graphical.

13. 하드 링크와 소프트 링크는 이 책의 18장에서 자세히 다룬다. 심볼릭 링크는 소프트 링크와 동일하다.

target에 대한 링크인 default.target의 내용을 표시해보자.

```
[root@studentvm1 system]# cat default.target
# SPDX-License-Identifier: LGPL-2.1+
#
# This file is part of systemd.
#
#  systemd is free software; you can redistribute it and/or modify it
#  under the terms of the GNU Lesser General Public License as published by
#  the Free Software Foundation; either version 2.1 of the License, or
#  (at your option) any later version.

[Unit]
Description=Graphical Interface
Documentation=man:systemd.special(7)
Requires=multi-user.target
Wants=display-manager.service
Conflicts=rescue.service rescue.target
After=multi-user.target rescue.service rescue.target
display-manager.service
AllowIsolate=yes
[root@studentvm1 system]#
```

graphical.target 파일에 대한 이 링크는 이제 그래픽 사용자 인터페이스에 필요한 모든 전제 조건과 요구 사항을 설명한다. 호스트가 다중 사용자 모드로 부팅할 수 있게 하려면 기존 링크를 삭제한 다음 올바른 타깃을 가리키는 새 링크를 만들어야 한다. 아직 없는 경우 /etc/systemd/system을 현재 디렉터리로 만든다.

```
[root@studentvm1 system]# rm -f default.target
[root@studentvm1 system]# ln -s /lib/systemd/system/multi-user.target
default.target
```

default.target 링크를 나열해 올바른 파일에 연결되는지 확인한다.

```
[root@studentvm1 system]# ll default.target
lrwxrwxrwx 1 root root 37 Nov 28 16:08 default.target -> /lib/systemd/system/
multi-user.target
[root@studentvm1 system]#
```

여러분의 링크가 이와 똑같지 않다면 삭제하고 다시 만든다. default.target 링크의 내용은 다음과 같다.

```
[root@studentvm1 system]# cat default.target
# SPDX-License-Identifier: LGPL-2.1+
#
# This file is part of systemd.
#
# systemd is free software; you can redistribute it and/or modify it
# under the terms of the GNU Lesser General Public License as published by
# the Free Software Foundation; either version 2.1 of the License, or
# (at your option) any later version.

[Unit]
Description=Multi-User System
Documentation=man:systemd.special(7)
Requires=basic.target
Conflicts=rescue.service rescue.target
After=basic.target rescue.service rescue.target
AllowIsolate=yes
[root@studentvm1 system]#
```

default.target은 `[Unit]` 섹션에 다른 요구 사항을 갖고 있다. 이는 그래픽 디스플레이 관리자를 요구하지 않는다.

재부팅한다. 여러분의 VM은 화면에 `tty1`로 식별되는 가상 콘솔 1 콘솔 로그인 화면으로 부팅될 것이다. 이제 default.target을 바꾸고자 무엇이 필요한지 알았으므로 다시 적절한 명령을 사용해서 graphical.target으로 되돌리겠다. 먼저 현재의 default.target을 확인한다.

```
[root@studentvm1 ~]# systemctl get-default
multi-user.target
[root@studentvm1 ~]# systemctl set-default graphical.target
Removed /etc/systemd/system/default.target.
Created symlink /etc/systemd/system/default.target → /usr/lib/systemd/
system/graphical.target.
[root@studentvm1 ~]#
```

재부팅하지 않고 디스플레이 관리자 로그인 페이지로 직접 이동하려면 다음 명령을 입력한다.

```
[root@studentvm1 system]# systemctl isolate default.target
```

systemd 개발자가 이 하위 명령에 '격리[isolate]'라는 용어를 선택한 이유는 확실하지 않다. 그러나 어쨌든 명령의 결과는 한 실행 타깃에서 다른 실행 타깃으로 타깃을 전환하는 것이며, 이 경우 비상 타깃에서 그래픽 타깃으로 전환하는 것이다. 앞의 명령은 SystemV 시작 스크립트 및 init 프로그램 시대의 이전 `init 5` 명령과 동일하다.

GUI 데스크탑에 로그인한다.

2권의 13장에서 systemd를 더 자세히 다룬다.

GRUB과 systemd init 시스템은 대부분의 최신 리눅스 배포판의 부팅과 시작 단계에서 핵심 구성 요소다. 이 두 구성 요소는 원활하게 함께 작동해 먼저 커널을 로드한 다음 기능적인 GNU/리눅스 시스템을 생성하는 데 필요한 모든 시스템 서비스를 시작한다.

GRUB와 systemd가 이전 제품보다 더 복잡하다는 것을 알지만 배우고 관리하기도 쉽다. 매뉴얼 페이지에는 systemd에 대한 많은 정보가 있으며, freedesktop.org에는 전체 시작 프로세스[14]와 전체 systemd 매뉴얼 페이지[15] 집합을 온라인으로 설명하는 웹 사이트가 있다.

그래픽 로그인 화면

graphical.target, 디스플레이 관리자(dm), 윈도우 관리자(wm)에 대한 부팅과 시작 프로세스의 맨 끝에는 아직도 두 가지 구성 요소가 남아 있다. 이 두 프로그램은 리눅스 GUI 데스크탑 시스템에서 사용하는 프로그램에 관계없이 항상 긴밀하게 협력해 데스크탑에 도달하기 전에 GUI 로그인 경험을 부드럽고 매끄럽게 만든다.

디스플레이 관리자

디스플레이 관리자[16]는 리눅스 데스크탑용 GUI 로그인 화면을 제공하는 유일한 기능을 가진 프로그램이다. GUI 데스크탑에 로그인하면 디스플레이 관리자가 제어권을 윈도우 관리자에게 넘긴다. 데스크탑에서 로그아웃하면 로그인 화면을 표시하고 다른 로그인을 기다리게 디스플레이 관리자에 다시 제어 권한이 부여된다.

시스템에는 여러 디스플레이 관리자가 있다. 일부는 해당 데스크탑과 함께 제공된다. 예를 들어 kdm 디스플레이 관리자는 KDE 데스크탑과 함께 제공된다.

많은 디스플레이 관리자는 특정 데스크탑과 직접 연결돼 있지 않다. 사용 중인 데스크탑에 관계없이 모든 디스플레이 관리자를 로그인 화면에 사용할 수 있

14. Freedesktop.org, systemd bootup process, www.freedesktop.org/software/systemd/man/bootup.html
15. Freedesktop.org, systemd index of man pages, www.freedesktop.org/software/systemd/man/index.html
16. 위키피디아, X Display Manager, https://en.wikipedia.org/wiki/X_display_manager_(program_type)

다. 그리고 모든 데스크탑에 자체 디스플레이 관리자가 있는 것은 아니다. 이것이 리눅스의 유연성과 잘 작성된 모듈식 코드를 보여주는 예다.

일반적인 데스크탑 및 디스플레이 관리자는 그림 16-6에 나와 있다. 첫 번째로 설치된 데스크탑의 디스플레이 관리자(GNOME, KDE 등)가 기본 데스크탑이 된다. 페도라의 경우에는 일반적으로 GNOME의 디스플레이 관리자인 gdm이다. GNOME이 설치돼 있지 않으면 설치된 데스크탑의 디스플레이 관리자가 기본값이다.

설치 중에 선택한 데스크탑에 기본 디스플레이 관리자가 없으면 gdm이 설치돼 사용된다. KDE를 데스크탑으로 사용하는 경우 새 SDDM[17]이 기본 디스플레이 관리자가 된다.

데스크탑	디스플레이 관리자	비고
GNOME	gdm	GNOME 디스플레이 관리자
KDE	kdm	KDE 디스플레이 관리자(페도라 20까지)
	lightdm	경량의 디스플레이 관리자
LXDE	lxdm	LXDE 디스플레이 관리자
KDE	sddm	단순 데스크탑 디스플레이 관리자(Simple Desktop Display Manager, 페도라 21 이상부터)
	xdm	기본 X 윈도우 디스플레이 관리자

그림 16-6. 디스플레이 관리자 목록

설치 할 때 어떤 디스플레이 관리자가 기본값으로 구성됐는지에 관계없이 나중에 추가 데스크탑을 설치해도 사용되는 디스플레이 관리자가 자동으로 변경되지 않는다. 디스플레이 관리자를 변경하려면 커맨드라인에서 직접 변경해야

17. 위키피디아, Simple desktop Display Manager, https://en.wikipedia.org/wiki/Simple_Desktop_Display_Manager

한다. 사용되는 윈도우 관리자와 데스크탑에 관계없이 모든 디스플레이 관리자를 사용할 수 있다.

윈도우 관리자

윈도우 관리자[18]는 GUI 로그인 화면을 포함하는 GUI 데스크탑에서 윈도우의 생성, 이동, 파괴를 관리한다. 윈도우 관리자는 Xwindow[19] 시스템이나 최신 Wayland[20]와 함께 작동해 이러한 작업을 수행한다. Xwindow 시스템은 리눅스나 유닉스 그래픽 사용자 인터페이스용 그래픽을 생성하기 위한 모든 그래픽 기본 요소와 기능을 제공한다.

윈도우 관리자는 생성하는 윈도우의 모양도 제어한다. 여기에는 버튼, 슬라이더, 윈도우 프레임, 팝업 메뉴 등의 모양과 같은 윈도우의 기능적 장식 측면이 포함된다.

리눅스의 거의 모든 다른 구성 요소와 마찬가지로 선택할 수 있는 다양한 윈도우 관리자가 있다. 그림 16-7의 목록은 사용할 수 있는 윈도우 관리자의 샘플일 뿐이다. 이러한 윈도우 관리자 중 일부는 독립 실행형이다. 즉, 데스크탑과 연결되지 않으며 전체 데스크탑 환경의 더 복잡하고 기능이 풍부하며 리소스 집약적인 오버헤드 없이 간단한 그래픽 사용자 인터페이스를 제공하는 데 사용할 수 있다. 독립 실행형 윈도우 관리자는 데스크탑 환경에서 사용하면 안 된다.

---

18. 위키피디아, X Window Manager, https://en.wikipedia.org/wiki/X_window_manager
19. 위키피디아, X Window System, https://en.wikipedia.org/wiki/X_Window_System
20. 위키피디아, Wayland, https://en.wikipedia.org/wiki/Wayland_(display_server_protocol)

데스크탑	윈도우 관리자	비고
Unity	Compiz	
	Fluxbox	
	FVWM	
	IceWM	
KDE	Kwin	2008년 KDE Plasma 4에서 시작
GNOME	Metacity	GNOME 2 기본 관리자
GNOME	Mutter	GNOME 3 기본 관리자
LXDE	Openbox	
	twm	아주 오래되고 간단한 윈도우 관리자. 페도라와 같은 일부 배포판은 다른 윈도우 관리자나 데스크탑을 사용할 수 없는 경우에 대비해 이를 대체 수단으로 사용한다.
Xfce	xfwm4	

그림 16-7. 윈도우 관리자 목록

대부분의 윈도우 관리자는 특정 데스크탑과 직접 연결돼 있지 않다. 사실 일부 윈도우 관리자는 KDE나 GNOME과 같은 데스크탑 소프트웨어 없이도 사용할 수 있어 사용자에게 매우 미니멀한 GUI 경험을 제공할 수 있다. 많은 데스크탑 환경은 둘 이상의 윈도우 관리자 사용을 지원한다.

이 모든 선택을 어떻게 처리하는가?

대부분의 최신 배포판에서는 설치할 때 선택이 이뤄지며 데스크탑 선택과 배포판 패키지 프로그램의 기본 설정을 기반으로 한다. 바탕 화면, 윈도우 관리자, 디스플레이 관리자를 쉽게 변경할 수 있다.

이제 많은 배포판에서 systemd가 표준 시작 시스템이 됐기 때문에 기본 시스템 시작 구성이 있는 /etc/systemd/system에서 기본 디스플레이 관리자를 설정할 수 있다. /usr/lib/systemd/system의 디스플레이 관리자 서비스 단위 중 하나를 가리키는 display-manager.service라는 심볼릭 링크[symlink]가 있다. 설치된 각 디스플레이 관리자에는 서비스 장치가 있다. 활성 디스플레이 관리자를 변경하려면 기존 display-manager.service 링크를 제거하고 사용하려는 링크로 바꾸면 된다.

실험 16-6

이 실험은 root로 수행한다. 추가 디스플레이 관리자와 독립 실행형 윈도우 관리자를 설치한 다음 전환할 것이다.

어떤 디스플레이 관리자가 이미 설치돼 있는지 체크하고 확인하자. 윈도우 관리자가 패키지된 RPM은 이름이 일관되지 않으므로 RPM 패키지 이름을 이미 알고 있지 않으면 간단한 DNF 검색을 사용해 찾기가 어렵다.

```
[root@studentvm1 ~]# dnf list compiz fluxbox fvwm icewm xorg-x11-twm xfwm4
Last metadata expiration check: 1:00:54 ago on Thu 29 Nov 2018 11:31:21 AM
EST.
Installed Packages
xfwm4.x86_64            4.12.5-1.fc28           @updates
Available Packages
compiz.i686             1:0.8.14-5.fc28         fedora
compiz.x86_64           1:0.8.14-5.fc28         fedora
fluxbox.x86_64          1.3.7-4.fc28            fedora
fvwm.x86_64             2.6.8-1.fc28            updates
icewm.x86_64            1.3.8-15.fc28           fedora
xorg-x11-twm.x86_64     1:1.0.9-7.fc28          fedora
[root@studentvm1 ~]#
```

이제 디스플레이 관리자를 찾아보자.

```
[root@studentvm1 ~]# dnf list gdm kdm lightdm lxdm sddm xfdm xorg-x11-xdm
Last metadata expiration check: 2:15:20 ago on Thu 29 Nov 2018 11:31:21 AM
EST.
Installed Packages
lightdm.x86_64          1.28.0-1.fc28                          @updates
Available Packages
gdm.i686                1:3.28.4-1.fc28                        updates
gdm.x86_64              1:3.28.4-1.fc28                        updates
kdm.x86_64              1:4.11.22-22.fc28                      fedora
lightdm.i686            1.28.0-2.fc28                          updates
lightdm.x86_64          1.28.0-2.fc28                          updates
lxdm.x86_64             0.5.3-10.D20161111gita548c73e.fc28     fedora
sddm.i686               0.17.0-3.fc28                          updates
sddm.x86_64             0.17.0-3.fc28                          updates
xorg-x11-xdm.x86_64     1:1.1.11-16.fc28                       fedora
[root@studentvm1 ~]#
```

각 dm은 systemd 서비스로 시작되므로 어떤 dm이 설치돼 있는지 확인하는 또 다른 방법은 /usr/lib/systemd/system/ 디렉터리를 확인하는 것이다. lightdm 디스플레이 관리자는 업데이트가 있기 때문에 설치된 것과 사용 가능한 것으로 두 번 표시된다.

```
[root@studentvm1 ~]# cd /usr/lib/systemd/system/ ; ll *dm.service
-rw-r--r-- 1 root root 1059 Sep 1 11:38 lightdm.service
[root@studentvm1 system]#
```

내 VM과 마찬가지로 여러분의 VM에는 lightdm이라는 단일 dm만 있어야 한다. 추가 디스플레이 관리자로 lxdm과 xorg x11-xdm을 설치하고 윈도우 관리자로 FVWM, fluxbox, icewm을 설치해보겠다.

```
[root@studentvm1 ~]# dnf install -y lxdm xorg-x11-xdm compiz fvwm fluxbox
icewm
```

이제 디스플레이 관리자 서비스를 다시 시작해야 디스플레이 관리자 선택 도구에 새로 설치된 윈도우 관리자가 표시된다. 가장 간단한 방법은 데스크탑에서 로그아웃하고 가상 콘솔 세션에서 dm을 다시 시작하는 것이다.

```
[root@studentvm1 ~]# systemctl restart display-manager.service
```

또는 다중 사용자 타깃으로 전환한 다음 그래픽 타깃으로 다시 전환해 이를 수행할 수 있다.

이 작업도 수행해 이러한 타깃 간의 전환이 어떻게 보이는지 확인한다.

```
[root@studentvm1 ~]# systemctl isolate multi-user.target
[root@studentvm1 ~]# systemctl isolate graphical.target
```

그러나 이 두 번째 방법은 훨씬 더 많은 타이핑이 필요하다. vc1에서 lightdm 로그인으로 다시 전환하고 lightdm 로그인 화면의 오른쪽 상단 모서리를 확인한다. 내 VM에서 렌치[21]가 있는 종이처럼 보이는 가장 왼쪽 아이콘을 사용하면 로그인하기 전에 사용할 바탕 화면이나 창 관리자를 선택할 수 있다. 이 아이콘을 클릭하고 그림 16-8의 메뉴에서 FVWM을 선택한다. 그런 다음 로그인한다.

21. lightdm 버전의 아이콘은 다를 수 있다. 업데이트를 설치한 후 적어도 한 번은 변경됐다.

그림 16-8. 이제 lightdm 디스플레이 관리자 메뉴에 새로 설치된 윈도우 관리자가 표시된다.

이 윈도우 관리자를 살펴보자. Xterm 인스턴스를 열고 애플리케이션에 대한 접근을 제공하는 메뉴 옵션을 찾는다. 그림 16-9는 Xterm 인스턴스가 열려 있고 디스플레이에서 왼쪽 클릭으로 열리는 메뉴 트리가 있는 Fvwm 데스크탑(KDE나 GNOME과 같은 데스크탑 환경이 아님)을 보여준다. 마우스 오른쪽 버튼을 클릭하면 다른 메뉴가 열린다.

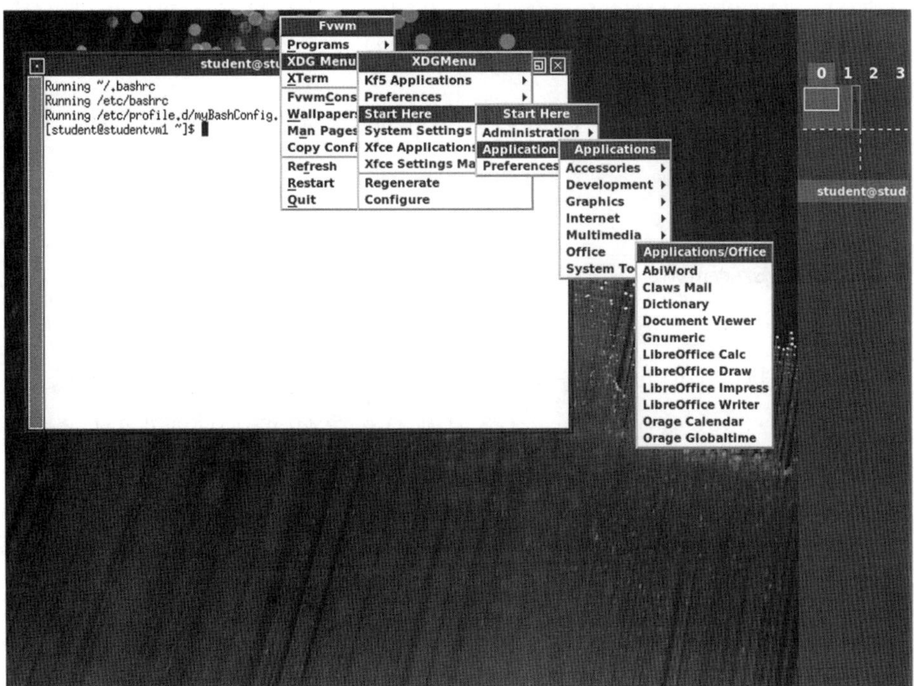

그림 16-9. Xterm 인스턴스와 일부 사용 가능한 메뉴가 있는 Fvwm 윈도우 관리자

Fvwm은 매우 기본적이지만 유용한 윈도우 관리자다. 대부분의 윈도우 관리자와 마찬가지로 다양한 기능에 접근할 수 있는 메뉴와 간단한 윈도우 기능을 지원하는 그래픽 디스플레이를 제공한다. 또한 Fvwm은 일부 작업 관리 기능을 위해 프로그램을 실행할 수 있는 여러 윈도우를 제공한다.

그림 16-9의 XDGMenu에는 Xfce 애플리케이션도 포함돼 있다. 여기에서 시작 메뉴 항목은 호스트에 설치된 모든 표준 리눅스 애플리케이션을 포함하는 Fvwm 메뉴로 연결된다.

Fvwm 인터페이스를 탐색하는 데 약간의 시간을 보낸 후 로그아웃한다. 혹시 로그아웃하는 방법을 찾을 수 없는가? 매우 직관적이지 않기 때문에 나에게도 마찬가지로 어렵다. 바탕 화면을 마우스 왼쪽 버튼으로 클릭하고 FvwmConsole을 연다. 그런 다음 Quit(맞다, 대문자 Q를 선택하면 된다) 명령을 입력하고 엔터키를 누른다.

Xterm 세션을 열고 student 사용자에게 속한 Fvwm 윈도우 관리자의 모든 인스턴스를 종료하는 다음 명령을 사용할 수도 있다.

```
[student@studentvm1 ~]# killall fvwm
```

애플리케이션과 터미널 세션을 시작하는 기본 기능을 탐색하면서 다른 윈도우 관리자를 각각 사용해보자. 완료되면 현재 사용 중인 윈도우 관리자를 종료하고 Xfce 데스크탑 환경을 사용해 다시 로그인한다.

이제 디스플레이 관리자를 새로 설치한 관리자 중 하나로 변경해보자. 각 dm은 로그인을 위한 GUI와 사용자 인터페이스로 시작할 데스크탑 환경이나 윈도우 관리자와 같은 일부 구성을 제공하는 동일한 기능을 갖고 있다. /etc/systemd/system/ 디렉터리로 변경하고 디스플레이 관리자 서비스에 대한 링크를 나열한다.

```
[root@studentvm1 ~]# cd /etc/systemd/system/ ; ll display-manager.service
total 60
lrwxrwxrwx. 1 root root 39 Apr 25 2018 display-manager.service -> /usr/
lib/systemd/system/lightdm.service
```

/usr/lib/systemd/system/에서 모든 디스플레이 관리자 서비스를 찾아보자.

```
[root@studentvm1 system]# ll /usr/lib/systemd/system/*dm.service
-rw-r--r-- 1 root root 1059 Sep 26 11:04 /usr/lib/systemd/system/lightdm.
service
-rw-r--r-- 1 root root 384 Feb 14 2018 /usr/lib/systemd/system/lxdm.service
-rw-r--r-- 1 root root 287 Feb 10 2018 /usr/lib/systemd/system/xdm.service
```

이제 변경해보자.

```
[root@studentvm1 system]# rm -f display-manager.service
[root@studentvm1 system]# [root@studentvm1 system]# ln -s /usr/lib/systemd/
system/xdm.service display.manager.service
[root@studentvm1 system]# ll display-manager.service
lrwxrwxrwx 1 root root 35 Nov 30 09:03 display.manager.service -> /usr/lib/
systemd/system/xdm.service
[root@studentvm1 system]#
```

내가 아는 바로는 이 시점에서 호스트를 재부팅하는 것이 새 dm을 안정적으로 활성화하는 유일한 방법이다. 계속 진행하려면 지금 VM을 재부팅하라.

필요한 변경 작업을 수행해야 하는 system-switch-displaymanager라는 도구가 있으며 때때로 작동하는 것 같기도 하다. 그러나 이 도구는 dm을 다시 시작하지 않으며 수행할 때 해당 단계가 여러 번 실패한다. 불행히도 내가 한 실험에 따르면 디스플레이 관리자 서비스를 다시 시작해도 새 DM이 활성화되지 않는다. 다음 작업이 작동해야 한다. lightdm 디스플레이 관리자로 다시 전환할 때 작동하는지 확인하라.

```
[root@studentvm1 ~]# dnf -y install system-switch-displaymanager
[root@studentvm1 ~]# system-switch-displaymanager lightdm
[root@studentvm1 ~]# systemctl restart display-manager.service
```

이 순서의 두 번째 두 단계가 작동하지 않으면 재부팅한다. 나의 기술 검토자인 제이슨 베이커는 "이 방법이 효과가 있는 것 같았지만 실제로 lightdm에 로그인하지 못해 재부팅해야 했다."라고 말했다.

다른 배포판과 데스크탑에는 윈도우 관리자를 변경하는 다양한 방법이 있지만 일반적으로 데스크탑 환경을 변경하면 윈도우 관리자도 해당 데스크탑의 기본 윈도우 관리자로 변경된다. 페도라 리눅스의 현재 릴리스의 경우 디스플레이 관리자 로그인 화면에서 데스크탑 환경을 변경할 수 있다. 독립 실행형 디스플레이 관리자가 설치된 경우 데스크탑 환경과 함께 목록에도 나타난다.

사용 가능한 디스플레이 및 윈도우 관리자에 대한 다양한 선택 사항이 있다. 모든 종류의 데스크탑에 최신 배포판을 설치할 때 설치 및 활성화할 배포판은 일반적으로 설치 프로그램에서 선택한다. 대부분의 사용자는 이러한 선택을 변경할 필요가 없다. 다른 요구 사항을 가진 다른 사람들이나 단순히 더 모험적인 사람들을 위해 선택할 수 있는 많은 옵션과 조합이 있다. 약간의 조사를 통해 흥미로운 변화를 만들 수 있다.

로그인에 대해

리눅스 호스트가 켜진 후 부팅되고 시작 프로세스를 거친다. 시작 프로세스가 완료되면 그래픽 화면이나 커맨드라인 로그인 화면이 표시된다. 로그인 프롬프트가 없으면 리눅스 호스트에 로그인할 수 없다.

로그인 프롬프트가 표시되는 방식과 사용자가 로그아웃한 후 새 프롬프트가 표시되는 방식은 리눅스 시작을 이해하는 마지막 단계다.

CLI 로그인 화면

CLI 로그인 화면은 GET TTY를 나타내는 getty라는 프로그램에 의해 시작된다. getty의 역사적 기능은 원격 단순 터미널[remote dumb terminal]의 연결이 직렬 통신 회선으로 들어올 때까지 기다리는 것이었다. getty 프로그램은 로그인 화면을 생성하고 로그인이 발생하기를 기다린다. 원격 사용자가 로그인하면 getty가 종료되고 사용자 계정의 기본 셸이 실행돼 사용자가 커맨드라인에서 호스트와 상호작용할 수 있다. 사용자가 로그아웃할 때 init 프로그램은 다음 연결을 수신하고자 새로운 getty를 생성한다.

오늘의 프로세스는 몇 가지 업데이트 절차와 거의 동일하다. 이제 시스템 서비스 관리자와 함께 getty의 고급 형태인 agetty를 사용해 리눅스 가상 콘솔과 점점 더 희귀해지는 들어오는 모뎀 라인을 처리한다. 다음 단계는 최신 리눅스 컴퓨터의 이벤트 순서를 보여준다.

1. systemd는 systemd-getty-generator 데몬을 시작한다.
2. systemd-getty-generator는 serial-getty@.service를 사용해 각 가상 콘솔에서 agetty를 생성한다.
3. 에이전트는 가상 콘솔 연결을 기다린다. 이는 사용자가 VC 중 하나로 전환하는 것이다.

4. agetty는 디스플레이에 텍스트 모드 로그인 화면을 표시한다.
5. 사용자가 로그인한다.
6. /etc/passwd에 지정된 셸이 시작된다.
7. 셸 구성 스크립트가 실행된다.
8. 사용자는 셸 세션에서 작업한다.
9. 사용자가 로그오프한다.
10. systemd-getty-generator는 로그아웃된 가상 콘솔에서 agetty를 생성한다.
11. 3단계로 이동한다.

3단계부터는 호스트가 가동돼 실행되는 동안 반복되는 순환 프로세스다. 새 로그인 화면은 사용자가 이전 세션에서 로그아웃한 직후 가상 콘솔에 표시된다.

GUI 로그인 화면

디스플레이 관리자가 표시하는 GUI 로그인 화면은 systemd-getty-generator가 텍스트 모드 로그인을 처리하는 것과 거의 동일한 방식으로 처리된다.

1. 지정된 디스플레이 관리자(dm)는 시작 시퀀스가 끝날 때 systemd에 의해 시작된다.
2. 디스플레이 관리자는 일반적으로 가상 콘솔 1에 그래픽 로그인 화면을 표시한다.
3. dm이 로그인을 기다린다.
4. 사용자가 로그인한다.
5. 지정된 윈도우 관리자가 시작된다.
6. 지정된 데스크탑 GUI(있는 경우)가 시작된다.
7. 사용자는 윈도우 관리자/데스크탑에서 작업을 수행한다.
8. 사용자가 로그아웃한다.

9. systemd는 디스플레이 관리자를 다시 생성한다.
10. 2단계로 이동한다.

과정은 거의 동일하며 디스플레이 관리자는 agetty의 그래픽 버전으로 작동한다.

요약

리눅스 부팅 및 시작 프로세스를 자세히 살펴봤다. 16장에서는 커널 부팅과 시작 메시지를 표시하고 GRUB 메뉴에 대해 실제로 작동하는 복구 모드 항목을 생성하고자 GRUB 부트로더를 재구성하는 방법을 살펴봤다. 복구 모드 커널로 부팅을 시도할 때 버그가 있기 때문에 적절한 채널을 통해 버그를 보고하는 시스템 관리자로서의 책임을 논의했다.

우리는 더 복잡한 데스크탑 환경에 대한 대안으로 몇 가지 다른 윈도우 관리자를 설치하고 탐색했다. 데스크탑 환경은 유용하고 필요하며 때로는 재미있는 기능을 제공하면서 저수준 그래픽 기능을 위해 적어도 하나의 윈도우 관리자에 의존한다. 또한 기본 디스플레이 관리자를 변경해 다른 GUI 로그인 화면을 제공하는 방법과 GUI 및 커맨드라인 로그인이 작동하는 방법을 찾아봤다.

또한 16장은 파일과 하드 드라이브의 특정 위치에서 데이터를 추출하는 데 사용했던 dd와 같은 도구를 학습했다. 이러한 도구와 이러한 도구를 사용해 데이터 및 파일을 찾고 추적하는 방법을 이해하면 시스템 관리자에게 리눅스의 다른 측면을 탐색하는 데 사용할 수 있는 기술을 제공할 수 있다.

연습 문제

1. 리눅스 부팅 프로세스를 설명하라.

2. 리눅스 시작 프로세스를 설명하라.

3. GRUB의 역할은 무엇인가?

4. 하드 드라이브에서 GRUB 스테이지 1은 어디에 있는가?

5. 시작할 때 systemd의 기능은 무엇인가?

6. 시스템 시작 타깃 파일과 링크는 어디에 있는가?

7. default.target이 reboot.target이 되도록 StudentVM1 호스트를 구성하고 시스템을 재부팅한다.
   VM 재부팅을 몇 번 관찰한 후 다시 graphical.taret을 가리키도록 default.target을 재구성하고 재부팅하라.

8. agetty의 기능은 무엇인가?

9. 디스플레이 관리자의 기능을 설명하라.

10. 어떤 리눅스 구성 요소가 가상 콘솔에 연결되고 텍스트 모드 로그인 화면을 표시하는가?

11. 사용자가 가상 콘솔에 로그인할 때부터 로그아웃할 때까지 관련된 리눅스 구성 요소와 발생하는 일련의 이벤트를 나열하고 설명하라.

12. `systemctl restart display-manager.service` 명령을 사용해 데스크탑의 root 터미널 세션에서 디스플레이 관리자 서비스를 다시 시작하면 어떻게 되는가?

17장

셸 구성

학습 목표

17장의 학습 목표는 다음과 같다.

- Bash 셸의 설정 방법
- Bash 셸의 설정을 바꿔 변경 사항이 업데이트 도중 덮어 쓰이지 않게 하는 방법
- 리눅스 셸을 글로벌과 사용자별로 설정하는 데 사용되는 파일들의 이름과 위치
- 어떤 셸 설정 파일을 고치면 안 되는가
- 셸 옵션을 설정하는 방법
- 보조 설정 파일을 배치하거나 찾을 위치
- 커맨드라인에서 환경 변수를 설정하는 방법
- 셸 설정 파일을 이용해서 환경 변수를 설정하는 방법
- 앨리어스의 기능과 설정 방법

17장에서는 Bash 셸 설정 방법을 알아본다. Bash 셸이 거의 모든 리눅스 배포판의 디폴트 셸이기 때문이다. 다른 셸들도 매우 비슷한 설정 파일을 갖고 있고, 이들 설정 파일은 글로벌 설정을 담고 있는 /etc 디렉터리와 로컬 설정을 담고 있는 사용자의 홈 디렉터리에 Bash 설정 파일과 함께 공존한다.

환경 변수와 셸 변수를 살펴보고 이들이 셸 자체와 셸 안에서 실행되는 프로그램들의 행동에 주는 영향을 알아볼 것이다. Bash 셸을 글로벌과 개별 사용자용으로 설정하는 데 쓸 수 있는 파일들을 찾아볼 것이다. 17장은 가능한 모든 환경 변수를 배우기보다는 Bash 셸을 설정하는 데 쓰이는 파일들이 어디에 있고 어떻게 관리하는지 알아본다.

$PATH와 $? 환경 변수를 살펴봤지만 이들 말고도 훨씬 더 많은 변수가 있다. 예를 들어 $EDITOR 변수는 프로그램들이 편집기를 요청할 때 사용할 디폴트 텍스트 편집기의 이름을 정의하고 앞서 봤듯이 $PATH 환경 변수는 셸이 명령을 찾아볼 디렉터리의 목록을 정의한다.

이들 변수 대부분은 셸과 셸 안에서 실행되는 프로그램이 행동하는 방식을 정의하는 데 도움을 준다. 실행 중인 프로그램(커맨드라인이든 GUI든)은 하나 이상의 환경 변수의 값을 추출해 특정 동작을 결정할 수 있다.

셸 시작

셸을 시작할 때 발생하는 일련의 이벤트는 셸의 설정을 이해하는 데 필요한 정보를 제공한다. 먼저 글로벌 설정 파일로 시작해서 사용자가 글로벌 설정을 덮어쓸 수 있는 로컬 설정 파일로 넘어간다. 여기서 만나는 파일들은 모두 ASCII 텍스트 파일이므로 공개돼 있고 알 수 있다. 이 파일 중 일부는 바꾸면 안 되지만 그 내용은 로컬 설정 파일에서 바꿀 수 있다.

더 깊이 알아보기 전에 몇 가지 용어를 정의해야 한다. 셸을 시작하는 여러 가지 방법이 있고, 이로 인해 셸이 실행될 수 있는 여러 가지 상황을 낳는다. 여기서는 관심을 갖고 살펴볼 상황은 두 가지로, 셸 초기화가 수행되는 환경에 따라 약간 순서가 다르다.

- **로그인 셸:** 로그인 셸은 접근하는 데 사용자 ID와 패스워드가 필요한 셸이다. 이는 가상 콘솔이나 SSH를 이용해서 원격으로 로그인할 때에 해당한다. GUI 데스크탑[1]은 로그인 셸을 구성한다.
- **비로그인 셸:** 비로그인 셸은 이미 실행 중인 셸에서 실행되는 또 다른 셸이다. 이 부모 셸은 로그인 셸일 수도 있고 또 다른 비로그인 셸일 수도 있다. 비로그인 셸은 GUI 데스크탑이나, screen 명령이나, 여러 탭이나 윈도우마다 셸을 실행하는 터미널 에뮬레이터에서 실행될 수 있다.

Bash 환경을 설정하는 데 사용되는 5개의 주요 파일과 하나의 디렉터리가 있다. 각각의 파일을 좀 더 자세히 살펴보겠지만 주요 기능과 함께 나열하면 다음과 같다.

- /etc/profile: 시스템 전체에 대한 환경과 시작 프로그램
- /etc/bashrc: 시스템 전체에 대한 함수와 앨리어스
- /etc/profile.d/: 이 디렉터리는 시스템 전체에 대한 다양한 CLI 도구(vim과 mc 등)를 설정하는 스크립트들을 담고 있다. 또한 시스템 관리자가 맞춤형 설정 스크립트들을 넣을 수 있다.
- ~/.bash_profile: 사용자별 환경과 시작 프로그램
- ~/.bashrc: 사용자별 함수와 앨리어스
- ~/.bash_logout: 사용자별로 로그아웃할 때 실행할 명령

/etc/skel 디렉터리에 있는 모든 사용자 셸 설정 파일(~/.bash_profile과 ~/.bashrc)은 새로운 사용자 계정이 만들어질 때마다 새로운 계정의 홈 디렉터리로 복사

1. 여러 면에서 GUI 데스크탑은 셸로 간주할 수 있고 로그인 과정은 가상 콘솔 로그인 과정과 매우 비슷하다.

된다. 사용자 관리와 새로운 계정의 생성은 2권 16장에서 다룬다.

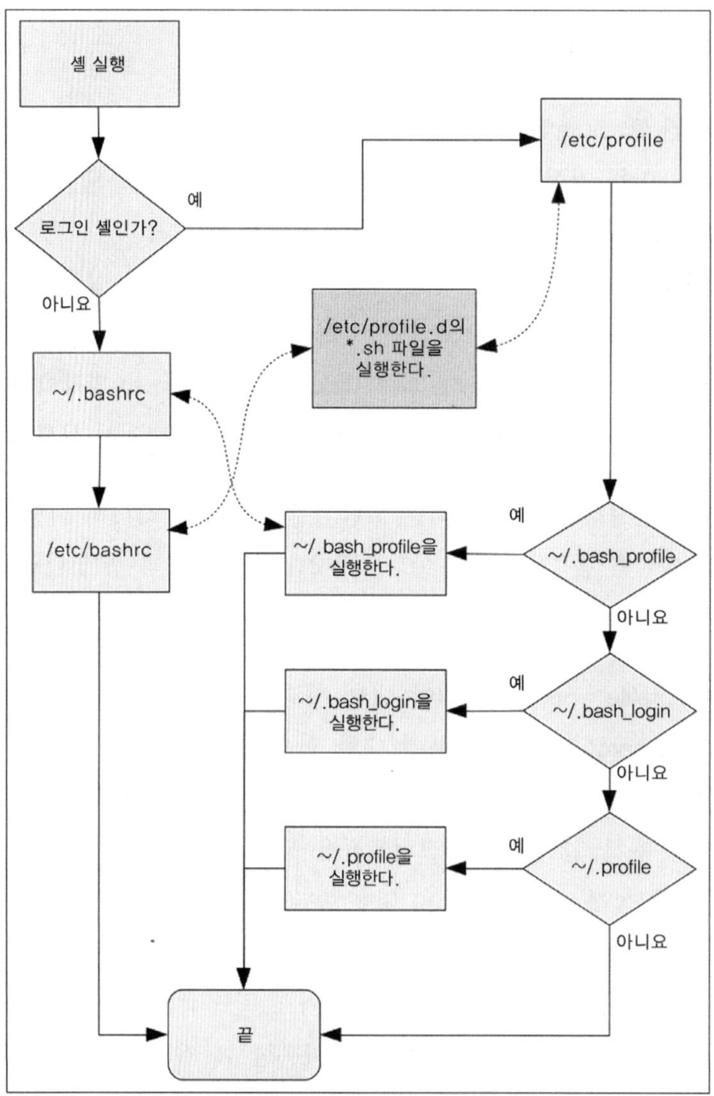

그림 17-1. 셸 프로그램의 Bash 셸 설정 절차

모든 Bash 설정 파일의 실행 순서는 그림 17-1에 있다. 상당히 난해해 보일 수 있고, 실제로도 그렇다. 그러나 일단 풀어보면 Bash가 어떻게 설정되는지를

이해할 수 있다. 어디를 바꾸면 디폴트를 오버라이드override하고, $PATH를 추가하고, 미래의 변경 사항이 여러분의 수정 사항을 덮어쓰지 않게 할 수 있는지 알 수 있다. 글로벌 설정 파일은 /etc/나 하위 디렉터리에 있고 로컬 설정 파일은 로그인 사용자의 홈 디렉터리(~)에 있다.

그림 17-1의 흐름도를 이용해서 절차를 따라가 본 뒤 몇 가지 실험을 해보자. 필요한 경우 이 과정을 스스로 따라가는 방법을 이해할 수 있게 해줄 것이다. 그림 17-1의 점선은 스크립트가 외부 스크립트를 부른 후 호출한 스크립트로 돌아옴을 나타낸다. 따라서 /etc/profile과 /etc/bashrc는 둘 다 /etc/profile.d에 있는 스크립트들을 부르고 ~/.bash_profile은 ~/.bashrc를 부른다. 이들 스크립트가 마치면 제어가 이들을 부른 스크립트로 돌아간다.

비로그인 셸 시작

좀 더 간단한 비로그인 셸의 경우부터 살펴보자. 그림 17-1의 왼쪽 상단에서 시작해 셸을 시작한다. 비로그인 셸인지 확인해서 조건 마름모의 '아니요'를 따라간다. 이미 데스크탑에 로그인해 있기 때문이다.

경로는 ~/.bashrc 실행으로 이어지고 ~/.bashrc는 다시 /etc/bashrc를 부른다. /etc/bashrc 프로그램은 /etc/profile.d 안에 있는 *.sh와 sh.local 파일 각각을 부르는 코드를 담고 있다. 이들이 해당 디렉터리의 유일한 파일은 아니다. 다른 셸들도 거기에 설정 파일을 저장하기 때문이다. /etc/profile.d 안의 Bash 설정 파일들이 모두 실행을 마치고 나면 제어가 다시 /etc/bashrc로 돌아가 약간의 정리 작업을 수행하고 마친다. 이제 Bash 셸의 설정이 모두 끝났다.

로그인 셸 시작

로그인 셸이 이들 셸 스크립트들을 실행하는 시작과 설정 절차는 비로그인 셸보다 더 복잡하다. 그래도 같은 설정 작업이 거의 모두 일어난다.

이번에는 그림 17-1 왼쪽 상단의 첫 번째 조건 마름모에서 '예'를 선택한다. 그러면 /etc/profile 스크립트를 실행한다. /etc/profile 스크립트는 /etc/profile.d에 있는 모든 *.sh 파일과 sh.local을 실행하는 약간의 코드를 담고 있다. 이들 파일이 실행된 뒤 제어는 /etc/profile로 돌아가 자신의 실행을 마친다.

이제 셸은 세 개의 파일(~/.bash_profile, ~/.Bash_login, ~/.profile)을 차례로 찾는다. 셸은 그중 첫 번째로 찾은 파일을 실행하고 나머지는 무시한다. 페도라 홈 디렉터리에는 흔히 ~/.bash_profile이 있으므로 그 파일이 실행된다. 나머지 두 파일은 필요가 없으므로 존재하지 않는다. 이들 두 파일(~/.Bash_login과 ~/.profile)은 오래된 구식 호스트에 존재할 수도 있는 ~/.bash_profile의 대체 파일로 간주되므로 셸은 하위 호환성을 위해 이들 파일을 계속 찾는다. Torch 기계 학습 프레임워크 같은 소프트웨어는 환경 변수를 ~/.profile에 저장하고 또 다른 소프트웨어는 이들 구식 파일들을 사용할 수도 있다.

또한 ~/.bash_profile 설정 파일은 ~/.bashrc 파일을 부르고 ~/.bashrc가 실행된 후 제어를 다시 ~/.bash_profile로 넘긴다. ~/.bash_profile가 실행을 마치면 셸 설정이 끝난다.

글로벌 설정 스크립트 살펴보기

/etc, /etc/profile, /etc/bashrc 안에 있는 스크립트들과 /etc/profile.d 안의 모든 *.sh 스크립트는 Bash 셸의 글로벌 설정 스크립트다. 글로벌 설정은 모든 사용자에 적용된다. 이들 스크립트의 내용에 대한 약간의 지식은 이들이 어떻게 함께 동작하는지를 더 잘 이해하는 데 도움이 된다.

실험 17-1

이 실험은 student 사용자로 수행한다. 작업 디렉터리를 /etc로 바꾼 후 /etc/profile의 권한을 살펴본다.

```
[root@studentvm1 ~]# cd /etc ; ll profile
-rw-r--r--. 1 root root 2078 Apr 17 2018 profile
```

읽기는 허용되지만 수정은 root만 할 수 있다. 실행 권한은 주어지지 않았음을 주목하기 바란다. 사실 이 설정 파일들은 환경을 설정하고자 실행돼야 함에도 아무것도 실행 권한이 부여되지 않았다. 이는 셸이 /etc/profile을 '소싱[source]'하고 /etc/profile이 다른 설정 파일들을 소싱하기 때문이다. source 명령이나 훨씬 더 짧은 점(.)을 이용해 해당 파일을 소싱하면 해당 파일의 명령이 실행된다. less를 이용해 /etc/profile의 내용을 보면 그 파일이 무엇을 하는지 알 수 있다.

전체 파일을 자세히 분석할 필요는 없다. 그러나 프로그램의 어디에서 환경 변수들이 설정되는지는 살펴봐야 한다. 문자열 PATH를 찾아 $PATH가 어떻게 설정되는지 살펴보기 바란다. 파일을 설명하는 주석[comment] 다음에 처음으로 보이는 것은 'pathmunge'라는 이름의 프로시저[procedure]로, 초기 경로가 수정돼야 할 때 훨씬 아래쪽의 코드에서 호출된다.

```
pathmunge () {
    case ":${PATH}:" in
        *:"$1":*)
            ;;
        *)
            if [ "$2" = "after" ] ; then
                PATH=$PATH:$1
            else
                PATH=$1:$PATH
            fi
    esac
}
```

그다음에는 셸을 실행하는 사용자의 유효 사용자 ID[effective user ID]인 $EUID를 결정하는 코드가 있다. 그다음은 $EUID의 값이 0인 root인지 그렇지 않은지에 따라 $PATH 환경 변수의 첫 번째 요소를 설정하는 코드다.

```
# Path manipulation
if [ "$EUID" = "0" ]; then
    pathmunge /usr/sbin
    pathmunge /usr/local/sbin
else
    pathmunge /usr/local/sbin after
    pathmunge /usr/sbin after
fi
```

/etc/profile.d 디렉터리에 있는 파일들의 목록을 살펴보자.

```
[student@studentvm1 ~]$ ll /etc/profile.d/*.sh
-rw-r--r--. 1 root root  664 Jun 18 06:41 /etc/profile.d/Bash_completion.sh
-rw-r--r--. 1 root root  201 Feb  7  2018 /etc/profile.d/colorgrep.sh
-rw-r--r--. 1 root root 1706 May 29 12:30 /etc/profile.d/colorls.sh
-rw-r--r--. 1 root root   56 Apr 19  2018 /etc/profile.d/colorsysstat.sh
-rw-r--r--. 1 root root  183 May  9  2018 /etc/profile.d/colorxzgrep.sh
-rw-r--r--. 1 root root  220 Feb  9  2018 /etc/profile.d/colorzgrep.sh
-rw-r--r--. 1 root root  757 Dec 14  2017 /etc/profile.d/gawk.sh
-rw-r--r--  1 root root   70 Aug 31 08:25 /etc/profile.d/gnome-ssh-askpass.sh
-rw-r--r--  1 root root  288 Mar 12  2018 /etc/profile.d/kde.sh
-rw-r--r--. 1 root root 2703 May 25 07:04 /etc/profile.d/lang.sh
-rw-r--r--. 1 root root  253 Feb 17  2018 /etc/profile.d/less.sh
-rwxr-xr-x  1 root root  153 Aug  3  2017 /etc/profile.d/mc.sh
-rw-r--r--  1 root root  488 Oct  3 13:49 /etc/profile.d/myBashConfig.sh
-rw-r--r--. 1 root root  248 Sep 19 04:31 /etc/profile.d/vim.sh
-rw-r--r--. 1 root root 2092 May 21  2018 /etc/profile.d/vte.sh
-rw-r--r--. 1 root root  310 Feb 17  2018 /etc/profile.d/which2.sh
[student@studentvm1 ~]$
```

내가 추가한 파일이 보이는가? myBashConfig.sh로, 여러분의 VM에는 존재하지 않는다. myBashConfig.sh의 내용은 다음과 같다. 내 Bash 셸 커맨드라인을 위한 몇 가지 앨리어스와 vi 편집 모드를 설정하고 몇 가지 환경 변수를 설정했다.

```
#############################################################################
# The following global changes to Bash configuration added by me           #
#############################################################################
alias lsn='ls --color=no'
alias vim='vim -c "colorscheme desert" '
alias glances='glances -t1'
# Set vi for Bash editing mode
set -o vi
# Set vi as the default editor for all apps that check this
# Set some shell variables
EDITOR=vi
TERM=xterm
```

/etc/profile.d 안에 있는 다른 Bash 설정 파일 중 일부의 내용을 살펴보고 그 파일들이 무슨 일을 하는지 살펴보기 바란다.

그리고 다음은 /etc/profile의 마지막 코드로, /etc/bashrc 파일이 있고 `$Bash_VERSION` 변수가 널이 아니면 그 파일을 소싱한다.

```
if [ -n "${Bash_VERSION-}" ] ; then
    if [ -f /etc/bashrc ] ; then
            # Bash login shells run only /etc/profile
            # Bash non-login shells run only /etc/bashrc
            # Check for double sourcing is done in /etc/bashrc.
                . /etc/bashrc
    fi
fi
```

이제 /etc/bashrc의 내용을 보자. 이 파일의 첫 주석에 적혀 있듯이 이 파일의 기능은 시스템 전반에 걸친 함수와 앨리어스를 설정하는 것이다. 이는 터미널 에뮬레이터 종류, 명령 프롬프트 문자열, 새로운 파일이 만들어졌을 때의 디폴트 권한을 정의하는 umask, 그리고 (매우 중요한) Bash 셸 실행 파일의 전체 경로와 이름을 정의하는 $SHELL 변수 설정을 포함한다. umask는 1권 18장에서 살펴본다.

Bash 셸의 글로벌 설정에 쓰이는 디폴트 파일 중 아무것도 수정해서는 안 된다. 글로벌 설정을 수정하거나 추가하려면 여러분이 바라는 설정 모드를 담고 있는 /etc/profile.d 디렉터리에 커스텀[custom] 파일을 추가해야 한다. 파일명은 '.sh'로 끝나야 한다는 것 외에는 중요하지 않지만 의미가 분명한 이름을 짓기를 권장한다.

로컬 설정 스크립트 살펴보기

로컬 Bash 설정 파일들은 각 사용자의 홈 디렉터리에 있다. 각 사용자는 자신의 선호에 따라 셸 환경을 설정하고자 이들 파일을 수정할 수 있다. 로컬 설정 파일들(.bashrc와 .bash_profile)은 매우 기초적인 설정 항목들을 담고 있다.

실험 17-2

로그인 셸이 시작되면, Bash는 먼저 /etc/profile을 실행하고 실행을 마치면 셸은 ~/.bash_profile을 실행한다. ~/.bash_profile 파일을 보자. 이 실험에서 보는 로컬 파일은 여기에 전체를 옮겨 실어도 될 만큼 작다.

```
[student@studentvm1 ~]$ cat .bash_profile
# .bash_profile
# Get the aliases and functions
if [ -f ~/.bashrc ]; then
```

```
    . ~/.bashrc
fi

# User specific environment and startup programs

PATH=$PATH:$HOME/.local/bin:$HOME/bin

export PATH
```

먼저 ~/.bash_profile이 ~/.bashrc를 실행해서 앨리어스와 함수를 환경에 설정한다. 그런 다음에는 경로를 설정하고 익스포트export한다. 이는 경로를 미래의 모든 비로그인 셸에서 사용할 수 있음을 의미한다.

~/.bash_profile이 ~/.bashrc 설정 파일을 호출하고, 이 파일은 다음에서 볼 수 있듯이 /etc.bashrc를 호출한다.

```
[student@studentvm1 ~]$ cat .bashrc
# .bashrc

# Source global definitions
if [ -f /etc.bashrc ]; then
    . /etc/bashrc
fi

# Uncomment the following line if you don't like systemctl's auto-paging
feature:
# export SYSTEMD_PAGER=

# User specific aliases and functions
[student@studentvm1 ~]$
```

이들 파일 안의 주석은 사용자들에게 어디에 환경 변수나 앨리어스 같은 로컬 설정을 넣을지 알려준다.

테스트

설명은 모두 좋지만 실제로 적용하면 어떻게 된다는 뜻일까? 알아낼 수 있는 방법은 하나뿐이고, 복잡하고 상호연관된 셸 프로그램이나 셸 프로그램 안의 프로시저로 이뤄진 시스템의 실행 절차를 테스트할 때 흔히 사용하는 방법은 다음과 같다. 프로그램 중 궁금한 부분의 시작 지점에 어떤 셸 프로그램이 실행되는지를 알려주는 echo문을 추가하는 것이다.

실험 17-3

다음 프로그램 각각을 편집해 프로그램의 시작에 한 줄을 추가한다. 여러분이 어디에 추가할지 알 수 있게 추가할 줄을 굵게 표시했다. 이 실험의 경우 각 프로그램에 있는 수정하지 말라는 경고는 무시해도 괜찮다.

처음 세 프로그램은 root로 수정해야 한다.

1. /etc/profile을 편집한다.

```
# /etc/profile

# System wide environment and startup programs, for login setup
# Functions and aliases go in /etc.bashrc

# It's NOT a good idea to change this file unless you know what you
# are doing. It's much better to create a custom.sh shell script in
# /etc/profile.d/ to make custom changes to your environment, as this
# will prevent the need for merging in future updates.

pathmunge () {
    case ":${PATH}:" in
        *:"$1":*)
            ;;
        *)
            if [ "$2" = "after" ] ; then
```

```
            PATH=$PATH:$1
        else
            PATH=$1:$PATH
        fi
    esac
}
```

```
echo "Running /etc/profile"

if [ -x /usr/bin/id ]; then
    if [ -z "$EUID" ]; then
        # ksh workaround
        EUID=`id -u`
        UID=`id -ru`
    fi
    USER="`id -un`"
    LOGNAME=$USER
    MAIL="/var/spool/mail/$USER"
fi
```

주목할 것은 /etc/profile의 경우 **pathmunge** 프로시저 다음에 약간의 코드를 추가한다는 점이다. 이는 모든 프로시저가 모든 인라인 코드 앞에 있어야 하기 때문이다.[2]

2. /etc/bashrc를 편집한다.

```
# /etc.bashrc

# System wide functions and aliases
# Environment stuff goes in /etc/profile

# It's NOT a good idea to change this file unless you know what you
# are doing. It's much better to create a custom.sh shell script in
# /etc/profile.d/ to make custom changes to your environment, as this
```

2. Bash 코딩, 프로시저, 프로그램 구조는 2권의 10장에서 다룬다.

```
# will prevent the need for merging in future updates.
echo "Running /etc/bashrc"
# Prevent doublesourcing
if [ -z ".bashrcSOURCED" ]; then
    .bashrcSOURCED="Y"
```

3. 새로운 프로그램 /etc/profile.d/myBashConfig.sh을 추가하고 다음과 같은 두 줄을 추가한다.

```
# /etc/profile.d/myBashConfig.sh
echo "Running /etc/profile.d/myBashConfig.sh"
```

.bash_profile과 .bashrc 파일은 student 사용자의 계정을 위해 student 사용자로 변경해야 한다.

4. ~/.bash_profile을 편집한다.

```
# .bash_profile
echo "Running ~/.bash_profile"
# Get the aliases and functions
if [ -f ~/.bashrc ]; then
    . ~/.bashrc
fi
# User specific environment and startup programs
PATH=$PATH:$HOME/.local/bin:$HOME/bin
export PATH
```

5. ~/.bashrc를 편집한다.

```
# .bashrc
echo "Running ~/.bashrc"

# Source global definitions
if [ -f /etc.bashrc ]; then
    . /etc.bashrc
fi

# Uncomment the following line if you don't like systemctl's
autopaging
feature:
# export SYSTEMD_PAGER=

# User specific aliases and functions
```

앞에 나와 있는 대로 모든 파일을 수정하고 나서 데스크탑에 새로운 터미널 세션을 연다. 실행되는 각 파일이 터미널에 그 이름을 출력할 것이다. 출력 결과는 다음과 같다.

```
Running ~/.bashrc
Running /etc/bashrc
Running /etc/profile.d/myBashConfig.sh
[student@studentvm1 ~]$
```

따라서 셸 설정 스크립트의 실행 과정을 통해 실행된 것이 그림 17-1의 비로그인 셸임을 알 수 있다. 가상 콘솔 2로 바꿔 student 사용자로 로그인한다. 다음과 같은 출력 결과가 보일 것이다.

```
Last login: Sat Nov 24 11:20:41 2018 from 192.178.0.1
Running /etc/profile
Running /etc/profile.d/myBashConfig.sh
Running /etc/bashrc
```

```
Running ~/.bash_profile
Running ~/.bashrc
Running /etc/bashrc
[student@studentvm1 ~]$
```

이 실험은 정확히 어떤 파일들이 어떤 순서로 실행되는지를 보여준다. 이는 다른 문서에서 읽은 내용 대부분과 이들 파일 각각에 대한 나의 코드 분석이 옳음을 확인해준다. 하지만 나의 분석과 그림 17-1의 다이어그램에 의도적으로 한 가지 오류를 남겨뒀다. 여러분은 그 차이와 이유를 알 수 있겠는가?[3]

환경 살펴보기

이미 일부 환경 변수를 살펴보고 이들이 특정 환경에서 셸이 어떻게 동작하는지에 영향을 줬다는 것을 배웠다. 환경 변수는 다른 변수와 똑같이 변수명과 값을 갖는다. 셸이나 셸에 실행되는 프로그램은 특정 변수의 내용을 확인하고 이들 변수의 값을 이용해서 특정 입력이나 데이터 값, 기타 유발 인자triggering factor에 어떻게 반응할지를 결정한다. 전형적인 변수는 다음과 같이 보인다.

```
변수명=값
```

환경 변수의 실제 내용은 간단한 도구를 이용해서 살펴보고 조작할 수 있다. 영구적인 변경은 설정 파일을 수정해야 하지만 임시 변경은 커맨드라인에서 간단한 명령으로 할 수 있다.

3. 힌트: 중복을 살펴보라.

실험 17-4

이 실험은 터미널 세션에서 student 사용자로 수행한다. 현재 열려 있는 모든 터미널 세션을 닫은 다음 새로운 터미널 세션을 연다. printenv 명령을 이용해서 현재 환경 변수들을 살펴본다.

```
[student@studentvm1 ~]$ printenv | less
```

LS_COLORS와 TERMCAP 같은 일부 환경 변수는 매우 긴 텍스트 문자열을 담고 있다. LS_COLORS 문자열은 터미널이 컬러를 표시할 수 있으면 다양한 명령이 실행될 때 특정 텍스트를 표시하고자 사용할 색깔을 정의한다. TERMCAP(TERMinal CAPabilities) 변수는 터미널 에뮬레이터의 능력을 정의한다.

일부 변수의 개별 값들을 살펴보자. HOME의 값은 무엇인가?

```
[student@studentvm1 ~]$ echo $HOME
/home/student
```

이것이 셸이 cd ~ 명령을 실행했을 때 어느 디렉터리로 이동할지를 아는 방법이라고 생각하는가? LOGNAME, HOSTNAME, PWD, OLDPWD, USER의 값은 무엇인가?

OLDPWD는 왜 비어있는가? 즉, 왜 null인가? /tmp로 이동하고 PWD와 OLDPWD의 값을 다시 확인한다. 지금은 무엇인가?

다른 셸 변수

셸 변수는 로컬 환경의 일부다. 즉, 셸 변수는 프로그램, 스크립트, 사용자 명령에서 접근할 수 있다. 사용자들은 셸에서 환경 변수를 만들 수 있고 만들어진 환경 변수는 해당 셸 안에서 환경의 일부가 된다. 다른 셸은 이들 로컬 사용자 변수에 접근할 수 없다.

사용자 셸 변수가 수정되거나 새로운 변수가 만들어지면 명시적으로 '익스포트' 돼야 새로운 변수가 만들어지고 익스포트된 이후에 포크fork된 하위 프로세스에서 해당 변경 사항을 볼 수 있다. 셸 변수는 셸 변수가 정의된 셸에 국한됨을 기억하자. 수정되거나 추가된 셸 변수는 현재 셸에서만 사용할 수 있다. 셸 변수를 해당 변수가 만들어진 이후에 실행된 셸의 환경 변수로 사용하려면 $ 기호 없이 export 변수명 명령을 사용한다.

참고

관례상 환경 변수명은 모두 대문자를 사용하지만 대소문자를 섞어도 되고 모두 소문자를 써도 된다. 리눅스는 대소문자를 구별하므로 Var1은 VAR1이나 var1과 다름만 잊지 말자.

새로운 사용자 셸 변수를 설정해보자.

실험 17-5

기존 터미널 세션에서 student 사용자로서 새로운 환경 변수 MyVar가 없음을 확인한 후 이 변수를 설정한다. 그런 다음 해당 변수가 이제 존재하고 올바른 값을 갖고 있음을 확인한다.

```
[student@studentvm1 ~]$ echo $MyVar ; MyVar="MyVariable" ; echo $MyVar
MyVariable
[student@studentvm1 ~]$
```

또 다른 Bash 터미널 세션을 student 사용자로 열고 여러분이 만든 새로운 변수가 이 셸에는 존재하지 않음을 확인한다.

```
[student@studentvm1 ~]$ echo $MyVar
[student@studentvm1 ~]$
```

이 두 번째 셸에서 나간 후 $MyVar 변수가 존재하는 첫 번째 터미널 세션에서 해당 변수가 여전히 존재함을 확인하고 screen 세션을 시작한다.

```
[student@studentvm1 ~]$ echo $MyVar
MyVariable
[student@studentvm1 ~]$ screen
```

이제 $MyVar를 확인한다.

```
[student@studentvm1 ~]$ echo $MyVar
[student@studentvm1 ~]$
```

Bash 셸의 이 screen 인스턴스에 $MyVar가 존재하지 않음에 주목하자. exit 명령을 한 번 입력해 screen 세션에서 나간다.

이제 export 명령을 실행한 다음 또 다른 screen 세션을 시작한다.

```
[student@studentvm1 ~]$ export MyVar="MyVariable" ; echo $MyVar
MyVariable
[student@studentvm1 ~]$ screen
```

이제 screen 세션에 있는 동안 $MyVar를 다시 확인한다.

```
[student@studentvm1 ~]$ echo $MyVar
MyVariable
```

```
[student@studentvm1 ~]$
```

screen 세션에서 나간 후 MyVar를 설정 해제한다.

```
[student@studentvm1 ~]$ exit
[screen is terminating]
[student@studentvm1 ~]$ unset MyVar
[student@studentvm1 ~]$ echo $MyVar
[student@studentvm1 ~]$
```

마지막으로 한 가지를 해 본다. env 유틸리티를 사용하면 프로그램, 이 경우에는 하위 셸을 위해 임시로 환경 변수를 설정할 수 있다. 이를 위해서는 Bash 명령이 env 명령의 인자여야 한다.

```
[student@studentvm1 ~]$ env MyVar=MyVariable Bash
[student@studentvm1 ~]$ echo $MyVar
MyVariable
[student@studentvm1 ~]$ exit
exit
[student@studentvm1 ~]$
```

마지막 도구는 평소에 작업하는 환경과 약간 다른 환경을 요구하는 스크립트나 다른 도구를 테스트할 때 유용하다.

약간의 뒷정리를 수행한 후 모든 터미널 세션에서 나간다.

이제 경험적으로 로컬 변수가 설정되면 오직 해당 셸의 환경의 일부가 됨을 발견했다. 변수를 익스포트한 뒤에도 screen 명령으로 실행된 새로운 셸의 환경이 될 뿐이다.

임시로 로컬 사용자 환경 변수를 만들 이유는 거의 없었다. 보통은 나의 로그인 계정에만 필요하다면 변수 생성문을 ~/.bashrc에 넣고, 시스템의 모든 사용자를 위한 것이라면 /etc/profile.d에 있는 커스텀 셸 설정 스크립트에 넣는다.

앨리어스

나는 타이핑을 싫어한다. 남자 아이들은 타이핑을 배우지 않던 시절에 학교에 다녔는데, 그래서인지 정말 형편없는 타이핑 실력을 지녔다. 따라서 가능하면 적게 타이핑하기를 선호한다. 물론 게으른 시스템 관리자는 타이핑 실력에 상관없이 그저 시간을 절약하고자 타이핑을 최소화하기를 좋아한다.

앨리어스는 타이핑을 줄이는, 따라서 실수를 줄이는 좋은 방법이다. 앨리어스는 긴 명령을 좀 더 짧고 타이핑하기 쉬운(글자 개수가 더 적으므로) 명령으로 바꾸는 방법이다. 앨리어스를 사용하면 항상 사용하는 긴 옵션을 앨리어스에 포함시킬 수 있다. 긴 옵션을 계속 타이핑할 필요가 없어지므로 타이핑을 줄일 수 있다.

실험 17-6

student 사용자에서 `alias` 명령을 입력해 현재 앨리어스의 목록을 보자. 이들 앨리어스들을 보기 전까지 `ls` 명령이 이미 앨리어스돼 있는지 몰랐다. 따라서 '`ls`'를 커맨드라인에 입력하면 셸이 이를 훨씬 더 많은 타이핑이 필요했을 '`ls --color=auto`'로 확장한다.

```
[student@testvm1 ~]$ alias
alias egrep='egrep --color=auto'
alias fgrep='fgrep --color=auto'
alias glances='glances -t1'
```

```
alias grep='grep --color=auto'
alias l.='ls -d .* --color=auto'
alias ll='ls -l --color=auto'
alias ls='ls --color=auto'
alias lsn='ls --color=no'
alias mc='. /usr/libexec/mc/mc-wrapper.sh'
alias vi='vim'
alias vim='vim -c "colorscheme desert" '
alias which='(alias; declare -f) | /usr/bin/which --tty-only --read-alias
--read-functions --show-tilde --show-dot'
alias xzegrep='xzegrep --color=auto'
alias xzfgrep='xzfgrep --color=auto'
alias xzgrep='xzgrep --color=auto'
alias zegrep='zegrep --color=auto'
alias zfgrep='zfgrep --color=auto'
alias zgrep='zgrep --color=auto'
```

여러분의 결과도 내 결과와 비슷하겠지만 몇 가지 앨리어스를 추가했다. 하나는 대부분의 배포판에는 포함돼 있지 않은 `glaces` 유틸리티를 위한 것이다.

vi가 vim으로 대체돼 있고 나 같은 여러 시스템 관리자의 손가락이 옛날부터 기억하고 계속해서 `vi`라고 타이핑하기 때문에 `vi`는 `vim`으로 앨리어스돼 있다. 또 다른 앨리어스는 `vim`이 '디저트[desert]' 색채 조합을 사용하게 하기 위한 것이다. 따라서 커맨드라인에 `vi`라고 입력하고 엔터키를 누르면 Bash 셸이 먼저 `vi`를 `vim`으로 확장한 다음 `vim`을 `vim -c "colorscheme desert"`로 확장하고 실행한다.

참고

페도라에서 root 사용자의 경우 vi는 자동으로 vim으로 앨리어스되지 않는다.

이들 앨리어스가 /etc/profile.d에 있는 셸 설정 파일을 통해 거의 모두 글로벌 환경에 추가돼 있음에도 불구하고 커맨드라인에서 추가할 수 있을 뿐만 아니라

여러분 자신의 로컬 설정 파일에 추가할 수도 있다. 커맨드라인 문법은 앞서 본 것과 같다.

실험 17-6의 앨리어스는 주로 색깔과 일부 표준 옵션 같은 디폴트 동작을 설정하기 위한 것이다. 나는 특히 ll 앨리어스를 좋아하는데, 긴 디렉터리 목록을 좋아하고 ls -l을 타이핑하는 대신 그냥 ll만 치면 되기 때문이다. 나는 ll 명령을 많이 사용하고 이를 사용할 때마다 세 번의 타이핑을 절약한다. 나처럼 타이핑이 느린 사람에게 이는 엄청난 양의 시간이다. 앨리어스를 이용하면 옵션과 인자가 많아 길고 복잡한 명령을 배우고 기억할 필요 없이 복잡한 명령을 사용할 수 있다.

리눅스 명령을 다른 운영체제에서 사용하는 명령으로 앨리어스하지 말기를 강력하게 권장한다. 그런 방식으로는 결코 리눅스를 배울 수 없다.

실험 17-5에서 vim 편집기의 앨리어스는 디폴트가 아닌 색채 조합을 설정한다. 나는 우연히 디폴트보다 디저트 색채 조합을 좋아하게 됐는데, vim 명령을 내가 좋아하는 색채 조합을 지정하는 더 긴 명령으로 앨리어스하면 좀 더 적은 타이핑으로 내가 원하는 것을 얻을 수 있다.

alias 명령을 이용해서 여러분 자신의 새로운 앨리어스를 ~/.bashrc 파일에 추가해 리부트와 로그아웃/로그인 시에도 영구히 유지되게 할 수 있다. 앨리어스를 호스트의 모든 사용자가 쓸 수 있게 하려면 앞서 살펴본 대로 해당 앨리어스를 /etc/profile.d에 있는 커스터마이즈[customize] 파일에 추가하면 된다. 두 경우 모두 문법은 커맨드라인과 같다.

요약

셸 시작과 설정이 불가사의하고 헛갈리게 보이는가? 놀랍지 않다. 나도 (때로는 여전히) 헛갈렸기 때문이다. 17장을 위해 연구하면서 배우고 또 많이 배웠다.

주로 기억할 것은 영구 설정을 위한 특정 파일들이 있고 그 파일들이 로그인 셸이나 비로그인 셸이 실행되는지에 따라 다른 순서로 실행된다는 점이다. 셸 시작 절차를 살펴봤고 Bash 설정 파일의 내용과 환경을 바꾸는 적절한 방법을 살펴봤다.

또한 앨리어스를 사용해서 필요한 타이핑의 양을 줄이는 방법을 배웠다.

연습문제

17장을 마무리하며 연습문제를 풀어보기 바란다.

1. 셸과 환경 변수의 차이는 무엇인가?
2. 비로그인 셸을 시작할 때 어느 설정 파일이 먼저 실행되는가?
3. 일반 사용자가 자신의 셸 변수를 설정하거나 바꿀 수 있는가?
4. 데스크탑에서 새로 실행되는 셸에 의해 처음으로 실행되는 설정 파일은 무엇인가?
5. 현재 데스크탑에 열려 있는 터미널 세션 각각에서 COLUMNS 변수의 값은 무엇인가? 차이점이 보이지 않으면 하나 이상의 터미널 윈도우의 크기를 바꾸고 값을 다시 확인한다. 이 변수의 용도는 무엇이겠는가?
6. 가상 콘솔을 사용해 로그인할 때 실행되는 셸 설정 파일의 순서는 무엇인가?

7. Bash 설정 파일이 실행되는 순서를 이해하는 것이 왜 중요한가?

8. 다른 색채 조합으로 vim을 시작하고 student 사용자에게만 사용되는 앨리어스를 추가한다. 색채 조합과 정보를 제공하는 README.txt 파일은 /usr/share/vim/vim81/colors 디렉터리에 있다. 몇 가지 다른 색채 조합을 시도하고 Bash 구성파일 중 하나를 열어 테스트하라.

9. 문제 8에서 앨리어스를 어디에 추가했는가?

10. su 명령을 사용해 root 사용자로 전환할 때 Bash 설정 파일들은 어떤 순서로 실행되는가?

11. sudo 명령을 사용할 때 Bash 설정 파일들은 어떤 순서로 실행되는가?

12. 모든 사용자를 위한 환경의 일부가 되도록 추가할 환경 변수가 있다. 어떤 파일에 추가해야 하는가?

13. 시스템이 최신 커널의 복구 모드로 부팅될 때 어떤 셸 설정 파일들이 실행되는가?

18장

파일, 디렉터리, 링크

학습 목표

18장의 학습 목표는 다음과 같다.

- '파일'이라는 용어의 정의
- 파일의 목적 설명
- 파일 권한을 읽고 확인하는 방법
- umask 명령과 설정이 사용자의 파일 생성에 미치는 영향
- 파일 권한을 설정하는 방법
- 디렉터리 엔트리와 inode를 포함한 파일의 메타데이터 구조
- 세 가지 유형의 리눅스 파일 타임스탬프 설명
- 리눅스 파일의 세 가지 타임스탬프를 찾고 사용하고 설정하는 방법
- 파일 유형(바이너리나 텍스트)을 쉽게 식별하는 방법
- 파일에 대한 메타데이터를 확인하는 방법
- 하드 링크와 소프트 링크를 정의하는 방법

- 링크를 사용하고 관리하는 방법

소개

파일이란 데이터를 갖고 있으며 하드 드라이브와 같은 저장 매체 형태에 저장되는 무언가로 생각하는 것이 일반적이다. 이는 리눅스 환경에 한해서는 사실이다.

무료 온라인 컴퓨팅 사전[1]에서는 '컴퓨터 파일'에 대해 꽤 좋은 정의를 해뒀다. 이 책에서는 이를 특별히 리눅스 파일을 참조하는 방식으로 바꿔 설명하겠다. 컴퓨터 파일이란 비휘발성 저장 매체에 저장되는 유한한 길이의 데이터 단일 시퀀스로 구성된 저장 단위다. 파일은 디렉터리에 저장되며 파일명과 선택적 경로를 사용해 접근할 수 있다. 또한 생성 시간, 마지막 업데이트, 마지막 접근 시간 등의 타임스탬프 및 권한과 같은 다양한 속성을 지원한다.

이 정의는 기본적으로 내가 설명한 것이지만 리눅스 파일의 본질적인 특성을 더 자세히 설명하고 있다. 또한 개인적으로는 파일이 보통 일부 비휘발성 매체에 저장된다고 말한 FOLDOC(무료 온라인 컴퓨팅 사전)의 정의를 수정하고 싶다. 파일은 2권의 5장에서 살펴볼 가상 파일 시스템과 같은 휘발성 미디어에도 저장할 수 있다.

이 장에서는 이러한 기능을 제공하는 특성들과 데이터 메타구조 등을 살펴본다.

준비

7장에서 디렉터리와 파일 몇 개를 생성했지만 이 장에서 실험할 사용자 파일이 ~/Documents 디렉터리에 없으므로 파일 몇 개를 생성해보자.

1. 무료 온라인 컴퓨팅 사전, http://foldoc.org/, 편집자: 데니스 하위(Denis Howe)

실험 18-1

파일 권한을 더 잘 설명하는 데 도움이 되도록 몇 가지 새 파일과 새 사용자를 만들어보자.

student 사용자로 이 실험을 시작한다. ~/Documents 디렉터리로 이동한 뒤 다음 명령을 한 행에 모두 입력한다.

```
[student@studentvm1 Documents]$ for I in `seq -w 20`;do dmesg >
testfile$I;touch test$I file$I;done
```

seq 유틸리티는 일련의 숫자(이 경우 0부터 20까지)를 출력한다. 해당 명령 주위에 백틱(``)을 사용하면 결과를 뒤의 for 명령에서 사용할 수 있는 리스트로 확장할 수 있다. -w 옵션은 모든 숫자의 길이가 같도록 지정하므로 가장 큰 숫자의 길이가 두 자리인 경우 한 자리 숫자는 앞이 0으로 채워져 1이 01이 되는 식이 된다.

이제 파일의 긴 리스트를 출력하고 정확한 바이트 값이 아니라 사람이 읽을 수 있는 형식으로 파일의 크기를 표시해보자.

```
[student@studentvm1 Documents]$ ll -h
total 880K
-rw-rw-r-- 1 student student 0   Dec 4 09:47 file01
-rw-rw-r-- 1 student student 0   Dec 4 09:47 file02
-rw-rw-r-- 1 student student 0   Dec 4 09:47 file03
-rw-rw-r-- 1 student student 0   Dec 4 09:47 file04
-rw-rw-r-- 1 student student 0   Dec 4 09:47 file05
-rw-rw-r-- 1 student student 0   Dec 4 09:47 file06
<생략>
-rw-rw-r-- 1 student student 0   Dec 4 09:47 test18
-rw-rw-r-- 1 student student 0   Dec 4 09:47 test19
-rw-rw-r-- 1 student student 0   Dec 4 09:47 test20
```

```
-rw-rw-r-- 1 student student 44K Dec 4 09:47 testfile09
-rw-rw-r-- 1 student student 44K Dec 4 09:47 testfile02
-rw-rw-r-- 1 student student 44K Dec 4 09:47 testfile03
<생략>
-rw-rw-r-- 1 student student 44K Dec 4 09:47 testfile19
-rw-rw-r-- 1 student student 44K Dec 4 09:47 testfile20
```

이제 작업할 파일이 몇 개 생겼다. 하지만 테스트를 위해 다른 사용자도 필요하므로 아직 다른 사용자를 생성하지 않은 경우 터미널 세션에 root 계정으로 로그인해 새 사용자를 추가한다. 간단한 암호를 사용해도 괜찮다.

```
[root@studentvm1 ~]# useradd -c "Student user 1" student1
[root@studentvm1 ~]# passwd student1
Changing password for user student1.
New password: <Enter the password>
BAD PASSWORD: The password is shorter than 8 characters
Retype new password: <Enter the password again>
passwd: all authentication tokens updated successfully.
```

자, 이제 다 준비됐다.

사용자 계정과 보안

사용자 계정은 리눅스 컴퓨터의 첫 번째 보안 항목으로 리눅스 세계에서 컴퓨터로 접근할 수 있게 하며, 접근 권한이 없어야 하는 사람들을 차단하고 유효한 사용자가 서로의 데이터와 컴퓨터 사용을 방해하지 못하게 하는 데 사용된다. 2권의 16장에서 사용자 계정을 더 자세히 알아본다.

컴퓨터와 거기에 저장된 데이터의 보안은 리눅스 시스템 관리자가 생성한 사용자 계정이나 일종의 중앙 인증 시스템을 기반으로 한다.[2] 사용자는 계정 ID와 암호로 로그인하지 않고서는 리눅스 시스템의 어떤 자산에도 접근할 수 없다. 관리자는 인증된 각 사용자의 계정을 생성하고 초기 암호를 할당한다.

권한과 파일 소유권 속성은 리눅스에서 제공하는 보안의 한 항목으로, 리눅스 시스템의 각 파일과 디렉터리에는 소유자와 접근 권한이 있다. 소유권과 권한을 올바르게 설정하면 사용자가 자신에게 해당하는 파일에 접근할 수 있지만 다른 사람에게 속한 파일에는 접근할 수 없다.

파일 속성

실험 18-1에서 생성한 파일 목록은 보안과 접근 관리에 중요한 여러 파일 속성을 보여준다. 파일 권한, 하드 링크 수, 여기에 'student'로 표시된 사용자와 그룹[3] 소유권, 파일 크기, 마지막으로 수정된 날짜와 시간, 파일명이 모두 이 목록에 표시돼 있다.

이 목록에 표시되지 않은 속성이 더 있지만 이 장을 진행하면서 모든 속성을 살펴볼 것이다.

파일 소유권

그림 18-1과 실험 18-1에서 보여 샘플 파일 목록은 단일 파일의 세부 정보를 보여준. 이 파일을 사용해 파일의 구조와 속성을 알아볼 것이다. 파일 소유권은 리눅스 파일 보안 프로토콜의 일부인 속성 중 하나다.

---

2. 중앙 인증 시스템(Centralized authentication systems)은 이 과정의 범위를 벗어난다.

3. 그림 18-2에 표시된 소유권 클래스를 명시적으로 참조하고 여기와 이 과정 전반에 걸쳐 User, Group, Other를 대문자로 표시했다.

```
-rw-rw-r-- 1 student student 44K Dec  4 09:47 testfile09
```

그림 18-1. 샘플 파일의 긴 리스트 값

모든 파일에는 파일을 소유한 사용자와 그룹 소유권이라는 두 명의 소유자가 있다. 파일을 만든 사용자는 적어도 소유권이 변경될 때까지 항상 파일의 소유자다. 레드햇 기반의 배포판에서 각 사용자는 자신의 개인 그룹을 가지며 사용자가 생성한 파일도 해당 그룹에 속한다. 이는 레드햇 개인 그룹Red Hat Private Group 방식으로 보안을 향상시키는 데 사용된다. 대부분의 구형 유닉스와 일부 리눅스 시스템에서 모든 사용자와 그들이 만든 파일은 공통 그룹, 일반적으로 그룹 100인 'users'에 속했다. 이는 이론적으로 모든 사용자가 디렉터리 권한이 허용하는 한 다른 사용자에게 속한 파일에 접근할 수 있음을 의미했다. 이러한 방식은 컴퓨터의 데이터 보안이나 개인 정보 보호가 지금보다 훨씬 덜 문제가 됐던 때부터 유지된 것이다. 이 레드햇 개인 그룹 체계는 기본적으로 파일에 접근할 수 있는 사용자 수를 파일 소유자 한 명으로 줄여 보안을 개선하기 위한 것이다.

따라서 그림 18-1의 파일은 student 사용자가 소유하며 그룹 소유권도 student다. 사용자와 그룹 소유권은 **사용자.그룹** 표기법을 사용해 표현할 수도 있다.

root 사용자는 항상 사용자와 그룹 소유권 등 그 외의 어떤 것도 변경할 수 있다. 파일의 사용자(소유자)는 특정 상황에서 그룹 소유권만 변경할 수 있다.

사용자와 그룹을 추가할 때 고려해야 할 몇 가지 표준이 있다. 공유 디렉터리나 파일과 같은 항목에 그룹 ID를 추가할 때는 개인적으로 5000 이상부터 시작하는 숫자를 사용하는 걸 선호한다. 이렇게 하면 동일한 UID와 GID 번호를 가진 4,000명의 사용자를 위한 공간을 허용할 수 있다. UID와 GID 할당과 표준은 2권의 16장에서 알아본다.

실험 18-2에서 파일 소유권과 그 의미를 살펴보자.

실험 18-2

student 사용자로 이 실험을 수행한다. 실험 18-1에서 ~/Documents 디렉터리에 생성한 파일 중 하나인 file09를 살펴보자.

```
[student@studentvm1 Documents]$ ll file09
-rw-rw-r-- 1 student student 0 Dec 4 09:47 file09
```

이 파일은 Documents 디렉터리의 다른 모든 파일과 마찬가지로 소유권은 student.student가 갖고 있다.

이를 chown[Change OWNersip] 명령을 사용해 student1.student 사용자의 소유권으로 변경해보자.

```
[student@studentvm1 Documents]$ chown student1 file09
chown: changing ownership of 'file09': Operation not permitted
```

student 사용자는 파일의 사용자 소유권을 다른 사용자로 변경할 권한이 없다. 이제 그룹 소유권을 변경해보자. 그룹 소유권이 아닌 파일의 사용자 소유권을 변경하는 경우 chown 명령에 그룹을 지정할 필요가 없다. chgrp(Change GRoup) 명령을 사용해 그룹 소유권을 변경해보자.

```
[student@studentvm1 Documents]$ chgrp student1 file09
chgrp: changing group of 'file09': Operation not permitted
```

또다시 이 파일의 소유권을 변경할 권한이 없다. 리눅스는 다른 사용자로부터 우리를 보호하고 다른 사용자도 우리로부터 보호하고자 사용자가 파일 소유권을 변경하는 것을 방지하고 있다. root 사용자는 모든 파일의 소유권을 변경할 수 있다.

그러고 보니 사용자가 파일의 사용자와 그룹 소유권을 전혀 변경할 수 없는 것 같다. 이는 보안 기능으로 한 사용자가 다른 사용자의 이름으로 파일을 생성하는 것을 방지하는 것이다. 하지만 정말 다른 사람과 파일을 공유하고 싶다면 어떻게 해야 할까? 이러한 소유권 문제를 우회하는 한 가지 방법이 있다. 파일을 /tmp에 복사하고 어떻게 동작하는지 보자.

실험 18-3

student 사용자로 file09에 데이터를 좀 추가해보자.

```
[student@studentvm1 Documents]$ echo "Hello world." > file09
[student@studentvm1 Documents]$ cat file09
Hello world.
```

이제 파일을 /tmp로 복사한다.

```
[student@studentvm1 Documents]$ cp file09 /tmp
```

터미널 세션을 열고 su 명령을 사용해 사용자를 student1로 전환한다.

```
[student@studentvm1 ~]$ su - student1
Password: <Enter password for student1>
Running /etc/profile
Running /etc/profile.d/myBashConfig.sh
Running /etc/Bashrc
Running /etc/Bashrc
[student1@studentvm1 ~]
```

이제 /tmp에 있는 해당 파일의 내용을 확인해보자. 그런 다음 /tmp에서

student1의 홈 디렉터리로 파일을 복사해 다시 확인해보자.

```
[student1@studentvm1 ~]$ cat /tmp/file09
Hello world.
[student1@studentvm1 ~]$ cp /tmp/file09 . ; cat file09
Hello world.
```

이게 왜 동작할까? 이를 알아내려면 파일 권한을 살펴봐야 한다.

```
[student1@studentvm1 ~]$ ll /tmp/file09 file09
-rw-rw-r-- 1 student1 student1 13 Apr 1 09:00 file09
-rw-rw-r-- 1 student  student  13 Apr 1 08:56 /tmp/file09
[student1@studentvm1 ~]$
```

파일 권한

파일 모드라고도 하는 파일 권한은 파일의 소유권과 함께 파일과 디렉터리에 특정 유형의 접근 권한이 있는 사용자와 그룹을 정의하는 수단을 제공한다. 지금은 파일만 살펴보고 디렉터리 권한은 후 알아본다. 그림 18-2는 세 가지 유형의 권한과 이를 나타내는 기호(rwx)와 8진수(421) 방식을 보여준다. 8진수는 말 그대로 16진수와 약간 다르다. 16진수 문자는 4개의 바이너리 비트로 구성되고 8진수는 3개의 바이너리 비트로 구성돼 있다.

사용자User, 그룹Group, 기타Other는 이러한 권한이 영향을 미치는 사용자 클래스를 정의한다. 사용자란 파일의 기본 소유자를 말한다. 즉, 사용자 student는 파일 사용자의 소유권이 student인 모든 파일을 소유한다. 이러한 파일은 student의 그룹 소유권을 갖고 있을 수도 있고 없을 수도 있지만 대부분의 경우에는 그룹 소유권도 갖고 있다. 즉, 사용자 권한은 파일을 '소유'하는 사용자의 접근 권한을 정의한다. 그룹 권한은 그룹의 소유권이 사용자 소유권과 다른 경우 해당 파일을 소유한 그룹의 접근 권한을 정의한다. 그리고 기타(Other)는 다른 모든 사람을 말한다. 다른 모든 사용자는 기타 범주에 속하므로 시스템 내 다른 모든 사용자의 접근 권한은 기타 권한으로 정의할 수 있다.

	사용자(User)	그룹(Group)	기타(Other)
권한	r w x	r w x	r w x
비트	1 1 1	1 1 1	1 1 1
8진수 값	4 2 1	4 2 1	4 2 1

그림 18-2. 파일 권한을 표현하는 방법과 8진수 값

각 클래스에는 사용자, 그룹, 기타를 나타내는 세 가지 권한 비트가 있다. 각 비트에는 (r)읽기, (w)쓰기, (x)실행이라는 의미가 있으며 각각 이에 해당하는 8진수의 위치 값이 있다. 이러한 클래스는 'UGO'라고 하거나 각각 약어를 사용하면 클래스 표기를 단순화할 수 있다. 이 클래스들은 명령문에서는 소문자로 표시된다.

- 읽기[Read]는 해당 클래스의 구성원이 파일을 읽을 수 있음을 의미한다.
- 쓰기[Write]는 클래스의 구성원이 파일을 쓸 수 있음을 의미한다.
- 실행[Execute]은 해당 클래스의 구성원이 파일을 실행할 수 있음을 의미한다.

실험 18-3의 file09를 예제로 사용하면 그림 18-3에 있는 해당 파일의 권한을 이제 더 쉽게 해독할 수 있다. `rw-rw-r--`(420, 420, 400은 664와 같다)의 권한은 student 사용자가 파일을 읽고 쓸 수 있지만 실행할 수는 없음을 의미한다. student 그룹도 이 파일을 읽고 쓸 수 있다. 그리고 다른 모든 사용자는 파일을 읽을 수 있지만 쓸 수는 없다. 즉, 파일을 변경할 수 없다는 것이다.

```
rw-rw-r-- 1 student student 0 Dec  4 09:47 file09
```

그림 18-3. file09의 긴 리스트 값

여기서 무엇이 가능한지 보이는가? 모든 사용자가 이 파일을 읽을 수 있다. 이는 파일에 기타 사용자에 대해 읽기 권한이 설정돼 있다면 모두가 보편적으로 접근할 수 있는 /tmp 디렉터리에서 student1 사용자가 student1의 홈 디렉터리로 파일을 복사할 수 있음을 의미한다.

실험 18-4

student 사용자로 접속해 /tmp/file09에 대한 권한을 `rw-rw----`로 변경해 기타 사용자가 파일을 읽을 수 있는 권한을 갖지 않게 해보자.

```
[student@studentvm1 ~]$ cd /tmp ; ll file*
-rw-rw-r-- 1 student student 13 Dec 6 14:05 file09
[student@studentvm1 tmp]$ chmod 660 file09 ; ll file*
-rw-rw---- 1 student student 13 Dec 6 14:05 file09
```

이제 student1 사용자로 이 파일을 읽으려고 시도해보자.

```
[student1@studentvm1 ~]$ cat /tmp/file09
cat: /tmp/file09: Permission denied
```

파일이 모든 사용자가 접근할 수 있는 디렉터리에 있더라도 student 이외의 사용자는 더 이상 파일에 접근할 수 없다. 이제 콘텐츠를 볼 수 없으며 복사할 수도 없다.

실험 18-4에서는 우리가 원하는 권한의 8진수 표현을 사용해 파일을 변경했다. 이는 가장 짧은 명령문으로 타이핑할 문자수가 가장 적다. 이 권한에 대해 어떻게 660이라는 값을 얻었을까? 먼저 8진수 값 중 하나인 사용자에 대한 권한부터 시작해보자.

각 8진수는 위치 값이 4, 2, 1인 세 비트 r, w, x로 나타낼 수 있다. 읽기와 쓰기를 원하지만 실행하지 않으려면 4 + 2 + 0 = 6으로, 2진수로 변환하면 110이다. 그룹 소유권에도 동일한 방식을 사용한다. 읽기, 쓰기, 실행을 모두 허용하고자 하면 이는 2진수로는 111로 변환되고 8진수로는 4 + 2 + 1 = 7이 된다.

이 장의 뒷부분에서 파일 권한과 변경 방법을 설명할 예정이다.

디렉터리 권한

디렉터리 권한은 파일 권한과 크게 다르지 않다.

- 디렉터리의 읽기 권한은 디렉터리 내용을 확인할 수 있도록 접근을 허용한다.
- 쓰기 권한은 해당 클래스의 사용자가 디렉터리에서 파일을 생성, 변경, 삭제할 수 있게 한다.
- 실행 권한은 해당 클래스의 사용자가 이 디렉터리를 현재 작업 디렉터리[PWD]로 만들 수 있게 한다.

특수 모드 비트라고 부르는 두 가지 추가 권한도 있는데, 이 권한은 시스템에서 광범위하게 사용되지만 기능적인 면에 있어서 일반적으로 root가 아닌 사용자는 볼 수 없다. 바로 setgid와 setuid 비트다. 이 장의 뒷부분에서 setgid 권한을 사용해볼 것이다.

그룹 소유권의 의미

아직 모든 사용자가 아니라 일부 다른 사용자와만 파일을 공유할 수 있는 방법은 다루지 않았다. 이에 대해서는 그룹이 정답일 수 있다. 리눅스의 그룹 소유권은 다른 사용자에게 파일 접근 공유를 허용하는 동시에 보안에 관한 것이기도 하다. 리눅스가 물려받은 유닉스의 유산 중 하나는 바로 이 파일 소유권과 권한이다. 이는 좋은 유산이지만 약간의 설명이 필요하다.

그룹은 해당 그룹 구성원의 사용자 ID(예, 'student')를 갖고 있는 'development'나 'dev'와 같은 의미 있는 이름으로 /etc/group 파일에 정의된 엔티티다. 따라서 파일의 그룹 소유권을 'development'로 설정하면 development 그룹의 모든 구성원이 그룹 권한에 따라 파일에 접근할 수 있다.

실험 18-5에서 이것이 어떻게 진행되는지 살펴보고 그 과정에서 추가적인 사항도 알아보자.

실험 18-5

이 실험은 root를 포함한 여러 사용자로 작업해야 한다. 테스트에 사용할 새 사용자와 개발자 그룹을 만들어보자. 그룹의 이름으로 약어인 dev를 사용할 것이다. 그런 다음 공유 파일을 저장할 수 있는 dev라는 디렉터리를 만들고 현재 root가 아닌 사용자 3명 중 2명을 dev 그룹에 추가해보자.

먼저 root 계정으로 새 사용자를 만든다. 다시 말하지만 이러한 실험을 위해 VM에서 짧은 암호를 사용하는 편이 좋다.

```
[root@studentvm1 ~]# useradd -c "Student User 2" student2
[root@studentvm1 ~]# passwd student2
```

student2의 비밀 번호를 변경한다.

```
New password: <Enter new password>
BAD PASSWORD: The password is shorter than 8 characters
Retype new password: <Enter new password>
passwd: all authentication tokens updated successfully.
```

새 그룹을 추가한다. 그룹 ID 번호에 대한 몇 가지 약한 표준은 이후 장에서 살펴보겠지만 어쨌든 결론은 이 실험에 GID(그룹 ID) 5000을 사용한다는 것이다.

```
[root@studentvm1 ~]# groupadd -g 5000 dev
```

이제 usermod(user modify) 유틸리티를 사용해 기존 사용자 중 두 명인 student와 student1만 dev 그룹에 추가한다. -G 옵션은 사용자를 추가할 그룹의 목록이다. 이 경우 그룹 목록에는 단 하나의 그룹만 있지만 한 번에 둘 이상의 그룹에 사용자를 추가할 수도 있다.

```
[root@studentvm1 ~]# usermod -G 5000 student
[root@studentvm1 ~]# usermod -G 5000 student1
```

새 그룹에 사용자를 추가하는 또 다른 방법은 usermod 대신 gpasswd를 사용하는 것이다. 두 방법 모두 두 사용자가 dev 그룹에 추가되도록 동일한 결과를 만들어낸다.

```
[root@studentvm1 ~]# gpasswd -M student,student1 dev
```

/etc/group 파일을 살펴보자. tail 명령은 데이터 스트림의 마지막 10줄을 출력한다.

```
[root@studentvm1 ~]# tail /etc/group
vboxsf:x:981:
dnsmasq:x:980:
tcpdump:x:72:
student:x:1000:
screen:x:84:
systemd-timesync:x:979:
dictd:x:978:
student1:x:1001:
student2:x:1002:
dev:x:5000:student,student1
```

root 사용자로 공유 디렉터리 /home/dev를 생성한 후 해당 디렉터리의 그룹 소유권을 dev로 설정하고 권한을 770(rwxrwx---)으로 설정하면 dev 그룹의 구성원이 아닌 사용자가 디렉터리에 접근할 수 없다.

```
[root@studentvm1 ~]# cd /home ; mkdir dev ; ll
total 32
drwxr-xr-x   2 root     root      4096 Dec  9 10:04 dev
drwx------.  2 root     root     16384 Aug 13 16:16 lost+found
drwx------. 22 student  student   4096 Dec  9 09:35 student
drwx------   4 student1 student1 4096 Dec  9 09:26 student1
drwx------   3 student2 student2 4096 Dec  7 12:37 student2
[root@studentvm1 home]# chgrp dev dev ; chmod 770 dev ; ll
total 32
drwxrwx---   2 root     dev       4096 Dec  9 10:04 dev
drwx------.  2 root     root     16384 Aug 13 16:16 lost+found
drwx------. 22 student  student   4096 Dec  9 09:35 student
drwx------   4 student1 student1 4096 Dec  9 09:26 student1
drwx------   3 student2 student2 4096 Dec  7 12:37 student2
```

student 사용자로 로그인해 /home/dev 디렉터리로 이동한다.

```
[student@studentvm1 ~]$ cd /home/dev
-Bash: cd: /home/dev: Permission denied
```

새 그룹 구성원을 아직 초기화하지 않았기 때문에 이 명령은 실패한다.

```
[student@studentvm1 ~]$ id
uid=1000(student) gid=1000(student) groups=1000(student)
```

그룹 구성원은 터미널 세션이나 가상 콘솔에서 셸이 시작될 때 셸이 읽고 설정한다. 이를 변경하고 싶다면 셸이 새 그룹 설정을 초기화하도록 모든 터미널 세션을 종료하고 로그아웃했다가 다시 로그인한 다음 새 터미널 세션을 시작해야 한다. 새 셸을 시작한 후 사용자 ID에 새 그룹이 초기화됐는지 확인하자.

이를 정확하게 이해하려면 리눅스는 로그인 셸이 시작될 때만 /etc/group 파일을 읽는다는 점을 알면 된다. GUI 데스크탑은 로그인 셸이지만 데스크탑에서 시작하는 터미널 에뮬레이터 세션은 로그인 셸이 아니다. SSH를 사용한 원격 접근은 가상 콘솔과 마찬가지로 로그인 셸이지만 스크린 세션에서 실행되는 셸은 로그인 셸이 아니다.

17장에서 따라했던 시작 순서를 기억하는가? 로그인 셸은 시작하는 동안 다른 셸 구성 스크립트 집합을 실행한다. 그림 17-1을 참조하자.

```
[student@studentvm1 ~]$ id
uid=1000(student) gid=1000(student) groups=1000(student),5000(dev)
```

/home/dev를 PWD로 만들고 디렉터리가 비어 있는지 확인한다.

```
[student@studentvm1 ~]$ cd /home/dev ; ll -a
```

```
total 8
drwxrwx---  2 root dev  4096 Dec 9 10:04 .
drwxr-xr-x. 7 root root 4096 Dec 9 10:04 ..
```

student 사용자로 /home/dev 디렉터리에 파일을 생성한 후 그룹 소유권을 dev로 변경하고 권한을 660으로 설정해 다른 사용자가 해당 파일에 접근할 수 없게 한다.

```
[student@studentvm1 dev]$ echo "Hello World" > file01 ; chgrp dev file01 ; ll
total 4
-rw-rw-r-- 1 student dev 12 Dec 9 13:09 file01
```

이제 새 터미널 세션을 열어 사용자를 student1로 변경해보자.

```
[student@studentvm1 ~]$ su - student1
Password: <Enter password for student1>
Running /etc/profile
Running /etc/profile.d/myBashConfig.sh
Running /etc/Bashrc
Running /etc/Bashrc
[student1@studentvm1 ~]
```

student1 사용자로 /home/dev를 PWD로 만들고 파일에 일부 텍스트를 추가해 본다.

```
[student1@studentvm1 ~]$ cd ../dev ; echo "Hello to you, too" >> file01 ; cat
file01
Hello World
Hello to you, too
```

자, 이제 사용자 간에 파일을 공유할 수 있다. 하지만 이를 더 쉽게 할 수 있는 방법이 하나 더 있다. 공유 dev 디렉터리에 파일을 생성할 때 해당 파일에는 생성한 사용자의 그룹 ID가 있었지만 이를 dev 그룹으로 변경했다. 하지만 이때 /home/dev 디렉터리에 파일이 생성된다면 디렉터리의 GID와 동일한 GID를 사용하도록 리눅스에 알려줄 수 있게 디렉터리에 setgid(Set Group ID) 비트, 즉 SGID를 추가할 수 있다. 기호 표기법symbolic notation을 사용해 SGID 비트를 설정하자. 8진수 모드로 수행할 수 있지만 다음이 더 쉽다.

```
[root@studentvm1 home]# chmod g+s dev ; ll
total 36
drwxrws---    2 root     dev       4096 Dec  9 13:09 dev
drwx------.   2 root     root     16384 Aug 13 16:16 lost+found
drwx------.  22 student  student   4096 Dec  9 15:16 student
drwx------    4 student1 student1 4096 Dec  9 12:56 student1
drwx------    4 student2 student2 4096 Dec  9 13:03 student2
[root@studentvm1 home]#
```

dev 디렉터리의 그룹 권한에서 소문자 s를 찾아보자. 소문자 s는 setgid와 실행 비트가 모두 켜져 있음을 의미하고 대문자 S는 setgid 비트가 켜져 있지만 실행 비트가 꺼져 있음을 의미한다.

8진수 모드를 사용해 이를 설정하고 싶다면 우리가 일반적으로 사용하는 8진수 모드 설정은 사용자, 그룹, 기타 권한 집합으로 0부터 7까지 3개의 8진수로 구성된다. 그러나 이와 같은 세 개의 일반적인 숫자 앞에 올 수 있는 네 번째 8진수가 있다. 하지만 이를 지정하지 않으면 무시된다. SGID 비트는 8진수 2(2진수에서는 010)이므로 dev 디렉터리에서 8진수 권한 설정은 2770이 된다는 것을 다들 알고 있을 것이다. 즉, 다음과 같이 설정할 수 있다.

```
[root@studentvm1 home]# ll | grep dev ; chmod 2770 dev ; ll | grep dev
```

```
drwxrwx--- 2 root dev 4096 Apr 1 13:39 dev
drwxrws--- 2 root dev 4096 Apr 1 13:39 dev
```

student, student1 사용자로 로그인해 모두 /home/dev를 PWD로 만들고 새 파일 몇 개를 생성해보자. 파일은 모두 dev가 그룹 소유자로 생성되므로 chgrp 명령으로 변경할 필요는 없다.

터미널 세션에서 사용자를 student2로 전환한 후 /home/dev를 PWD로 설정해보자.

```
[student2@studentvm1 ~]$ cd /home/dev
-Bash: cd: /home/dev: Permission denied
[student2@studentvm1 ~]$
```

student2는 dev 그룹의 구성원이 아니며 디렉터리 권한은 비구성원의 디렉터리 접근을 허용하지 않기 때문에 권한이 거부됐다.

이제 그룹의 사용자가 파일을 안전하게 공유할 수 있는 쉬운 방법을 알게 됐다. 이는 호스트에서 파일을 공유하는 하나의 그룹일 수도 있고 다른 그룹은 회계, 마케팅, 운송, 테스트 등이 될 수 있다.

umask

사용자가 touch와 같은 명령을 사용하거나 명령의 출력값을 새 파일로 리디렉션하거나 Vim과 같은 편집기를 사용해서 파일을 생성하는 경우 이 파일의 권한은 -rw-rw-r--이다.

왜일까? umask 때문이다.

umask는 리눅스에서 모든 새 파일의 기본 권한을 지정할 때 사용하는 설정이다. umask는 17장에서 다룬 Bash 셸 구성파일 중 하나인 /etc/profile에 설정돼 있다. root용 umask는 0022이고 권한이 없는 사용자용 umask는 0002이다. umask가 까다로운 이유는 이 로직이 반대의 형태를 하고 있기 때문이다. 즉, 이는 on으로 설정하려는 파일 권한의 비트를 지정하지 않고 파일이 생성될 때 off로 설정하려는 권한을 지정한다.

새 파일의 실행 비트의 경우 on으로 설정되는 경우는 없다. 따라서 umask 설정은 읽기와 쓰기 권한에만 적용된다. umask가 000인 경우 실행 비트는 새 파일에 대해 설정되지 않는다는 점을 고려하면 새 파일의 기본 권한은 `rw-rw-rw-`이지만 다른 사용자에 대해 umask 2-비트를 켜면 쓰기 권한은 `rw-rw-r--`가 돼 다른 사용자는 파일을 읽을 수 있지만 삭제하거나 변경할 수는 없다.

`umask` 명령은 umask 값을 설정하는 데 사용된다.

실험 18-6

이 실험은 student 사용자로 수행해야 한다. 기본 umask를 사용한 새 파일의 권한을 이미 많이 봤으므로 현재 umask 값을 확인하는 것으로 시작해보자.

```
[student@studentvm1 ~]$ umask
0002
```

자, 네 자리 숫자가 있고 오른쪽 세 자리는 사용자, 그룹, 기타이다. 첫 번째는 무엇일까? 이 명령을 사용하지 않아도 리눅스 파일에서 의미가 없지만 바로 전에 본 것처럼 특수 모드 비트인 setgid와 setuid를 지정하고자 일부 명령에서 선행 0을 사용할 수 있다. `umask` 명령을 사용할 때 이 값은 무시해도 안전하며, `info setgid` 명령은 이러한 특수 모드 비트에 대한 추가 정보 링크를 제공한다.

이제 umask를 변경하고 빠르게 테스트해보자. 홈 디렉터리에 이미 file01이 있을 수 있으므로 새 umask의 테스트를 위해 umask.test 파일을 생성한다.

```
[student@studentvm1 ~]$ umask 006 ; umask
0006
[student@studentvm1 ~]$ touch umask.test ; ll umask.test
-rw-rw---- 1 student student 0 Apr 2 08:50 umask.test
[student@studentvm1 ~]$
```

이 umask는 명령이 실행된 셸에 대해서만 설정된다. 모든 새 셸 세션에 적용하고 재부팅 후 지속되게 하려면 /etc/profile에서 변경해야 한다.

기타 클래스의 사용자에 대한 접근을 전혀 허용하지 않는 권한으로 새 파일을 생성했으니 umask를 다시 002로 돌려두자.

개인적으로는 내 리눅스 시스템의 umask를 변경해야만 하는 상황에 직면한 적이 없지만 일부 다른 사용자에게는 필수적이었던 상황을 알고 있다. 예를 들어 실험 18-6에서 했던 것처럼 일반적으로 접근 가능한 디렉터리에 파일이 있는 경우에도 다른 사용자가 접근하지 못하게 umask를 006으로 설정하는 것이 합리적인 상황일 수도 있다. 스크립트로 많은 파일에 대한 작업을 진행하는 경우 모든 파일에 대해 chmod를 수행할 필요가 없도록 미리 변경하는 것도 의미가 있을 수 있다.

파일 권한 변경

지금쯤이면 파일이나 디렉터리 권한을 설정하는 방법이 여러 가지 있다는 것을 눈치챘을 것이다. 먼저 기호나 8진수를 이용하는 두 가지 기본적인 방법으로 권한을 설정할 수 있다. 둘 다 권한을 설정할 때 사용할 수 있지만 chmod 명령이 제공하는 유연성과 제한 사항을 완전히 이해하려면 이를 좀 더 자세히 살펴볼 필요가 있다.

실험 18-7

student 사용자로 이 실험을 진행한다. 먼저 숫자 표기법을 사용해 권한을 설정하는 방법을 살펴보자. 한 파일의 권한을 rw-rw-r로 설정한다고 가정해보자. 매우 간단하다.

~/umask.test를 사용해보자. 현재 권한을 확인한 다음 새 권한을 설정한다.

```
[student@studentvm1 ~]$ ll umask.test ; chmod 664 umask.test ; ll umask.test
-rw-rw---- 1 student student 0 Apr 2 08:50 umask.test
-rw-rw-r-- 1 student student 0 Apr 2 08:50 umask.test
[student@studentvm1 ~]$
```

이 권한 설정 방법은 기존 권한을 무시한다. 명령을 실행하기 이전에 무엇이 있었는지에 관계없이 명령에 지정한 권한을 갖게 되는 것이다. 하나 혹은 일부 권한만 변경할 수 있는 방법은 없다. 여러 파일에 하나의 권한을 추가해야 하는 경우에 이 명령은 필요하지 않을 수 있다.

이를 테스트하려면 추가 파일을 몇 개 만들고 파일에 대해 각각 다른 권한을 설정해야 한다. ~/testdir을 PWD로 만들어보자.

```
[student@studentvm1 ~]$ cd ~/testdir
[student@studentvm1 testdir]$ for I in `seq -w 100` ; do touch file$I ; done
```

디렉터리 내역을 출력해 새 파일이 모두 rwrw-r--의 권한을 갖고 있는지 확인할 수 있다. 터미널 너비가 130열 이상인 경우 다음과 같이 출력값을 파이프 연결할 수 있다.

```
[student@studentvm1 testdir]$ ll | column
total 0 -rw-rw---- 1 student
student 0 Dec 12 21:56 file051
-rw-rw---- 1 student student 0 Dec 12 21:56 file001 -rw-rw---- 1 student
student 0 Dec 12 21:56 file052
-rw-rw---- 1 student student 0 Dec 12 21:56 file002 -rw-rw---- 1 student
student 0 Dec 12 21:56 file053
-rw-rw---- 1 student student 0 Dec 12 21:56 file003 -rw-rw---- 1 student
student 0 Dec 12 21:56 file054
-rw-rw---- 1 student student 0 Dec 12 21:56 file004 -rw-rw---- 1 student
student 0 Dec 12 21:56 file055
<생략>
```

출력 데이터 스트림을 보기 좋게 여러 열로 조정하려면 파일명과 권한만 표시해 충분한 공간을 줄 수 있게 다음과 같이 실행할 수도 있다.

```
[student@studentvm1 testdir]$ ll | awk '{print $1" "$9}' | column
total             -rw-rw---- file026 -rw-rw---- file052 -rw-rw---- file078
-rw-rw---- file001 -rw-rw---- file027 -rw-rw---- file053 -rw-rw---- file079
-rw-rw---- file002 -rw-rw---- file028 -rw-rw---- file054 -rw-rw---- file080
-rw-rw---- file003 -rw-rw---- file029 -rw-rw---- file055 -rw-rw---- file081
<생략>
-rw-rw---- file019 -rw-rw---- file045 -rw-rw---- file071 -rw-rw---- file097
-rw-rw---- file020 -rw-rw---- file046 -rw-rw---- file072 -rw-rw---- file098
-rw-rw---- file021 -rw-rw---- file047 -rw-rw---- file073 -rw-rw---- file099
-rw-rw---- file022 -rw-rw---- file048 -rw-rw---- file074 -rw-rw---- file100
-rw-rw----file023  -rw-rw---- file049 -rw-rw---- file075
-rw-rw----file024  -rw-rw---- file050 -rw-rw---- file076
-rw-rw----file025  -rw-rw---- file051 -rw-rw---- file077
[student@studentvm1 testdir]$
```

awk 명령은 공백을 사용해 ll 명령에서 원본 데이터 스트림의 필드를 파악한다. 그런 다음 인쇄하려는 필드 목록과 함께 변수를 사용한다(이 경우 $1과 $9 필드). 그런 다음 터미널의 너비를 더 잘 사용할 수 있게 column 유틸리티로 결과를 파이프 연결한다.

이 파일 중 일부 파일의 권한을 변경해보자. 먼저 모두 변경해본다. 변경 이후에 결과를 확인하는 것을 잊지 말자.

```
[student@studentvm1 testdir]$ 잘못된 계산식
```

이제 파일 중 일부의 기타 클래스에 읽기 권한을 추가해 보고 몇 가지 추가로 변경해보자.

```
[student@studentvm1 testdir]$ chmod 764 file06* ; ll
[student@studentvm1 testdir]$ chmod 764 file0*3 ; ll
[student@studentvm1 testdir]$ chmod 700 file0[2-5][6-7] ; ll
[student@studentvm1 testdir]$ chmod 640 file0[4-7][2-4] ; ll
```

몇 가지 다른 권한 집합을 테스트해봐야 한다. 지금까지는 대부분 무차별 대입을 사용해 파일 글로빙과 세트로 필터링한 다양한 파일에 대한 모든 권한을 변경했다.

이것이 숫자 형식을 사용해 변경할 수 있는 최선이다.

자, 이제 좀 더 표적을 자세히 정해서 해보자. file013, file026, file027, file036, file053, file092 파일에 대해 G(Group) 실행 비트를 켜고 싶다고 가정해보자. 또한 G 클래스에 읽기 비트도 함께 설정돼 있지 않으면 파일을 실행할 수 없으므로 이러한 파일에 해당 비트도 활성화해야 한다. 이 파일 중 일부에는 이미 이러한 비트가 설정돼 있지만 괜찮다. 다시 같은 값으로 설정해도 문제가 되지

않는다. 또한 동일한 그룹의 사용자가 파일을 변경할 수 없도록 모든 파일에 쓰기 비트가 꺼져 있는지도 확인해야 한다. 우리는 이 파일이나 다른 파일에 대한 다른 권한을 변경하지 않고 하나의 명령으로 이 모든 작업을 할 수 있다.

```
[student@studentvm1 testdir]$ chmod g+rx,g-w file013 file026 file027 file036
file053 file092
[student@studentvm1 testdir]$ ll | awk '{print $1" "$9}' | column
```

이 명령에서는 기호 모드를 사용해 변경하지 않은 상태로 유지하게 기존 권한을 가진 파일 목록은 그대로 두고 특정 파일에서 권한을 추가, 제거했다.

권한 적용

권한이란 때때로 까다로울 수 있다. student.student가 소유권을 가지며, ---rw-rw- 권한이 있는 파일이 있다면 student 사용자가 이 파일을 읽을 수 있을까? 그럴 것이라고 생각하겠지만 실제로 권한은 그렇게 동작하지 않는다.

권한은 첫 번째로 일치한 항목부터 왼쪽에서 오른쪽으로 스캔되는 순서대로 접근 권한이 제공된다. 이 경우 student 사용자는 파일을 읽으려 시도하지만 권한은 파일의 사용자에 대한 권한(첫 번째 권한)을 스캔해 찾는다. 이는 사용자가 이 파일에 접근할 수 없음을 의미한다.

실험 18-8

student 사용자로 ~/testdir에서 file001의 권한을 066으로 변경한 해당 파일을 다시 읽어보자.

```
[student@studentvm1 testdir]$ chmod 066 file001 ; ll file001 ; cat file001
```

```
----rw-rw- 1 student student 0 Dec 12 21:56 file001
cat: file001: Permission denied
```

그룹과 기타 클래스가 파일에 읽기, 쓰기 접근 권한을 갖고 있지만 사용자는 파일에 접근할 수 없다. 그렇긴 하지만 사용자는 u+rw를 추가해 권한을 다시 변경할 수 있다.

student 사용자로 /home/dev로 이동한 후 여기에 약간의 내용이 있는 파일을 생성해 권한을 066으로 설정하고 파일을 읽어본다.

```
[student@studentvm1 dev]$ echo "Hello World" > testfile-01.txt ; ll ; cat
testfile-01.txt
total 4
-rw-rw-r-- 1 student dev 12 Apr 2 09:19 testfile-01.txt
Hello World
```

이 파일의 그룹 소유권은 dev인 것을 기억하자. 이제 student1 사용자로 /home/dev/ 디렉터리로 이동해 파일을 읽어본다.

```
[student1@studentvm1 ~]$ cd /home/dev ; cat testfile-01.txt
Hello World
```

위 결과에서는 소유자는 접근할 수 없지만 공통 그룹(이 경우 dev)의 구성원이거나 여타 사람이 읽고 쓸 수 있는 접근 권한이 있는 파일을 생성할 수 있음을 보여준다.

타임스탬프

모든 파일은 세 가지 타임스탬프를 갖고 생성된다. 접근 시간(atime), 수정 시간(mtime), 변경 시간(ctime)이 그것이다. 이 세 가지 타임스탬프를 사용하면 파일에 마지막으로 접근한 시간, 권한이나 소유권이 변경됐거나 콘텐츠가 수정된 시간을 확인할 수 있다.

긴 파일 목록long list에 표시되는 시간은 파일이나 디렉터리가 마지막으로 수정된 시간인 mtime이다. 이 목록의 시간은 가장 가까운 초로 생략돼 출력되지만 사실 모든 타임스탬프는 나노초로 남아있다. 이 정보는 '파일 정보' 절에서 더 자세히 살펴본다.

파일 메타구조

모든 파일 속성은 모두 하드 드라이브의 다양한 메타구조meta-structures에 저장된다. 각 파일에는 파일의 inode를 가리키는 디렉터리 엔트리가 있으며, inode는 하드 드라이브의 데이터 위치를 비롯해 파일과 관련된 대부분의 정보를 포함한다. 19장에서 리눅스 배포판 대부분의 기본값인 EXT4 파일 시스템의 메타구조를 자세히 살펴본다.

디렉터리 엔트리

디렉터리 엔트리directory entry는 매우 간단하다. 이는 홈 디렉터리와 같은 디렉터리에 있으며 파일명과 파일에 속한 inode를 가리키는 포인터를 포함하고 있다. 이 포인터란 inode 번호다.

inode

inode는 파일과 관련된 다른 모든 메타데이터를 포함하기 때문에 디렉터리 엔트리보다 더 복잡하다. 이 메타데이터에는 사용자, 그룹 ID, 타임스탬프, 접근 권한, ASCII 텍스트나 바이너리 실행 파일 같은 파일 유형, 하드 드라이브의 데이터를 가리키는 포인터 등이 포함된다. 파일 시스템(파티션이나 논리 볼륨)의 각 inode는 고유한 inode 번호로 식별할 수 있다. inode는 EXT 파일 시스템 메타구조의 매우 중요한 부분이기 때문에 이 장의 뒷부분에서 더 자세히 다룬다.

파일 정보

리눅스 환경에서 실행할 수 있는 파일의 유형은 다양하다. 리눅스에는 이러한 파일에 대한 수많은 정보를 확인하는 데 도움이 되는 몇 가지 명령이 있는데, 이 도구들이 제공하는 대부분의 정보는 파일 inode에 저장돼 있다.

실험 18-9

`file` 명령은 파일의 유형을 알려준다. 다음 명령은 .bash_profile 파일이 ASCII 텍스트 파일임을 보여준다.

```
[student@studentvm1 ~]$ file .bash_profile
.bash_profile: ASCII text
```

그리고 다음 명령은 /bin/ls가 동적으로 링크된 컴파일된 실행 바이너리 파일이라는 것을 보여준다.

```
[student@studentvm1 ~]$ file /bin/ls
```

```
/bin/ls: ELF 64-bit LSB shared object, x86-64, version 1 (SYSV), dynamically
linked, interpreter /lib64/ld-linux-x86-64.so.2, for GNU/Linux 3.2.0, Build
ID[sha1]=d6d0ea6be508665f5586e90a30819d090710842f, stripped, too many notes
(256)
```

strings 명령은 바이너리 실행 파일을 포함한 모든 파일에서 모든 텍스트 문자열을 추출한다. ls 실행 파일의 텍스트 문자열을 보려면 다음 명령을 사용한다. less 필터로 출력을 파이프 연결해야 할 수도 있다.

```
[student@studentvm1 ~]$ strings /bin/ls
```

strings 명령은 ls와 같은 바이너리 파일에서 상당한 양의 값을 출력한다. ASCII 일반 텍스트의 대부분은 바이너리 파일에 있는 임의의 텍스트 문자열이지만 일부는 실제 메시지기도 하다.

stat 명령은 파일에 대한 많은 정보를 제공한다. 다음 명령은 atime, ctime, mtime, 바이트와 블록 단위의 파일 크기, 해당 inode, (하드) 링크 수 등을 표시한다.

```
[student@studentvm1 ~]$ stat /bin/ls
File: /bin/ls
Size: 157896            Blocks: 312        IO Block: 4096 regular file
Device: fd05h/64773d    Inode: 787158      Links: 1
Access: (0755/-rwxr-xr-x)  Uid: (    0/    root)   Gid: (    0/    root)
Access: 2018-12-13 08:17:37.728474461 -0500
Modify: 2018-05-29 12:33:21.000000000 -0400
Change: 2018-08-18 10:35:22.747214543 -0400
 Birth: -
```

방금 권한을 변경한 ~/testdir의 파일 중 하나를 확인해보자.

```
[student@studentvm1 testdir]$ stat file013
  File: file013
  Size: 0               Blocks: 0          IO Block: 4096 regular empty file
Device: fd07h/64775d    Inode: 411         Links: 1
Access: (0754/-rwxr-xr--)  Uid: ( 1000/ student)  Gid: ( 1000/ student)
Access: 2018-12-12 21:56:04.645978454 -0500
Modify: 2018-12-12 21:56:04.645978454 -0500
Change: 2018-12-13 09:56:19.276624646 -0500
 Birth: -
```

이것은 ctime(변경)이 inode에 저장된 권한이나 다른 데이터와 같은 파일 속성이 변경된 날짜와 시간을 기록한다는 것을 보여준다. 이제 파일에 일부 텍스트를 추가해 내용을 변경하고 메타데이터를 다시 확인해보자.

```
[student@studentvm1 testdir]$ echo "Hello World" > file013 ; stat file013
  File: file013
  Size: 12              Blocks: 8          IO Block: 4096 regular file
Device: fd07h/64775d    Inode: 411         Links: 1
Access: (0754/-rwxr-xr--) Uid: ( 1000/ student)    Gid: ( 1000/ student)
Access: 2018-12-12 21:56:04.645978454 -0500
Modify: 2018-12-13 12:33:29.544098913 -0500
Change: 2018-12-13 12:33:29.544098913 -0500
 Birth: -
```

파일 내용이 변경돼 mtime이 변경됐다. 파일에 할당된 블록의 개수가 변경됐으며 이러한 변경 사항은 inode에 저장되므로 ctime도 변경된다. 빈 파일에는 0개의 데이터 블록이 할당되며 11 글자를 추가한 후에는 필요한 것보다 훨씬 많은 8개의 블록이 할당됐다. 이는 파일 접근 효율성을 감소시킬 수 있는 파일 단편화를 줄이고자 파일이 생성될 때 하드 드라이브의 파일 공간이 미리 할당된다는 것을 보여준다.

파일의 데이터를 읽고 메타데이터를 한 번 더 확인해보자.

```
[student@studentvm1 testdir]$ cat file013 ; stat file013
Hello World
  File: file013
  Size: 12              Blocks: 8          IO Block: 4096 regular file
Device: fd07h/64775d    Inode: 411         Links: 1
Access: (0754/-rwxr-xr--)  Uid: ( 1000/ student) Gid: ( 1000/ student)
Access: 2018-12-13 12:44:47.425748206 -0500
Modify: 2018-12-13 12:33:29.544098913 -0500
Change: 2018-12-13 12:33:29.544098913 -0500
 Birth: -
```

먼저 파일의 내용을 확인했으니 이 접근 시간으로 파일의 atime이 변경됐음을 알 수 있다.

이와 더불어 홈 디렉터리와 ~/testdir에 있는 파일을 포함해 다른 파일의 결과를 살펴보는 데 시간을 좀 쓰길 바란다.

링크

링크는 긴 경로명을 입력할 필요 없이 파일 시스템 디렉터리 트리의 여러 위치에서 파일에 접근할 수 있게 만들어 작업을 더 쉽게 만들 수 있는 리눅스 파일 시스템의 흥미로운 기능이다. 링크에는 하드와 소프트 링크라는 두 가지 유형이 있다. 이 두 링크의 차이는 크지만 두 유형 모두 유사한 문제를 해결하는 데 사용된다. 두 유형의 링크는 모두 한 파일을 참조하는 여러 디렉터리 엔트리를 제공하지만 이를 매우 다르게 수행한다. 링크는 매우 강력하며 리눅스 파일 시스템에 유연성을 더해준다.

예전에 나는 어떤 애플리케이션이 특정 버전의 라이브러리를 필요로 한다는 것을 발견한 적이 있다. 해당 라이브러리가 업그레이드돼 이전 버전을 대체하면 이젠 없어진 이전 라이브러리의 이름을 지정하는 오류와 함께 프로그램이 충돌한 것이다. 일반적으로 라이브러리명에서 유일하게 변경되는 사항은 버전 번호다. 그때의 직감이 말하는 대로 새 라이브러리에 대한 링크를 추가했지만 이전 라이브러리 이름을 따서 링크 이름을 지정했다. 이후 프로그램을 다시 실행했고 이는 완벽하게 동작했다. 그 프로그램은 게임이었고 게이머들이 게임을 계속하고자 얼마나 많은 시간을 할애할지 모두가 알고 있다.

사실 거의 모든 애플리케이션은 링크 이름에 주 버전 번호만 있는 일반 이름을 사용해 라이브러리에 연결되지만 링크는 부 버전 번호도 있는 실제 라이브러리 파일을 가리킨다. 다른 경우에는 19장에서 다룰 리눅스 FHS[Filesystem Hierarchical Standard]을 준수하고자 필수 파일을 한 디렉터리에서 다른 디렉터리로 이동하기도 했다. 이 상황에서는 아직 새 위치를 따라잡지 못한 프로그램에게 이전 버전과의 호환성을 제공하고자 이전 디렉터리의 링크를 제공한 것이다. /lib64 디렉터리에서 `ls -l`을 실행하면 두 경우 모두에 대한 많은 예를 찾을 수 있을 것이다. 간략한 목록은 그림 18-4에서 확인할 수 있다.

그림 18-4에 있는 파일 목록에서 맨 왼쪽 문자가 'l'인 항목을 찾아볼 수 있을 것이다. 이는 이것이 소프트 혹은 심볼릭 링크임을 의미하지만 파일명 섹션의 화살표 구문이 훨씬 더 눈에 띄긴 할 것이다. 즉, 하나의 파일을 예로 선택하자면 libacl.so.1이 링크의 이름이고 -> libacl.so.1.1.0이 실제 파일을 가리키는 것이다. `ls`를 사용한 짧은 목록에는 이러한 내용이 표시되지 않는다. 대부분의 최신 터미널에서 링크는 색상으로 구분되기도 한다. 이 그림에는 하드 링크가 표시돼 있지 않지만 이제 하드 링크를 더 자세히 살펴보자.

```
lrwxrwxrwx.  1 root root       36 Dec  8  2016 cracklib_dict.hwm -
> ../../usr/share/cracklib/pw_dict.hwm
lrwxrwxrwx.  1 root root       36 Dec  8  2016 cracklib_dict.pwd -
> ../../usr/share/cracklib/pw_dict.pwd
lrwxrwxrwx.  1 root root       36 Dec  8  2016 cracklib_dict.pwi -
> ../../usr/share/cracklib/pw_dict.pwi
lrwxrwxrwx.  1 root root       27 Jun  9  2016 libaccountsservice.so.0 ->
libaccountsservice.so.0.0.0
-rwxr-xr-x.  1 root root   288456 Jun  9  2016 libaccountsservice.so.0.0.0
lrwxrwxrwx   1 root root       15 May 17 11:47 libacl.so.1 -> libacl.so.1.1.0
-rwxr-xr-x   1 root root    36472 May 17 11:47 libacl.so.1.1.0
lrwxrwxrwx.  1 root root       15 Feb  4  2016 libaio.so.1 -> libaio.so.1.0.1
-rwxr-xr-x.  1 root root     6224 Feb  4  2016 libaio.so.1.0.0
-rwxr-xr-x.  1 root root     6224 Feb  4  2016 libaio.so.1.0.1
lrwxrwxrwx.  1 root root       30 Jan 16 16:39 libakonadi-calendar.so.4 -> libakonadi-
calendar.so.4.14.26
-rwxr-xr-x.  1 root root   816160 Jan 16 16:39 libakonadi-calendar.so.4.14.26
lrwxrwxrwx.  1 root root       29 Jan 16 16:39 libakonadi-contact.so.4 -> libakonadi-
contact.so.4.14.26
```

그림 18-4. /lib64 디렉터리의 이 짧은 목록에도 심볼릭 링크 사용에 대한 많은 예가 포함돼 있다.

하드 링크

하드 링크는 파일의 inode를 가리키는 디렉터리 엔트리다. 각 파일에는 해당 파일의 데이터 위치를 비롯한 파일 정보가 포함된 하나의 inode가 있다. 각 inode는 적어도 하나 때로는 그 이상의 디렉터리 엔트리에 의해 참조된다.

그림 18-5에서는 여러 디렉터리 엔트리가 하나의 inode를 가리키고 있다. 이들은 모두 하드 링크다. 홈 디렉터리에는 틸드(~) 규칙을 사용해 세 디렉터리 엔트리의 위치를 짧게 표시했다. 따라서 이 예에서 ~는 /home/user와 동일하다. 네 번째 디렉터리 엔트리는 컴퓨터 사용자 간의 파일 공유 위치를 나타내는 완전히 다른 디렉터리인 /home/shared에 있다.

그림 18-5는 파일의 메타데이터를 포함하며 파일을 읽고 쓰고자 접근하는 데 필요한 데이터를 운영체제에 제공하는 메타구조를 잘 보여준다.

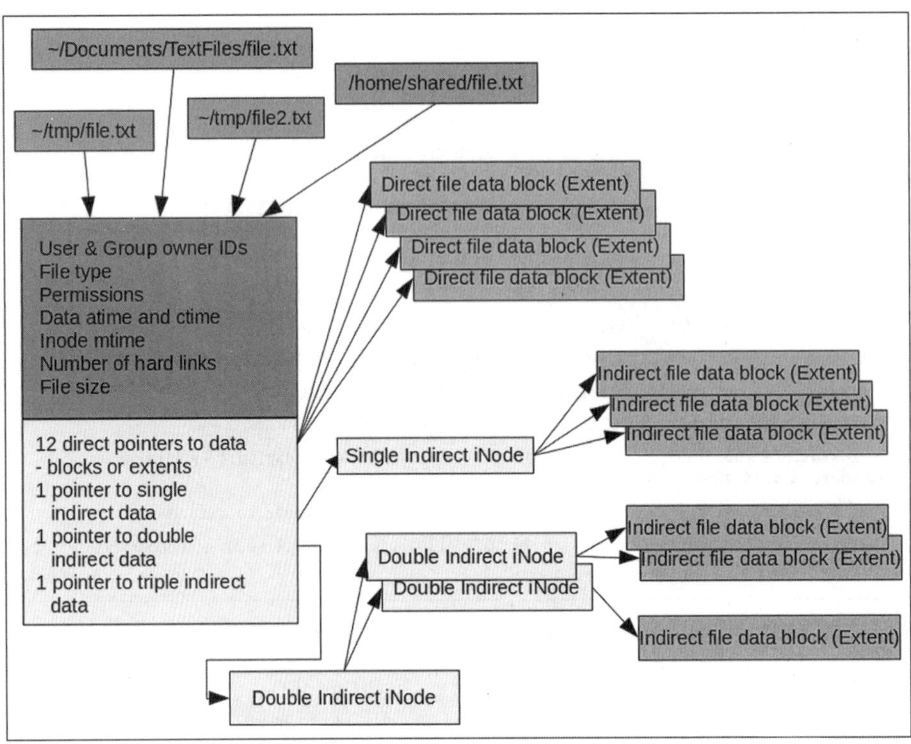

그림 18-5. 하드 링크의 경우 여러 디렉터리 엔트리가 파일 시스템에 고유한 inode 번호를 사용해 동일한 inode를 가리킨다.

그림 18-6은 -i 옵션을 추가해 긴 리스트를 출력한 것이다. 이 옵션은 inode의 번호를 출력하며, 이 경우에는 모든 디렉터리 엔트리가 동일하게 가리키는 inode의 번호를 출력한다.

```
[student@studentvm1 ~]$ ll -i Documents/TextFiles/file.txt ~/tmp/file* /home/shared/file.txt
434 -rw-rw-r-- 4 student student 12 Apr  2 12:32 Documents/TextFiles/file.txt
434 -rw-rw-r-- 4 student student 12 Apr  2 12:32 /home/shared/file.txt
434 -rw-rw-r-- 4 student student 12 Apr  2 12:32 /home/student/tmp/file2.txt
434 -rw-rw-r-- 4 student student 12 Apr  2 12:32 /home/student/tmp/file.txt
```

그림 18-6. 그림 18-5에 표시된 파일에 대해 ll -i를 실행한 결과다. 첫 번째 필드인 434는 inode 번호며, 이 모든 디렉터리 엔트리는 동일한 inode를 공유한다.

이 그림은 19장에서 자세히 살펴보고 지금은 링크에 대해 알아보자.

실험 18-10

student 사용자로 ~/testdir를 현재 작업 디렉터리로 만들고 거기에 포함된 모든 파일을 삭제한다.

```
[student@studentvm1 testdir]$ cd ~/testdir ; rm -rf * ; ll
total 0
```

일반 텍스트가 약간 들어있는 파일 하나를 만들고 디렉터리 내역을 출력해본다.

```
[student@studentvm1 testdir]$ echo "Hello World" > file001 ; ll
total 4
-rw-rw---- 1 student student 12 Dec 13 18:43 file001
```

권한과 사용자, 그룹 소유자 사이의 숫자 1이 보이는가? 이는 이 파일에 대한 하드 링크의 수다. 이 파일을 가리키는 디렉터리 엔트리가 하나만 있기 때문에 링크는 하나만 있다. stat 명령을 사용해 이를 검증해보자.

```
[student@studentvm1 testdir]$ stat file001
  File: file001
  Size: 12              Blocks: 8          IO Block: 4096 regular file
Device: fd07h/64775d    Inode: 157         Links: 1
Access: (0660/-rw-rw----)  Uid: ( 1000/ student) Gid: ( 1000/ student)
Access: 2018-12-13 18:43:48.199515467 -0500
Modify: 2018-12-13 18:43:48.199515467 -0500
Change: 2018-12-13 18:43:48.199515467 -0500
 Birth: -
```

내 VM에서 이 파일의 inode 번호는 157지만 여러분의 VM에서는 다를 수 있다. 이제 이 파일에 대한 하드 링크를 생성해보자. ln 유틸리티는 기본적으로 하드 링크를 생성한다.

```
[student@studentvm1 testdir]$ ln file001 link1 ; ll
total 8
-rw-rw---- 2 student student 12 Dec 13 18:43 file001
-rw-rw---- 2 student student 12 Dec 13 18:43 link1
```

링크 수는 이제 두 개의 디렉터리 엔트리로 2가 된다. 두 파일의 내용을 모두 출력해보고 stat 명령도 실행해보자.

```
[student@studentvm1 testdir]$ cat file001 link1
Hello World
Hello World
[student@studentvm1 testdir]$ stat file001 link1
  File: file001
  Size: 12              Blocks: 8          IO Block: 4096 regular file
Device: fd07h/64775d    Inode: 157         Links: 2
Access: (0660/-rw-rw----)  Uid: ( 1000/ student)   Gid: ( 1000/ student)
Access: 2018-12-13 18:51:27.103658765 -0500
Modify: 2018-12-13 18:43:48.199515467 -0500
Change: 2018-12-13 18:49:35.499380712 -0500
 Birth: -
  File: link1
  Size: 12              Blocks: 8          IO Block: 4096 regular file
Device: fd07h/64775d    Inode: 157         Links: 2
Access: (0660/-rw-rw----)  Uid: ( 1000/ student)   Gid: ( 1000/ student)
Access: 2018-12-13 18:51:27.103658765 -0500
Modify: 2018-12-13 18:43:48.199515467 -0500
Change: 2018-12-13 18:49:35.499380712 -0500
 Birth: -
```

두 파일의 모든 메타데이터는 inode 번호와 링크 수까지 모두 동일하다. 동일한 디렉터리에 다른 링크를 생성해보자. 둘 다 동일한 inode를 가리키기 때문에 새 링크를 만드는 데 기존의 어떤 디렉터리 엔트리를 사용하는지는 중요하지 않다.

```
[student@studentvm1 testdir]$ ln link1 link2 ; ll
total 12
-rw-rw---- 3 student student 12 Dec 13 18:43 file001
-rw-rw---- 3 student student 12 Dec 13 18:43 link1
-rw-rw---- 3 student student 12 Dec 13 18:43 link2
[student@studentvm1 testdir]$
```

메타데이터가 동일한지 확인하려면 이 세 파일을 모두 stat 명령으로 확인해야 한다. 홈 디렉터리에 이 inode의 링크를 생성해보자.

```
[student@studentvm1 testdir]$ ln link1 ~/link3 ; ll ~/link*
-rw-rw---- 4 student student 12 Dec 13 18:43 /home/student/link3
```

위 목록에서 이 파일에 이제 4개의 하드 링크가 있음을 알 수 있다. ls -li 또는 ll -i 명령으로 inode 번호를 볼 수 있다. 각 파일 목록의 왼쪽에 있는 숫자 157이 inode 번호다.

```
[student@studentvm1 testdir]$ ll -i
total 12
157 -rw-rw---- 4 student student 12 Dec 13 18:43 file001
157 -rw-rw---- 4 student student 12 Dec 13 18:43 link1
157 -rw-rw---- 4 student student 12 Dec 13 18:43 link2
```

/tmp/에서 다른 링크를 생성해보자.

```
[student@studentvm1 testdir]$ link file001 /tmp/link4
link: cannot create link '/tmp/link4' to 'file001': Invalid cross-device link
```

/tmp에서 /home에 있는 내 파일의 하드 링크를 만들려고 했으나 이는 이 디렉터리가 별도의 파일 시스템이기 때문에 실패한다.

하드 링크는 하나의 파일 시스템에 포함된 파일로 제한된다. 파일 시스템이란 여기에서는 /home과 같이 지정된 마운트 지점에 마운트된 파티션이나 논리 볼륨의 의미로 사용된다. 이는 inode 번호가 각 파일 시스템 내에서만 고유하며 다른 파일 시스템(예, /var이나 /opt)은 해당 파일의 inode와 동일한 번호를 갖는 inode를 가질 수 있기 때문이다.

모든 하드 링크는 소유권, 권한, inode의 총 하드 링크 수와 같이 파일의 일부인 메타데이터를 포함하는 하나의 inode를 가리키기 때문에 각 하드 링크마다 다를 수 없다. 이건 속성들이 모인 하나의 파일이다. 다를 수 있는 유일한 속성은 inode에 포함되지 않은 파일명뿐이다. 동일한 디렉터리에 있는 파일 /inode에 대한 하드 링크들은 같은 디렉터리 내에는 중복된 파일명이 존재할 수 없기 때문에 서로 다른 이름을 가져야 한다.

하드 링크의 흥미로운 영향력 중 하나는 실제 파일의 inode와 데이터를 삭제하려면 모든 링크를 삭제해야 한다는 것이다. 여기서 생기는 문제는 모든 링크가 어디에 있는지 명확하지 않을 수 있다는 것이다. 일반적인 파일 목록 출력값은 이를 즉시 명확하게 나타내지 않는다. 따라서 특정 파일에 대한 모든 링크를 검색하는 방법이 필요하다.

여러 하드 링크가 있는 파일 찾기

find 명령은 여러 하드 링크가 있는 파일을 찾을 수 있다. 이 명령은 주어진 inode 번호를 가진 모든 파일을 찾기 때문에 원하는 파일의 모든 하드 링크를 찾을 수 있다.

실험 18-11

root 계정으로 4개의 하드 링크가 있는 모든 파일을 찾아보자. 혹은 +4나 -4를 사용해 4개보다 많거나 적은 하드 링크가 있는 파일도 모두 찾을 수 있지만 지금은 정확히 4개를 찾아야 한다.

```
[root@studentvm1 ~]# find / -type f -links 4
/home/student/link3
/home/student/testdir/link2
/home/student/testdir/file001
/home/student/testdir/link1
/usr/sbin/fsck.ext2
/usr/sbin/mkfs.ext3
/usr/sbin/mke2fs
/usr/sbin/mkfs.ext4
/usr/sbin/e2fsck
/usr/sbin/fsck.ext3
/usr/sbin/mkfs.ext2
/usr/sbin/fsck.ext4
<생략>
```

위 결과는 실험 18-9에서 만든 하드 링크와 함께 EXT3 및 EXT4 같은 파일 시스템을 만들기 위한 프로그램처럼 흥미로운 파일들을 보여준다. 이것을 좀 더 진화시켜 mkfs 파일의 inode 번호를 찾아보자. -exec 옵션은 이후에 나오는 명령을 실행한다. 이 명령에서 중괄호({})는 ls -li 명령에서 찾은 파일명으로 대체돼 찾은 파일의 긴 리스트를 얻을 수 있다. -i 옵션은 inode 번호를 표시한다. 이 명령의 마지막 부분은 -exec 명령 목록을 종료하는 데 사용한 역슬래시 세미콜론(\;)이다. 역슬래시가 없는 세미콜론은 -exec 옵션에 개별 명령(여러 명령이 있다면)을 구분하는 데 사용된다.

```
[root@studentvm1 ~]# find / -type f -name mkfs*[0-9] -links 4 -exec ls -li {} \;
531003 -rwxr-xr-x. 4 root root 133664 May 24 2018 /usr/sbin/mkfs.ext3
531003 -rwxr-xr-x. 4 root root 133664 May 24 2018 /usr/sbin/mkfs.ext4
531003 -rwxr-xr-x. 4 root root 133664 May 24 2018 /usr/sbin/mkfs.ext2
```

세 파일 모두 동일한 inode(531003)를 가지므로 실제로는 여러 링크가 있는 동일한 파일이다. 하지만 이 파일에는 총 4개의 하드 링크가 있으므로 inode 번호가 531003인 파일을 검색해 파일을 모두 찾아보자. 이 번호는 내 VM에서의 번호이니 실습할 때는 여러분의 VM에서 이 파일과 일치하는 inode 번호를 사용해야 한다. 여기 나온 번호와는 다를 것이다.

```
[root@studentvm1 ~]# find /usr -inum 531003
/usr/sbin/mkfs.ext3
/usr/sbin/mke2fs
/usr/sbin/mkfs.ext4
/usr/sbin/mkfs.ext2
```

-samefile 옵션을 사용하면 inode 번호를 몰라도 동일한 작업을 수행할 수 있다. 이 옵션은 하드 링크와 소프트 링크를 모두 찾는다.

```
[root@studentvm1 ~]# find /usr -samefile /usr/sbin/mkfs.ext3
/usr/sbin/mkfs.ext3
/usr/sbin/mke2fs
/usr/sbin/mkfs.ext4
```

```
/usr/sbin/mkfs.ext2
```

위 결과는 이전에 수행했던 이름 검색으로는 네 번째 링크를 찾지 못한다는 것을 보여준다.

심볼릭(소프트) 링크

실험 18-11에서 하드 링크가 파일 시스템 경계를 넘어서는 동작하지 않는다는 것을 실험적으로 확인했다. 심볼릭symbolic 혹은 심링크symlinks라고도 하는 소프트 링크는 이러한 문제를 우회할 수 있다. 심볼릭 링크는 하드 링크와 같은 위치 대부분에서 사용할 수 있다.

하드 링크와 소프트 링크의 차이점은, 하드 링크는 파일에 속한 inode를 직접 가리키는 반면 소프트 링크는 디렉터리 엔트리, 즉 하드 링크 중 하나를 가리키는 것이다. 소프트 링크가 inode가 아니라 파일에 대한 하드 링크를 가리키기 때문에 inode 번호에 의존하지 않으며 파일 시스템, 스패닝 파티션, 논리 볼륨에서 모두 동작할 수 있다. 또한 하드 링크와 달리 소프트 링크는 디렉터리 자체를 가리킬 수도 있으며 이는 소프트 링크의 일반적인 사용 사례 중 하나다.

이것의 단점은 심볼릭 링크가 가리키는 하드 링크가 삭제되거나 이름이 바뀌면 심볼릭 링크가 끊어진다는 것이다. 심볼릭 링크는 여전히 존재하지만 더 이상 존재하지 않는 하드 링크를 가리키는 것이다. 다행스럽게도 `ls` 명령은 긴 리스트에서 빨간색 배경에 흰색 텍스트가 깜박이면서 끊어진 링크를 강조 표시한다.

실험 18-12

터미널 세션에서 student 사용자로 ~/testdir 디렉터리로 이동한다. 거기에는 세 개의 하드 링크가 있으므로 하드 링크 중 하나에 대한 심볼릭 링크를 만든 다음 디렉터리 내역을 출력해보겠다.

```
student@studentvm1 testdir]$ ln -s link1 softlink1 ; ll
total 12
-rw-rw---- 4 student student 12 Dec 13 18:43 file001
-rw-rw---- 4 student student 12 Dec 13 18:43 link1
-rw-rw---- 4 student student 12 Dec 13 18:43 link2
lrwxrwxrwx 1 student student  5 Dec 14 14:57 softlink1 -> link1
```

심볼릭 링크는 연결된 타깃 파일에 대한 포인터를 포함하는 파일일 뿐이다. 이는 다음 명령으로 추가로 테스트해볼 수 있다.

```
[student@studentvm1 testdir]$ stat softlink1 link1
File: softlink1 -> link1
Size: 5                 Blocks: 0          IO Block: 4096 symbolic link
Device: fd07h/64775d    Inode: 159         Links: 1
Access: (0777/lrwxrwxrwx)  Uid: ( 1000/ student)  Gid: ( 1000/ student)
Access: 2018-12-14 14:58:00.136339034 -0500
Modify: 2018-12-14 14:57:57.290332274 -0500
Change: 2018-12-14 14:57:57.290332274 -0500
 Birth: -
File: link1
Size: 12                Blocks: 8          IO Block: 4096 regular file
Device: fd07h/64775d    Inode: 157         Links: 4
Access: (0660/-rw-rw----)  Uid: ( 1000/ student)  Gid: ( 1000/ student)
Access: 2018-12-14 15:00:36.706711371 -0500
Modify: 2018-12-13 18:43:48.199515467 -0500
Change: 2018-12-13 19:02:05.190248201 -0500
```

```
  Birth: -
```

첫 번째 파일은 심볼릭 링크이고 두 번째 파일은 하드 링크다. 심볼릭 링크는 다른 타임스탬프 세트, 다른 inode 번호를 갖고 있으며 하드 링크와 크기도 다르다. 동일한 inode를 가리키기 때문에 모든 것이 여전히 동일한 데도 말이다.

이제 /tmp에서 다음 파일 중 하나로 연결되는 링크를 만들고 내용을 확인할 수 있다.

```
[student@studentvm1 testdir]$ cd /tmp ; ln -s ~/testdir/file001 softlink2 ;
ll /tmp
total 92
<생략>
drwx------. 2 root     root    16384 Aug 13 16:16 lost+found
lrwxrwxrwx  1 student  student    29 Dec 14 15:18 softlink2 -> /home/
student/testdir/file001
<생략>
[student@studentvm1 tmp]$ cat softlink2
Hello World
```

이렇게 하면 파일의 링크를 /tmp에 배치해 파일에 접근할 수 있지만 파일 복사본과는 달리 파일의 현재 버전은 항상 그곳에 있다.

이제 원본 파일을 삭제하고 어떤 일이 일어나는지 살펴보자.

```
lrwxrwxrwx 1 student student 5 Dec 14 14:57 softlink1 -> link1
[student@studentvm1 testdir]$ 잘못된 계산식
total 8
-rw-rw---- 3 student student 12 Dec 13 18:43 link1
-rw-rw---- 3 student student 12 Dec 13 18:43 link2
lrwxrwxrwx 1 student student  5 Dec 14 14:57 softlink1 -> link1
```

```
[student@studentvm1 testdir]$ ll /tmp/soft*
lrwxrwxrwx  1 student student 29 Dec 14 15:18 /tmp/softlink2 ->
/home/student/testdir/file001
```

소프트 링크에 어떤 일이 발생하는지 보이는가? 소프트 링크가 가리키는 하드 링크를 삭제하면 /tmp에는 끊어진 링크가 남는다. 내 시스템에서는 끊어진 링크가 강조 표시되고 타깃 하드 링크가 깜박이고 있다.

끊어진 링크를 수정해야 하는 경우 동일한 디렉터리에 이전 링크와 동일한 이름으로 다른 하드 링크를 생성하면 된다. 소프트 링크가 더 이상 필요하지 않다면 rm 명령으로 삭제할 수도 있다.

unlink 명령을 사용해 파일과 링크를 삭제할 수도 있다. 매우 간단하며 rm 명령에서처럼 옵션이 없다. 이 명령의 이름은 삭제되는 파일에 대한 링크(디렉터리 엔트리)를 제거한다는 점에서 실제로 동작하는 삭제 프로세스를 더 정확하게 반영하고 있다.

요약

18장에서는 파일, 디렉터리, 링크를 자세히 다뤘다. 파일, 디렉터리 소유권과 권한, 파일 타임스탬프, 레드햇 개인 그룹Red Hat Private Group의 개념과 보안에서의 의미, 새 파일에 대한 기본 권한 설정을 위한 umask, 파일에 대한 정보를 얻는 방법을 살펴봤다. 또한 다른 사용자가 파일에 접근하지 못하도록 충분한 보안을 갖고 사용자가 파일을 쉽게 공유할 수 있는 디렉터리도 생성했다.

파일의 메타데이터와 위치, 디렉터리 엔트리와 파일 inode 같은 메타데이터 구조를 배웠다. 하드 링크와 소프트 링크가 어떻게 다른지, 메타데이터 구조와 어떻게 관련되는지와 그의 몇 가지 용도도 살펴봤다.

이러한 권한과 소유권은 대부분 root 사용자와 관련이 없다는 것을 잊지 말길 바란다. root 사용자는 때때로 권한 변경과 같은 약간의 트릭이 필요하더라도 무엇이든 할 수 있다.

연습문제

18장을 마무리하며 연습문제를 풀어보기 바란다.

1. ops 그룹의 구성원인 student 사용자가 /tmp나 기타 공유 디렉터리에 있는 file09의 권한을 066으로 설정하고 그룹 소유권을 ops로 설정하면 누가 이에 대해 어떤 유형으로 접근할 수 있으며, 누구는 할 수 없는가? 이에 대한 논리를 자세히 설명하라.

2. 개발 그룹이 공유 디렉터리 /home/dev를 사용해 파일을 공유하는 경우 해당 디렉터리에 생성된 파일을 추가적인 수정 없이 전체 그룹에서 접근할 수 있게 하려면 dev 디렉터리에 어떤 특정 권한을 설정해야 할까?

3. 홈 디렉터리인 /home/student에 대한 권한이 700으로 설정된 이유는 무엇인가?

4. 실험 18-1의 file09에 대해 student 사용자가 파일에 대한 접근 권한을 다시 얻을 수 있는 방법은 무엇인가?

5. 실험 18-5에서 공유 디렉터리 권한을 770으로 설정한 이유는 무엇인가?

6. 공유 디렉터리의 권한을 774로 설정하면 무엇이 달라지는가?

7. ~/test 디렉터리에 student.student의 소유권이 있고 파일 권한이 --xrwxrwx(177)로 설정돼 있다고 가정할 때 다음 중 student 사용자가 수행할 수 있는 작업은 무엇인가? 디렉터리의 내용을 출력한다. 디렉터

리에서 파일을 생성하고 삭제한다. 디렉터리를 현재 작업 디렉터리로 만든다.

8. /tmp처럼 공개적으로 접근할 수 있는 디렉터리에 파일을 생성하고 dev 그룹에 속한 사용자를 제외한 모든 사용자가 읽기, 쓰기를 위해 접근할 수 있도록 권한을 부여하라. dev 그룹의 사용자는 접근 권한이 전혀 없어야 한다.

9. student 사용자로 파일을 만들어 root 사용자는 접근 권한이 없지만 파일을 만든 student 사용자는 전체 읽기/쓰기 접근 권한을 가지며 기타 사용자는 파일을 읽을 수 있도록 파일에 대한 권한을 설정해보라.

10. 한 파일 시스템에서 다른 파일 시스템으로 링크할 때 어떤 유형의 링크가 필요한가? 왜일까?

11. root 사용자의 umask는 022다. root가 생성한 새 파일에 대한 권한은 무엇일까?

12. 링크 중 하나가 동일한 파일 시스템의 다른 디렉터리로 이동된 경우 하드 링크가 깨지지 않는 이유는 무엇인가? 직접 실험을 해보라.

13. file001을 삭제할 때 끊어진 /tmp의 심볼릭 링크를 수정하라.

19장

파일 시스템

학습 목표

19장의 학습 목표는 다음과 같다.

- 용어 '파일 시스템filesy stem'의 세 가지 정의
- EXT4 파일 시스템의 메타구조
- EXT4 파일 시스템에 대한 정보를 얻는 방법
- 설정 파일 오류로 인해 호스트가 부팅하지 못하는 문제를 해결하는 방법
- 데이터 손실을 일으킬 수 있는 파일 시스템 비일관성을 감지하고 수리하는 방법
- 리눅스 FHSFilesystem Hierarchical Standard를 설명하고 사용하는 방법
- 새로운 파티션을 만들고 그 위에 EXT4 파일 시스템을 설치하는 방법
- /etc/fstab을 설정해 부팅할 때 새로운 파티션을 마운트하는 방법

개요

모든 범용 컴퓨터는 다양한 종류의 데이터를 HDD[Hard Disk Drive], SSD[Solid-State Drive], 또는 이에 상당한 USB 메모리 스틱 같은 장치에 저장해야 한다. 이에는 몇 가지 이유가 있다. 먼저 램은 컴퓨터가 꺼지면 내용이 사라지므로, 즉 램이 저장된 모든 것이 사라진다. 전원이 끊어져도 저장된 데이터가 유지되는 USB 메모리 스틱과 SSD에 쓰이는 플래시 램 같은 비휘발성 램도 있다.

데이터가 하드 드라이브에 저장돼야 하는 두 번째 이유는 표준 램도 여전히 디스크 공간보다 더 비싸기 때문이다. 램과 디스크 모두 비용이 급격하게 떨어지고 있지만 램은 여전히 바이트당 비용면에서 선두를 달리고 있다. 16GB 램과 2TB 하드 드라이브의 가격을 기준으로 바이트당 비용을 빠르게 계산해보면 램이 하드 드라이브보다 단위당 약 71배 더 비싸다. 일반적인 램 가격은 이 책을 쓰고 있는 지금 바이트당 약 $0.000000043743750달러다.

현재 RAM 비용을 균형 있는 시각에서 보고자 간략하게 언급하자면 컴퓨터 초기에 어떤 유형의 메모리는 CRT 화면의 점을 기반으로 했다. 이는 매우 비싸서 비트당 약 1.00달러였다.

정의

'파일 시스템'이라는 용어는 사람들이 여러 가지 서로 다르고 어쩌면 헛갈리는 방식으로 얘기하는 것을 들을 것이다. 단어 자체는 여러 가지 의미를 가질 수 있고, 논의나 문서의 맥락에 따라 올바른 의미를 알아차려야 할 수 있다.

따라서 그 단어가 다른 환경에서 쓰이는 것을 관찰한 바에 근거를 두고 '파일 시스템'이라는 단어의 다양한 의미를 정의해보려 한다. 표준적이고 '공식적인' 의미를 따르려고 노력하면서도 다양한 사례에 근거를 두고 용어를 정의하려 한다. 이들의 의미는 19장 전반에 걸쳐 더 자세히 살펴본다.

1. EXT3, EXT4, BTRFS, XFS 등 데이터 저장소 형식의 특정 종류. 리눅스는 일부 매우 오래된 것들과 새로운 것들을 포함해서 거의 100 종류의 파일 시스템을 지원한다. 이들 파일 시스템 각각은 각자의 메타데이터 구조를 사용해서 데이터가 저장되고 접근되는 방식을 정의한다.
2. 최상위(/) 디렉터리에서 시작하는 전체 리눅스 계층식 디렉터리 구조
3. 리눅스 파일 시스템의 특정 마운트 포인트에 마운트할 수 있는 특정 종류의 파일 시스템으로 포맷된 파티션이나 논리적 볼륨

19장에서는 '파일 시스템'의 세 가지 의미 모두를 다룬다.

파일 시스템의 기능

디스크 저장소는 흥미롭고 피할 수 없는 세부 정보를 제공하는 필수 요소다. 디스크 파일 시스템은 비휘발성 데이터 저장 공간을 제공하도록 설계됐다. 이 요구 사항에서 흘러나온 다른 많은 중요한 기능이 있다.

파일 시스템은 다음에 언급된 모든 것이다.

1. **데이터 저장소:** 데이터를 저장하고 가져오는 구조화된 장소러, 이것이 모든 파일 시스템의 기본 기능이다.
2. **네임스페이스:** 데이터의 이름과 구조에 대한 규칙을 제공하는 이름 짓기와 조직화 방법론이다.
3. **보안 모델:** 접근 권한을 정의하는 계획이다.
4. **API**Application Programming Interface**:** 디렉터리와 파일 같은 파일 시스템 객체를 조작하는 시스템 함수 호출들이다.
5. **구현:** 위의 사항들을 구현하는 소프트웨어를 말한다.

모든 파일 시스템은 네임스페이스, 즉 이름을 짓고 조직화하는 방법론을 제공

해야 한다. 네임스페이스는 파일명을 짓는 방식, 특히 파일명의 길이와 사용할 수 있는 모든 문자 세트 중 파일명에 쓸 수 있는 문자들의 부분집합을 정의한다. 또한 파일들을 하나의 거대한 데이터 공간 안에 모두 한 덩어리로 넣어두는 대신 디렉터리를 사용해서 파일들을 조직화하는 등 디스크에 있는 데이터의 논리적 구조도 정의한다.

네임스페이스가 정의되면 해당 네임스페이스를 위한 논리적 기반을 제공하는 메타데이터가 필요하다. 이는 계층적 디렉터리 구조, 디스크상의 어느 블록이 사용됐고 어느 블록이 가용한지를 결정하는 구조, 파일과 디렉터리의 이름을 보관할 수 있는 구조, 파일 크기와 생성/수정/최종 접근 시간 같은 정보, 디스크상의 파일에 속하는 데이터의 위치를 뒷받침하고자 필요한 데이터 구조를 포함한다. 다른 메타데이터는 논리적 볼륨과 파티션 같은 디스크의 세분화된 구역에 대한 고수준 정보를 저장하는 데 쓰인다. 이런 고수준 메타데이터와 메타데이터가 나타내는 구조는 드라이브나 파티션에 저장된 파일 시스템을 기술하는 정보를 담고 있지만 파일 시스템 메타데이터와는 분리돼 있고 독립적이다.

파일 시스템에는 파일과 디렉터리 같은 파일 시스템 객체를 조작하는 시스템 함수 호출에 접근할 수 있게 해주는 API도 필요하다. API를 사용하면 파일을 만들고 옮기고 지울 수 있다. 또한 파일이 파일 시스템의 어디에 놓일지 같은 것들을 결정하는 기능도 제공한다. 이런 기능들이 속도나 디스크 단편화disk fragmentation 최소화 같은 목표를 처리한다.

또한 최신 파일 시스템은 파일과 디렉터리의 접근 권한을 정의하는 보안 모델security model도 제공한다. 리눅스 파일 시스템 보안 모델은 사용자들이 자신의 파일에만 접근할 수 있게 하고 다른 사용자나 운영체제 자체에 접근할 수 없게 한다.

마지막 구성 요소는 이들 기능 모두를 구현하는 데 필요한 소프트웨어다. 리눅스는 시스템과 프로그래머 효율 모두를 향상시키고자 그림 19-1처럼 두 부분으로 구성된 소프트웨어 구현을 사용한다.

그림 19-1. 두 부분으로 구성된 리눅스 파일 시스템 구조

두 부분으로 구성된 구현 중 첫 번째 부분은 리눅스 가상 파일 시스템이다. 이 가상 파일 시스템은 커널과 개발자들이 온갖 종류의 파일 시스템에 접근할 수 있는 한 세트의 명령을 제공한다. 가상 파일 시스템 소프트웨어는 다양한 종류의 파일 시스템에 접속하는 데 필요한 특정 장치 드라이버device driver를 호출한다. 파일 시스템별 장치 드라이버는 구현의 두 번째 부분이다. 장치 드라이버는 표준적인 파일 시스템 명령을 파티션이나 논리적 볼륨에 있는 파일 시스템의 종류별 명령으로 번역한다.

리눅스 파일 시스템 계층 구조 표준

나는 하나의 커다란 바구니보다는 좀 더 작고 조직화된 그룹에 저장된 것들을 좋아한다. 디렉터리를 사용하면 내가 원하는 파일들을 내가 원할 때 저장했다가 찾는 데 도움이 된다. 디렉터리는 일종의 물리적인 책상에 비유해 파일을 담는 폴더라고 생각할 수 있기 때문에 폴더folder라고도 한다.

리눅스에서(그리고 다른 많은 운영체제에서) 디렉터리는 나무 같은 계층 구조로 구조화될 수 있다. 리눅스 디렉터리 구조는 잘 정의돼 있고 리눅스 FHSFilesystem

Hierarchy Standard[1]에 문서화돼 있다. 이 표준은 모든 리눅스 배포판의 디렉터리 사용법의 일관성을 유지하고자 만들어졌다. 그런 일관성으로 인해 프로그램, 프로그램의 설정 파일, 필요한 경우 데이터가 표준적인 디렉터리에 위치해야 하기 때문에 시스템 관리자가 셸과 컴파일된 프로그램을 작성하고 유지 보수하기가 더 쉬워진다.

표준

최신 FHS(3.0)[2]는 리눅스 재단[3]이 관리하는 문서에 정의돼 있다. 문서들은 재단의 웹 사이트에 여러 형식으로 공개돼 있는데, FHS의 과거 버전들도 그렇다. 이들 최상위 디렉터리의 여러 하위 디렉터리가 수행하는 역할들을 더 잘 이해할 수 있도록 약간의 시간을 내서 전체 문서를 최소한 훑어보기라도 하기를 권한다.

그림 19-2는 잘 알려지고 정의된 최상위 수준 리눅스 디렉터리와 그들의 목적의 목록이다. 이들 디렉터리는 알파벳 순서로 나열돼 있다.

디렉터리	/의 일부인지	설명
/(루트 파일 시스템)	예	루트 파일 시스템은 최상위 파일 시스템이다. 다른 파일 시스템들이 마운트되기 전에 리눅스 시스템을 부팅하는 데 필요한 모든 파일을 담고 있어야 한다. 시스템이 부팅되고 나면 다른 모든 파일 시스템이 표준적이고 잘 정의된 마운트 포인트에 루트 파일 시스템의 하위 디렉터리로 마운트된다.

그림 19-2. 리눅스 FHS의 최상위 수준

1. Linux Foundation, Linux Filesystem Hierarchical Standard, http://refspecs.linuxfoundation.org/fhs.shtml
2. http://refspecs.linuxfoundation.org/fhs.shtml
3. 리눅스 재단은 여러 리눅스 표준을 정의하는 문서를 관리하고, 리누스 토발즈의 작업을 후원한다.

디렉터리	/의 일부인지	설명
/bin	예	/bin 디렉터리는 사용자가 실행할 수 있는 파일들을 담고 있다 (/bin과 /sbin은 현재 각각 /usr/bin과 /usr/sbin으로의 링크일 뿐이다. 이들은 일반적으로 더 이상 예전처럼 '필수'와 '비필수'로 나뉘지 않는다.
/boot	아니요	정적 부트로더, 커널이 실행할 수 있는 파일, 설정 파일들을 담고 있다.
/dev	예	이 디렉터리는 부착돼 있는 모든 하드웨어 장치를 위한 장치 파일들을 담고 있다. 이들은 장치 드라이버가 아니라 컴퓨터의 각 장치를 나타내고 이들 장치로의 접근을 돕는 파일들이다.
/etc	예	호스트 컴퓨터를 위한 광범위한 시스템 설정 파일들을 담고 있다.
/home	아니요	사용자 파일들을 위한 홈 디렉터리 저장소다. 각 사용자는 /home에 하위 디렉터리를 갖는다.
/lib	예	시스템을 부팅하는 데 필요한 공유 라이브러리 파일들을 담고 있다.
/media	아니요	호스트에 연결될 수 있는 USB 드라이브 같은 외부 이동식 저장 장치를 마운트할 위치다.
/mnt	아니요	관리자가 파일 시스템을 고치거나 관련 작업을 하는 동안 사용할 수 있는 일반 파일 시스템(비이동식 저장소)을 위한 임시 마운트 포인트다.
/opt	아니요	벤더(vendor)가 제공한 애플리케이션 같은 선택적 파일들이 여기에 위치한다.
/proc	가상	커널 내부 정보와 수정 가능한 튜닝 파라미터들에 대한 접근을 제공하는 가상 파일 시스템이다.
/root	예	이것은 루트(/) 파일 시스템이 아니다. root 사용자를 위한 홈 디렉터리다.

그림 19-2. 리눅스 FHS의 최상위 수준(이어짐)

디렉터리	/의 일부인지	설명
/sbin	예	시스템 바이너리 파일들로, 이들은 시스템 관리자를 위한 실행 파일이다.
/selinux	가상	이 파일 시스템은 SELinux가 활성화됐을 때만 사용된다.
/sys	가상	이 가상 파일 시스템은 USB와 PCI 버스, 각각에 연결된 장치들에 대한 정보를 담고 있다.
/tmp	아니요	임시 디렉터리로, 운영체제와 여러 프로그램들이 임시 파일들을 저장하는 데 사용한다. 사용자들도 여기에 임시로 파일들을 저장해도 된다. 여기 저장된 파일들은 언제든 사전 통보 없이 삭제될 수 있다.
/usr	아니요	이들은 실행 가능한 바이너리와 라이브러리, 매뉴얼 파일, 기타 문서 등의 공유할 수 있는 읽기 전용 파일들이다.
/usr/local	아니요	이들은 보통 로컬에서 작성되고 호스트의 시스템 관리자나 기타 사용자가 사용하는 셸 프로그램이나 컴파일된 프로그램과 프로그램을 지원하는 설정 파일들이다.
/var	아니요	변화하는 데이터 파일들이 여기 저장된다. 로그 파일, MySQL 등의 데이터베이스 파일, 웹 서버 데이터 파일, 이메일 받은 편지함 등이 포함된다.

그림 19-2. 리눅스 FHS의 최상위 수준(이어짐)

그림 19-2의 디렉터리들과 하위 디렉터리들 중 두 번째 칸에 '예'라고 표시돼 있는 것들은 루트 파일 시스템의 필수적인 부분으로 간주된다. 즉, 이들은 별도의 파일 시스템으로 만들어져 시작 때 마운트될 수 없다. 이는 이들이, 특히 그 내용이 부팅될 때 시스템이 적절히 부팅되고자 꼭 있어야 하기 때문이다. /media와 /mnt 디렉터리는 루트 파일 시스템의 일부지만 데이터를 담고 있어서는 안 된다. 정확히 말하면 이것들은 단순히 임시 마운트 포인트다.

나머지 디렉터리들은 부팅 때 있을 필요는 없고 나중에 마운트될 것이다. 시작 절차 동안에는 호스트가 유용한 작업을 수행할 준비를 한다.

위키피디아에도 FHS에 대한 좋은 설명이 있다.[4] 이 표준은 최대한 가깝게 준수돼야 운영과 동작의 일관성이 보장된다. 호스트에 쓰이는 파일 시스템 종류(EXT4, XFS 등)와 상관없이 이 계층적 디렉터리 구조는 같다.

문제 해결

리눅스 FHS를 고수하는 내가 생각할 수 있는 가장 좋은 이유 중 하나는 문제 해결 작업을 최대한 쉽게 만드는 것이다. 파일들이 특정 위치에 있으리라고 여러 애플리케이션이 기대하고 그렇지 않으면 작동하지 않는다. 여러분의 고양이 사진과 MP3를 어디에 저장하는지는 상관없지만 시스템 설정 파일이 어디에 위치하는지는 중요하다.

리눅스 FHS를 사용하면 일관성과 단순성이 향상돼 문제 해결이 쉬워진다. 리눅스 파일 시스템 디렉터리 구조의 어디에서 파일들을 찾을지 알면 단지 몇 번이 아니라 끝없이 많은 실패에서 벗어날 수 있다.

내가 사용하는 배포판에 제공되는 대부분의 핵심 유틸리티, 리눅스 서비스, 서버가 설정 파일 관련해 /etc 디렉터리와 그 하위 디렉터리를 사용할 때 일관성을 유지한다. 이는 배포판이 제공하는 프로그램이나 서비스 중 오작동하는 것을 쉽게 찾을 수 있음을 의미한다.

나는 흔히 샌드메일Sendmail, 아파치Apache, DHCP, NFS, NTP, DNS 등을 설정하고자 /etc 안의 여러 ASCII 텍스트 파일을 사용한다. 언제나 이들 서비스를 위해서 내가 수정해야 하는 파일들이 어디에 있는지 알고 있고, 그 파일들은 모두 ASCII 텍스트이기 때문에 컴퓨터와 인간 모두 읽을 수 있어 개방적이고 이해하기 쉽다.

4. 위키피디아, Filesystem Hierarchy Standard, https://en.wikipedia.org/wiki/Filesystem_Hierarchy_Standard

파일 시스템의 잘못된 사용

대규모 기술 기업에서 연구실 관리자로 일할 때 잘못된 파일 시스템 사용과 관련된 상황이 있었다. 개발자 중 한 명이 애플리케이션을 잘못된 위치인 /var에 설치했다. /var 파일 시스템이 가득 차서 애플리케이션이 크래시했고 /var에 공간이 부족해 해당 파일 시스템에 있는 /var/log에 저장되는 로그 파일들에 /var 파일 시스템이 가득 찼음을 알리는 새로운 메시지가 추가되지 못했다. 하지만 중요한 /(루트)와 /tmp 파일 시스템이 가득 차지 않았기 때문에 시스템은 계속 동작했다. 문제의 애플리케이션을 제거하고 원래 설치할 곳인 /opt 파일 시스템에 다시 설치해 문제를 해결했다. 또한 처음에 애플리케이션을 설치한 개발자와 약간 의논을 했다.

표준 고수

따라서 시스템 관리자는 리눅스 FHS를 어떻게 고수할까? 이는 사실 상당히 쉽고 앞서 살펴본 그림 19-2에 힌트가 있다. /usr/local 디렉터리는 로컬에서 만들어진 실행 파일과 관련 설정 파일들이 저장되는 곳이다. FHS에서 로컬 프로그램은 시스템 관리자가 자신의 작업이나 다른 사람들의 작업을 좀 더 쉽게 할 수 있게 스스로 만든 것을 말한다. 여기에는 우리가 작성한 모든 강력하고 다재다능한 셸 프로그램들이 포함된다. 우리의 프로그램들은 /usr/local/bin에 있어야 하고 설정 파일이 있다면 /usr/local/etc에 둬야 한다. 또한 로컬 프로그램을 위한 데이터베이스 파일을 저장할 수 있는 /var/local 디렉터리도 있다.

나는 수년 동안 상당수의 셸 프로그램들을 작성했고 호스트 컴퓨터에 내 자신이 작성한 소프트웨어를 설치할 적절한 장소를 이해하기까지 최소한 5년이 걸렸다. 가끔은 어디에 설치했는지조차 잊어버리기도 했다. 또 언제는 설정 파일을 /usr/local/etc가 아닌 /etc에 설치하기도 했고 업그레이드 도중 내 파일이 덮어쓰기도 했다. 이 일이 처음 생겼을 때는 원인을 찾는 데 몇 시간씩 걸렸다.

셸 프로그램을 작성할 때 이들 표준을 고수하니 내가 프로그램을 설치한 곳을 기억하기가 더 쉽다. 또한 시스템 관리자가 프로그램과 파일들을 설치했을 디렉터리만 찾으면 되기 때문에 다른 시스템 관리자가 파일들을 찾기도 더 쉽다.

리눅스 일원적 디렉터리 구조

리눅스 파일 시스템은 모든 물리적 하드 드라이브와 파티션을 하나의 디렉터리 구조로 통합한다. 리눅스 파일 시스템은 모두 최상위 루트(/) 디렉터리에서 시작한다. 다른 모든 디렉터리와 하위 디렉터리는 하나의 리눅스 루트 디렉터리 아래에 있다. 이는 파일과 프로그램을 찾을 디렉터리 트리가 하나뿐이라는 의미다.

이는 /home이나 /tmp, /var, /opt, /usr 같은 파일 시스템이 /(루트) 파일 시스템과 분리된 물리적 하드 드라이브나 서로 다른 파티션, 논리적 볼륨에 만들어진 후 루트 파일 시스템 트리의 일부로 마운트 포인트(디렉터리)에 마운트될 수 있으므로 가능하다. 심지어 USB 드라이브나 외장 USB/ESATA 하드 드라이브 같은 이동식 드라이브도 루트 파일 시스템에 마운트돼 디렉터리 트리 안의 일부가 된다.

이렇게 하는 이유 중 하나는 리눅스 배포판의 버전을 업그레이드하거나 배포판의 종류를 바꿀 때 명확해진다. 일반적으로, 그리고 페도라의 dnf-upgrade 같은 업그레이드 유틸리티를 제외하고 그동안 쌓여 있는 잡동사니들을 제거하고자 업그레이드할 때 가끔씩 운영체제를 담고 있는 하드 드라이브를 다시 포맷하는 것이 현명하다. /home이 루트 파일 시스템의 일부라면 함께 재포맷되므로 백업에서 다시 복원해야 할 것이다. /home을 별도의 파일 시스템으로 둠으로써 설치 프로그램이 별도의 파일 시스템임을 알고 다시 포맷할 때 건너뛸 수 있다. 이는 데이터베이스, 이메일 받은 편지함, 웹 사이트 등 기타 변하는 사용자/시스템 데이터가 저장되는 /var에도 적용될 수 있다.

또한 어느 파일이 어느 디스크에 위치할지 의도적으로 설정할 수도 있다. 비교적 작은 SSD와 커다란 회전식 고철[5]을 갖고 있다면 부팅에 중요하고 자주 사용하는 파일들을 SSD에 저장하라. 그렇지 않으면 여러분이 가장 좋아하는 게임이나 뭐든 좋다. 마찬가지로 SSD 공간을 거의 사용하지 않는 커다란 파일들을 보관하는 데 낭비하지 말라.

또 다른 예로 오래 전에 필수적인 리눅스 디렉터리 모두를 /(루트) 파일 시스템의 일부로 설정했을 때의 잠재적인 문제를 아직 몰랐을 때 홈 디렉터리를 매우 큰 파일 여러 개로 가득 채웠다. /home 디렉터리와 /tmp 디렉터리 모두 별도의 파일 시스템이 아니고 그저 루트 파일 시스템의 하위 디렉터리였기 때문에 전체 루트 파일 시스템이 가득 찼다. 운영체제가 임시 파일을 만들거나 기존의 데이터 파일을 확장할 공간이 남아 있지 않았다. 먼저 애플리케이션들이 파일을 저장할 공간이 없다고 불평하기 시작했고 그런 다음 OS 자체가 매우 이상하게 동작하기 시작했다. 단일 사용자 모드로 부팅한 뒤 홈 디렉터리에 있는 문제의 파일들을 지우고 나서야 다시 동작했다. 그 후 나는 리눅스를 상당히 표준적인 다중 파일 시스템 설정으로 다시 설치했고 전체 시스템 크래시가 다시 일어나지 않게 예방할 수 있었다.

리눅스 호스트는 계속해서 동작하지만 사용자가 GUI 데스크탑을 통해 로그인할 수 없는 상황이 있었다. 가상 콘솔 중 하나를 통해 로컬로, 그리고 SSH를 통해 원격으로 CLI^Command-Line Interface^를 이용해서 로그인할 수 있었다. 문제는 /tmp 파일 시스템이 가득 차서 GUI 데스크탑이 로그인 때 만들어야 하는 일부 임시 파일을 만들 수 없다는 것이었다. CLI 로그인은 /tmp에 임시 파일을 만들 필요가 없었기 때문에 공간이 부족해도 CLI를 통해 로그인할 수 있었다. 이 경우 /tmp 디렉터리는 별도의 파일 시스템이었고 /tmp 논리적 볼륨이 속한 볼륨 그룹에는 충분한 공간이 있었다. 나는 간단히 해당 호스트에 필요한 만큼의 임시 파일 공간만큼 /tmp 논리적 볼륨을 확장해서 문제를 해결했다. 해결책은

5. 디스크가 회전하는 전통적인 하드 드라이브 – 옮긴이

재부팅을 요구하지 않았고 /tmp 파일 시스템이 확장되자마자 사용자는 데스크탑에 로그인할 수 있었다.

파일 시스템 종류

리눅스는 대략 100가지 파티션 타입의 읽기를 지원한다. 만들고 쓸 수 있는 것은 그중 몇 가지뿐이다. 그러나 (매우 흔하게) 서로 다른 종류의 파일 시스템을 같은 루트 파일 시스템에 마운트할 수 있다. 이런 맥락에서 우리는 하드 드라이브 또는 논리 볼륨의 파티션에 사용자 데이터를 저장하고 관리하는 데 필요한 구조와 메타데이터 측면에서 파일 시스템에 대해 이야기하고 있다. 리눅스 `fdisk` 명령이 인식할 수 있는 전체 파일 시스템 파티션 타입은 그림 19-3에 나와 있으므로 리눅스가 매우 여러 종류의 시스템과 갖는 높은 수준의 호환성에 대한 느낌을 받을 수 있을 것이다.

```
 0  Empty           24  NEC DOS         81  Minix / old Lin bf  Solaris
 1  FAT12           27  Hidden NTFS Win 82  Linux swap / So c1  DRDOS/sec (FAT-
 2  XENIX root      39  Plan 9          83  Linux           c4  DRDOS/sec (FAT-
 3  XENIX usr       3c  PartitionMagic  84  OS/2 hidden or  c6  DRDOS/sec (FAT-
 4  FAT16 <32M      40  Venix 80286     85  Linux extended  c7  Syrinx
 5  Extended        41  PPC PReP Boot   86  NTFS volume set da  Non-FS data
 6  FAT16           42  SFS             87  NTFS volume set db  CP/M / CTOS / .
 7  HPFS/NTFS/exFAT 4d  QNX4.x          88  Linux plaintext de  Dell Utility
 8  AIX             4e  QNX4.x 2nd part 8e  Linux LVM       df  BootIt
 9  AIX bootable    4f  QNX4.x 3rd part 93  Amoeba          e1  DOS access
 a  OS/2 Boot Manag 50  OnTrack DM      94  Amoeba BBT      e3  DOS R/O
 b  W95 FAT32       51  OnTrack DM6 Aux 9f  BSD/OS          e4  SpeedStor
 c  W95 FAT32 (LBA) 52  CP/M            a0  IBM Thinkpad hi ea  Rufus alignment
 e  W95 FAT16 (LBA) 53  OnTrack DM6 Aux a5  FreeBSD         eb  BeOS fs
 f  W95 Ext'd (LBA) 54  OnTrackDM6      a6  OpenBSD         ee  GPT
10  OPUS            55  EZ-Drive        a7  NeXTSTEP        ef  EFI (FAT-12/16/
11  Hidden FAT12    56  Golden Bow      a8  Darwin UFS      f0  Linux/PA-RISC b
12  Compaq diagnost 5c  Priam Edisk     a9  NetBSD          f1  SpeedStor
14  Hidden FAT16 <3 61  SpeedStor       ab  Darwin boot     f4  SpeedStor
16  Hidden FAT16    63  GNU HURD or Sys af  HFS / HFS+      f2  DOS secondary
17  Hidden HPFS/NTF 64  Novell Netware  b7  BSDI fs         fb  VMware VMFS
18  AST SmartSleep  65  Novell Netware  b8  BSDI swap       fc  VMware VMKCORE
1b  Hidden W95 FAT3 70  DiskSecure Mult bb  Boot Wizard hid fd  Linux raid auto
1c  Hidden W95 FAT3 75  PC/IX           bc  Acronis FAT32 L fe  LANstep
1e  Hidden W95 FAT1 80  Old Minix       be  Solaris boot    ff  BBT
```

그림 19-3. 리눅스가 지원하는 파일 시스템의 목록

이렇게 많은 종류의 파티션을 읽을 수 있게 지원하는 주목적은 다른 파일 시스템 및 호환성과 최소한 약간의 상호운용성을 제공하기 위함이다. 페도라에서 새로운 파일 시스템을 만들 때 선택할 수 있는 파일 시스템의 목록은 다음과 같다.

- btrfs
- **cramfs**
- **ext2**
- **ext3**
- **ext4**
- fat
- gfs2
- hfsplus
- minix
- **msdos**
- ntfs
- reiserfs
- **vfat**
- xfs

다른 리눅스 배포판은 다른 파일 시스템 종류의 생성을 지원한다. 예를 들어 CentOS 6은 위 목록 중 굵은체로 강조된 파일 시스템들의 생성만 지원한다.

마운트

리눅스에서 파일 시스템을 '마운트mount'한다는 말은 테이프나 이동형 디스크 팩을 적절한 드라이브 장치 위에 물리적으로 올려놓아야 했던 컴퓨팅 초기로 거슬러간다. 드라이브 위에 물리적으로 올려둔 뒤에 디스크 팩 안의 파일 시스템이 운영체제에 의해 '마운트'돼야 그 안의 내용에 운영체제와 사용자가 접근할 수 있었다.

마운트 포인트는 단순히 루트 파일 시스템의 일부로 만들어진 (다른 디렉터리와 같은) 빈 디렉터리다. 따라서 예를 들어 홈 파일 시스템은 /home 디렉터리에 마운트된다. 파일 시스템은 비루트 파일 시스템상의 마운트 포인트에 마운트될 수도 있지만 이는 비교적 흔치 않다.

리눅스 루트 파일 시스템은 부팅 절차의 매우 초기에 최상위 디렉터리(/)에 마운트된다. 다른 파일 시스템들은 나중에 리눅스 시작 프로그램들(시스템 V의 rc나 최신 리눅스 릴리스의 systemd)에 의해 마운트된다. 시작 절차 도중의 파일 시스템 마운트 절차는 /etc/fstab 설정 파일로 관리된다. 기억하기 쉬운 방법은 fstab이 '파일 시스템 테이블[filesystem table]'을 나타낸다는 것이고, 이는 마운트될 파일 시스템, 마운트 포인트, 파일 시스템별 옵션의 목록이다.

파일 시스템은 기존 디렉터리(마운트 포인트)에 mount 명령으로 마운트된다. 일반적으로 마운트 포인트로 사용되는 모든 디렉터리는 비어있어야 하고 그 안에 아무 파일도 없어야 한다. 리눅스는 사용자들이 기존 파일 시스템이나 파일을 담고 있는 디렉터리에 마운트하는 것을 막지 않는다. 파일 시스템을 기존 디렉터리나 파일 시스템에 마운트하면 원래의 내용은 감춰지고 새롭게 마운트된 파일 시스템의 내용만 보일 것이다.

리눅스 EXT4 파일 시스템

리눅스용으로 작성됐지만 EXT 파일 시스템의 근원은 리눅스보다 5년 전인 1987년에 처음 발표된 미닉스 운영체제와 미닉스 파일 시스템에 있다. 원래의 리눅스 커널을 작성할 때 리누스 토발즈는 파일 시스템이 필요했고 그 시점에서 직접 작성하고 싶지 않았다. 따라서 그냥 앤드류 타넨바움Andrew S. Tanenbaum[6]이 작성한 미닉스[7] 운영체제의 일부인 미닉스 파일 시스템[8]을 포함시켰다. 미닉스는 교육 목적으로 작성된 유닉스 계열 운영체제였다. 그 코드는 무료로 구할 수 있었고 토발즈가 리눅스의 첫 번째 버전에 포함시키는 것이 허용되도록 적절히 라이선스됐다.

원래의 EXTExtended 파일 시스템[9]은 미닉스 파일 시스템의 크기 제한을 극복하거자 레미 카드Rémy Card[10]가 작성했고 1992년에 리눅스와 함께 발표됐다. 주요 구조 변경은 UFSUnix filesystem(FFS 또는 버클리Berkeley Fast File System)라고도 한다)에 기반을 두고 있던 파일 시스템의 메타데이터였다. EXT2 파일 시스템은 EXT 파일 시스템을 빠르게 대체했다. 추가 수정 사항과 기능을 갖고 EXT3와 EXT4가 뒤따랐다. 현재 페도라의 디폴트 파일 시스템은 EXT4다.

EXT4 파일 시스템은 다음과 같은 메타구조를 갖고 있다.

- 설치된 하드 드라이브의 첫 번째 섹터에 있는 부트 섹터boot sector[11]. 부트 블록은 매우 작은 부트 레코드와 최대 4개의 주 파티션primary partition을 지원하는 파티션 테이블을 포함한다.
- 부트 섹터 다음에 약간의 예약된 공간이 있는데, 하드 드라이브의 부트 레코드와 흔히 다음 실린더cylinder 경계에 있는 첫 번째 파티션 사이에 걸쳐 있다. GRUB2[12] 부트로더는 부트 코드 대부분을 위해 이 공간을 이용한다.

---

6. 위키피디아, Andrew S. Tanenbaum, https://en.wikipedia.org/wiki/Andrew_S._Tanenbaum〉
7. 위키피디아, Minix, https://en.wikipedia.org/wiki/MINIX
8. 위키피디아, Minix Filesystem, https://en.wikipedia.org/wiki/MINIX_file_system
9. 위키피디아, Extended Filesystem, https://en.wikipedia.org/wiki/Extended_file_system
10. 위키피디아, Rémy Card, https://en.wikipedia.org/wiki/R?my_Card
11. 위키피디아, Boot sector, https://en.wikipedia.org/wiki/Boot_sector
12. David Both, Opensource.com, An introduction to the Linux boot and startup processes, https://opensource.com/article/17/2/linux-boot-and-startup

- 각 EXT4 파티션의 공간은 실린더 그룹으로 나뉘어 좀 더 세밀하게 데이터 공간을 관리할 수 있다. 경험상 그룹의 크기는 보통 약 8MB정도다.
- 각 실린더 그룹은 다음과 같은 내용을 담고 있다.
  - 기타 파일 시스템 구조를 정의하고 그룹에 할당된 물리적 디스크에서 이들을 찾을 수 있는 메타데이터를 담고 있는 슈퍼블록superblock
  - 어느 inode가 사용 중이고 어느 inode가 사용 가능한지를 결정하는 데 쓰이는 inode 비트맵 블록inode bitmap block
  - 디스크상에 자신의 공간을 갖고 있는 inode들. 각 inode는 데이터 블록(즉 해당 파일에 속하는 영역)의 위치 등 하나의 파일에 대한 정보를 담고 있다.
  - 사용되고 사용되지 않은 데이터 영역을 기록하는 영역 비트맵zone bitmap
- 파일 시스템에 수행될 변경 사항을 미리 기록하고 크래시와 정전으로 인한 데이터 손실을 막아주는 저널[13]

실린더 그룹

각 EXT4 파일 시스템의 공간은 데이터 공간을 좀 더 세밀하게 관리할 수 있도록 실린더 그룹으로 나뉜다. 경험상 그룹 크기는 비교적 오래된 시스템의 경우 약 8MiB다. 비교적 새로운 호스트, 대용량 하드 드라이브, 신규 버전의 EXT 파일 시스템의 소프트웨어 버전들은 약 34MiB의 실린더 그룹을 만든다. 그림 19-4는 실린더 그룹의 기본 구조를 보여준다. 실린더의 데이터 할당 단위는 블록이고 크기는 보통 4K다.

13. 위키피디아, Journaling file system, https://en.wikipedia.org/wiki/Journaling_file_system

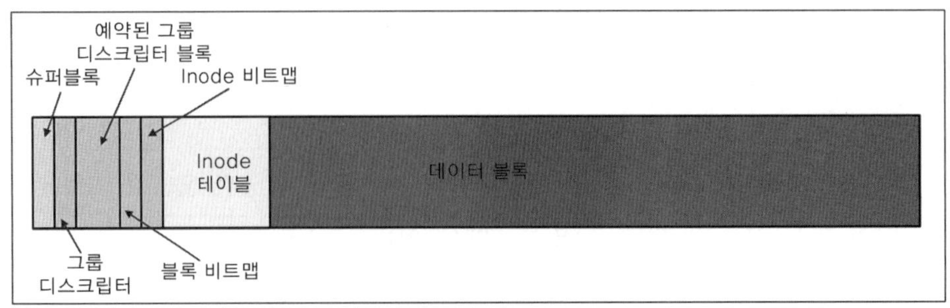

그림 19-4. 실린더 그룹의 구조

실린더 그룹의 첫 번째 블록은 기타 파일 시스템 구조를 정의하고 이들을 물리적 디스크에서 찾기 위한 메타데이터를 담고 있는 슈퍼블록이다. 해당 파티션에 있는 일부 다른 그룹에는 백업 슈퍼블록이 있겠지만 모두는 아니다. 손상된 슈퍼블록은 dd 같은 디스크 유틸리티를 이용해서 백업 슈퍼블록을 주 슈퍼블록으로 복사함으로써 교체될 수 있다. 자주 발생하지는 않지만 수년 전에 슈퍼블록 손상을 경험한 적이 있고 백업 슈퍼블록 중 하나를 이용해서 내용을 복구할 수 있었다. 다행히도 선경지명이 있어 dumpe2fs 명령을 이용해서 내 시스템에 있는 파티션의 디스크립터 정보를 덤프해뒀다.

각 실린더 그룹에는 두 종류의 비트맵이 있다. inode 비트맵은 그룹 내 어느 inode가 사용 중이고 어느 inode를 사용할 수 있는지 확인하는 데 쓰인다. 이들 inode는 각 그룹 안에 자신의 공간인 inode 테이블을 갖는다. 각 inode는 하나의 파일에 대한 정보(해당 파일에 속하는 데이터 블록들의 위치 등)를 담고 있다. 블록 비트맵은 파일 시스템 내 사용 중인 데이터 블록과 사용할 수 있는 데이터 블록을 기록한다. 매우 거대한 파일 시스템에서 그룹 데이터는 길이가 수백 페이지에 이를 수 있다. 그룹 메타데이터는 그룹 안의 모든 사용 가능 데이터 블록의 목록을 담고 있다. 두 종류의 비트맵 모두 하나의 비트는 하나의 특정 데이터 영역이나 하나의 특정한 inode를 나타낸다. 비트가 0이면 해당 영역이나 inode는 사용 가능하고, 비트가 1이면 해당 영역이나 inode는 사용 중이다.

VM의 루트 파일 시스템의 메타데이터를 살펴보자. 여러분 VM의 상세한 내용과 값은 여기 표시된 것과 다를 것이다.

실험 19-1

이 실험은 root로 수행한다. dumpe2fs 유틸리티를 이용해 루트(/) 파일 시스템의 주 슈퍼블록에서 데이터를 덤프한다. dumpe2fs 명령의 출력 데이터 스트림을 less 유틸리티로 보내 모두 살펴본다.

```
[root@studentvm1 ~]# dumpe2fs -h /dev/mapper/fedora_studentvm1-root
dumpe2fs 1.44.3 (10-July-2018)
Filesystem volume name:   root
Last mounted on:          /
Filesystem UUID:          f146ab03-1469-4db0-8026-d02192eab170
Filesystem magic number:  0xEF53
Filesystem revision #:    1 (dynamic)
Filesystem features:      has_journal ext_attr resize_inode dir_index
filetype needs_recovery extent 64bit flex_bg sparse_super large_file
huge_file dir_nlink extra_isize metadata_csum
Filesystem flags:         signed_directory_hash
Default mount options:    user_xattr acl
Filesystem state:         clean
Errors behavior:          Continue
Filesystem OS type:       Linux
Inode count:              131072
Block count:              524288
Reserved block count:     26214
Free blocks:              491265
Free inodes:              129304
First block:              0
Block size:               4096
Fragment size:            4096
Group descriptor size:    64
```

```
Reserved GDT blocks:      255
Blocks per group:         32768
Fragments per group:      32768
Inodes per group:         8192
Inode blocks per group:   512
Flex block group size:    16
Filesystem created:       Sat Dec 22 11:01:11 2018
Last mount time:          Thu Dec 27 10:54:26 2018
Last write time:          Thu Dec 27 10:54:21 2018
Mount count:              9
Maximum mount count:      -1
Last checked:             Sat Dec 22 11:01:11 2018
Check interval:           0 (<none>)
Lifetime writes:          220 MB
Reserved blocks uid:      0 (user root)
Reserved blocks gid:      0 (group root)
First inode:              11
Inode size:               256
Required extra isize:     32
Desired extra isize:      32
Journal inode:            8
Default directory hash:   half_md4
Directory Hash Seed:      838c2ec7-0945-4614-b7fd-a671d8a40bbd
Journal backup:           inode blocks
Checksum type:            crc32c
Checksum:                 0x2c27afaa
Journal features:         journal_64bit journal_checksum_v3
Journal size:             64M
Journal length:           16384
Journal sequence:         0x000001fa
Journal start:            1
Journal checksum type:    crc32c
Journal checksum:         0x61a70146
```

여기 많은 정보가 있고 여러분 VM에서 볼 수 있는 정보도 비슷할 것이다. 특별히 관심을 끌만한 정보가 있다.

첫 두 항목은 파일 시스템 레이블과 마지막 마운트 포인트다. 이를 통해 이것이 루트(/) 파일 시스템이라는 것을 쉽게 알 수 있다. /etc/fstab이 UUID를 사용해 하나 이상의 파티션(예, /boot)을 마운트한다면 그 UUID는 파일 시스템의 주 슈퍼블록에 저장돼 있다.

현재의 파일 시스템 상태filesystem state는 'clean'으로, 모든 데이터가 버퍼와 저널에서 데이터 공간으로 기록됐고 파일 시스템 상태가 일관성을 유지하고 있음을 의미한다. 파일 시스템이 clean하지 않으면 데이터가 하드 드라이브의 데이터 영역에 아직 모두 기록되지 않은 것이다. 파일 시스템이 마운트돼 있다면 슈퍼블록에 있는 이 데이터와 기타 데이터가 최신 상태가 아닐 수 있다는 것에 유의하기 바란다.

또한 이는 파일 시스템 종류가 'Linux', 그림 19-3의 타입 83이라는 것을 알려준다. 이는 비LVM 파티션이다. 종류 8e는 리눅스 LVM 파티션이다.

또한 파일 시스템에 얼마나 많은 파일과 얼마나 많은 총 데이터가 저장될 수 있는지를 알려주는 inode와 블록 개수도 볼 수 있다. 파일 하나가 하나의 inode를 사용하므로 파일 시스템은 131,072개의 파일을 담을 수 있다. 블록 크기가 4096바이트이므로 총 블록 개수를 고려할 때 총 저장 공간은 1,073,741,824바이트고 그중 예약된 블록은 53,686,272바이트다. 다양한 오류 검출 메커니즘에 의해 데이터 블록에 오류가 있다는 것이 발견되면 데이터가 예약된 블록 중 하나로 옮겨지고 정규 데이터 블록은 결함이 있는 것으로 표시되며 앞으로 데이터 저장용으로 쓸 수 없게 된다. 남은 블록free block 수에 따르면 1,006,110,720바이트가 가용함을 알 수 있다.

디렉터리 해시와 해시 시드hash seed는 HTree[14] 디렉터리 트리 구조 구현이 파일

---

14. 위키피디아 항목은 상당한 작업이 필요하지만 HTree에 대해 약간 더 정확하게 설명해줄 것이다. https://en.wikipedia.org/wiki/HTree

을 쉽게 찾을 수 있게 디렉터리 엔트리의 해시 값을 계산하는 데 사용된다. 나머지 슈퍼블록 정보의 대부분은 추출하고 이해하기가 비교적 쉽다. EXT4의 매뉴얼 페이지는 이 출력의 처음 부분에 나열된 파일 시스템 특징에 대한 추가 정보를 담고 있다.

이제 다음과 같은 명령으로 이 파티션의 슈퍼블록과 그룹 데이터를 살펴보자.

```
[root@studentvm1 ~]# dumpe2fs /dev/mapper/fedora_studentvm1-root | less
<생략>
Group 0: (Blocks 0-32767) csum 0x6014 [ITABLE_ZEROED]
  Primary superblock at 0, Group descriptors at 1-1
  Reserved GDT blocks at 2-256
  Block bitmap at 257 (+257), csum 0xa86c6430
  Inode bitmap at 273 (+273), csum 0x273ddfbb
  Inode table at 289-800 (+289)
  23898 free blocks, 6438 free inodes, 357 directories, 6432 unused inodes
  Free blocks: 8870-32767
  Free inodes: 598, 608, 1661, 1678, 1683, 1758, 1761-8192
Group 1: (Blocks 32768-65535) csum 0xa5fe [ITABLE_ZEROED]
  Backup superblock at 32768, Group descriptors at 32769-32769
  Reserved GDT blocks at 32770-33024
  Block bitmap at 258 (bg #0 + 258), csum 0x21a5f734
  Inode bitmap at 274 (bg #0 + 274), csum 0x951a9172
  Inode table at 801-1312 (bg #0 + 801)
  28068 free blocks, 8190 free inodes, 2 directories, 8190 unused inodes
  Free blocks: 33039, 33056-33059, 33067, 33405, 33485, 33880-33895,
34240-34255,
34317-34318, 34374-34375, 34398-34415, 34426-34427, 34432-34447,
34464-34479, 34504-34507, 34534-34543, 34546-34681, 34688-34820,
34822-36071,
36304-36351, 36496-36529, 36532-36546, 36558-36575, 36594-36697, 36704,
36706-36708, 36730, 36742, 36793, 36804-36807, 36837, 36840, 36844-37889,
37895-38771, 38776-38779, 38839-38845, 38849-38851, 38855, 38867, 38878,
38881-38882, 38886, 38906-38910, 38937, 38940-38941, 38947, 38960-39423,
```

```
39440-39471, 39473, 39483-39935, 39938-39939, 39942-39951, 39954-39955,
39957-39959, 39964-40447, 40454-40965, 40971-41472, 41474-45055,
47325-47615,
47618-47620, 47622-65535
  Free inodes: 8195-16384
Group 2: (Blocks 65536-98303) csum 0x064f [ITABLE_ZEROED]
  Block bitmap at 259 (bg #0 + 259), csum 0x2737c1ef
  Inode bitmap at 275 (bg #0 + 275), csum 0x951a9172
  Inode table at 1313-1824 (bg #0 + 1313)
  30727 free blocks, 8190 free inodes, 2 directories, 8190 unused inodes
  Free blocks: 67577-98303
  Free inodes: 16387-24576
<<생략>>
```

첫 세 그룹의 데이터를 보여주고자 이 명령의 출력을 편집했다. 각 그룹은 자신의 블록 및 inode 비트맵과 inode 테이블을 갖고 있다. 각 그룹의 가용 블록free block 목록을 이용하면 파일 시스템이 새로운 파일을 저장하거나 기존 파일에 추가할 가용 공간free space을 쉽게 찾을 수 있다. 전체 그룹의 블록 번호 범위를 가용 블록과 비교하면 파일 데이터가 처음부터 시작해서 함께 몰려 있기보다는 여러 그룹에 퍼져 있음을 알 수 있을 것이다. 이는 '데이터 할당 전략' 절에서 더 자세히 살펴본다.

위의 출력 중 그룹 2는 그 안에 데이터가 없다. 이 파일 시스템의 데이터 끝으로 스크롤다운하면 나머지 그룹도 그 안에 데이터가 없음을 알 수 있다.

---

inode

inode는 무엇인가? 인덱스 노드index node를 줄인 말로, inode는 파일에 대한 데이터를 지정하는 디스크상의 256바이트 블록이다. 이는 파일의 크기, 파일의 소유자와 그룹의 사용자 ID, 파일 모드, 즉 접근 권한, 파일이 마지막으로 접근되고 수정된 시간과 inode 자체가 마지막으로 수정된 시간을 나타내는 세 개의 타임스탬프를 포함한다.

inode는 리눅스 EXT 파일 시스템에서 메타데이터의 핵심 요소로 이전에 언급된 적이 있다. 그림 19-5는 inode와 하드 드라이브에 저장된 데이터 사이의 관계를 보여준다. 이 그림은 파일 하나를 위한 디렉터리와 inode이고, 이 경우에는 상당히 단편화돼 있다. EXT 파일 시스템은 단편화를 감소시키고자 능동적으로 작동하므로 여러 간접 데이터 블록이나 익스텐트extent가 이렇게 많은 파일을 볼 가능성은 매우 적다. 사실 단편화는 EXT 파일 시스템에서 극히 낮으므로 대부분의 inode는 한두 개의 직접 데이터 포인터만 사용하고 간접 포인터는 사용하지 않을 것이다.

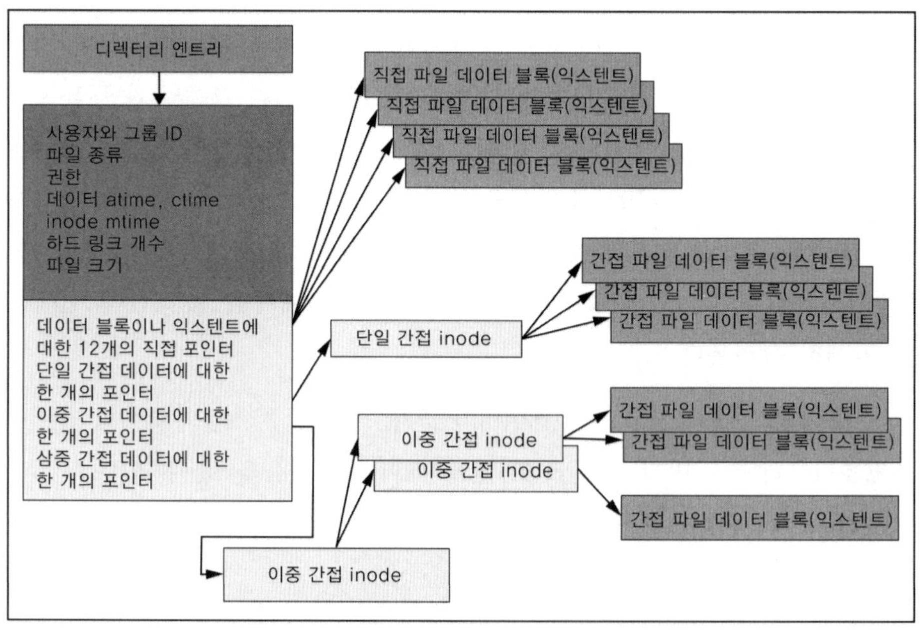

그림 19-5. inode는 각 파일에 대한 정보를 저장하고 EXT 파일 시스템이 해당 파일에 속하는 모든 데이터를 찾을 수 있게 한다

inode는 파일명을 담고 있지 않다. 파일에 대한 접근은 디렉터리 엔트리를 통해

이뤄지는데, 디렉터리 엔트리 자체가 파일명이고 inode에 대한 포인터를 담고 있다. 해당 포인터의 값이 inode 숫자inode number다. 파일 시스템의 각 inode는 고유한 ID 숫자를 갖고 있지만 같은 컴퓨터, 심지어 같은 하드 드라이브에 있는 다른 파일 시스템의 inode도 같은 inode 숫자를 가질 수 있다. 이는 18장에서 다룬 링크에 영향을 미친다. 단편화가 심각한 파일의 경우 반드시 간접 노드 형태로 추가 능력capability이 필요하다. 기술적으로 이들은 진짜 inode가 아니므로 편의상 노드node라고 부르겠다.

간접 노드는 파일 시스템 안의 일반 데이터 블록으로, 데이터를 기술하는 데에만 쓰이고 메타데이터를 저장하는 데에는 쓰이지 않는다. 따라서 15개 이상의 항목을 지원할 수 있다. 예를 들어 블록 크기가 4K면 512개의 4바이트 간접 노드를 지원할 수 있으므로 하나의 파일에 대해 12(직접) + 512(간접) = 524개의 익스텐트를 지원할 수 있다. 이중과 삼중 간접 노드도 지원되지만 대부분의 환경에서 그렇게 많은 익스텐트를 요구하는 파일을 만나기는 어렵다.

미닉스와 EXT1~3 파일 시스템에서 데이터에 대한 포인터는 데이터 영역이나 블록의 목록 형태를 띤다. EXT4의 경우 inode가 파일에 속하는 익스텐트의 목록을 관리한다. 익스텐트는 파일에 속하는 연속된 데이터 블록의 목록이다. 파일은 하나 이상의 익스텐트로 이뤄질 수 있다. 단일 익스텐트에서 데이터 블록 개수에 대한 제한은 실린더 그룹의 전체 크기뿐이다. 실질적인 한계는 파일이 만들어질 때의 그룹 내 연속된 가용 공간의 양이다.

저널

EXT3 파일 시스템에서 도입된 저널journal은 fsck 프로그램이 파일 업데이트 연산 동안 발생한 부적절한 셧다운에 의한 디스크 구조 손상을 완전히 복구하는 데 필요한 엄청난 양의 시간을 극복하려는 단 하나의 목적을 갖고 있다. 이를 이루고자 EXT 파일 시스템에 구조적으로 추가된 단 한 가지가 저널이었다. 저

널은 파일 시스템에 적용될 변경 사항을 미리 기록한다.[15]

데이터를 디스크 데이터 영역에 직접 쓰는 대신 저널은 파일 데이터를 디스크의 특정 영역에 메타데이터와 함께 쓰는 방법을 제공한다. 데이터가 하드 드라이브에 안전하게 저장되면 거의 데이터 손실 가능성 없이 타깃 파일에 병합되거나 추가될 수 있다. 이 데이터가 디스크의 데이터 영역에 커밋commit됨에 따라 저널 안의 모든 데이터가 커밋되기 전에 시스템에 문제가 발생하더라도 파일 시스템의 일관성이 여전히 유지되도록 저널이 업데이트된다. 다음번 부팅 때 파일 시스템 일관성을 점검하고 저널에 남아 있는 데이터를 디스크의 데이터 영역에 커밋해 타깃 파일의 업데이트를 완료한다.

저널링은 분명히 데이터 쓰기 성능에 영향을 주지만 성능과 데이터 무결성data integrity 및 안전 사이에서 사용자가 선택할 수 있는 세 가지 옵션이 있다. EXT4 매뉴얼 페이지에 이들의 설정에 대한 설명이 있다.

- journal: 메타데이터와 파일 내용을 주 파일 시스템에 커밋하기 전에 저널에 기록한다.
- writeback: 메타데이터는 저널에 기록하지만 파일 내용을 기록하지 않는다. 이는 좀 더 빠르지만 쓰기 순서가 어긋날 수 있고 크래시 때 추가된 파일의 경우 다음 마운트 때 쓰레기가 섞일 수 있다.
- ordered: 이 옵션은 약간 writeback 같지만 관련된 메타데이터를 저널에 커밋했다고 표시하기 전에 반드시 파일 내용을 쓴다. 이는 신뢰성reliability과 성능 사이의 수용할 만한 절충이고 새로운 EXT3와 EXT4 파일 시스템의 디폴트 설정이다.

개인적으로는 중간 지점을 선호한다. 내 환경에서는 많은 디스크 쓰기 활동을 요구하지 않으므로 일반적으로 성능은 문제가 되지 않는다. 나는 신뢰성과 적

15. 위키피디아, Journaling File System, https://en.wikipedia.org/wiki/Journaling_file_system

당히 좋은 성능을 제공하는 디폴트 설정을 이용한다. 이 선택은 /etc/fstab에 마운트 옵션으로 설정하거나 GRUB2 커널 옵션을 수정해 커널에 옵션으로 전달되는 부트 파라미터로 설정할 수 있다.

저널링 기능은 하드 드라이브에 문제가 발생한 뒤에 일관성을 점검하는 데 필요한 시간을 몇 시간이나 며칠에서 최대 몇 분 만으로 단축시킨다. 물론 이 시간은 여러 가지 요인, 특히 드라이브의 크기와 종류에 따라 크게 달라질 수 있다. 수년 동안 나의 시스템을 크래시시킨 여러 가지 문제를 겪어봤다. 자세히 말하자면 별도로 한 장[chapter]이 되겠지만 대부분 전원 플러그를 발로 찬다든지 스스로 일으킨 일들이었다고 말할 수 있다. 다행히도 EXT 저널링 파일 시스템이 부팅 복구 시간을 2~3분으로 줄여줬다. 게다가 저널링과 함께 EXT3를 사용하기 시작한 이래로 데이터를 잃은 적이 없다.

EXT4의 저널링 기능은 끌 수 있고, 그러면 EXT2 파일 시스템으로 동작한다. 저널 자체는 여전히 존재하지만 비어있고 사용되지 않는다. 간단히 마운트 명령에 type 파라미터로 EXT2를 지정해 파티션을 다시 마운트한다. 사용하는 파일 시스템에 따라 이를 커맨드라인에서 할 수도 있지만 /etc/fstab 파일에서 타입 지정자를 바꾼 다음 재부팅하면 된다. 개인적으로 데이터 손실과 복구 시간 증가 때문에 EXT3나 EXT4 파일 시스템을 EXT2로 마운트하지 말 것을 강력히 추천한다.

다음과 같은 명령을 이용해서 저널을 추가해 기존의 EXT2 파일 시스템을 업그레이드할 수 있다. /dev/sda1은 드라이브와 파티션 식별자다. 변경이 적용되게 하고자 반드시 /etc/fstab에서 파일 타입 지시자를 바꾸고 파티션을 다시 마운트해야 한다.

```
tune2fs -j /dev/sda1
```

EXT2 파일 시스템이 2001년에 저널이 포함된 EXT3로 대치됐기 때문에 이렇게 할 필요는 거의 없을 것이다.[16]

데이터 할당 전략

EXT 파일 시스템은 파일 단편화를 최소화하는 몇 가지 데이터 할당 전략을 구현한다. 단편화를 줄이면 파일 시스템 성능이 향상된다.

EXT4 파일 시스템의 데이터 할당은 익스텐트를 이용해 관리된다. 익스텐트는 하드 드라이브상의 시작과 끝 지점으로 기술된다. 이로 인해 매우 긴 물리적으로 연속된 파일들을 하나의 inode 포인터 항목으로 기술할 수 있고 큰 파일의 모든 데이터 위치를 기술하는 데 필요한 포인터의 개수를 크게 줄일 수 있다. 단편화를 더 줄이고자 다른 할당 전략들도 EXT4에 구현됐다.

EXT4는 새로 만들어진 파일을 디스크 전체에 흩뿌려서 FAT 같은 여러 초기 PC 파일 시스템에서처럼 파일들이 디스크의 시작 부분의 한곳에서 불리지 않게 함으로써 단편화를 줄인다. 파일 할당 알고리듬은 실린더 그룹 사이에 파일들을 최대한 고르게 퍼뜨리려고 시도하고, 단편화를 피할 수 없다면 불연속된 파일 익스텐트가 같은 파일에 속한 다른 익스텐트와 가까워서 헤드 이동head seek과 회전 지연rotational latency이 가능한 한 최소화되게 한다. 새로운 파일이 만들어지거나 기존 파일이 확장될 때 여분의 디스크 공간을 미리 할당하고자 추가적인 전략들이 사용된다. 이는 파일의 확장이 자동으로 단편화로 연결되지 않게 하는 데 도움이 된다. 새로운 파일을 절대 기존 파일 끝에 바로 붙여 할당하지 않는 것도 기존 파일의 단편화를 줄이거나 막는다.

디스크상 데이터의 실제 위치 외에도 EXT4는 데이터에 공간을 할당하기 전에 디스크에 쓸 모든 데이터를 모을 수 있도록 지연 할당delayed allocation 같은 기능

16. 위키피디아, EXT3, https://en.wikipedia.org/wiki/Ext3

전략[functional strategy]을 사용한다. 이는 할당된 데이터 공간이 연속될 확률을 높여 줄 수 있다.

데이터 단편화

FAT와 모든 NTFS 변종 같은 여러 가지 오래된 PC 파일 시스템의 경우 단편화는 하드 드라이브 성능을 감소시키는 중요한 문제였다. 조각 모으기[defragmentation]가 자체로 산업이 됐고 매우 효과적인 것부터 아주 미미한 것에까지 여러 종류의 조각 모으기 소프트웨어가 있다.

하드 드라이브는 고속으로 회전하는 자기 디스크와 움직이는 헤드를 이용해서 올바른 트랙 위로 데이터 읽기/쓰기 변환자를 옮긴다. 파일이 단편화돼 있을 때 지연을 발생시키는 것은 바로 이 대기시간으로, 헤드가 특정 트랙을 찾아 이동한 다음 읽기/쓰기 헤드가 원하는 데이터 블록을 읽을 때까지 기다리는 시간이다. SSD 드라이브도 파일 단편화가 생길 수 있지만 모든 고체 상태 메모리와 마찬가지로 SSD가 하드 드라이브를 흉내내지만 전통적인 하드 드라이브의 회전하는 원반과 움직이는 헤드가 없기 때문에, 성능상 불이익이 없다.

리눅스의 확장 파일 시스템은 하드 드라이브에 있는 파일의 단편화를 최소화하고 단편화가 생기더라도 그 영향을 줄이는 데 도움이 되는 데이터 할당 전략을 사용한다. EXT 파일 시스템에서 `fsck` 명령을 이용해 파일 시스템 전체의 단편화를 확인할 수 있다. 다음의 보기는 내 주 워크스테이션의 홈 디렉터리를 확인한다. 이 디렉터리는 1.5%만 단편화돼 있었고, 나의 부지런한 기술 검토자인 제이슨의 홈 데스크탑 워크스테이션은 1.2% 단편화돼 있었다.

```
fsck -fn /dev/mapper/vg_01-home
```

VM의 홈 디렉터리들은 얼마나 단편화돼 있는지 살펴보자.

실험 19-2

VM의 하드 드라이브에 얼마나 많은 파일 단편화가 있는지 살펴보자. 이 실험은 root로 수행한다.

fsck[filesystem check] 명령은 보통 크래시나 기타 파일 시스템의 일관성을 망가뜨리는 사고 이후 파일 시스템을 수리하고자 사용된다. 또한 단편화를 보고하는 데 쓰이기도 한다. -f 옵션은 파일 시스템이 깨끗하다고 표시돼 있더라도 점검하게 하고, -n 옵션은 fsck가 문제를 찾아도 고치지 않게 한다. 다음은 파일 시스템의 현재 상태에 대한 짧은 보고서를 만들어낸다.

```
[root@studentvm1 ~]# fsck -fn /dev/mapper/fedora_studentvm1-home
fsck from util-linux 2.32.1
e2fsck 1.44.3 (10-July-2018)
Warning! /dev/mapper/fedora_studentvm1-home is mounted.
Warning: skipping journal recovery because doing a read-only filesystem
check.
Pass 1: Checking inodes, blocks, and sizes
Pass 2: Checking directory structure
Pass 3: Checking directory connectivity
Pass 4: Checking reference counts
Pass 5: Checking group summary information
home: 289/131072 files (0.0% non-contiguous), 26578/524288 blocks
[root@studentvm1 ~]#
```

inode나 데이터 블록 개수의 불일치 같은 문제가 가끔 보고되기도 한다. 이는 물리적 하드 드라이브와 마찬가지로 가상 하드 드라이브에서도 일반적인 연산 중에 일어날 수 있다. 때로 적절히 셧다운하지 않고 VM의 전원을 끈 적이 있다. 여러분이 이런 에러를 겪을 가능성은 낮다.

먼저 fsck 출력의 마지막 줄을 보자. 0.0%의 비연속 블록이 있는데, 단편화가

0%라는 의미다. 제이슨은 그의 StudentVM1 호스트에 1.9%의 단편화가 있었다고 한다. 이는 정확하지 않을 수 있는데, 실제 수치는 매우 작고 소수점 이하 첫째 자리 안에 있지 않을 수 있기 때문이다. 현실적인 관점에서 0.0%는 기본적으로 단편화가 없음을 의미한다.

이 줄의 다른 숫자들은 약간 모호하다. `fsck`의 매뉴얼 페이지를 읽고 여러 웹사이트를 찾아보고 나서 이들 숫자들이 명시적으로 정의돼 있지 않음을 알게 됐다. 내 생각에 첫 번째 쌍은 총 131,072개의 inode 중 114개가 사용됐음을 뜻하는 것 같다. 이는 파일과 디렉터리(디렉터리는 그저 디렉터리 엔트리을 담고 있는 파일이다)가 114개 있음을 의미한다.

실험 19-1의 `dumpe2fs` 출력과 교차 확인해보면 숫자 131,072는 inode의 전체 개수가 맞고 남은 inode 수는 130,958개로, 둘 사이의 차이가 114개다. 전체 블록 수 524,288도 남은 블록 수와의 차이가 일치하므로 처음의 내 가정이 옳다고 결론내릴 수 있다.

여러분의 VM에서 이들 숫자가 모두 맞는지 확인하기 바란다.

디스크 조각 모음이 눈에 띄는 성능 향상을 이룰지 알아보고자 이론적인 계산을 한번 해봤다. 약간의 가정을 하기는 했지만 내가 사용한 디스크 성능 데이터는 트랙 탐색[seek] 시간이 2.0ms인, 당시 최신 300GB 웨스턴 디지털 하드 드라이브에서 얻은 것이었다. 이 예의 숫자는 내가 계산한 당일의 파일 시스템에서 실제로 얻은 숫자다. 상당히 많은 양(20%)의 단편화된 파일들이 매일 접근된다고 가정했다.

하루당 총 추가 탐색 시간을 두 가지로 계산했다. 하나는 트랙 탐색 시간에 기반을 두고 있는데, EXT 파일 할당 전략에 따르면 대부분의 파일에 해당하는 시나리오다. 다른 하나는 평균 탐색 시간을 이용했는데, 공정한 최악의 시나리오를 가정한 것이다.

전체 파일 수	271,794
단편화 비율(%)	5.00%
불연속	13,590
매일 접근되는 단편화된 파일의 비율(%)(가정)	20%
추가 탐색 횟수	2,718
평균 탐색 시간	10.90ms
하루당 총 추가 탐색 시간	29.63초
트랙 탐색 시간	2.00ms
하루당 총 추가 탐색 시간	5.44초

그림 19-6. 단편화가 디스크 성능에 미치는 이론적인 영향

그림 19-6을 보면 현대 EXT 파일 시스템에 대한 단편화의 영향이 심지어 보통 성능의 하드 드라이브에서조차 아주 작고 대부분의 애플리케이션에서 무시할 수 있음을 알 수 있다. 여러분은 여러분 환경의 숫자를 비슷한 스프레드시트에 넣어 기대하는 성능에 대한 영향을 살펴볼 수 있다. 이런 종류의 계산은 실제 성능을 반영하지 않을 가능성이 높지만 단편화와 시스템에 대한 그 이론적인 영향을 약간 이해할 수 있게 해준다. 또한 제이슨은 거의 반복적으로 접근되는, 애플리케이션 자체는 비순차적으로 읽는, 즉 이리저리 뛰어다닐 일이 많아서 우선 디스크 I/O가 이미 제한 요인인 매우 큰 파일(보통 데이터베이스나 데이터스토어)에서 단편화의 눈에 띄는 영향을 겪었다고 한다.

나의 주 워크스테이션에 있는 대부분의 파티션은 대략 1.5%내지 1.6% 단편화돼 있다. 어떤 논리적 볼륨에 있는 128GB 파일 시스템은 3.3% 단편화돼 있기도 하다. 그것은 100개 미만의 매우 큰 ISO 이미지 파일이 있는 것이었고, 해당 볼륨이 너무 꽉 찰 때마다 수년간 여러 번 확장해야 했다. 이는 처음부터 볼륨에 더 많은 공간을 할당할 수 있었을 때보다 더 많은 단편화를 낳았다.

어떤 애플리케이션 환경은 좀 더 적은 단편화를 좀 더 보장해주기를 요구한다. EXT 파일 시스템은 지식이 많고 특정 종류의 작업 부하를 보상하게 파라미터를 조정할 수 있는 관리자에 의해 세심하게 튜닝될 수 있다. 이는 파일 시스템을 만들어질 때나 나중에 tune2fs 명령을 이용해 이뤄질 수 있다. 각 튜닝 변경의 결과는 테스트되고, 꼼꼼하게 기록되고, 타깃 환경의 최고 성능을 보장하게 분석돼야 한다. 성능이 바라는 수준으로 향상될 수 없는 최악의 경우 특정 작업 부하에 좀 더 적합한 다른 종류의 파일 시스템이 존재할 수 있다. 그리고 기억할 것은 하나의 호스트 시스템에 각 파일 시스템에 부여된 작업에 맞는 여러 종류의 파일 시스템을 섞어 쓰는 것이 흔한 일이라는 점이다.

대부분의 EXT 파일 시스템에 단편화가 적기 때문에 조각 모음은 필수적이지 않다. 아무튼 EXT 파일 시스템용 안전한 조각 모음 도구가 존재하지 않는다. 개발 파일의 단편화나 파일 시스템에서 가용 공간의 단편화를 확인할 수 있는 몇 가지 도구가 있다. 한 가지 도구는 e4defrag로, 남아 있는 여유 공간이 허용하는 만큼 하나의 파일, 디렉터리나 파일 시스템에 대해 조각 모음을 수행할 것이다. 이름이 암시하듯이 EXT4 파일 시스템상의 파일에만 적용되며, 약간의 제한이 있다.

실험 19-3

이 실험은 root로 수행한다. 다음과 같은 명령을 실행해서 파일 시스템의 단편화 상태를 점검한다.

```
[root@studentvm1 ~]# e4defrag -c /dev/mapper/fedora_studentvm1-home
e4defrag 1.44.3 (10-July-2018)
<Fragmented files>                                  now/best     size/ext
1. /home/student/dmesg2.txt                            1/1          44 KB
2. /home/student/.xsession-errors                      1/1           4 KB
3. /home/student/dmesg3.txt                            1/1          44 KB
```

```
4. /home/student/.bash_history                1/1          4 KB
5. /home/student/.ssh/authorized_keys         1/1          4 KB

Total/best extents                           87/85
Average size per extent                      17 KB
Fragmentation score                          4
[0-30 no problem: 31-55 a little bit fragmented: 56- needs defrag]
This device (/dev/mapper/fedora_studentvm1-home) does not need
defragmentation.
Done.
```

이 출력은 단편화된 파일의 목록, 점수, 점수를 해석하는 방법에 대한 정보를 보여준다. 또한 조각 모음을 할지 말지에 대한 추천도 담고 있다. 이들 파일이 단편화돼 있다고 표시돼 있는 이유는 확실치 않다. 이들 각각은 하나의 익스텐트만 갖고 있으므로 당연히 100% 연속돼 있기 때문이다.

이들 파일 중 하나를 조각 모음해서 어떻게 보이는지 살펴보자. 여러분의 테스트를 위해 가장 많이 단편화된 파일을 고른다.

```
[root@studentvm1 ~]# e4defrag -v /home/student/dmesg2.txt
e4defrag 1.44.3 (10-July-2018)
ext4 defragmentation for /home/student/dmesg2.txt
[1/1]/home/student/dmesg2.txt: 100% extents: 1 -> 1   [ OK ]
 Success:                        [1/1]
```

e4defrag에 대한 더 많은 정보와 한계는 해당 매뉴얼 페이지를 읽기 바란다.

EXT1, 2, 3 파일 시스템을 조각 모음하는 안전한 도구는 없다. 그리고 자체의 매뉴얼 페이지에 따르면 e4defrag 유틸리티는 완전한 조각 모음을 수행한다고 보장하지 않는다. 파일 단편화를 '줄일' 수는 있을 것이다. 실험 19-3의 보고서

에 있는 비일관성에 근거해서 나는 이 유틸리티를 그다지 사용하고 싶지 않고, 아무튼 거의 사용할 필요가 없다.

EXT 파일 시스템에서 완전한 조각 모음을 수행할 필요가 있다면 안심하고 사용할 수 있는 오직 한 가지 방법이 있다. 조각 모음을 할 모든 파일을 현재 파일 시스템에서 다른 곳으로 안전하게 복사한 다음 원본을 삭제하는 것이다. 가능하면 앞으로의 단편화를 줄이도록 파일 시스템의 크기를 늘릴 수 있다. 그런 다음 파일들을 타깃 파일 시스템으로 다시 복사한다. 이마저도 모든 파일이 완전히 조각 모음이 된다고 보장하지 않는다.

문제를 고치기

/etc/fstab 파일이 잘못 설정된다든지 해서 호스트가 부팅되지 않는 문제를 고칠 수 있지만 그러려면 수정할 설정 파일이 있는 파일 시스템을 마운트해야 한다. 문제의 파일 시스템이 리눅스 시작 동안 마운트될 수 없다면 문제가 된다. 이는 수리 작업을 수행하려면 호스트가 복구 모드recovery mode로 부팅돼야 함을 의미한다.

/etc/fstab 파일

리눅스는 파일 시스템을 디렉터리 트리의 어디에 마운트할지 어떻게 알까? /etc/fstab 파일은 파일 시스템과 파일 시스템이 마운트될 마운트 포인트를 정의한다. /etc/fstab을 잠재적인 문제로 이미 언급했기 때문에 무엇이 문제인지 살펴보자. 그런 다음 /etc/fstab 파일을 망가뜨리고 어떻게 고치는지 살펴본다.

그림 19-7은 VM인 StudentVM1의 /etc/fstab이다. 여러분의 fstab도 부트 파티션의 UUID 값을 제외하고는 거의 같을 것이다. fstab의 기능은 시작 때 마운트될 파일 시스템과 각 파일 시스템이 마운트될 마운트 포인트를 필요한 옵션과 함

께 명시하는 것이다. 각 파일 시스템은 시작 절차에서 각각을 식별하고자 /etc/fstab에서 참조할 수 있는 최소한 하나의 속성을 갖는다.

이 간단한 fstab에서 각각의 파일 시스템을 나타내는 줄(항목)은 여섯 칼럼의 데이터를 담고 있다.

```
#
# /etc/fstab
# Created by anaconda on Sat Dec 22 11:05:37 2018
#
# Accessible filesystems, by reference, are maintained under '/dev/disk/'.
# See man pages fstab(5), findfs(8), mount(8) and/or blkid(8) for more info.
#
# After editing this file, run 'systemctl daemon-reload' to update systemd
# units generated from this file.
#
/dev/mapper/fedora_studentvm1-root /                       ext4    defaults        1 1
UUID=9948ca04-c03c-4a4a-a9ca-a688801555c3 /boot            ext4    defaults        1 2
/dev/mapper/fedora_studentvm1-home /home                   ext4    defaults        1 2
/dev/mapper/fedora_studentvm1-tmp /tmp                     ext4    defaults        1 2
/dev/mapper/fedora_studentvm1-usr /usr                     ext4    defaults        1 2
/dev/mapper/fedora_studentvm1-var /var                     ext4    defaults        1 2
/dev/mapper/fedora_studentvm1-swap swap                    swap    defaults        0 0
```

그림 19-7. StudentVM1의 파일 시스템 테이블(fstab)

첫 번째 칼럼은 파일 시스템을 식별하는 식별자로, 시작 프로세스가 이 줄에서 어느 파일 시스템을 처리할지를 알려준다. 파일 시스템을 식별하는 데에는 여러 가지 방법이 있는데, 그중 두 가지가 여기 나와 있다. 그림 19-7의 /boot 파티션은 UUID[Universal Unique IDentifier]로 식별된다. 이는 고유하다는 것을 보장하게 생성된 ID로, 다른 파티션은 같은 UUID를 가질 수 없다. UUID는 파일 시스템이 만들어질 때 생성되고 파티션의 슈퍼블록에 저장된다.

내 VM의 다른 모든 파티션은 /dev 디렉터리에 있는 장치 특수 파일의 경로로 식별된다. 다른 방법은 설치 과정에서 파일 시스템을 만들 때 입력한 레이블[label]

을 이용하는 것이다. fstab의 전형적인 항목은 그림 19-8과 같다.

```
LABEL=boot /boot             ext4     defaults          1 2
```

그림 19-8. /etc/fstab에서 레이블을 이용해서 파일 시스템을 식별하는 방법

파일 시스템 레이블도 파티션 슈퍼블록에 저장된다. fstab의 /boot 파티션 항목을 해당 파티션을 식별하게 이미 만들어둔 레이블을 사용하도록 바꿔보자.

실험 19-4

이 실험은 root로 수행한다. 부트 파티션의 장치 특수 ID를 확인한 다음 /boot 파티션의 슈퍼블록의 내용을 덤프한다.

```
[root@studentvm1 ~]# lsblk
NAME                         MAJ:MIN RM SIZE RO TYPE MOUNTPOINT
sda                            8:0    0  60G  0 disk
├─sda1                         8:1    0   1G  0 part /boot
└─sda2                         8:2    0  59G  0 part
├─fedora_studentvm1-root     253:0    0   2G  0 lvm  /
<생략>
[root@studentvm1 ~]# dumpe2fs /dev/sda1
dumpe2fs 1.44.3 (10-July-2018)
Filesystem volume name:   boot
Last mounted on:          /boot
Filesystem UUID:          9948ca04-c03c-4a4a-a9ca-a688801555c3
<생략>
```

`Filesystem volume name`이 레이블이다. 이를 테스트할 수 있다. 레이블을 바꾼 다음 슈퍼블록을 확인해보자.

```
[root@studentvm1 ~]# e2label /dev/sda1 MyBoot
[root@studentvm1 ~]# dumpe2fs /dev/sda1
Filesystem volume name:   MyBoot
Last mounted on:          /boot
Filesystem UUID:          9948ca04-c03c-4a4a-a9ca-a688801555c3
<생략>
```

슈퍼블록의 파일 시스템 UUID가 그림 19-7의 /etc/fstab 파일의 내용과 같음을 주목한다. Vim 편집기를 이용해서 현재의 /boot 파티션 항목을 주석 처리하고 레이블을 사용해 새로운 항목을 만든다. fstab은 이제 다음처럼 보일 것이다. 칼럼을 더 잘 정렬해 좀 더 깔끔하게 수정했다.

```
<생략>
#
/dev/mapper/fedora_studentvm1-root /              ext4  defaults    1 1
# UUID=9948ca04-c03c-4a4a-a9ca-a688801555c3 /boot ext4  defaults    1 2
LABEL=boot                         /boot          ext4  defaults    1 2
/dev/mapper/fedora_studentvm1-home /home          ext4  defaults    1 2
/dev/mapper/fedora_studentvm1-tmp  /tmp           ext4  defaults    1 2
/dev/mapper/fedora_studentvm1-usr  /usr           ext4  defaults    1 2
/dev/mapper/fedora_studentvm1-var  /var           ext4  defaults    1 2
/dev/mapper/fedora_studentvm1-swap swap           swap  defaults    0 0
```

StudentVM1을 재부팅해 변경 사항이 기대한 대로 적용됐는지 확인한다. 아직 적용되지 않았다.

지시 사항을 세심하게 따랐다면 시작하는 동안에(부팅 이후에)[17] 그림 19-9의 마지막 줄에 있는 메시지와 함께 이 문제가 나타날 것이다. 이는 부트 장치(/dev/sda1)를 마운트할 수 없음을 나타낸다.

17. 16장 참고

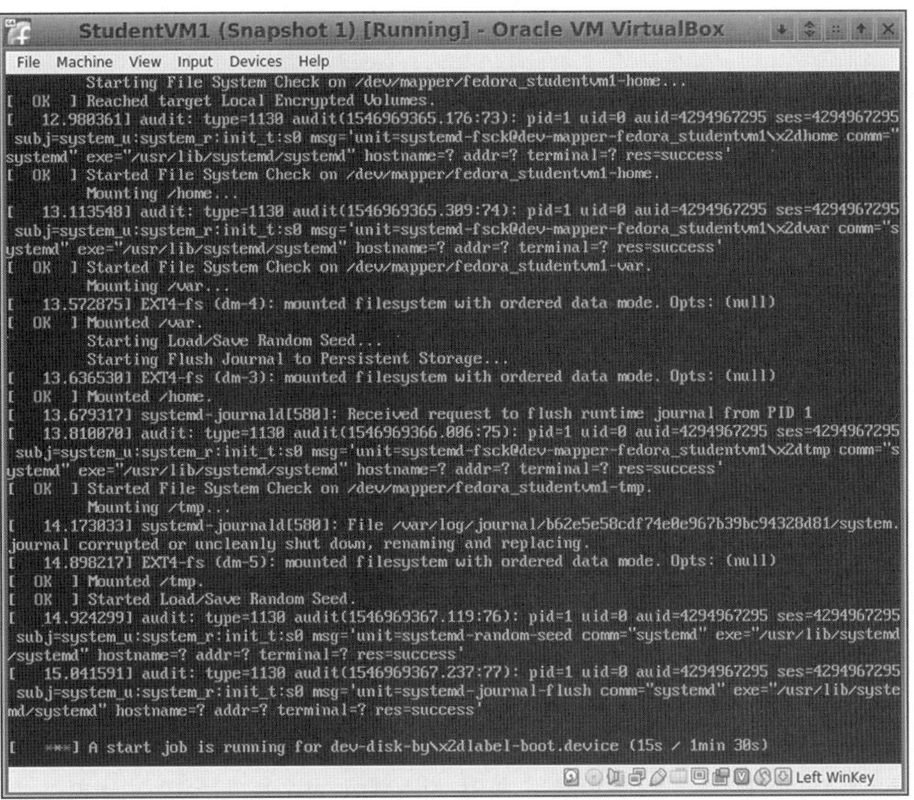

그림 19-9. fstab을 수정하고 나서 StudentVM1을 재부팅하는 도중 에러가 발생했다.

이유를 알 수 있겠는가? 나는 알고 있다. 나는 의도적으로 파일 시스템 레이블을 MyBoot에서 boot로 바꾸는 단계를 빠뜨렸다.

1분 30초 타임아웃을 기다리면 시스템이 파일 시스템을 마운트할 수 없다고 단정하고 자동으로 '비상emergency' 모드로 진행할 것이다. root 패스워드를 입력하고 엔터키를 눌러 진행한다.

현재의 파일 시스템 레이블을 확인하고 'boot'로 바꾼다.

```
[root@studentvm1 ~]# e2label /dev/sda1
```

```
MyBoot
[root@studentvm1 ~]# e2label /dev/sda1 boot
[root@studentvm1 ~]# [ 188.3880009] EXT4-fs (sda1): mounted filesystem with
ordered data mode. Opts: (null)
```

레이블이 바뀌자마자 위의 메시지와 함께 파일 시스템이 마운트된다. 이제 시스템을 그래피컬 타깃graphical target(실행 수준 5)으로 기동시키자.

```
[root@studentvm1 ~]# systemctl isolate graphical.target
```

수리하거나 시스템을 비상 타깃에서 그래피컬 타깃으로 바꾸고자 재부팅을 할 필요가 없음을 주목하기 바란다.

다시 돌아가서 fstab 파일을 분해해보자. 그림 19-7에 있는 /etc/fstab 파일의 두 번째 칼럼은 칼럼 1의 데이터로 식별된 파일 시스템을 마운트하는 마운트 포인트다. 이들 마운트 포인트는 파일 시스템이 마운트되는 빈 디렉터리다.

세 번째 칼럼은 파일 시스템 종류를 지정하는데, 여기서는 대부분 EXT다. 그림 19-7에서 한 가지 다른 항목은 스왑 파티션이다. 그림 19-10은 VFAT 장치 항목을 보여주는데, 이는 보통 USB 메모리가 포맷되는 방식이다. 이 장치의 마운트 포인트는 /media/SS-R100이다.

```
LABEL=SS-R100          /media/SS-R100          vfat    user,noauto,defaults        0 0
```

그림 19-10. USB 메모리 스틱을 위한 fstab 항목. 가능한 또 다른 설정을 보여준다.

fstab 파일의 네 번째 칼럼의 데이터는 옵션 목록이다. mount 명령에는 여러 옵션이 있고 옵션마다 디폴트 설정이 있다. 그림 19-7에서 fstab의 네 번째 칼럼은 마운트될 파일 시스템이 모두 디폴트 설정을 이용한다는 것을 보여준다.

그림 19-10에서는 디폴트 중 몇 가지가 오버라이드됐다. 'user' 옵션은 해당 파일 시스템을 아무나, 심지어 다른 사용자가 해당 파일 시스템을 이미 마운트했더라도 마운트하거나 마운트 해제할 수 있음을 의미한다. 'noauto' 옵션은 이 파일 시스템이 리눅스 시작 때 자동으로 마운트되지 않음을 의미한다. 시작한 다음에 수동으로 마운트되거나 마운트 해제될 수 있다. 이는 파일을 공유할 때나 다른 장소에서 일하고자 파일을 이동할 때 쓰일 수 있는 USB 메모리 스틱 같은 이동식 장치에 이상적이다.

마지막 두 칼럼은 숫자다. 그림 19-7에서 /home 항목에서는 각각 1과 2다. 첫 번째 숫자는 백업할 때 사용할 수 있는 dump 명령이 사용한다. dump 명령은 더 이상 백업용으로 거의 사용되지 않으므로 이 칼럼은 보통 무시된다. 어쩌다 누군가 여전히 dump를 이용해 백업을 한다면 이 칼럼의 1은 이 파일 시스템 전체를 백업하라는 뜻이고 0은 이 파일 시스템을 백업하지 말라[skip]는 의미다.

마지막 칼럼도 숫자다. 시작할 때 파일 시스템들에 대해 fsck가 실행될 순서를 지정한다. 0은 해당 파일 시스템에 대해 fsck를 실행하지 말라는 의미다. 1은 이 파일 시스템에 대해 첫 번째로 fsck를 실행하라는 의미다. 루트 파티션은 그림 19-7에 있는 이 칼럼의 숫자에서 볼 수 있듯이 언제나 먼저 점검된다.

나머지 항목들은 이 칼럼이 0으로 설정돼 있는데, 루트 파일 시스템의 점검이 끝날 때까지는 이들 파일 시스템에 대해 fsck를 실행하지 않을 것이라는 의미다. 그런 다음에 2로 설정돼 있는 모든 파일 시스템이 순차적이 아니라 병렬로 점검돼 전체적인 점검이 더 일찍 끝나게 한다.

일반적으로 파일 시스템들을 /(루트) 파일 시스템에 바로 있는 마운트 포인트에 마운트하는 것을 모범 사례로 간주하지만 다단계 마운트 포인트를 사용할 수도 있다. 그림 19-11은 다단계 마운트의 예다. 예를 들어 /usr 파일 시스템은 /usr 디렉터리에 마운트된다. 그림 19-2에 /usr/local 디렉터리의 목록이 나와 있다. 이 디렉터리는 로컬에서 만들어진 실행 파일들, 특히 스크립트들을 /usr/local/bin

에, 설정 파일들을 /usr/local/etc에 담고, 라이브러리, 매뉴얼 페이지 등도 담고 있다. 나는 'local' 파일 시스템이 /usr에 마운트된 시스템을 본 적이 있다. 이는 리눅스 업그레이드 때 추가적인 유연성을 제공한다. 업그레이드나 제설치 때 /usr/local 파일 시스템을 나머지 /usr 파일 시스템처럼 포맷할 필요가 없기 때문이다.

루트 파일 시스템	/usr 파일 시스템	/usr/local 파일 시스템
. ├── bin -> usr/bin ├── boot ├── dev ├── etc ├── home ├── lib -> usr/lib ├── lib64 -> usr/lib64 ├── lost+found ├── media ├── mnt ├── opt ├── proc ├── root ├── run ├── sbin -> usr/sbin ├── srv ├── sys ├── tmp ├── usr ────────── └── var	usr 파일 시스템이 /usr 마운트 포인트에 마운트된다. . ├── bin ├── games ├── include ├── lib ├── lib64 ├── libexec ├── local ────────── ├── lost+found ├── sbin ├── share ├── src └── tmp -> ../var/tmp	local 파일 시스템이 /usr/local 마운트 포인트에 마운트된다. . ├── bin ├── etc ├── games ├── include ├── lib ├── lib64 ├── libexec ├── sbin ├── share └── src

그림 19-11. 좋은 습관으로 여겨지지는 않지만 다단계 마운트도 가능하다.
이 그림은 각 파일 시스템의 최상위 디렉터리만 보여준다는 것을 유의하기 바란다.

손상된 파일 시스템 수리

때로 부적절한 셧다운이나 하드웨어 고장으로 인해 파일 시스템 자체가 손상되기도 하고, 메타구조 불일치를 고쳐야 하기도 한다. 실험 19-2에서 말했듯이 inode 오류나 데이터 블록 개수 오류일 수 있다. 또한 고아[orphaned] inode를 마주치기도 한다. 고아 inode는 디렉터리나 실린더 그룹에 속하는 inode 목록에서 분리된 inode로, 찾아서 사용할 수 없는 inode다.

모든 파일 시스템에 대해 fsck를 실행하는 최선이자 가장 쉬운 방법은 호스트를 재부팅하는 것이다. systemd(시스템과 서비스 관리자)는 /etc/fstab에 있는 파일 시스템 항목의 마지막 칼럼에 0이 아닌 숫자가 있으면 시작할 때 모든 파일 시스템에 대해 fsck를 실행하도록 설정돼 있다. fsck 프로그램은 감지할 수 있는 문제가 있는지를 먼저 확인하는데, 시간이 별로 걸리지 않는다. fsck가 문제를 발견하면 문제를 해결한다.

실험 19-5

이 실험을 수행하고자 재부팅할 필요는 없지만 반드시 root로 수행해야 한다. /var/log/messages 파일은 부팅할 때 각각의 파일 시스템에 대해 fsck가 실행됐는지를 기록하는 항목을 담고 있다.

```
[root@studentvm1 log]# cd /var/log ; grep fsck messages
<생략>
Jan 8 17:34:39 studentvm1 audit[1]: SERVICE_START pid=1 uid=0
auid=4294967295 ses=4294967295 subj=system_u:system_r:init_t:s0
msg='unit=systemd-fsck-root comm="systemd" exe="/usr/lib/systemd/systemd"
hostname=? addr=? terminal=? res=success'
Jan 8 17:34:39 studentvm1 audit[1]: SERVICE_STOP pid=1 uid=0 auid=4294967295
ses=4294967295 subj=system_u:system_r:init_t:s0 msg='unit=systemd-fsck-root
comm="systemd" exe="/usr/lib/systemd/systemd" hostname=? addr=? terminal=?
```

```
res=success'
<생략>
```

이 한 쌍의 메시지는 루트 파일 시스템에 대해 fsck가 실행됐고 에러나 불일치가 발견되지 않았기 때문에 종료됐음을 말해준다. 부팅할 때마다 파일 시스템 각각에 대해 이런 메시지 쌍을 볼 수 있을 것이다.

시작할 때마다 fsck를 실행하기 때문에 커맨드라인에서 fsck를 실행할 이유는 거의 없다. 그럼에도 시스템 관리자는 때로 '절대 필요 없어야 할' 것들을 해야 한다. 그러므로 복구 모드rescue mode로 들어가서 대부분의 파일 시스템에 대해 수동으로 fsck를 실행할 방법이 있다.

실험 19-6

물리적 호스트에서 https://getfedora.org/의 페도라 다운로드 페이지로부터 최신 페도라 서버 ISO 이미지를 다운로드한다. 서버 이미지를 클릭한 다음 최신 '페도라 서버 다운로드' 페이지에서 적절한 이미지 아키텍처(x86_64 DVD ISO 이미지일 것이다)를 선택한다. 5장에서 StudentVM1에 페도라를 설치할 때 사용했던 원래의 페도라 라이브 이미지를 다운로드한 바로 그 위치에 이 이미지를 다운로드한다. StudentVM1의 전원을 끈다.

VirtualBox 관리자를 사용해서 StudentVM1 VM의 Settings 대화상자를 열고 Storage를 클릭한다. 광학 드라이브Optical drive(아마 IDE controller에 위치할 것이다)를 선택한 다음 대화상자의 Attributes 섹션에 있는 광학 드라이브 아이콘을 사용해서 새로운 서버 ISO 이미지를 선택한다. OK 버튼을 클릭한다.

Settings의 System 대화상자에서 optical drive가 부팅 가능한지와 부팅 장치 목록의 맨 위에 있는지를 확인한다. OK 버튼을 클릭한 다음 주 Settings 대화상자에서 또다시 OK를 클릭한다. StudentVM1을 부팅한다. 그림 19-12의 초기 메뉴에서 이것이 설치 이미지이고 라이브 이미지가 아님을 볼 수 있을 것이다. 이렇게 해서 이것이 서버 ISO 이미지임을 알 수 있다.

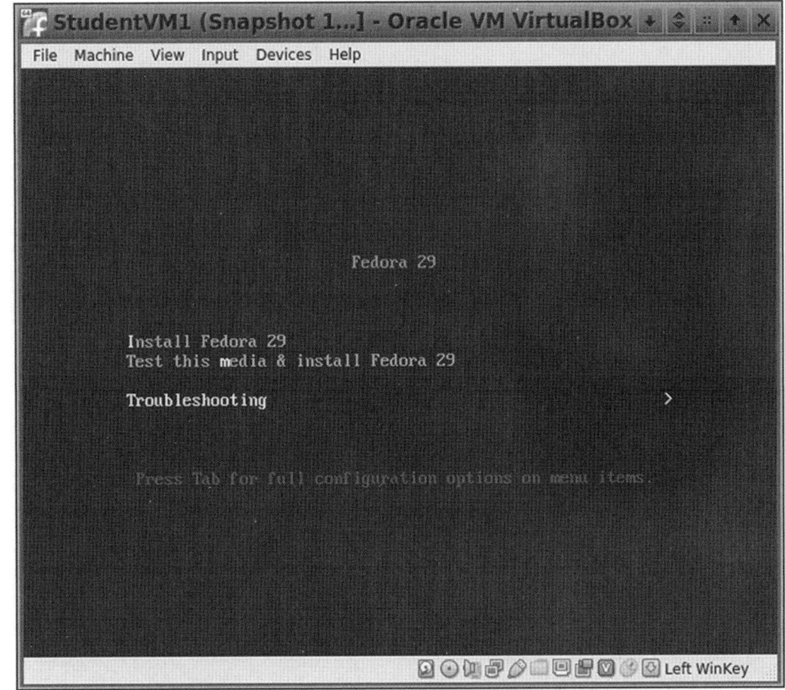

그림 19-12. 페도라 서버 부팅 메뉴에서 'Troubleshooting'을 선택한다

참고

나는 페도라 29를 설치하고 페도라 29 서버 이미지를 사용하지만 설치된 페도라 릴리스와 ISO 이미지 사이의 버전이 적당히 가깝다면 서로 다른 버전을 사용해서 복구를 수행할 수도 있다. 호스트에 설치된 릴리스보다 높은 릴리스의 ISO 이미지를 사용하기를 권장한다. 물론 언제나 호스트에 설치된 것과 같은 릴리스를 사용하는 것이 가장 좋다.

아래 화살표 키를 이용해서 'Troubleshooting' 메뉴 항목을 선택하고 엔터키를 누른다. 그러면 그림 19-13의 메뉴가 열리고 몇 가지 문제 해결 옵션을 제공한다.

페도라 설치Install Fedora를 선택하면 그래픽 어댑터가 비디오 드라이버와 문제가 생겼을 때 페도라를 매우 기초적인 그래픽 모드로 설치할 수 있다. 메모리 테스트memory test는 문제 있는 메모리 DIMM의 식별을 도와줄 수 있고, 나도 몇 번 사용해 봤다. 또한 로컬 드라이브로, 즉 하드 드라이브나 SSD에 설치된 운영체제로 부팅하거나 그냥 메인 메뉴로 돌아갈 수도 있다.

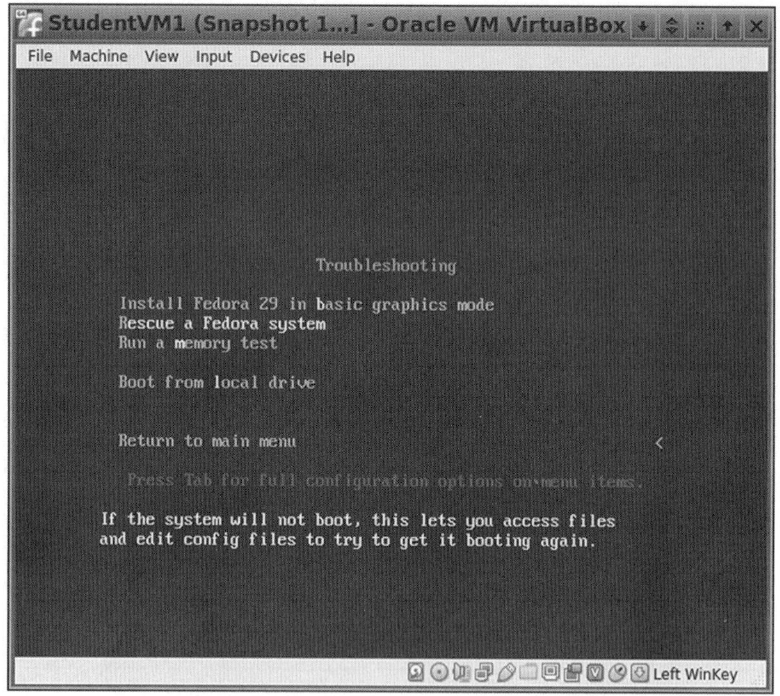

그림 19-13. 'Rescue a Fedora system'을 선택하고 엔터키를 누른다

'Rescue a Fedora system'을 선택하고 엔터키를 눌러 부팅 절차를 진행한다.

그림 10-14에 복구 메뉴가 보인다. 메뉴 항목 1은 복구 환경이 하드 드라이브상의 접근할 수 있는 모든 파일 시스템을 찾아 /mnt/sysimage/ 디렉터리에 마운트하게 한다. 그러면 내용을 살펴보고 파일 시스템이 온전한지 살펴본 후 문제를 일으킬 수 있는 설정 파일들을 수정할 수 있다.

복구 환경에서 하드 드라이브 파일 시스템들은 하드 드라이브에서 직접 부팅됐을 때와 똑같이 /dev 파일 시스템을 통해 접근할 수 있다. 따라서 fsck -n을 실행해 문제가 있는 파일 시스템을 식별할 수 있다. 루트(/) 파일 시스템을 제외하고 문제가 있는 파일 시스템을 마운트 해제한 뒤 fsck를 실행해 문제를 해결하고 다시 마운트할 수 있다. 문제 있는 파일 시스템을 모두 고친 뒤 하드 드라이브로 재부팅하면 파일 시스템 문제가 없는 시스템이 된다.

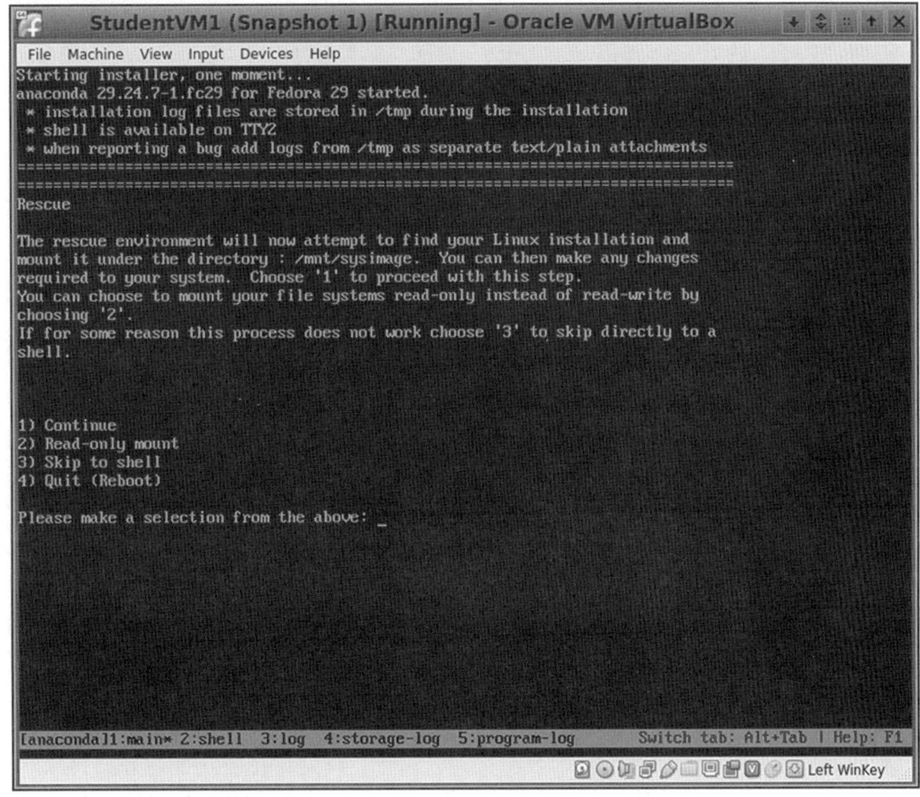

그림 19-14. 메뉴 항목 1을 선택해서 복구 환경을 계속한다.

그림 19-14의 화면에 있는 정보를 읽기 바란다. 이는 메뉴 항목들이 무슨 일을 하는지 알려준다. 메뉴 항목 3은 셸을 제공하지만 /dev 디렉터리에 장치 파일들이 없기 때문에 HDD나 SSD에 있는 파일 시스템에 접근할 수 없다.

복구 셸을 계속 진행하려면 1을 입력한다. 엔터키는 누를 필요가 없다. 그림 19-15는 파일 시스템이 있는 위치(/mnt/sysimage), 작업을 마친 뒤 시스템을 재부팅하는 방법, chroot 명령을 이용해 /mnt/sysimage 디렉터리를 최고 수준 시스템 디렉터리로 만드는 방법을 보여준다. chroot는 나중에 더 자세히 알아본다.

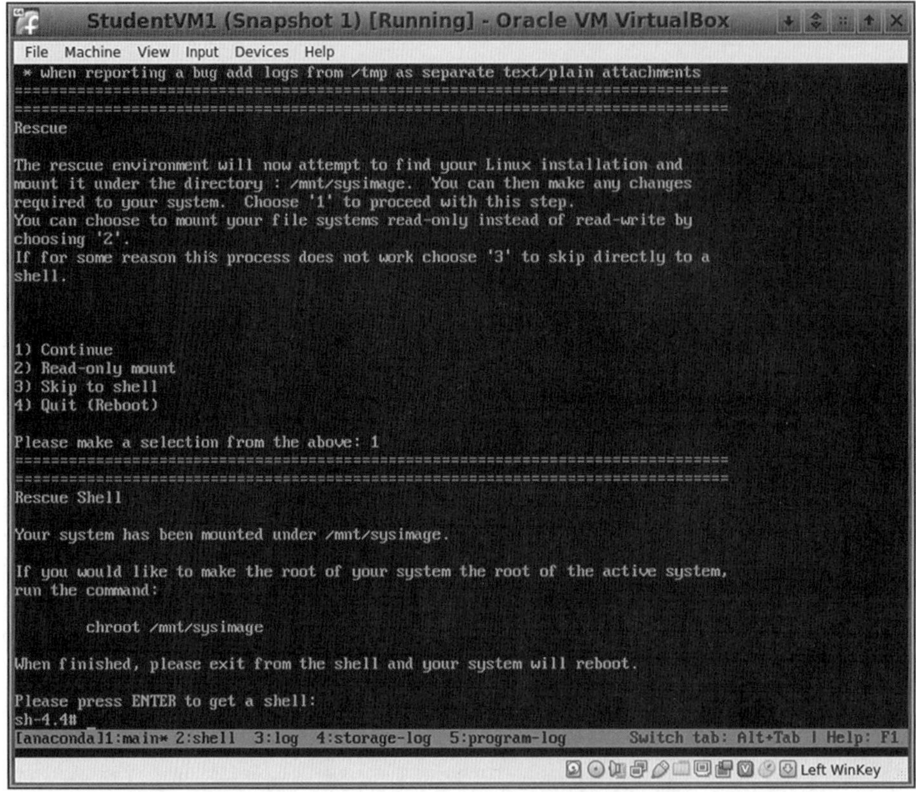

그림 19-15. 복구 셸에 대한 정보를 읽은 다음 엔터키를 눌러 복구 셸로 진입한다.

복구 셸에는 한계가 있다. Bash 셸에 있는 여러 도구, 매뉴얼 페이지, 일반 $PATH, 기타 환경 변수들이 없다. 오래된 vi에 해당하는 제한된 버전의 vim만이 사용할 수 있는 유일한 편집기다. PWD가 명령 프롬프트의 일부로 표시되지 않는다는 것에 주의하라. 커맨드라인 소환[recall]과 편집은 가능하다. 복구 셸에서 루트(/)를 제외한 모든 파일 시스템에 대해 fsck를 실행할 수 있다.

그에 앞서 복구 환경에서 수행한 단계들을 기록할 수 있는 또 다른 유틸리티인 script 명령이 있다. GUI 데스크탑이 아니라 콘솔이나 복구 셸을 사용하는 호스트에서 SSHD 서버가 실행될 수 없을 때 화면의 내용을 텍스트 형식으로 복사해서 그 텍스트를 책이나 기사에 복사해 넣기 매우 어렵다. script 유틸리티는 핵심 유틸리티 중 하나인 util-linux 패키지의 일부로, 전체 세션을 기록하고 그 결과를 텍스트 파일로 저장해 나중에 문서로 복사할 수 있다.

지금 복구 셸에 있으므로 script 유틸리티를 실행해보자. 출력 파일은 현재 /mnt/sysimage/tmp에 마운트돼 있는 /tmp 파일 시스템에 저장된다. 복구 모드 동안 스크립트 프로그램의 텍스트 파일 출력을 거기에 두면 정상 시작 후에 /tmp에서 찾을 수 있을 것이다. 이것이 /tmp를 루트(/) 파일 시스템의 일부보다는 분리된 파일 시스템으로 만드는 것의 또 한 가지 장점이다.

```
bash-4.4# script /mnt/sysimage/tmp/chapter-19.txt
Script started on 2019-01-12 08:36:33+00:00
```

이제 script 명령을 기록 환경에서 실행하고 있다. 커맨드라인에서 입력하고 STDOUT으로 보내진 모든 것이 지정된 파일에 기록된다. 복구 모드에 있는 동안 파일 시스템 디렉터리 트리 구조를 간단히 살펴보자.

```
bash-4.4# lsblk -i
NAME                  MAJ:MIN RM   SIZE RO TYPE MOUNTPOINT
loop0                   7:0    0 481.2M  1 loop
loop1                   7:1    0     2G  1 loop
|-live-rw             253:0    0     2G  0 dm   /
`-live-base           253:1    0     2G  1 dm
loop2                   7:2    0    32G  0 loop
`-live-rw             253:0    0     2G  0 dm   /
sda                     8:0    0    60G  0 disk
```

```
|-sda1                      8:1    0     1G  0 part /mnt/sysimage/boot
`-sda2                      8:2    0    59G  0 part
|-fedora_studentvm1-root  253:2    0     2G  0 lvm  /mnt/sysimage
|-fedora_studentvm1-home  253:3    0     2G  0 lvm  /mnt/sysimage/home
|-fedora_studentvm1-tmp   253:4    0     5G  0 lvm  /mnt/sysimage/tmp
|-fedora_studentvm1-usr   253:5    0    15G  0 lvm  /mnt/sysimage/usr
|-fedora_studentvm1-var   253:6    0    10G  0 lvm  /mnt/sysimage/var
`-fedora_studentvm1-swap  253:7    0     4G  0 lvm  [SWAP]
sr0                        11:0    1   2.9G  0 rom  /run/install/repo
```

/home 파일 시스템을 마운트 해제하고 더 이상 마운트돼 있지 않다는 것을 확인한다.

```
bash-4.4# umount /mnt/sysimage/home/
bash-4.4# lsblk -i
NAME                      MAJ:MIN RM   SIZE RO TYPE MOUNTPOINT
loop0                       7:0    0 481.2M  1 loop
loop1                       7:1    0     2G  1 loop
|-live-rw                 253:0    0     2G  0 dm   /
`-live-base               253:1    0     2G  1 dm
loop2                       7:2    0    32G  0 loop
`-live-rw                 253:0    0     2G  0 dm   /
sda                         8:0    0    60G  0 disk
|-sda1                      8:1    0     1G  0 part /mnt/sysimage/boot
`-sda2                      8:2    0    59G  0 part
|-fedora_studentvm1-root  253:2    0     2G  0 lvm  /mnt/sysimage
|-fedora_studentvm1-home  253:3    0     2G  0 lvm
|-fedora_studentvm1-tmp   253:4    0     5G  0 lvm  /mnt/sysimage/tmp
|-fedora_studentvm1-usr   253:5    0    15G  0 lvm  /mnt/sysimage/usr
|-fedora_studentvm1-var   253:6    0    10G  0 lvm  /mnt/sysimage/var
`-fedora_studentvm1-swap  253:7    0     4G  0 lvm  [SWAP]
sr0                        11:0    1   2.9G  0 rom  /run/install/repo
```

/home 파일 시스템에 대해 fsck를 실행한다. 문제가 없어 보이더라도 전체 검사를 수행하도록 -f 옵션을 사용해야 한다. 또한 -V(verbose) 옵션을 사용해서 메시지가 많이 출력되게 한다. 여러분의 결과는 이와 다를 수 있다.

```
bash-4.4# fsck -fV /dev/mapper/fedora_studentvm1-home
fsck from util-linux 2.32.1
e2fsck 1.44.3 (10-July-2018)
Pass 1: Checking inodes, blocks, and sizes
Pass 2: Checking directory structure
Pass 3: Checking directory connectivity
Pass 4: Checking reference counts
Pass 5: Checking group summary information
         289 inodes used (0.22%, out of 131072)
           0 non-contiguous files (0.0%)
           0 non-contiguous directories (0.0%)
             # of inodes with ind/dind/tind blocks: 0/0/0
             Extent depth histogram: 279
       26578 blocks used (5.07%, out of 524288)
           0 bad blocks
           1 large file

         225 regular files
          53 directories
           0 character device files
           0 block device files
           0 fifos
           3 links
           2 symbolic links (2 fast symbolic links)
           0 sockets
------------
         283 files
```

그리고 스크립트 명령 기록 환경에서 빠져 나온다.

```
bash-4.4# exit
exit
Script done on 2019-01-12 08:40:37+00:00
```

/home 파일 시스템에 오류나 불일치가 있었다면 fsck에 의해 수정됐을 것이다. VM의 전원을 끄고 광학 디스크 가상 드라이브에서 서버 DVD ISO 이미지를 제거한 뒤 StudentVM1을 재부팅한다.

잃어버린 파일 찾기

파일 시스템에 의해 또는 사용자에 의해 파일이 행방불명이 될 수 있다. 이는 fsck 도중이나 실행된 때나 방법에 상관없이 일어날 수도 있다.

이런 일이 일어나는 한 가지 이유는 파일 inode를 가리키는 파일의 디렉터리 엔트리가 손상돼 더 이상 해당 파일의 inode를 가리키지 않기 때문이다. 시작하는 동안 이런 일이 일어났을 때 고아가 된 inode에 대한 메시지를 볼 수 있을 것이다.

이들 파일이 실제로 사라진 것은 아니다. fsck 유틸리티는 inode를 찾았지만 이에 상응하는 그 파일의 디렉터리 엔트리가 없는 것이다. fsck 유틸리티는 파일명이나 그 파일이 어느 디렉터리에 있는지를 모른다. 파일을 복구할 수 있는데, 필요한 것은 이름을 짓고 inode를 가리키는 포인터와 함께 그 이름을 디렉터리에 추가하는 것이다.

그러나 디렉터리 엔트리를 어디에 둘까? 각 파일 시스템의 lost+found 디렉터리에서 해당 파일 시스템에 속하는 복구된 파일들을 찾아보자. 잃어버린 파일들은 단순히 lost+found 디렉터리에 디렉터리 엔트리를 만듦으로써 lost+found 디렉터리로 이동된다. 파일 시스템은 무작위인 것으로 보이고 파일의 종류를 나타내지 않는다. `file`, `stat`, `cat`, `string` 같은 도구들을 사용해서 일종의 결정을 한 뒤 의미 있는 이름과 확장자로 바꾸고 적절한 디렉터리로 옮겨야 한다.

새로운 파일 시스템 작성

새로운 파일 시스템을 만들어야 할 경우가 많았다. 이는 단순히 어떤 특정 목적을 위해 완전히 새로운 파일 시스템이 필요하기 때문이거나, 기존 파일 시스템이 너무 작거나 손상돼서 교체해야 하기 때문일 수 있다.

이 실험은 기존 하드 드라이브에 새로운 파티션을 만들고, 파일 시스템과 마운트 포인트를 만들고, 새로운 파일 시스템을 마운트하는 과정을 보여준다. 이는 일상적인 작업이고, 이를 수행하는 방법에 익숙해져야 한다. 많은 경우에 공간이 충분한 새로운 하드 드라이브를 추가함으로써 이를 수행할 것이다. 이 실험에서는 이를 위해 약간의 남아 있는 공간을 이용할 것이다. 이 실험은 raw 파티션과 파일 시스템에 대한 것이고 논리적 볼륨 관리에 대한 것은 아니다. LVM과 논리적 볼륨에 공간을 추가하는 방법은 2권 1장에서 다룬다.

공간 찾기

호스트에 raw 파티션을 추가할 수 있기 전에 사용할 수 있는 디스크 공간을 확인해야 한다. 현재 VM에 하나의 가상 하드 드라이브(dev/sda)가 있다. 이 장치에 새로운 파티션용으로 사용할 수 있는 공간이 있는지 살펴보자.

실험 19-7

이 실험은 StudentVM1에서 root로 수행한다. `fdisk` 명령을 이용해 /dev/sda에 남은 공간이 있는지 확인한다.

```
[root@studentvm1 ~]# fdisk -l /dev/sda
Disk /dev/sda: 60 GiB, 64424509440 bytes, 125829120 sectors
Units: sectors of 1 * 512 = 512 bytes
Sector size (logical/physical): 512 bytes / 512 bytes
I/O size (minimum/optimal): 512 bytes / 512 bytes
Disklabel type: dos
Disk identifier: 0xb449b58a

Device     Boot   Start       End   Sectors Size Id Type
/dev/sda1  *       2048   2099199   2097152   1G 83 Linux
/dev/sda2       2099200 125829119 123729920  59G 8e Linux LVM
[root@studentvm1 ~]#
```

위 데이터의 섹터 수로 간단히 계산해볼 수 있다. 출력의 첫째 줄을 보면 장치의 총 섹터 수는 125,829,120이고 /dev/sda2의 마지막 섹터는 125,829,119로, 한 섹터 차이가 있다. 새로운 파티션을 만들기에는 충분치 않다.

새로운 파티션을 만들고 싶다면 또 다른 옵션이 필요하다.

실험 19-7의 ID 칼럼에 있는 파티션 타입을 살펴보자. 파티션 타입 83은 표준 리눅스 파티션이다. 타입 82는 리눅스 스왑 파티션이다. 타입 5는 확장 파티션이고 타입 8e는 리눅스 LVM 파티션이다. fdisk 프로그램은 각 파티션의 총 크기(바이트 단위)에 대한 직접적인 정보를 제공하지 않지만 제공되는 정보로부터 계산할 수 있다.

새로운 가상 하드 드라이브 추가

기존 가상 하드 드라이브에 새로운 파티션을 위한 공간이 없으므로 새로운 가상 하드 드라이브를 만들어야 한다. 이는 VirtualBox에서 쉽게 할 수 있지만 SATA 제어기를 재구성하고자 VM을 셧다운해야 할 수도 있다.

실험 19-8

물리적 호스트 데스크탑에서 VirtualBox 관리자가 이미 열려 있지 않으면 VirtualBox 관리자를 연다. 그림 19-16에서 VM이 실행하는 동안 새로운 가상 디스크 드라이브를 추가할 수 있는 SATA 포트가 있는지 확인한다. 4장에서 SATA 포트의 수를 5로 설정했지만 어쨌든 확인한다.

그림 19-16. SATA 제어기의 포트 개수가 5 이상인지 확인한다.

2권 1장에서도 추가 드라이브가 필요할 것이다.

VM이 실행 중인 동안 새로운 가상 드라이브 장치를 추가해보자. 이 절차는 실행 중인 물리적 하드웨어 시스템에 새로운 핫플러그[hot-plug] 하드 드라이브를 설치하는 것과 동일하다. VM의 전원을 켜고 GUI 데스크탑에 student 사용자로 로그인한다.

Storage Settings 메뉴를 열고 그림 19-17처럼 Add hard disk 아이콘을 클릭해서 SATA 제어기에 새로운 디스크 장치를 만든다.

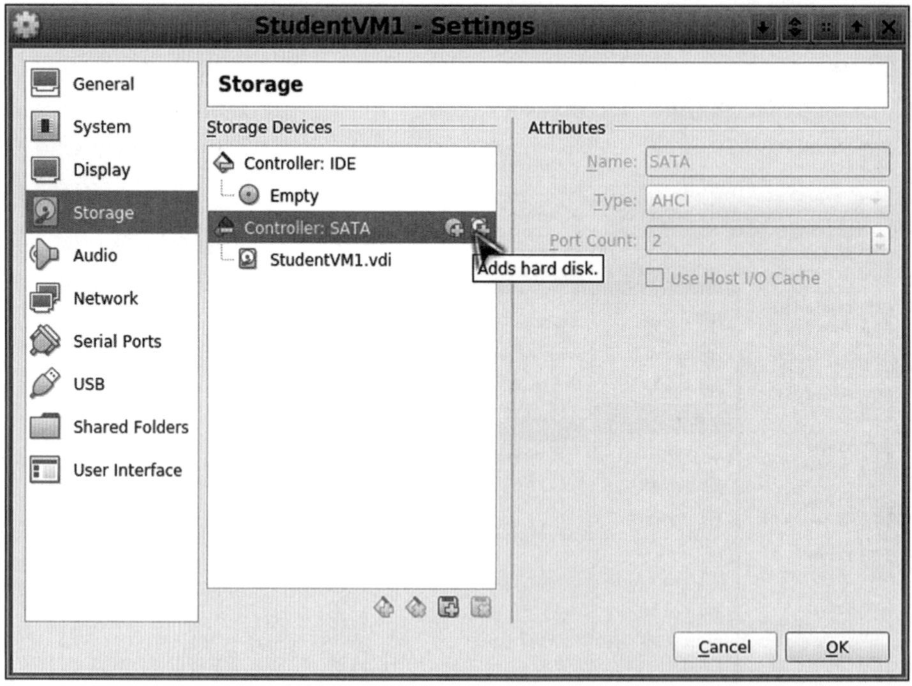

그림 19-17. Add hard disk 아이콘을 클릭해서 SATA 제어기에 새로운 드라이브를 추가한다.

OK 버튼을 클릭한 다음 Create new disk 버튼을 클릭한다. 다음 대화상자는 하드 디스크 파일 타입의 선택이다. VDI의 디폴트인 VirtualBox Disk Image를 사용한다. Next 버튼을 클릭한다. 디폴트대로 디스크가 동적으로 할당되기를 바라므로 이 대화상자에서는 아무런 변경 없이 Next를 눌러 다음으로 넘어간다.

그림 19-18의 대화상자를 이용해서 가상 디스크 이름을 StudentVM1-1로 입력하고 디스크 크기를 20GB로 설정한다.

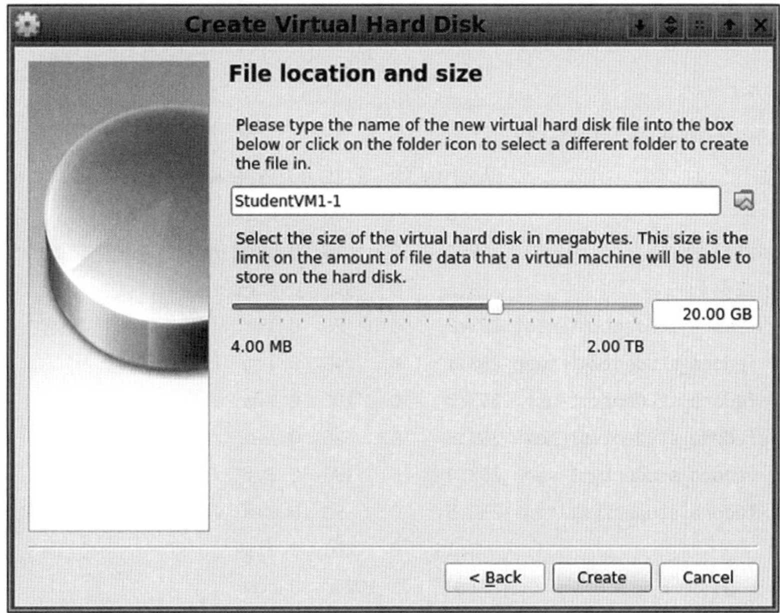

그림 19-18. 가상 디스크의 이름을 StudentVM1-1로 입력하고 크기를 20GB로 설정한다.

Create 버튼을 클릭해 새로운 가상 하드 드라이브를 만든다. 새로운 장치가 이제 Storage Settings 대화상자의 저장 장치 목록에 나타난다. OK를 눌러 Settings 대화상자를 닫는다.

이제 두 번째 가상 하드 드라이브를 StudentVM1 가상 호스트에 추가했다.

실험 19-8에서 새로운 20GB 가상 하드 드라이브를 만들었다. 이 드라이브는 이제 파티션하고 포맷할 준비가 됐다.

실험 19-9

터미널 세션을 열고 su -를 실행해 root로 전환한다. 현재의 하드 드라이브와 파티션의 목록을 출력한다.

```
[root@studentvm1 ~]# lsblk -i
NAME                          MAJ:MIN RM  SIZE RO TYPE MOUNTPOINT
sda                             8:0    0   60G  0 disk
|-sda1                          8:1    0    1G  0 part /boot
`-sda2                          8:2    0   59G  0 part
  |-fedora_studentvm1-root 253:0    0    2G  0 lvm  /
  |-fedora_studentvm1-swap 253:1    0    4G  0 lvm  [SWAP]
  |-fedora_studentvm1-usr  253:2    0   15G  0 lvm  /usr
  |-fedora_studentvm1-home 253:3    0    2G  0 lvm  /home
  |-fedora_studentvm1-var  253:4    0   10G  0 lvm  /var
  `-fedora_studentvm1-tmp  253:5    0    5G  0 lvm  /tmp
sdb                             8:16   0   20G  0 disk
sr0                            11:0    1 1024M  0 rom
```

새로운 가상 하드 드라이브는 /dev/sdb다. 물리적 하드웨어는 아니지만 올바른 것인지 추가로 확인하고자 해당 장치에 대한 상세 정보를 얻을 수 있다.

```
[root@studentvm1 ~]# smartctl -x /dev/sdb
smartctl 6.6 2017-11-05 r4594 [x86_64-linux-4.19.10-300.fc29.x86_64] (local
build)
Copyright (C) 2002-17, Bruce Allen, Christian Franke, www.smartmontools.org

=== START OF INFORMATION SECTION ===
Device Model:     VBOX HARDDISK
Serial Number:    VB99cc7ab2-512a8e44
Firmware Version: 1.0
User Capacity:    21,474,836,480 bytes [21.4 GB]
```

```
Sector Size:      512 bytes logical/physical
Device is:        Not in smartctl database [for details use: -P showall]
ATA Version is:   ATA/ATAPI-6 published, ANSI INCITS 361-2002
Local Time is:    Sun Jan 13 15:55:00 2019 EST
SMART support is: Unavailable - device lacks SMART capability.
AAM feature is:   Unavailable
APM feature is:   Unavailable
Rd look-ahead is: Enabled
Write cache is:   Enabled
DSN feature is:   Unavailable
ATA Security is:  Unavailable
Wt Cache Reorder: Unavailable
```

필수적인 SMART 명령이 실패하고 종료됐다. 계속하려면 하나 이상의 -T permissive 옵션을 추가한다.

20GB (가상) 하드 드라이브가 있음을 확인했다. 다음 단계는 파티션을 만들고, 포맷하고, 파티션 레이블을 추가하는 것이다.

fdisk 유틸리티를 이용해 새로운 파티션을 만든다.

```
[root@studentvm1 ~]# fdisk /dev/sdb
Welcome to fdisk (util-linux 2.32.1).
Changes will remain in memory only, until you decide to write them.
Be careful before using the write command.

Device does not contain a recognized partition table.
Created a new DOS disklabel with disk identifier 0xd1acbaf8.

Command (m for help):
```

이 장치는 방금 만들어졌기 때문에 파티션 레이블이 없다. 하나의 새로운 20GB 파티션을 만들자. 이 실험을 위해서는 큰 공간이 필요치 않으므로 파티션이 작다. n 키를 눌러 새로운 파티션 생성을 시작한다.

```
Command (m for help): n
Partition type
   p   primary (0 primary, 0 extended, 4 free)
   e   extended (container for logical partitions)

Enter p to create a primary partition:

Select (default p): p
```

그냥 엔터키를 눌러 이 파티션을 1번 파티션으로 만든다.

```
Partition number (1-4, default 1): <Press Enter for the default partition
number (1)>
First sector (2048-41943039, default 2048):
Last sector, +sectors or +size{K,M,G,T,P} (2048-41943039, default 41943039):
+2G
Created a new partition 1 of type 'Linux' and of size 2 GiB.
```

이제 p 명령을 눌러 현재 파티션 테이블을 출력한다.

```
Command (m for help): p
Disk /dev/sdb: 20 GiB, 21474836480 bytes, 41943040 sectors
Units: sectors of 1 * 512 = 512 bytes
Sector size (logical/physical): 512 bytes / 512 bytes
I/O size (minimum/optimal): 512 bytes / 512 bytes
Disklabel type: dos
Disk identifier: 0xd1acbaf8
Device     Boot Start     End Sectors Size Id Type
/dev/sdb1        2048 4196351 4194304   2G 83 Linux
```

w를 눌러 변경된 파티션 테이블을 디스크에 기록한다. 기존 파티션 테이블이 있다면 데이터가 디스크에 기록될 때까지 바뀌지 않는다.

```
Command (m for help): w
The partition table has been altered.
Calling ioctl() to re-read partition table.
Syncing disks.

[root@studentvm1 ~]#
```

새로운 파티션에 EXT4 파일 시스템을 만든다. 파티션의 크기가 작기 때문에 오래 걸리지 않을 것이다. 디폴트로 EXT4 파일 시스템이 파티션을 가득 채운다. 하지만 파일 시스템의 크기를 파티션의 크기보다 작게 설정할 수 있다.

```
[root@studentvm1 ~]# mkfs -t ext4 /dev/sdb1
mke2fs 1.44.3 (10-July-2018)
Creating filesystem with 524288 4k blocks and 131072 inodes
Filesystem UUID: ee831607-5d5c-4d54-b9ba-959720bfdabd
Superblock backups stored on blocks:
        32768, 98304, 163840, 229376, 294912

Allocating group tables: done
Writing inode tables: done
Creating journal (16384 blocks): done
Writing superblocks and filesystem accounting information: done
[root@studentvm1 ~]#
```

파티션 레이블을 추가한다.

```
[root@studentvm1 ~]# e2label /dev/sdb1
[root@studentvm1 ~]# e2label /dev/sdb1 TestFS
[root@studentvm1 ~]# e2label /dev/sdb1
```

```
TestFS
[root@studentvm1 ~]#
```

파일 시스템 디렉터리 트리에 마운트 포인트를 만든다.

```
[root@studentvm1 ~]# mkdir /TestFS
[root@studentvm1 ~]# ll /
```

새로운 파일 시스템을 마운트한다.

```
[root@studentvm1 ~]# mount /TestFS/
mount: /TestFS/: can't find in /etc/fstab.
[root@studentvm1 ~]#
```

이 에러가 발생한 이유는 /etc/fstab에 새로운 파일 시스템을 위한 엔트리를 만들지 않았기 때문이다. 그러나 먼저 수동으로 마운트하자.

```
[root@studentvm1 ~]# mount -t ext4 /dev/sdb1 /TestFS/
[root@studentvm1 ~]# lsblk -i
NAME                          MAJ:MIN RM  SIZE RO TYPE MOUNTPOINT
sda                             8:0    0   60G  0 disk
|-sda1                          8:1    0    1G  0 part /boot
`-sda2                          8:2    0   59G  0 part
  |-fedora_studentvm1-root 253:0    0    2G  0 lvm  /
  |-fedora_studentvm1-swap 253:1    0    4G  0 lvm  [SWAP]
  |-fedora_studentvm1-usr  253:2    0   15G  0 lvm  /usr
  |-fedora_studentvm1-home 253:3    0    2G  0 lvm  /home
  |-fedora_studentvm1-var  253:4    0   10G  0 lvm  /var
  `-fedora_studentvm1-tmp  253:5    0    5G  0 lvm  /tmp
sdb                             8:16   0   20G  0 disk
```

```
`-sdb1                        8:17   0    2G  0 part /TestFS
sr0                          11:0    1 1024M  0 rom
[root@studentvm1 ~]#
```

여기서 한 것처럼 파일 시스템 타입을 지정할 필요는 없다. mount 명령이 일반적인 파일 시스템 타입을 인식할 수 있기 때문이다. 파일 시스템이 좀 더 모호한 타입이라면 이렇게 해야 할 수도 있다.

파일 시스템을 마운트 해제한다.

```
[root@studentvm1 ~]# umount /TestFS
```

이제 새로운 파일 시스템을 위해 다음과 같은 항목을 /etc/fstab 파일의 끝에 추가한다.

```
/dev/sdb1       /TestFS         ext4            defaults        1 2
```

이제 새로운 파일 시스템을 마운트한다.

```
[root@studentvm1 ~]# mount /TestFS
[root@studentvm1 ~]# ll /TestFS/
total 16
drwx------. 2 root root 16384 Jan 14 08:54 lost+found
[root@studentvm1 ~]# lsblk -i
NAME                        MAJ:MIN RM  SIZE RO TYPE MOUNTPOINT
sda                           8:0    0   60G  0 disk
|-sda1                        8:1    0    1G  0 part /boot
`-sda2                        8:2    0   59G  0 part
|-fedora_studentvm1-root    253:0    0    2G  0 lvm  /
```

```
|-fedora_studentvm1-swap 253:1    0    4G  0 lvm  [SWAP]
|-fedora_studentvm1-usr  253:2    0   15G  0 lvm  /usr
|-fedora_studentvm1-home 253:3    0    2G  0 lvm  /home
|-fedora_studentvm1-var  253:4    0   10G  0 lvm  /var
`-fedora_studentvm1-tmp  253:5    0    5G  0 lvm  /tmp
sdb                        8:16   0   20G  0 disk
`-sdb1                     8:17   0    2G  0 part /TestFS
sr0                       11:0    1 1024M  0 rom
[root@studentvm1 ~]#
```

파일 시스템에 대한 모든 적절한 데이터는 fstab에 기록돼 있고 이 파일 시스템별 옵션들도 설정할 수 있다. 예를 들어 시작할 때 이 파일 시스템이 자동으로 마운트되기를 바라지 않으면 **noauto,defaults** 옵션을 설정하면 된다.

TestFS 파일 시스템을 마운트 해제한다.

```
[root@studentvm1 ~]# umount /TestFS
```

/etc/fstab에 있는 새 파일 시스템에 대한 줄을 다음과 같이 바꾼다.

```
/dev/sdb1      /TestFS        ext4       noauto,defaults       1 2
```

파일 시스템을 수동으로 마운트해 기대한 대로 동작하는지 확인한다. 이제 VM을 재부팅하고 /TestFS 파일 시스템이 자동으로 마운트되지 않는지 확인한다. 마운트되지 않아야 한다.

기타 파일 시스템

EXT4와 그 이전 파일 시스템 외에도 여러 파일 시스템이 있다. 이들 각각은 고유한 장점과 단점이 있다. 개인적으로 XFS, ReiserFS, BTRFS 등을 사용해봤지만 언제나 EXT 파일 시스템이 딱 맞았다.

student VM은 어느 파일 시스템이 우리의 필요에 좀 더 적합한지를 결정하는 데 도움이 될 만한 실제 테스트를 제공하지 않지만 간단한 실험을 위해 BTRFS로 파일 시스템을 만들어보자.

실험 19-10

이 실험은 root로 수행한다. /dev/sdb 가상 드라이브에 여전히 공간이 남아 있을 것이므로 그 드라이브에 2GB의 크기의 또 다른 파티션 /dev/sdb2를 추가한다. 그런 다음 새로운 파티션을 BTRFS로 포맷한다.

```
[root@studentvm1 ~]# fdisk /dev/sdb

Welcome to fdisk (util-linux 2.32.1).
Changes will remain in memory only, until you decide to write them.
Be careful before using the write command.

Command (m for help): n
Partition type
   p primary (1 primary, 0 extended, 3 free)
   e extended (container for logical partitions)
Select (default p): <Press Enter for default partition as Primary>
Partition number (2-4, default 2): <Press Enter for default partition number 2>
First sector (4196352-41943039, default 4196352):
Last sector, +sectors or +size{K,M,G,T,P} (4196352-41943039, default
41943039): +2G

Created a new partition 2 of type 'Linux' and of size 2 GiB.
```

```
Command (m for help): p
Disk /dev/sdb: 20 GiB, 21474836480 bytes, 41943040 sectors
Units: sectors of 1 * 512 = 512 bytes
Sector size (logical/physical): 512 bytes / 512 bytes
I/O size (minimum/optimal): 512 bytes / 512 bytes
Disklabel type: dos
Disk identifier: 0x0c2e07ab

Device     Boot Start     End   Sectors Size Id Type
/dev/sdb1          2048 4196351 4194304   2G 83 Linux
/dev/sdb2       4196352 8390655 4194304   2G 83 Linux

Command (m for help): w
The partition table has been altered.
Syncing disks.

[root@studentvm1 ~]# mkfs -t btrfs /dev/sdb2
btrfs-progs v4.17.1
See http://btrfs.wiki.kernel.org for more information.

Label:              (null)
UUID:               54c2d286-caa9-4a44-9c12-97600122f0cc
Node size:          16384
Sector size:        4096
Filesystem size:    2.00GiB
Block group profiles:
  Data:             single          8.00MiB
  Metadata:         DUP           102.38MiB
  System:           DUP             8.00MiB
SSD detected:       no
Incompat features:  extref, skinny-metadata
Number of devices:  1
Devices:
   ID        SIZE  PATH
    1     2.00GiB  /dev/sdb2

[root@studentvm1 ~]#
```

새로운 BTRFS 파일 시스템을 임시 마운트 포인트 /mnt에 마운트한다. /mnt에 파일을 만들거나 복사한다. 이 파일 시스템으로 약간의 실험을 한 뒤 마운트 해제한다.

기능 관점에서 BTRFS 파일 시스템은 EXT4 파일 시스템과 똑같은 방식으로 동작한다. 둘 다 파일에 데이터를 저장하고, 디렉터리를 사용해서 파일을 조직화하고, 같은 파일 속성을 사용해서 보안을 제공하고, 같은 파일 관리 도구를 사용한다.

요약

19장에서는 '파일 시스템'이라는 용어의 세 가지 의미를 살펴보고 각각을 자세히 알아봤다. 파일 시스템은 어떤 저장 매체의 파티션이나 논리적 볼륨에 데이터를 저장하는 EXT4 같은 시스템과 메타데이터 구조일 수 있고, LFHS[Linux Filesystem Hierarchical Standard]에 명시된 데이터 저장을 위한 조직적 방법론을 설정하는 잘 정의된 디렉터리의 논리적 구조일 수도 있으며, 파티션이나 논리적 볼륨 위에 만들어지고 특정 디렉터리에 LFHS의 일부로 마운트될 수 있는 데이터 저장소의 한 단위일 수도 있다.

'파일 시스템'의 세 가지 쓰임은 흔히 겹치는 의미로 쓰여 잠재적인 혼동의 한 원인이 된다. 19장은 용어의 다양한 쓰임과 응용을 특정 기능과 데이터 구조로 분리하고 정의했다.

연습문제

19장을 마무리하며 연습문제를 풀어보기 바란다.

1. 파일에 대한 어떤 정보가 inode에 담겨 있는가?
2. 파일에 대한 어떤 정보가 디렉터리 엔트리에만 담겨 있는가?
3. StudentVM1의 파티션의 블록 크기는 얼마인가?
4. StudentVM1의 모든 파티션의 실린더 그룹의 크기를 계산하라. 모두 같은가?
5. 고아 inode나 남아 있는 inode와 데이터 블록 수 오류 같은 파일 시스템 불일치를 어떻게 발견하겠는가?
6. 파일 시스템 불일치를 해결하는 데 필요한 전체 과정을 기술하라.
7. 리눅스 파일 시스템에서 잘 설계된 애플리케이션 소프트웨어는 어디에 설치돼야 하는가?
8. 로컬에서 만들어진 스크립트를 설치할 때 스크립트 자체는 어느 디렉터리에 설치해야 하는가?
9. 로컬에서 만들어진 스크립트를 설치할 때 설정 파일이 있다면 어느 디렉터리에 설치해야 하는가?
10. StudentVM1 호스트에 추가한 두 번째 가상 하드 드라이브 /dev/sdb에 여전히 약간의 여유 공간이 있을 것이다. 그중 1GB를 사용해서 새로운 XFS 파일 시스템 파티션을 만들어라. 마운트 포인트 /var/mystuff를 만들고 부팅 때 자동으로 마운트되게 설정한다. 수동으로 마운트가 잘되는지 확인한 다음 재부팅해 부팅 때 마운트되는지 확인한다.

11. /TestFS 파일 시스템을 마운트 해제하고 해당 파일 시스템의 마운트 포인트인 /TestFS 디렉터리에 파일을 만들면 무슨 일이 일어나는가? 파일을 만들 수 있고, 내용을 추가할 수 있고, 볼 수 있는가?

12. /TestFS 파일 시스템이 마운트되면 이전 실습에서 만들어진 테스트 파일에 무슨 일이 일어나는가?

13. mount 명령에서 user 옵션은 users 옵션과 어떻게 다른가?

참고 문헌

서적

Binnie, Chris, Practical Linux Topics, Apress 2016, ISBN 978-1-4842-1772-6

David Both, The Linux Philosophy for SysAdmins, Apress, 2018, ISBN 978-1-4842-3729-8

Gancarz, Mike, Linux and the Unix Philosophy, Digital Press – an imprint of Elsevier Science, 2003, ISBN 1-55558-273-7

Kernighan, Brian W.; Pike, Rob (1984), The UNIX Programming Environment, Prentice Hall, Inc., ISBN 0-13-937699-2

Libes, Don, Exploring Expect, O'Reilly, 2010, ISBN 978-1565920903

Nemeth, Evi [et al.], The Unix and Linux System Administration Handbook, Pearson Education, Inc., ISBN 978-0-13-148005-6

Matotek, Dennis, Turnbull, James, Lieverdink, Peter; Pro Linux System Administration, Apress, ISBN 978-1-4842-2008-5

Raymond, Eric S., The Art of Unix Programming, Addison-Wesley, September 17, 2003, ISBN 0-13 142901-9

Siever, Figgins, Love & Robbins, Linux in a Nutshell 6th Edition, (O'Reilly, 2009), ISBN 978-0-596-15448-6

Sobell, Mark G., A Practical Guide to Linux Commands, Editors, and Shell Programming Third Edition, Prentice Hall; ISBN 978-0-13-308504-4

van Vugt, Sander, Beginning the Linux Command Line, Apress, ISBN 978-1-4302-6829-1

Whitehurst, Jim, The Open Organization, Harvard Business Review Press (June 2, 2015), ISBN 978-1625275271

Torvalds, Linus and Diamond, David, Just for Fun, HarperCollins, 2001, ISBN 0-06-662072-4

웹 사이트

BackBlaze, Web site, What SMART Stats Tell Us About Hard Drives, www.backblaze.com/blog/what-smart-stats-indicate-hard-drive-failures/

David Both, 8 reasons to use LXDE, https://opensource.com/article/17/3/8-reasons-use-lxde

David Both, 9 reasons to use KDE, https://opensource.com/life/15/4/9-reasons-to-use-kde

David Both, 10 reasons to use Cinnamon as your Linux desktop environment, https://opensource.com/article/17/1/cinnamon-desktop-environment

David Both, 11 reasons to use the GNOME 3 desktop environment for Linux, https://opensource.com/article/17/5/reasons-gnome

David Both, An introduction to Linux network routing, https://opensource.com/business/16/8/introduction-linux-network-routing

David Both, Complete Kickstart, www.linux-databook.info/?page_id=9

David Both, Making your Linux Box Into a Router, www.linux-databook.info/?page_id=697

David Both, Network Interface Card (NIC) name assignments.

David Both, Using hard and soft links in the Linux filesystem, www.linux-databook.info/?page_id=5087

David Both, Using rsync to back up your Linux system, https://opensource.com/article/17/1/rsync-backup-linux

Bowen, Rich, RTFM? How to write a manual worth reading, https://opensource.com/business/15/5/write-better-docs

Charity, Ops: It's everyone's job now, https://opensource.com/article/17/7/state-systems- administration

Dartmouth University, Biography of Douglas McIlroy, www.cs.dartmouth.edu/~doug/biography

DataBook for Linux, www.linux-databook.info/

Digital Ocean, How To Use journalctl to View and Manipulate Systemd Logs, www.digitalocean.com/community/tutorials/how-to-use-journalctl-to-viewand - manipulate-systemd-logs

Edwards, Darvin, Electronic Design, PCB Design And Its Impact On Device Reliability, www.electronicdesign.com/boards/pcb-design-and-its-impact-devicereliability

Engineering and Technology Wiki, IBM 1800, http://ethw.org/IBM_1800

Fedora Magazine, Tilix, https://fedoramagazine.org/try-tilix-new-terminalemulator-fedora/

Fogel, Kark, Producing Open Source Software, https://producingoss.com/en/index.html

Free On-Line Dictionary of Computing, Instruction Set, http://foldoc.org/instruction+set

Free Software Foundation, Free Software Licensing Resources, www.fsf.org/licensing/education

gnu.org, Bash Reference Manual – Command Line Editing, www.gnu.org/software/bash/manual/html_node/Command-Line-Editing.html

William Harris, How the Scientific Method Works, https://science.howstuffworks.com/innovation/scientific-experiments/scientific-method6.htm

Heartbleed web site, http://heartbleed.com/

How-two Forge, Linux Basics: How To Create and Install SSH Keys on the Shell, www.howtoforge.com/linux-basics-how-to-install-ssh-keys-on-the-shell

Kroah-Hartman, Greg , Linux Journal, Kernel Korner – udev – Persistent Naming in User Space, www.linuxjournal.com/article/7316

Krumins, Peter, Bash emacs editing, www.catonmat.net/blog/bash-emacs-editingmode- cheat-sheet/

Krumins, Peter, Bash history, www.catonmat.net/blog/the-definitive-guide-tobash-command-line-history/

Krumins, Peter, Bash vi editing, www.catonmat.net/blog/bash-vi-editing-modecheat-sheet/

Kernel.org, Linux allocated devices (4.x+ version), www.kernel.org/doc/html/v4.11/admin-guide/devices.html

Linux Foundation, Filesystem Hierarchical Standard (3.0), http://refspecs.linuxfoundation. org/fhs.shtml

Linux Foundation, MIT License, https://spdx.org/licenses/MIT

The Linux Information Project, GCC Definition, www.linfo.org/gcc.html

Linuxtopia, Basics of the Unix Philosophy, www.linuxtopia.org/online_books/programming_books/art_of_unix_programming/ch01s06.html

LSB Work group - The Linux Foundation, Filesystem Hierarchical Standard V3.0, 3, https://refspecs.linuxfoundation.org/FHS_3.0/fhs-3.0.pdf

Opensource.com, https://opensource.com/

Opensource.com, Appreciating the full power of open, https://opensource.com/open-organization/16/5/appreciating-full-power-open

Opensource.com, David Both, SpamAssassin, MIMEDefang, and Procmail: Best Trio of 2017, Opensource.com, https://opensource.com/article/17/11/spamassassinmimedefang-and-procmail

Opensource.org, Licenses, https://opensource.org/licenses

opensource.org, The Open Source Definition (Annotated), https://opensource.org/osd-annotated

OSnews, Editorial: Thoughts on Systemd and the Freedom to Choose, www.osnews.com/story/28026/Editorial_Thoughts_on_Systemd_and_the_Freedom_to_Choose

Peterson, Christine, Opensource.com, How I coined the term 'open source', https://opensource.com/article/18/2/coining-term-open-source-software

Petyerson, Scott K, The source code is the license, Opensource.com, https://opensource.com/article/17/12/source-code-license

Princeton University, Interview with Douglas McIlroy, www.princeton.edu/~hos/frs122/precis/mcilroy.htm

Raspberry Pi Foundation, www.raspberrypi.org/

Raymond, Eric S., The Art of Unix Programming, www.catb.org/esr/writings/taoup/html/index.html/

Wikipedia, The Unix Philosophy, Section: Eric Raymond's 17 Unix Rules, https://en.wikipedia.org/wiki/Unix_philosophy#Eric_Raymond%E2%80%99s_17_Unix_Rules

Raymond, Eric S., The Art of Unix Programming, Section The Rule of Separation, www.catb.org/~esr/writings/taoup/html/ch01s06.html#id2877777

Understanding SMART Reports, https://lime-technology.com/wiki/Understanding_SMART_Reports

Unnikrishnan A, Linux.com, Udev: Introduction to Device Management In Modern Linux System, www.linux.com/news/udev-introduction-device-management-modernlinux-system

Paul Venezia, Nine traits of the veteran Unix admin, InfoWorld, Feb 14, 2011, www.infoworld.com/t/unix/nine-traits-the-veteran-unix-admin-276?page=0,0 & source=fssr

Wikipedia, Alan Perlis, https://en.wikipedia.org/wiki/Alan_Perlis

Wikipedia, Christine Peterson, https://en.wikipedia.org/wiki/Christine_Peterson

Wikipedia, Command Line Completion, https://en.wikipedia.org/wiki/Commandline_completion

Wikipedia, Comparison of command shells, https://en.wikipedia.org/wiki/Comparison_of_command_shells

Wikipedia, Dennis Ritchie, https://en.wikipedia.org/wiki/Dennis_Ritchie

Wikipedia, Device File, https://en.wikipedia.org/wiki/Device_file

Wikipedia, Gnome-terminal, https://en.wikipedia.org/wiki/Gnome-terminal

Wikipedia, Hard Links, https://en.wikipedia.org/wiki/Hard_link

Wikipedia, Heartbleed, https://en.wikipedia.org/wiki/Heartbleed

Wikipedia, Initial ramdisk, https://en.wikipedia.org/wiki/Initial_ramdisk

Wikipedia, Ken Thompson, https://en.wikipedia.org/wiki/Ken_Thompson

Wikipedia, Konsole, https://en.wikipedia.org/wiki/Konsole

Wikipedia, Linux console, https://en.wikipedia.org/wiki/Linux_console

Wikipedia, List of Linux-supported computer architectures, https://en.wikipedia.org/wiki/ List_of_Linux-supported_computer_architectures

Wikipedia, Maslow's hierarchy of needs, https://en.wikipedia.org/wiki/Maslow%27s_hierarchy_of_needs

Wikipedia, Open Data, https://en.wikipedia.org/wiki/Open_data

Wikipedia, PHP, https://en.wikipedia.org/wiki/PHP

Wikipedia, PL/I, https://en.wikipedia.org/wiki/PL/I

Wikipedia, Programma 101, https://en.wikipedia.org/wiki/Programma_101

Wikipedia, Richard M. Stallman, https://en.wikipedia.org/wiki/Richard_Stallman

Wikipedia, Rob Pike, https://en.wikipedia.org/wiki/Rob_Pike

Wikipedia, rsync, https://en.wikipedia.org/wiki/Rsync

Wikipedia, Rxvt, https://en.wikipedia.org/wiki/Rxvt

Wikipedia, SMART, https://en.wikipedia.org/wiki/SMART

Wikipedia, Software testing, https://en.wikipedia.org/wiki/Software_testing

Wikipedia, Terminator, https://en.wikipedia.org/wiki/Terminator_(terminal_emulator)

Wikipedia, Tony Hoare, https://en.wikipedia.org/wiki/Tony_Hoare

Wikipedia, Unit Record Equipment, https://en.wikipedia.org/wiki/Unit_record_equipment

Wikipedia, Unix, https://en.wikipedia.org/wiki/Unix

Wikipedia, Windows Registry, https://en.wikipedia.org/wiki/Windows_Registry

Wikipedia, Xterm, https://en.wikipedia.org/wiki/Xterm

WikiQuote, C._A._R._Hoare, https://en.wikiquote.org/wiki/C._A._R._Hoare

WordPress, Home page, https://wordpress.org/

Wikipedia, Dennis Ritchie, https://en.wikipedia.org/wiki/Dennis_Ritchie

Wikipedia, Device File, https://en.wikipedia.org/wiki/Device_file

Wikipedia, Gnome-terminal, https://en.wikipedia.org/wiki/Gnome-terminal

Wikipedia, Hard Links, https://en.wikipedia.org/wiki/Hard_link

Wikipedia, Heartbleed, https://en.wikipedia.org/wiki/Heartbleed

Wikipedia, Initial ramdisk, https://en.wikipedia.org/wiki/Initial_ramdisk

Wikipedia, Ken Thompson, https://en.wikipedia.org/wiki/Ken_Thompson

Wikipedia, Konsole, https://en.wikipedia.org/wiki/Konsole

Wikipedia, Linux console, https://en.wikipedia.org/wiki/Linux_console

Wikipedia, List of Linux-supported computer architectures, https://en.wikipedia.org/wiki/List_of_Linux-supported_computer_architectures

Wikipedia, Maslow's hierarchy of needs, https://en.wikipedia.org/wiki/Maslow%27s_hierarchy_of_needs

Wikipedia, Open Data, https://en.wikipedia.org/wiki/Open_data

Wikipedia, PHP, https://en.wikipedia.org/wiki/PHP

Wikipedia, PL/I, https://en.wikipedia.org/wiki/PL/I

Wikipedia, Programma 101, https://en.wikipedia.org/wiki/Programma_101

Wikipedia, Richard M. Stallman, https://en.wikipedia.org/wiki/Richard_Stallman

Wikipedia, Rob Pike, https://en.wikipedia.org/wiki/Rob_Pike

Wikipedia, rsync, https://en.wikipedia.org/wiki/Rsync

Wikipedia, Rxvt, https://en.wikipedia.org/wiki/Rxvt

Wikipedia, SMART, https://en.wikipedia.org/wiki/SMART

Wikipedia, Software testing, https://en.wikipedia.org/wiki/Software_testing

Wikipedia, Terminator, https://en.wikipedia.org/wiki/Terminator_(terminal_emulator)

Wikipedia, Tony Hoare, https://en.wikipedia.org/wiki/Tony_Hoare

Wikipedia, Unit Record Equipment, https://en.wikipedia.org/wiki/Unit_record_equipment

Wikipedia, Unix, https://en.wikipedia.org/wiki/Unix

Wikipedia, Windows Registry, https://en.wikipedia.org/wiki/Windows_Registry

Wikipedia, Xterm, https://en.wikipedia.org/wiki/Xterm

WikiQuote, C._A._R._Hoare, https://en.wikiquote.org/wiki/C._A._R._Hoare

WordPress, Home page, https://wordpress.org/

찾아보기

기호/숫자

ㄱ

ㄴ

ㄷ

ㄹ

ㅁ

ㅂ

ㅅ

ㅇ

ㅎ

D

E

H

I

J

K

L

M

N

R

S

T

X

Y

Z

페도라로 실습하는 리눅스 시스템 관리 Vol.1

제로에서 시스템 관리까지

발 행 | 2022년 10월 25일

지은이 | 데이비드 보스
옮긴이 | 김 기 주 · 나 가 진 · 송 지 연

펴낸이 | 권 성 준
편집장 | 황 영 주
편 집 | 김 다 예
디자인 | 윤 서 빈

에이콘출판주식회사
서울특별시 양천구 국회대로 287 (목동)
전화 02-2653-7600, 팩스 02-2653-0433
www.acornpub.co.kr / editor@acornpub.co.kr

ISBN 979-11-6175-681-3
http://www.acornpub.co.kr/book/linux-vol1

책값은 뒤표지에 있습니다.